Wege zur Vielfalt

Europäische Hochschulschriften

Publications Universitaires Européennes
European University Studies

Reihe II
Rechtswissenschaft

Série II Series II
Droit
Law

Bd./Vol. 3846

PETER LANG
Frankfurt am Main · Berlin · Bern · Bruxelles · New York · Oxford · Wien

Anne Buchholtz

Wege zur Vielfalt

Die Organisation privater Rundfunkangebote nach dem Bayerischen Mediengesetz

PETER LANG
Europäischer Verlag der Wissenschaften

Bibliografische Information Der Deutschen Bibliothek
Die Deutsche Bibliothek verzeichnet diese Publikation in der Deutschen Nationalbibliografie; detaillierte bibliografische Daten sind im Internet über <http://dnb.ddb.de> abrufbar.

Zugl.: München, Univ. der Bundeswehr, Diss., 2002

ISSN 0531-7312
ISBN 3-631-51261-9

www.peterlang.de

Vorwort

Die vorliegende Arbeit beschäftigt sich mit den besonderen Problemstellungen des allein in Bayern verwirklichten Modells eines öffentlich-rechtlich getragenen Rundfunks unter Einbeziehung privater Anbieter. Sie untersucht die Frage, auf welchem Wege sich die Einbindung durch Werbeeinahmen finanzierter Programmangebote mit den verfassungsrechtlichen Anforderungen eines öffentlich-rechtlichen Rundfunksystems unter dem Gesichtspunkt der Erzielung von Meinungsvielfalt in Einklang bringen läßt. Die Untersuchung wurde im Frühjahr 2002 abgeschlossen und hat im Herbsttrimester 2002 der Universität der Bundeswehr München als Dissertation vorgelegen.

Betreut wurde die Arbeit von Herrn Prof. Dr. Rupert Stettner, dem ich herzlich für seine Unterstützung und Förderung danken möchte. Mein Dank gilt außerdem Herrn Prof. Dr. Helge Rossen-Stadtfeld für die bereitwillige Übernahme des Zweitgutachtens.

Gewidmet ist diese Arbeit meinen Eltern und Tobias.

Inhaltsverzeichnis

Kapitel 3: Die Stellung der privaten Anbieter im System der öffentlich-rechtlichen Trägerschaft

Einführung

A. Der bayerische Sonderweg - Umsetzung eines Verfassungsauftrages im Spannungsfeld von erwerbsorientierter Programmgestaltung und den Anforderungen eines öffentlich-rechtlichen Rundfunksystems

I. Die technische und ideelle Entwicklung des Rundfunks

Die Situation des Rundfunks in der Bundesrepublik Deutschland ist seit seiner Einführung Anfang des letzten Jahrhunderts in einem stetigen Wandel begriffen[1]. Die Gründe hierfür sind mannigfaltig, lassen sich jedoch im wesentlichen in zwei Kategorien unterteilen. Zum einen ist die für den Rundfunkbetrieb erforderliche Technik mit enormer Geschwindigkeit vorangeschritten, neue flächendeckende Übertragungswege wurden eröffnet und die Möglichkeit des Empfangs kann in fast allen Bereichen der Bundesrepublik nahezu als unbegrenzt bezeichnet werden[2]. Die für die Programmproduktion und -sendung aufzuwendenden Mittel sind im Zuge des technischen Fortschritts zumindest kalkulierbarer geworden und ermöglichen einer größeren Anzahl von Veranstaltern, Rundfunk privatwirtschaftlich zu finanzieren.

Mit der technischen Entwicklung hat sich im Verlauf der Jahre zum anderen auch das Verständnis für den Rundfunk, für seine Aufgabe und Wirkung grundlegend geändert. Wurde der Rundfunk Anfang dieses Jahrhunderts in verstärktem Maße als Mittel zur Bildung einer mehr oder weniger öffentlichen Meinung verstanden und wurde er in der Zeit des Dritten Reiches fast ausschließlich als Propagandamittel mißbraucht, so hat sich seine Rolle nunmehr gänzlich hin zu einem Medium gewendet, das einen wichtigen Bereich des öffentlichen Lebens in einer Demokratie abdeckt und in informierender und unterhaltender Form den Prozeß der freien öffentlichen Meinungsbildung gestaltet und ermöglicht. Die „dienende“ Funktion des Rundfunks als „Medium und Faktor“ der öffentlichen Meinungsbildung ist insbesondere durch die Rechtsprechung des Bundesverfassungsgerichts nahezu umfassend interpretiert und in ihren Grundzügen verbindlich festgelegt worden. Der Pluralismus der Meinungen im Sinne eines vielfälti-

---

[1] Geschichtliche Darstellungen z.B. bei Hesse, Rundfunkrecht, 1999, S. 1ff.; Poll, Fernsehspartenprogramme und Pluralismus, 1998, S. 32ff.; Buchholz, Privatfunk wohin?, 1989, S. 13ff.; Wieland, Die Freiheit des Rundfunks, 1984, S. 110ff.; Schuster, Meinungsvielfalt in der dualen Rundfunkordnung, 1990, S. 21ff.; Hain, Rundfunkfreiheit und Rundfunkordnung, 1993, S. 15ff.; zur historischen Entwicklung der Programmaufsicht vgl. eingehend Holgersson, Fernsehen ohne Kontrolle, 1995, S. 52ff.

[2] Die Entwicklung neuer Verbreitungs- und Empfangstechnologien führte in den 80er Jahren zu einem tiefgreifenden Strukturwandel in der Rundfunkverfassung, Überblick bei Schuster, Meinungsvielfalt in der dualen Rundfunkordnung, 1990, S. 37ff.; der technische Fortschritt wird daher auch als Motor der Fortentwicklung des Rundfunks bezeichnet; Eberle, Aufbruch ins digitale Zeitalter, 1994, S. 3; Hoffmann-Riem, Erosionen des Rundfunkrechts, 1990, S. 9

gen und gleichberechtigten Nebeneinanders der im Meinungsspektrum einer Gesellschaft vertretenen Auffassungen ist Produkt, Zweck und Ziel des durch die „Rundfunkfreiheit" gewährleisteten freien Kommunikations- und Meinungsbildungsprozesses.

Parallel hierzu ist das Medium verstärkt durch die Zulassung privaten Rundfunks zu einem erheblichen Wirtschaftsfaktor geworden. Der Medienmarkt hat sich im Verlauf der Zeit zu einer äußerst finanzkräftigen Branche entwickelt. Rundfunkunternehmen gehen an die Börse und für die Sicherung von Übertragungsrechten werden große Mengen von Kapital bewegt[3]. Dies hat zu einer gesteigerten Konkurrenz unter den Veranstaltern geführt. Der Erfolg eines vornehmlich durch Werbung finanzierten Rundfunkprogramms hängt in erster Linie von seinem Erfolg, seiner Akzeptanz durch den Rezipienten ab, der von der werbetreibenden Wirtschaft in erster Linie in seiner Rolle als Konsument begriffen wird. Die steigende Konkurrenz unter den Veranstaltern äußert sich vor allem im sprichwörtlichen Kampf um die Einschaltquote[4], der häufig mit spektakulären Einkäufen von publikumsträchtigen Senderechten, aber auch mit der Veranstaltung besonders breitenwirksamer Programme[5] einhergeht. Häufig wird in diesem Zusammenhang geäußert, die Finanzierung eines Programms allein durch Werbeeinnahmen wirke tendenziell homogenisierend und damit der Erzielung von Meinungsvielfalt entgegen[6].

Insbesondere der privat finanzierte Rundfunk befindet sich aufgrund dieser Vorgaben in einem Spannungsfeld zwischen den ihm auferlegten verfassungsrechtlichen Aufgabenstellungen und der erwerbsorientierten Programmgestaltung und Vermarktung. Eine unbegrenzte unternehmerische Freiheit, die dem einzelnen Veranstalter ein rein eigenverantwortliches Handeln z.B. nach dem Prinzip von Angebot und Nachfrage gestattet, wohnt der Rundfunkfreiheit des Grundgesetzes jedoch nach fast einhelliger Meinung weder in rechtlicher noch in tatsächlicher Hinsicht inne. Es gilt also, die Aufgabe der Vermittlung einer umfassenden Meinungsvielfalt in eine Organisation einzubetten, die auch die privat finan-

---

[3] Instruktiv hierzu Hoffmann-Riem, Erosionen des Rundfunkrechts, 1990, S. 9ff.; Poll, Fernsehspartenprogramme und Pluralismus, 1998, S. 70ff.; Ablasser, Medienmarkt und Fusionskontrolle, 1997, S. 12f.

[4] Von Saxer anläßlich der Medientage 1997 als „Akzeptanzkultur" bezeichnet; vgl. auch Kraft, „Alles schön und gut", Die Zeit, Nr. 43 v. 17.10.1997, S. 63

[5] Mit dem Begriff „breitenwirksam" verbindet sich dabei nicht eine möglichst große Spannweite der übermittelten Inhalte, sondern deren Ausrichtung auf die „breiteste" und durch ihre Kaufkraft für die Werbeindustrie interessanteste Zielgruppe, die allgemein als die Gruppe der 14- bis 49jährigen definiert wird. Bacher spricht in diesem Zusammenhang treffend von einer Form der „Generationen-Apartheid", Bacher, Zwischen Zwangsbeglückung und Schwachsinn, in: Hömberg, (Hrsg.), Rundfunk-Kultur und Kultur-Rundfunk, 1999, S. 11ff., 12

[6] Hesse, Rundfunkrecht, 1999, S. 31; Lange, Kommerzielle Ziele und binnenpluralistische Organisation bei Rundfunkveranstaltern, 1980, S. 44

zierte Form der Rundfunkveranstaltung in dem vom Grundgesetz vorgegebenen Rahmen ermöglicht. Dem sind die Bundesländer durch die Schaffung von Landesmediengesetzen seit Beginn der achtziger Jahre nachgekommen.

II. Der bayerische Sonderweg als Teil dieser Entwicklung

In allen Bundesländern außer Bayern findet die Ausgestaltung der Rundfunkfreiheit durch verschiedene Lizensierungsmodelle statt, die jedoch die Gemeinsamkeit aufweisen, daß Rundfunk von Privaten eigenverantwortlich unter der Aufsicht von externen Kontrollgremien, den Landesmedienanstalten, veranstaltet wird.

Das sog. duale System, bestehend aus dem „klassischen" öffentlich-rechtlichen Rundfunk und privaten Veranstaltern[7] ist allein in Bayern nicht übernommen worden. Rundfunk wird gem. Art. 111a Abs. 2 Satz 1 der Landesverfassung ausschließlich „in öffentlicher Verantwortung und öffentlich-rechtlicher Trägerschaft betrieben". Neben dem herkömmlichen Anstaltsrundfunk des Bayerischen Rundfunks hat sich in Ausfüllung dieser Verfassungsnorm durch das Bayerische Mediengesetz (BayMG) ein „alternatives" Modell herausgebildet, das eine Verbindung von privatem Rundfunkengagement und öffentlich-rechtlicher Trägerschaft erlaubt. Private Rundfunkangebote werden dabei unter Einsetzung einer öffentlich-rechtlichen Trägereinheit dergestalt in die öffentlich-rechtliche Rundfunkveranstaltung organisatorisch eingebunden, daß die Konstruktion aus öffentlich-rechtlichen „Dach" und privatem „Unterbau" insgesamt als in öffentlich-rechtlicher Trägerschaft stehend zu qualifizieren ist.

Ziel dieser Rundfunkorganisation ist die Schaffung und Sicherung der rundfunkrechtlichen Meinungsvielfalt auch und gerade durch Einbeziehung privatautonomer und an privatwirtschaftlichen Gesichtspunkten orientierter Rundfunkangebote. Allerdings vollzieht sich die Veranstaltung von Rundfunk in einem rein öffentlich-rechtlichen System, an das höhere Anforderungen als an den „klassischen" privaten Rundfunk im dualen Modell gestellt werden. Alleinige Trägerin der öffentlichen Verantwortung für die Vermittlung umfassender Meinungsvielfalt durch das von ihr veranstaltete Programm ist die Bayerische Landeszentrale für neue Medien (BLM). Ihr obliegt die Organisation eines vielfältigen Rundfunks aus den vorhandenen Angeboten, wobei sie in verstärktem Maße die Eigenheiten eines aus Werbeeinnahmen finanzierten Rundfunks zu beachten hat, um ein funktionsfähiges System hervorzubringen.

Diese grundsätzliche Weichenstellung im bayerischen Rundfunksystem ist seit seiner Einführung in vielen Punkten streitig. Während lange Zeit die Effizienz

---

[7] Zum Begriff vgl. Hartstein/Ring/Kreile/Dörr/Stettner, Rundfunkstaatsvertrag, B 5, § 1, Rdnr. 2

und verfassungsgemäße Umsetzung einer verantwortlichen Trägerschaft insbesondere vom BayVGH wiederholt kritisiert und angegriffen wurde, steht nunmehr insbesondere die Stellung der privaten Anbieter innerhalb der Rundfunkorganisation in Frage, die von der übergreifenden Trägerschaft der Landeszentrale umgrenzt wird. Insbesondere an den im BayMG und seinen Satzungen niedergelegten Bestimmungen über die Zusammenarbeit von Anbietern haben sich zahlreiche Rechtsstreitigkeiten zwischen Anbietern und der Landeszentrale entzündet. Das bislang einschneidendste Ergebnis dieser Auseinandersetzungen war ein Beschluß des Bundesverfassungsgerichts vom 20.02.1998[8], der den bayerischen Anbietern das Grundrecht der Rundfunkfreiheit im Sinne der Veranstalterfreiheit auch und gerade der Landeszentrale gegenüber zuerkannte. Ohne das bayerische Trägerschaftsmodell in seiner Verfassungsmäßigkeit anzuzweifeln, hat die Entscheidung auf die organisatorische Tätigkeit der BLM neue Schlaglichter geworfen, indem sie einen„Grundrechtsbeachtungsanspruch" zu Gunsten der privaten Anbieter feststellte. Diese noch wenig konturierte Figur der Grundrechtsträgerschaft und die aus ihr folgenden, mit neuen Wertigkeiten belegten Abwägungsvorgänge haben eine Anzahl von Gerichtsverfahren ausgelöst, im Rahmen derer sich die Rechte und Pflichten der an der Rundfunkveranstaltung beteiligten Akteure anders darstellen, als dies noch zu Zeiten der stringenten Rechtsprechung des Bayerischen Verfassungsgerichtshofes der Fall war. Im Mittelpunkt steht letztendlich jedoch stets die Gewährleistung eines freien Rundfunks, da sich „Rundfunkverwaltungsrecht" immer als „konkretisiertes Verfassungsrecht" darstellt[9].

B. Problemstellungen und organisatorische Möglichkeiten auf dem Weg zur Vielfaltserzielung im bayerischen Rundfunkmodell

Die der Gewährleistung der Rundfunkfreiheit innewohnenden und von der Rundfunkordnung zu lösenden Probleme resultieren weniger aus dem Inhalt des Gewährleistungsauftrages als aus dem diesen umgebenden, tatsächlichen Umfeld. Kommerzielle Rundfunkveranstaltung unterliegt anderen Voraussetzungen als die vorwiegend gebührenfinanzierte Tätigkeit der öffentlich-rechtlichen Rundfunkanstalten. Hieraus ergeben sich weitreichende Konsequenzen auch für die bayerische Rundfunkordnung.

I. Werbefinanzierung und Programmqualität

Meinungsvielfalt im Rundfunk vermittelt sich ausschließlich über die ausgestrahlten Programminhalte. Ausgehend von der „öffentlichen Aufgabe" des Rundfunks läge es daher nahe, Rundfunkveranstaltungen als öffentliche Güter

---

[8] BVerfGE 97, 298

[9] Bethge, NVwZ 1997, 1, 2

einzuordnen, von deren Teilhabe niemand aufgrund von Marktgesetzlichkeiten ausgeschlossen werden dürfte[10]. Durch die alleinige Finanzierung privaten Rundfunks durch Werbeeinnahmen zeichnet sich jedoch ein anderes Bild: Werden die Kriterien des ökonomischen Leistungswettbewerbs auf die Bedingungen der Rundfunkveranstaltung übertragen, so hat dies zur Folge, daß Rundfunkprogramme von ihren Veranstaltern in erster Linie als „Waren" betrachtet werden, die nur dann erfolgversprechend angeboten und produziert werden, wenn auch ein hinreichender Bedarf im Sinne kaufkräftiger Nachfrage besteht[11]. Werbefinanzierte Programme haben also begriffsnotwendig eine spezifische Ausrichtung auf den kommerziellen Erfolg, deren Entsprechung mit den in den Rundfunk gesetzten Funktionserwartungen zumindest fraglich erscheint[12]:

Werbefinanzierte und damit kommerzielle Rundfunkunternehmen streben in erster Linie nach Gewinnmaximierung[13]. Für die Programmproduktion werden daher so geringe Kosten wie möglich aufgewandt, was entsprechende Folgen für die Programmqualität nach sich ziehen kann[14]. Werbefinanzierte Programme werfen um so mehr Gewinn ab, je teurer die jeweilige Werbebotschaft den Werbetreibenden kommt. Die Bereitschaft der werbetreibenden Industrie, hohe Kosten für Werbung im Rundfunk aufzuwenden, orientiert sich an der daraus folgenden Absatzmöglichkeit des beworbenen Produktes. Diese wiederum steht in unmittelbarem Zusammenhang mit der Kaufkraft von Zielgruppen. In der Regel ist deshalb die Zielgruppe eines Programms mit der Zielgruppe der dieses Programm umrahmenden Werbebotschaften identisch. Dies bedingt eine zusätzliche Konkurrenz privater Rundfunkanbieter untereinander um die entsprechenden Zielgruppen. Konsequenz ist eine Vervielfachung gleichartiger Programmangebote, die der Meinungsvielfalt nicht zuträglich ist[15]. Unter diesem Gesichtspunkt

---

[10] Lange, Kommerzielle Ziele und binnenpluralistische Organisation bei Rundfunkveranstaltern, 1980, S. 42

[11] Instruktiv zu der hieraus resultierenden Forderung nach Deregulierung der Rundfunkordnung siehe Hoffmann-Riem, Erosionen des Rundfunkrechts, 1990, S. 10ff.

[12] Wieland, Die Freiheit des Rundfunks, 1984, S. 132ff.; Lange, Kommerzielle Ziele und binnenpluralistische Organisation bei Rundfunkveranstaltern, 1980, S. 42; Stettner, ZUM 1992, 476 476f.

[13] Schmidt, Die Rundfunkgewährleistung, 1980, S. 73f.; Wieland, Die Freiheit des Rundfunks, 1984, S. 132

[14] Lange, Kommerzielle Ziele und binnenpluralistische Organisation bei Rundfunkveranstaltern, 1980, S. 44; vgl. auch BVerfGE 73, 118, 155: Private Rundfunkveranstalter stehen vor der wirtschaftlichen Notwendigkeit, „möglichst massenattraktive, unter dem Gesichtspunkt der Maximierung der Zuschauer- und Hörerzahlen erfolgreiche Programme zu niedrigen Kosten verbreiten".

[15] Treffend Kiefer, Überflüssig oder unverzichtbar?, in: Kehm/Kiefer, Grundversorgung, 1996, S. 27ff., Media Perspektiven 1985, 15, 21: „Wer dem Credo des FCC-Vorsitzenden Mark Fowler folgt: „the public's interest defines the public interest", verzichtet auf wesentliche Leistungen des Mediums Rundfunk." Vgl. auch Lange, Kommerzielle Ziele und binnen-

kann wirtschaftliche Konkurrenz unter Rundfunkanbietern auch eine Vergeudung von wirtschaftlichen und technischen Ressourcen durch die vervielfachte Produktion immer gleicher Programme bedeuten. Eine vielleicht sogar unbeschränkte Vielzahl von Rundfunkangeboten ist daher nicht *per se* ein Garant für das Entstehen von Meinungsvielfalt. Vielmehr bleibt für einen publizistischen Wettbewerb unter den Veranstaltern nur soviel Raum, wie der ökonomische Wettbewerb ihn zuläßt[16].

Die gesamte werbefinanzierte Rundfunkveranstaltung ist durch diese Mehrdimensionalität gekennzeichnet: Einerseits ist sie der Gewährleistung der Rundfunkfreiheit und damit dem publizistischen Wettbewerb verpflichtet, andererseits aber erwerbswirtschaftlich am ökonomischen Wettbewerb orientiert. Die Programmtätigkeit soll also gleichsam sowohl kommerziell als auch nichtkommerziell beschaffen sein[17]. Diese Spannungslage soll durch die Rundfunkordnung aufgefangen werden, wobei zu Recht bemerkt worden ist, daß möglicherweise die „Dynamik des Rundfunkmarktes die Entwicklung stärker bestimmt als es das gesetzte Recht kann“[18].

II. Öffentlich-rechtlich getragener Rundfunk als alternativer Lösungsweg

Unter Rekurs auf die eben genannten Grundsätze von Rundfunkmarkt und Rundfunkqualität erscheint der vom bayerischen Verfassungsgeber gewählte Weg eine alternative Lösung zwischen dualer Rundfunkordnung und öffentlich-rechtlichem Anstaltsfunk anzubieten. Durch den in Bayern gewählten Mittelweg eines funktionenteiligen öffentlich-rechtlichen Rundfunkmodells unter Einbin-

---

pluralistische Organisation bei Rundfunkveranstaltern, 1980, S. 44; Frank, Vielfalt durch Wettbewerb?, 1987, S. 137

16 So schon Schmidt, Die Rundfunkgewährleistung, 1980, S. 22; Pukall, Meinungsvielfalt im Rundfunk nach der audiovisuellen Revolution, 1993, S. 77; vgl. auch BVerfGE 83, 238, 311: „Aus der Sicht der Werbung treibenden Wirtschaft stellt sich das Rundfunkprogramm in erster Linie als Umfeld von Werbesendungen dar. Ob und in welchem Maß Rundfunkwerbung ihre Adressaten erreicht, hängt für die werbende Wirtschaft von der Attraktivität des Programmumfeldes ab. Diese bemißt sich nach der Einschaltquote. Ein von Werbeeinnahmen abhängiger Rundfunkveranstalter muß darauf Rücksicht nehmen und seine Programmplanung in starkem Maß an Einschaltquoten ausrichten.“ Treffend auch Owen/Beebe, Television Economics, 1974, S. 4: „The first and most serious mistake that an analyst of the television industry can make is to assume that TV stations are in business to produce programs. They are not. TV stations are in business to produce *audiences*. These audiences or means of access to them, are sold to advertisers. The product of a TV station is measured in dimensions of people and time.“ Zitiert bei Lange, Kommerzielle Ziele und binnenpluralistische Organisation bei Rundfunkveranstaltern, 1980, S. 43; vgl. auch so auch Schmidt, Die Rundfunkgewährleistung, 1980, S. 88; Kelm, Media Perspektiven 1989, 1, 2

17 Stock, AfP 1989, 627ff., 629; Kiefer, Überflüssig oder unverzichtbar?, in: Kehm/Kiefer, Grundversorgung, 1996, S. 27ff., Media Perspektiven 1994, 430ff., 431

18 Hoffmann-Riem, Erosionen des Rundfunkrechts, 1990, S. 11

dung privaten Rundfunkengagements erfährt das Spannungsfeld zwischen dem verfassungsrechtlichen Auftrag der Vermittlung von Meinungsvielfalt und den Anforderungen eines privat finanzierten Rundfunkprogramms eine neue, regulierende Facette:

Auf der einen Seite produziert und vermarktet der private Anbieter sein Programm in eigener Regie, ist aber gleichzeitig an die hohen Qualitätsanforderungen eines öffentlich-rechtlich getragenen Rundfunks gebunden. Auf der anderen Seite agiert die Bayerische Landeszentrale für neue Medien (BLM) als verantwortliche Trägerin eines ihr zurechenbaren und von ihr verantworteten und veranstalteten Rundfunks, ist also in erster Linie ihrem verfassungsmäßigen Auftrags einer vielfältigen Rundfunkveranstaltung verpflichtet. Die Interessenlagen von öffentlich-rechtlicher Trägereinheit und Anbieter sind so unterschiedlich oder gar gegenläufig nicht, wie es auf den ersten Blick scheint. Das, was der private Anbieter an privatem Engagement und wirtschaftlichem Risiko mit dem vorrangigen Ziel der Gewinnerzielung einsetzt, muß einfachgesetzlich in ein System eingebettet werden, das sowohl den Anforderungen der Meinungsvielfalt als auch den Anforderungen der Wirtschaftlichkeit in geeignetem Maße Rechnung trägt. Das Auseinanderfallen von Programmverantwortung und Programmgestaltung soll so zu einem hochwertigen und vielfältigem öffentlich-rechtlichen Rundfunksystem führen, das durch privates Engagement gestalterisch ausgefüllt und bereichert wird.

Die vorliegende Arbeit möchte das bayerische Rundfunkmodell insbesondere unter dem Gesichtspunkt der Umsetzung des verfassungsrechtlichen Auftrages der Gewährleistung eines freien Rundfunks durch organisatorische Maßnahmen beleuchten. Hierzu zählt neben der einfachgesetzlichen Ausgestaltung der Rundfunkfreiheit insbesondere die Organisation privater Rundfunkangebote in einem öffentlich-rechtlichen Rundfunkmodell, also die Verteilung der materiellen, technischen und personellen Ressourcen auf das Verbreitungsgebiet.

Die gegebenen gesetzlichen Vorgaben in Gestalt von Kompetenzverteilungen, rechtlichen und tatsächlichen Handlungsspielräumen und organisatorischen Vorgaben sollen auf ihre Effizienz und verfassungsrechtliche Rechtfertigung hin untersucht werden. Die Stellung der BLM und der privaten Anbieter im verfassungsrechtlichen wie einfachgesetzlichen Gefüge bildet hierbei einen der wesentlichen Kernpunkte. Organisationsunabhängige Aspekte, wie etwa Regelungen zum Jugendschutz, Werbung und Sponsoring, Gegendarstellungsrecht, Datenschutz u.ä. sollen dabei im Hinblick auf die Themenstellung der vorliegenden Arbeit außer Betracht bleiben.

Kapitel 1

Grundlagen der Rundfunkveranstaltung in Bayern

A. Verfassungsrechtliche Grundlagen

Rundfunkorganisationsrecht ist in erster Linie „angewandtes Verfassungsrecht"[1]. Das Grundrecht der Rundfunkfreiheit ist in Art. 5 Abs. 1 Satz 2 GG niedergelegt und dient der gleichen Aufgabe wie alle Garantien des Art. 5 Abs. 1 GG, nämlich der Gewährleistung freier individueller und öffentlicher Meinungsbildung[2].

Als unmittelbar geltendes Recht binden die Grundrechte des Grundgesetzes gem. Art. 1 Abs. 3 GG Gesetzgebung, vollziehende Gewalt und die Rechtsprechung von Bund und Ländern. Den Landesverfassungen steht es grundsätzlich frei, über die Bundesgrundrechte hinausgehende subjektive Rechte von Grundrechtsrang auch in den Landesverfassungen vorzusehen. Jedwede Verkürzung der vom Grundgesetz gewährten Rechte und Freiheiten ist dagegen gem. Art. 142 GG ausgeschlossen[3]. Die Umsetzung durch den Landesgesetzgeber hat vielmehr in verfassungskonformer Art und Weise zu erfolgen. Rundfunkfreiheit nach bayerischen Verfassungs- und Landesrecht wird damit maßgeblich geprägt und überlagert von Grundrecht des Art. 5 Abs. 1 Satz 2 GG und der hierzu ergangenen Rechtsprechung des Bundesverfassungsgerichts[4]. Das Vorverständnis der verfassungsrechtlichen Grundlagen ist im Rahmen einer Untersuchung der nach dem BayMG gegebenen Organisationsmöglichkeiten privater Rundfunkangebote in Bayern von ausschlaggebender Bedeutung und soll im folgenden dargestellt werden.

---

[1] Jarass, Die Freiheit des Rundfunks vom Staat, 1981, S. 15; Lerche, Landesbericht, S. 16, 32; Hoffmann-Riem, Personalrecht der Rundfunkaufsicht, 1991, S. 18; Bethge, NJW 1997, 1ff., 2

[2] BVerfGE 12, 205, 260; 31, 314, 326; 35, 202, 222f.; 57, 295, 319f.; 59, 231, 257f.;73, 118, 152; Degenhart, K&R 2000, 49; Pieper/Wiechmann, ZUM 1995, 82ff., 87

[3] Franke, Staatsrecht in der Bundesrepublik Deutschland, 1998, S. 126

[4] Stettner, Rundfunkstruktur im Wandel, 1988, S. 2, 12; ders., ZfP 1994, 405ff. 411; Balda, Die duale Rundfunkordnung und der öffentlich-rechtliche Sonderweg des Freistaats Bayern, 1997, S. 25; vgl. auch BayVerfGH 30, 78, 95; 39, 96, 141; Schuler-Harms, Rundfunkaufsicht im Bundesstaat, Baden-Baden, 1995, S. 229 m.w.Nw.; zu Recht weist Badura darauf hin, daß die Entwicklung des Rundfunkrechts trotz der Gesetzgebungskompetenz der Länder vom Bundesverfassungsgericht als einer Institution des Bundes maßgeblich beeinflußt wurde, Badura, JA 1987, 180ff.; vgl. hierzu ebenfalls kritisch Bethge, ZG 1995, 101ff., ders., Rundfunkfreiheit in Bayern, in: BLM-Symposion Medienrecht 1998, 1999, S. 19ff., S. 23

I. Der Rundfunkbegriff

Um die verfassungsrechtliche Gewährleistung der Rundfunkfreiheit beurteilen zu können, ist zunächst der Begriff des Rundfunks zu definieren. Das Grundgesetz selbst enthält keine Definition des Begriffes Rundfunk[5]. Eine letztverbindliche Definition des verfassungsrechtlich vorgegebenen[6] Begriffes Rundfunk ist dem einfachen Gesetzgeber allein entzogen, da dieser anderenfalls in der Lage wäre, den Umfang der Grundrechtsverbürgung inhaltlich zu begrenzen[7]. Die auf einfachgesetzlicher Ebene erfolgende Definition hat sich also stets am Schutzbereich der Rundfunkfreiheit zu orientieren.

1. Einfachgesetzliche Definitionen

Art. 5 Abs. 1 Satz 2 GG beinhaltet den Ausdruck „Rundfunk" und meint damit den Rundfunk als Institution[8]. Diese umfaßt ganz allgemein das Fernsehen sowie den Hörfunk[9], wobei sich diese Definition lediglich auf die Möglichkeiten der Wahrnehmung durch den Rezipienten bezieht und daher weiterer Konkretisierung bedarf[10]. § 2 Abs. 1 Satz 1 RStV enthält folgende Definition: „Rundfunk ist die für die Allgemeinheit bestimmte Veranstaltung und Verbreitung von Darbietungen aller Art in Wort, in Ton und in Bild unter Benutzung elektromagnetischer Schwingungen ohne Verbindungsleitung oder längs oder mittels eines Leiters. Der Begriff schließt Darbietungen ein, die verschlüsselt verbreitet werden oder gegen besonderes Entgelt empfangbar sind."[11]

Dieser Wortlaut wurde in Art. 1 Abs. 2 Satz 1 und 2 BayMG übernommen. Die Definition umfaßt die analoge wie die digitale Rundfunktechnik unter Einbeziehung verschlüsselter oder nur gegen besonderes Entgelt empfangbarer Pro-

---

[5] Hierzu Stender, Staatsferne, 1987, S. 34, Fn. 1; Rodewald, Durchsetzung von Programmbindungen und Programmgrundsätzen gegenüber Privatrundfunkveranstaltern, 1996, S. 10; Janik, AfP 2000, 7ff.

[6] Schote, Die Rundfunkkompetenz des Bundes als Beispiel bundesstaatlicher Kulturkompetenz in der Bundesrepublik Deutschland, 1999, S. 3

[7] BVerfGE 74, 297, 350; Bornemann/Kraus/Lörz, BayMG, Art. 1, Rn.8; Gersdorf, Der verfassungsrechtliche Rundfunkbegriff im Lichte der Digitalisierung der Telekommunikation, Schriftenreihe der Hamburgischen Anstalt für neue Medien, Bd. 11, 1995, S. 82ff; Vahrenhold, Die Stellung der Privatfunkaufsicht im System staatlicher Aufsicht, 1992, S. 41; Pieper/Wiechmann, ZUM 1995, 82ff., 86; Schote, Die Rundfunkkompetenz des Bundes als Beispiel bundesstaatlicher Kulturkompetenz in der Bundesrepublik Deutschland, 1999, S. 5; Schumacher, Freiheitsgestaltende Programmauflagen für den privaten Rundfunk, 1995, S. 13; a.A. Janik, AfP 2000, 7ff., 9

[8] BVerfGE 12, 205, 228

[9] BVerfGE 12, 205, 226, 259ff.; vgl. statt vieler Lerche, Landesbericht, S. 22, 87

[10] Schumann, Neue Medien und privater Rundfunk in Bayern, 1993, S. 18f.

[11] Vgl. auch Meder, Die Verfassung des Freistaates Bayern, 1992, Art. 111a, Rdnr. 1a; BayVerfGH 30, 78, 93; 39, 96, 164

gramme (sog. Pay-TV)[12]. Nach Inkrafttreten des MediendiensteStV[13] fallen die sog. Textdienste als Mediendienste nicht unter den Rundfunkbegriff[14], § 2 Abs. 1 Satz 2 RStV. Die bloße Weiterverbreitung von Rundfunkprogrammen[15] stellt ebenfalls keine Rundfunkveranstaltung im Sinne des BayMG dar, Art. 1 Satz 1 BayMG. Die inhaltliche Ausfüllung der Begriffsmerkmale[16] „Allgemeinheit"[17], „Verbreitung" und „Darbietung" ist insbesondere im Hinblick auf die neuen Mediendienste[18] strittig und nach wie vor im Flusse[19].

2. Fernmeldetechnischer und kulturrechtlicher Rundfunkbegriff

Seit dem ersten Rundfunkurteil des Bundesverfassungsgerichts[20] wird weiterhin zwischen dem fernmeldetechnischen und dem kulturrechtlichen Regelungsbereich des Rundfunkbegriffs unterschieden, wobei ersterer den Rundfunk als technischen Sendebetrieb und letzterer den Rundfunk als programmlichen, inhaltlich-publizistischen Betrieb begreift[21]. Die Definition ist insbesondere für die

---

12 Amtliche Begründung zu Art. 1 Abs. 2 BayMG, abgedruckt in Bornemann/Kraus/Lörz, BayMG, Art. 1

13 Siehe hierzu Janik, AfP 2000, 7ff., 9f.

14 Vgl. eingehend, Bornemann/Kraus/Lörz, BayMG, Art. 1, Rdnr. 8a; Ring, ZUM 1998, 358ff., 359f.; Kuch, ZUM 1997, 225ff.

15 Vgl. hierzu Stettner, Die Rechtspflicht der Landesmedienanstalten zur Kabelbelegung unter Berücksichtigung europäischer Rechtsvorschriften, Schriftenreihe der Landesmedienanstalten, Band 8, 1998, S. 14

16 Vgl. hierzu ausführlich Hartstein/Ring/Kreile/Dörr/Stettner, Rundfunkstaatsvertrag, B 5, § 2, Rdnr. 6ff.

17 Grundlegend Stock, Medienfreiheit als Funktionsgrundrecht, 1985, S, 39ff.; Schote, Die Rundfunkkompetenz des Bundes als Beispiel bundesstaatlicher Kulturkompetenz in der Bundesrepublik Deutschland, 1999, S. 10ff.

18 Hierzu ausführlich Schote, Die Rundfunkkompetenz des Bundes als Beispiel bundesstaatlicher Kulturkompetenz in der Bundesrepublik Deutschland, 1999, S. 18ff.

19 Vgl. hierzu aus der Fülle der Literatur Degenhart, in: Dolzer/Vogel, (Hrsg.), Bonner Kommentar, Art. 5 Abs. 1 und 2 GG, Rdnr. 668ff.; Schuster, Meinungsvielfalt in der dualen Rundfunkordnung, 1990, S. 45ff.; Bornemann/Kraus/Lörz, BayMG, Art. 1, Rdnr. 9ff.; Vahrenhold, Die Stellung der Privatfunkaufsicht im System staatlicher Aufsicht, 1992, S. 42f.; Dörr, „Multimedia" und der Rundfunkbegriff, in: Dittmann (Hrsg.), Der Rundfunkbegriff im Wandel der Medien, Berlin, 1997, S. 124ff.; Herrmann, Rundfunkrecht, 1994, § 17, Rdnr. 19; Scheuner, Das Grundrecht der Rundfunkfreiheit, 1982, S. 49; Schmitt-Glaeser, Kabelkommunikation und Verfassung, 1979, S. 51f.; Herrmann, Fernsehen und Hörfunk in der Bundesrepublik Deutschland, 1975, S. 45f.; Stender, Staatsferne, 1987, S. 41f.; Janik, AfP 2000, 7ff., 8f.; Libertus, K&R 2000, 119ff., 120ff.; Pieper/Wiechmann, ZUM 1995, 82ff.; Wagner, Die Landesmedienanstalten, 1990, S. 22; Scholz, Audiovisuelle Medien, S. 34; Michel, ZUM 1998, 530ff.,351f.; Schulz, ZUM 1996, 487ff.

20 BVerfGE 12, 205

21 BVerfGE 12, 205, 226, 237; Schuster, Meinungsvielfalt in der dualen Rundfunkordnung, 1990, S. 44; Schmitt Glaeser, Kabelkommunikation und Verfassung, 1979, S. 46f.; Lerche, Rundfunkmonopol, 1970, S. 14ff.; vgl. auch Berendes, Die Staatsaufsicht über den Rundfunk, 1973, S. 32ff.; Rodewald, Durchsetzung von Programmbindungen und Programmgrundsätzen gegenüber Privatrundfunkveranstaltern, 1991, S. 10f.; Scholz, Audiovisuelle Medien und

Frage der Gesetzgebungskompetenz von Bund und Ländern maßgeblich[22]. Die technische, fernmelderechtliche Seite des Rundfunks unterfällt dem Fernmeldewesen im Sinne von Art. 73 Nr. 7 GG und damit der Gesetzgebungskompetenz des Bundes. Der kulturrechtliche Rundfunkbegriff hat seinen normativen Standort in Art. 5 Abs. 1 Satz 2 GG[23] und unterfällt keiner speziellen Kompetenzzuweisung des Grundgesetzes[24]. Er bildet den Schwerpunkt rundfunkrechtlicher Regelung, da die technische Form der Verbreitung nicht Teil, sondern lediglich Mittel zur Kommunikation im Wege des Rundfunks ist.

3. Die Dynamik des Rundfunkbegriffes

Zunehmend wird im Hinblick auf die Gefahr der Deregulierung[25] der Rundfunkfreiheit durch den Wandel und die Neuschaffung von Übertragungstechniken[26] und Mediendiensten[27] ein dynamischer[28], und zukunftsoffener[29] Rundfunkbegriff befürwortet, der einem „Individualisierungspotential neuer Kommunikationstechniken“[30] vorgreifen soll. Das Grundrecht der Rundfunkfreiheit entfaltet seine normative und freiheitssichernde Wirkung nur dort, wo es sich auch begrifflich um Rundfunk handelt. Eine Deregulierung durch Einengung des Rund-

---

bundesstaatliche Gesetzgebungskompetenz, 1976, S. 30ff.; Schote, Die Rundfunkkompetenz des Bundes als Beispiel bundesstaatlicher Kulturkompetenz in der Bundesrepublik Deutschland, 1999, 4f.

[22] Siehe hierzu Schmidt, Die Rundfunkgewährleistung, 1980, S. 25ff.; vgl. auch eingehend unten Kapitel 2, Konflikt von Rundfunkrecht und Wirtschaftsrecht

[23] BVerfGE 12, 205, 249; 31, 314, 326f.; Herrmann, Fernsehen und Hörfunk in der Bundesrepublik Deutschland, 1975, S. 222ff., 263ff.

[24] Eingehend Schmitt-Glaeser, Kabelkommunikation und Verfassung, 1979, S. 47f.; vgl. auch Bismarck, Neue Medientechnologien und Kommunikationsverfassung, 1983, S. 63ff.

[25] Hierzu Dörr, „Multimedia“ und der Rundfunkbegriff, in: Dittmann (Hrsg.), Der Rundfunkbegriff im Wandel der Medien, Berlin, 1997, S. 126; die Deregulierung im Wege der Einengung des Rundfunkbegriffes bedeutet zugleich einen Kompetenzverlust auf Seiten der Länder, da nicht unter den Rundfunkbegriff fallende Dienste als rein wirtschaftliche Betätigung in die Gesetzgebungskompetenz des Bundes fallen würden, vgl. Hesse, Rundfunkrecht, 1999, S. 78

[26] Zur Digitalisierung und zum „interaktiven“ Rundfunk vgl. eingehend Pieper/Wiechmann, ZUM 1995, 82ff.

[27] Siehe hierzu Ory, AfP 1994, 18ff.; Hesse, Rundfunkrecht, 1999, S. 78ff.

[28] So Badura, Zur grundrechtlichen, gebühren- und europarechtlichen Auslegung des Rundfunkbegriffs; in: Dittmann (Hrsg.), Der Rundfunkbegriff im Wandel der Medien, Berlin, 1997, S. 119; Jarass, AfP 1998, 133; Janik, AfP 2000, 7ff.; Poll, Fernsehspartenprogramme und Pluralismus, 1998, S. 31; Eberle, Aufbruch ins digitale Zeitalter, 1994, S. 14; Schumacher, Freiheitsgestaltende Programmauflagen für den privaten Rundfunk, 1995, S. 12

[29] Hoffmann-Riem, AfP 1996, 13ff.; Michel, ZUM 1998, 350ff.; Janik, AfP 2000, 7ff., 8; Eberle, Aufbruch ins digitale Zeitalter, 1994, S. 14

[30] Stock, Landesmedienrecht im Wandel, 1986, S. 31; vgl. zur Begriffsbestimmung nach technischen Sachverhalten eingehend Hesse, Rundfunkrecht, 1999, S. 78ff.

funkbegriffs hätte nicht nur einen Kompetenzverlust der Länder zur Folge[31], sondern auch und gerade eine Einengung des grundrechtlichen Schutzbereiches.

So fordert das Bundesverfassungsgericht einen „umfassenden“ Rundfunkbegriff, der die technischen Entwicklungen in ausreichendem Maße zu berücksichtigen in der Lage sein muß[32]. Die normative Wirkung des Rundfunkbegriffes kann im Wandel der Techniken nur dann Bestand haben, wenn sie nicht nur an alte Techniken anknüpft und so die neuere Entwicklung von ihrer Geltung ausschließt[33]. Entscheidend ist die publizistische Wirkung[34], die massenkommunikative Vermittlung[35] bei der Veranstaltung von Rundfunk. Rundfunk ist demnach danach zu definieren, inwieweit die neuen Dienste von ihrem Inhalt her geeignet sind, die freie umfassende und wahrheitsgemäße öffentliche Meinungsbildung als Medium und Faktor zu beeinflussen[36]. Die Definition des Rundfunkbegriffes ist daher nicht Voraussetzung, sondern Ergebnis „der im Interesse der Gefahrenabwehr für die öffentliche Meinungsbildung für notwendig gehaltenen Regulierung“[37].

---

[31] Hesse, Rundfunkrecht, 1999, S. 78
[32] BVerfGE 74, 297, 350ff.; 83, 238, 302
[33] Hesse, Rundfunkrecht, 1999, S. 81, Rodewald, Durchsetzung von Programmbindungen und Programmgrundsätzen gegenüber Privatrundfunkveranstaltern, 1996, S. 11; vgl. auch Stock, Landesmedienrecht im Wandel, S. 30ff.; Schote, Die Rundfunkkompetenz des Bundes als Beispiel bundesstaatlicher Kulturkompetenz in der Bundesrepublik Deutschland, 1999, S. 6 formuliert den Begriff des Rundfunks daher treffend weniger als Rechtsbegriff denn als „Erfahrungsgegenstand“, der anhand seiner tatsächlichen Erscheinungsform definiert werden könne. Bethge, ZG 1995, 101ff., 111f. sieht in der Entwicklungsoffenheit des Rundfunkbegriffs unter Hinweis auf die Idee der „living constitution“ eine Elastizität, die der Verfassung zugute kommt, da sie nicht in Gefahr gerät, „zur historischen Momentaufnahme zu erstarren“.
[34] Thaenert, Vielfaltsicherung als verfassungsrechtlicher Auftrag, in: Brosius, Fahr, Zubayr, (Hrsg.), Meinung, Meinungsvielfalt, Meinungsrelevanz, 1996, S. 87ff., S. 93; Herzog definiert den Rundfunk als „jede Übermittlung von Gedankeninhalten - sei es Berichterstattung sei es Meinungsäußerung - durch physikalische, insbesondere elektromagnetische Wellen“; Herzog in: Maunz/Dürig/Herzog, GG, Art. 5, I, II, Rn. 195; vgl. auch Hesse, Rundfunkrecht, 1999, S. 81; Eberle, Aufbruch ins digitale Zeitalter, 1994, S. 14
[35] Jarass, Die Freiheit der Massenmedien, 1978, S. 194
[36] Dittmann, Der Rundfunkbegriff im deutschen Recht - ein Kulturgut im multimedialen Wandel in: Dittmann (Hrsg.), Der Rundfunkbegriff im Wandel der Medien, Berlin, 1997, S. 32ff., 36; zustimmend Badura, Zur grundrechtlichen, gebühren- und europarechtlichen Auslegung des Rundfunkbegriffs; in: Dittmann (Hrsg.), Der Rundfunkbegriff im Wandel der Medien, Berlin, 1997, S. 118; ähnlich Dörr, „Multimedia“ und der Rundfunkbegriff, in: Dittmann (Hrsg.), Der Rundfunkbegriff im Wandel der Medien, Berlin, 1997, S. 123; Janik, AfP 2000, 7ff., 10; Pieper/Wiechmann, ZUM 1995, 82ff., 88; abweichend Schote, Die Rundfunkkompetenz des Bundes als Beispiel bundesstaatlicher Kulturkompetenz in der Bundesrepublik Deutschland, 1999, S. 24, der das Kriterium der Relevanz für die öffentliche Meinung für nicht praktikabel, weil zu wenig konturiert hält.
[37] Hesse, Rundfunkrecht, 1999, S. 81

II. Das Gewährleistungsgefüge des Art. 5 Abs. 1 S. 2 GG

Das Grundrecht der Rundfunkfreiheit ist in erster Linie von einem besonderen Verständnis seiner objektiven und subjektiven Inhalte geprägt. Eine weitere Besonderheit findet sich in der Notwendigkeit einer spezifischen organisatorischen Ausgestaltung zum Zwecke seiner Gewährleistung.

Im Hinblick auf die knappe[38] und abstrakte Formulierung[39] des Art. 5 Abs. 1 Satz 2 GG kommt der interpretativen Funktion der bundesverfassungsgerichtlichen Rechtsprechung im Rundfunkrecht besondere Bedeutung zu[40]. Dies gilt um so mehr, als die vom Bundesverfassungsgericht zur Rundfunkfreiheit entwikkelte Dogmatik zu den „eigenwilligsten Schöpfungen" des Spruchkörpers gezählt werden kann, die den Schluß zuläßt, das deutsche Rundfunkorganisationsrecht sei „auf diese Weise bis zu einem gewissen Grade angewandtes Verfas-

---

[38] Hesse, Rundfunkrecht, 1999, S. 60; siehe auch Barth, Rundfunkunternehmerfreiheit, 1990, S. 5

[39] Balda, Die duale Rundfunkordnung und der öffentlich-rechtliche Sonderweg des Freistaats Bayern, 1997, S. 29, bezeichnet die Formulierung gar als „äußerst lakonisch" und schließt damit eine Wortlautinterpretation fast aus; ähnlich Bethge, NJW 1997, 1ff., 2; vgl. auch Schmidt, Die Rundfunkgewährleistung, 1980, S 90 („fast karg"); Stock, Medienfreiheit als Funktionsgrundrecht, 1985, S. 2; Jarass, Die Freiheit der Massenmedien, 1978, S. 117; „magerer Text"; Lerche, Landesbericht, S. 90; zur Wortlauinterpretation vgl. auch Wieland, Die Freiheit des Rundfunks, 1984, S. 80ff.; Engelke, Die Interpretation der Rundfunkfreiheit des Grundgesetzes, 1992, S. 5ff. interpretiert das Grundrecht als strukturell offen, da dem Verfassungstext nicht zu entnehmen sei, ob der Zustand der Gewährleistung einer freien Berichterstattung durch den Rundfunk durch Handlungen des Staates herbeigeführt werden oder in Unterlassungen desselben bestehen soll und ob das Bestehen oder die Herbeiführung dieses Zustandes auf die Freiheit der Berichterstattung durch den Rundfunk bezogene subjektive Rechte der Rundfunkveranstalter voraussetzt oder nicht. Diese strukturelle Offenheit kann durch theoretische Interpretation und interpretative, insbesondere verfassungsgerichtliche Rechtsprechung überwunden werden. Gegen eine wortlautorientierte Interpretation Becker, Existenzgrundlagen öffentlich-rechtlicher und privater Rundfunkveranstalter nach dem Rundfunkstaatsvertrag, 1992, S. 93 unter Hinweis auf Schmitt-Glaeser, Kabelkommunikation und Verfassung, 1979, S. 143; Jarass, Die Freiheit der Massenmedien, S. 156; gleichzeitig darf jedoch nicht außer Acht gelassen werden, daß der gesamte Grundrechtskatalog blanketthaft und ausfüllungsbedürftig formuliert ist; hierzu Böckenförde, NJW 1974, 1529ff., m.w.Nw.

[40] Tettinger, Neue Medien und Verfassungsrecht, 1980, S. 4; für Hoffmann-Riem, Personalrecht der Rundfunkaufsicht, 1991,S. 74 ist in der Bundesrepublik wie in keinem anderen westlichen Industrieland der Rundfunk durch Richterrecht und nachfolgendes Gesetzesrecht geprägt worden. Siehe auch Benda, Die Vorgaben des Bundesverfassungsgerichts für eine private Rundfunkordnung, in: Hübner, (Hrsg.), Rechtsprobleme der privaten Rundfunkordnung, 1991, S. 5; Hesse, Rundfunkrecht, 1999, S. 45; Hoffmann-Riem, Personalrecht der Rundfunkaufsicht, 1991, S. 74; geschichtlicher Überblick über die „Tradition" medienpolitischer Auseinandersetzung in der Bundesrepublik bei Lange, Kommerzielle Ziele und binnenpluralistische Organisation bei Rundfunkveranstaltern, 1980, S. 16ff.; Badura, JA 1987, 180

sungs-Richterrecht geworden“[41]. Im Hinblick darauf, daß das Bundesverfassungsgericht „seine präjudiziellen Rechtsauffassungen als Maßstäbe verfassungsrechtlicher Beurteilung in grundsätzlichen Ausführungen und wiederkehrenden Formeln zusammenfaßt“, kann das die Rundfunkfreiheit umgebende Rundfunk“recht“ vor allem „exegetisch und dogmatisierend“ aus der Praxis des Spruchkörpers entwickelt werden[42].

1. Grundrecht zwischen Freiheit und Funktion

Das Grundrecht der Rundfunkfreiheit stellt im Gefüge der Freiheitsrechte einen vergleichsweise heftig umstrittenen Ausnahmefall dar. Auf der einen Seite klassisches Freiheitsrecht, wird es auf der andererseits als „Instrumentalrecht zur Verwirklichung von Informationsfreiheit“[43], als „Funktionsgrundrecht“[44], als „institutionelle Rahmengarantie[45]“ oder sogar als „inpersonale Freiheit“[46] bezeichnet.

Überwiegend wird bei der Interpretation der Rundfunkfreiheit zwischen einer objektiv-rechtlichen und einer subjektivrechtlichen Auslegung unterschieden. Außerdem finden sich die Begriffsmerkmale individualistisch, individual- und gesellschaftsrechtlich[47], institutionell[48], funktionell, rechtspositivistisch, die teilweise unterschiedlich und zu „ungleichen“ Paaren gebraucht werden[49].

Die Reibungspunkte zwischen der individual-rechtlichen und der institutionellen Auslegung der Rundfunkfreiheit werden besonders bei der Frage nach dem Subjekt dieser Freiheit und der Reichweite des aus ihr folgenden Grundrechtsschutzes virulent. Ein Eingehen auf die besondere Ambivalenz des Grundrechts der Rundfunkfreiheit ist auch im Rahmen dieser Arbeit erforderlich, da der verfassungsrechtlich eingebundene Handlungsspielraum jeder Landesmedienanstalt beim Zusammentreffen mit privaten Rundfunkveranstaltern oder -anbietern

---

[41] Lerche, Landesbericht, S. 32; zu der ähnlich gelagerten Problematik auf gemeinschaftsrechtlicher Ebene vgl. statt vieler Frey, Fernsehen und audiovisueller Pluralismus im Binnenmarkt der EG, 1999, S. 54ff.; Stettner, Die Stellung der BLM nach dem Bayerischen Mediengesetz, 1999, S. 27ff.

[42] Badura, JA 1987, 180ff., 180

[43] Starck, Rundfunkfreiheit als Organisationsproblem, 1973, S. 14; Hoffmann-Riem, Rundfunkfreiheit durch Rundfunkorganisation, 1979, S. 16 m.w.Nw.

[44] Siehe vor allem Stock, Medienfreiheit als Funktionsgrundrecht, 1985, passim

[45] Wieland, Die Freiheit des Rundfunks, 1984, passim; Böckenförde/Wieland, Die Freiheit des Rundfunks, 1984, AfP 1982, 77ff., 80f.

[46] Vesting, Prozedurales Rundfunkrecht, 1997, S. 153

[47] Jarass, Die Freiheit der Massenmedien, 1978, S. 119; Poll, Fernsehspartenprogramme und Pluralismus, 1998, S. 189

[48] BVerfGE 12, 205, 261; 31, 314, 326; hierzu Schmidt, Die Rundfunkgewährleistung, 1980, S. 17, mit Fn. 10

[49] Poll, Fernsehspartenprogramme und Pluralismus, 1998, S. 189; siehe auch Ladeur, AfP 1998, 141ff.

maßgeblich durch das verfassungsrechtliche Vorverständnis strukturiert wird[50]. Dies gilt im besonderen für das bayerische Modell einer öffentlich-rechtlichen Trägerschaft unter Einbindung privater Anbieter.

a) Die Rundfunkfreiheit in der Rechtsprechung des Bundesverfassungsgerichts

Das Bundesverfassungsgericht hat sich mit der Bedeutung, Struktur und materiellem Gehalt des Grundrechts der Rundfunkfreiheit seit dem Jahre 1961 in zahlreichen Entscheidungen auseinandergesetzt und seine Interpretation in konkretisierender Form bis zum heutigen Tage weitergeführt[51]. Die Interpretation folgt vor allem einer systematisch-teleologischen Auslegung[52] und begreift die Rundfunkfreiheit in erster Linie als institutionelle Freiheit[53], deren subjektiv-rechtlichen Gehalte von einer objektiv-rechtlichen Deutung überlagert werden[54].

Ausgangspunkt der Überlegungen des Bundesverfassungsgerichts ist die Funktion öffentlicher und individueller Kommunikation in einer Demokratie[55]. Dies ist zunächst auf die besondere, „schlechthin konstituierende Bedeutung"[56], die das Bundesverfassungsgericht den Garantien des Art. 5 Abs. 1 GG für eine freiheitliche demokratische Grundordnung beimißt, zurückzuführen. Wesentliches Merkmal einer Demokratie ist deren Öffentlichkeit[57], und damit die Möglichkeit

---

50 Ähnlich Rodewald, Durchsetzung von Programmbindungen und Programmgrundsätzen gegenüber Privatrundfunkveranstaltern, S. 14

51 Überblick z. B. bei Becker, Existenzgrundlagen öffentlich-rechtlicher und privater Rundfunkveranstalter nach dem Rundfunkstaatsvertrag, 1992, S. 55ff.; Wieland, Die Freiheit des Rundfunks, 1984, S. 18ff.; siehe auch Stock, Medienfreiheit als Funktionsgrundrecht, 1985, S. 289ff. mit „Meilensteinen" der älteren, auch landesgerichtlichen Judikatur zur Rundfunkfreiheit; Gersdorf, Staatsfreiheit des Rundfunks in der dualen Rundfunkordnung, 1991, S. 22

52 Balda, Die duale Rundfunkordnung und der öffentlich-rechtliche Sonderweg des Freistaats Bayern, 1997, S. 30; Hesse, Rundfunkrecht, 1999, S. 60; allgemein zu den verschiedenen Auslegungsmethoden Brugger, Rundfunkfreiheit und Verfassungsinterpretation, 1991, S. 9ff.

53 BVerfGE 12, 205, 259ff.; 31, 314, 326; hierzu Bethge, Die verfassungsrechtliche Problematik der Zulassung von Rundfunkveranstaltern des Privatrechts, 1981, S. 5, 18; Vesting, Prozedurales Rundfunkrecht, 1997, S. 151f.

54 Degenhart, in: Dolzer/Vogel, (Hrsg.), Bonner Kommentar, Art. 5 Abs. 1 und 2 GG, Rdnr. 623

55 Hesse, Rundfunkrecht, 1999, S. 60

56 BVerfGE 7, 198, 208; 10, 118, 121; 12, 113, 125; 20, 56, 97; 28, 55, 63; 33, 1, 15; 62, 116, 133

57 Die freie öffentliche Meinung ist „unabdingbare Instanz der Legitimierung, Kritik und Kontrolle des Herrschaftssystems, Badura, Verfassungsrechtliche Bindungen der Rundfunkgesetzgebung, 1980, S. 26; vgl. auch Bethge, Die verfassungsrechtliche Problematik der Zulassung von Rundfunkveranstaltern des Privatrechts, 1981, S. 42ff.; Ossenbühl, Rundfunk zwischen Staat und Gesellschaft, S. 43; Hesse, Rundfunkrecht, 1999, S. 62, 140; Hartstein/Ring/Kreile/Dörr/Stettner, Rundfunkstaatsvertrag, B 5, vor § 11, Rdnr. 8

einer öffentlichen Meinungsbildung im Wege der Kommunikation[58]. Dem Rundfunk wird in Rahmen dieses Prozesses zu Recht eine überragende Position aufgrund seiner im Vergleich zur Presse stärkeren Intensität[59], Breitenwirkung[60] und seiner besonderen Suggestivkraft[61] zugeschrieben. Aufgrund ihrer Authentizität[62] und Einmaligkeit der Übertragung[63] sowie der „Kombination von technischer Fertigkeit und psychologischer Eindringlichkeit"[64] stellt der Rundfunk ein „Machtmittel allerersten Ranges" dar, dem ein Bequemlichkeits-[65], Aktualtiäts- und Glaubwürdigkeitsvorsprung gegenüber anderen Medien[66] zugesprochen wird. Der Rundfunk ist damit ein öffentliches Forum, auf dem aufgrund der oben genannten Wirkungsmöglichkeiten Meinungsbildung in ganz außerordentlich starkem und breitenwirksamen Maße stattfindet[67].

Aus der grundlegenden Bedeutung des Rundfunks für die öffentliche Meinungsbildung leitet das Bundesverfassungsgericht sodann seine Aufgabe ab: Schutz- und Ordnungsziel eines freien Rundfunks ist die Gewährleistung der Freiheit der öffentlichen und individuellen Meinungs- und Willensbildung[68]. Freie Meinungsbildung vollzieht sich in einem Prozeß der Kommunikation[69], der es erlaubt, Meinungen zu äußern und zu verbreiten, geäußerte Meinungen zu Kenntnis zu nehmen und sich auf diese Weise zu informieren[70]. Der Rundfunk hat die Aufgabe, die freie individuelle und öffentliche Meinungsbildung in einem nicht

---

58 Lange, Kommerzielle Ziele und binnenpluralistische Organisation bei Rundfunkveranstaltern, 1980, S. 9, 11; Scheble, Perspektiven der Grundversorgung, 1994, S. 99; Mailänder, Konzentrationskontrolle, 2000, S. 38f.; Fromm, Öffentlich-rechtlicher Programmauftrag und Rundfunkföderalismus, 1998, S. 21

59 Pieper/Wiechmann, ZUM 1995, 82ff., 88; Schmidt, Die Rundfunkgewährleistung, 1980, S. 81

60 BVerfGE 35, 202, 226f.; 54, 208, 216

61 BVerfGE 90, 60, 87

62 Schmidt, Die Rundfunkgewährleistung, 1980, S. 79

63 Doll, Spannweite, 1986, S. 13

64 So Stern/Bethge, Öffentlich-rechtlicher und privatrechtlicher Rundfunk, 1971, S. 42; Doll, Spannweite, 1986, S. 11f.; ähnlich Starck, Rundfunkfreiheit als Organisationsproblem, 1973, S. 8ff.

65 Rundfunkkonsum mit dem Ziele der Entspannung ist per se ein eher unkritisches Verhalten, die Fähigkeit zur Kritik jedoch ein unverzichtbares Element der eigenen Meinungsbildung; vgl. Starck, Rundfunkfreiheit als Organisationsproblem, 1973, S. 10.

66 Doll, Spannweite, 1986, S. 12 m.w.Nw.

67 Di Fabio, Der Schutz der Menschenwürde durch Allgemeine Programmgrundsätze, München, 2000, S. 10, spricht treffend von einem Marktplatz, „auf dem das Bild des Menschen buchstäblich erzeugt wird."; gegen eine besondere Wirkung des Mediums wendet sich nur Hain, Rundfunkfreiheit und Rundfunkordnung, 1993, S. 52ff., der dem Rundfunk lediglich eine „andere" Wirkungsweise bescheinigt.

68 Siehe auch Hesse, Rundfunkrecht, 1999, Vorwort; Poll, Fernsehspartenprogramme und Pluralismus, 1998, S. 131

69 BVerfGE 57, 295, C, II, 1 a)

70 BVerfGE 57, 295, C, II, 1 a)

auf bloße Berichterstattung oder die Vermittlung politischer Meinungen beschränkten, sondern jede Vermittlung von Information und Meinung umfassenden Sinn[71] zu gewährleisten. Rundfunk ist dabei mehr als nur „Medium" der öffentlichen Meinungsbildung; er ist ein eminenter „Faktor" [72] der öffentlichen Meinungsbildung[73].

Aus dieser Eigenschaft des Rundfunks folgert das Bundesverfassungsgericht, Rundfunk sei eine primär der Meinungsbildung dienende Freiheit, und zwar sowohl in ihren subjektiven und objektiven Elementen[74]. Die Gewährleistung eines freien Rundfunks wird als öffentliche Aufgabe und als in öffentlicher Verantwortung stehend qualifiziert[75], die es verbietet, den Rundfunk dem freien Spiel der Kräfte zu überlassen[76].

Neben seinen objektiv-rechtlichen Überlegungen stellt das Bundesverfassungsgericht auch klar, daß der individualrechtliche Gehalt des Grundrechts nicht in Frage zu stellen ist. Das Grundrecht entfaltet wie jedes Freiheitsrecht seinen Schutz auch und zuerst gegenüber dem Staat[77]. Kernbereich des Grundrechtsschutzes ist dabei die Programmfreiheit des Rundfunkveranstalters im Sinne eines Verbots jeglicher fremder Einflußnahme auf Auswahl, Inhalt und Gestaltung der Rundfunkprogramme[78]. Auch hat das Bundesverfassungsgericht ausdrücklich festgestellt, daß die Veranstaltung privaten Rundfunks durch den Gesetzgeber nicht in unzulässig hohem Maße erschwert werden dürfe und hierin deutlich die aus Art. 5 Abs. 1 Satz 2 GG folgende individualrechtlichen Seite der Rundfunkfreiheit auch außerhalb öffentlich-rechtlicher Veranstalterstrukturen angesprochen[79].

Die subjektiv-rechtliche Wahrnehmung der Rundfunkfreiheit wird nach Ansicht des Bundesverfassungsgerichts allerdings von der funktionalen, institutionellen

---

[71] BVerfGE 57, 295, 319

[72] Vgl. hierzu Henn, Die Sicherung von Meinungs- und Informationsvielfalt in neueren Rundfunkordnungen, 1993, S. 102f.: „Während der Begriff „Medium" eine Selbstverständlichkeit benennt, verlangt der Begriff „Faktor" vom Rundfunk nicht allein passives, sondern auch aktives Element der Meinungsbildung zu sein. Diese Akzentuierung ist eine Eigenheit der bundesdeutschen Rundfunkordnung (...)."

[73] BVerfGE 12, 205, E, III; 59, 231, 257; 60, 53, 64, und damit „*Lebens*elexier" einer Demokratie, Bethge, ZUM 1987, 199ff., 202 (Hervorhebung vom Verfasser)

[74] BVerfGE 57, 295, 320; 74, 297, 323; 83, 238, 295; 87, 181, 197; 95, 220, 236

[75] BVerfGE 12, 205 E, I 1 c; 57, 295, C II 1 c

[76] BVerfGE 31, 314, 325

[77] BVerfGE 7, 198, 204; 12, 205, 259f.; zuletzt 83, 238, 296

[78] BVerfGE 12, 205, 261f.; 31, 314, 326ff.; 57, 295, 320, 333ff.; 73, 118, 152ff., 83, 238, 296; 87, 181, 201; 90, 60, 88; Schuler-Harms, Rundfunkaufsicht im Bundesstaat, Baden-Baden, 1995, S. 111

[79] BVerfGE 73, 118, 157; 83, 238, 297; hierzu Rodewald, Durchsetzung von Programmbindungen und Programmgrundsätzen gegenüber Privatrundfunkveranstaltern, 1996, S. 22

und damit dienenden Funktion des Grundrechts überlagert[80]. Geschützt wird also wiederum in erster Linie der Rundfunk selbst in seiner institutionellen Eigenständigkeit, die abwehrrechtliche Seite der Rundfunkfreiheit schlägt somit weniger auf Seiten des Veranstalters als auf Seiten der Freiheit der Institution zu Buche. Dementsprechend hat das Bundesverfassungsgericht lange Zeit die entscheidenden Fragen nach der Dimension und Reichweite des grundrechtlichen Schutzes privater Veranstalter, insbesondere nach der Existenz einer originären grundrechtlichen Veranstalterfreiheit mit entsprechenden Zugangsansprüchen ausdrücklich offengelassen[81]. Nach der Entscheidung zum WDR-Gesetz ist jedoch klargestellt, daß privater Rundfunk nur auf gesetzlicher Grundlage zulässig sein soll[82].

Bei der Rundfunkfreiheit handelt es sich, so konzediert das Bundesverfassungsgericht schließlich, im Gegensatz zu anderen Freiheitsrechten des Grundgesetzes nicht um eine Grundrecht, „das seinem Träger zum Zwecke der Persönlichkeitsentfaltung oder Interessenverfolgung eingeräumt ist"[83]. Die subjektive Berechtigung steht damit unter dem Vorbehalt einer institutionellen Rahmengarantie[84], wobei dieser durch den Gesetzgeber zu schaffende Rahmen erst die Voraussetzung für die Ausübung von Freiheit schafft[85]. Die objektiv- und subjektivrechtlichen Elemente der Rundfunkfreiheit bedingen, stützen und durchdringen einander[86].

b) Überblick über den Meinungsstand in der Literatur

Die „schwierige Architektur"[87] des Art. 5 GG hat im Schrifttum zahlreiche Kommentatoren gefunden. Die vorliegende Arbeit möchte einen Überblick über den Stand der nicht enden wollenden Diskussion vermitteln.

(1) Rundfunkfreiheit als subjektiv-rechtliches Abwehrrecht

In der primär individualistisch ausgerichteten subjektiv-rechtlichen Argumentation beinhaltet Art. 5 Abs. 1 Satz 2 GG ein Grundrecht der privaten Rundfunk-

---

[80] BVerfGE 83, 238, 295ff.; Balda, Die duale Rundfunkordnung und der öffentlich-rechtliche Sonderweg des Freistaats Bayern, 1997, S. 39

[81] BVerfGE 57, 295, 318

[82] BVerfGE 83, 238; hierzu Balda, Die duale Rundfunkordnung und der öffentlich-rechtliche Sonderweg des Freistaats Bayern, 1997, S. 38

[83] BVerfGE 87, 181, 197

[84] Bethge, Rundfunkfreiheit und privater Rundfunk, 1985, S. 28

[85] Badura, Verfassungsrechtliche Bindungen der Rundfunkgesetzgebung, 1980, S. 24 sieht hierin die Pflicht des Gesetzgebers, „Räume der Freiheit" zu planen

[86] BVerfGE 7, 198, 204; 74, 297, 323

[87] Pestalozza, AfP 1995, 270ff., 272; zur Entstehungsgeschichte der Norm eingehend Böckenförde/Wieland, AfP 1982, 77ff., 79f.

gründungs- und –veranstaltungsfreiheit des Einzelnen[88], deren Schutz sich in erster Linie auf die Sicherung der individuellen Handlungsfreiheit des Grundrechtsträgers gegenüber dem Staat bezieht[89]. Das Recht zur freien Meinungsäußerung des Einzelnen wird auf die Berichterstattung mittels Rundfunk und damit in den Bereich der öffentlichen Meinungsbildung ausgedehnt[90], wobei Art. 5 Abs. 1 Satz 2 GG als „verstärkende Wiederholung und Weiterbildung" dieser grundrechtlichen Aussage gesehen wird und nicht als eine „derogierende lex specialis"[91]. Das öffentlich-rechtliche Rundfunkoligopol sei eine „künstliche Notlösung"[92], ein „Ersatzmodell der Freiheit"[93] gewesen, die das Grundrecht angesichts der sog. Sondersituation entprivatisiert, entsubjektivisiert[94] und eingefroren habe[95]. Die „natürliche Organisationsform der Freiheit"[96] entspräche einer Wahrnehmung der Verantwortung durch den Einzelnen im Sinne einer privatwirtschaftlichen Ordnung resp. eines Marktmodells. Die später vom Gesetzgeber zugelassene Öffnung des Rundfunks für private Veranstalter diente nach dieser Auffassung lediglich dem Zweck, das Individualgrundrecht herzustellen, das idealtypisch die Freiheit des Einzelnen in seiner Eigenart bedeute[97] und auf die Zulassung beliebiger Privatrechtssubjekte als der geborenen Träger der Rundfunkfreiheit und der natürlichen Adressaten der Freiheitsverbürgung ziele[98]. Weitere Argumente für ein individual-rechtliches und damit deutlich

---

[88] Herrmann, Fernsehen und Hörfunk, 1975, S. 117ff., 135; Klein, Die Rundfunkfreiheit, 1978, S. 41f.; Scheuner, AfP 1977, 371; Starck, NJW 1980, 1359ff.; Kull, AfP 1981, 380ff.; Selmer, Bestand- und Entwicklungsgarantien für den öffentlich-rechtlichen Rundfunk in einer dualen Rundfunkordnung, Berlin, 1988, S. 44ff.; Hain, Rundfunkfreiheit und Rundfunkordnung, 1993, S. 81f.

[89] Schmitt-Glaeser, Kabelkommunikation und Verfassung, 1979, S. 143; Klein, Die Rundfunkfreiheit, München 1978, S. 41f.

[90] Haensel, Fernsehmonopol, S. 154; Stender, Staatsferne, 1987, S. 76; Selmer, Bestand- und Entwicklungsgarantien für den öffentlich-rechtlichen Rundfunk in einer dualen Rundfunkordnung, Berlin, 1988, S. 46

[91] Klein, Rundfunkfreiheit, S. 32ff.; Herrmann, Fernsehen und Hörfunk in der Bundesrepublik Deutschland, 1975, S. 60, Stender, Staatsferne, 1987, S. 46 m.w.Nw.; dagegen Bethge, Die verfassungsrechtliche Problematik der Zulassung von Rundfunkveranstaltern des Privatrechts, 1981, S. 91f., Stock, Landesmedienrecht im Wandel, 1986, S. 35; einschränkend Barth, Rundfunkunternehmerfreiheit, 1990, S. 26

[92] Schmitt-Glaeser, Kabelkommunikation und Verfassung, 1979, S. 99

[93] Schmitt-Glaeser, a.a.O., S. 154

[94] Schmitt-Glaeser, a.a.O., S. 93

[95] Rudolph, Über die Zulassung privaten Rundfunks, 1971, S. 22; 579ff.; Scholz, JuS 1974, 303; Pestalozza, AfP 1972, 265; ders. NJW 1981, 2160f.; Oppermann, JZ 1981, 726

[96] Schmitt-Glaeser, a.a.O., S. 155

[97] Schmitt-Glaeser, a.a.O., S. 106

[98] Klein, Die Rundfunkfreiheit, S. 32 ff.; Herrmann, Fernsehen und Hörfunk in der Bundesrepublik Deutschland, 1975, S. 143ff.; Kull, AfP 1971, 98; Scholz, AfP 1983, 264; Scheuner, Das Grundrecht der Rundfunkfreiheit, 1982, S. 35

personalbezogenes[99] Verständnis sind die funktionelle Gleichartigkeit von Presse und Rundfunk[100], der enge Zusammenhang mit den anderen Individualgrundrechten des Art. 5 Abs. 1 Satz 1 GG[101] sowie generell die Stellung des Art. 5 Abs. 1 Satz 2 GG innerhalb des Grundrechtskataloges[102].

Mit der individual-rechtlichen Deutung der Rundfunkfreiheit geht häufig ein markttheorethisches und von wirtschaftlichen Gesichtspunkten geprägtes Verständnis einher[103]. Oberstes Ziel ist dabei die Schaffung eines freien Rundfunkmarktes, dessen Funktionsfähigkeit durch wettbewerbliche Funktionsmaximen (Werbefinanzierung) vom Rezipienten selbst durch das offene Zusammenspiel von Angebot und Nachfrage eingefordert wird das darüber hinaus durch Instrumentarien des Wettbewerbsrechts reguliert werden kann. Nach dieser subjektiv-rechtlichen Sichtweise werden die Präferenzen des Zuschauers am besten befriedigt, wenn der Preis als ausschließliches Präferenzaufdeckungsverfahren genutzt wird, also nur solche Präferenzen von den Rundfunkveranstaltern genutzt werden, die sich auf einem freien Rundfunkmarkt als Zahlungsbereitschaft artikulieren. Die Schwäche dieser wettbewerblich geprägten Argumentation wird in erster Linie in der fehlgehenden Annahme einer uneingeschränkten Konsumentensouveränität auf dem Rundfunksektor gesehen[104]. Die gegensätzliche objektiv-rechtliche Interpretation möchte daher die Zuschauerpräferenzen durch eine

---

[99] Scheuner, Das Grundrecht der Rundfunkfreiheit, 1982, S. 22 unter Hinweis auf Scholz, Pressefreiheit, S. 139

[100] Herrmann, Fernsehen und Hörfunk, S. 123, 135f., 365ff.; Klein, Rundfunkfreiheit, S. 41; Schmitt-Glaeser, Kabelkommunikation und Verfassung, 1979, S. 144; Scheuner, Das Grundrecht der Rundfunkfreiheit, 1982, S. 30, Stender, Staatsferne, 1987, S. 71ff.; Selmer, Bestand- und Entwicklungsgarantien für den öffentlich-rechtlichen Rundfunk in einer dualen Rundfunkordnung, Berlin, 1988, S. 45; Becker, Existenzgrundlagen öffentlich-rechtlicher und privater Rundfunkveranstalter nach dem Rundfunkstaatsvertrag, 1992, S. 95f.; dagegen Lerche, Landesbericht, S. 34; ders., Rundfunkmonopol, S. 38; zur (fehlenden) Vergleichbarkeit von Presse und Rundfunk siehe Scheble, Perspektiven der Grundversorgung, 1994, S. 148ff.; eingehend Wieland, Die Freiheit des Rundfunks, 1984, S. 121ff.; Bethge, ZG 1995, 101ff., 112ff.

[101] Rodewald, Durchsetzung von Programmbindungen und Programmgrundsätzen gegenüber Privatrundfunkveranstaltern, 1996, S. 25; Starck, NJW 1992, 3261; Barth, Rundfunkunternehmerfreiheit, 1990, S. 8ff.; Marko, Subjektive öffentliche Rechte auf Rundfunkveranstaltung, 1997, S. 117; dagegen Böckenförde/Wieland, AfP 1982, 77ff., 78

[102] Klein, Die Rundfunkfreiheit, S. 32; Starck, NJW 1992, 3257; Selmer, Bestand- und Entwicklungsgarantien für den öffentlich-rechtlichen Rundfunk in einer dualen Rundfunkordnung, Berlin, 1988, S. 45; Rodewald, Durchsetzung von Programmbindungen und Programmgrundsätzen gegenüber Privatrundfunkveranstaltern, 1996, S. 25; Barth, Rundfunkunternehmerfreiheit, 1990, S. 9; dagegen Wieland, Die Freiheit des Rundfunks, 1984, S. 127f.; Böckenförde/Wieland, AfP 1982, 77ff., 78

[103] Rodewald, Durchsetzung von Programmbindungen und Programmgrundsätzen gegenüber Privatrundfunkveranstaltern, 1996, S. 28; Schumann, Neue Medien und privater Rundfunk in Bayern, 1993, S. 61ff. unterscheidet in diesem Zusammenhang ein sog. Integrationsmodell vom sog. Marktmodell; hierzu kritisch Vesting, Prozedurales Rundfunkrecht, 1997, S. 216

[104] Vesting, Prozedurales Rundfunkrecht, 1997, S. 219

positive Ordnung befriedigt wissen, die sicherstellt, daß die Vielfalt der bestehenden Meinungen im Rundfunk in möglichster Breite und Vollständigkeit Ausdruck findet[105] und auf diese Weise das Verhältnis von Individuum und Gesellschaft im Zusammenhang mit den Massenmedien sehr viel komplexer konstruieren[106].

(2) Rundfunkfreiheit als objektiv-rechtliches Prinzip

Die an der Institution „Rundfunk" orientierte objektiv-rechtliche Auffassung geht anders als die individualrechtliche Argumentation von einem übergeordneten objektiven Rahmen der Grundrechtsentfaltung und -aktualisierung aus. Schon vor Einführung des privaten Rundfunks wurden insbesondere der Rundfunkfreiheit bestimmte objektive Gehalte beigemessen, die ausgehend vom gesellschaftlichen Bezug und der „öffentlichen Aufgabe" des Rundfunks dessen Freiheit in erster Linie als Freiheit der Institution begreifen.

(a) Gesellschaftlicher Bezug des Grundrechts

Dort, wo sich menschliche Freiheit erst als gesellschaftliche Freiheit verwirklichen läßt, dürfen der soziale Bezug einer grundrechtlichen „Freiheit" und ihre soziale Funktion nicht gedanklich zugunsten eines reinen Individualrechts ausgeblendet werden[107]: „Individuale Freiräume werden zu Bausteinen der gesellschaftlichen Ordnung, die ihrerseits zur Schaffung individualer Freiräume wieder beitragen kann. Der individuale Sinn ist mit Blick auf den gesellschaftlichen Sinn zu begreifen und umgekehrt."[108] Die gesellschaftliche Funktion der Rundfunkfreiheit und ihr konstituiver Ordnungsgehalt[109] schließen unmittelbar an die ihr innewohnende individuale Freiheit an und sind mit ihr untrennbar verbunden[110]. Dem Rundfunkveranstalter steht sie als „rollenbezogenes Freiheitsrecht„ nicht als Person, sondern in seiner Rolle als Aufgabenträger zu, mit dem Ziel, „bestimmte Kommunikationsleistungen" mit Hilfe dieses Mediums zu erbringen[111]. Je weniger Personen ein solches rollenbezogenes Freiheitsrecht zukommt, desto enger ist der Zusammenhang von individualem und gesellschaftlichem Sinn[112]. Erschöpft sich aber der grundrechtlich umhegte Lebensbereich nicht in einer „privat-individuellen, vom Staat abzuschirmenden Betroffen-

---

[105] Engelke, Die Interpretation der Rundfunkfreiheit des Grundgesetzes, 1992, 84ff., passim
[106] Vesting, Prozedurales Rundfunkrecht, 1997, S. 219
[107] Eingehend Schmidt, Die Rundfunkgewährleistung, 1980, S. 67; vgl. auch Jarass, Die Freiheit der Massenmedien, 1978, S. 130; Bumke, Landesmedienanstalten, 1995, S. 88
[108] Jarass, Die Freiheit der Massenmedien, 1978, S. 130; treffend Berg, Der Staat 15 (1976), 1ff., 18, „Zielvorstellungen des Grundgesetze4s gelten nicht nur in der Direktbeziehung, sondern im Hinblick auf alle, auch die bloß „mittelbar" Betroffenen."; vgl. auch Bumke, Landesmedienanstalten, 1995, S. 89
[109] Lerche, Rundfunkmonopol, S. 37
[110] Lerche, a.a.O.
[111] Jarass, Die Freiheit der Massenmedien, 1978, S. 131
[112] Jarass, a.a.O.

heit“[113], sondern weist (darüber hinaus) einen objektiv-gesellschaftlichen Bezug auf, bedarf das grundrechtlich zu schützende Feld einer Aktualisierung durch organisatorische Ausgestaltung. Das subjektiv-individuelle Recht des Grundrechtsträgers wird im Rahmen dieser durch Organisation aktualisierten Grundrechtssubstanz nicht negiert, sondern in den organisatorischen Prozeß eingebunden und aktualisiert[114].

(b) Die Freiheit der Institution „Rundfunk“

Von der Frage nach der Freiheit der Rundfunkveranstaltung durch individuelle Rechtsträger ist also die Frage nach der Freiheit der Institution Rundfunk zu unterscheiden[115].

Die Zumessung objektiv-rechtlicher Gehalte führt zu einer Verlagerung der Schutzwirkung des Grundrechts zugunsten übergeordneter Prinzipien oder Allgemeingüter. Subjekt des Grundrechtsschutzes ist nicht in erster Linie der Einzelne, etwa wie bei der Meinungsfreiheit, sondern vielmehr der Rundfunk als Institution[116]. Geschützt wird die freie massenkommunikative Vermittlung im Sinne eines freien Prozesses der „Aktualvermittlung“[117]. Hierfür spricht bereits der Wortlaut des Art. 5 Abs. 1 Satz 2 GG, der anders als andere Freiheitsrechte das Grundrechtssubjekt im Sinne von „jeder Mensch“ oder „jeder Bürger“ nicht ausdrücklich nennt[118]. Konsequenz dieser Betrachtungsweise ist nicht ein völliges Negieren individualrechtlicher Grundrechtspositionen, aber ein Regulativ für das Maß der dem Grundrecht zu entnehmenden subjektiven Rechtszuweisungen[119].

Das Grundrecht der Rundfunkfreiheit greift nicht etwa einen der individuellen Freiheitsentfaltung zukommenden Handlungsbereich auf und umkleidet ihn mit grundrechtsspezifischem Schutz[120], sondern es ist als institutionelle Freiheit entscheidend von einem besonderen sozialen Bezug geprägt. Solche „objektive Gewährleistung“ begründet, weshalb das Grundrecht der Rundfunkfreiheit weder allein noch zuerst ein den staatlichen Eingriff abwehrendes Individualrecht

[113] Bumke, Landesmedienanstalten, 1995, S. 87

[114] Bumke, Landesmedienanstalten, 1995, S. 89 m.w.Nw.; vgl. auch Hoffmann-Riem, Rundfunkfreiheit durch Rundfunkorganisation, 1979, S. 15

[115] Berendes, Die Staatsaufsicht über den Rundfunk, 1973, S. 56

[116] Badura, Verfassungsrechtliche Bindungen der Rundfunkgesetzgebung, 1980, S. 22 unter Hinweis auf BVerfGE 12, 205, 228, 261; Bethge, Die verfassungsrechtliche Problematik der Zulassung von Rundfunkveranstaltern des Privatrechts, 1981, S. 19; Dolderer, Objektive Grundrechtsgehalte, 2000, S. 259

[117] Jarass, Die Freiheit der Massenmedien, 1978, S. 193ff. S. 257

[118] Hierzu eingehend Barth, Rundfunkunternehmerfreiheit, 1990, S. 6; Brugger, Rundfunkfreiheit und Verfassungsinterpretation, 1991, S. 11

[119] Badura, Verfassungsrechtliche Bindungen der Rundfunkgesetzgebung, 1980, S. 33

[120] Badura, a.a.O.

darstellt[121]. Gleichwohl ist die Rundfunkfreiheit einem individuellen Träger, dem Rundfunkveranstalter zugeordnet. Diese subjektivierte Zuordnung erfolgt aber in anderem Maße und mit anderen Konsequenzen als die Subjektivierung anderer Freiheitsrechte, denn die Rundfunkfreiheit ist ihrem Träger nicht „zum Zwecke der Persönlichkeitsentfaltung und Interessenverfolgung eingeräumt“[122], sie „berechtigt ihren Träger nicht zu beliebigem Gebrauch“[123]. Sie ist vielmehr dem über-individuellen Ziel einer freien Meinungsbildung durch den Rundfunk verpflichtet und damit unmittelbar an die Funktion geknüpft, die ihr Träger im gesellschaftlichen Prozeß der öffentlichen Meinungsbildung durch das Medium Rundfunk ausfüllt. In diesem Zusammenhang wird die These von der „öffentlichen Aufgabe“ des Rundfunks aktuell.

(c) Rundfunk als öffentliche Aufgabe

Der Sinn der Freiheitsrechte ist (auch) durch den Bezug auf ihre Funktion, auf die „Aufgabe“ der jeweiligen Freiheitsgewährleistung zu bestimmen.

Art. 5 Abs. 1 Satz 2 GG beinhaltet gegenüber Art. 5 Abs. 1 Satz 1 GG eine eigenständige Freiheit publizistischer Vermittlung durch die Massenmedien[124], die ein Aliud gegenüber der in Satz 1 geschützten individuellen Informations- und Meinungsfreiheit darstellt[125]. Die gesellschaftliche Integrationsfunktion des Rundfunks steht bei dieser Interpretation im Vordergrund[126]. Im Verhältnis von Staat und Gesellschaft nimmt der Rundfunk eine echte Sonderstellung ein[127] und wird in Deutschland traditionell als Angelegenheit öffentlicher Verantwortung gesehen[128], er hat einen „spezifisch öffentlichen Status“[129] und steht als „öffentliche Aufgabe“[130] in besonderem Maße in einem Bereich gesteigerter öffentli-

---

[121] Badura, a.a.O. S. 25; Bumke, Landesmedienanstalten, 1995, S. 87f.

[122] BVerfGE 87, 181, 197

[123] BVerfGE 83, 238, 315

[124] Schumann, Neue Medien und privater Rundfunk in Bayern, 1993, S. 61 unter Hinweis auf Hoffmann-Riem, Medienfreiheit und der außenplurale Rundfunk, AöR 1984, 304, 318ff.; Stock, Medienfreiheit als Funktionsgrundrecht, 1985, S. 183f., 188

[125] Stock, Medienfreiheit als Funktionsgrundrecht, 1985, S. 184

[126] Lange, Kommerzielle Ziele und binnenpluralistische Organisation bei Rundfunkveranstaltern, 1980, S. 32

[127] Bethge, Die verfassungsrechtliche Problematik der Zulassung von Rundfunkveranstaltern des Privatrechts, 1981, 10 unter Hinweis auf Ossenbühl, Rundfunk zwischen Staat und Gesellschaft, S. 20

[128] Lerche, Landesbericht, S. 23 mit zahlreichen Nachweisen, Fn. 7, S. 90

[129] Bethge, Rundfunkfreiheit und öffentlich-rechtlicher Organisationsvorbehalt, 1987, S. 39; Bethge, Die verfassungsrechtliche Problematik der Zulassung von Rundfunkveranstaltern des Privatrechts, 1981, S. 31.; Badura, Verfassungsrechtliche Bindungen der Rundfunkgesetzgebung, S. 36ff.; Schmidt, Die Rundfunkgewährleistung, 1980, S. 85ff.

[130] BVerfGE, 12, 205, Leitsatz 7 a; von Teilen der Literatur wird der (allerdings bereits als klassisch zu bezeichnende) Begriff der „öffentlichen Aufgabe“ als konturlos zurückgewiesen;

cher Verantwortung[131], dem eine besondere Pflicht zur staatlichen Funktionsverantwortung korrespondiert[132]. Gleichwohl ist diese Aufgabe nicht als staatlich zu qualifizieren[133].

Vom Rundfunk werden bestimmte Funktionen der Massenkommunikation für die Allgemeinheit erfüllt, die von niemandem sonst wirksam erfüllt werden können und an denen die demokratische Gesellschaft ein spezifisches Interesse hat[134]. Gründe für die Besetzung der Institution Rundfunk mit einem spezifisch öffentlichen Status liegen dabei in der unbestrittenen und unvergleichlichen Wirkungsmächtigkeit des Mediums[135], seiner Eigenschaft als für die freiheitlich-demokratische Grundordnung schlechthin konstituierender Integrationsfaktor[136] und der Tatsache, daß der Rundfunk angesichts seiner Wirkungsmächtigkeit ein für äußere Einflüsse ungewöhnlich sensibles und leicht zu manipulierendes Medium darstellt[137]. Die Wahrnehmung öffentlicher Verantwortung verlangt jedoch nicht zwingend nach einer ebenso öffentlichen Organisationsform[138]. Auch der

---

vgl. Stern/Bethge, Rechtsstellung des Intendanten, S. 21 m.w.Nw.; eingehend Bumke, Landesmedienanstalten, 1995, 56ff. mit zahlreichen Nachweisen

[131] Bethge, Rundfunkfreiheit und öffentlich-rechtlicher Organisationsvorbehalt, 1987, S. 39; Lerche, Presse und privater Rundfunk, 1984, S. 19; Bumke, Landesmedienanstalten, 1995, S. 90ff.; Stender, Staatsferne, 1987, S. 45

[132] Bethge, Rundfunkfreiheit und öffentlich-rechtlicher Organisationsvorbehalt, 1987, S. 39, 60; Bumke, Landesmedienanstalten, 1995, S. 91f.; Lerche, Landesbericht, S. 26; ähnlich Starck, Rundfunkfreiheit als Organisationsproblem, 1973, S. 15

[133] BVerfGE 31, 314, 337f., Minderheitenvotum und abweichende Meinung der Richter Geiger, Rinck und Wand; Hoffmann-Riem, Personalrecht der Rundfunkaufsicht, 1991, S. 78; Bethge, Die verfassungsrechtliche Problematik der Zulassung von Rundfunkveranstaltern des Privatrechts, 1981, S. 34ff.; Berendes, Die Staatsaufsicht über den Rundfunk, 1973, S. 93; Vahrenhold, Die Stellung der Privatfunkaufsicht im System staatlicher Aufsicht, 1992, S. 66; Lerche, Landesbericht, S. 26; vgl. auch Hesse, Rundfunkrecht, 1999, S. 139f.; Hepach, Grundrechtsstatus, 1997, S. 42. Aus diesem Grund sind auch die Aufgabenträger des Rundfunks nicht der mittelbaren Staatsverwaltung zuzuordnen; vgl. Hoffmann-Riem, Personalrecht der Rundfunkaufsicht, S. 69f. unter Hinweis auf Ossenbühl, Rundfunk zwischen Staat und Gesellschaft, S. 32ff., 37.

[134] Vahrenhold, Die Stellung der Privatfunkaufsicht im System staatlicher Aufsicht, 1992, S. 46 m.w.Nw.

[135] Bethge, Die verfassungsrechtliche Problematik der Zulassung von Rundfunkveranstaltern des Privatrechts, 1981, S. 39ff.

[136] Bethge, Die verfassungsrechtliche Problematik der Zulassung von Rundfunkveranstaltern des Privatrechts, 1981, S. 42

[137] Hesse, Rundfunkrecht, 1999, S. 59

[138] Lerche, Landesbericht, 24f., der in diesem Zusammenhang zutreffend auf Art. 111a Abs. 2 Satz1 BV, arg. „und“ verweist; Bethge, Rundfunkfreiheit und öffentlich-rechtlicher Organisationsvorbehalt, 1987, S. 62; ders., ZUM 1986, 255ff., 258; Bumke, Landesmedienanstalten, 1995, S. 95

private Rundfunk ist demgemäß Sache der Allgemeinheit[139] und steht in öffentlicher Verantwortung.

Das Medium wird dadurch dem Bereich einer subjektiven Privatnützigkeit, Privatautonomie und selbstzweckbehafteter Eigenart entzogen[140]. Eine gleichsam „freiwüchsige" kommerzielle, in erster Linie von wirtschaftlichen Gesichtspunkten beherrschte Rundfunkunternehmerfreiheit wird von Art. 5 Abs. 1 Satz 2 GG nicht umfaßt[141]. Im Vordergrund steht das objektive Verfassungsgut, nämlich die Institution Rundfunk als ein Konstituens des demokratischen Verfassungsstaats[142]. Die Zulassung von Rundfunkveranstaltern des Privatrechts ist vor diesem Hintergrund nicht Realisierung eines subjektivierten Grundrechtsverständnisses, sondern lediglich eine Modalität der Aktualisierung der öffentlichen Aufgabe Rundfunk an sich[143].

(d) Rundfunkfreiheit als Funktionsgrundrecht
Ausgehend von der Zuweisung einer „öffentlichen Aufgabe" erscheint es naheliegend, die Rundfunkveranstalter auch in ihrer Eigenschaft als Grundrechtsberechtigte aus Art. 5 Abs. 1 Satz 2 GG als Aufgaben- oder Funktionsträger zu begreifen, deren Tätigkeit „einer Funktion dienen soll, deren freie Wahrnehmung ihrerseits in der Verfassung unmittelbar durch eine Grundrechtsnorm geschützt ist"[144]. Die Anknüpfung an eine spezifische Funktion der Grundrechtsausübung ist zugleich geeignet, die zuvor dargestellten Eigenschaften des Rundfunks als institutionelle Freiheit mit über-individuellem gesellschaftlichem Bezug und als öffentliche Aufgabe in einer Form auf die individuellen Grundrechtsträger zu projizieren, die in ihrer Differenziertheit dem komplexen Gewährleistungsgefüge des Art. 5 Abs. 1 Satz 2 GG gerecht wird.

Da es sich bei Art. 5 Abs. 1 Satz 2 GG um ein besonders verfahrensgeprägtes und organisationsrechtlich durchwirktes Grundrecht handelt, liegt der Kern der Frage nach den subjektiv-rechtlichen Gewährleistungen des Art. 5 Abs. 1 Satz 2 GG in der Interdependenz grundrechtlicher Freiheitsverbürgung und staatlicher Organisationsgewalt[145]. Konturiert werden muß die „Spannungslage von Orga-

---

[139] BVerfGE 31, 314, 327; Bethge, Die verfassungsrechtliche Problematik der Zulassung von Rundfunkveranstaltern des Privatrechts, 1981, S. 30
[140] Bethge, Rundfunkfreiheit und öffentlich-rechtlicher Organisationsvorbehalt, 1987, S. 39
[141] Schmidt, Die Rundfunkgewährleistung, 1980, S. 97; Bethge, Rundfunkfreiheit und öffentlich-rechtlicher Organisationsvorbehalt, 1987, S. 21; ders., NJW 1997, 1ff., 2; ders. JZ 1985, 308ff., 309; a.A. konsequent Barth, Rundfunkunternehmerfreiheit, 1990, passim
[142] Bethge, Rundfunkfreiheit und öffentlich-rechtlicher Organisationsvorbehalt, 1987, S. 39
[143] Bethge, Rundfunkfreiheit und öffentlich-rechtlicher Organisationsvorbehalt, 1987, S. 39; ders., Die verfassungsrechtliche Problematik der Zulassung von Rundfunkveranstaltern des Privatrechts, 1981, S. 30; a.A. Scholz, JZ 1881, 563; Bismark, AfP 1982, 138
[144] BVerfGE 35, 202, 221
[145] Bumke, Landesmedienanstalten, 1995, S. 88f. m.w.Nw.

nisation(sbedürftigkeit) und Freiheit(sverwirklichung")[146], denn „Freiheit und Bindung bedingen sich im Medienrecht gegenseitig"[147]. Um der Gefahr einer ausufernden Funktionalisierung des Grundrechts entgegenzuwirken, muß zunächst die Funktion des Verfassungssatzes bestimmt werden. Diese Funktion wird in der Eigenschaft des Rundfunks als öffentliche Aufgabe verortet, wie sie auch das Bundesverfassungsgericht aufgrund der besonderen Bedeutung der Institution Rundfunk statuiert[148]. Mit der öffentlichen Aufgabe korrespondiert öffentliche Verantwortung[149], die auf verschiedene Handlungsträger verteilt wird. Die hierbei den Akteuren der Rundfunkveranstaltung eingeräumten Autonomierechte und Verhaltensbindungen enthalten durchaus subjektive Rechte, dies aber auch und vor allem im Sinne von Reflexwirkungen objektiv-rechtlicher Bindungen. Dieses komplexe Zusammenspiel der Handlungsträger hat die Aktualisierung und Effektuierung der Rundfunkfreiheit zum Ziel und kann daher als gesetzlich koordinierte Grundrechtsverwirklichung bezeichnet werden[150].Die Wahrnehmung des Grundrechts bedeutet also gleichzeitig die Wahrnehmung einer spezifischen Verantwortung[151]. Der einzelne Rundfunkveranstalter wird somit zum „verpflichteten Handlungsträger"[152].

Das Bundesverfassungsgericht hat diese Funktionsgebundenheit pointiert auf den Punkt gebracht: „Mit dieser Formulierung[153], (...), hat der Gesetzgeber die besonderen Bindungen hervorgehoben, denen die Rundfunkfreiheit als eine der Meinungsbildung dienende Freiheit unterliegt. Damit ist auf der gesetzlichen Ebene klargestellt, daß jede Inanspruchnahme der Rundfunkfreiheit der Aufgabe dienen muß, freie und umfassende Meinungsbildung zu gewährleisten. Sie wird in eine Verantwortungsbeziehung gegenüber der Allgemeinheit gerückt. Das läßt den eigenen Interessen des öffentlich-rechtlichen Veranstalters, auch soweit sie auf Bestandssicherung und Entwicklung gerichtet sind, nur dann Raum, wenn diese Interessen als zugunsten der Allgemeinheit treuhänderisch gebunden erscheinen und gerechtfertigt werden können."[154]

Der besondere verfassungsrechtliche Schutz des Art. 5 Abs. 1 Satz 2 GG erstreckt sich also primär auf eine Tätigkeit, eine Funktion und weniger auf dieje-

---

146 Bumke, Landesmedienanstalten, 1995, S. 94
147 Stock, Medienfreiheit als Funktionsgrundrecht, 1985, S. 206
148 BVerfGE 12, 205, Leitsatz 7a; vgl. eingehend zuvor, Kapitel, Rundfunk als öffentliche Aufgabe
149 A.A. Scheuner, Das Grundrecht der Rundfunkfreiheit, 1982, S. 41
150 Hoffmann-Riem, Personalrecht der Rundfunkaufsicht, 1991, S. 88
151 Rossen, Freie Meinungsbildung, 1988, S. 333
152 Bumke, Landesmedienanstalten, 1995, S. 93; ähnlich Baars, Kooperation und Kommunikation durch die Landesmedienanstalten, 1999, S. 103
153 Gemeint ist „Rundfunk als Medium und Faktor der öffentlichen Meinungsbildung", Anm. der Verfasserin
154 BVerfGE 83, 238, 300

nigen „Persönlichkeiten", die diese Tätigkeit ausüben: „Nur um der Tätigkeit bzw. der Funktion willen werden auch die Personen geschützt."[155] Demnach gibt es keine geborenen Träger eines natürlichen Freiheitsrechts als Subjekte der Rundfunkfreiheit. Deren Träger sind vielmehr „gesetzlich gekoren"[156] und damit der Gewährleistung eines freien Meinungsbildungsprozesses verpflichtet.

Ein freier Kommunikationsprozeß läßt sich andererseits nicht durch eine reine „Pflichtenstellung" der Kommunikatoren bewerkstelligen, sondern bedarf insbesondere im Programmbereich eines unantastbaren Freiraumes gestalterischer Tätigkeit. Die Rundfunkfreiheit ist daher als mehrdimensionale Freiheit zu begreifen: Ihre Wahrnehmung verpflichtet auf die öffentliche Aufgabe eines freien Meinungsbildungsprozesses, ist aber innerhalb dieser Funktion gegen staatliche und gesellschaftliche Einflüsse geschützt. Die freie publizistische und journalistische Tätigkeit als Voraussetzung für die Erfüllung der massenmedialen Vermittlungsfunktion wird so zum „Platzhalter" einer indidviduell-personalen Subjektivität innerhalb der Gewährleistung des Art. 5 Abs. 1 Satz 2 GG[157]. Die Vermittlungsfunktion der Rundfunkveranstalter kann nur dann zu einem „freien" Meinungsbildungsprozeß beitragen, wenn sie ihrerseits über einen, wenn auch funktional eingebundenen, journalistischen und publizistischen Freiraum verfügt. Rossen spricht in diesem Zusammenhang treffend von einer „Steuerung durch Freisetzung von Eigengesetzlichkeiten"[158].

(e) Die Träger der Rundfunkfreiheit

Der Grundrechtsträger selbst wird in Art. 5 Abs. 1 Satz 2 GG nicht genannt, was im Rahmen einer wortlautorientierten Auslegung der Norm kein allgemeines Zugangsrecht zur Rundfunkveranstaltung vermuten läßt. Der personelle Träger und die Organisation des Rundfunks sind nicht festgelegt[159]. Gleichwohl kann kein Freiheitsrecht „völlig apersonal gedacht werden"[160]. Maßstab zur Bestimmung des Grundrechtsträgers hat der Schutzgehalt der Rundfunkfreiheit und

---

[155] Böckenförde/Wieland, AfP 1982, 77ff., 82; ähnlich Schumacher, Freiheitsgestaltende Programmauflagen für den privaten Rundfunk, 1995, S. 44

[156] Badura, Rundfunkfreiheit und Finanzautonomie, S. 39

[157] Rossen, Freie Meinungsbildung, 1988, S. 335

[158] Rossen, Freie Meinungsbildung, 1988, S. 339; vgl. auch Bethge, Status, 1999, S. 29, der darauf hinweist, daß sich die Programmfreiheit selbst „wesensmäßig" einer strikten Durchnormierung entzieht; ähnlich unter Betonung der gestalterischen Freiheit Engler, Kooperationen im Rundfunk, 1995, S. 138; Hoffmann-Riem, Personalrecht der Rundfunkaufsicht, 1991, S. 71; Bornemann/Kraus/Lörz, BayMG, Art. 2, Rdnr. 11

[159] Brugger, Rundfunkfreiheit und Verfassungsinterpretation, 1991, S. 7; Balda, Die duale Rundfunkordnung und der öffentlich-rechtliche Sonderweg des Freistaats Bayern, 1997, S. 52

[160] Bethge, Status, 1999, S. 33; Jarass, Die Freiheit der Massenmedien, 1978, S. 257; Badura, JA 1987, 180ff., 181

seine größtmögliche Effektuierung zu sein[161]: „Innerhalb des geschützten Grundrechtsbereichs sind diejenigen Personen und Organisationen als Träger der sich aus Art. 5 Abs. 1 Satz 2 GG ergebenden subjektiven Rechte und Pflichten zu sehen, die zur Durchsetzung der Strukturprinzipien der Rundfunkfreiheit nötigen Freiraumes bedürfen“[162]. Daraus folgt, „daß die Träger für die Erfüllung der öffentlichen Aufgabe nicht eigentlich „Herr“ des Rundfunks und des Fernsehens sind, und daß noch weniger die berufsmäßigen Akteure innerhalb der Träger sich als Herr des Rundfunks und Fernsehens verstehen dürfen, sondern daß diese Träger nur Instrument sind, mittels dessen die gesellschaftlich relevanten Kräfte und Gruppen die öffentliche Aufgabe erfüllen.“[163]

Die Rundfunkfreiheit steht damit den Rundfunkveranstaltern in ihrer Eigenschaft als Akteure im Vermittlungsprozeß zu[164]. Durch die ihr zugedachte Funktion erfährt die Ausübung der Rundfunkfreiheit eine treuhänderische Bindung[165], die als Programmauftrag oder Programmaufgabe bezeichnet wird und zu den tragenden Strukturprinzipien der Rundfunkverfassung zählt.

(f) Subjektive Gehalte der Rundfunkfreiheit

Neben der objektiv-rechtlichen, institutionellen Seite der Rundfunkfreiheit beinhaltet Art. 5 Abs. 1 Satz 2 GG in seiner Eigenschaft als Grundrecht denknotwendig auch subjektiv-rechtliche, individuelle Gewährleistungen[166]. Diese Bedeutung des Grundrechts wird um seiner Aktualisierung willen gewährleistet, korrespondiert mit den objektiv-rechtlichen Elementen im Rahmen der Gesamtrechtsordnung und ist damit in der Lage, Einfluß auf Gesetzgebung, Rechtsprechung und Verwaltung auszuüben[167]. Die individuell-rechtlichen Elemente sind dem Einzelnen eingeräumt, um dem Schutzgut der „freien Berichterstattung durch den Rundfunk“ einen streitbaren Grundrechtsträger dem Staat gegenüber zuzuordnen.

Die subjektive, individualrechtliche Seite der Rundfunkfreiheit manifestiert sich zum einen in der Freiheit des Rundfunks vor staatlichen Einflüssen, also in ne-

---

[161] Balda, Die duale Rundfunkordnung und der öffentlich-rechtliche Sonderweg des Freistaats Bayern, 1997, S. 53

[162] Balda, Die duale Rundfunkordnung und der öffentlich-rechtliche Sonderweg des Freistaats Bayern, 1997, S. 53; Jarass, Die Freiheit des Rundfunks vom Staat, 1981, S. 258; Herrmann, Das bayerische Medienrecht kurz vor der Jahrtausendwende, 1996, S. 113

[163] Sondervotum der Richter Geiger, Rinck und Wand, BVerfGE 31, 337, 340

[164] Jarass, Die Freiheit der Massenmedien, 1978, S. 258

[165] Rodewald, Durchsetzung von Programmbindungen und Programmgrundsätzen gegenüber Privatrundfunkveranstaltern, 1996, S. 13

[166] Herzog in: Maunz/Dürig/Herzog, Art. 5 I, II Rz. 3ff, 236; Bornemann/Kraus/Lörz, BayMG, Art. 26, Rz. 21

[167] Schuler-Harms, Rundfunkaufsicht im Bundesstaat, Baden-Baden, 1995, S. 109 unter Hinweis auf Hesse, Grundzüge des Verfassungsrechts, Rz. 293

gatorischer Form in Gestalt eines Fehlens staatlicher Einflußnahme[168], zum anderen in der Freiheit des Rundfunkveranstalters selbst, vermittels des Mediums Rundfunk Meinungen zu verbreiten[169].

2. Die „Organisation" der Rundfunkfreiheit

Verfassungsrechtlich festgelegt ist nur die Funktion, gleichsam das Ziel der Rundfunkfreiheit, nicht aber ihre Struktur[170]. Rundfunk ist daher in erster Linie ein „eminent wichtiges"[171] „Organisationsproblem[172]", das die „unauflösbare Verklammerung von politischer Freiheit und Organisation"[173] eindrucksvoll beschreibt. Als institutionelle Garantie bedarf die Rundfunkfreiheit zu ihrer Verwirklichung organisatorischer Regelungen[174], da erst im Rahmen des organisatorisch konkretisierten Freiheitsraumes sich das Grundrecht aktualisieren kann[175]. Grundlage ist der in Art. 5 Abs. 1 Satz 2 GG formulierte Gewährleistungsauftrag[176]. Die Besonderheit der Rundfunkmaterie ist daher in ihrer organisatorischen Durchformung und verfahrensgeprägten Ausgestaltung auf gesetzlicher Grundlage zu sehen[177]. Ihre Gewährleistung erfolgt im Rahmen einer Sicherung

---

[168] Siehe hierzu eingehend unten in diesem Kapitel, Organisation und das Gebot der Staatsferne

[169] Zur Programmfreiheit des Rundfunkveranstalters siehe eingehend unten Kapitel 1, Programmfreiheit als Kernbereich der Rundfunkfreiheit

[170] Schmitt-Glaeser, Kabelkommunikation und Verfassung, 1979, S. 140; Renck-Laufke, ZUM 2000, 105ff.; dies gilt nicht nur für die Rundfunkfreiheit; die Grundrechte enthalten in ihrer Funktion als (auch) objektive Prinzipien der Rechtsordnung stets einen programmatischen Auftrag, eine Verfassungsdirektive zur Grundrechtsausgestaltung bzw. –aktualisierung, vgl. eingehend Bumke, Landesmedienanstalten, 1995, S. 87ff.; Hoffmann-Riem, Personalrecht der Rundfunkaufsicht, 1991, S. 73

[171] Bethge, Status, 1999, S. 67

[172] Bumke, Landesmedienanstalten, 1995, S. 86, Bethge, Die verfassungsrechtliche Problematik der Zulassung von Rundfunkveranstaltern des Privatrechts, 1981, S. 14, Lerche, Rundfunkmonopol, S. 77ff.; Scholz, JuS 1974, 229; Ossenbühl, Rundfunk zwischen Staat und Gesellschaft, S. 41; Starck, Rundfunkfreiheit als Organisationsproblem; Hoffmann-Riem, Rundfunkfreiheit durch Rundfunkorganisation, 1979, S. 18

[173] Starck, Rundfunkfreiheit als Organisationsproblem, 1973, S. 7

[174] Lerche, Landesbericht, S. 70; ders. BayVBl. 1991, 517, 519; Badura, Verfassungsrechtliche Bindungen der Rundfunkgesetzgebung, 1980, S. 52; Lerche, Presse und privater Rundfunk, 1984, S. 19

[175] Bumke, Landesmedienanstalten, 1995, S. 89; Lerche, Landesbericht, S. 70

[176] Rundfunkorganisationsrecht wird daher auch als „angewandtes Verfassungsrecht" bezeichnet; Lerche, Landesbericht, S. 16, 32; Jarass, Die Freiheit des Rundfunks vom Staat, 1981, S. 15; siehe auch Hoffmann-Riem, Personalrecht der Rundfunkaufsicht, 1991, S. 73; Stettner, Rundfunkstruktur im Wandel, 1988, S. 8: „Insgesamt ist die Erfüllung der dem Gesetzgeber obliegenden Organisationsaufgabe in denkbar weitem Umfang von Wesen und Eigenart des zu organisierenden Grundrechts der Rundfunkfreiheit bestimmt, das für jede Gestaltungsentscheidung des Gesetzgebers Richtschnur und Wegweisung darzustellen hat."

[177] Hesse, Rundfunkrecht, 1999, S. 65; Bumke, Landesmedienanstalten, 1995, S. 86 bezeichnet den Rundfunk unter Hinweis auf Lerche, Landesbericht, S. 70, als „einen Lebensbereich

durch Organisation und Verfahren[178], wobei die Strukturprinzipien der Staatsfreiheit und des Pluralismus[179] die normative Basis darstellen. Eine solche klar abgegrenzte normative Basis ist unerläßlich für eine kontrollierte und kontrollierbare „Organisation von Freiheit“[180]. Sie hat die Aufgabe, dort „Funktionenzusammenhang und Wirkungseinheit“[181] zu gewährleisten, wo ein „freiheitsbezogenes Organisationsproblem“[182] durch „kontrollierte und rechtlich geordnete Macht“[183] gelöst werden soll.

a) Die These von der sog. Sondersituation

Grund für die Annahme einer besonderen Ausgestaltungsbedürftigkeit der Rundfunkordnung war zunächst die Vorstellung einer besonderen, organisationsbedürftigen Situation des Mediums.

Der Begriff der Sondersituation findet sich erstmals im ersten Rundfunkurteil. Ausgehend von der unterschiedlichen Situation im Presse- und Rundfunkwesen, statuiert das Gericht, daß im Bereich des Rundfunks im Gegensatz zur Presse, „sowohl aus technischen Gründen als auch mit Rücksicht auf den außergewöhnlich großen finanziellen Aufwand für die Veranstaltung von Rundfunkdarbietungen die Zahl der Träger solcher Veranstaltungen verhältnismäßig klein bleiben muß“[184]. Diese Tatsache erfordere besondere gesetzliche Vorkehrungen zur Verwirklichung und Aufrechterhaltung der in Art. 5 Abs. 1 Satz 2 GG statuierten Rundfunkfreiheit.

Lange Zeit war im Hinblick auf die sog. Sondersituation heftig umstritten, ob es sich bei dem Grundrecht der Rundfunkfreiheit nicht um ein subjektiv-individual wirkendes Freiheitsrecht handele, das durch den Wegfall der Sondersituation gleichsam „aufgetaut“ würde[185]. Die „Ausgleichsfunktion“ der Organisationsgesetzgebung entfalle damit, so daß sich der Organisationsspielraum des Landesgesetzgebers immer mehr bis hin zu einem subjektiven Zulassungsanspruch der

---

par excellence, der einer grundrechtsaktualisierenden organisatorischen Ausgestaltung bedarf.“

178 BVerfGE 12, 205, 262f.; 31, 314, 326

179 Poll, Fernsehspartenprogramme und Pluralismus, 1998, S. 193; Bumke, Landesmedienanstalten, 1995, S. 119f.

180 Bumke, Landesmedienanstalten, 1995, S. 86

181 Starck, Rundfunkfreiheit als Organisationsproblem, 1973, S. 8

182 Starck, a.a.O., S. 7

183 Starck, a.a.O., S. 8

184 BVerfGE 12, 205, 261

185 Siehe eingehend oben in diesem Kapitel, Rundfunkfreiheit als subjektiv-rechtliches Abwehrrecht; Selmer, Bestand- und Entwicklungsgarantien für den öffentlich-rechtlichen Rundfunk in einer dualen Rundfunkordnung, Berlin, 1988, S. 48f.; Pukall, Meinungsvielfalt im Rundfunk nach der audiovisuellen Revolution, 1993, S. 65f.

Rundfunkunternehmer verenge[186]. Es wird vertreten, daß in dem Moment, in dem aufgrund einer dem Pressemarkt vergleichbaren Angebotsvielfalt das Ziel der Meinungsvielfalt auch ohne regulierendes Eingreifen möglich werde, man aufgrund der „freiheitlichen Grundhaltung der Verfassung“ auf die „Krücke“ einer detaillierten Mediengesetzgebung verzichten könne.[187]

Die Gewährleistung eines freien Rundfunks ist allerdings nach Ansicht des Bundesverfassungsgerichts unabhängig vom Wegfall der technischen Sondersituation in hohem Maße abhängig von Verfahren und Organisation durch den Gesetzgeber[188]. Einen unorganisierten, von legislatorischen Vorgaben freien, nur dem Wettbewerb ausgelieferten Rundfunk dürfe es, unabhängig von der technischen und wirtschaftlichen Entwicklung, nicht geben[189].

Es sei „ungewiß“, ob bei Fortfall der bisherigen Beschränkungen sich kraft der Eigengesetzlichkeit des Wettbewerbs ein „Meinungsmarkt“ entstünde, auf dem die Vielfalt der Meinungsrichtungen unverkürzt zum Ausdruck gelange. Der Rundfunk dürfe auch deshalb keinesfalls dem „freien Spiel der Kräfte“[190] überlassen werden, da bereits eingetretene Fehlentwicklungen allenfalls bedingt und nur sehr schwierig wieder rückgängig gemacht werden könnten[191]. Aufgrund seiner wirtschaftlichen finanzabhängigen Funktionsweise vermag der private Rundfunk nach Ansicht des Bundesverfassungsgerichts ohne eine geeignete Reglementierung und Ausgestaltung seine Vermittlungsfunktion nicht zu erfüllen. Die konsequente Ablehnung eines freiwüchsigen Rundfunkmarktes markiert damit die Grenze des subjektiv-rechtlichen Verständnisses der Rundfunkfreiheit durch das Bundesverfassungsgericht.

Die „Geschäftsgrundlage“[192] der institutionell verstandenen Rundfunkfreiheit ist somit allein durch den technischen Fortschritt nicht entfallen. Die Forderung, den Rundfunk nicht dem freien Spiel der Kräfte zu überlassen, orientiert sich vielmehr an den vom Gericht erkannten Mißbrauchsgefahren[193], an dem durch seine hohe Suggestivkraft bedingten Einfluß auf die individuelle und öffentliche Meinungsbildung[194] und weniger an der technischen und finanziellen Situati-

---

186 Selmer, a.a.O.
187 Selmer, a.a.O., unter Hinweis auf Schmitt Glaeser, DVBl. 1987, 14ff., 18
188 BVerfGE 31, 314, 325; 57, 295, 320f.
189 BVerfGE 57, 295, 322ff.
190 BVerfGE 31, 314, 325
191 BVerfGE 57, 295, 323
192 Bethge, Die verfassungsrechtliche Problematik der Zulassung von Rundfunkveranstaltern des Privatrechts, 1981, S. 56
193 Vgl. hierzu Vesting, Prozedurales Rundfunkrecht, 1997, S. 154
194 Eberle, Digitale Rundfunkfreiheit, in: Brosius, Fahr, Zumbayr, (Hrsg.), Meinung, Meinungsvielfalt, Meinungsrelevanz, 1996, S. 75ff., 77; Pieper/Wiechmann, ZUM 1995, 82ff., 88

on[195]. Vesting weist daher treffend darauf hin, daß die technische Sondersituation nie die „organisierende Achse“ der Rundfunkrechtsprechung des Bundesverfassungsgerichts gewesen ist, sondern stets nur ein „konstatierendes“ und nie ein „konstituierendes“ Argument des „Karlsruher Funktionalismus“[196].

b) Pflicht zur Ausgestaltung der Rundfunkfreiheit im Sinne einer positiven Ordnung

Die Gewährleistung der Rundfunkfreiheit erschöpft sich nach herrschender Meinung nicht in allein negatorischer Form durch die Abwehr staatlicher Eingriffe[197]. Um der Aufgabe des Rundfunks gerecht zu werden, bedarf es vielmehr einer „positiven Ordnung“[198], die sicherstellt, daß die Vielfalt der vorhandenen Meinungen im Rundfunk in möglichster Breite und Vollständigkeit umfassend Ausdruck findet[199] und daß auf diese Weise umfassende Information geboten wird. Um dies zu erreichen, sind materielle, organisatorische und prozedurale Regelungen[200] erforderlich, die an der Aufgabe der Rundfunkfreiheit orientiert und deshalb als ausgestaltende Normierungen geeignet sind zu bewirken, was Art. 5 Abs. 1 GG gewährleisten will[201]. Die damit erforderliche rechtliche Ausgestaltung unterliegt dem Vorbehalt des Gesetzes[202].

Damit ist klargestellt, daß die Forderung nach einer Ausgestaltung der Rundfunkfreiheit im Sinne einer positiven Ordnung bereits in Art. 5 Abs. 1 Satz 2 GG selbst angelegt[203] und dem Wandel der Verhältnisse entzogen ist[204]. Ziel und

---

[195] Bethge, Die verfassungsrechtliche Problematik der Zulassung von Rundfunkveranstaltern des Privatrechts, 1981, S. 58 unter Hinweis auf Hoffmann-Riem, Rundfunkfreiheit durch Rundfunkorganisation, S. 35; Hesse, Rundfunkrecht, 1999, S. 74

[196] Vesting, Prozedurales Rundfunkrecht, 1997, 154; vgl. auch Brenner, ZUM 1998, 877ff., 881

[197] BVerfGE 57, 295, 320; 73, 152f.; 90, 60; Lerche, Landesbericht, S. 70; ders. Presse und privater Rundfunk, S. 19; zur Struktur der Freiheitsrechte, die sich nicht nur einem liberalistischen Konzept der Abwehr im Verhältnis Individuum/Staat definieren lassen, siehe eingehend Bumke, Landesmedienanstalten, 1995, S. 87ff. mit zahlreichen Nachweisen

[198] Grundlegend BVerfGE 57, 295, 320

[199] BVerfGE 57, 295, 320; Hesse, Rundfunkrecht, 1999, S. 66

[200] hierzu ausführlich Bethge, Rundfunkfreiheit und privater Rundfunk, 1985, S. 78ff.

[201] BVerfGE 57, 295, 320; 73, 118, 152f.; 74, 297, 324; 83, 238, 296; 87, 181, 197

[202] BVerfGE 57, 295, 320

[203] BVerfGE 57, 295, 319, „Um wirksam werden zu können, bedarf die in Art. 5 Abs. 1 Satz 2 GG verfassungsrechtlich garantierte Freiheit des Rundfunks der gesetzlichen Ausgestaltung. Dies ergibt sich aus der Aufgabe und der Eigenart der Gewährleistung.“; 73, 118, 152ff.; 74, 297, 324; 83, 238, 296; 87, 181, 198; 89, 144, 152; 90, 60, 88; Gersdorf, Rundfunkfreiheit ohne Ausgestaltungsvorbehalt, 1996, S. 32; Bethge, NJW 1982, 1ff., 4

[204] BVerfGE 73, 118, 154; Schuler-Harms, Rundfunkaufsicht im Bundesstaat, Baden-Baden, 1995, S. 110

gleichzeitig Rahmen der Ausgestaltung ist die Rundfunkfreiheit[205]. Art. 5 Abs. 1 Satz 2 GG impliziert danach einen spezifisch grundrechtlichen Gesetzesvorbehalt[206], der der insoweit nachgeordneten Begrenzungsschicht der allgemeinen Gesetze des Art. 5 Abs. 2 GG vorgeht[207].

Diese positive Ordnung ist konstituiv zu verstehen, „sie ist Voraussetzung und Grundlage der Freiheitsbetätigungen im Gewährleistungsbereich der verfassungsrechlich geschützten Rundfunkfreiheit“[208]. Die im gesamtgesellschaftlichen Interesse liegende staatliche Funktionsverantwortung für den Bereich des Rundfunks macht ein aktives Tätigwerden des Staates in rundfunkrelevanten Lebensbereichen zwingend erforderlich[209]. Die Rundfunkfreiheit ist damit ein besonders ausgestaltungsbedürftiges Grundrecht[210]. Das Bundesverfassungsgericht hält im wesentliches folgende (positiv zu ordnenden) Vorkehrungen für erforderlich:

Der Rundfunk darf aufgrund seiner schlechthin konstituierenden Bedeutung weder dem Staat noch einer gesellschaftlichen Gruppe oder dem freien Spiel der Kräfte ausgeliefert werden[211]. Erkannt wurde sowohl die Gefahr einseitiger Beeinflussung des Rundfunks durch den Staats selbst aber auch durch die an ihm partizipierenden gesellschaftliche Gruppierungen. Die Staats- und Gruppenferne des Rundfunks zählt nunmehr zu den tragenden Strukturprinzipien der Rundfunkverfassung[212].

Der Gesetzgeber hat außerdem für den Inhalt des Gesamtprogramms Leitgrundsätze verbindlich zu machen, „die ein Mindestmaß von inhaltlicher Ausgewogenheit, Sachlichkeit und gegenseitiger Achtung gewährleisten“[213]. Neben allgemeinen Voraussetzungen eines geordneten Journalismus, umzusetzen durch die Schaffung von Programmgrundsätzen, nennt das Bundesverfassungsgericht die zentrale Anforderung an den Gesetzgeber, die Schaffung und Sicherung von Meinungsvielfalt.

---

205 Hoffmann-Riem, Rundfunkfreiheit durch Rundfunkorganisation, 1979, S. 15; Badura, Rundfunkfreiheit durch Finanzautonomie, 1986, S. 49 spricht treffend von einer „gesetzlich auszugestaltenden Autonomie des Rundfunks“

206 Stern, in Rundfunkrecht und Rundfunkpolitik, S. 37; Bethge, Staatshaftung für den staatsfreien Rundfunk

207 Bethge, Die verfassungsrechtliche Problematik der Zulassung von Rundfunkveranstaltern des Privatrechts, 1981, S. 20; ders., NJW 1982, 1ff., 4; ders., ZG 1995, 101ff., 106

208 Gersdorf, Rundfunkfreiheit ohne Ausgestaltungsvorbehalt, 1996, S. 32

209 Hepach, Grundrechtsstatus, 1997, S. 22

210 Stettner, Rundfunkstruktur im Wandel, 1988, S. 5, 15; Jarass, Die Freiheit des Rundfunks vom Staat, 1981, S. 20

211 1. Rundfunkurteil vom 28.02.1961, BVerfGE 12, 205, 262 ; 31, 325; 57, 295, 325

212 Hepach, Grundrechtsstatus, 1997, S. 21

213 BVerfGE 57, 295, 325; so auch 12, 205, 263; 73, 118, 153, 199

Weiterhin müssen neben der Kontrolle privaten Rundfunks Zugangsregelungen geschaffen werden, die einen chancengleichen Zugang zur Rundfunkveranstaltung gewährleisteten[214]. Ausgestaltung ist in diesem Sinne auch eine Verwaltung einer Knappheit von Freiheitschancen[215].

Zur Ausgestaltung der Rundfunkordnung gehört außerdem die Regelung einer funktionsgerechten Finanzierung der öffentlich-rechtlichen Rundfunkanstalten[216] sowie die Einsetzung einer, wenngleich begrenzten, Staatsaufsicht[217].

c) Der Gestaltungsrahmen des Landesgesetzgebers

Die rechtliche Ausgestaltung der Rundfunkordnung unterliegt dem Landes-Parlamentsvorbehaltes des Gesetzes im Sinne der Wesentlichkeitstheorie[218]. Schon aufgrund der Eigenstaatlichkeit der Bundesländer sind diese bei die Konzeptionierung rundfunkrechtlicher Normen nicht an die in anderen Bundesländern vorzufindenden Modelle gebunden. Eine „Verfassungspflicht zur Harmonisierung der Landesmediengesetze“[219] besteht nicht[220]. Die Gestaltungsfreiheit stößt vielmehr nur dort an ihre Grenzen, wo sie nicht mehr mit Art. 5 Abs. 1 Satz 2 GG konform geht. Der Gesetzgeber ist damit verpflichtet, aber auch berechtigt, die Ausgestaltung der Rundfunkfreiheit zu optimieren[221]. Diese Optimierungsaufgabe korrespondiert mit einem weiten, einem geradezu „imposanten“[222] Gestaltungsspielraum des Gesetzgebers[223]. Mit der Gestaltungsfreiheit verbindet sich jedoch auch eine Verpflichtung des Landesgesetzgebers, die

---

214 „Sofern sich der Gesetzgeber für eine Rundfunkorganisation entscheidet, die privaten Rundfunk umfaßt, hat er Zugangsregelungen zu schaffen, die diese Überprüfung, gegebenenfalls die Versagung des Zugangs, sicherstellen und die für die Prüfung und Entscheidung ein rechtsstaatliches Verfahren vorsehen.“; vgl. BVerfGE 57, 285, 326; 73, 118, 153f.; 83, 83, 238, 319, 326

215 Stettner, Rundfunkstruktur im Wandel, 1988, S. 5

216 BVerfGE 74, 297, 347, 342; 83, 238, 310f.; 90, 60, 102

217 BVerfGE 57, 285, 326; 73, 118, 153; hierzu ausführlich Hartstein/Ring/Kreile/Dörr/Stettner, Rundfunkstaatsvertrag, B 5, vor § 11; Rdnr. 31ff.; Badura, Rundfunkfreiheit und Finanzautonomie, S. 65

218 BVerfGE 47, 46, 78f.; 49, 89, 126f.

219 Instruktiv Rudolf/Jutzi, ZRP 1987, 2ff.

220 Vgl. auch unten in diesem Kapitel, Die Stimmen zur Verfassungsmäßigkeit des Art. 111a Abs. 2 Satz 1 BV

221 Lerche, Landesbericht, S. 26

222 Lerche, Presse und privater Rundfunk, 1984, S. 16

223 Grundlegend zum weiten Gestaltungsspielraum des Landesgesetzgebers BVerfGE 57, 295, 321f.; 83, 238; zuletzt 90, 60, 94; Lerche, Presse und privater Rundfunk, 1984, S. 15ff.; Lerche, Landesbericht, S. 29ff.; Bethge, Die verfassungsrechtliche Problematik der Zulassung von Rundfunkveranstaltern des Privatrechts, 1981, S. 45ff., Badura, Verfassungsrechtliche Bindungen der Rundfunkgesetzgebung, 1980, 62, 65, gegen einen weiten Gestaltungsspielraum, Scheuner, Das Grundrecht der Rundfunkfreiheit, 1982, S. 54ff.

Rundfunkordnung funktionsfähig auszugestalten. Er darf sich dieser Pflicht nicht durch Delegation oder Übertragung von Kompetenzen entledigen[224].

Zusätzlich zu den bundesverfassungsrechtlichen Vorgaben des Art. 5 Abs. 1 Satz 2 GG hat sich in Bayern der Landesgesetzgeber an Art. 111a Abs. 2 Satz 1 BV und seinem öffentlich-rechtlichen Trägerschaftsvorbehalt zu orientieren[225]. Damit sind zwei Verfassungsebenen zu unterscheiden, an denen sich die Organisation privater Rundfunkangebote in Bayern messen lassen muß, zum einen die Gewährleistung der Rundfunkfreiheit nach Art. 5 Abs. 1 Satz 2 GG und zum anderen die Durchsetzung des in Art. 111a Abs. 2 Satz 1 BV normierten öffentlich-rechtlichen Trägerschaftsvorbehaltes.

d) Organisation und das Gebot der Staatsferne

Die Organisations- und Ausgestaltungsbedürftigkeit der Rundfunkfreiheit bedeutet in gewissem Sinne eine Befassung des Staates mit der Materie Rundfunk. Fraglich ist, inwieweit diese Aufgabenzuweisung mit dem Prinzip der Staatsferne des Rundfunks zu vereinbaren ist.

(1) Staatsferne als Strukturprinzip der Rundfunkordnung

Das „programmakzessorische"[226] Strukturprinzip der Staatsferne entspringt unmittelbar aus dem Grundrecht auf Rundfunkfreiheit selbst sowie aus dem Demokratieprinzip[227] und richtet sich in seiner Schutzwirkung an die Rundfunkveranstalter, deren Programmautonomie von staatlichen „Ingerenzen"[228] freigehalten werden soll. Die öffentliche Aufgabe Rundfunk kann und darf nicht Sache des Staates sein, also weder unmittelbar[229] noch mittelbar[230] zur staatlichen Aufgabe gemacht werden. Die Befugnis, Rundfunk zu veranstalten, kann daher auch nicht vom Staate „übertragen", sondern nur originär „zugewiesen" werden[231]. Art. 5 GG verweist ihre Wahrnehmung also in den Raum der Gesellschaft. Sie darf jedoch auch nicht ausschließlich oder einseitig einer Gruppe der Gesellschaft überlassen werden. Vielmehr verlangt Art. 5 Abs. 1 Satz 2 GG, daß an dieser öffentlichen Aufgabe alle gesellschaftlich relevanten Gruppen mit ihren

---

[224] Vgl. hierzu eingehend unten Kapitel 2, Gestaltungsprärogative des Rundfunkgesetzgebers Gestaltungsprärogative.doc

[225] Bethge, Rundfunkfreiheit und öffentlich-rechtlicher Organisationsvorbehalt, 1987, S. 20ff.

[226] Stettner, Rundfunkstruktur im Wandel, 1988, S. 43

[227] Hepach, Grundrechtsstatus, 1997, S, 98 unter Hinweis auf Bumke, Landesmedienanstalten, 1995, S. 144; Gersdorf, Staatsfreiheit des Rundfunks, 1991, 50ff

[228] Hepach, Grundrechtsstatus, 1997, S. 98

[229] Gersdorf, Staatsfreiheit des Rundfunks in der dualen Rundfunkordnung, 1991, S. 98

[230] BVerfGE 73, 118, 183; 83, 230, 323; 90, 60, 88; Hesse, Rundfunkrecht, 1999, S. 64; Gersdorf, Staatsfreiheit des Rundfunks in der dualen Rundfunkordnung, 1991, S. 100ff.; Hoffmann-Riem, Rundfunkaufsicht zwischen Staatsfreiheit und Staatseinfluß, 1995, S. 23

[231] Lerche, Rundfunkmonopol, S. 33

Vorstellungen, Überzeugungen, Meinungen und Wertungen beteiligt werden und in einem ausgewogenen Verhältnis zueinander zu Wort kommen können[232].

Das Prinzip der Staatsferne des Rundfunks bedarf einer differenzierten Auslegung. Neben der auf Abwehr staatlicher Eingriffe gerichteten subjektiven Komponente enthält das Grundrecht der Rundfunkfreiheit eine an den Gesetzgeber adressierte „Auftragskomponente"[233], die ihn verpflichtet, durch geeignete materielle, formelle, organisatorische und verfahrensrechtliche Regelungen für die Aktualisierung und Effektuierung dieser Freiheit zu sorgen. Beide Komponenten müssen miteinander in Einklang gebracht werden. Nicht alle dem Staat im weitesten Sinne zurechenbaren Institutionen können daher mit dem völligen Verbot der Einflußnahme auf den Rundfunk belegt werden[234]. Dies gilt im speziellen für die Landesmedienanstalten.

(2) Die „Staatsferne" der Landesmedienanstalten

Die Landesmedienanstalten sind in ihrer Funktion als Kontroll- und Aufsichtsinstanz Teil des Organisationsrahmens der vom Bundesverfassungsgericht geforderten positiven Ordnung rundfunkrechtlicher Lebensbereiche. In dieser Funktion aber stehen sie zwar der staatlichen und damit grundrechtsfernen Verantwortungssphäre nahe[235], gewährleisten jedoch durch die pluralistische Zusammensetzung ihrer Entscheidungsgremien und ihr Recht zur Selbstverwaltung[236] staatliche Unabhängigkeit. Der Grundsatz der Staatsferne entfaltet dabei „Schutzwirkung auch gegenüber der Komplementärorganisation Landesmedienanstalt"[237].

Die Landesmedienanstalten haben vor allem aber über ihre Staatsfreiheit hinaus die Aufgabe, gleichermaßen als Schutzschirm zwischen dem Staat und den privaten Veranstaltern zu fungieren[238]. Aktualisieren die Landesmedienanstalten also „den über-individuellen Freiraum, innerhalb dessen die privaten Rundfunkveranstalter ihrer publizistischen Vermittlungsfunktion durch eigenverantwortliche Programmgestaltung nachkommen können[239]", so kann dies als ein Indiz dafür gewertet werden, daß der Funktionsbereich der Landesmedienanstalten nicht aus dem staatlichen Bereich entspringt, die Organisationseinheiten viel-

---

[232] BVerfGE 31, 314, 337f.

[233] Jarass, Die Freiheit der Massenmedien, 1978, S. 14ff.

[234] Stettner, Rundfunkstruktur im Wandel, 1988, S. 47; siehe auch Badura, Rundfunkfreiheit und Finanzautonomie, S. 42; Ossenbühl, Rundfunkfreiheit und Rechnungsprüfung, 194, S. 35

[235] Hepach, Grundrechtsstatus, 1997, S. 22

[236] Siehe hierzu eingehend unten in diesem Kapitel, Das Recht der Selbstverwaltung

[237] Hepach, a.a.O. unter Hinweis auf Bumke, Landesmedienanstalten, 1995, S. 146

[238] Hepach, a.a.O. unter Hinweis auf Gersdorf, Die Staatsfreiheit des Rundfunks, 1991, S. 159, ferner Ring, in Festschrift für Peter Lerche, 1993, S, 707; Bumke, Landesmedienanstalten, 1995, S. 108

[239] Bumke, Landesmedienanstalten, 1995, S. 107f.

mehr als eine atypische Erscheinungsform im System der öffentlichen Verwaltung und als „genuin staatsfreie Gebilde“[240] zu qualifizieren sind“[241].

e) Interdependenz von Freiheitsgewährleistung und normativer Ausgestaltung

„Ausgestaltung“ kann Eingriff bedeuten, zumindest aber Einflußnahme. Die Rahmenbedingungen für eine Tätigkeit natürlicher oder juristischer Personen werden geschaffen und so die Ausübung eines Freiraumes definiert und mit übergeordneten organisatorischen Regelungen versehen.

Bei der Ausgestaltung der Rundfunkfreiheit genießt der Gesetzgeber weitgehende Gestaltungsfreiheit[242], die jedoch an die unmittelbar aus der Verfassung folgende Zweckbindung der Sicherung der Rundfunkfreiheit gekoppelt ist[243]. Ausgehend von der dienenden Funktion der Rundfunkfreiheit kann und muß die rechtliche Ausgestaltung zwangsläufig ein Zurücktreten der subjektiven Rechte der Veranstalter hinter die Rechtspositionen der übrigen am Prozeß der Meinungsbildung Beteiligten zur Folge haben[244]. Das Wirken der Rundfunkveranstalter muß durch die Ausgestaltung der Rundfunkfreiheit in eine Richtung kanalisiert werden, in der die Rundfunkfreiheit als „verfassungsrechtliche Garantie“[245] umfassend geschützt wird. Ausgestaltung versucht damit, negative Einflüsse auf die Rundfunkfreiheit durch die an der Rundfunkveranstaltung Beteiligten zu verhindern. Anders ausgedrückt bedeutet dies jedoch nichts anderes, als daß Handlungsformen, die sich nachteilig auf die Rundfunkfreiheit auswirken, nicht per se durch eben diese Freiheit geschützt werden können[246]. Die Ausgestaltung durch den Gesetzgeber hat damit konstituive Wirkung auf die Grundrechtsträgerschaft der Rundfunkveranstalter, indem sie die Grundrechtsausübung nicht nur sichert, sondern „organisierte Grundrechtssubstanz“[247] schafft.

Die Aufgabe der Ausgestaltung berechtigt gleichwohl nicht zu einer Beschränkung des Grundrechts über dessen Konkretisierung hinaus, eine solche ist nur

---

[240] Gersdorf, Die Staatsfreiheit des Rundfunks, 1991, S. 127

[241] Hepach, Grundrechtsstatus, 1997, S. 22f.; vgl. zum Standort der Landesmedienanstalten innerhalb der Rundfunkordnung eingehend Bumke, Landesmedienanstalten, 1995, 1. Teil

[242] BVerfGE 57, 295, 321; 73, 118, 153, 187; 74, 297, 324; 83, 238, 324; 87, 181, 198; vgl. hierzu eingehend oben in diesem Kapitel, Der Gestaltungsrahmen des Landesgesetzgebers

[243] BVerfGE 74, 297, 334

[244] Bornemann/Kraus/Lörz, BayMG, Art. 26, Rz. 21; Seelmann-Eggebert, ZUM 1992, 79ff., 83; Stettner, Rundfunkstruktur im Wandel, 1988, S. 65f.

[245] BVerfGE 12, 205, 260f.; 31, 314, 326; 57, 295, 319; 73, 118, 154; 77, 65, 74

[246] Seelmann-Eggebert, ZUM 1992, 79ff., 81

[247] Bethge, NJW 1982, 1ff., 4; eingehend zur Schaffung von Grundrechtssubstanz Dolderer, Objektive Grundrechtsgehalte, 2000, S. 314ff.

unter den Schranken des Art. 5 Abs. 2 GG zulässig[248]. Der Begriff der Ausgestaltung definiert dabei auch eine Grenze, nämlich die „Ausfüllung“ des Grundrechts, welche vom Gesetzgeber nicht überschritten werden darf[249].

Wegen der „Eingriffsferne“ des ausgestaltenden Organisationsgesetzes[250] steht dem Gesetzgeber bei der Gestaltung der „formellen Rundfunkfreiheit“[251] ein wesentlich größerer Spielraum offen, als dies bei Eingriffsregelungen der Fall wäre[252]. Das Ausgestaltungsgesetz ist gegenüber dem Schrankengesetz ein Aliud[253]. Auch das Bundesverfassungsgericht unterscheidet die Ausgestaltung von der Schrankensetzung[254], da durch die Ausgestaltung erst die Voraussetzungen für die Verwirklichung des grundrechtlichen Schutzes und die Ermöglichung des Grundrechtsgebrauchs geschaffen würden[255]. Dies bedeutet zugleich, daß sich Ausgestaltung und Eingriff denknotwendig gegenseitig ausschließen. Die rechtstechnische Konstruktion der Aufsichtsmittel (z.B. Verwaltungsakt) ist dabei für die grundrechtsdogmatische Einordnung des Aufsichtsträgers nachrangig; maßgeblich ist vielmehr dessen Stellung im Verhältnis zum Staat[256].

Die Ausgestaltung der Rundfunkfreiheit stellt sich also für den einzelnen Rundfunkveranstalter möglicherweise belastend dar, sie ist dennoch grundrechtsdogmatisch nicht als Eingriff zu qualifizieren[257]. Gleichwohl darf der Gesetzgeber, sofern er sich für die Zulassung privaten Rundfunks entscheidet, diesen nicht in einer Weise „ausgestalten„ die seine Entfaltung in hohem Maße erschwert oder

---

[248] BVerfGE 57, 295, 321; 73, 118, 166; 74, 297, 334; Stettner, Rundfunkstruktur im Wandel, 1988, S. 7; Hesse, Rundfunkrecht, 1999, S. 65

[249] Stettner, Rundfunkstruktur im Wandel, 1988, S. 7

[250] Stettner, Rundfunkstruktur im Wandel, 1988, S. 7 unter Hinweis auf Degenhart, DÖV 1981, 960 ff., 961

[251] Zum Begriff (auch der“ materiellen Rundfunkfreiheit“) siehe BayVerfGH 30, 78, 79

[252] Stettner, Rundfunkstruktur im Wandel, 1988, S. 7 m.w.Nw.; Lerche, Rundfunkmonopol, S. 66f., 77f., 101

[253] BVerfGE 73, 118, 166; Hoffmann-Riem, Personalrecht der Rundfunkaufsicht, 1991, S. 57, 85; grundlegend Rossen, Freie Meinungsbildung, S. 285ff., 307ff.; Wagner, Die Landesmedienanstalten, 1990, S. 38; Hoffmann-Riem, Rundfunkaufsicht zwischen Staatsfreiheit und Staatseinfluß, 1995, S. 21; ders., Rundfunkrecht neben Wirtschaftsrecht, S. 71

[254] BVerfGE 57, 295, 321; 73, 118, 166; 74, 297, 334; die vom Bundesverfassungsgericht in ständiger Rechtsprechung vorgenommene Differenzierung ist hinsichtlich ihrer Grundrechtsdogmatik Kritik im Schrifttum ausgesetzt. Insbesondere wird moniert, daß durch die „Hinzufügung“ eines Ausgestaltungsvorbehaltes auf Kosten der grundrechtlichen Freiheit grundrechtsdogmatische Unklarheiten geschaffen würden, vgl. bereits Scheuner, Das Grundrecht der Rundfunkfreiheit, 1982, S. 55; Klein, Die Rundfunkfreiheit, S. 74f.; Pestalozza, NJW 1981, 2158, 2160: „uferlose Organisationskompetenz“ des Gesetzgebers

[255] Vgl. hierzu Hoffmann-Riem, Personalrecht der Rundfunkaufsicht, 1991, S. 85f.; Balda, Rundfunkordnung, 1997, S. 35

[256] Hoffmann-Riem, Personalrecht der Rundfunkaufsicht, 1991, S. 86f.

[257] Vesting, Prozedurales Rundfunkrecht, 1997, S. 233

gar unmöglich macht[258]. Insbesondere die Programmfreiheit des Veranstalters als Kernbereich der Rundfunkfreiheit muß gewahrt bleiben, wobei es sich um eine Zielvorgabe handelt, die durch Ausgestaltung mit Leben erfüllt und gerade nicht gefährdet werden darf.

(1) Programmfreiheit als Kernbereich der Rundfunkfreiheit

Neben den zahlreichen objektiv-rechtlichen Elementen der institutionellen Freiheit des Rundfunks ist ein Schutzbereich seinem Träger, sei es auch im Rahmen einer spezifischen Funktionalisierung im Dienste einer übergeordneten Freiheitsgewährleistung, in auf klassische, subjektive Abwehr gerichteter Art und Weise zugeordnet.

Den Kern der Rundfunkfreiheit bildet nach übereinstimmender Meinung die Programmfreiheit[259], also die Freiheit der aktiven Programmgestaltung im Rahmen der publizistischen Vermittlungsarbeit von unmittelbaren oder mittelbaren[260] staatlichen Einflüssen. Diese Freiheit reicht von „der Beschaffung der Information bis zur Verbreitung der Nachricht und der Meinung“[261], umfaßt also die eigenverantwortliche journalistische Tätigkeit und die Programmproduktion ebenso wie die tatsächliche Sendetätigkeit[262]. Sie umfaßt damit den gesamten Prozeß der Programmgestaltung einschließlich seiner sachlichen und personellen Voraussetzungen[263]. Sie steht ohne Rücksicht auf öffentlich-rechtliche oder privatrechtliche Rechtsform, auf kommerzielle oder gemeinnützige Betätigung

[258] BVerfGE 83, 238, 297, 317f., 325, 328ff.; Balda, Die duale Rundfunkordnung und der öffentlich-rechtliche Sonderweg des Freistaats Bayern, 1997, S. 34; Lerche, Das 6. Rundfunkurteil zur „Modellkonsistenz“, in Kohl, (Hrsg.), Die Freiheit des Rundfunks nach dem Nordrhein-Westfalen-Urteil des Bundesverfassungsgerichts, 1991, S. 52, Fn. 3; Bauer, Öffentlich-rechtliche Rundfunkanstalten und das Kartellrecht, 1993, S. 34

[259] BVerfGE 35, 202, 223; 59, 231, 260; 73, 118, 183; 95, 220, 234; Ossenbühl, RuF 1968, 389ff., 392; Hesse, Rundfunkrecht, S. 64; Bumke, Landesmedienanstalten, 1995, S. 109; Wagner, Die Landesmedienanstalten, 1990, S. 32; Schuler-Harms, Rundfunkaufsicht im Bundesstaat, Baden-Baden, 1995, S. 111; Herrmann, Fernsehen und Hörfunk in der Bundesrepublik Deutschland, 1975, S. 48; Lerche, Landesbericht, S. 31; Badura, Verfassungsrechtliche Bindungen der Rundfunkgesetzgebung, 1980, S. 29; Jarass, Die Freiheit des Rundfunks vom Staat, S. 31ff.; Ossenbühl, Rundfunk zwischen Staat und Gesellschaft, S. 32; Scheuner, Das Grundrecht der Rundfunkfreiheit, 1982, S. 39

[260] BVerfGE 73, 118, 189; 83, 230, 323; 90, 60, 88

[261] BVerfGE 10, 118, 121; 12, 205, 260; 66, 116, 133, die Presse wird vom Bundesverfassungsgericht in diesem Zusammenhang als vergleichbar angesehen.

[262] BVerfGE 83, 238, 303; Bumke, Landesmedienanstalten, 1995, S. 109f.; Wagner, Die Landesmedienanstalten, 1990, S. 67; Berendes, Die Staatsaufsicht über den Rundfunk, 1973, S. 49; Biervert, ZUM 1998, 19ff., 21

[263] Wagner, Die Landesmedienanstalten, 1990, S. 67f.; Herrmann, Fernsehen und Hörfunk in der Bundesrepublik Deutschland, 1975, S. 48ff.; Vahrenhold, Die Stellung der Privatfunkaufsicht im System staatlicher Aufsicht, 1992, S. 45f.

allen natürlichen und juristischen Personen zu, die Rundfunkprogramme veranstalten[264].

Die Reichweite ihres Schutzes bestimmt sich zunächst nicht anhand des von der gesetzlichen Ausgestaltung gegebenen Rahmens, da die Ausgestaltungsbefugnis nicht zu Eingriffen in die Rundfunkfreiheit berechtigt[265]. Ein Befassen des Staates mit der Materie Rundfunk im Sinne eines normativen „Hinwirkens" auf die Entstehung funktionsfähiger und dem geforderten Vielfaltsstandard genügender Rundfunksysteme ist jedoch nicht ausgeschlossen[266]. Eine Grenze kann dort gezogen werden, wo eine „Beeinflussung" der Programmgestaltung den Bereich des Mittelbaren soweit verläßt, daß sie nicht mehr als generelle Ausgestaltung eines normativen Rahmens der Rundfunkveranstaltung aufgefaßt werden kann, sondern als aktive Einflußnahme auf spezielle programmgestalterische Tätigkeiten gewertet werden muß. Anders ausgedrückt, kann und muß Programmfreiheit funktional in die Rundfunkgesetzgebung eingebunden werden[267].

Die Programmfreiheit bildet gegenüber dem objektiv-rechtlich ansetzenden Grundsatz des Programmauftrages das subjektiv-rechtliche Strukturprinzip der Rundfunkfreiheit, das den privaten Veranstaltern gegenüber öffentlich-rechtlichen Kontrollinstanzen einen Programmgestaltungsspielraum einräumt[268]. Die Reichweite und der materielle Gehalt der Programmfreiheit haben eine zentrale Bedeutung für die Reichweite und Intensität der auf sie ausgeübten Kontrolle[269]. Je nachdem, wie stark bei einer Interpretation des Art. 5 Abs. 1 Satz 2 GG die objektiv- bzw. subjektiv-rechtlichen Elemente in den Vordergrund gerückt werden, ergibt sich eine wechselseitige Begrenzung des Programmauftrages und der Programmfreiheit[270]. Das eigentlich gestalterische Moment der Programmschaffung *en detail*, die Freiheit zu eigenen Tendenz sind daher zwar in einen rechtlichen, institutionell geprägten Rahmen eingebunden, in ihrer Einzelheit jedoch nicht antastbar.

(2) Anspruch auf Zulassung zu Rundfunkveranstaltung?

Im Hinblick auf die Gewährleistungen des Art. 5 Abs. 1 Satz 2 GG stellt sich die Frage, inwieweit die Rundfunkfreiheit dem Veranstalter neben der Programmfreiheit ein subjektives Recht auf aktiven Zugang zur Rundfunkveranstaltung einräumt. Ob und inwieweit ein solches Recht von der Verfassung gewährt wird

---

[264] BVerfGE 95, 220, 234; 97, 298, 310; Ory, AfP 1998, 155ff., 161

[265] BVerfGE 57, 295, 321; 73, 118, 166; 74, 297, 334; vgl. auch eingehend Rossen, Freie Meinungsbildung, 1988, S. 286ff.

[266] Bumke, Landesmedienanstalten, 1995, S. 110

[267] Rossen, Freie Meinungsbildung, 1988, S. 300

[268] Wagner, Die Landesmedienanstalten, 1990, S. 32

[269] Wagner, a.a.O. S. 33

[270] Wagner, a.a.O., S. 33, 40

und so möglicherweise eine Verpflichtung des Landesgesetzgebers auf Zulassung privater Rundfunkveranstalter besteht, ist vom Bundesverfassungsgericht nicht ausdrücklich beantwortet worden[271]. Sie läßt sich jedoch, bezogen auf das Gewährleistungsgefüge des Art. 5 Abs. 1 Satz 2 GG und die weite Ausgestaltungsbefugnis des Landesgesetzgebers vergleichsweise eindeutig beurteilen.

Ein originärer, schrankenloser und freiwüchsiger Anspruch auf Zugang zur Rundfunkveranstaltung unmittelbar aus der Verfassung ist nach herrschender Meinung nicht gegeben[272], sondern bedarf zu seiner Verwirklichung gestalterischer Maßnahmen des Landesgesetzgebers. Dies erklärt, weshalb das Bundesverfassungsgericht die legislative Ausgestaltung der Rundfunkordnung vom Grundrechtseingriff unterscheidet[273].

Dem Landesgesetzgeber steht bei der positiven Ausgestaltung des Grundrechts und der Wahl des zugrunde zu legenden Organisationsmodells die volle Variationsbreite rechtlicher Möglichkeiten zur Verfügung, d.h., er kann sich entweder für ein rein öffentlich-rechtliches oder ein duales Rundfunksystem entscheiden[274]. Im Rahmen dieser Grundsatzentscheidung ist es allein Sache des Gesetzgebers, ob das von ihm gewählte Modell private Rundfunkveranstalter zuläßt oder nicht[275]. Gegen diese gesetzgeberische Gestaltungsfreiheit, zwischen den zur Verfügung stehenden Modellen frei zu wählen, kann daher aus Gründen der Rundfunkfreiheit nichts eingewandt werden[276]. Die Frage eines subjektiven Rechtsanspruchs auf Zulassung zur Rundfunkveranstaltung stellt sich also erst mit der Wahl der entsprechenden Organisationsform.

Die Gestaltungsbefugnis des Landesgesetzgebers, die sich in diesem Punkt auch auf die grundsätzliche Einräumung subjektiver Rechte bezieht, ist ebensowenig

---

[271] BVerfGE 57, 295, 318; Bumke, Landesmedienanstalten, 1995, S. 99; Schmitt Glaeser, ZUM 523, 524

[272] Vgl. nur Stender, Staatsferne, 1987, S. 78f.; Bethge, Rundfunkfreiheit und öffentlich-rechtlicher Organisationsvorbehalt, 1987, S. 21; ders., Der verfassungsrechtliche Status der BLM, 1999, S. 17; Schmidt, Die Rundfunkgewährleistung, 1980, S. 97

[273] Hoffmann-Riem, Personalrecht der Rundfunkaufsicht, 1991, S. 85

[274] BVerfGE 57, 295, 321, 326; 73, 118, 153; 74, 297, 324; 83, 238, 296, 305; 87, 181, 198; 90, 60, 94; hierzu grundlegend Lerche, Rundfunkmonopol, S. 9ff., 38f., 74ff., und passim; Bethge, Rundfunkfreiheit und öffentlich-rechtlicher Organisationsvorbehalt, 1987, S. 36f.; Brümmer, Modellfragen, 1995, S. 7 unter Hinweis auf Lerche, Presse und privater Rundfunk, 1984, S 16; Stock, Media Perspektiven 1991, 133

[275] BVerfGE 57, 295, 321; 73, 118, 153; 74, 297, 324; 83, 238, 296; 87, 181, 198; 90, 60, 94; Poll, Fernsehspartenprogramme und Pluralismus, 1998, S. 192; Badura, JA 1987, 180ff., 182; Bumke, Landesmedienanstalten, 1995, S. 215; Liegmann, Der Zugang zum privaten Rundfunk, 1996, S. 143; a.A. Stender, Staatsferne, 1987, S. 82ff., die einen individuellen Anspruch auf den Erlaß von Zugangsgesetzen bejaht.

[276] Bethge, Die verfassungsrechtliche Problematik der Zulassung von Rundfunkveranstaltern des Privatrechts, 1981, S. 27

an die sog. Sondersituation des Rundfunks gekoppelt wie die grundsätzliche Erforderlichkeit der Ausgestaltung einer Rundfunkordnung. Auch wenn es die fortschreitende technische Entwicklung zulassen sollte, in breitem Maße private Rundfunkprogramme zu veranstalten, verschafft dieser Umstand noch keinen individuellen Anspruch auf Zulassung zu dieser Rundfunkveranstaltung. Entscheidend ist allen die hinreichende Sicherung des über-individuellen Schutzgutes des Art. 5 Abs. 1 Satz 2 GG, die nach der Rechtsprechung des Bundesverfassungsgerichts auch in den „alten“ Organisationsformen möglich ist[277].

Ein subjektives Zugangsrecht kann auch nicht aus dem Grundrecht der Berufsfreiheit abgeleitet werden, da eine dahingehende Interpretation von Art. 12 Abs. 1 GG sich an den Grenzen des Art. 5 Abs. 1 Satz 2 GG, der hierbei die „spezifisch sachnähere“ Norm darstellt[278], orientieren muß. Die Bindungen der institutionellen Rundfunkfreiheit kommen dabei insoweit zum Tragen, als sie eine „berufsgrundrechtlich etikettierte Außerkraftsetzung rundfunkspezifischer Grundsätze“ ausschließen[279]. Ein gesetzesfreier, originärer Anspruch auf Zulassung zur Rundfunkveranstaltung ist daher abzulehnen.

III. Grundversorgung und Grundstandard

Die Zulassung privaten Rundfunks führte schon früh zu der Frage, wie dessen Funktionsbereich neben dem des öffentlich-rechtlichen Rundfunks zu bestimmen ist. Die Aufgabenverteilung zwischen den beiden Säulen einer dualen Rundfunkordnung wird dabei vor allem durch die Begriffe der Grundversorgung und des Grundstandards konkretisiert.

Der Begriff der Grundversorgung[280] wurde vom Bundesverfassungsgericht erstmals im 4. Rundfunkurteil[281] verwendet und bezeichnet die Aufgabe des öf-

---

[277] Lerche, Rundfunkmonopol, S. 48

[278] Vgl. hierzu ausführlich Bethge, Rundfunkfreiheit und öffentlich-rechtlicher Organisationsvorbehalt, 1987, S. 42ff; ders., Die verfassungsrechtliche Problematik der Zulassung von Rundfunkveranstaltern des Privatrechts, 1981, S. 117; Stettner, Rundfunkstruktur im Wandel, 1988, S, 18; siehe hierzu auch Schmidt, Die Rundfunkgewährleistung, 1980, S. 64f.; Liegmann, Der Zugang zum privaten Rundfunk, 1996, S. 143; a.A. Stender, Staatsferne, 1987, S. 84ff., m.w.Nw., die eine „Idealkonkurrenz auf Garantiebestandsebene“ annimmt.

[279] Vgl. ausführlich Bethge, Rundfunkfreiheit und öffentlich-rechtlicher Organisationsvorbehalt, 1987, S. 42ff.; ders., Die verfassungsrechtliche Problematik der Zulassung von Rundfunkveranstaltern des Privatrechts, 1981, S. 112f.; für die bayerische Situation vgl. BayVerfGHE 39, 96, 150

[280] Der Begriff der Grundversorgung wurde erstmals von Herrmann verwendet und bezeichnete eine aus dem Demokratie- und dem Sozialstaatsprinzip abgeleitete Form der Daseinsvorsorge in Gestalt eines gleichmäßigen, möglichst alle interessierten Bürger erreichenden kontinuierlichen Rundfunkprogramm zu sozialen Bedingungen. Herrmann, Fernsehen und Hörfunk in der Bundesrepublik Deutschland, 1975, S. 332f., 346; in diesem Sinne auch Schmidt, Die Rundfunkgewährleistung, 1980, S. 29; zum Begriff siehe Bethge, Media Perspektiven 1996,

fentlich-rechtlichen Rundfunks, durch ein inhaltlich umfassendes Programmangebot die gleichgewichtige Vielfalt im Rundfunk[282] zu sichern, um so die essentiellen Funktionen des Rundfunks für die demokratische Ordnung und das kulturelle Leben zu erfüllen[283]. Die öffentlich-rechtlichen Anstalten sind hierzu nach Auffassung des Bundesverfassungsgerichts in der Lage, da sie zum einen über ihre terrestrischen Programme nahezu die gesamte Bevölkerung erreichen und zum anderen nicht in gleicher Weise wie private Veranstalter auf den wirtschaftlichen Erfolg ihrer Programme angewiesen sind[284]. Mit der Zuweisung der Grundversorgung an die öffentlich-rechtlichen Rundfunkanstalten korrespondiert die Funktionsgarantie einer freien individuellen und öffentlichen Meinungsbildung, die nicht nur dogmatisch, sondern auch den tatsächlichen Verhältnissen angepaßt verwirklicht werden muß[285].

Solange den öffentlich-rechtlichen Anstalten die Aufgabe der Grundversorgung auferlegt wird, korrespondiert mit ihr nach Ansicht des Bundesverfassungsgerichts ein Anspruch des öffentlich-rechtlichen Rundfunks auf eine funktionsgerechte Finanzierung, die zur Wahrnehmung dieser Funktion unerläßlich ist[286]. Der öffentlich-rechtliche Rundfunk bildet ein Gegengewicht gegenüber privaten,

---

S. 66ff., 70, „komplexer Verfassungsbegriff"; Kull, AfP 1987, S. 462, „Supernova am juristischen Begriffshimmel"; siehe auch Starck, Grundversorgung und Rundfunkfreiheit, NJW 1982, 3257ff.; Scheble, Perspektiven der Grundversorgung, 1994, S. 44f.; Berg, Grundversorgung und Programmzeitschriften des öffentlich-rechtlichen Rundfunks nach dem 6. Rundfunkurteil des Bundesverfassungsgerichts, in: Kohl, Die Freiheit des Rundfunks, 1991, S. 16ff.; eingehend zur Rechtsprechung vgl. Fromm, Öffentlich-rechtlicher Programmauftrag und Rundfunkföderalismus, 1998, S. 35f., 72ff.

[281] BVerfGE 73, 118; siehe hierzu Hesse, Rundfunkrecht, 1999, S. 31f.

[282] Zu einer möglichen Grundversorgungsverpflichtung bei anderen Kommunikationsmedien siehe Gramlich, ZUM 1998, 365ff.

[283] Scheble, Perspektiven der Grundversorgung, 1994, S. 42

[284] BVerfGE 73, 118, 157f.,160; vgl. auch Hesse, Rundfunkrecht, 1999, S. 121; zu den drei Elementen der Grundversorgung siehe BVerfGE 74, 297, 326; hierzu Pukall, Meinungsvielfalt im Rundfunk nach der audiovisuellen Revolution, 1993, S. 50; eingehend Scheble, Perspektiven der Grundversorgung, 1994, S. 37ff.; Fromm, Öffentlich-rechtlicher Programmauftrag und Rundfunkföderalismus, 1998, S. 75ff.

[285] Hesse, Rundfunkrecht, 1999, S. 120; zum Erfordernis eines dynamischen und zeitlich offenen Begriffes der Grundversorgung vgl. BVerfGE 83, 238, 326; Poll, Fernsehspartenprogramme und Pluralismus, 1998, S. 320f.; Hesse, Rundfunkrecht, 1999, S. 123; Bethge, Media Perspektiven 1996, 66ff., 67f.; Badura, JA 1987, 180ff, 186; Fromm, Öffentlich-rechtlicher Programmauftrag und Rundfunkföderalismus, 1998, S. 88ff.

[286] BVerfGE 83, 238, 310; 87, 181, 199f.; 90, 60, 90; zu dieser Rechtsprechung eingehend Fromm, Öffentlich-rechtlicher Programmauftrag und Rundfunkföderalismus, 1998, S. 39ff.; auch Präambel des RStV; Poll, Fernsehspartenprogramme und Pluralismus, 1998, S. 173; dagegen Bethge, Rundfunkfreiheit und öffentlich-rechtlicher Organisationsvorbehalt, 1987, S. 17; kritisch zu dieser „Funktionsgarantie" siehe auch Degenhart; ZUM 1988, 47ff., 48ff., passim; „ein nicht systemgerechter, unsicherer Weg vom Monopol- zum Expansionsrundfunk", Pukall, Meinungsvielfalt im Rundfunk nach der audiovisuellen Revolution, 1993, S. 66

werbefinanzierten Programmen[287] und gewährt als „ernst zu nehmender publizistischer Faktor“[288] Schutz vor einer wirtschaftlichen Vermachtung der Strukturen. Der öffentlich-rechtliche Rundfunk erfüllt damit zum einen eine Komplementärfunktion in dem Sinne, als sein Angebot eine Unterversorgung der Bevölkerung mit bestimmten Inhalten und qualitativen Standards verhindern bzw. kompensieren soll. Zum anderen obliegt ihm aber auch eine Korrektivfunktion, in die Eigengesetzlichkeiten des werbefinanzierten Rundfunks durch die Definition von Qualitätsstandards einzugreifen[289].

---

[287] Engler, Kooperationen im Rundfunk, 1995, S. 119 bezeichnet diese Gegengewichtung als symbiotische Verknüpfung von öffentlich-rechtlichen und privatem Rundfunk, deren Folge die Flexibilität der Anforderungen an die verschiedenen Systeme sei: „Je weitgehender – innerhalb der verfassungsrechtlich überhaupt zulässigen Margen – im privaten Rundfunk die Programmgestaltung an wirtschaftlichen Kriterien ausgerichtet werden darf und je weniger unter Umständen ihre meinungsbildenden Funktionen zum Tragen kommen, um so effektivere Wirkungsmöglichkeiten müssen dem öffentlichen Teilsystem an die Hand gegeben werden, publizistische Gegenmacht ausüben zu können. Dies ist der angesichts des augenblicklichen Zustands des Privatfunks wohl entscheidende Regelungsauftrag für die Landesgesetzgeber.“

[288] Hesse, Rundfunkrecht, 1999, S. 122; eine überzeugende Darstellung dieses „Gegengewichts“ liefert Kiefer, Überflüssig oder unverzichtbar?, in: Kehm/Kiefer, Grundversorgung, 1996, S. 27ff., S. 41f., die im privaten Rundfunk eine mangelnde „Qualitätstransparenz“ befürchtet: „Man muß hier nicht medienökonomische Ansätze bemühen, um zu erkennen, daß die Qualitätstransparenz für den Konsumenten medialer Produkte äußerst gering ist. Die Ökonomie spricht bei Gütern dieser Art von Erfahrungs- oder gar Vertrauensgütern, weil die Qualität des Produkts für den Konsumenten erst nach dem Verbrauch oder aber gar nicht feststellbar ist. (...) Mangelnde Qualitätstransparenz des Konsumenten hat aus ökonomischer Sicht gravierende Folgen. Normalerweise geht man davon aus, daß der Konsument seine Qualitätsansprüche am Markt durchsetzt, ein schlechtes Produkt also schnell aus den Ladenregalen wieder verschwindet, weil es keine oder jedenfalls nicht lange Käufer findet. Transparenz des Konsumenten im Hinblick auf die Qualität von Produkten ist eine wichtige Voraussetzung, daß sich die Produzenten und Unternehmen im Wettbewerb genötigt sehen, auch auf die Qualität ihrer Produkte zu achten, auch mit Qualität zu konkurrieren. Was aber passiert, wenn der Konsument die Qualität nicht oder bestenfalls erst nach vielen traurigen Erfahrungen beurteilen kann. In der ökonomischen Theorie geht man davon aus, daß in diesem Fall der Wettbewerb im Hinblick auf die Produktion von Qualität versagt, ja, daß eine Qualitätsspirale nach unten in Gang gesetzt wird. Da für die Produzenten kein Anreiz besteht, Qualität zu produzieren, die vom Konsumenten weder erkannt noch honoriert wird, verlagert sich der Wettbewerb von Qualität auf die Kosten. D.h., derjenige Produzent, dasjenige Unternehmen ist wirtschaftlich und effizient, das am billigsten produziert. Sieht man sich die Programmentwicklung im dualen System an, den Boom an relativ preiswert zu produzierenden Talkshows, Soap-Operas, Gameshows, dann werden die Annahmen der ökonomischen Theorie, daß hier ein „Markt für Zitronen“, so die plastische Metapher für diese Annahme, entsteht, zumindest nicht widerlegt. Öffentlich-rechtlich organisierter Rundfunk mit einer im Sachziel vorgegebenen Verpflichtung zur Qualität kann in einem solchen Markt nicht nur eine wichtige Komplementär- sondern auch Korrektivfunktion haben.“, Kiefer, Überflüssig oder unverzichtbar?, in: Kehm/Kiefer, Grundversorgung, 1996, S. 27ff., S. 43

[289] Siehe hierzu insgesamt Kiefer, Überflüssig oder unverzichtbar?, in: Kehm/Kiefer, Grundversorgung, 1996, S. 27ff., S, 40ff.; zur Frage einer möglichen Privatisierbarkeit der Aufgabe

Demgegenüber ist von den privaten Rundfunkveranstaltern lediglich ein sog. „Grundstandard" zu erfüllen, „der die wesentlichen Voraussetzungen von Meinungsvielfalt umfaßt: Die Möglichkeit für alle Meinungsrichtungen - auch diejenige von Minderheiten -, im privaten Rundfunk zum Ausdruck zu gelangen, und den Ausschluß einseitigen, in hohem Maße ungleichgewichtigen Einflusses einzelner Veranstalter oder Programme auf die Bildung der öffentlichen Meinung, namentlich die Verhinderung des Entstehens vorherrschender Meinungsmacht"[290].

Grundversorgung ist keine Mindestversorgung in dem Sinne, daß jedes über die Grundversorgung hinausgehende Programm privaten Veranstaltern vorbehalten wäre[291]. Für den Grundstandard gilt umgekehrt ähnliches. Eine Zweiteilung des Rundfunks in grundversorgende und kommerzielle, lediglich am Grundstandard orientierte Veranstalter ist weder aus wirtschaftlichen noch aus publizistischen Gründen sinnvoll: Programmqualität ist nicht auf „Qualitätsprogramme" im Sinne einer „kulturpolitischen Komplementärfunktion"[292] beschränkt, vielmehr muß die Grundversorgung insgesamt der ihr aufgetragenen Qualitätsverpflichtung genügen und muß sich daher im Hinblick auf ihre Korrektivfunktion auch auf Bereiche erstrecken, die der private Rundfunk ebenfalls abdeckt.

IV. Die einfachgesetzliche Umsetzung unter dem Gesichtspunkt der Vielfaltserzielung und -sicherung durch organisatorische Vorgaben

Wenngleich der Landesgesetzgeber bei der Wahl „seiner" Ausgestaltung der Rundfunkfreiheit mit weitgehender Gestaltungsmacht ausgerüstet ist, haben sich in den verschiedenen Rundfunkordnungen Modelle herausgebildet, die eine gewisse Typisierung ermöglichen. Insbesondere maßgeblich ist dabei die Art und Weise der Vielfaltserzielung, die den Kernbereich der landesgesetzlichen Ausgestaltung der Rundfunkfreiheit bildet.

---

der Grundversorgung vgl. BVerfGE 83, 238, 299; 73, 188, 155; Scheble, Perspektiven der Grundversorgung, 1994, S. 161; vgl. auch Kiefer, a.a.O. S. 27ff.; Bethge, Media Perspektiven 1996, 66ff., 67

[290] BVerfGE 73, 118, 160; hierzu eingehend Wagner, Die Landesmedienanstalten, 1990, S. 53ff.; Brümmer, Modellfragen, 1995, S. 110

[291] BVerfGE 87, 181, 199; Poll, Fernsehspartenprogramme und Pluralismus, 1998, S. 320; Vahrenhold, Die Stellung der Privatfunkaufsicht im System staatlicher Aufsicht, 1992, S. 52; Libertus, Grundversorgungsauftrag und Funktionsgarantie, 1991, S. 76; Bethge, Media Perspektiven 1996, 66ff., 67; Vesting, Prozedurales Rundfunkrecht, 1997, S. 171

[292] Vesting, Prozedurales Rundfunkrecht, 1997, S. 171

1. Ausprägung und Formen rundfunkrechtlicher Vielfalt

Man unterscheidet im wesentlichen zwei Modelle der Vielfaltserzielung: Außen- und Binnenpluralismus. Für die Art der Vielfaltserzeugung und -sicherung ist das jeweilige Strukturmodell ausschlaggebend[293].

Außenpluralität bedeutet de Vielfalt und Ausgewogenheit aller Programme untereinander durch Blick auf die (ausgestrahlten) Programme in ihrer Gesamtheit[294]. Eine Vielzahl von Veranstaltern und Programmen ergibt in ihrer Gesamtheit ein vielfältiges und ausgewogenes Programm. Der einzelne Veranstalter ist hier nicht zur Herstellung interner Ausgewogenheit und Vielfalt verpflichtet[295]. Die Anzahl der Veranstalter und Programme ist zwar ein Indiz für das Vorliegen von Meinungsvielfalt und Ausgewogenheit, jedoch hierfür kein Garant[296]. Vielfalt und Ausgewogenheit muß in einem außenpluralen System im Rahmen einer Beurteilung des Gesamtprogramms gemessen werden. Dies ist sehr aufwendig und bringt insbesondere in der Frage der Arbeitskapazität der Aufsichtsgremien erhebliche Probleme mit sich[297]. Weiterhin stellt sich die Frage, welcher Veranstalter als Adressat für die Gewährleistung der Vielfalt des Gesamtprogramms verantwortlich sein soll. Die Verantwortung der Aufsichtsgremien steigert sich daher durch die fehlende Verantwortlichkeit des einzelnen sowie der Gesamtheit der Anbieter von der bloßen Überwachung der Einhaltung der Veranstalterpflichten zu einer Art Garantenschaft für Vielfalt und Ausgewogenheit[298] insgesamt.

Das binnenplurale Modell hingegen fordert Ausgewogenheit und Vielfalt eines jeden einzelnen Programms [299]. Der Begriff Binnenpluralität wird über die inhaltliche Ausrichtung des Programms hinaus auch eingesetzt, um die gesellschaftlich-binnenpluralistische Organisation des Rundfunkveranstalters und ist in diesem Sinne zu verstehen als organisatorische Binnenpluralität[300]. Es gibt also zwei Wege zur Erreichung von Binnenpliuralität: Entweder werden durch pluralistische Zusammensetzung einer Anbietergesellschaft die Programmin-

---

293 Hellstern, Gerd-Michael in Rundfunkaufsicht in der Bundesrepublik Deutschland, Bd. 1, S. 64

294 Vgl. eingehend Schuster, Meinungsvielfalt in der dualen Rundfunkordnung, 1990, S. 184ff.; Hoffmann, Erosionen des Rundfunkrechts, 1990, S. 19f.

295 Ziethen, in Rundfunkaufsicht in der Bundesrepublik Deutschland, Bd. 3, S. 75

296 Ziethen, a.a.O., S. 108; eingehend Poll, Fernsehspartenprogramme und Pluralismus, 1998, 210ff.

297 Ziethen, a.a.O., S. 108f.

298 Ziethen, a.a.O., S. 109

299 Mailänder, Konzentrationskontrolle, 2000, S. 35; eingehend zum Begriff des Binnenpluralismus siehe Schuster, Meinungsvielfalt in der dualen Rundfunkordnung, 1990, S. 141ff.; Hoffmann, Erosionen des Rundfunkrechts, 1990, S. 20f.

300 BVerfGE 73, 118, 153; Mailänder, Konzentrationskontrolle, 2000, S. 35; Piette, Meinungsvielfalt im privaten Rundfunk, S. 25

halte binnenplural, oder aber die Programminhalte unterliegen - unter Verzicht auf einen organisatorisch-pluralistischen Input beim Veranstalter - vorab bereits normativen pluralistischen Vorgaben, deren Einhaltung wiederum von einem pluralistisch besetzten Gremium zu überwachen ist[301]. Der Binnenpluralismus ist die klassische Organisationsform des öffentlich-rechtlichen Rundfunks[302].

In keinem der in Deutschland verwirklichten Rundfunkmodelle ist eines der beiden Konzepte in seiner idealtypischen Reinform vorhanden[303]. Vielmehr sind jeweils Regelungsinstrumente zu beobachten, die für verschiedene Modelle typisch sind[304]. Das Bundesverfassungsgericht hat in seiner sechsten Rundfunkentscheidung ausdrücklich festgestellt, daß der Gesetzgeber nicht zur Umsetzung eines bestimmten Modelltypus gezwungen ist, vielmehr lassen sich auch die Elemente verschiedener Organisationsmodelle im Rahmen eines „Mischmodells" kombinieren[305].

Alle Mischformen zwischen binnenpluralistischem/öffentlich-rechtlichen Integrationsrundfunk und außenpluralistischem/privatrechtlichem Konkurrenzrundfunk verfassungsrechtlich zulässig und unbedenklich, solange sie den vom Bundesverfassungsgericht vorgegebenen Organisations- und Verfahrensgrundsätzen genügen[306]. Denkbar ist daher auch eine der in Bayern gewählten Konzeption entsprechende Lösung, bei der privatwirtschaftliche Anbieter unter einem gruppenplural ausgeformten Dach tätig werden sollen[307].

2. Modellzwang und Modellkonsequenz

Die öffentlich-rechtliche bzw. die privatrechtliche Form der Rundfunkveranstaltung sind zunächst gleichwertige, flexible und variable Organisationstypen für ein und dieselbe Sachsubstanz, nämlich die Freiheit des Rundfunks als In-

---

301 Ziethen, a.a.O. S. 75; Poll, Fernsehspartenprogramme und Pluralismus, 1998, S. 195ff.

302 Eingehend hierzu und zur Zulässigkeit binnenpluraler Organisation im Bereich des privaten Rundfunks, Piette, Meinungsvielfalt im privaten Rundfunk, S. 25ff.

303 Vgl. mit Blick auf die globale Situation Hoffmann-Riem, Erosionen des Rundfunkrechts, 1990, S. 22f.

304 Ziethen, Michael, in Rundfunkaufsicht in der Bundesrepublik Deutschland, Bd. 3, S. 75, S. 112

305 BVerfGE 83, 238, 296; Hesse, Rundfunkrecht, 1999, S. 72f.

306 Stettner, Rundfunkstruktur im Wandel, 1988, S. 5; vgl. auch Hoffmann-Riem, in: Benda/Maihofer/Vogel, Handbuch des Verfassungsrechts der Bundesrepublik Deutschland, S. 429f.; Stock, Zur Theorie des Koordinationsrundfunks, S. 19f., 133f.; zu den verschiedenen Mischformen und Kombinationsmöglichkeiten siehe auch Ricker, Privatrundfunkgesetze im Bundesstaat, S. 34ff.; Starck, JZ 1983, 405; Schmidt, Die Rundfunkvielfalt, S. 40ff., 92ff.; Ory, Freiheit der Massenkommunikation, S. 60; Frank, ZUM 1986, 187ff.; weitere Nachweise bei Wagner, Die Landesmedienanstalten, 1990, S. 28, Fn. 39

307 Bethge, Rundfunkfreiheit und öffentlich-rechtlicher Organisationsvorbehalt, 1987, S. 19

stitution. Die Organisationsform ist daher „bloßes Gehäuse“[308] einer institutionell verstandenen Rundfunkfreiheit.

Das Grundgesetz schreibt dem Landesgesetzgeber keine bestimmte Form der Rundfunkorganisation vor; vorgegeben ist nur das zu erreichende Ziel der Gewährleistung freier, umfassender und wahrheitsgemäßer Meinungsbildung[309]. Wie der Gesetzgeber dieses Ziel zu erreichen sucht, ist Sache seiner eigenen Entscheidung[310]. Ein „Modellzwang“ ist damit nicht gegeben. Das duale Rundfunksystem ist eine der zulässigen Möglichkeiten, Rundfunk durch den Landesgesetzgeber auszugestalten. Nach dem Grundgesetz zwingend geboten ist es jedoch nicht[311]. Der bayerische Landesgesetzgeber konnte daher ein rein öffentlich-rechtliches Rundfunksystem auch durch die Normierung in der Verfassung verbindlich festschreiben[312].

Die „imposante“[313] Freiheit des Gesetzgebers, die Rundfunkfreiheit materiell und formell auszugestalten, stößt allerdings dort an Grenzen, wo entweder das gewählte Modell in seiner spezifischen Organisation sich als nicht funktionsadäquat erweist[314], oder wo ein Maßstab systemstruktureller Adäquanz und systemgerechter Fortführung einer einmal gewählten Konzeption nicht mehr zur Geltung gelangt[315]. Der organisationsrechtliche Gestaltungsspielraum entbindet daher den Gesetzgeber nicht von seiner nach Art. 5 Abs. 1 Satz 2 GG gebotenen Funktions- und Finanzgewährleistungspflicht[316]. Sofern der Gesetzgeber z.B. privaten Rundfunk zuläßt, darf er keine Regelungen vorsehen, die seine „Entfaltung in hohem Maße erschweren“ oder gar unmöglich machen[317].

Gefordert wird damit eine gewisse Modellkonsequenz. Hat sich der Landesgesetzgeber einmal für eine bestimmte Form der Ausgestaltung entschieden, ist er

---

[308] Bethge, Die verfassungsrechtliche Problematik der Zulassung von Rundfunkveranstaltern des Privatrechts, 1981, S. 26

[309] Vgl. nur BVerfGE 57, 295, 321

[310] BVerfGE 57, 295, 321; 73, 118, 153; 74, 297, 324; 83, 238, 296; 87, 181, 198; 90, 60, 94

[311] Vgl. nur BVerfGE 83, 236, 298

[312] BayVerfGHE 39, 96, 138; Bethge, Die verfassungsrechtliche Problematik der Zulassung von Rundfunkveranstaltern des Privatrechts, 1981, S. 28f.

[313] Lerche, Presse und privater Rundfunk, 1984, S. 16

[314] BVerfGE 83, 238, 324; Bethge, Die verfassungsrechtliche Problematik der Zulassung von Rundfunkveranstaltern des Privatrechts, 1981, S. 27; Hesse, Rundfunkrecht, 1999, Rundfunkrecht, S. 73, 115

[315] Stettner, Rundfunkstruktur im Wandel, 1988, S. 8; Lerche, Presse und privater Rundfunk, 1984, S. 25, 27; Badura, JA 1987, 180ff., 187

[316] Bethge, Die verfassungsrechtliche Problematik der Zulassung von Rundfunkveranstaltern des Privatrechts, 1981, S. 28

[317] BVerfGE 73, 118, 157; deutlicher 83, 283, 297; vgl. hierzu Lerche, Das 6. Rundfunkurteil zur Modellkonsistenz, in: Kohl, (Hrsg.), Die Freiheit des Rundfunks, 1991, S. 51ff., S. 52, der zugleich auf die elfmalige Wiederholung dieser Aussage in BVerfGE 83, 283 hinweist.

an dieses Rundfunkmodell gebunden[318] und darf seine Entfaltung nicht erschweren oder durch entsprechende Regelungen systemwidrig konterkarieren. Im Falle einer öffentlich-rechtlichen Ausgestaltung muß der Gesetzgeber auf Dauer sicherstellen können, daß die veranstalteten Rundfunkprogramme den öffentlich-rechtlichen Programmanforderungen auch genügen[319]. Sofern er sich gleichzeitig zu einer Einbindung und Beteiligung privater Rundfunkunternehmer entschließt, hat er die Gesetzmäßigkeiten des entstehenden Models zu beachten. Diesen Gedanken verfolgt auch das Bundesverfassungsgericht, indem es eine gewisse Modellkonsequenz unter dem Gesichtspunkt der dauerhaften Schaffung von gesetzlichen Voraussetzungen, die die Funktionalität des Rundfunkmodells sicherstellen, fordert[320].

Bei der Schaffung bestimmter Organisationsformen hat der Gesetzgeber also jene Bedingungen zu beachten, die für die jeweilige Organisationsform spezifisch sind[321]. Lerche bezeichnet diesen Grundsatz als die „Verfassungskonsequenz aus organisatorisch gesetzten Grund-Vorgaben"[322]. Ebenso ist durch den Gesetzesvorbehalt keine Entwicklung gestattet, die aufgrund des tatsächlichen Verhaltens von Rundfunkveranstaltern das vom Gesetzgeber gewählte System aushöhlt, unterwandert oder strukturell gravierend verändert[323].

B. Das bayerische Rundfunkmodell

Auf der Basis der durch Art. 5 Abs. 1 Satz 2 GG gewährleisteten Rundfunkfreiheit und der hierzu ergangenen interpretativen Rechtsprechung des Bundesverfassungsgerichts haben mittlerweile alle Bundesländer Mediengesetze auf der Grundlage des einfachen Rechts erlassen[324], die inhaltlich die Beteiligung von privaten Unternehmen an der Rundfunkveranstaltung erfassen und regeln. In Bayern ging der Einführung eines Landesmediengesetzes die Normierung grundlegender struktureller Basisdaten für die Rundfunkveranstaltung im Grundrechtekatalog der bayerischen Verfassung voraus. Art. 111a BV normiert nicht nur die Freiheit des Rundfunks[325], sondern verweist seine Veranstaltung im

---

318 Lerche, Presse und privater Rundfunk, 1984, S. 21 f.

319 Hierzu Lerche, Das 6. Rundfunkurteil zur Modellkonsistenz, in: Kohl, (Hrsg.), Die Freiheit des Rundfunks, 1991, S. 51ff., passim

320 BVerfGE 73, 118, 171; Engler, Kooperationen im Rundfunk, 1995, S. 110ff.

321 Lerche, a.a.O.

322 Lerche, Presse und privater Rundfunk, 1984, S. 21f.

323 BVerfGE 83, 283, 309f.; dazu Engler, Kooperationen im Rundfunk, 1995, S. 111

324 Zusammenfassende Darstellung etwa bei Ring, Medienrecht III, Teil C-VI

325 Die genannten wesentlichen verfassungsrechtlichen Auftragskomponenten des Rundfunks sind weitgehend unstrittig und geben weiterhin keinen Anlaß zur ausführlichen Interpretation; vgl. Doll, Spannweite, 1986, S. 94; dies gilt auch für die in Abs. 1 genannten Programmgrundsätze; vgl hierzu Bosmann, Rundfunkfreiheit und Programmgrundsätze, 1985; ders.

Sinne einer Weiterführung der bisherigen öffentlich-rechtlichen Tradition[326] unmittelbar und ausschließlich in einen Bereich öffentlicher Verantwortung und öffentlich-rechtlicher Trägerschaft. Nach einhelliger Meinung ist es demnach im Geltungsbereich der Bayerischen Verfassung Privatpersonen verwehrt, Rundfunk eigenverantwortlich zu veranstalten[327]. Ein duales System mit sowohl privaten wie öffentlich-rechtlichen Veranstaltern und damit vergleichbar mit den Rundfunkmodellen anderer Bundesländer ist von der bayerischen Verfassung nicht gedeckt[328]. Eine in diese Richtung gehende Deregulierung „läßt die Verfassung nicht zu“[329].

Für eine einfachgesetzliche Umsetzung der Rundfunkfreiheit waren im Zeitpunkt des Erlasses des Bayerischen Medienerprobungs- und Entwicklungsgesetz (BayMEG) die Weichen daher in grundsätzlicher Hinsicht bereits gestellt. Die Einbeziehung privaten Engagements bei der Veranstaltung von Rundfunk mußte in anderer Weise als durch die Zulassung privater Rundfunkveranstalter unter der bloßen Aufsicht einer Landesmedienanstalt erfolgen, um von der bayerischen Verfassung gedeckt zu sein. Gleichzeitig mußten die vom Bundesverfassungsgericht geforderten materiellen, organisatorischen und verfahrensmäßigen Regelungen zur Gewährleistung der Rundfunkfreiheit in den Kontext der öffentlich-rechtlichen Trägerschaft eingebettet werden. Hierbei handelt es sich aufgrund der spezifischen Verfassungsrechtslage um ein ausschließlich „bayerisches Problem“[330], das schon des öfteren zu der Feststellung Anlaß gegeben hat, in Bayern liefen die Uhren auch im Rundfunkrecht anders[331].

ZUM 1989, 6ff.; Hartstein/Ring/Kreile/Dörr/Stettner, Rundfunkstaatsvertrag, B 5, § 2a, Rdnr. 3ff. m.w.Nw.

[326] Stettner, Rundfunkstruktur im Wandel, 1988, S. 9

[327] Doll, Spannweite, 1986, S. 102; Schmitt-Glaeser, Kabelkommunikation und Verfassung, 1979, S. 59; ders. ZUM 1985, 523ff., 525

[328] BayVerfGH 39, 96, LS 1, 3, 4; ausdrücklich BayVerfGH 43, 170, 180; Meder, Die Verfassung des Freistaates Bayern, 1992, Art. 111a, Rz. 8a; Bethge, Status, 1999, S. 16; Brümmer, Modellfragen, 1995, S. 1; Lerche, in: Rüthers/Stern, (Hrsg.), Festgabe zum 10jährigen Jubiläum der Gesellschaft für Rechtspolitik, 1984, S. 245ff.; Bornemann/Kraus/Lörz, BayMG, Art. 2, Rz. 2; Hepach, Grundrechtsstatus, 1997, S. 111; gleichwohl wird dies in der Literatur teilweise bezweifelt, siehe Stock, Medienfreiheit als Funktionsgrundrecht, 1985, S. 399, „Quasi-Privatfunk“; Scheble, Perspektiven der Grundversorgung, 1994, S. 173, spricht von einem „kaschierten dualen System“; Vahrenhold, Die Stellung der Privatfunkaufsicht im System staatlicher Aufsicht, 1992, S. 63, S. 107, bezeichnet das System als „Privatfunk durch die Hintertür“ und als „überflüssige Hülle“; vgl. ferner, Stock, JZ 1991, 645, 647; Groß, DVBl. 1985, 353; Herrmann, Rundfunkrecht, 1994, § 18, Rz. 12; Obermayer, ZUM 1985, 461, 469; vgl. auch die Übersicht bei Balda, Rundfunkordnung, 1997, S. 19, Fn. 12

[329] Stock, JZ 1991, 645, 649

[330] Bethge, ZUM 1986, 255′; Lerche bezeichnet den Art. 111a Abs. 2 Satz 1 BV als eine „speziell bayerische Problemhöhle des Medienrechts“; Lerche, in: Rüthers/Stern, (Hrsg.), Festgabe zum 10jährigen Jubiläum der Gesellschaft für Rechtspolitik, 1984, S. 246ff., 250;

Die Grundsätze der privaten Rundfunkveranstaltung können aufgrund der besonderen bayerischen Rechtslage daher nicht ohne weiteres auf das bayerische Rundfunkmodell übertragen werden[332]. Als Eckdaten könnte man formulieren, daß privates Rundfunkengagement unter dem Dach der öffentlich-rechtlichen Trägerschaft auf einfachgesetzlicher Ebene ermöglicht werden soll. Die Synthese aus öffentlich-rechtlicher Zurechnung und privater Gestaltung ist das strukturbildende Merkmal des neben dem herkömmlichen öffentlich-rechtlichen Anstaltsfunk existierenden Rundfunks in Bayern. Privatwirtschaftliche Initiative und öffentlich-rechtliche Programmanforderungen lassen jedoch zunächst weniger an eine Synthese als an einen Spagat oder eine andere „akrobatische„ Leistung[333] denken. Es kann als eine der vorrangigsten Aufgaben des Landesgesetzgebers bezeichnet werden, die Voraussetzungen für die integrative und vielfältige Organisation privater Rundfunkangebote in diesem Spannungsfeld zu schaffen, um so die gewählte Konzeption systemgerecht und strukturell adäquat fortführen zu können[334].

Obwohl von Anbeginn zum Teil heftiger Kritik[335] ausgesetzt, hat sich das bayerische Rundfunkmodell bislang gegenüber deregulierenden Tendenzen weitgehend behaupten können. Der Ansatz des Art. 111a Abs. 2 Satz 1 BV hat nach mancherlei Ansicht ein funktionierendes und effektives System hervorgebracht, das zu Meinungsvielfalt auf überregionaler und lokaler Ebene verbunden mit einer wirtschaftlichen Tragfähigkeit und Kostendeckung auf Seiten der privaten Anbieter geführt hat[336].

Stock, JZ 1991, 645, 646; „bayerisches Spezifikum“, Stock, Medienfreiheit als Funktionsgrundrecht, 1985, S. 317

331 Bethge, Rundfunkfreiheit und öffentlich-rechtlicher Organisationsvorbehalt, S. 5; Piette, Meinungsvielfalt im privaten Rundfunk, S. 162; Bamberger, ZUM 2000, 284ff., 284

332 Brümmer, Modellfragen, 1995, S. 18, dagegen Barth, Rundfunkunternehmerfreiheit, 1990, S. 136ff

333 Lerche, in: Rüthers/Stern, (Hrsg.), Festgabe zum 10jährigen Jubiläum der Gesellschaft für Rechtspolitik, 1984, S. 246ff., 247; Degenhart, ZUM 1988, 47ff., 53 spricht gar von einer „artistischen Dachkonstruktion“, m.w.Nw.; Doll, Spannweite, 1986, S. 165, bezeichnet die normsetzende Tätigkeit der Legislative als „Gratwanderung besonderen Ausmaßes“; gleichwohl wird das Bild von der „Akrobatik“ des bayerischen Rundfunkrechts nicht als Makel angesehen, da der Gesetzgeber „nicht ohne Netz“ gearbeitet habe, Schmitt Glaeser, ZUM 1995, 523

334 Hierzu Stettner, Rundfunkstruktur im Wandel, 1988, S. 8

335 Gegen den öffentlich-rechtlichen Trägerschaftsvorbehalt etwa Scheuner, Das Grundrecht der Rundfunkfreiheit, 1982, S. 82ff.; Knütter, Verfassungswidrigkeit des Art. 111a II 1 BV wegen Verstoßes gegen die Rundfunkfreiheit, 1992, passim; Selmer, Bestand- und Entwicklungsgarantien für den öffentlich-rechtlichen Rundfunk in einer dualen Rundfunkordnung, Berlin, 1988, S. 22ff.; Hain, Rundfunkfreiheit und Rundfunkordnung, 1993, S. 46ff.; Doll, Spannweite, 1986, passim

336 So der Präsident der BLM, Prof. Dr. Wolf-Dieter Ring, anläßlich des BLM-Symposiums Medienrecht im November 1999; siehe auch Gummer, ZUM 2000, 55ff.

I. Historischer Überblick

Die Rundfunkfreiheit war bis zur Einfügung des Art. 111a Abs. 2 Satz 1 BV im Grundrechtekatalog der bayerischen Verfassung lediglich im Rahmen der Meinungsfreiheit in Art. 110 BV garantiert. Im folgenden soll ein knapper Überblick über die Genese der bayerischen Rundfunkgesetzgebung gegeben werden.

Durch die seinerzeitige politische Brisanz und kontroverse Diskussion um die Einfügung des Art. 111a BV wird die Vorschrift teilweise als „etwas eigenartig etablierte Verfassungsnorm“[337] bezeichnet[338]. Im Frühjahr 1971 wurde von der CSU-Fraktion des Bayerischen Landtages ein Gesetzesentwurf vorgelegt, der u.a. dem Ziel dienen sollte, den politischen Einfluß auf den Rundfunk zu stärken und kommerziellen Rundfunk in Bayern zu ermöglichen. Die einsetzende breite öffentliche Diskussion führte im März 1972 zur Bildung des „Bürgerkomitees Rundfunkfreiheit“, das die befürchteten Angriffe auf die Rundfunkfreiheit verhindern sollte. Über eine Verfassungsänderung sollte das Ziel verfolgt werden, dem wachsenden staatlichen Einfluß im Bereich des „Bayerischen Rundfunks“ (BR) sowie den im Raume stehenden Privatfunkplänen der CSU entgegenzuwirken. Insbesondere aber sollten „private Rundfunk- und Fernsehanstalten in Bayern nicht zulässig sein“, um dadurch „auch das bei vielen ausländischen Staaten zu beobachtende Abgleiten der Programme in Roheit, Brutalität und Primitivität (zu) verhindern“[339]. Alsbald wurde die Durchführung eines Volksbegehrens unter Vorlage eines Entwurfs[340] zur Einfügung eines Art. 111 a in die Bayerische Verfassung in Gang gesetzt. Darin wurde der gänzliche Ausschluß privaten Rundfunkengagements durch eine ausschließliche Rundfunkveranstaltung durch öffentlich-rechtliche Rundfunkanstalten gefordert. Gegner und Anhänger des Volksbegehrens einigten sich in den folgenden Verhandlungen auf die später von Landtag und durch Volksentscheid gebilligte heutige Fassung des Art. 111 a BV.

In letztendlicher Konsequenz war die Einfügung des Art. 111a BV weniger für das (befürchtete) Ausmaß an politischem Einfluß auf die Rundfunkveranstaltung relevant als für die Öffnung der Rundfunklandschaft für privates Engagement.

---

337 Lerche, in: Rüthers/Stern, (Hrsg.), Festgabe zum 10jährigen Jubiläum der Gesellschaft für Rechtspolitik, 1984, S. 246 m.w.Nw.; Bethge, ZUM 1986, 255ff., 257, spricht von einem „diffusen Hintergrund der Entstehungsgeschichte“;

338 Umfassende historische Darstellung bei Bornemann/Kraus/Lörz, BayMG, Einleitung, Hartstein/Ring/Kreile/Dörr/Stettner, Rundfunkstaatsvertrag, 1. Teil, Entstehungsgeschichte, S. 27ff.; Schmitt Glaeser, Kabelkommunikation und Verfassung, 1979, S. 60ff.; Doll, Spannweite, 1986, S. 89ff.; Hesse, Rundfunkrecht, 1999, S. 21f.; Lerche, in: Rüthers/Stern, (Hrsg.), Festgabe zum 10jährigen Jubiläum der Gesellschaft für Rechtspolitik, 1984, S. 246ff.; Obermayer, ZUM 1985, 465ff.

339 Bayerischer Landtag, Drucksache 7/3069

340 Wortlaut abgedruckt bei Bornemann/Kraus/Lörz, BayMG, Einleitung, Ziffer 8.

Das Bayerische Medienerprobungs- und entwicklungsgesetz vom 22.11.1984 (BayMEG) sah als bundesweit drittes Landesmediengesetz einen dreistufigen Aufbau vor. Dabei wurde die Verantwortung für das Gesamtprogramm und die öffentlich-rechtliche Trägerschaft durch die Bayerische Landeszentrale für neue Medien (BLM) wahrgenommen, die Programme wurden durch dezentrale privatrechtliche Medienbetriebsgesellschaften organisiert und durch eine Vielzahl von privaten Anbietern produziert und gestaltet[341]. Der Bayerische Verfassungsgerichtshof hat in seiner Leitentscheidung vom 21. November 1986[342] das BayMEG im wesentlichen mit Art. 111a Abs. 2 Satz 1 BV für vereinbar erklärt. Dabei nahm das Gericht zu weiteren grundsätzlichen Fragen der Rundfunkveranstaltung in Bayern dezidiert Stellung[343].

Im Anschluß an das BayMEG, dessen Gültigkeit aufgrund seines Erprobungscharakters[344] bis längstens zum 01. Dezember 1992 befristet war, erging am 24. November 1992 das bayerische Mediengesetz (BayMG), das eine dauerhafte Regelung darstellen sollte. Anders als beim Übergang vom Erprobungsgesetz zur dauerhaften Lösung hat das BayMG jedoch erst durch seine Novellierung vom 27. Dezember 1997 tiefgreifende Veränderungen erfahren. Kernstücke der Novelle waren die Entlassung der Medienbetriebsgesellschaften aus ihren gesetzlichen Rechten und Pflichten, der stufenweise Abbau des Teilnehmerentgelts sowie die sachgerechte Erweiterung von wirtschaftlichen Beteiligungsmöglichkeiten von Anbietern, insbesondere von örtlichen Zeitungsverlagen an lokalen und regionalen Rundfunkangeboten[345]. Mit dem Ziel, die lokal gewachsene Kompetenz der Medienbetriebsgesellschaften zu erhalten[346], statuierte die Gesetzesnovelle die Gründung von Medienvereinen in den 18 bayerischen Planungsregionen, deren Mitglieder die bisherigen Gesellschafter der Medienbetriebsgesellschaften sind.

II. Rundfunk in öffentlicher Verantwortung und öffentlich-rechtlicher Trägerschaft

Um die Synthese von öffentlich-rechtlicher Rundfunkveranstaltung und der Einbindung privaten Rundfunkengagements transparent zu machen, ist zunächst bei der konkreten, eigentlichen Bedeutung der Begriffe der öffentlichen Verant-

---

341 Amtliche Begründung zum BayMG, 2., abgedruckt bei Bornemann/Kraus/Lörz, BayMG, Art. 1; zur Genese des MEG vgl. ausführlich Schumann, Neue Medien und privater Rundfunk in Bayern, 1993, S. 116ff.

342 BayVerfGH 39, 96

343 Eingehend Bornemann/Kraus/Lörz, BayMG, Einleitung, Ziffer 12.; Schmidt, Die Rundfunkgewährleistung, 1980, S. 57f.; Scheuner, AfP 1977, 367ff..

344 Hierzu Bethge, ZUM 1994, 1ff., 3

345 Vgl. amtliche Begründung zum Zweiten Gesetz zur Änderung des BayMG, abgedruckt bei Bornemann/Kraus/Lörz, BayMG, vor Art. 1

346 Bornemann/Kraus/Lörz, BayMG, Einleitung, Ziffer 15.

wortung und der öffentlich-rechtlichen Trägerschaft anzusetzen. Anhand der vorgefundenen Begrifflichkeiten kann sodann die Entsprechung des auf ihnen aufbauenden Modells beurteilt und die Positionen der in dieses Modell eingebundenen Funktionsträger skaliert und zueinander in Verhältnis gesetzt werden.

1. Begriffsdefinition

Die Begriffe der öffentlichen Verantwortung und der öffentlich-rechtlichen Trägerschaft bezeichnen die wesentlichen Strukturprinzipien des bayerischen Rundfunkmodells[347]. Eine synonyme oder gar tautologische Deutung der Begriffe verbietet sich nach allgemeiner Ansicht[348]. Vielmehr ist gerade in der Zusammenschaltung beider Topoi eine eigenständige Bedeutung enthalten, die ihrerseits geeignet sein könnte, eine bloße terminologische[349] öffentlich-rechtliche „Fassade" auszuschließen[350].

a) Begrifflichkeit der „öffentlichen Verantwortung"

Der Begriff der öffentlichen Verantwortung bezeichnet ein *materielles* Strukturprinzip[351] der gesamten Rundfunkordnung, das sich, wenngleich nicht ausdrücklich, im Hinblick auf die öffentliche Aufgabe des Rundfunks auch in Art. 5 Abs. 1 Satz 2 GG wiederfindet[352]. Öffentliche Verantwortung verlangt bestimmte Strukturen bei der Gewährleistung der Rundfunkfreiheit und manifestiert sich in einer besonderen staatlichen Funktionsgewährleistungs- und Einstandspflicht für das Medium[353], gleich, ob es in öffentlich-rechtlicher oder privat-rechtlicher Form veranstaltet wird[354]. „Öffentliche" Verantwortung bezeichnet gleichzeitig nicht die Verantwortung einzelner Repräsentanten o.ä., sondern

---

[347] Hierzu Bethge, Rundfunkfreiheit und öffentlich-rechtlicher Organisationsvorbehalt, 1987, S. 58ff.

[348] BayVerfGH 39, 96, 138; Stettner, Rundfunkstruktur im Wandel, 1988, S. 31; Bethge, Rundfunkfreiheit und öffentlich-rechtlicher Organisationsvorbehalt, 1987, S. 58f.; Doll, Spannweite, 1986, S. 104; Lerche, in: Rüthers/Stern, (Hrsg.), Festgabe zum 10jährigen Jubiläum der Gesellschaft für Rechtspolitik, 1984, S. 251; a.A. nur Obermayer, ZUM 1985, 461, 465

[349] Hierzu Stettner, Rundfunkstruktur im Wandel, 1988, S. 30

[350] Lerche, Landesbericht, S. 22, Fn. 3; Lerche, in: Rüthers/Stern, (Hrsg.), Festgabe zum 10jährigen Jubiläum der Gesellschaft für Rechtspolitik, 1984, S. 245ff., 250f.; siehe hierzu auch Bethge, ZUM 1986, 357; Doll, Spannweite, 1986, S. 103, 178; Stock, Medienfreiheit als Funktionsgrundrecht, 1985, S. 397, spricht von einem „öffentlich-rechtlich überhöhten Landesprivatfunks"

[351] Bethge, ZUM 1986, 255, 256

[352] Siehe hierzu eingehend oben, Kapitel 1, Rundfunk als öffentliche Aufgabe

[353] Bethge, ZUM 1986, 255, 257; ders., Rundfunkfreiheit und öffentlich-rechtlicher Organisationsvorbehalt, 1987, S. 60

[354] Bethge, Rundfunkfreiheit und öffentlich-rechtlicher Organisationsvorbehalt, 1987, S. 62; Lerche, in: Rüthers/Stern, (Hrsg.), Festgabe zum 10jährigen Jubiläum der Gesellschaft für Rechtspolitik, 1984, S. 246ff., 250

einen kollektiv und institutionell wahrzunehmenden Verantwortungsbereich[355]. Da Rundfunk stets in „öffentlicher" Verantwortung veranstaltet wird, ist im Grunde also lediglich die Koppelung mit dem Vorbehalt der „öffentlich-rechtlichen Trägerschaft" ein bayerisches „Specificum"[356].

b) Begrifflichkeit der öffentlich-rechtlichen Trägerschaft

Die öffentlich-rechtliche Trägerschaft umreißt demgegenüber ein *formelles* Strukturprinzip[357] der in Art. 111a Abs. 1 Satz 1 BV gewährleisteten Rundfunkfreiheit in Gestalt eines Rechtsformmonopols[358], das private Rechtsträger von der eigenverantwortlichen Veranstaltung von Rundfunk ausschließt. Anders als die Verfassungen anderer Bundesländer enthält Art. 111a BV nicht lediglich Aussagen über den materiellen Gehalt der Rundfunkfreiheit, sondern bestimmt gleichzeitig deren formelle Ausformung im Geltungsbereich der Landesverfassung[359].

Mit der kumulativen Verknüpfung der beiden Begriffe wird eine Zuweisung der öffentlichen Verantwortung, man könnte auch sagen, der „öffentlichen Aufgabe"[360] des Rundfunks an eine öffentlich-rechtliche Trägereinheit vorgenommen. Seinen besonderen und bundesweit einzigartigen Sinn erhält Art. 111a Abs. 2 Satz 1 BV erst durch diese *exklusive* Zuweisung an den öffentlich-rechtlichen Träger.

Die Aufgabe der öffentlich-rechtlichen Trägerschaft ist damit als eine weiterführende und gleichzeitig einschränkende[361] Differenzierung der Wahrnehmung öffentlicher Verantwortung zu qualifizieren: „Mit der öffentlichen Verantwortung für den Rundfunk sind auch privatrechtliche Organisations- und Gestaltungsmaßnahmen verträglich, mit der öffentlich-rechtlichen Trägerschaft hinge-

---

[355] Dem Gedanke der „kollektiven Verantwortung" für bestimmte Lebensbereiche wird nach zutreffender Ansicht durch einen deregulierenden „Rückzug des Staates und den Siegeszug der Werte der Ökonomie" die Grundlage entzogen. Dies gilt auch und insbesondere für den öffentlich-rechtlichen Rundfunk. So zu Recht Kiefer, Überflüssig oder unverzichtbar?, in: Kehm/Kiefer, Grundversorgung, 1996, S. 27ff., S. 34 unter Hinweis auf Bourdieu, Pierre, Die verborgenen Mechanismen der Macht, Hamburg, 1992, S. 156

[356] Stettner, Rundfunkstruktur im Wandel, 1988, S. 8

[357] Schmitt-Glaeser, Kabelkommunikation und Verfassung, 1979, S. 59; ders. ZUM 1985, 523ff., 524; Bethge, ZUM 1986, 255ff., 256

[358] Hellstern, Gerd-Michael in Rundfunkaufsicht in der Bundesrepublik Deutschland, S. 55; Bethge, Rundfunkfreiheit und öffentlich-rechtlicher Organisationsvorbehalt, 1987, S. 58, 65; zum Begriff siehe Schmidt, Die Rundfunkgewährleistung, 1980, S. 19; ders., Die Rundfunkvielfalt, 1984, S. 12; Bethge, ZUM 1986, 255ff., 256

[359] BayVerfGH 30, 78, 95; Schmitt-Glaeser, Kabelkommunikation und Verfassung, 1979, S. 59; ders., ZUM 1986, 320

[360] Siehe eingehend oben, Kapitel 1, Rundfunk als öffentliche Aufgabe

[361] Bethge, ZUM 1986, 255ff., 257

gen nicht."[362] Gleichwohl bedeutet „öffentlich-rechtliche Trägerschaft" nicht den Ausschluß privater Beteiligung an der Rundfunkveranstaltung, sondern lediglich den, dann aber zwingenden, Ausschluß privatrechtlicher *Trägerschaft*[363]. Konkret bedeutet dies, daß der private Anbieter durch die Verantwortungszuweisung des Trägerschaftsvorbehalts nicht aus seiner Rolle eines der Gewährleistung der dienenden Freiheit des Rundfunks verpflichteten Handlungsträgers entlassen wird. Vielmehr übt er diese jedem an der Rundfunkveranstaltung beteiligten Funktionsträger obliegende Verantwortung gegenüber der öffentlich-rechtlichen Trägereinheit aus und ist dieser im Rahmen der ihm zugewiesenen Aufgabe der Programmgestaltung verpflichtet[364].

2. Die Wahrnehmung der öffentlich-rechtlichen Trägerschaft durch die Trägereinheit

Der negatorische Ausschluß privater Trägerschaft verlangt im Gegenzug zunächst nach der Schaffung einer öffentlich-rechtlich konstruierten Einrichtung, auf deren Form und Tätigkeit der Trägerschaftsbegriff Anwendung finden kann[365]: Verantwortliche[366] Veranstalterin von Rundfunkprogrammen ist die Bayerische Landeszentrale für neue Medien (BLM). Sie betreibt nach dem BayMG Rundfunk in öffentlicher Verantwortung und öffentlich-rechtlicher Trägerschaft und figuriert damit als zweite öffentlich-rechtliche Rundfunkanstalt in Bayern[367]. Der von Art. 2 Abs. 1 BayMG in Umsetzung von Art. 111a Abs. 2 Satz 1 BV statuierte Grundsatz der Wahrnehmung der öffentlich-rechtlichen Trägerschaft durch die Landeszentrale kann nicht allein aufgrund seiner teils wörtlichen Übereinstimmung mit der Verfassungsnorm bestehen. Vielmehr müssen die von Art. 111a Abs. 2 Satz 1 BV erhobenen Anforderungen durch die Gesamtheit der materiellen Regelungen des BayMG unterfüttert und mit Leben erfüllt werden[368].

---

[362] Bethge, Rundfunkfreiheit und öffentlich-rechtlicher Organisationsvorbehalt, 1987, S. 66; auch aus diesem Grund ist eine synonyme Geltung der beiden Begriffe auszuschließen, Stettner, Rundfunkstruktur im Wandel, 1988, S. 31; a.A. Obermayer, ZUM 1985, 461ff., 463, 468

[363] Schmitt Glaeser, ZUM 1986, 330, 331

[364] Zur Programmverantwortung des privaten Rundfunkveranstalters vgl. Bumke, Landesmedienanstalten, 1995, S. 113ff.,

[365] Stettner, Rundfunkstruktur im Wandel, 1988, S. 33

[366] Lerche, ZUM 1993, 441, 448; hierzu siehe eingehend unten, Kapitel 3, Die Unterscheidung von Einzel- und Gesamtprogrammverantwortung

[367] Hepach, Grundrechtsstatus, 1997, S. 111; Bumke, Landesmedienanstalten, 1995, S. 12; Wilhelmi, ZUM 1992, 229ff., 230; Bornemann, ZUM 1992, 483ff, 490; kritisch gegenüber dieser „Gleichstellung" Herrmann, Das bayerische Medienrecht kurz vor der Jahrtausendwende, 1996, S. 101

[368] Bethge, Status, 1999, S. 32; Doll, Spannweite, 1986, S. 168f.; Lerche, in: Rüthers/Stern, (Hrsg.), Festgabe zum 10jährigen Jubiläum der Gesellschaft für Rechtspolitik, 1984, S. 250

„Trägerschaft“ in diesem Sinne ist eine rechtliche Konstruktion, sie beschreibt die Eigenschaft der BLM, „Trägereinheit“ der Programme zu sein und weist ihr sowohl die Wahrnehmung der öffentlichen Verantwortung wie auch ihre Durchsetzung gegenüber den an der Rundfunkveranstaltung beteiligten Funktionsträgern zu[369]. Öffentlich-rechtliche Trägerschaft ist dabei „nicht kooperationsfeindlich und verbietet Funktionenteilung nicht“[370]. Die rechtliche Beziehung zwischen Landeszentrale und Anbieter muß jedoch so ausgestaltet sein, daß die einzelne Sendung als zurechenbare eigene Sachaussage der Trägereinheit qualifiziert werden kann[371].

„Öffentlich-rechtliche Trägerschaft“ impliziert demnach auch, daß die Trägereinheit dazu berufen ist, öffentliche Verantwortung nicht nur wahrzunehmen, sondern sie gegenüber den an der Rundfunkveranstaltung Beteiligten aktiv einzufordern und effektiv durchzusetzen[372]. Auf die Praxis bezogen, bedeutet dies mehr als die bloße Zulassung und Kontrolle privater Rundfunkanbieter[373], vielmehr muß das Rundfunkprogramm dem öffentlich-rechtlichen Träger insgesamt zurechenbar sein, wobei jedoch eine originäre Programmgestaltung durch die Trägereinheit nicht erforderlich ist[374]. Das „Strukturerfordernis“[375] der öffentlich-rechtlichen Trägerschaft umreißt damit zum einen die Realisierung der öffentlichen Verantwortung durch einen öffentlich-rechtlichen Träger gegenüber den an der Rundfunkveranstaltung Beteiligten, zum anderen die Wahrnehmung der Gesamtverantwortung[376] für ein das pluralistische Spektrum der Meinungen unverzerrt wiedergebendes Programm[377], das nicht von der Trägereinheit selbst hergestellt wird. Die Erzielung von Meinungsvielfalt als der eigentlich substantielle Vorgang der Rundfunkveranstaltung ist „Sache der Landeszentrale“[378], wobei die Anbieter in diese Aufgabe und das sie umgebende öffentlich-rechtliche und von der Landeszentrale verantwortete Gesamtsystem strukturell „eingeflochten“ sind[379].

---

369 Bornemann, ZUM 1995, 832ff., 833

370 Bornemann, ZUM 1995, 832ff., 833

371 Bethge, ZUM 1986, 255, 260; ders., Rundfunkfreiheit und öffentlich-rechtlicher Organisationsvorbehalt, 1987, S. 65f.

372 Stettner, Rundfunkstruktur im Wandel, 1988, S. 31

373 Lerche, ZUM 1993, 441, 448 unter Hinweis auf die Rechtsprechung des BayVerfGH

374 Vgl. nur BayVerfGH 39, 96, 145 = BayVBl. 1987, 110ff., 111; eingehend hierzu siehe unten in diesem Kapitel, Der Streit um die „substantielle Trägerschaft"

375 Bethge, ZUM 1986, 255ff., 256

376 Lerche, in: Rüthers/Stern, (Hrsg.), Festgabe zum 10jährigen Jubiläum der Gesellschaft für Rechtspolitik, 1984, S. 246ff., 251; eingehend Brümmer, Modellfragen, 1995, S. 21ff.; siehe auch eingehend unten, Kapitel 3, Die Unterscheidung von Einzel- und Gesamtprogrammverantwortung

377 Stettner, Rundfunkstruktur im Wandel, 1988, S. 37

378 Schmitt Glaeser, ZUM 1985, 523ff., 535

379 Lerche, in: Rüthers/Stern, (Hrsg.), Festgabe zum 10jährigen Jubiläum der Gesellschaft für Rechtspolitik, 1984, S. 246ff., 251; Schmitt Glaeser, ZUM 1985, 523ff., 535

Die Zuweisung der öffentlichen Verantwortung an den öffentlich-rechtlichen Träger setzt denknotwendig Kompetenzen zur Wahrnehmung dieser Verantwortung voraus[380]. Die Trägerschaft erschöpft sich nicht darin, daß die BLM für die Einhaltung der im BayMG enthaltenen Bestimmungen zu sorgen hat, vielmehr kommen umfangreiche Gestaltungsaufgaben hinzu[381]. Es handelt sich also nicht um bloße Verwaltung und Kontrolle, sondern um positive Gestaltung an sich[382]. Daß sich das auf diese Weise gestaltete Programm inhaltlich nicht wesentlich von den privaten Rundfunkprogrammen anderer Bundesländer unterscheidet, kann weniger mit angeblichen Defiziten des alternativ-öffentlich-rechtlichen Rundfunkmodells begründet werden[383], als mit der sowohl im öffentlich-rechtlichen wie im privatrechtlichen Rundfunkmanagement strukturbildenden Arbeitsteiligkeit[384]. Diese ist ein zentrales Strukturelement der Rundfunkproduktion[385], das zugleich in der Lage ist, in Korrelation mit rechtlichen Zurechnungsregeln das Rundfunkprogramm zum Anstaltsprogramm werden zu lassen. Der Gesetzgeber ist befugt und verpflichtet, hierauf Rücksicht zu nehmen und Rechte, Pflichten und Kompetenzen entsprechend zu verteilen. Trägerschaft beschreibt also lediglich eine „Formalsituation“[386], deren Vorliegen sich am Rechtsverhältnis zwischen der öffentlich-rechtlichen Anstalt und den handelnden Akteuren orientiert und die sich nicht an mehr oder weniger kommerziell ausgerichteten Programminhalten messen läßt[387].

a) Die funktionenteilige Trennung von Programmgestaltung und Programmverantwortung

Aufgrund der Feststellung, daß Art. 111a Abs. 2 Satz 1 BV kein bestimmtes öffentlich-rechtliches Organisationsmodell etwa im Sinne des klassischen „rein“ öffentlich-rechtlichen Anstaltsfunks vorschreibt[388], kann sich der öffentlich-rechtliche Träger bei der eigentlichen Gestaltung von Rundfunkprogrammen dritter Personen und zwar auch solchen des Privatrechts bedienen[389], solange er

---

380 BayVerfGH 39, 96ff.; Bornemann/Kraus/Lörz, BayMG, Art. 2, Rz. 19

381 Amtliche Begründung zu Art. 11 BayMG, abgedruckt bei Bornemann/Kraus/Lörz, BayMG, Art. 11

382 BayVerfGH 39, 96, 138

383 Eingehend hierzu Bornemann/Kraus/Lörz, BayMG, Art. 2, Rdnr. 4, 6

384 Siehe hierzu Balda, Die duale Rundfunkordnung und der öffentlich-rechtliche Sonderweg des Freistaats Bayern, 1997, S. 18, der in der Tatsache, daß sich der Inhalt der in Bayern verbreiteten Programme nicht von denen der anderen Bundesländer unterscheidet, einen Ausdruck des politischen Bestrebens sieht, trotz des öffentlich-rechtlichen Trägerschaftsvorbehaltes privaten Rundfunkunternehmern möglichst große Entfaltungsspielräume zu eröffnen.

385 Hoffmann-Riem, Rundfunkfreiheit durch Rundfunkorganisation, 1979, S. 21f.

386 Bornemann/Kraus/Lörz, BayMG, Art. 2, Rdnr. 12; Knütter, Verfassungswidrigkeit des Art. 111a II 1 BV wegen Verstoßes gegen die Rundfunkfreiheit, 1992, S. 181; Stettner, ZUM 1992, 456ff., 469; Liegmann, Der Zugang zum privaten Rundfunk, 1996, S. 149

387 Stettner, Die Stellung der BLM nach dem Bayerischen Mediengesetz, 1999, S. 105

388 BayVerfGHE 39, 96, 143; hierzu Lerche, ZUM 1993, 441, 447f.

389 BayVerfGH 39, 96, 145 = BayVBl. 1087, 110ff., 111

dabei der Wahrnehmung seiner Trägerschaftsverantwortung durch die Delegation von Aufgabenbereichen nicht verlustig geht[390]. Programmgestaltung und Programmverantwortung fallen dann zwar im Sinne eines funktionenteiligen Ablaufs[391] auseinander[392], Rundfunk wird jedoch weiter vom öffentlich-rechtlichen Träger „betrieben“ und, im Rechtssinne „veranstaltet“[393].

In jedem arbeitsteiligen System[394] zeichnen sich die einzelnen Funktionsebenen und deren ausführende Handlungsträger durch eine gewisse, für die Funktionsfähigkeit des Gesamtsystems erforderliche Eigenständigkeit aus. Nur so kann die funktionelle Arbeitsteiligkeit eines Gesamtvorgangs in die gewünschten Synergieeffekte und einen reibungslosen Ablauf münden. Der private Anbieter ist dann auch in der Gestaltung seiner Beiträge weitgehend frei, solange er sich an das im Rahmen des Zulassungsverfahrens genehmigte Programmschema hält[395] und die durch Gesetz, Satzungen, Richtlinien und Bescheide der Landeszentrale gezogenen Grenzen beachtet.

Strukturvorgebend für die Ausfüllung der öffentlich-rechtlichen Trägerschaft ist, daß der öffentlich-rechtlichen Trägereinheit rechtlich und tatsächlich ausreichende Möglichkeiten der Einflußnahme auf das Programm zur Verfügung stehen und sie auf diesem Wege in die Lage versetzt wird, die Letztverantwortung für das Gesamtprogramm durch effiziente Steuerungs- und Eingriffsbefugnisse wirksam wahrzunehmen[396]. Lerche hat dies treffend umrissen: „Gerade weil ei-

---

[390] Doll, Spannweite, 1986, S. 104

[391] Zum funktionenteiligen Modell vgl. Brümmer, Modellfragen, 1995, 1995, S. 21; Bornemann, ZUM 1995, 832ff.; ders. K&R 1999, 265ff.; siehe eingehend unten, Kapitel 3

[392] Dies statuierte bereits ausdrücklich und vom BayVerfGH unbeanstandet Art. 2 BayMEG, jetzt Art. 2 BayMG. Rundfunkprogramme werden danach von der BLM „aus von Rundfunkanbietern (Anbieter) gestalteten Beiträgen“ organisiert; hierzu Lerche, ZUM 1993, 441, 443

[393] BayVerfGH 39, 96; Bumke, Landesmedienanstalten, 1995, S. 12; Hepach, Grundrechtsstatus, 1997, S. 111; Brümmer, Modellfragen, 1995, 1995, S. 12; Bethge, Die verfassungsrechtliche Position des öffentlich-rechtlichen Rundfunks in der dualen Rundfunkordnung, 1996, S. 62; Bornemann, K&R 1999, 266; siehe eingehend unten, Kapitel 3, Rundfunkveranstaltung unter Einbeziehung privater Anbieter

[394] Zur Arbeitsteiligkeit im Falle der klassischen öffentlich-rechtlichen Rundfunkanstalt vgl. Hesse, Rundfunkrecht, 1999, S. 149

[395] Siehe auch schon amtliche Begründung zum BayMG, Allgemeines, 1.; abgedruckt bei Bornemann/Kraus/Lörz, BayMG, vor Art. 1

[396] Brümmer, Modellfragen, 1995, 1995, S. 7 unter Verweis auf BayVerfGHE, 39, 96, 137; so auch schon die amtliche Begründung zum BayMG, abgedruckt bei Bornemann/Kraus/Lörz, BayMG, vor Art. 1, Allgemeines, 1.; Lerche, ZUM 1993, 441, 446; Stettner, ZUM 1982, 456, 469f. bezeichnet die Tätigkeit der Landeszentrale als „geräuschlose Programmbegleitung“;; ähnlich Doll, Spannweite, 1986, S. 107; Engler, Kooperationen im Rundfunk, 1995, S. 138; Hellstern, Gerd-Michael in Rundfunkaufsicht in der Bundesrepublik Deutschland, Bd. 1, S. 64; a.A. Schütz, ZUM 1993, 55, 56ff.

ne umfassende unmittelbare Eigengestaltung des (gesamten) Programms nicht gefordert wird, müssen zureichende anderweitige Einwirkungskompetenzen verfügbar sein, sollen umfassende Programmverantwortung und durchgehende öffentlich-rechtliche Trägerschaft mit Leben erfüllt werden. Das eine bedingt das andere. Das Modell ist so gesehen zwar kompliziert, aber in sich *ausbalanciert.*"[397]

b) Der Streit um die „substantielle Trägerschaft"

Im Zusammenhang mit der bereits erörterten verfassungsrechtlich determinierten „überschießenden"[398] Verantwortung der BLM öffentlich-rechtlicher Trägereinheit herrschte lange Zeit Streit darüber, inwieweit die einfachgesetzliche Umsetzung des Art. 111a Abs. 2 Satz 1 BV der Bedeutung und Tragweite des Gebots der öffentlich-rechtlichen Trägerschaft gerecht würde. Die Auslegung des Begriffes der öffentlich-rechtlichen Trägerschaft wurde dabei in umfassender Form vom 25. Senat des BayVGH vorgenommen.

Zentrum der Diskussion war die Tatsache, daß eine unmittelbare Eigengestaltung von Rundfunkprogrammen durch Produktion, Sendung und Vermarktung durch die BLM vom damaligen BayMEG nicht vorgesehen war und ist. Die Rechtsprechung des 25. Senats des BayVGH war entscheidend von dem Begriff der „substantiellen Trägerschaft"[399] geprägt. Darunter sei eine „potentielle und aktuelle Programmherrschaft"[400] zu verstehen, wobei beide Varianten kumulativ zusammentreffen müßten[401]. Erforderlich sei weiterhin eine eigenständige Festlegung des zeitlichen Programmablaufs[402] und der Sende- und Programmschemata im Sinne „aktiver Programmgestaltung" [403]. Die öffentlich-rechtliche Trägerschaft wurde außerdem darüber definiert, ob und inwieweit sich die Landeszentrale von den Landesmedienanstalten anderer Bundesländer unterscheide[404].

Der BayVGH hat die Wahrnehmung dieser substantiellen Trägerschaft durch die Landeszentrale durchgehend verneint und so die einfachgesetzliche Konstruktion des BayMG ins „verfassungsrechtliche Abseits"[405] verwiesen. Der so ver-

---

[397] Lerche, ZUM 1993, 441, 444, Hervorhebung vom Verfasser; siehe auch Engler, Kooperationen im Rundfunk, 1995, S. 138 über den Verantwortungsbereich des Intendanten einer öffentlich-rechtlichen Rundfunkanstalt:„Handlungsbefugnisse und Verantwortung sind gewissermaßen zwei Seiten einer Medaille."

[398] Hepach, Grundrechtsstatus, 1997, S. 114

[399] BayVGH, DVBl. 1990, 336, 337; DVBl. 1992, 452, 453; ZUM 1992, 378, 380; BayVBl. 1993, 20, 21; AfP 1995, 612, 617; hierzu Renck-Laufke, ZUM 1998, 390ff.

[400] BayVGH, ZUM 1992, 378, 380; BayVBl. 1993, 20, 21

[401] Schütz, ZUM 1993, 55, 57

[402] Schütz, ZUM 1993, 55, 57ff.

[403] BayVGH, ZUM 1992, 378, 380

[404] BayVGH, ZUM 1986, 99f.; Schütz, ZUM 1993, 55, 57

[405] Hepach, Grundrechtsstatus, 1997, S. 115

standene Vorbehalt der öffentlich-rechtlichen Trägerschaft ist in der Literatur heftig kritisiert worden[406] und wird vom nunmehr zuständigen 7. Senat des BayVGH in dieser Form nicht mehr vertreten. Dennoch ist ein Eingehen auf die Thematik veranlaßt, da sie wichtige Anhaltspunkte für das Verständnis der Wahrnehmung der öffentlich-rechtlichen Trägerschaft durch die Landeszentrale liefert.

Entscheidend für die Bejahung der Wahrnehmung der öffentlich-rechtlichen Trägerschaft sind entgegen der damaligen Auffassung des BayVGH die potentiellen[407] Eingriffs- und Steuerungsmöglichkeiten im Sinne einer „geräuschlosen Programmbegleitung" durch die Landeszentrale[408], nicht deren tatsächliche aktive Programmherstellung und -verbreitung[409]. Interessanterweise ging der BayVGH davon aus, er orientiere sich bei dem von ihm gestellten Anforderungen an der Rechtsprechung der BayVerfGH[410]. Die Erforderlichkeit eines konkreten programminhaltlichen Tätigwerdens[411] geht jedoch über die vom BayVerfGH gestellten Anforderungen hinaus[412].

Nur vor diesem Hintergrund ergeben auch die Eingriffs- und Steuerungsbefugnisse der Landeszentrale einen Sinn[413]. Das „Gesamtgeflecht von Einwirkungskompetenzen"[414] der BLM konstituiert gerade keine umfassende „potentielle und aktuelle Programmherrschaft der Trägereinheit[415]. Eine so verstandene öffentlich-rechtliche Trägerschaft ist in Anbetracht des funktionenteiligen Zusammenwirkens mehrerer Handlungsträger tatsächlich bloße „Fiktion"[416]. Der öffentlich-rechtliche Trägerschaftsvorbehalt beinhaltet eine durch die Landeszentrale wahrzunehmende „umfassende Programmverantwortung"[417], die nicht

[406] Gesamtdarstellung der Rechtsprechung und Literatur bei Liegmann, Der Zugang zum privaten Rundfunk, 1996, S, 148ff.

[407] Lerche, ZUM 1993, 441, 450

[408] Stettner, ZUM 1992, 456, 469

[409] BayVerfGHE 40, 69, 76; 43, 170, 179; 44, 61, 79; die Inkonsistenz der verwaltungsgerichtlichen Rechtsprechung wird gerügt von Balda, Die duale Rundfunkordnung und der öffentlich-rechtliche Sonderweg des Freistaats Bayern, 1997, S. 51 Fn. 125, unter Hinweis auf Stettner, ZUM 1992, 456, 478ff.; Lerche, ZUM 1993, 441, 449; Eiden/Bornemann, ZUM 1995, 475, 477

[410] Verwiesen wird insbesondere auf BayVerfGH 39, 96, 144, 158f.; 43, 170ff.; siehe hierzu Lerche, ZUM 1993, 441, 442ff.

[411] Brümmer, Modellfragen, 1995, 1995, S. 19

[412] BayVerfGH 39, 96, 144, 158f.; 43, 170ff.; siehe hierzu Lerche, ZUM 1993, 441, 442ff.; Brümmer, Modellfragen, 1995, 1995, S. 19

[413] Brümmer, Modellfragen, 1995, 1995, S. 21

[414] Lerche, ZUM 1993, 441, 444

[415] Hepach, Der Grundrechtsstatus der Landesmedienanstalten, 1997, S. 116

[416] Hepach, a.a.O., unter Hinweis auf Kresse, ZUM 1992, 353; Stock, JZ 1991, 645, 649

[417] BayVerfGHE 39, 96, 146; 40, 69, 75f.; 43, 170, 181; BayVerfGH NJW 1992, 3289f.; ZUM 1993, 304, 305; BayVerfGHE 46, 191, 198; BayVerfGH, ZUM 1994, 575, 577; Lerche,

mit „aktiver Programmgestaltung“ gleichgesetzt werden kann[418]. Die Wahrnehmung dieser Verantwortung kann sich auch dann realisieren, wenn das von der BLM im Rahmen der Zulassungsverfahrens akzeptierte Programmschema vollständig von dem jeweiligen Anbieter selbst ausgefüllt wird[419].

Weder die originäre Programmproduktion noch die eigene Erstellung von Sende- und Programmschemata sind also nach dem komplexen System aus Eingriffs- und Gestaltungsmöglichkeiten des BayMG erforderlich, den Trägerschaftsvorbehalt des Art. 111a Abs. 2 Satz 1 BV auszufüllen. Die Wahrnehmung der öffentlich-rechtlichen Trägerschaft hat darüber hinaus nicht einmal die Verpflichtung der Landeszentrale, jeden einzelnen Programmbeitrag eines privaten Anbieters vor der Sendung inhaltlich zur Kenntnis zu nehmen[420]. Im Hinblick auf die Tatsache, daß dies mit einem ungeheuren Material-, Personal- und Zeitaufwand verbunden wäre, erlaubt die komplexe Organisationsstruktur der Rundfunkveranstaltung auch im herkömmlichen Anstaltsfunk gewisse funktionelle und organisatorische Erleichterungen[421] im Sinne einer generellen und weniger konkret auf den Einzelfall bezogenen Kontrolle. Durch ihre Generalität verliert die von der Landeszentrale ausgeübte Kontrolle gleichwohl nicht ihre präventive und interne Wirkung.

c) Steuerung durch Leistung und Regulierung

Die Wahrnehmung der Trägerschaftsverantwortung durch die Landeszentrale erfolgt durch eine Anzahl von Handlungsalternativen, die mit dem Begriff der „Kontrolle“[422] nur unzureichend beschrieben wären. Kumulativ[423] findet eine Steuerung durch Regulierung und durch Leistung statt. Dabei ist zunächst die Natur der von der Landeszentrale ausgeübten Kontrolle zu bestimmen. Sodann sind Steuerungsformen durch Leistung sowie durch informelles Handeln abzugrenzen.

ZUM 1993, 441; Bumke, Landesmedienanstalten, 1995, S. 12ff m.w.Nw.; Bornemann, ZUM 1995, 832ff

[418] Lerche, ZUM 1993, 441, 442ff.; Bumke, Landesmedienanstalten, 1995, S. 14; ähnlich Liegmann, Der Zugang zum privaten Rundfunk, 1996, S. 154; a.A. BayVGH, ZUM 1992, 378, 380; BayVBl. 1993, 20, 21

[419] Lerche, ZUM 1993, 441, 443; so ist es auch im System des öffentlich-rechtlichen Integrationsrundfunkes nicht Sache der öffentlich-rechtlichen Rundfunkanstalten, ausnahmslos eigene Programmaussagen zu treffen; vgl. Stettner, Rundfunkstruktur im Wandel, 1988, S. 36

[420] Brümmer, Modellfragen, 1995, 1995, S. 21; Lerche, ZUM 1993, 441, 449ff.; dagegen BayVGH, ZUM 1992, 378, 380; ZUM 1992, 632, 634ff.

[421] Auf deren praktikable Umsetzung muß insbesondere in einem alternativ-öffentlich-rechtlichen System wie dem bayerischen Rundfunkmodell besondere Wert gelegt, vgl. Lerche, ZUM 1993, 441ff, 450

[422] Vgl. zum Begriff eingehend Holgersson, Fernsehen ohne Kontrolle?, 1995, S. 40ff.

[423] Siehe hierzu Bornemann/Kraus/Lörz, BayMG, Art. 2, Rz. 20

(1) Die Unterscheidung von externer und interner Kontrolle
Das duale Rundfunksystem der Bundesländer außer Bayern zeichnet sich durch ein Nebeneinander von interner und externer Kontrolle[424] durch einerseits die öffentlich-rechtlichen Rundfunkanstalten bzw. andererseits die Landesmedienanstalten aus. Die Aufsicht und Überwachung privat veranstalteten Rundfunks wird vom Bundesverfassungsgericht als „externe Kontrolle" bezeichnet[425]. Externe Kontrollgremien sind dazu bestimmt, eine externe oder außenplurale Vielfaltsstruktur durch Regelungen in Bezug auf Zulassung und Programm zu gewährleisten, ohne dabei intern Einfluß auf Auswahl, Produktion und Veranstaltung der Programme durch die Veranstalter auszuüben[426]. Ihnen obliegt in erster Linie eine Koordinationsaufgabe, deren Steuerungskapazität sich zwar auch auf das Gesamtprogramm bezieht, jedoch in allererster Linie lediglich im Rahmen des Zulassungsverfahrens zu Tage tritt[427]. Die Grundzüge der externen Kontrolle sind in allen Bundesländern außer in Bayern weitgehend identisch und können in Zulassungskontrolle und laufende Programmkontrolle unterteilt werden. Während der laufenden Programmkontrolle verfügen die externen Gremien „nur über wesentlich schwächere Einflußmöglichkeiten"[428] als die internen Gremien der öffentlich-rechtlichen Rundfunkanstalten und sind ausnahmslos auf repressive Maßnahmen[429] beschränkt. Im Zulassungsverfahren hingegen verfügen sie über „zahlreiche, das Programmangebot beeinflussende Gestaltungsmöglichkeiten"[430], die eine Auswahl und damit die Gestaltung des Gesamtprogramms in einem Verbreitungsgebiet anhand von Vielfaltskriterien ermöglichen.

Die Instrumentarien der externen Kontrolle sind nach der Rechtsprechung des Bundesverfassungsgerichts wesentlich schwächer als die der internen Kontrolle, was auf die Orientierung der externen Kontrolle am Grundstandard, wenngleich an seiner „strikten Durchsetzung"[431], zurückzuführen ist. Die Anforderungen an die Programmqualität stehen also in direktem Bezug zur Kontrollintensität. Externe Rundfunkkontrolle strebt nicht nach größtmöglicher Optimierung, sondern soll nur die „essentiellen Grundfunktionen der Rundfunkkommunikation"[432] gewährleisten. Der vorrangige Akzent der externen Kontrolle liegt dementspre-

[424] Zur Terminologie des Begriffes der Kontrolle vgl. Wagner, Die Landesmedienanstalten, 1990, S. 24f.
[425] Vgl. erstmals BVerfGE 73, 118, 164; 83, 283, 333; Vahrenhold, Die Stellung der Privatfunkaufsicht im System staatlicher Aufsicht, 1992, S. 3ff.
[426] Wagner, Die Landesmedienanstalten, 1990, S. 25f.
[427] Wagner, Die Landesmedienanstalten, 1990, S. 27
[428] BVerfGE 73, 118, 170
[429] BVerfGE 73, 118, 170; Wagner, Die Landesmedienanstalten, 1990, S. 74; Lerche, Referat zum 56. Deutschen Juristentag, 1986, S. 42ff.
[430] BVerfGE 73, 118, 189
[431] BVerfGE 73, 118, 160
[432] Wagner, Die Landesmedienanstalten, 1990, S. 58

chend auf dem Erfordernis der Mißbrauchsabwehr[433]. Externe Kontrollorgane verfügen über keinerlei positiven Einfluß auf die Programmgestaltung[434]: Vielfaltsdefizite können von ihnen zwar beanstandet, nicht aber durch eigengestalterische Tätigkeit behoben werden[435], da strukturbildendes Prinzip der externen Kontrolle die Programmfreiheit des Veranstalters ist[436].

Diese Vorgaben führen auf Seiten der Landesmedienanstalten zu einer gewissen „Paradoxie ihrer Stellung“[437]: Sie sind verpflichtet, während der gesamten Sendeperiode die Rundfunkveranstalter effektiv zur „programmlichen Vielfaltsgenerierung zu provozieren, dürfen aber außerhalb der Lizensierungsphase immer nur post festum intervenieren“[438]. Die Schwachstellen der externen Kontrolle werden von Teilen der Literatur als Folgen einer allgemeinen Deregulierung im Rundfunkbereich kritisiert. So hätten die Landesmedienanstalten in erster Linie für eine „frequenzpolizeiliche Ordnung“ [439]zu sorgen, um lediglich das „Chaos im Äther“[440] zu verhindern. Die Aufsicht reduziere sich im Grunde gar auf eine „Nachtwächterfunktion“[441]. Konsequenz dieser befürchteten Deregulierung ist dann auch die Forderung nach stärkerer Einflußnahme, beispielsweise mittels Instrumentarien aus dem Wirtschaftsrecht[442].

(2) „Interne“ Kontrolle durch die öffentlich-rechtliche Trägereinheit

Auch wenn die Tätigkeit der Landeszentrale dem ersten Anschein nach mit der Tätigkeit anderer Landesmedienanstalten in einigen Punkten vergleichbar erscheint[443], ergeben sich aus dem Vorbehalt der öffentlich-rechtlichen Trägerschaft erhebliche Unterschiede. Dies gilt vor allem für die Differenzierung von externer und interner Kontrolle, die ein wesentliches Kriterium der Abgrenzung

433 Schmitt Glaeser, DVBl. 1987, 14, 19; Wagner, Die Landesmedienanstalten, 1990, S. 60
434 BVerfGE 73, 118, 170; hierzu Wagner, Die Landesmedienanstalten, 1990, S. 74ff.
435 Wagner, Die Landesmedienanstalten, 1990, S. 75
436 Wagner, Die Landesmedienanstalten, 1990, S. 77
437 Vesting, Prozedurales Rundfunkrecht, 1997, S. 314
438 Vesting, a.a.O.
439 Hoffmann-Riem, RuF 1989, 215ff., 220
440 Hoffmann-Riem, a.a.O., S. 224
441 Pukall, Meinungsvielfalt im Rundfunk nach der audiovisuellen Revolution, 1993, S. 117
442 In diese Richtung z.B. Pukall, Meinungsvielfalt im Rundfunk nach der audiovisuellen Revolution, 1993, S. 117f., passim
443 Übereinstimmungen mit anderen Landesmedienanstalten bestehen z.B. insoweit, als daß der Genehmigungsvorbehalt des BayMG den Lizensierungsvorschriften anderer Landesmediengesetze entspricht. Vgl. Hepach, Grundrechtsstatus, 1997, S. 113 unter Hinweis auf diesen allgemein anerkannten Befund, Vgl. Fehling, Die Konkurrentenklage bei der Zulassung privater Rundfunkveranstalter, 1994, S. 46; Schuler-Harms, Rundfunkaufsicht im Bundesstaat, 1995, S. 32; Bumke, Landesmedienanstalten, 1995, S. 349 mit Fn. 360; Kresse, ZUM 1992, 353

des in Bayern verfassungsrechtlich nicht zulässigem privaten Rundfunk von einem öffentlich-rechtlichen Rundfunkmodell darstellt[444].

Verschiedentlich wird sowohl eine funktionale Angleichung der BLM an die übrigen Landesmedienanstalten als auch eine Annäherung der bayerischen Anbieterstellung an die Rechtspositionen der Privatfunkveranstalter in den übrigen Bundesländern angenommen[445], da der Landeszentrale ebenfalls nur „externalisierte"[446] Kontrollmechanismen zur Seite stünden.

Dieser Befund ist zu hinterfragen. Tatsächlich läßt die Änderung des BayMG im Hinblick auf die Abschaffung bzw. Ersetzung der Medienbetriebsgesellschaften eine weitere „Angleichung" des bayerischen Rundfunksystems an die Mediengesetze der übrigen Bundesländer auf den ersten Blick erkennen. Fraglich ist jedoch, ob nicht bereits aus dem öffentlich-rechtlichen Trägerschaftsvorbehalt Tätigkeit und Aufgabenstellung der BLM anders als bei anderen Medienanstalten beurteilt werden müssen. Nach der gesetzlichen Ausgangslage übt die Landeszentrale keine externe Kontrolle über die privaten Anbieter aus, sondern eine „quasi interne", binnenplurale Überwachung mit weitgehenden Befugnissen und einem erheblichen Maß an Steuerungskapazität, die der rein internen Kontrolle der öffentlich-rechtlichen Rundfunkanstalten in vielen Bereichen angenähert ist[447]. Danach gleicht die Funktion der öffentlich-rechtlichen Trägereinheit nicht der einer „Komplementärorganisation", deren Anstaltszweck nicht primär aus einer „eigenen, originären, publizistischen Aufgabe" erwächst, sondern lediglich„reflexiv bezogen auf die publizistische Arbeit der Rundfunkveranstalter" ist[448]. So ist z.B. bei den Aufgaben des Medienrates in Art. 12 Abs. 2 BayMG nur im Falle der Einhaltung der Programmgrundsätze von „Überwachung" durch die Landeszentrale die Rede. In aktiver Position hingegen „wahrt" der Medienrat die Interessen der Allgemeinheit und „sorgt" für Ausgewogenheit und Meinungsvielfalt[449]. Die BLM übt die ihr zustehenden Aufsichtsbefugnisse, soweit sie mit der externen Kontrolle anderer Landesmedienanstalten zu ver-

---

[444] Doll, Spannweite, 1986, S. 108

[445] Hepach, Der Grundrechtsstatus der Landesmedienanstalten, 1997, S. 113

[446] Bumke, Landesmedienanstalten, 1995, S. 17

[447] Wagner, Die Landesmedienanstalten, 1990, S. 30 m.w.Nw.; a.A. wohl Bumke, Landesmedienanstalten, 1995, S. 198f., die bei der Qualifikation der Rechtsbeziehungen zwischen Rundfunkveranstalter und Landesmedienanstalt auch für das bayerische Trägerschaftsmodell auf die „Externalisierung der Kontrollebene abstellt".

[448] Bumke, Landesmedienanstalten, 1995, S. 8 im Zusammenhang mit der Differenzierung von öffentlich-rechtlichen Rundfunkanstalten und den Landesmedienanstalten; vgl. auch Hepach, Grundrechtsstatus, 1997, S. 113

[449] Hierauf weist auch Schmitt-Glaeser, ZUM 1985, 523ff., 536 hin.

gleichen sind, also offenbar lediglich als „Minus“[450] zu ihren weitergehenden Kompetenzen im Rahmen ihrer originären Rundfunkträgerschaft aus[451]:

Die Landeszentrale verfügt über sowohl präventive wie auch repressive Steuerungs- und Koordinationsbefugnisse[452], wobei zusätzlich nach programmbezogenen und verhaltensbezogenen Kontrollmechanismen unterschieden werden kann. Die „Kontrolle“ der Programmtätigkeit der Anbieter wird durch tatsächliche gestalterische Einfluß- und Eingriffsmöglichkeiten der Landeszentrale nicht nur im Rahmen der Zulassung, sondern auch während des laufenden Programmbetriebes ergänzt und flankiert. Nach Auffassung des BayVerfGH handelt es sich bei der Ausübung der gesetzlich statuierten Eingriffs- und Anordnungsbefugnisse durch die Landeszentrale nicht um die Wahrnehmung einer bloßen Rechtmäßigkeitskontrolle, sondern um die Ausübung eigenständiger Programmverantwortung und Programmgestaltung[453], da die Landezentrale den Anbietern gegenüber als Trägerin der Rundfunkfreiheit und nicht als Aufsichtsbehörde gegenübertritt. Die Anordnungen sind daher auch nicht an den Kriterien der Rechtsaufsicht zu messen[454]. Die von der Landeszentrale programmbegleitende Kontrolle ist somit keinesfalls als extern im Sinne reiner Evidenz- und Mißbrauchskontrollen[455] zu qualifizieren, da eine solche allenfalls für die Gewährleistung eines Grundstandards ausreichend wäre und auch Eingriffe in den Programmbetrieb von einer solchen nicht gedeckt wären[456].

Zur effektiven Wahrnehmung ihrer Programmverantwortung verfügt die Landeszentrale über einen weiten Gestaltungs- und Prognosespielraum[457]. Trägerschaft bedeutet in diesem Zusammenhang auch steuernde und entwicklungsplanende Einwirkung durch die „qualitativ verschiedenen, weitergehenden“[458] Einfluß- und Sanktionsmöglichkeiten der Landeszentrale, die nicht etwa nur reine „Reparatur- und Auffangtätigkeit“[459] darstellen. Wirksame programmrelevante

---

[450] Hartstein/Ring/Kreile/Dörr/Stettner, Rundfunkstaatsvertrag, § 38 Rdnr. 4

[451] Hepach, Grundrechtsstatus, 1997, S. 114; Schmitt Glaeser bezeichnet das organisatorisch die Anbieter betreffende Tätigkeitsfeld als die „internen“ Aufgaben der Landeszentrale, ZUM 1985, 523ff., 529

[452] Vgl. Barth, Rundfunkunternehmerfreiheit, 1990, S. 50ff, insb. S. 99ff.; Piette, Meinungsvielfalt im privaten Rundfunk, S. 171ff.; Stettner, ZUM 1992, 456, 471ff.

[453] Brümmer, Modellfragen, 1995, 1995, S. 8f. unter Verweis auf BayVerfGHE 39, 96, 146, 150

[454] Brümmer, Modellfragen, 1995, 1995, S. 9

[455] Vgl. eingehend Wagner, Die Landesmedienanstalten, 1990, S. 45ff.

[456] Siehe hierzu eingehend Kapitel 3, Die Anordnungsbefugnisse des Art. 16 BayMG

[457] Brümmer, S. 17 unter Hinweis auf BayVerfGHE, 39, 96, 161, dagegen Degenhart, ZUM 1987, 595; hierzu siehe ausführlich Kapitel 3, Der Gestaltungs- und Entscheidungsspielraum der Landeszentrale

[458] Badura, ZUM 1988, 155

[459] Stettner, Rundfunkstruktur im Wandel, 1988, S. 35

Eingriffsbefugnisse der BLM in präventiver und repressiver Richtung sind dabei ein wichtiges Korrelat für die nicht vom BayMG geforderte unmittelbare Eigengestaltung und -produktion von Rundfunkprogrammen[460].

Das öffentlich-rechtliche Gesamtsystem der Rundfunkveranstaltung reicht also über ein bloßes Konzessionierungssystem mit Mißbrauchskontrolle hinaus[461]. Das Regelungssystem ist dabei so intensiv und lückenlos, daß man von einer „echten" Letztverantwortung der privaten Anbieter bei Organisation und Gestaltung der Rundfunkprogramme, wie es der externen Kontrolle korrespondiert, nicht sprechen kann[462].

(3) Steuerung durch Leistung

Neben der Steuerung durch Regulierung kann das Verhalten der programmgestaltenden Anbieter auch durch die Gewährung von Leistungen, geknüpft an bestimmte Voraussetzungen positiv beeinflußt werden. Hierzu zählen etwa die finanzielle Förderung bestimmter inhaltlicher Programmschwerpunkte oder die Auslobung von Förderpreisen[463]. Auch die Aus- und Fortbildung von Rundfunkpersonal spielt dabei eine Rolle[464]. Die Förderung der Vielfalt und Qualität der Programme soll dabei ebenso wie die technischen Voraussetzungen ihrer Verbreitung gefördert werden, Art. 11 Satz 2 Nr. 9 BayMG. Damit werden zum einen bestimmte Angebote einzelner Anbieter konkret finanziell unterstützt[465], zum anderen werden die technischen Voraussetzungen für die Rundfunkveranstaltung im allgemeinen gefördert[466]. Die Fördermittel für Film- und Fernsehproduktionen werden vorrangig für die Förderung freier mittelständischer Produzenten und insbesondere für die Nachwuchsförderung eingesetzt.

Die Förderung privater Rundfunkangebote ist nicht unumstritten, soweit sie einen Eingriff in den Wettbewerb unter den Anbietern bedeutet und damit geeignet ist, private Freiheit einzuschränken[467]. Diese Auffassung läßt sich jedoch nicht unbesehen auf das bayerische Rundfunkmodell übertragen. Zum einen schaffen die vorgesehenen Fördermaßnahmen nicht die wirtschaftliche Grundlage der Programme. Zum anderen haben die Anbieter bei der Verteilung von Fördermitteln der Landeszentrale gegenüber einen Anspruch auf Gleichbe-

---

460 Hepach, Grundrechtsstatus, 1997, S. 117

461 Hellstern, Gerd-Michael in Rundfunkaufsicht in der Bundesrepublik Deutschland, Bd. 1, S. 64; Wagner, Die Landesmedienanstalten, 1990, S. 56

462 Schmitt Glaeser, ZUM 1985, 523, 535f.

463 Vgl. zum ganzen Bornemann/Kraus/Lörz, BayMG, Art. 2 Rdnr. 18; Stettner, Die Stellung der BLM nach dem Bayerischen Mediengesetz, 1999, S, 218f.

464 Vgl. hierzu Bornemann, ZUM 1995, 832ff., 836; Stettner, Die Stellung der BLM nach dem Bayerischen Mediengesetz, 1999, S. 219f.

465 Übersicht bei Bornemann/Kraus/Lörz, BayMG, Art. 11, Rdnr. 17ff.

466 Übersicht bei Bornemann/Kraus/Lörz, BayMG, Art. 11, Rdnr. 19

467 Degenhart, ZUM 1987, 595ff., 603 m.w.Nw.

handlung. Der „Rundfunkmarkt“ im öffentlich-rechtlichen Trägerschaftsmodell bestimmt sich nicht nach Angebot und Nachfrage, weswegen die Förderung einzelner Programme, die zur Vielfältigkeit beitragen, sich aber sonst nicht auf einem „freien“ Markt halten könnten, als zulässig anzusehen ist[468].

(4) Steuerung durch informelle Einwirkung

Die Einbindung privater Anbieter in den Prozeß der Rundfunkveranstaltung nach dem BayMG vollzieht sich in einem auf der einen Seite im Sinne der öffentlich-rechtlichen Trägerschaft „hoheitlich“ zu begreifenden Über- und Unterordnungsverhältnis zwischen Anbieter und Landeszentrale. Auf der anderen Seite sollen private Anbieter im Rahmen ihres Programmauftrages eigenständig und in Zusammenarbeit mit dem öffentlich-rechtlichen Träger ihr Programm gestalten und in einen arbeitsteiligen Prozeß einbringen. Diese Ambivalenz der gegenseitigen Anbindung zwischen privaten Rundfunkunternehmern und verselbständigter Verwaltungseinheit läßt sich in Grenzen mit der von Benz beschriebenen Theorie des kooperativen Erfüllung öffentlicher Aufgaben[469] vergleichen.

(a) Kooperative Formen der Erfüllung öffentlicher Aufgaben

Staatliches Handeln erfolgt mittlerweile nicht mehr (allein) unter der Prämisse der Überordnung der „Eingriffs-Verwaltung“ gegenüber dem Adressaten. Begriffe wie hierarchische Steuerung und „hoheitliches Verwaltungshandeln“ erfassen daher die staatliche Tätigkeit nur noch partiell, bzw. sind in der Lage, Grundzüge der Tätigkeit zu beschreiben. Unter dem Stichwort der „persuasiven Politik“ hat vor allem Benz ein überzeugendes Modell von kooperativem und informellem Verwaltungshandeln entwickelt. Durch den Austausch von rechtsförmlicher, tatbestandsgeprägter Eingriffs-Verwaltung durch hierarchisch angelegtes Steuerungs*potential* kann eine Form der Kooperation ermöglicht werden, die ein „Netzwerk interagierender Akteure und Organisationen“[470] hervorbringt, das Produkt dieses Netzwerkes aufgrund der Verortung des Steuerungspotentials gleichwohl im Verantwortungsbereich des öffentlich-rechtlichen Trägers ansiedelt[471]. Die gewünschte positive Konsequenz sind funktionale Synergieeffekte im Rahmen einer von Kooperation geprägten Zusammenarbeit, die in einem vertrauensvollen, von gegenseitiger Freiwilligkeit geprägten Klima stattfindet[472]. Z.B werden Absprachen und Verträge dabei an die Stelle von einseitigen An-

[468] Zur Herkunft der Fördermittel und der Finanzierung durch das Teilnehmerentgelt siehe eingehend unten, Kapitel 2, Finanzierung privater Programmangebote durch das Teilnehmerentgelt

[469] Benz, Kooperative Verwaltung, 1994; vgl. auch für die Landesmedienanstalten ausführlich Baars, Kooperation und Kommunikation durch die Landesmedienanstalten, 1999, S. 175ff., passim

[470] Benz, Kooperative Verwaltung, 1994, S. 306

[471] Benz, Kooperative Verwaltung, 1994, S. 306

[472] Siehe auch Bumke, Landesmedienanstalten, 1995, S. 398

ordnungen gesetzt. Steuerndes Element bleibt jedoch die Letztentscheidungskompetenz und das Eingriffs*potential* der Verwaltung[473] (bzw. analog der verselbständigten Verwaltungseinheit Landesmedienanstalt[474]), bzw. die Entscheidung über das Umschwenken von informeller Handlungsform zum rechtsförmlichen Eingriff.

(b) Informelles Verwaltungshandeln

Mit der Vorstellung von der kooperativen Verwaltung korrespondiert die Tendenz, Verwaltungshandeln im informalen, von der klassischen „Eingriffs-Verwaltung"[475] abzugrenzenden Bereich zu begünstigen und auszubauen[476]. Unter informellem Verwaltungshandeln sind alle rechtlich nicht geregelten Entscheidungen und Handlungen zu verstehen, die im Rahmen eines formalisierten Entscheidungsprozesses an die Stelle von rechtlich geregelten Verhaltensweisen treten[477].

In der Praxis der Rundfunkaufsicht überwiegen generell nicht die formellen Sanktionen, sondern „weiche Vorformen"[478] des Verwaltungshandelns, die durch eine gewisse „Droh- und Tauschmacht" der Landesmedienanstalten[479] unterfüttert werden[480]. Insbesondere das Bundesverfassungsgericht sieht Gesprächen und informellem Schriftwechsel „die wohl wichtigste Möglichkeit" auf eine gesetzmäßige Programmgestaltung hinzuwirken[481]. Vor dem Einsatz formeller Sanktionen können eine Vielzahl informeller Einwirkungsmöglichkeiten genutzt werden, mit dem Ziel des Aufbaus kooperativer Kontaktsysteme zwischen Aufsichtsinstanz und Beaufsichtigten[482]. Der Grundsatz der Verhältnismäßigkeit ist bei der Entscheidung für oder gegen ein informelles oder formelles

---

473 Baars, Kooperation und Kommunikation durch die Landesmedienanstalten, 1999, S. 227f.; Stettner, Die Stellung der BLM nach dem Bayerischen Mediengesetz, 1999, S. 196

474 Hierzu eingehend Bumke, Landesmedienanstalten, 1995, passim

475 Bumke, Landesmedienanstalten, 1995, S. 397 m.w.Nw.

476 Hesse, Rundfunkrecht, 1999, S. 227; Bumke, Landesmedienanstalten, 1995, S. 397; Hellstern, Gerd-Michael in Rundfunkaufsicht in der Bundesrepublik Deutschland, Bd. 1, S. 323ff., 342; Wagner, Die Landesmedienanstalten, 1990, S. 220; Ziethen, Michael, in Rundfunkaufsicht in der Bundesrepublik Deutschland, Bd. 3, S. 59ff., 85

477 Bumke, Landesmedienanstalten, 1995, S. 398, unter Hinweis auf Bohne, Der informale Rechtsstaat, S. 46f.

478 Hoffmann-Riem, Finanzierung und Finanzkontrolle der Landesmedienanstalten, 1993, S. 24; vgl. auch BVerfGE 73, 118, 169; Bedenken bei BayVGH BayVBl. 1987, 435ff., 437; Wagner, Die Landesmedienanstalten, 1990, S. 220

479 Hoffmann-Riem, Finanzierung und Finanzkontrolle der Landesmedienanstalten, 1993, S. 24

480 Eingehend zu Beratungsbefugnissen und informellen Handlungsformen der Landesmedienanstalten siehe Wagner, Die Landesmedienanstalten, 1990, S. 220ff.

481 BVerfGE 73, 118, 169

482 Vgl. auch Ziethen, Michael, in Rundfunkaufsicht in der Bundesrepublik Deutschland, Bd. 3, S. 63

Einschreiten maßgeblich[483]. Bei der Wahl der „richtigen“ Handlungsform ist ein hohes Maß an Gestaltungskraft und verwaltungspolitischem Geschick gefordert. Nicht selten werden die Akteure dieser Kooperation versuchen, Freiräume auszuloten und auszuhandeln[484]. Auch der Gleichheitssatz verlangt ein strenges Maß an, wenngleich „informeller“, Gleichbehandlung aller Beteiligten.

Die „sachbedingte Offenheit des Normprogramms“[485] bedingt eine gesteigerte Flexibilität der Akteure und kann so dort Synergieeffekte hervorrufen, wo normative starres Eingreifen der Verwaltung nur in erster Linie dysfunktional wirken würde. Die gesetzlich vorgesehenen Aufsichtsmittel lassen sich in sinnvoller und effektiver Weise durch informelle Gespräche, Hinweise, Vorschläge und Vereinbarungen ergänzen[486]. Die institutionelle Kontrolle wird darüber hinaus insbesondere bei schwerwiegenden Verstößen im Rahmen der Programmgestaltung durch eine gewisse informelle Kontrolle der Öffentlichkeit gestützt[487].

Die klassische „bürokratische Aufgabenwahrnehmung“ ist aber überall dort zu beachten, wo der Gegensatz von öffentlichem und privatem Interesse deutlich zu konturieren ist, während die sozusagen „gemeinsame“ Aufgabenwahrnehmung durch alle Beteiligten eines Aufgabenbereichs mit „dynamischen Interdependenzen“[488] sinnvoll erscheint. Dies trifft auf den Rundfunksektor und in diesem auf das bayerische öffentlich-rechtliche Rundfunkmodell in besonderer Weise zu. Das öffentliche Interesse, die öffentliche Verantwortung und das privatwirtschaftliche, eigennützige Interesse des Rundfunkunternehmers vermischen sich[489], erst in ihrer Gesamtheit sollen sie einen freien und vielfältigen Meinungsbildungsprozeß ermöglichen.

3. Anforderungen an ein öffentlich-rechtliches Rundfunksystem

Mit der Begrifflichkeit der öffentlich-rechtlichen Trägerschaft korrespondiert die Vermutung, der in Bayern veranstaltete öffentlich-rechtliche Rundfunk habe sich an den für die Grundversorgung aufgestellten qualitativen Maßstäben zu orientieren. Gleichzeitig stellt sich die Frage, inwieweit die Finanzierung privater Programmangebote durch Werbeeinahmen mit diesen Anforderungen in Einklang zu bringen ist. Dies gilt um so mehr, als das Bundesverfassungsgericht auf der Grundlage einer umfassenden Tatsachenermittlung die überwiegende Wer-

[483] BVerfGE 73, 118, 168f.; Bumke, Landesmedienanstalten, 1995, S. 397

[484] Zu den Vor- und Nachteilen informellen Verwaltungshandelns vgl. auch Ziethen, Michael, in Rundfunkaufsicht in der Bundesrepublik Deutschland, Bd. 3, S. 82f

[485] Bumke, Landesmedienanstalten, 1995, S. 212

[486] BVerfGE 73, 118, 169; Hesse, Rundfunkrecht, 1999, S. 227; Vahrenhold, Die Stellung der Privatfunkaufsicht im System staatlicher Aufsicht, 1992, S. 121; Wagner, Die Landesmedienanstalten, 1990, S. 222

[487] BVerfGE 73, 118, 169

[488] Ladeur, StWStP 486ff., 488

[489] So auch Bumke, Landesmedienanstalten, 1995, S. 400

befinanzierung öffentlich-rechtlicher Rundfunkanstalten mit der Aufgabe der Grundversorgung für unvereinbar erklärt hat[490]. Eine Antwort auf diese Frage kann sich nur aus der strukturellen Eigenart des Systems ergeben.

Der in Bayern von der Landeszentrale veranstaltete Rundfunk wird öffentlich-rechtlich betrieben und unterliegt daher grundsätzlich den „strengeren" verfassungsrechtlichen Anforderungen des öffentlich-rechtlichen Rundfunks bezüglich Meinungsvielfalt und Ausgewogenheit [491]. Damit kommt eine generelle Absenkung der Anforderungen an die Inhalte der von privaten Anbietern gestalteten Programme entsprechend dem Grundstandard unter Berücksichtigung der wirtschaftlichen Interessen[492] nicht in Betracht[493]. In diesem Zusammenhang stellt sich die Frage, an wen sich im bayerischen Rundfunkmodell der Auftrag der Grundversorgung richtet. Rein rechtlich gesehen spricht wenig gegen eine Wahrnehmung der Grundversorgungsaufgabe durch die BLM neben dem Bayerischen Rundfunk. Auch bei der Landeszentrale handelt es sich um ein öffentlich-rechtliches Konstrukt, eine Anstalt mit binnenpluraler Organisation und beschränkter Rechtsaufsicht[494]. Faktisch allerdings wäre die Wahrnehmung der Grundversorgungsaufgabe durch die BLM und die ihr zugeordneten privaten Anbieter wenig praktikabel und würde auch der Konzeption des BayMG zuwiderlaufen. Das BayMG ermöglicht privates Rundfunkengagement unter dem Dach eines öffentlich-rechtlichen Trägerschaftsvorbehaltes. Private Rundfunkinitiative soll nicht durch den öffentlich-rechtlichen Trägerschaftsvorbehalt beschränkt, sondern gefördert werden. Privatfinanzierte Programme mit ihrer starken Rückbindung an die wirtschaftliche Tragfähigkeit sogleich wieder den Anforderungen der Grundversorgung zu unterwerfen, würde diesem Ziel zuwiderlaufen.

Dabei ist auch zu berücksichtigen, daß neben dem nach dem BayMG veranstalteten Rundfunk der klassische öffentlich-rechtliche Anstaltsrundfunk in Gestalt des BR weiterbesteht und einen erheblichen Beitrag zur Grundversorgung leistet[495]. Dementsprechend wurden vom BayVerfGH bei der Beurteilung der Verfassungsmäßigkeit des „neuen" Rundfunkmodells des BayMEG weniger hohe Anforderungen gestellt. Ob dies allerdings nur für die Erprobungsphase des MEG zu gelten hat, die durch die Einsetzung des BayMG abgeschlossen wur-

---

[490] BVerfGE 74, 297, 342

[491] Brümmer, Modellfragen, 1995, S. 12 unter Hinweis auf BayVerfGHE 39, 96, 144 und 148; Schick, Privater Hörfunk in Bayern, 1991, S. 7

[492] Siehe hierzu eingehend unten, Kapitel 2, Vielfaltssicherung durch Schaffung wirtschaftlich tragfähiger Rahmenbedingungen

[493] Brümmer, Modellfragen, 1995, S. 12f; Poll, Fernsehspartenprogramme und Pluralismus, 1998, S. 245

[494] Scheble, Perspektiven der Grundversorgung, 1994, S. 171 spricht sich den auch de jure für eine Möglichkeit der Beauftragung der BLM mit der Aufgabe der Grundversorgung aus.

[495] BayVerfGHE 39, 96, 144

de[496], ist fraglich. Zweifellos unterliegt die „klassische“ öffentlich-rechtliche Rundfunkanstalt des Bayerischen Rundfunks in vollem Umfang den Anforderungen eines öffentlich-rechtlichen Rundfunksystems. Es wäre jedoch verfehlt, den (zwar öffentlich-rechtlich getragenen) privaten Rundfunkengagement ohne Rücksicht auf die gänzlich unterschiedliche Finanzierungsform bis ins Detail den gleichen Anforderungen zu unterstellen[497]. Sicherlich war gleichzeitig jedoch die den rechtlichen Trägerschaftsvorbehalt umspannende Intention des Verfassungsgebers nicht lediglich auf die Veranstaltung eines nur dem Grundstandard genügenden Rundfunkprogramms gerichtet. Mit dem zweiten Gesetz zur Änderung des BayMG wurde in Art. 2 Abs. 2 Satz 2 BayMG dann auch der Einsatz der Landeszentrale für qualitativ hochwertige Programme betont[498]. Die Landeszentrale wird daher bei der Organisation privater Rundfunkangebote einen Mittelweg einschlagen müssen: Sie ist gehalten, das von ihr organisierte und getragene Programm so nah wie möglich an die Programmqualität einer Grundversorgung heranzuführen, ohne dabei den Grundstandard als Maßstab zu nehmen[499]. Gleichzeitig hat sie jedoch die wirtschaftlichen Gegebenheiten in stärkerem Maße als eine öffentlich-rechtliche Rundfunkanstalt zu berücksichtigen und diese Erwägungen auch bei der Auswahl und Koordination der Anbieter einzubeziehen. Der so entstehenden Optimierungs- und gegebenenfalls Korrekturauftrag der Landeszentrale beinhaltet eine äußerst komplexe Interessenabwägung und –abgleichung. Im Rahmen der Wahrnehmung ihrer Trägerschaftsverantwortung hat die BLM daher sicherzustellen, daß die Rahmenbedingungen für sowohl die Schaffung eines den Standards des öffentlich-rechtlichen Rundfunks genügenden vielfältigen Programms als auch für dessen wirtschaftliche Tragfähigkeit gegeben sind. Für den klassischen öffentlich-rechtlichen Rundfunk hat das Bundesverfassungsgericht ausgeführt: „Die Aufgaben, die ihm insoweit gestellt sind, machen es notwendig, die technischen, organisatorischen, personellen und finanziellen Vorbedingungen ihrer Erfüllung sicherzustellen.[500]“ Vom Prinzip her deckt sich diese Vorstellung mit der einer alternativ-öffentlich-rechtlichen Rundfunkveranstaltung durch die Landeszentrale, mit dem Unterschied, daß hier Defizite aufgrund der fehlenden Gebührenfinanzierung durch entsprechende Organisation der Angebote ausgeglichen werden müssen.

[496] So Brümmer, Modellfragen, 1995, S. 13 unter Hinweis auf BayVerfGHE 39, 96, 144 und 148ff, zustimmend Piette, Meinungsvielfalt im privaten Rundfunk, 1988, S. 186

[497] So aber Brümmer, Modellfragen, 1995, S. 110

[498] Siehe amtliche Begründung zum Zweiten Gesetz zur Änderung des BayMG, abgedruckt bei Bornemann/Kraus/Lörz, BayMG, vor Art. 2

[499] Ähnlich Degenhart, AfP 1987, 371ff, 374, der jedoch eine qualitative Kompensation durch den klassischen öffentlich-rechtlichen Rundfunk für möglich hält; a.A. Barth, Rundfunkunternehmerfreiheit, 1990, S. 71

[500] BVerfGE 74, 297, 324f.

Der BayVerfGH hat in seiner Leitentscheidung zur Verfassungsmäßigkeit des BayMEG[501] außerdem festgestellt, daß die Veranstaltung von öffentlich-rechtlichem Rundfunk grundsätzlich nur in binnenpluraler Form zulässig ist[502]. Das von der Landeszentrale verbreitete Programm muß also im jeweiligen Verbreitungsgebiet in sich ausgewogen sein[503]. Somit bestehen in Bayern eine Vielzahl von lokalen Vielfaltsräumen, sowie ein ganzheitlicher Vielfaltsraum für das gesamte Gebiet des Freistaats. Bei der Beurteilung der lokalen Vielfalt sind die landesweit verbreiteten Programme außer Acht zu lassen, obwohl sie in den jeweiligen Gebieten empfangbar sind und so zur Vielfalt beitragen. Entsprechend werden bei der Beurteilung der landesweiten Vielfalt die lokalen Programme nicht in die Bewertung einbezogen[504]. Man kann daher durchaus von einem System des „Außenpluralismus im Kleide binnenpluraler Organisation“[505] sprechen.

4. Anspruch auf Beteiligung an der Rundfunkveranstaltung?

Ein originärer, unmittelbar aus Art. 5 Abs. 1 Satz 2 GG folgender Anspruch auf Zulassung zur Rundfunkveranstaltung besteht, wie bereits festgestellt, nicht[506]. Der Landesgesetzgeber hat sich vorliegend im Rahmen seines Gestaltungsspielraumes für ein rein öffentlich-rechtlich strukturiertes Rundfunkmodell entschieden. Ein Anspruch privater Rundfunkunternehmen auf Zulassung zur Rundfunkveranstaltung besteht demnach nicht, da dies dem Konzept des Träger-

---

501 BayVerfGHE 90, 60

502 BayVerfGH, BayVBl. 1987, S. 77ff, 110, 113; Poll, Fernsehspartenprogramme und Pluralismus, 1998, S. 245

503 Brümmer, Modellfragen, 1995, S. 13f unter Hinweis auf BayVerfGHE 39, 96, 148ff., Bethge, Rundfunkfreiheit in der Perspektive von Bundes- und Landesverfassungsgerichtsbarkeit in ZUM 1987, 199, 207, zustimmend Schuster, Meinungsvielfalt in der dualen Rundfunkordnung, 1990, S. 308, der die öffentlich-rechtliche Trägerschaft „traditionell“ als Garant für die innere Vielfalt in einem Verbreitungsgebiet ansieht; Bethge, ZUM 1987, 199ff., 207

504 Brümmer, S. 107 unter Hinweis auf die 5. Rundfunkentscheidung des BVerfG

505 Brümmer, Modellfragen, 1995, S. 111; Barth, Rundfunkunternehmerfreiheit, 1990, S. 72; hierzu siehe auch Stettner, Rundfunkstruktur im Wandel, 1988, S. 29, der eine Abstempelung des gemischten bayerischen Systems als außen- bzw. binnenplural ablehnt. Vielmehr sei zu überlegen, ob es sich bei dem bayerischen Rundfunkmodell nicht um eine Vielfaltskonzeption ganz eigener Art handelt, die mit der üblichen Unterscheidung zwischen Binnen- und Außenpluralismus nur unzureichend zu beschreiben sei. So auch Doll, Spannweite, 1986, S. 172; Rothemund/Ring, Media Perspektiven 1985, 39ff, 40; Brümmer, Modellfragen, 1995, S. 109; siehe auch Schuster, Meinungsvielfalt in der dualen Rundfunkordnung, 1990, S. 308; Poll, Fernsehspartenprogramme und Pluralismus, 1998, S. 245; Piette, Meinungsvielfalt im privaten Rundfunk, S. 162

506 BayVerfGH, ZUM 1991, 238; BayVGH, BayVBl. 1988, 17, 19; Bamberger, ZUM 2000, 284ff., 286; siehe eingehend oben, Kapitel 1, Anspruch auf Zulassung zur Rundfunkveranstaltung

schaftsmodells zuwiderlaufen würde[507]. Einfachgesetzliche Ansprüche können daher aufgrund der verfassungsrechtlichen Situation nicht auf die Zulassung als Rundfunk*veranstalter* gerichtet sein, wohl aber auf die Einhaltung sämtlicher verwaltungsgesetzlichen und organisatorischer Grundsätze, die einen chancengleichen Zugang eines Angebots gewährleisten.

III. Die Verfassungsmäßigkeit des Art. 111 a BV

Grundlegende Rechtfertigung für das Rundfunkmodell des BayMG ist Art. 111a Abs. 2 Satz 1 BV, der hierzu seinerseits mit höherrangigem Recht vereinbar sein muß. Der Ausschluß privater Trägerschaft von Rundfunkprogrammen zugunsten einer exklusiven Zuweisung der Programmträgerschaft an eine öffentlich-rechtliche Trägereinheit durch Art. 111a Abs. 2 Satz 1 BV hat nicht zuletzt aufgrund der bundesweiten Einzigartigkeit der Regelung verschiedentlich an der Verfassungsmäßigkeit von Art. 111a Abs. 2 Satz 1 BV zweifeln lassen.

In Betracht kommt dabei zum einen die Unvereinbarkeit von Art. 111a Abs. 2 Satz 1 BV mit den Vorgaben des Grundgesetzes, vor allem mit Art. 5 Abs. 1 Satz 2 GG. Zum anderen wird teilweise ein insbesondere von der technischen Entwicklung beeinflußtes Außerkrafttreten der Vorschrift aufgrund der Wandlung der der Regelung zugrundeliegenden tatsächlichen Verhältnisse angenommen.

1. Verfassungswidrigkeit aufgrund Verstoßes gegen Art. 5 Abs. 1 Satz 2 GG

Wie bereits dargestellt normiert Art. 111a Abs. 2 Satz 1 BV einen formellen Vorbehalt zugunsten einer ausschließlich öffentlich-rechtlichen Trägerschaft von in Bayern veranstaltetem Rundfunkprogrammen. Eigenverantwortliche Rundfunkveranstaltung durch private Unternehmen wird durch die Vorschrift verhindert, eine Zulassung Privater zur Rundfunkveranstaltung ist somit nicht gewährleistet. Im Lichte der Kollisionsregel des Art. 31 GG hängt eine verfassungsrechtliche Beurteilung des Art. 111a BV zunächst von dessen Vereinbarkeit mit den Aussagen des Art. 5 Abs.1 GG zur Zulassung privater Rundfunkveranstalter ab[508].

---

[507] BayVerfGH 39, 96, 161, „Nach bayerischem Verfassungsrecht hat kein Privater Anspruch auf Zulassung zum Rundfunkbetrieb.“; BayVGH, ZUM 1994, 571ff., 573; Badura, ZUM 1988, 155ff., 156; Degenhart, ZUM 1987, 595ff., 596; siehe auch eingehend unten, Kapitel 2, Die Genehmigung als Ermessensentscheidung

[508] Bethge, Status, 1999, S. 17 unter Hinweis auf BVerfGE 96, 345, 365; 98, 145, 159; Schuler-Harms, Rundfunkaufsicht im Bundesstaat, Baden-Baden, 1995, S. 228; a.A. und zur Frage, ob eine solche Kollision nach Art. 31 GG oder Art. 142 GG beurteilt wird, vgl. Knütter, Verfassungswidrigkeit des Art. 111a II 1 BV wegen Verstoßes gegen die Rundfunkfreiheit, 1992, S. 29ff., 34

Nach der Rechtsprechung des Bundesverfassungsgerichts läßt das Grundgesetz zwar unter bestimmten Voraussetzungen Rundfunkbetrieb durch private Veranstalter neben dem öffentlich-rechtlichen Rundfunk zu, gebietet ihn aber nicht[509], so daß die Entscheidung für oder gegen ein duales System beim Landesgesetzgeber liegt. Diese Auffassung wird vom BayVerfGH mit Blick auf Art. 111a Abs. 2 Satz 1 BV ausdrücklich geteilt[510]. In erster Linie daraus resultiert die grundsätzliche Vereinbarkeit von Art. 111a Abs. 2 Satz 1 BV mit dem Grundgesetz[511]:

Das Bundesverfassungsgericht hat sich ausdrücklich für eine Wahlmöglichkeit des Landesgesetzgebers ausgesprochen, der im Rahmen einer weitgehenden Gestaltungsfreiheit die Modellstrukturen der Rundfunkveranstaltung in öffentlich-rechtlicher oder privater Form ausgestalten kann[512]. Dabei hat er bei seiner Entscheidung keinen originären Zugangsanspruch privater Unternehmen zur Rundfunkveranstaltung zu berücksichtigen[513]. Mit der Entscheidung für ein öffentlich-rechtliches Trägerschaftsmodell hat der bayerische Gesetzgeber von dieser Wahlmöglichkeit in zulässiger Weise Gebrauch gemacht[514]. Dies stellt kein „Zurückbleiben“ von Art. 111a Abs. 2 Satz 1 BV hinter Art. 5 Abs. 1 Satz 2 GG dar, da letzterer unter dem grundrechtsimmanenten Vorbehalt der landesgesetzlichen Ausgestaltung steht. Daß im Fall des Art. 111a Abs. 2 Satz 1 BV diese Ausgestaltung durch den Verfassungsgeber und nicht durch den einfachen Gesetzgeber erfolgt ist, tut dem keinen Abbruch[515].

Aufgrund der Eigenstaatlichkeit der Bundesländer ist der bayerische Gesetzgeber auch nicht an die Ausgestaltung der Rundfunkmodelle anderer Bundesländer gebunden; ebensowenig ist Raum für ein vom Bund „verordnetes“ Einheitsmodell[516]. Die Verfassungsautonomie der Länder, die auch die Grundrechtsauto-

---

509 Vgl. zuletzt BVerfGE 87, 181, 198; BayVerfGH 39, 96, 137ff., 139ff.; Bethge, Rundfunkfreiheit und öffentlich-rechtlicher Organisationsvorbehalt, 1987, S. 36f.; ders. ZUM 1994, 1ff., 2; ders. ZUM 1987, 199ff., 205; ders., Der verfassungsrechtliche Status der BLM, 1999, S. 17

510 BayVerfGHE 39, 96, 139f.

511 Stettner, Rundfunkstruktur im Wandel, 1988, S, 9f.; Bethge, ZUM 1987, 199ff., 205; ders., ZUM 1994, 1ff., 2; Bumke, Landesmedienanstalten, 1995, S. 214f.

512 BVerfGE 12, 205, 262; 57, 295, 321; 73, 118, 153; 74, 297, 324; 83, 238, 296; 87, 181, 198; 90, 60, 94; siehe auch eingehend oben in diesem Kapitel, Anspruch auf Zulassung zur Rundfunkveranstaltung?

513 BVerfGE 83, 238, 315; 95, 220, 237f.; siehe auch Degenhart, in: Dolzer/Vogel, (Hrsg.), Bonner Kommentar, Art. 5 Abs. 1 und 2 GG, Rdnr. 388

514 Liegmann, Der Zugang zum privaten Rundfunk, 1996, S. 153

515 Siehe auch Doll, Spannweite, 1986, S. 121f.

516 Vgl. ausführlich Bethge, Rundfunkfreiheit und öffentlich-rechtlicher Organisationsvorbehalt, 1987, S. 18; Bumke, Landesmedienanstalten, 1995, S. 215; eingehend Liegmann, Der Zugang zum privaten Rundfunk, 1996, S. 144ff.; Überblick über die Rechtsprechung des Bundesverfassungsgericht bei Rudolf/Jutzi, ZRP 1987, 2ff.

nomie einbezieht, bezieht sich auch und gerade auf die Ausgestaltung der Rundfunkordnung[517]. Der bayerische Gesetzgeber ist jedoch in seiner Ausgestaltung wie alle anderen Landesgesetzgeber an die objektiv-rechtlichen Vorgaben des Art. 5 Abs. 1 Satz 2 GG gebunden[518]. Insoweit findet bereits durch Art. 5 Abs. 1 Satz 2 GG eine gewisse Harmonisierung statt[519]. Die vom Bundesverfassungsgericht verlangten organisatorischen, materiellen und Verfahrensregelungen sind wiederum ihrerseits unterschiedlich konzipierbar und lassen verschiedene Lösungswege zu[520].

2. Verfassungswidrigkeit aufgrund gewandelter tatsächlicher Gegebenheiten

Teilweise wird angenommen, Art. 111a Abs. 2 Satz 1 BV hafte eine gewisse „latente“ Verfassungswidrigkeit an, da sich die der Entscheidung zugunsten eines öffentlich-rechtlichen Trägerschaftsvorbehaltes zugrundeliegenden tatsächlichen Verhältnisse insbesondere im Zuge der technischen Entwicklung gravierend geändert hätten[521]. Grundlage für eine solche Interpretation hat nicht zuletzt der BayVerfGH geliefert, der in einer frühen Entscheidungen die Verfassungsmäßigkeit des Art. 111a Abs. 2 Satz 1 BV selbst mit der technischen und finanziellen Sondersituation der Rundfunkveranstaltung begründet hat[522]. Das Urteil schließt sich im wesentlichen an die Rechtsprechung des Bundesverfassungsgerichts an, wenngleich in fast mißverständlicher Weise die Verfassungsmäßigkeit des Art. 111a Abs. 2 Satz 1 BV an die bestehende, insbesondere technisch verstandene, Sondersituation geknüpft wird.

Es ist grundsätzlich nicht ausgeschlossen, daß eine Verfassungsnorm durch einen tiefgreifenden Wandel der ihr zugrundeliegenden tatsächlichen Verhältnisse ihre Rechtfertigung verliert, sofern die ihr zugrundeliegende Wertung in keinster Weise mehr zutrifft[523]. Für die Beurteilung dieser Frage muß jedoch ein strenger Maßstab angelegt werden, da insbesondere die Normen einer Verfassung auf

[517] Bethge, Status, 1999, S. 18ff.; Schuler-Harms, Rundfunkaufsicht im Bundesstaat, Baden-Baden, 1995, S. 228; vgl. auch BVerfGE 90, 60, 84f.

[518] Schuler-Harms, Rundfunkaufsicht im Bundesstaat, Baden-Baden, 1995, S. 229

[519] Rudolf/Jutzi, ZRP 1987, 2ff., 2; a.A. Ricker, ZRP 1986, 224ff.

[520] Bethge, Rundfunkfreiheit und öffentlich-rechtlicher Organisationsvorbehalt, 1987, S. 18; auch nach dem Beschluß vom 20.02.1998 besteht für das BVerfG kein Anlaß, an der Verfassungsmäßigkeit von Art. 111a Abs. 2 Satz 2 BV zu zweifeln, diese wird vielmehr stillschweigend vorausgesetzt, BVerfGE 96, 298, passim, siehe hierzu eingehend unten, Kapitel 3, Die Entscheidung des Bundesverfassungsgericht zur Grundrechtsträgerschaft privater Anbieter

[521] Meder, Die Verfassung des Freistaates Bayern, 1992, Art. 111a, Rdnr. 8b f.; Knütter, Verfassungswidrigkeit des Art. 111a II 1 BV wegen Verstoßes gegen die Rundfunkfreiheit, 1992, S. 29ff., 58ff., 218ff.; passim

[522] BayVerfGH, BayVBl. 1987, 77ff., 78f.; hierzu auch Scheble, Perspektiven der Grundversorgung, 1994, S. 168; Bumke, Landesmedienanstalten, 1995, S. 11

[523] BayVerfGHE 39, 96, 141; Bethge, ZUM 1987, 199ff., 206

Stabilität angelegt sind[524]. So sind bei einem Wandel der tatsächlichen Verhältnisse, die zuvor für eine Verfassungsmäßigkeit der Regelung argumentativ gedient hatten, stets zu prüfen, ob die Vorschrift ihre Geltung nicht aufgrund anderer Tatsachen weiter für sich beanspruchen kann. Ebenso wie im Falle der Rechtsprechung des Bundesverfassungsgerichts zur Frage der Sondersituation und der aus ihr folgenden Konsequenzen ist also ein „Auswechseln" der argumentativen Grundlage nicht nur denkbar, sondern muß bei der Beurteilung der Norm zwingend ausgeschlossen werden können. Mit anderen Worten, kann die Norm nur dann als verfassungswidrig eingestuft werden, wenn sie sich aus keinem denkbaren Grund mit den tatsächlichen Verhältnissen normativ vereinbaren ließe[525]. Eine gleichsam „latente" Verfassungswidrigkeit ist im Hinblick auf die Kontinuität und Rechtssicherheit daher grundsätzlich abzulehnen.

Aufgrund der Rechtsprechung des Bundesverfassungsgerichts steht darüber hinaus weitgehend außer Frage, daß die Organisation privater Anbieter in einem öffentlich-rechtlichen Rundfunkmodell nach binnenpluralistischen Strukturen auch nach Wegfall der technischen Sondersituation mit dem Grundgesetz zu vereinbaren ist[526]. Die „Suspension grundrechtlich vermittelter Zulassungsansprüche"[527] vermittels eines öffentlich-rechtlichen Trägerschaftsvorbehaltes kann und muß unabhängig von der technischen Situation beurteilt werden. Die Bindung der Verfassungsmäßigkeit von Art. 111a Abs. 2 Satz 1 BV an die sendetechnischen Gegebenheiten kann also im Hinblick auf die begleitende Rechtsprechung des Bundesverfassungsgerichts nicht mehr angenommen werden. Da sich der BayVerfGH in dieser Frage sichtlich an der Interpretation des Bundesverfassungsgerichts orientiert hat[528], ist auch von dieser Seite der öffentlich-rechtliche Organisationsvorbehalt nicht zu beanstanden[529].

IV. Die Beteiligten an der Rundfunkveranstaltung

Da die Veranstaltung von Rundfunkprogrammen im Sinne einer massenkommunikativen Vermittlung von meinungsrelevanten Programminhalten unter dem Gesichtspunkt der Meinungsvielfalt in erster Linie auf die an diesem Prozeß beteiligten Akteure zurückzuführen ist und entscheidend von diesen abhängt, sollen die an der Rundfunkveranstaltung nach dem BayMG Beteiligten im Folgenden dargestellt werden.

---

[524] Zurückhaltend bereits BayVerfGHE 39, 96, 140

[525] BayVerfGH, a.a.O.

[526] BVerfGE 83, 238, 316; siehe eingehend oben, Kapitel 1, Die These von der Sondersituation

[527] Stettner, Rundfunkstruktur im Wandel, 1988, S. 11

[528] BayVerfGH BayVBl. 1987, 78ff.

[529] Bethge, Rundfunkfreiheit und öffentlich-rechtlicher Organisationsvorbehalt, 1987, S. 52ff.

1. Die Bayerische Landeszentrale für neue Medien

Das BayMG sieht in seiner zum 01.01.1999 geänderten Fassung einen zweistufigen Aufbau der Rundfunkorganisation vor. „Betrieben" im Sinne von Art. 111a Abs. 2 Satz 1 BV wird der Rundfunk nach dem BayMG ausschließlich in öffentlicher Verantwortung und öffentlich-rechtlicher Trägerschaft von der Bayerischen Landeszentrale für neue Medien (BLM). Diese organisiert Rundfunkprogramme aus den von privaten Anbietern gestalteten Beiträgen, Art. 2 Abs. 2 BayMG.

Die BLM ist eine rechtsfähige Anstalt des öffentlichen Rechts mit Sitz in München[530]. Sie bildet die öffentlich-rechtliche Dachkonstruktion des bayerischen Rundfunkmodells[531] und fungiert als öffentlich-rechtliche Trägereinheit und Veranstalterin des in Bayern unter Einbeziehung privater Rundfunkanbieter veranstalteten öffentlich-rechtlichen Rundfunks. Als selbständige Verwaltungsorganisation kann sie als juristische Person im eigenen Namen auftreten, Inhaberin von Rechten und Pflichten sein und als Partei eines Rechtsstreits agieren und reagieren. Das gesamte öffentlich-rechtliche Rundfunkmodell ist von ihrer starken Stellung geprägt[532]. Die ihr obliegenden Aufgaben sind in Art. 11 BayMG und, bezogen auf den Medienrat, in Art. 12 aufgeführt[533] und beinhalten eine „grundlegende Weichenstellung"[534] im Hinblick auf die Gewährleistung der verfassungsrechtlichen Vorgaben.

Da die Landeszentrale neben dem Bayerischen Rundfunk als einzige öffentlich-rechtliche Veranstalterin von Rundfunkprogrammen in Erscheinung tritt, liegt der Schluß nahe, sie als zweite bayerische öffentlich-rechtliche Rundfunkanstalt zu betrachten[535]. Die BLM ist dabei in ihrer Funktion als Rundfunkveranstalterin keine Behörde im Sinne des Art. 1 Abs. 2 BayVwVfG[536]. Etwas anderes gilt le-

---

530 Art. 10 Abs. 1 BayMG

531 Vgl. nur Brümmer, Modellfragen, 1995, S. 1; als „öffentlich-rechtliche Säule des bayerischen Medienmodells" wird sie von Hepach, Der Grundrechtsstatus der Landesmedienanstalten, 1997, S. 112 bezeichnet; vgl. auch Schmitt Glaeser, ZUM 1985, 523ff., 528

532 BayVerfGH 39, 96, 150; Stettner, ZUM 1992, 456ff., 462; Bornemann/Kraus/Lörz, BayMG, Überblick vor Art. 23, Rdnr. 4; die „hervorragende" Stellung der Landeszentrale betont auch Schmitt Glaeser, ZUM 1985, 523ff., 528

533 Hierbei handelt es sich nicht um eine enumerative Aufzählung, wie der Zusatz „vor allem" in Art. 11 Abs. 1 Satz 2 BayMG belegt, beschrieben sind vielmehr die „wichtigsten" Aufgaben der Landeszentrale; vgl. hierzu die amtliche Begründung zu Art. 11, abgedruckt bei Bornemann/Kraus/Lörz, BayMG, Art. 11

534 Schmitt Glaeser, ZUM 1985, 523ff., 536

535 Hepach, Der Grundrechtsstatus der Landesmedienanstalten, 1997, S. 111; zu den verfassungsrechtlichen Konsequenzen vgl. eingehend unten, Kapitel 3, Die Grundrechtsträgerschaft der Landeszentrale

536 Bornemann/Kraus/Lörz, BayMG, Art. 10, Rdnr. 6; Bumke, Landesmedienanstalten, 1995, S. 282ff.; Baars, Kooperation und Kommunikation durch die Landesmedienanstalten, 1999, S. 170, 195ff.; a.A. nur Barth, Rundfunkunternehmerfreiheit, 1990, S. 54, der zwar erkennt, daß

diglich, soweit sie nicht als Rundfunkveranstalterin, sonders als Bußgeldbehörde in Erscheinung tritt[537].

a) Überblick über die Organisation der Landeszentrale

Die Landeszentrale verfügt als rechtsfähige, aber nicht per se handlungsfähige juristische Person gem. 10 Abs. 2 BayMG „unbeschadet des § 35 Abs. 2 RStV“[538] über drei ständige Organe: den Medienrat, den Verwaltungsrat sowie den Präsidenten.

Der Medienrat ist eine Zusammensetzung der gesellschaftlich relevanten Gruppen und hat als gruppenplurales Gremium alle wichtigen Entscheidungen im Zusammenhang mit der öffentlichen Verantwortung und der öffentlich-rechtlichen Trägerschaft der Rundfunkveranstaltung zu fällen[539]. Er besteht aus 47 Mitgliedern[540] und soll durch seine pluralistische Zusammensetzung das Meinungsspektrum in der Gesellschaft repräsentieren. Ziel der Mitglieder ist es, gemeinsam für die Meinungsvielfalt und Ausgewogenheit des von der Landeszentrale veranstalteten Rundfunks zu sorgen[541] und nicht etwa, spezifische Ziele ihrer Gruppe durchzusetzen[542]. Generalklauselartig weit bestimmt Art. 12 Abs. 1 Satz 1 BayMG, daß alle Aufgaben der Landeszentrale vom Medienrat wahrgenommen werden, soweit nicht der Präsident oder der Verwaltungsrat selbständig entscheiden.

Im Rahmen seiner Aufgaben wahrt der Medienrat die Interessen der Allgemeinheit, sorgt für Ausgewogenheit und Meinungsvielfalt und überwacht die Einhaltung der Programmgrundsätze, Art. 11 Abs. 1 Satz 2 BayMG. Er ist umfassend zum Erlaß von Satzungen berechtigt, Art. 12 Abs. 2 Satz 2 Nr. 5 BayMG[543]. Die Erteilung der Sendegenehmigung gehört ebenfalls zu den Aufgaben des Medienrats, Art. 12 Abs. 2 Satz 2 Nr. 6 BayMG. Dem Medienrat obliegt weiterhin die Wahl des Präsidenten sowie des Verwaltungsrates, Art. 12

---

die Landeszentrale nicht in den Staatsaufbau eingegliedert ist, die Behördeneigenschaft aber auf die „Außenwirkung“ ihrer Entscheidungen zurückführt.

[537] Vgl. § 36 Abs. 1 OWiG.

[538] Hierzu siehe sogleich

[539] Amtliche Begründung zu Art. 10, abgedruckt bei Bornemann/Kraus/Lörz, BayMG, vor Art. 10; vgl. auch Schmitt Glaeser, ZUM 1985, 523ff., 530; vgl. i.ü. eingehend die Kommentierung zu Art. 12 und Art. 13 bei Bornemann/Kraus/Lörz, BayMG

[540] Zur Zusammensetzung vgl. Art. 13 BayMG

[541] Vgl. Art. 12 Abs. 2 BayMG

[542] Barth, Rundfunkunternehmerfreiheit, 1990, S. 75 unter Hinweis auf BVerfG, RuF 1982, 535f.

[543] Dies gilt z.B. nicht für den Erlaß der Teilnehmerentgeltsatzung, die als wirtschaftliche Angelegenheit gem. Art. 14 Abs. 1 Nr. 2 BayMG dem Verwaltungsrat unter der Voraussetzung der Zustimmung des Medienrats vorbehalten ist, vgl. hierzu eingehend unten, Kapitel 2, Finanzierung privater Rundfunkangebote aus dem Teilnehmerentgelt

Abs. 2 Satz 2 Nr. 2 und 3 BayMG. Als autonomes, staatsfreies und pluralistisch zusammengesetztes Gremium kommen dem Medienrat erhebliche Beurteilungs-, Wertungs- und Ermessensspielräume zu[544].

Der Verwaltungsrat besteht demgegenüber aus Vertretern der Medienvereine, der Anbieter und weiterer vom Medienrat gewählter Personen. Er ist für die wirtschaftlichen Angelegenheiten verantwortlich[545] und vertritt die Landeszentrale in dienstrechtlichen Angelegenheiten[546] gegenüber dem Präsidenten, Art. 14 Abs. 1 Satz 2 Nr. 4. Der Haushalts-, der Finanzplan sowie der Jahresabschluß werden von ihm beschlossen, wobei er allerdings der Zustimmung des Medienrats bedarf, Art. 12 Abs. 2 Satz 2 Nr. 4 BayMG.

Der Präsident vertritt die Landeszentrale nach außen und wird seinerseits in Abwesenheit vom Geschäftsführer vertreten, Art. 15 Abs. 4 Satz 1 BayMG. Er vollzieht (neben anderen Verwaltungsaufgaben) die Beschlüsse von Medienrat und Verwaltungsrat und ist für die laufenden Angelegenheiten[547] und für unaufschiebbare Entscheidungen[548] zuständig. Er wird nach einer Anhörung des Verwaltungsrats vom Medienrat gewählt. Ein Stimmrecht im Medienrat steht dem Präsidenten nicht zu[549], allerdings ist er berechtigt, Anträge zu stellen[550].

Darüber hinaus dienen gem. § 35 Abs. 2 Satz 2 RStV die Kommission zur Ermittlung der Konzentration im Medienbereich (KEK) und die Konferenz der Direktoren der Landesmedienanstalten (KDLM) der im konkreten Fall zuständigen Landesmedienanstalt als „nichtständige" Organe bei der Erfüllung ihrer Aufgaben[551]. § 35 Abs. 2 RStV wird demgemäß bei der Aufzählung der Organe der BLM in Art. 10 Abs. 2 BayMG erwähnt[552].

---

544 Siehe hierzu eingehend unten, Kapitel 3, Beurteilungsspielraum und gerichtliche Kontrolldichte

545 Schmitt Glaeser, ZUM 1985, 523ff., 530f.; gleichwohl haben viele Entscheidungen des Medienrats wirtschaftliche Konsequenzen, ohne daß sie selbst als wirtschaftlich zu qualifizieren wären. Umgekehrt haben z.B. Haushaltsentscheidungen des Verwaltungsrates Folgen, die für die Entscheidungsfindung des Medienrats von Bedeutung sind. Da bisher Abgrenzungen im Hinblick auf die Kompetenzverteilung unproblematisch unter den Beteiligten vorgenommen werden konnten, wurde auf eine weitere Konkretisierung der Vorschriften bislang verzichtet; hierzu Bornemann/Kraus/Lörz, BayMG, Art. 12, Rdnr. 2

546 Bornemann/Kraus/Lörz, BayMG, Art. 14, Rdnr. 7

547 Vgl. Bornemann/Kraus/Lörz, BayMG, Art. 15, Rdnr. 13

548 Vgl. Bornemann/Kraus/Lörz, BayMG, Art. 15, Rdnr. 15

549 Ebensowenig darf er Mitglied des Medienrats oder des Verwaltungsrates sein, vgl. die Inkompatibilitätsregelungen in Art. 15 Abs. 1 Satz 2 BayMG

550 Bornemann/Kraus/Lörz, BayMG, Art. 15, Rdnr. 12

551 Siehe hierzu eingehend unten, Kapitel 2, Die Regelungen des Rundfunkstaatsvertrages

552 Vgl. die amtliche Begründung zum Zweiten Gesetz zur Änderung des BayMG, abgedruckt bei Bornemann/Kraus/Lörz, BayMG, vor Art. 10; siehe hierzu eingehend Bornemann/Kraus/Lörz, BayMG, Art. 10, Rdnr. 23ff.

b) Das Recht der Selbstverwaltung

Gemäß Art. 10 Abs. 1 Satz 2 BayMG ist die Landeszentrale mit dem Recht der Selbstverwaltung ausgestattet[553].

Der Grundsatz der sog. „echten“ Selbstverwaltung[554] bezeichnet einen Autonomiebereich, der (ausgehend von der Ausgliederung aus dem staatlichen Aufgabenbereich[555]) in eigener Verantwortung[556] und frei von Fremdbeeinflussungen auszufüllen ist und die Erfüllung einer öffentlichen, aber nicht staatlichen, Aufgabe zum Ziel hat[557]. Unter Rekurs auf den Begriff der „öffentlichen Aufgabe“ wird klargestellt, daß die öffentlich-rechtliche Anstalt nicht nur das Recht für sich in Anspruch nehmen kann, sich selbst eigenverantwortlich zu verwalten, sondern auch die ihr übertragene Aufgabe im Rahmen ihres Gestaltungs- und Verantwortungsbereiches autonom wahrnehmen kann. Insoweit ist der Begriff der Selbstverwaltung zu verstehen als die einfachgesetzliche Konkretisierung des (in Bayern) aus dem öffentlich-rechtlichen Trägerschaftsvorbehalts entstehenden Verantwortungs- und Gestaltungsbereiches[558].

Grund für die Ausgliederung selbstverwalteter Trägereinheiten aus dem System der bürokratischen und hierarchischen unmittelbaren Staatsverwaltung ist zum einen die erforderliche Sicherung gegen staatliche Einflußnahme[559] und zum anderen die Tatsache, daß im Rahmen einer Dezentralisation[560] bestimmte Aufgaben von verselbständigten Verwaltungseinheiten unter eingeschränkter Rückbindung an den Staat selbst effektiver und funktionsgerechter erledigt werden können[561]. Weiterhin dient das Modell der Selbstverwaltung zur Sicherung einer „Machtbalance zwischen verschiedenen Rechtsträgern“[562]. Durch das Recht der

---

[553] Dies ist keine bayerische Besonderheit, da der Grundsatz der Selbstverwaltung für alle Landesmedienanstalten gilt; die amtliche Begründung zu Art. 10 BayMG, abgedruckt bei Bornemann/Kraus/Lörz, BayMG, Art. 10, spricht das Thema der Selbstverwaltung daher auch nicht an; siehe auch Wagner, Die Landesmedienanstalten, 1990, S. 96

[554] Bumke, Landesmedienanstalten, 1995, S. 44 m.w.Nw.

[555] Eingehend Bumke, Landesmedienanstalten, 1995, Teil 1, passim

[556] Hierzu Maurer, Allgemeines Verwaltungsrecht, S. 589

[557] Zum engen und weiten Begriff der Selbstverwaltung siehe eingehend Bumke, Landesmedienanstalten, 1995, S. 44, 50ff.; vgl. auch Bornemann/Kraus/Lörz, BayMG, Art. 10, Rn. 4; Engler, Kooperationen im Rundfunk, 1995, S. 131f.

[558] Bornemann/Kraus/Lörz, BayMG, Art. 10, Rdnr. 7

[559] Wagner, Die Landesmedienanstalten, 1990, S. 96; Stender, Staatsferne, 1987, S. 163

[560] Diese ist zugleich die einzige formelle Gemeinsamkeit mit der mittelbaren Staatsverwaltung, deren Topos auf die Landesmedienanstalten nicht anwendbar ist; Bumke, Landesmedienanstalten, 1995, S. 46

[561] Bumke, Landesmedienanstalten, 1995, S. 41f.; Hoffmann-Riem, Selbstverwaltung des Rundfunks und im Rundfunk, in: v. Mutius, (Hrsg.), Selbstverwaltung im Staat der Industriegesellschaft, 1983, S. 951ff., 952f.

[562] Hoffmann-Riem, Selbstverwaltung des Rundfunks und im Rundfunk, in: v. Mutius, (Hrsg.), Selbstverwaltung im Staat der Industriegesellschaft, 1983, S. 951ff., 952

Selbstverwaltung wird den Landesmedienanstalten ein ähnlich hohes Maß an Staatsferne wie den öffentlich-rechtlichen Rundfunkanstalten vermittelt[563].

Das Prinzip der Selbstverwaltung läßt sich im Bereich des Rundfunks einem Konzept begrenzter externer und interner Autonomie zuordnen und manifestiert sich u.a. in der Rundfunkfreiheit an sich, der Staatsunabhängigkeit, der Finanzautonomie der Rundfunkanstalten u.ä.[564]. Die externe Organisationsautonomie zeigt sich in der eigenverantwortlichen Wahrnehmung von Aufgabenfeldern durch rechtlich selbständige Rundfunkorganisationen. Zusätzlich sind im Rahmen der internen Organisationsautonomie beispielsweise über die pluralistische Zusammensetzung der Gremien weitere Sicherungen mit dem Ziel der Staatsunabhängigkeit vorgesehen[565].

Die Gestaltungsmacht der „selbstverwaltenden" Trägereinheit führt aus sich heraus allein nicht nur zu einer Beschränkung staatlicher Aufsichtstätigkeit auf die Form der Rechtsaufsicht[566] oder der Prüfungskompetenz staatlicher Gerichte[567], sondern bildet eine Grundlage der Rechtsetzungsbefugnis der Einheit, die im Rahmen ihres Selbstverwaltungsrechts Richtlinien und Satzungen zu erlassen berechtigt ist[568]. Grundsätzlich ist auch die Intensität der aufsichtlichen und judikativen Kompetenzen geringer, je größer der Ermessensbereich der selbstver-

---

[563] Wagner, Die Landesmedienanstalten, 1990, S. 111; Bethge, Rundfunkfreiheit und privater Rundfunk, S. 99; Bumke, Landesmedienanstalten, 1995, S. 52, differenziert: Die öffentlich-rechtlichen Rundfunkanstalten werden als Beispiel einer „unechten", weil nicht eine originär eigene, sondern treuhänderisch übernommene Aufgabe wahrnehmende Selbstverwaltung qualifiziert. Die Landesmedienanstalten sind Organisationen „gesellschaftlicher Mitverwaltung", da sie im Gegensatz zu Organisationen der Selbstverwaltung durch die Externalisierung der Kontrollebene nur mehr die Aufgaben einer „administrativen Komplementärorganisation" wahrnehmen. Hierbei kann nach Bumke nicht von „originärer gesellschaftlicher Selbstregulation" gesprochen werden, Bumke, Landesmedienanstalten, 1995, S. 194. Diese Differenzierung trifft indes auf die BLM nicht zu: Sie stellt als originäre Rundfunkveranstalterin keine lediglich externalisierte Kontrollebene dar, ihr Recht auf Selbstverwaltung entspringt vielmehr einer originär wahrgenommenen Aufgabe, vgl. eingehend oben, Kapitel 1, Interne Kontrolle durch die öffentlich-rechtliche Trägereinheit.

[564] Hoffmann-Riem, Selbstverwaltung des Rundfunks und im Rundfunk, in: v. Mutius, (Hrsg.), Selbstverwaltung im Staat der Industriegesellschaft, 1983, S. 951ff., 954

[565] Hoffmann-Riem, Personalrecht der Rundfunkaufsicht, 1991, S. 80; ders., Selbstverwaltung des Rundfunks und im Rundfunk, in: v. Mutius, (Hrsg.), Selbstverwaltung im Staat der Industriegesellschaft, 1983, S. 951ff., 954

[566] Vgl. Art. 19 BayMG; Bumke, Landesmedienanstalten, 1995, S. 48

[567] Bornemann/Kraus/Lörz, BayMG, Art. 10 Rn. 4; Bumke, Landesmedienanstalten, 1995, S. 246ff., 269, 285; Fehling, Die Konkurrentenklage bei der Zulassung privater Rundfunkveranstalter, 1994, S. 140ff.; Motz, Rechtsschutz gegen Handlungen der Landesmedienanstalten, 1999, S. 99ff.

[568] Bumke, Landesmedienanstalten, 1995, S. 412ff.; Bornemann/Kraus/Lörz, BayMG, Art. 10, Rdnr. 9ff.

walteten Trägereinheit ist[569]. Dieser Ermessensbereich wiederum ist an der Aufgabenverantwortung und dem Aufgabenbereich der selbstverwalteten Einheit orientiert[570].

Bei alledem ist auch und gerade die mit dem Recht der Selbstverwaltung ausgestattete öffentlich-rechtliche Trägereinheit in allererster Linie dem Grundrechtsverständnis des Art. 5 Abs. 1 Satz 2 GG verpflichtet, d.h. das Recht der Selbstverwaltung ist ihr nicht um ihrer selbst willen, sondern ausschließlich mit dem Ziel der Gewährleistung einer umfassenden Rundfunkfreiheit eingeräumt[571].

Problematisch ist im Zusammenhang mit dem Selbstverwaltungsrecht einer juristischen Person des öffentlichen Rechts insbesondere die Frage nach der grundrechtlichen Absicherung der Autonomiegewährung[572]. Das Recht der Selbstverwaltung gewährt allein noch keinen grundrechtlichen Schutz zugunsten einer Trägereinheit, die als, wenngleich auch nicht unmittelbarer[573], Teil der öffentlichen Hand zu qualifizieren ist[574]. Hinzukommen müssen andere Elemente, die einen Grundrechtsschutz in besonderen Fällen erforderlich machen. Im Falle der BLM wird noch zu beurteilen sein, inwieweit der durch das Prinzip der Selbstverwaltung abgesicherte Verantwortungsbereich in weiten Teilen mit dem aufgrund des öffentlich-rechtlichen Funktionsvorbehaltes erforderlichen „Kompetenzarsenals“[575] identisch ist, aus dem heraus eine spezifische Grundrechtsberechtigung resultieren mag[576]. Die Absicherung des eigenverantworteten autonomen Gestaltungsbereichs in allen anderen Bereichen ist in der institutionellen Garantie, die das Selbstverwaltungsrecht im Sinne einer strukturellen Kompetenzverteilungsgarantie beinhaltet, zu sehen[577].

c) Satzungsautonomie und Richtlinienkompetenz

Angesichts der normativen Offenheit der rundfunkrechtlichen, insbesondere vielfaltsbezogenen Regelungen ist eine normkonkretisierende Anwendung durch die Landesmedienanstalten im Einzelfall unausweichlich[578]. Zur Vereinheitli-

---

569 Bumke, Landesmedienanstalten, 1995, S. 48 m.w.Nw.

570 Bumke, a.a.O.

571 Hoffmann-Riem, Selbstverwaltung des Rundfunks und im Rundfunk, in: v. Mutius, (Hrsg.), Selbstverwaltung im Staat der Industriegesellschaft, 1983, S. 951ff., 959

572 Bethge, Selbstverwaltungsrecht zwischen Garantie und Freiheit, in: v. Mutius (Hrsg.), Selbstverwaltung im Staat der Industriegesellschaft, 1983, S. 149ff., S. 152

573 Bumke, Landesmedienanstalten, 1995, S. 17ff. und passim

574 Bethge, Selbstverwaltungsrecht zwischen Garantie und Freiheit, in: v. Mutius (Hrsg.), Selbstverwaltung im Staat der Industriegesellschaft, 1983, S. 149ff., 152ff.

575 Bethge, Status, 1999, S. 42

576 Siehe eingehend unten Kapitel 3, Die Grundrechtsfähigkeit der BLM

577 Eingehend Bethge, Selbstverwaltungsrecht zwischen Garantie und Freiheit, in: v. Mutius (Hrsg.), Selbstverwaltung im Staat der Industriegesellschaft, 1983, S. 149ff., 158ff.

578 Bumke, Landesmedienanstalten, 1995, S. 412f.

chung der praktischen Anwendung erscheint es allerdings sinnvoll, mit der Normkonkretisierung bereits auf der abstrakt-generellen Ebene anzusetzen und hierin grundsätzlich eine besondere Aufgabe der Landesmedienanstalten zu erblicken.

Die Erfüllbarkeit dieser „Konkretisierungsaufgabe" setzt zunächst Kompetenzen voraus, um sowohl auf der konkret-individuellen wie auch auf der abstrakt-generellen Ebene einen funktionsgerechten und effektiven Weg der Entscheidungsfindung gehen zu können. Mit dem Selbstverwaltungsrecht der öffentlich-rechtlichen Trägereinheit Landeszentrale korrespondiert insofern eine grundsätzliche Satzungsautonomie und Richtlinienkompetenz[579]. Diese beinhaltet zum einen das Recht, alle internen Organisationsfragen ohne unmittelbare Außenwirkung „selbstverwaltend" durch Geschäftsordnungen, Satzungen und Richtlinien zu regeln[580]. Die Konkretisierungsaufgabe der Landesmedienanstalten bezieht sich zum anderen auf die Vornahme normkonkretisierender und –ergänzender Rechtsetzungsakte (z.B. Satzungen) mit Außenwirkung. Ob es hierzu einer bestimmten Ermächtigung per Gesetz bedarf, ist strittig. Richtig ist, daß im Falle der mit dem Recht der Selbstverwaltung ausgestatteten Landesmedienanstalten die Satzungsermächtigung keine Delegation von Befugnissen darstellt, sondern die Einräumung eines originären Autonomierahmens[581]. Gleichwohl entfalten Satzungen Außenwirkung, wenn sie in geschützte Rechtskreise von Anbietern und anderen an der Rundfunkveranstaltung beteiligten Personen eingreifen, denen die Landesmedienanstalt hoheitlich übergeordnet gegenübertritt.

Diese Sachlage gestaltet sich im Falle der Landeszentrale als öffentlich-rechtlicher Trägereinheit des von ihr veranstalteten Rundfunks etwas anders. Über die Befugnis zum Satzungserlaß kann die Landeszentrale bereits im Vorfeld der Rundfunkveranstaltung in Ausübung ihrer originären Gesamtprogrammverantwortung ihre Vorstellungen über die organisatorische und personelle Ausgestaltung in Grundzügen festlegen, die gesetzlichen Vorgaben konkretisieren und auf diese Weise die an der Rundfunkveranstaltung Beteiligten binden. Es erscheint daher naheliegend, das Satzungsrecht der Landeszentrale im Zusammenhang mit der Ausübung ihrer Trägerschaft als autonom anzusehen[582]. Die Satzungsautonomie der öffentlich-rechtlichen Trägereinheit erlangt dadurch einen grundrechtlich unterfütterten[583], verfassungsrechtlichen Rang, der weitergehende Gestaltungsspielräume eröffnet, als dies bei der gebundenen Ein-

---

579 Hesse, Rundfunkrecht, 1999, S. 214f.

580 Bumke, Landesmedienanstalten, 1995, S. 417; Hesse, Rundfunkrecht, 1999, S. 214f.; Bornemann/Kraus/Lörz, BayMG, Art. 10, Rdnr. 10

581 Bumke, Landesmedienanstalten, 1995, S. 415

582 Bethge, Status, 1999, S. 57

583 Vgl. hierzu eingehend unten, Kapitel 3, Die Grundrechtsberechtigung der BLM

griffsverwaltung der Fall ist[584]. Auch in diesem Punkt hebt die Landeszentrale sich deutlich von anderen „Überwachungsinstitutionen“ ab[585].

Für die Erforderlichkeit einer Ermächtigungsgrundlage für Richtlinien mit Außenwirkung kann insoweit nichts anderes gelten. Diese Unterscheidung spielt jedoch in der Praxis eine untergeordnete Rolle. Zum einen berechtigt Art. 16 Abs. 1 Satz 1 BayMG die Landeszentrale, einer von ihr intern verbindlichen Richtlinie sozusagen im Einzelfall durch entsprechende Anordnungen Außenwirkung zu verschaffen[586]. Zum anderen ist der geschützte Rechtskreis, in den eine Richtlinie eingreifen könnte, wegen der umfassenden Programmverantwortung der Landeszentrale eng begrenzt. In Programmgestaltungsfragen ist beispielsweise ein unmittelbar geschützter Rechtskreis grundsätzlich nicht betroffen, sofern die Maßnahme zur Umsetzung der Programmverantwortung als Rundfunkveranstalterin dient[587].

2. Der Kreis der Anbieter

Das BayMG selbst beinhaltet keine Konkretisierung des Begriffes des Anbieters im Sinne einer Legaldefinition. Es unterscheidet lediglich zwischen bereits genehmigten Anbietern, Art. 2 Abs. 2 BayMG und solchen, die sich um den Anbieterstatus im Rahmen des Genehmigungsverfahrens bewerben, Art. 24 und Art. 25 BayMG[588]. Diese Unterscheidung wird in stringenterer Form von der FSS und der HFS fortgeführt[589]. Keine Anbieter im Sinne des BayMG sind Zulieferer und Veranstalter von bundesweit verbreiteten Programmen nach Art. 35 BayMG. Wer sich um einen Anbieterstatus bewerben kann, ist in Art. 24 Abs. 1 BayMG geregelt. Weitere Regelungen im Zusammenhang mit der Qualifikation als Bewerber enthalten § 3 Abs. 3 HFS und § 5 Abs. 3 FSS[590].

Die privaten Anbieter sind formell nicht in den Organisationsablauf der Landeszentrale selbst eingebunden, sondern gestalten ihre Beiträge unabhängig in dem Rahmen, der ihnen durch die Genehmigung vorgegeben ist[591]. Sie tragen weiterhin das wirtschaftliche Risiko für den Erfolg ihres Programms selbst, wobei die

---

[584] Bethge, Status, 1999, S. 57f.

[585] Doll, Spannweite, 1986, S. 174; Obermayer, ZUM 1985, 461ff.

[586] Vgl. hierzu eingehend unten, Kapitel 3, Die Anordnungsbefugnisse des Art. 16

[587] Bornemann/Kraus/Lörz, BayMG, Art. 10 Rdnr. 13; Hellstern, Gerd-Michael in Rundfunkaufsicht in der Bundesrepublik Deutschland, Bd. 1, S. 65

[588] Die Satzungen haben diese Differenzierung schon früher vorgenommen. Anbieter im Sinne der HFS und der FSS sind nur solche Personen, die mit Genehmigung oder auf Anordnung der Landeszentrale in der Rundfunkveranstaltung tätig werden. Im Organisationsverfahren werden die potentiellen Anbieter von der HFS und der FSS als „Bewerber“ bezeichnet.

[589] Bornemann/Kraus/Lörz, BayMG, Art. 26, Rdnr. 2

[590] Vgl. hierzu eingehend unten Kapitel 2, Die Genehmigung

[591] Vgl. hierzu eingehend unten, Kapitel 3, Die Rechtsstellung der Anbieter gegenüber der Landeszentrale

Landeszentrale jedoch gesetzlich verpflichtet ist, auf die Schaffung wirtschaftlich tragfähiger Rahmenbedingungen hinzuwirken[592].

3. Die Medienvereine

Bis zum 01.01.1999 oblag den sog. Medienbetriebsgesellschaften gem. Art. 2 Abs. 2 BayMG a.F. die „Organisation der Rundfunkangebote aus den von Rundfunkanbietern (...) gestalteten Beiträgen". Die Medienbetriebsgesellschaften waren berufen, mit den sich um einen Anbieterstatus bewerbenden Rundfunkunternehmen zu verhandeln und nach Abschluß eines komplexen Auswahlverfahrens entsprechende Vereinbarungen mit den Bewerbern zu schließen, Art. 27 Abs. 2 BayMG a.F.. Diese Vereinbarungen mußten abschließend durch die Landeszentrale genehmigt werden, Art. 28 BayMG a.F..

Die Medienbetriebsgesellschaften stellten als „dezentralisierter Unterbau"[593] ein wesentliches, lokal angesiedeltes „Bindeglied"[594] zwischen der Landeszentrale und den privaten Anbietern vor Ort dar. Sie waren privatrechtlich organisiert und mußten nach ihrer Zusammensetzung dafür Gewähr bieten, daß die bedeutsamen politischen, weltanschaulichen und gesellschaftlichen Auffassungen angemessen zu Wort kommen und kein Beteiligter unangemessenen Einfluß auf die Gesellschaft ausüben kann[595]. In der Wahrnehmung sowohl technischer wie insbesondere organisatorischer Aufgaben[596] vereinigten sie privatrechtliche und pluralistische Elemente und waren damit dem Integrationsmodell angenähert[597]. Durch die privatrechtliche Organisation sollte eine an Wirtschaftlichkeitsgesichtspunkten orientierte Rundfunkorganisation im Rahmen des nach dem Trägerschaftsvorbehalt rechtlich Möglichen erzielt werden[598]. Eigene Rechte wurden durch die Medienbetriebsgesellschaften, die im übrigen vollständig der Richtlinien- Satzungs- und Anordnungsbefugnis der Landeszentrale unterlagen[599], nicht wahrgenommen[600]. Die Medienbetriebsgesellschaften waren viel-

---

592 Vgl. hierzu eingehend unten, Kapitel 2, Vielfaltsicherung durch Schaffung wirtschaftlich tragfähiger Rahmenbedingungen

593 Bornemann/Kraus/Lörz, BayMG, Überblick vor Art. 23 a.F., Rdnr. 7 unter Hinweis auf BayVerfGH 39, 96, 151, 153

594 So die amtliche Begründung zum BayMG, Allgemeines, 3.; abgedruckt bei Bornemann/Kraus/Lörz, BayMG, vor Art. 1

595 Hierzu Brümmer, Modellfragen, 1995, S. 1; Hellstern, in: Rundfunkaufsicht in der Bundesrepublik Deutschland; Bd. 1, S. 55ff., S. 74

596 Vgl. Art. 2 Abs. 2 BayMG a.F.

597 Brümmer, Modellfragen, 1995, S. 1f.

598 Hellstern, in: Rundfunkaufsicht in der Bundesrepublik Deutschland; Bd. 1, S. 55.ff., S. 76

599 Siehe hierzu Brümmer, Modellfragen, 1995, S. 51f.

600 Bornemann/Kraus/Lörz, BayMG, Überblick vor Art. 23, Rdnr. 13; Überblick über die hierzu ergangene Rechtsprechung bei Stettner, ZUM 1992, 456, 473

mehr im Sinne einer rein „dienenden Funktion“[601] in die öffentlich-rechtliche Trägerschaft der Landeszentrale eingegliedert.

Durch die Entlassung der Medienbetriebsgesellschaften aus ihren Rechten und Pflichten wurde eine Besonderheit des bayerischen Rundfunkmodells gegenüber den Modellen anderer Bundesländer beseitigt, da die Dreistufigkeit des Systems aufgrund der fortschreitenden Entwicklung nicht mehr erforderlich schien. Die durch die Zwischenschaltung der Medienbetriebsgesellschaften im Rahmen der Rundfunkorganisation bedingten Reibungsverluste[602] werden nicht (mehr) durch die Vorteile eines dezentralisierten Unterbaus aufgewogen. Die Dreistufigkeit des organisatorischen Aufbaus ist jedoch kein spezifisches Merkmal der öffentlich-rechtlichen Trägerschaft, so daß ihre Aufgabe nicht auf eine Annäherung an den „herkömmlichen“ Privatfunk im Rahmen eines dualen Systems rückschließen läßt[603].

Dennoch sollten die örtlichen Kräfte auch nach Wegfall der Medienbetriebsgesellschaften in den Prozeß der Rundfunkveranstaltung eingebunden werden[604]. Zu diesem Zweck sind die nunmehr neu gegründeten Medienvereine mit einem Anhörungsrecht ausgestattet und auf diese Weise an maßgeblichen Entscheidungen der Landeszentrale zu beteiligen, Art. 25 Abs. 13 BayMG. Als weitere Stärkung der lokalen Kräfte werden in Zukunft zwei Vertreter der Gemeinden und Landkreise in den Verwaltungsrat der Landeszentrale als Ersatz für die ausscheidenden Vertreter der Medienbetriebsgesellschaften entsandt.

Die Medienvereine sind insbesondere gem. Art. 25 Abs. 13 BayMG über die ihren Wirkungsbereich betreffenden Planungen und Vorhaben der Landeszentrale zu unterrichten und haben das Recht, „vor Abschluß der Neuorganisation und der Nachorganisation lokaler und regionaler Rundfunkprogramme, der Festlegung von Versorgungsgebieten für solche Programme, der Änderung des programminhaltlichen Schwerpunkts solcher Programme und der Verlängerung von Genehmigungen lokaler und regionaler Rundfunkanbieter gegenüber der Landeszentrale Stellung zu nehmen“. Hierfür setzt die Landeszentrale eine angemessene Frist[605]. Sie ist verpflichtet, die abgegebenen Stellungnahmen zu prüfen, sie im Rahmen ihrer Entscheidungsfindung abzuwägen und im Fall der Nichtberücksichtigung die Gründe hierfür den Medienvereinen gegenüber

---

[601] Bornemann/Kraus/Lörz, BayMG, Überblick vor Art. 27 a.F., Rdnr. 7

[602] Konflikte zwischen der BLM und den Medienbetriebsgesellschaften beruhten zumeist auf Informationsdefiziten, unterschiedlichen Wahrnehmungshorizonten, divergierenden Interessen und Machtstrukturen, siehe eingehend Hellstern, in: Rundfunkaufsicht in der Bundesrepublik Deutschland, Bd. 1, S. 55ff., S. 81ff.

[603] Bornemann, K&R 1999, 265ff.

[604] Amtliche Begründung zum Zweiten Gesetz zur Änderung des BayMG, abgedruckt bei Bornemann/Kraus/Lörz, BayMG, vor Art.1

[605] Vgl. die verbindliche Frist in § 5 Abs. 1 HFS und § 7 Abs. 1 FSS

schriftlich darzulegen. Im Falle der Stellungnahme zur Genehmigung eines Anbieters werden weder die Stellungnahme des Medienvereins noch die der Landeszentrale Teil des Genehmigungsbescheides. Die Anhörung der Medienvereine steht im öffentlichen Interesse und dient nicht dazu, Individualinteresse eines Anbieters zu schützen[606]. Die fehlende oder mangelhafte Beteiligung von Medienvereinen am Zulassungsverfahren bleiben daher auch grundsätzlich ohne Auswirkungen auf Rechtmäßigkeit und Bestand der erteilten oder verweigerten Genehmigung[607].

[606] Bornemann/Kraus/Lörz, BayMG, Art. 2 Rdnr. 41

[607] Bornemann/Kraus/Lörz, BayMG, Art. 2, Rdnr. 41; Bornemann, K&R 1999, S. 272

Kapitel 2

Meinungsvielfalt und ihre Erzielung und Sicherung durch organisatorische Maßnahmen in einem öffentlich-rechtlich getragenen Rundfunksystem

A. Begriff der Meinungsvielfalt und ihre Bedeutung im rundfunkrechtlichen Gefüge

Nach der Rechtsprechung des Bundesverfassungsgerichts ist die Rundfunkfreiheit direkt auf die Idee einer freien öffentlichen Meinungsbildung bezogen. Insoweit ist der Rundfunkfreiheit eine der Meinungsbildung dienende Funktion zugewiesen, sie ist zugleich auf einem relativ hohen Abstraktionsniveau Adressatin eines Auftrages[1]. Der Rundfunk, nicht etwa der einzelne Veranstalter[2], hat Medium und Faktor der freien Meinungsbildung zu sein.

Die ungewöhnliche Komplexität der Rundfunkfreiheit erschließt sich dabei vor allem durch Rückgriff auf seine Bedeutung für die Funktionsfähigkeit der Verfassungsordnung. Ihre konstituierende Bedeutung für das Demokratieprinzip ist verfassungsrechtlicher Allgemeinplatz[3]. Die freie Teilhabe am Kommunikationsprozeß einer Gesellschaft ist für die subjektive Entfaltung eines Bürgers von erheblicher Bedeutung, denn „sowohl der Akt des Kommunizierens selbst (Äußerung, Informationsaufnahme) als auch die Mitwirkung an staatlichen (parlamentarischen) und gesellschaftlichen Willensbildungsprozessen sind Ausdruck freiheitlicher und individueller Lebensgestaltung und tragen über Themenfindung, Bedürfnisentwicklung, Realitätswahrnehmung und Meinungsbildung zur Selbstverwirklichung und Identitätsbildung jedes Einzelnen bei"[4]. Die auf einem

---

[1] Henn, Die Sicherung von Meinungs- und Informationsvielfalt in neueren Rundfunkordnungen, 1993, S. 102

[2] Henn, a.a.O.

[3] Siehe hierzu Hoffmann-Riem, Rundfunkfreiheit durch Rundfunkorganisation, 1979, S. 15; vgl. auch Kübler, Kommunikation und Verantwortung, 1973, S. 8, Lange, Kommerzielle Ziele und binnenpluralistische Organisation bei Rundfunkveranstaltern, 1980, S. 11; Badura, Rundfunkfreiheit und Finanzautonomie, S. 54f.; zur politischen Funktion der Massenmedien siehe die philosophische Betrachtung von Henn, Die Sicherung von Meinungs- und Informationsvielfalt in neueren Rundfunkordnungen, 1993, S, 39ff.

[4] Engler, Kooperationen im Rundfunk, 1995, S. 105; die freie Meinungsbildung setzt insofern auch eine „Mündigkeit" des Rezipienten voraus, der frei sein Programm wählt und rezipiert. Für den privaten Veranstalter ist diese Mündigkeit ein Hemmschuh, da er den Bürger in der Wahl seines Programms bestärken und ihn an sich binden will: „Ein öffentlicher Veranstalter kann die Entscheidung des Bürgers, nicht oder mehr oder weniger fernzusehen, als Zeichen von Mündigkeit interpretieren und akzeptieren, zumal diese Mündigkeit für ihn ohne direkte wirtschaftliche Folgen bleibt. Für einen privatwirtschaftlichen Veranstalter bedeutet solche Mündigkeit Schmälerung seiner Gewinnerwartungen, und er wird sich vor allem mit Marke-

freien Austausch ausgewogener und vielfältiger Inhalte beruhende freie Meinungsbildung bildet sich ab in der Willensbildung staatlicher Organe und im Fortschreiten gesellschaftlicher Integrationsprozesse[5]. Die Meinungsvielfalt ist dabei unerläßlicher Bestandteil eines pluralistisch geordneten Gemeinwesens, da „nur so die angemessene Gruppenpartizipation im Prozeß der öffentlichen Meinungsbildung[6] gewährleistet werden kann“[7].

Seit dem ersten Rundfunkurteil wird das Prinzip der Meinungsvielfalt aus diesen Gründen als ein Organisationsprinzip von Verfassungsrang verstanden[8]. Rundfunkfreiheit wird ausgedrückt in der institutionellen Freiheit des Mediums von staatlichem und gesellschaftlichem Einfluß im Sinne einer Dominanz von staats- oder gruppennahen Inhalten. Diese als Gruppen- und Staatsferne bezeichnete Voraussetzung eines freien Rundfunks beinhaltet eine Art Tendenzschutz des Mediums im Sinne eines Fehlens jeglicher Tendenz, also dem Schutz vor Tendenz schlechthin[9]. Das Fehlen jeglicher Tendenz bei einer Gesamtheit von Vermittlungsinhalten führt über die „Neutralisierung des Mediums“ und die „Institutierung von Unabhängigkeiten“[10] gleichsam automatisch zu einer ausgewogenen Vielheit verschiedener Inhalte, die einen gleichberechtigten Austausch von Meinungen und damit einen freien Prozeß öffentlicher Meinungsbildung ermöglichen. Gruppen- und Staatsferne, Meinungsvielfalt und ein freier Prozeß der öffentlichen Meinungsbildung durch den Faktor und das Medium Rundfunk greifen also ineinander und bedingen sich gegenseitig.

I. Begriffsdefinition

Im Zusammenhang mit Ausprägung und Ziel von Meinungsvielfalt werden zahlreiche Begriffe verwendet, die auch in der Diktion des Bundesverfassungsgerichtes nicht immer einheitlich ausfallen. Häufig sind die Begriffe der Vielfalt, Ausgewogenheit, Neutralität, Gleichberechtigung, Meinungsmarkt und Pluralität

---

tingmaßnahmen dagegen wehren.“, Kiefer, Überflüssig oder unverzichtbar?, in: Kehm/Kiefer, Grundversorgung, 1996, S. 27ff., S. 32

[5] Engler, Kooperationen im Rundfunk, 1995, S. 105 unter Hinweis auf die Rechtsprechung des Bundesverfassungsgerichts, E 7, 208; 25, 265; 27, 81; 35, 222; 54, 220; Gersdorf, Staatsfreiheit, 1991, S. 69f.

[6] Zur Funktion der öffentlichen Meinung siehe besonders Gersdorf, Staatsfreiheit, 1991, S. 62ff.

[7] Schuster, Meinungsvielfalt in der dualen Rundfunkordnung, 1990, S. 132

[8] BVerfGE 12, 205, 262; 57, 295, 319f.; 73, 118, 153; Schmidt, Rundfunkvielfalt, S. 51; Piette, Meinungsvielfalt im privaten Rundfunk, 1988, S. 9; Ziethen, in: Rundfunkaufsicht, Bd. 3, S. 67; Hesse, Rundfunkrecht, 1999, S. 19

[9] BVerfGE 59, 231, 258 : “ Die Rundfunkanstalten dürfen in ihrem Gesamtprogramm nicht eine Tendenz verfolgen, sondern sie müssen im Prinzip allen Tendenzen Raum geben.“; vgl. auch Lerche, Landesbericht, S. 53

[10] Bethge, Landesrundfunkordnung und Bundeskartellrecht, 1991, S. 34 m.w.Nw.

anzutreffen. Zweifellos verbergen sich hinter den unterschiedlichen Topoi nicht synonyme Begriffe[11]. Allerdings sind die in diesem Zusammenhang genannten Begriffe dergestalt miteinander verwoben, daß sie im Zusammenspiel als Komplementärbegriffe[12] verstanden werden können, die in die Klammer eines Begriffes der „rundfunkspezifischen Meinungsvielfalt“ gezogen werden können[13].

1. Meinungsvielfalt und Ausgewogenheit

Meinungsvielfalt beschreibt die Möglichkeit des Zuwortkommens aller bestehenden kulturellen und politischen Meinungsrichtungen in einer Gesellschaft[14]. Hinter dem Begriff verbirgt sich nicht eine bloße Vielheit von Meinungen[15]; er beschreibt auch das Verhältnis dieser Meinungselemente zueinander als gleichberechtigt[16]. Die im Rundfunk wiedergegebene Vielfalt der Meinungen kann dabei nie eine vollständige Wiedergabe des gesamten Meinungsspektrums sein, da dieses nicht nur grenzenlos und einem stetigen Wandel unterworfen ist[17], sondern auch seine vollständige Wiedergabe den Rahmen jedweder Kapazitäten in personeller und übertragungstechnischer Hinsicht sprengen würde. Gleichwohl ist durch Auswahl eine annäherungsweise Ausgewogenheit der verschiedenen Meinungsrichtungen möglich. Diese Auswahl ist zum einen durch journalistisches Objektivität, vor allem aber durch die Auswahl der zur Rundfunkveranstaltung zugelassenen Anbieter und damit durch organisatorische Leistungen der Landesmedienanstalten vorzunehmen[18]. Als unstreitig kann die Auffas-

---

[11] Doll, Spannweite, 1986, S. 70 m.w.Nw.; Piette, Meinungsvielfalt im privaten Rundfunk, 1988, S. 10

[12] Piette, Meinungsvielfalt im privaten Rundfunk, 1988, S. 10; Bethge, Rundfunkfreiheit und privater Rundfunk, S. 75; a.A. Poll, Fernsehspartenprogramme und Pluralismus, 1998, S. 180

[13] Schmidt, Rundfunkvielfalt, passim; ein weniger rundfunkspezifischer als marktwirtschaftlich interpretierter Begriff der Meinungsvielfalt findet sich z.B. bei Seitel, Auf dem Weg zur ökonomischen Normalität: Wettbewerbliche Meinungsvielfalt durch neue Medienangebote, in: Brosius, Fahr, Zubayr (Hrsg.), Meinung, Meinungsvielfalt, Meinungsrelevanz, 1996, S. 45: „„Meinungsvielfalt“ stellt die im Wettbewerb entstehende Breite des Gesamtprogramms dar, das sich aus den Sendungen einer möglichst großen Zahl voreinander unabhängiger Veranstalter zusammensetzt.“

[14] Pukall, Meinungsvielfalt im Rundfunk nach der audiovisuellen Revolution, 1993, S. 82; Frank, Vielfalt durch Wettbewerb?, 1987, S. 132; Engler, Kooperationen im Rundfunk, 1995, S. 114f.

[15] Zum Begriff der Meinung siehe Mailänder, Konzentrationskontrolle, 2000, S. 33

[16] Mailänder, Konzentrationskontrolle, 2000, S. 34; Poll, Fernsehspartenprogramme und Pluralismus, 1998, S. 129

[17] Mailänder, a.a.O. m.w.Nw.

[18] Siehe auch Bornemann, ZUM 1999, 910, 911 : „ Die kürzeste vollständige Abbildung dieser Welt ist diese Welt. Jede Darstellung in den Medien ist zwangsläufig Verkürzung, Auswahl, intellektuelle Leistung."; ähnlich Starck, Rundfunkfreiheit als Organisationsproblem, 1973, S. 10: „Das Bild täuscht mehr als Sprache (gemeint sind die Printmedien, nicht der Hörfunk, Anm. der Verf.) unmittelbare Realität vor, obwohl es wegen Auswahl, Einstellung und Sendedauer stets auch nur eine Deutung der Wirklichkeit ist.“

sung gelten, inhaltliche Pluralität der Informationen und Meinungen und chancengleicher gesellschaftlicher Zugang seien nicht automatisch über eine Vielzahl von Unternehmen, die massenmediale Angebote feilbieten, zu erreichen[19]. Vielmehr ist eine Auswahl vorzunehmen. Dennoch bleibt Meinungsvielfalt eine nicht exakt bestimmbare Größe[20], die sich weniger auf ein bestimmtes Ergebnis als auf einen sich mit dem gesellschaftlichen Spektrum ständig wandelnden Prozeß bezieht.

Konkrete Begriffsdefinitionen hat das BVerfG in seiner Rechtsprechung bislang nicht als solche geliefert[21], dennoch lassen sich anhand der umfangreichen verfassungsgerichtlichen Rechtsprechung fünf verschiedene Dimensionen von Vielfalt unterscheiden, nämlich die meinungsbezogene und die personenbezogene Meinungsvielfalt, gegenständliche und räumliche Programmvielfalt, sowie die Spartenvielfalt[22]. Hierbei handelt es sich um eine idealtypisierende Differenzierung[23], die Überschneidungen durchaus zuläßt. Insgesamt haben die verschiedenen Typen von Vielfalt zum Ziel, „die Vielfalt der bestehenden Meinungen in möglichster Vollständigkeit und Breite anzubieten, und auf diesem Wege eine umfassende Informationsmöglichkeit zu eröffnen[24].

Der Begriff der Ausgewogenheit ist hiervon zu unterscheiden. Eine Unterscheidung wird vom Bundesverfassungsgericht insoweit getroffen, als daß von „gleichgewichtiger" Vielfalt[25] die Rede ist[26]. Vielfalt steht für die jeweilige Ausprägung der oben genannten Dimensionen, bezeichnet also eine Spannweite. Ausgewogenheit hingegen beschreibt die Balance zwischen den (verschieden stark ausgeprägten) Vielfaltsdimensionen[27]. Beide Größen sind voneinander unabhängig und müssen kumulativ verwirklicht werden[28]. Vielfalt ist dabei ein Wesensmerkmal der Ausgewogenheit, wobei eine gleichwertige Berücksichti-

---

[19] Vgl. nur Lange, Kommerzielle Ziele und binnenpluralistische Organisation bei Rundfunkveranstaltern, 1980, S. 12

[20] BVerfGE 57, 295, 323f.; 73, 119, 159, 159

[21] Vgl. BVerfGE 73, 118, 156 : Der Begriff der Ausgewogenheit wird hier mit dem Begriff der Gleichgewichtigkeit, in welcher die Vielfalt der bestehenden Meinungsrichtungen im Gesamtprogrammangebot eines Landes zur Darstellung zu bringen ist, gleichgesetzt. Vgl. auch BVerfGE 73, 118, 162, „Dimensionen gegenständlicher und inhaltlicher Vielfalt"; BVerfGE 83, 238, 315, „Vielfalt der Gegenstände" neben einer „Vielfalt der Meinungen"

[22] Erläuterungen bei Ziethen, in: Rundfunkaufsicht, Bd. 3, S. 68

[23] Ziethen, in: Rundfunkaufsicht, Bd. 3, S. 70; vgl. auch Hallenberger, Dimensionen des Begriffs "Vielfalt", in: Kohl, (Hrsg.), Vielfalt im Rundfunk, 1997, S. 10ff., S. 11

[24] BVerfGE 59, 231, 258; 73, 118, 157ff.

[25] BVerfGE 73, 118, 156, 159

[26] Ziethen, in: Rundfunkaufsicht, Bd. 3, S. 69

[27] Ziethen, in: Rundfunkaufsicht, Bd. 3, S. 69; Poll, Fernsehspartenprogramme und Pluralismus, 1998, S. 169

[28] Ziethen, in: Rundfunkaufsicht, Bd. 3, S. 69; Dörr, ZUM 1993, 10ff., 11

gung aller Meinungen stattzufinden hat[29]: „Ausgewogenheit stellt das Endergebnis dar, das mit Hilfe der Meinungsvielfalt erreicht werden soll. Ausgewogenheit bezeichnet einen Zustand, Pluralität einen Prozeß[30].“

2. Meinungsvielfalt als wertungsoffener Rechtsbegriff

Bei den Begriffen Vielfalt und Ausgewogenheit handelt es sich um unbestimmte Rechtsbegriffe, die von den Aufsichts- und Lizensierungsgremien mit Inhalt ausgefüllt werden müssen[31]. Deswegen ist es erforderlich, daß den Landesmedienanstalten durch die Landesmediengesetze ausreichendes Argumentationsmaterial an die Hand gegeben wird, die Landesmediengesetze also konkrete Vorgaben enthalten, die das Inhaltsspektrum des Vielfaltsbegriffs möglichst präzise bestimmen[32]. Die in den Landesmediengesetzen und dem Rundfunkstaatsvertrag enthaltenen Programmgrundsätze und Vielfaltsbestimmungen normieren daher inhaltliche, gestalterische und produktionsbezogene Anforderungen an den Rundfunk[33].

Dabei muß der Gesetzgeber die verfassungsrechtlichen Vorgaben zwingend berücksichtigen; es ist ihm verwehrt, eine eigene Vorstellung gewünschter Vielfalt mittels legislatorischer Festschreibung zu verwirklichen[34]. Hierbei zeigt sich, daß weniger das Ergebnis „Meinungsvielfalt“ gesetzgeberisch festgelegt werden kann als vielmehr der Weg, auf dem diese zustandekommen kann. Hierbei ist der Gesetzgeber berufen, Defizite, die sich aus der nur eingeschränkt gegebenen Determinierungsberechtigung des komplexen Sachverhalts „Erzielung von Mei-

---

[29] Poll, Fernsehspartenprogramme und Pluralismus, 1998, S. 171; Laschet, Programmgrundsätze für den kommerziellen Rundfunk, 1994, S. 133ff.; Hallenberger, Dimensionen des Begriffs "Vielfalt", in: Kohl, (Hrsg.), Vielfalt im Rundfunk, 1997, S. 10ff., S. 11

[30] Poll, Fernsehspartenprogramme und Pluralismus, 1998, S. 171

[31] Beucher/von Rosenberg, ZUM 1996, 643ff., 648; Poll, Fernsehspartenprogramme und Pluralismus, 1998, S. 170; Piette, Meinungsvielfalt im privaten Rundfunk, S. 14f.; zur „Offenheit des rundfunkrechtlichen Normprogramms“ vgl. eingehend Bumke, Landesmedienanstalten, 1995, S. 190ff.

[32] Ziethen, in: Rundfunkaufsicht, Bd. 3, S. 67; mit dem Ziel, die Auslegung des Begriffes der Meinungsvielfalt und ihre Widerspiegelung in der Programmvielfalt bundesweit zu vereinheitlichen, erging am 13.06.1995 von Seiten der Direktorenkonferenz der Landesmedienanstalten (DLM) eine (rechtsunverbindliche, vgl. § 35 Abs. 2 RStV) „Empfehlung zur Kanalbelegung“ die bestimmte Kriterien zur Auslegung des Begriffes „Vielfalt“ vorschlägt und sie gleichzeitig den verschiedenen Programmarten zuordnet; Übersicht über die genannten Kriterien bei Beucher/von Rosenberg, ZUM 1996, 643ff., 649

[33] Vgl. ausführlich Hartstein/Ring/Kreile/Dörr/Stettner, Rundfunkstaatsvertrag, § 41; Wagner, Die Landesmedienanstalten, 1990, S. 37

[34] Stettner, Rundfunkstruktur im Wandel, 1988, S. 57f.

nungsvielfalt" ergeben, durch entsprechende Verteilung von Kompetenz und Verfahren auszugleichen[35].

II. Meinungsvielfalt als verfassungsrechtlicher Zielwert

Die Funktion und Aufgabe des Rundfunks als Medium und Faktor der kollektiv-öffentlichen und individuell-privaten Meinungsbildung[36] bindet seine Veranstaltung umfassend ein und muß, repräsentiert im verfassungsrechtlichen Zielwert der Meinungsvielfalt, in jeder Organisationsform erfüllt sein.

Das Bundesverfassungsgericht statuiert folgende „wesentliche" Voraussetzungen von Meinungsvielfalt: Gegeben sein muß „die Möglichkeit für alle Meinungsrichtungen - auch diejenige von Minderheiten -, im privaten Rundfunk zum Ausdruck zu gelangen, und den Ausschluß einseitigen, in hohem Maße ungleichgewichtigen Einflusses einzelner Veranstalter oder Programme auf die Bildung der öffentlichen Meinung, namentlich die Verhinderung des Entstehens vorherrschender Meinungsmacht"[37].

Der verfassungsrechtliche Auftrag des Art. 5 Abs. 1 Satz 2 GG zielt damit auf die Verhinderung unausgewogener oder vorherrschender Meinungsmacht ab, nicht etwa in erster Linie auf die Sicherung eines freien wirtschaftlichen Wettbewerbs unter den Rundfunkveranstaltern[38]. Vielfaltssicherung ist gleichzeitig aber auch mehr als bloße Konzentrationskontrolle[39]: Der Gesetzgeber hat für den Inhalt des Gesamtprogramms Leitgrundsätze verbindlich zu machen, die ein Mindestmaß von inhaltlicher Ausgewogenheit, Sachlichkeit und gegenseitiger Achtung gewährleisten[40]. Die Gewährleistung von Meinungsvielfalt ist ein kommunikationsbezogenes Schutzgut[41] im Gewährleistungsgefüge des Art. 5 Abs. 1 Satz 2 GG, das ein Offenhalten der Rundfunkordnung für alle in der Ge-

---

[35] Stettner, Rundfunkstruktur im Wandel, S. 58 unter Hinweis auf BVerfGE 33, 303, 341; 41, 251, 265; 44, 105, 116; 53, 30, 74, 76; vgl. auch Bumke, Landesmedienanstalten, 1995, S. 190ff.

[36] Rossen, ZUM 1994, 224ff., 227 bezeichnet die „Zivilisierung der gesellschaftlichen Kommunikation" zur Funktion des Rundfunks gehörend.

[37] BVerfGE 73, 118, 160, aufgenommen in Leitsatz 1b)

[38] Thaenert, Vielfaltsicherung als verfassungsrechtlicher Auftrag, in: Brosius, Fahr, Zubayr, (Hrsg.), Meinung, Meinungsvielfalt, Meinungsrelevanz, 1996, S. 87ff., S. 87

[39] Thaenert, Vielfaltsicherung als verfassungsrechtlicher Auftrag, in: Brosius, Fahr, Zubayr, (Hrsg.), Meinung, Meinungsvielfalt, Meinungsrelevanz, 1996, S. 87ff., S. 98

[40] BVerfGE 57, 295, 325; siehe auch BVerfGE 12, 205 LS 10, 263; 31, 314, 326f.; 73, 118, 199

[41] Holznagel, ZUM 1999, 425, 426; Gersdorf, Rundfunkfreiheit ohne Ausgestaltungsvorbehalt, 1996, S. 33

sellschaft vertretenen Meinungsrichtungen[42] und die Möglichkeit deren Artikulation impliziert[43]. Die vom Bundesverfassungsgericht geforderte rundfunkspezifische Gewährleistung von Meinungsvielfalt ist dabei eine effektive, die nicht mit einer bloßen Chance gleichzusetzen ist[44].

Von dieser Vorgabe zu unterscheiden ist die Frage nach der endgültigen Erreichbarkeit von Meinungsvielfalt. Meinungsvielfalt ist keine mathematisch festlegbare Größe, gleiches gilt für die ihr zugrundeliegenden Voraussetzungen, die nur Zielwerte für die an der Herstellung des Programms beteiligten Personen[45] sein können. Fehlen aber objektiv meßbare Maßstäbe, treten im Wege der Kompensation automatisch Organisation und Verfahren in den Vordergrund. Sie sollen gewährleisten, daß bei der Ausfüllung unbestimmter Rechtsbegriffe wie Meinungsvielfalt und Ausgewogenheit eine möglichst richtige Entscheidung getroffen wird[46]. Meinungsvielfalt läßt sich stets nur annäherungsweise erreichen. Allerdings kann und muß der Prozeß, in dessen Rahmen sie gewährleistet werden soll, frei von Fehlern sein, die ihre Erreichung in Frage stellen. Der Gesetzgeber ist dabei aufgefordert, die Voraussetzungen für eine effektiv funktionsgerechte Rundfunklandschaft zu schaffen[47] und ein Konzept effektiver Meinungsvielfalt zu verwirklichen[48]. „Effektive“ Meinungsvielfalt verlangt dabei denknotwendig nach ebenso „effektiver“ Kontrolle[49].

In den Landesmediengesetzen sowie im Rundfunkstaatsvertrag sind Programmgrundsätze und Vielfaltsbestimmungen enthalten, die Anforderungen an die Gestaltung, den Inhalt und die Produktion der Rundfunkprogramme normieren und als die vom Bundesverfassungsgericht geforderten „Leitgrundsätze“[50] die Rundfunkordnung ausgestalten[51]. Die Umsetzung dieser Ausgestaltungsnormen obliegt den Landesmedienanstalten, die „quasi im Innenraum grundrechtlicher

---

[42] Zum Begriff der „öffentlichen Meinung“ siehe eingehend Arndt, Begriff und Wesen der öffentlichen Meinung, in: Böckenförde, (Hrsg.), Arndt, Gesammelte juristische Schriften, 1976, S. 395ff.

[43] Hallenberger, Dimensionen des Begriffs "Vielfalt", in: Kohl, (Hrsg.), Vielfalt im Rundfunk, 1997, S. 10ff., S. 12; Wagner, Die Landesmedienanstalten, 1990, S. 64

[44] Stettner, Rundfunkstruktur im Wandel, München, 1988, S. 54 unter Hinweis auf Lerche, NJW 1982, S. 1678, 1679; Lerche, Rundfunkmonopol, S. 35; Rossen, ZUM 1994, 224ff., 226; Bethge, JZ 1985, 308ff., 310

[45] BVerfGE 73, 118, 156, 159

[46] Hesse, Rundfunkrecht, 1999, S. 167

[47] BVerfGE 57, 295, 322; 73, 118, 156f.; zum Gedanken der Effektivität in der Rechtsprechung des Bundesverfassungsgerichts vgl. Lerche, NJW 1982, 1676, 1677; Schuster, Meinungsvielfalt in der dualen Rundfunkordnung, 1990, S. 136

[48] Schuster, Meinungsvielfalt in der dualen Rundfunkordnung, 1990, S. 136

[49] Nachweise bei Wagner, Die Landesmedienanstalten, 1990, S. 43

[50] BVerfGE 12, 205, 10. Leitsatz, 263; 57, 295, 325; 73, 118, 154, 199

[51] Wagner, Die Landesmedienanstalten, 1990, S. 38

Freiheit“[52] die Rundfunkfreiheit mitgestalten, ausfüllen und institutionell-organisatorisch absichern. Das Gebot der Meinungsvielfalt und der umfassenden Information als verfassungsrechtlicher Programmauftrag hat auf diesem Weg Eingang in die Landesmediengesetze gefunden.

Die „Erhöhung“ der Meinungsvielfalt zu einem verfassungsrechtlichen Zielwert hat ihren Grund. Politischer Pluralismus braucht publizistische Vielfalt, ebenso wie eine pluralistische und in hohem Maße ausdifferenzierte Industriegesellschaft ein differenziertes Mediensystem benötigt[53], das sich nicht allein an den Kriterien von Angebot und Nachfrage ausrichtet[54].

III. Der Vielfaltsbegriff des BayMG

Art. 4 BayMG konkretisiert den Begriff der Meinungsvielfalt dahingehend, daß die bedeutsamen politischen, weltanschaulichen und gesellschaftlichen Kräfte und Gruppen angemessen zu Wort kommen müssen. Der Begriff der Meinungsvielfalt ist in Art. 4 BayMG in Übereinstimmung mit der bundesverfassungsgerichtlichen Rechtsprechung definiert und als grundlegendes Merkmal der Rundfunkveranstaltung vorausgesetzt. In Art. 11 Abs. 1 Satz 2 Nr. 8 BayMG wird der Begriff der Meinungsvielfalt zu konkreten Programminhalten in Bezug gesetzt und die Erreichung dieser thematischen Vielfalt zu einer Aufgabe der Landeszentrale gemacht. Das bayerische Mediengesetz spricht die Meinungsvielfalt also ausdrücklich einmal in ihrer personen- und gruppenbezogenen Ausprägung an. Zum anderen wird die programmbezogene gegenständliche Vielfalt erwähnt. Letztere überschneidet sich mit der meinungsbezogenen und der spartenbezogenen Vielfalt. Hiervon unterscheidet sich die thematische Vielfalt, die nicht insgesamt auf die Inhalte der Programmbeiträge gerichtet ist, sondern gegenständliche Breite und thematische Vielfalt verlangt. Art. 24 Abs. 2 BayMG zum Beispiel verlangt die Förderung kultureller, kirchlicher, sozialer und wirtschaftlicher Anliegen.

Nach der Rechtsprechung des BayVerfGH haben die von der Landeszentrale verantworteten Programme in jedem Verbreitungsgebiet für sich ausgewogen zu sein, um dem „für einen öffentlich-rechtlichen Träger geltenden Gebot der Binnenpluralität“ entsprechen zu können[55]. Das BayMG legt besonderen Wert auf die Entstehung lokaler, also unmittelbar aus dem Meinungsspektrum eines Ver-

---

[52] Wagner, Die Landesmedienanstalten, 1990, S. 39

[53] Rager/Weber, Media Perspektiven 1992, 357ff., 357f.

[54] Instruktiv Kiefer, Media Perspektiven 1985, 15ff., passim; kritisch Kantzenbach, Zum Verhältnis von publizistischem und ökonomischem Wettbewerb aus ökonomischer Sicht, in: Hoffmann-Riem, (Hrsg.), Rundfunkrecht im Wettbewerbsrecht, 1988, S. 78ff., S. 81f.

[55] BayVerfGH 39, 96, 149f.

breitungsgebietes herrührender Meinungsvielfalt[56]. Auf diese Weise entstehen landesweit viele einzelne, sich gegenseitig überschneidende und ergänzende Vielfaltsräume, flankiert von landesweiten und bundesweiten Programmen. Diese raumbezogene Vielfalt korrespondiert zugleich mit der inhaltlichen Vielfalt, angepaßt an das jeweilige Verbreitungsgebiet.

B. Hindernisse auf dem Weg zur Vielfalt und ihre Bewältigung durch organisatorische Maßnahmen

Die Erzielung und Sicherung von Meinungsvielfalt durch die Schaffung eines ungehinderten, ausgewogenen und freien Kommunikationsprozesses ist der klassische rundfunkrechtliche Zielwert, dem die Rundfunkordnung und die Rundfunkveranstalter nach der Verfassung verpflichtet sind. Vielfalt stellt sich allerdings gerade in einem hochsensiblen und organisationsbedürftigen Bereich wie dem Rundfunk nicht von alleine ein. Vielmehr stellen sich ihrer Erreichung und Sicherung Hindernisse in den Weg, die der Gesetzgeber aus dem Weg zu räumen berufen ist. Gemeint sind hiermit nicht gewisse Schwankungen und Unausgewogenheiten, die auch nach Auffassung des Bundesverfassungsgerichts bei der annäherungsweisen Erreichung des ideellen Zielwerts der Meinungsvielfalt unausweichlich sind[57]. Es handelt sich vielmehr um bestimmte Grundvoraussetzungen, die das Entstehen einer vielfältigen Rundfunklandschaft beeinträchtigen können, insbesondere die Knappheit der Übertragungsmöglichkeiten, die Problematik der wirtschaftlichen Tragfähigkeit von gleichzeitig vielfältigen und werbefinanzierten Rundfunkprogrammen und die Frage der vorherrschender Meinungsmacht und Machtkonzentration. Die Gesamtheit dieser Widrigkeiten, die die Erzielung von Meinungsvielfalt und damit die Freiheit des Rundfunks behindern können, hat das Bundesverfassungsgericht in Gestalt einer unreglementierten, freiwüchsigen Rundfunkveranstaltung erkannt, dem „freien Spiel der Kräfte“ eine Absage erteilt und eine Ausgestaltung der Rundfunkfreiheit im Sinne einer positiven Ordnung gefordert. Diese positive Ordnung muß, um effizient zur Vielfaltsicherung beitragen zu können, ein ausreichendes materielles, formelles und verfahrensrechtliches Instrumentarium bereithalten, aus dem sich ein vielfältiges Rundfunkprogramm organisieren läßt.

Die Hindernisse auf dem Weg zu Vielfalt und ihre Bewältigung durch organisatorische Maßnahmen in einem öffentlich-rechtlich getragenen Rundfunksystem sollen im folgenden näher beleuchtet werden. Von Bedeutung sind dabei insbesondere diejenigen organisatorischen Vorkehrungen, die durch den Trägerschaftsvorbehalt des bayerischen Rundfunkmodells in zu anderen Landesrund-

---

[56] Vgl. Art. 11 Nr. 10 BayMG; §§ 7 Abs. 1, 10 Abs. 2 Satz 2 HFS; § 8 Abs. 2 Satz 2 FSS; siehe auch Barth, Rundfunkunternehmerfreiheit, S. 76f.

[57] BVerfGE 73, 118, 156; 57, 295, 323f.; Bornemann/Kraus/Lörz, BayMG, Art. 25, Rn. 67

funkordnungen unterschiedlicher Weise getroffen wurden oder deren Handhabung sich in einem alternativ-öffentlich-rechtlichen Rundfunkmodell anders gestaltet. Hierzu gehört z.B. nicht die Sicherung der Meinungsvielfalt durch die Vorgabe von Programmgrundsätzen; hierbei handelt es sich um ein Instrument der Vielfaltsicherung, das in allen Bundesländern Anwendung findet[58] und nicht an die jeweilige Ausgestaltung der Rundfunkordnung gebunden ist[59].

I. Die Verteilung knapper Zugangsmöglichkeiten

Die Organisation von Rundfunkangeboten bedeutet nach wie vor die „Verwaltung eines Mangels"[60]: Die Anzahl der Bewerber um eine Genehmigung übersteigt in der Regel die vorhandenen Übertragungsmöglichkeiten. Auch wenn sich in bestimmten Bereichen wie der Kabeltechnik und dem digitalen Rundfunk theoretisch fast unbegrenzte Kapazitäten erschließen lassen[61], ist im Bereich des drahtlosen Rundfunks, über den nach wie vor ein Großteil der allgemein empfangbaren Rundfunkprogramme ausgestrahlt wird, ein deutlicher Mangel an Übertragungsmöglichkeiten zu beobachten[62]. Aber auch die Ausstrahlung und der Empfang von über Kabel oder Satellit verbreiteten Programmen stoßen an Kapazitätsgrenzen.

Es ist daher nicht jedem potentiellen Anbieter tatsächlich möglich, eine Genehmigung zu erhalten, um sein Programm ausstrahlen zu können. Die Knappheit der Übertragungsmöglichkeiten hat somit direkten Einfluß auf die Anzahl der veranstalteten Rundfunkprogramme. Zwar ist der im und durch den Rundfunk

---

58 Zu nennen wären etwa Maßnahmen zum Schutze der Jugend, des Persönlichkeitsrechts, des Urheberrechts, der öffentlichen Moral, des religiösen Empfindens und der Staatssicherheit. Zur Thematik dieser „imperativen Steuerung zum Schutze nichtkommunikationsbezogener Rechtsgüter" siehe ausführlich Hoffmann-Riem, Erosionen des Rundfunkrechts, 1990, S. 17; Bosmann, Rundfunkfreiheit und Programmgrundsätze, 1985; Laschet, Programmgrundsätze für den kommerziellen Rundfunk, 1994; Degenhart, in: Dolzer/Vogel, (Hrsg.), Bonner Kommentar, Art. 5 Abs. 1 und 2 GG, Rdnr. 817ff.; Hartstein/Ring/Kreile/Dörr/Stettner, Rundfunkstaatsvertrag, § 2a, Rdnr. 3ff., § 41, passim; Di Fabio, Der Schutz der Menschenwürde durch Allgemeine Programmgrundsätze, 2000

59 Hoffmann-Riem, Erosionen des Rundfunkrechts, 1990, S. 24

60 Stettner, Rundfunkstruktur im Wandel, München, 1988, S. 10; Bumke, Landesmedienanstalten, 1995, S. 453; vgl. auch den gleichnamigen Aufsatz von Berg, Der Staat, 1976, 15. Band, 1ff.

61 „Theoretisch" deshalb, da die digitale Übertragungstechnik die kurzfristig zu lösenden Kapazitätsengpässe bislang nicht zu lösen in der Lage ist. Vgl. hierzu Stettner, Der Kabelengpaß, 1997; ders. Die Rechtspflicht der Landesmedienanstalten zur Kabelbelegung unter Berücksichtigung europäischer Rechtsvorschriften, 1998, S. 9f.

62 Eberle, Aufbruch ins digitale Zeitalter, 1994, S. 4; ders., Öffentlich-rechtliches Fernsehen im digitalen Zeitalter, in: Becker/Lerche/Mestmäcker, (Hrsg.), Wanderer zwischen Musik, Politik und Recht, Festschrift für Reinhold Kreile, S. 167ff., 168f.; anders nur Pukall, Meinungsvielfalt im Rundfunk nach der audiovisuellen Revolution, 1993, S. 63

geforderte Pluralismus ein qualitatives und kein quantitatives Problem[63]. Die Erzielung von Meinungsvielfalt hängt jedoch auch von der Anzahl der Veranstalter ab[64]: Eine begrenzte Anzahl von Rundfunkangeboten bedingt eine ebenso begrenzte Repräsentation von Meinungen durch den Rundfunk. Um dennoch ein vielfältiges Gesamtprogramm gewährleisten zu können, hat unter den sich um eine Sendegenehmigung bewerbenden Rundfunkunternehmen eine Auswahl unter Vielfaltsgesichtspunkten stattzufinden. Um die vorhandenen Übertragungswege für alle im Meinungsspektrum des Verbreitungsgebietes vorhandenen Meinungsrichtungen offenhalten zu können, ist ein „sorgfältiger und genau durchdachter Umgang“[65] mit der Verteilung der Kapazitäten erforderlich, um das Zulassungsverfahren für eine „prognostisch-präventive Vielfaltsicherung“[66] einsetzen zu können.

1. Exkurs: Neue Übertragungswege

Die Medienmärkte können im Vergleich zu früher auf zahlreiche neue Techniken zurückgreifen. Es wurde ein Vielzahl neuer Produkte und Nachfragen entwickelt, neue Übertragungskapazitäten geschaffen sowie bestehende einer besseren Nutzung zugeführt. Der Medienmarkt ist schließlich sehr viel internationaler geworden[67], was nicht zuletzt auf die vielbeschworene Konvergenz von Rundfunk und neuen kommunikativen Diensten zurückzuführen ist.

Insbesondere die Datenkompression durch Digitaltechnik eröffnet immense Übertragungskapazitäten, die zu einer Ausweitung und Ausdifferenzierung der Medienangebote führt[68]. Beispiele hierfür sind die Zulassung zusätzlicher Spartenkanäle, vor allem aber der Vertrieb von Kanälen mit entgeltpflichtigen Programmen, das sog. Pay-TV[69], das sich wiederum in sog. Pay-per-view- und Pay-per-channel-Angebote aufteilt. Die Vorstellung vom „Zuschauer als sein eigener Programmdirektor“[70] soll im Rahmen des Near-video-on-demand und des True-video-on-demand-Konzeptes verwirklicht werden, wobei der Rezipient in die Lage versetzt werden soll, sein Programm zeitlich und inhaltlich aus einem ganzen Bündel von Angeboten zusammenzustellen zu können[71].

---

[63] Bethge, JZ 1985, 308ff., 310; eingehend Sanftenberg, Klasse statt Masse, 1998, passim

[64] Frank, Vielfalt durch Wettbewerb?, 1987, S. 2

[65] Wagner, Die Landesmedienanstalten, 1990, S. 65

[66] Piette, Meinungsvielfalt im privaten Rundfunk, S. 178; Wagner, Die Landesmedienanstalten, 1990, S. 65

[67] Allgemein zu den „Entwicklungslinien der Medienmärkte“ vgl. eingehend Engel, Medienordnungsrecht, 1996, S. 12ff.

[68] Siehe hierzu Holznagel, Multimedia zwischen Regulierung und Freiheit, ZUM 1999, 425ff; ders., Probleme der Rundfunkregulierung im Multimediazeitalter, ZUM 1996, 16ff.; Poll, Fernsehspartenprogramme und Pluralismus, 1998, S. 60ff.

[69] Zum Begriff siehe Poll, Fernsehspartenprogramme und Pluralismus, 1998, S. 124

[70] Janik, AfP 2000, 7ff., spricht gar von einem „Frequenzüberfluß“ .

[71] Übersicht bei Eberle, Aufbruch ins digitale Zeitalter, 1994, S. 4ff.

Auch die „digitale“ Rundfunkordnung ist unstreitig dem Gebot der Meinungsvielfalt verpflichtet. Diese Tatsache wird zwar als selbstverständlich vorausgesetzt, gleichzeitig wird jedoch vielfach angenommen, eine quantitative Vermehrung der Programme würde gleichsam automatisch eine größere Vielfalt an Programminhalten nach sich ziehen[72]. Davon kann jedoch nicht zwingend ausgegangen werden, da die wirtschaftlichen und personellen Ressourcen nicht ohne weiteres dadurch vergrößert werden, daß zusätzliche Übertragungswege zur Verfügung stehen. Die Gefahr inhaltlicher Defizite eines in erster Linie mit der Zielsetzung des rein wirtschaftlichen Erfolgs produzierten Programms, wie sie nach Einschätzung des Bundesverfassungsgerichts den privaten Rundfunk kennzeichnet, werden auch in der digitalen Zukunft des Rundfunks fortbestehen[73]. So ist schon heute zu beobachten, daß die sog. Pay-TV-Programme und Video-On-Demand-Dienste vorwiegend auf massenattraktive Unterhaltung ausgerichtet sind. Die „Konvergenz der Medien“[74] darf zudem nicht dazu führen, daß der Bevölkerung keine Gesamtversorgung mit meinungsrelevanten Inhalten, sondern nur noch ein „wirtschaftlicher Einzelvertrieb von Informationen“[75] zur Verfügung gestellt wird[76].

„Technik allein schafft noch keine Märkte“[77]. Entscheidend ist vielmehr die Nachfrage nach den angebotenen Produkten. Der Rezipient an sich und damit die publizistische Reichweite sind „erschöpfbar“, da der Zuschauer/Zuhörer nicht in der Lage ist, mehr als ein Programm gleichzeitig zu konsumieren und die „Konsumdauer“ seit Einführung des privaten Rundfunks nicht wesentlich gestiegen ist[78]. Stärker noch fällt ins Gewicht, daß die Werbemärkte erschöpfbar sind. Eine Finanzierung von Programminhalten durch den Zuschauer (Pay-TV)[79] ist zwar möglich, der Erfolg jedoch noch nicht absehbar.

---

[72] Seitel, Auf dem Weg zur ökonomischen Normalität: Wettbewerbliche Meinungsvielfalt durch neue Medienangebote, in: Brosius, Fahr, Zubayr, (Hrsg.), Meinung, Meinungsvielfalt, Meinungsrelevanz, 1996, S. 45ff. passim; Eberle, Aufbruch ins digitale Zeitalter, 1994, S. 6, passim, der unter anderem treffend auf die Gefahr einer dem eigentlichen Programm vorgelagerten Manipulation durch die dem Zuschauer zur Programmwahl (z.B. aus den sog. Bouquets) zur Verfügung gestellten Bedienungsoberflächen (sog. TV-Guides) hinweist.

[73] Eberle, Digitale Rundfunkfreiheit, in: Brosius, Fahr, Zumbayr, (Hrsg.), Meinung, Meinungsvielfalt, Meinungsrelevanz, 1996, S. 75ff., S. 81f.

[74] Koenig, K&R 2000, 1ff., 2; eingehend Engel, Medienordnungsrecht, 1996, S. 15ff.; Degenhart, K&R 2000, 49ff.; Janik, AfP 2000, 7; siehe auch Ring, ZUM 1998, 358ff.; Degenhart, ZUM 1998, 333ff.

[75] Janik, AfP 2000, 7

[76] So aber Janik, AfP 2000, 7

[77] Engel, Medienordnungsrecht, 1996, S. 14

[78] Engel, a.a.O.

[79] Hierzu Ory, Rechtsfragen des Abonnentenfernsehens, ZUM 1988, 225ff.

Die „traditionellen Funktionsgewährleistungen"[80] des Rundfunks[81] werden daher auch in einer digitalen und konvergenten Zukunft nicht obsolet werden[82].

Überraschenderweise ist ein zusätzliches zu beobachten: Obgleich die Möglichkeiten der Digitalisierung von Programmen, des Angebots von interaktiven Programmbouquets, allgemein die Vorstellung vom „Zuschauer als sein eigener Programmdirektor" bereits seit Jahren Realität geworden sind und zumindest die technischen Möglichkeiten dafür zur Verfügung stehen, haben sich Programme wie *Premiere*, jetzt gefolgt von *Premiere World* ebenso wie Video-on-demand[83] bislang nicht in der erwarteten Weise durchsetzen können. Die tatsächliche Nutzung einer fast schon beliebigen Vielzahl von Programmen findet in der Realität nicht statt. Angesichts der sonst üblichen rasanten Entwicklung von der Bereitstellung zur Nutzung in anderen technischen Bereichen[84] läßt sich die Prognose eines unbegrenzten, vielgestaltigen und vielfältigen Multimedia-Stroms[85] zumindest derzeit nicht ohne weiteres untermauern.

2. Die Auswahlentscheidung als Problem der Mangelverwaltung

Neben den nachteiligen Auswirkungen für die Meinungsvielfalt handelt es sich bei dem Problem des Frequenzmangels auch um eine „Knappheit von Freiheitschancen" der sich um eine Sendegenehmigung bewerbenden Anbieter, die durch eine interessengerechte Ausgestaltung der Rundfunkfreiheit durch Ausgleich der Kollision von „bürgerschaftlichen Interessensphären und grundrechtlich geschützten Rechtspositionen"[86] Rechnung getragen werden muß. Das Bundesverfassungsgericht fordert daher entsprechende Regelungen in den Landesmediengesetzen:

> *„Sofern die zur Verfügung stehenden Verbreitungsmöglichkeiten es nicht erlauben, allen auftretenden Bewerbern den Zugang zur Veranstaltung privater Rundfunksendungen zu eröffnen, müssen in die Zugangsregelungen auch Regeln über die Auswahl der Bewerber aufgenommen wer-*

---

[80] Eberle, Digitale Rundfunkfreiheit, in: Brosius, Fahr, Zumbayr, (Hrsg.), Meinung, Meinungsvielfalt, Meinungsrelevanz, 1996, S. 75ff., a.a.O.

[81] Sofern es sich, insbesondere bezogen auf die Medien- und Teledienste sowie das Internet, um solchen handelt. Siehe hierzu beispielhaft Ring, ZUM 1998, 358ff.

[82] Eberle, Digitale Rundfunkfreiheit, in: Brosius, Fahr, Zumbayr, (Hrsg.), Meinung, Meinungsvielfalt, Meinungsrelevanz, 1996, S. 75ff., a.a.O.; a.A. Seitel, Auf dem Weg zur ökonomischen Normalität: Wettbewerbliche Meinungsvielfalt durch neue Medienangebote, in: Brosius, Fahr, Zubayr, (Hrsg.), Meinung, Meinungsvielfalt, Meinungsrelevanz, 1996, S. 45ff., passim

[83] Hierzu Ring, ZUM 1998, 358f.

[84] Als Beispiele mögen hier der PC, das Internet sowie die mobile Telekommunikation dienen.

[85] Holznagel, Multimedia zwischen Regulierung und Freiheit, ZUM 1999, 425

[86] Stettner, Rundfunkstruktur im Wandel, München, 1988, S. 5

den. Das gebietet der Gleichheitssatz (Art. 3 Abs. 1 GG). Die Frage, wem eine der knappen Möglichkeiten zur Programmveranstaltung zugutekommen soll, darf daher nicht dem Zufall oder dem freien Spiel der Kräfte anheimgegeben werden. Es genügt auch nicht, die Entscheidung dem ungebundenen Ermessen der Exekutive zu überlassen. Dies wäre mit dem Vorbehalt des Gesetzes unvereinbar (...). Vielmehr muß der Gesetzgeber selbst die Voraussetzungen bestimmen, unter denen der Zugang zu eröffnen oder zu versagen ist, und er muß ein rechtsstaatliches Verfahren bereitstellen, in dem hierüber zu entscheiden ist. Der Aufgabe der Gleichbehandlung läßt sich ohne größere Schwierigkeiten im Rahmen eines Systems gerecht werden, das eine Verteilung von Sendezeiten, notfalls eine anteilige Kürzung ermöglicht. Reicht das nicht aus oder hat sich der Gesetzgeber für ein System entschieden, in dem nur Lizenzen für Vollprogramme an jeweils einen Veranstalter vergeben werden, hat er Auswahlgrundsätze festzulegen, welche eine gleiche Chance der Bewerber gewährleisten (...); der Realisierungsgrad der Chancen muß durch objektiv sachgerechte und individuell zumutbare Kriterien bestimmt werden (...).“[87]

Die Auswahl der geeigneten Bewerber ist jedoch nicht nur ein „Verteilungsverfahren zur Grundrechtsverwirklichung“[88] der Anbieter selbst, sondern auch ein Verfahren der Koordination und Kooperation zur Verwirklichung der Rundfunkfreiheit in ihrem dienenden und institutionellen Charakter. In einem arbeitsteiligen Vorgang wie dem der Rundfunkveranstaltung ist die Auswahl der verschiedenen Handlungsträger von entscheidender Bedeutung für das zu erzielende Ergebnis. Dies gilt um so mehr in einem kreativen und von menschlicher Gestaltungskraft abhängigen Bereich wie dem Rundfunk. Die Qualität des Gesamtprogramms ist ausschließlich und unmittelbar auf die Fähigkeiten und Eigenschaften der mit der Programmgestaltung betrauten Personen rückführbar[89]. Die Personalpolitik wird so zur vorweggenommenen Programmpolitik[90] und damit zu einem, wenn nicht dem Kernstück der Rundfunkveranstaltung. Naturgemäß sehen alle Landesmediengesetze aus diesem Grund im Rahmen des Zulassungsverfahrens weitgehende Einflußmöglichkeiten der Landesmedienanstalten auf

---

[87] BVerfGE 57, 295, 333f.; siehe auch Barth, Rundfunkunternehmerfreiheit, S. 92f.

[88] Bumke, Landesmedienanstalten, 1995, S. 453; ähnlich Hoffmann-Riem, Finanzierung und Finanzkontrolle der Landesmedienanstalten, 1993, S. 22 („ein meist interaktiver Akt koordinierter Grundrechtsverwirklichung“)

[89] BayVGH, Beschluß vom 21.06.1989, Urteil vom 12.05.1999; Hesse, Rundfunkrecht, 1999, S. 150

[90] Hoffmann-Riem, RuF 1978, 111ff., 124; Hesse, Rundfunkrecht, 1999, S. 150; Bornemann/Kraus/Lörz, BayMG, Art. 2, Rdnr. 13f.

die Auswahl der Bewerber vor, die über die externe Kontrolle während der Sendeperiode hinausgehen[91].

Konsequenz der ausschlaggebenden Bedeutung der Anbieterauswahl ist zum einen das Erfordernis eines rechtsstaatlichen Verteilungsverfahrens, das eine chancengleiche und gerechte Auswahl unter mehreren Bewerbern ermöglicht[92] und zum anderen die Anforderung, im Rahmen einer sachverständig wertenden „Bestenauslese"[93] eine vielfältige Rundfunklandschaft zu konzipieren. Kapazitäten dürfen nicht einseitig vergeben werden, was eine erhöhte Absicherung der Entscheidungsgremien gegen staatliche Einflüsse oder Gruppeninteressen erforderlich macht. Außerdem haben die Zulassungsentscheidungen, mögen sie auch einen weiten Gestaltungsspielraum erkennen lassen, sowohl für die Betroffenen als auch für die Öffentlichkeit transparent zu sein[94].

Die Auswahlentscheidung im Rahmen des Zulassungsverfahren ist also zum einen ein organisatorisches Verfahren der Auswahl, wobei die einzelnen Bewerber aus Art. 3 Abs. 1 GG einen Anspruch auf Gleichbehandlung und Chancengleichheit geltend machen können[95]. Vor allem aber gestaltet sich das Auswahlverfahren unter dem Gesichtspunkt der Meinungsvielfalt als der wichtigste und zu gleich komplexeste Teil der Rundfunkorganisation. Programminhalte, definiert über die von den Bewerbern eingereichten Programm- und Sendeschemata, müssen geprüft, auf das Meinungsspektrum des jeweiligen Verbreitungsgebietes ausgerichtet und kombiniert werden. Auch hier manifestiert sich die Doppelseitigkeit des Problems der begrenzten Übertragungskapazitäten: Auf der einen Seite ist ein nach Vielfaltsgesichtspunkten ausgerichtetes Auswahlverfahren in Gang zu setzten, das auf der anderen Seite die vorhandenen Kapazitäten nach einem chancengleichen Verteilungsverfahren freigibt.

Für den Gesetzgeber bieten sich dabei im wesentlichen zwei zulässige Lösungswege an[96]: Entweder werden die verfügbaren Kapazitäten unter allen Bewerbern, die sämtliche Genehmigungsvoraussetzungen erfüllen, aufgeteilt. In den meisten Fällen müßte die beantragte Sendedauer, die sich in der Regel auf

---

[91] Siehe hierzu eingehend unten, Kapitel 3, Die weitgehende Gestaltungsbefugnis der Landesmedienanstalten im Zulassungsverfahren

[92] Wagner, Die Landesmedienanstalten, 1990, S. 178; Schmidt, Die Rundfunkvielfalt, S. 90; Schmitt-Glaeser, Kabelkommunikation und Verfassung, 1979, S. 212; Klein, Die Rundfunkfreiheit, S. 80; Berg, Der Staat 15 (1976), 1ff., 17, m.w.Nw., spricht dem Gesetzgeber unter Rekurs auf die herrschende Meinung einen „weiten Spielraum" zu; Bethge, JZ 1985, 308ff., 311

[93] Vgl. auch Brümmer, Modellfragen, 1995, S. 93

[94] Wagner, Die Landesmedienanstalten, 1990, S. 66

[95] Hesse, Rundfunkrecht, 1999, S. 251; Schuler-Harms, Rundfunkaufsicht im Bundesstaat, 1995, S. 124f.

[96] Hesse, Rundfunkrecht, 1999, S. 252

die volle, alleinige Nutzung einer Frequenz bezieht, anteilig gekürzt werden und eine Frequenz mehreren Anbietern zur Verfügung gestellt werden. Man spricht dabei vom sog. Frequenzsplitting. Oder aber der Gesetzgeber normiert bereits im Vorfeld des Genehmigungsverfahrens weitere objektiv sachgerechte und individuell zumutbare Auswahlgrundsätze. Dazu zählen vor allem Regelungen über Zusammenschlüsse von mehreren Bewerbern, beispielsweise die Bildung von Anbietergesellschaften. Im Rahmen der Auswahlentscheidung wird daher bei einem Überschuß der Bewerber gegenüber der zur Verfügung stehenden Sendezeit in der Praxis zunächst versucht, eine Einigung unter den Bewerbern herbeizuführen[97].

In der Regel wird sich die Landesmedienanstalt für eine Mischform aus beiden Lösungsmodellen entscheiden, da die Verwirklichung eines Modells in Reinform in der Praxis kaum möglich sein wird. Eine strikte Durchnormierung aller in Betracht kommender Auswahlkriterien könnte lokale und aktuelle Gegebenheiten nicht ausreichend berücksichtigen und würde dem Auswahlverfahren ein erhebliches Maß an Flexibilität nehmen. Ein reines Splittingmodell z.B. würde im Hinblick auf die wirtschaftliche Tragfähigkeit einer Frequenz schnell an seine Grenzen stoßen. Gleichwohl kann das Frequenzsplitting in begründeten Einzelfällen und unter bestimmten Voraussetzungen, insbesondere einer geregelten Zusammenarbeit der auf einer Frequenz sendenden Anbieter durchaus erfolgversprechend sein. Insgesamt aber hat sich die Auswahl unter mehreren sich für eine Frequenz bewerbenden Anbieter in erster Linie an Vielfaltsgesichtspunkten zu orientieren, wobei eine Abwägung zwischen dem Gewährleistungsauftrag der Rundfunkordnung und den Interessen der Bewerber stattzufinden hat.

3. Frequenzoberverwaltung

Die Koordination und Planung der vorhandenen Übertragungskapazitäten ist eine wichtige Aufgabe bei der Organisation der Rundfunkveranstaltung[98], die von den Ländern im Rahmen ihrer Kompetenz für die Rundfunkordnung wahrgenommen wird[99]. Die Verfügbarkeit von Übertragungskapazitäten muß festgestellt und über die jeweilige Nutzungsform (originäre Veranstaltung, Weiterverbreitung, öffentlich-rechtlicher Rundfunk, offene Kanäle, Mischkanäle, Pay-TV etc.) entschieden werden[100]. Sie ist in den einzelnen Bundesländern nicht einheitlich geregelt[101].

Art. 11 Abs. 1 BayMG weist der Landeszentrale die Aufgabe zu, die terrestrische Verbreitung von Rundfunkprogrammen, ihre Verbreitung und Weiterver-

---

[97] Hesse, Rundfunkrecht, 1999, S. 253
[98] Bumke, Landesmedienanstalten, 1995, S. 432
[99] Vgl. hierzu Bornemann/Kraus/Lörz, BayMG, Art. 41, Rdnr. 5
[100] Wagner, Die Landesmedienanstalten, 1990, S. 178
[101] Übersicht bei Dörr, ZUM 1997, 337ff., 340

breitung durch Betreiber von Kabelanlagen sowie die Nutzung von Satelliten für private Rundfunkangebote zu regeln. Art. 41 BayMG regelt die Kanalbelegung durch die Landeszentrale in Breitbandkabelnetzen. Die Kapazität dieser Kabelnetze ist begrenzt, so daß in der Regel nicht alle Rundfunkprogramme eingespeist werden können.

Gleichzeitig handelt es sich bei der Frequenzverwaltung insbesondere im Falle der Kabelbelegung nicht um ein spezifisch bayerisches Problem, da ein Bezug zum Vorbehalt der öffentlich-rechtlichen Trägerschaft fehlt[102]. Eine ausführliche Bearbeitung der Thematik soll daher in der vorliegenden Arbeit nicht geleistet und statt dessen auf die Fülle der vorhandenen Literatur verwiesen werden[103].

4. Lösungswege nach dem BayMG

a) Das Genehmigungsverfahren als Auswahl- und Verteilungsverfahren

Das Genehmigungsverfahren stellt die vorrangige Koordinationsaufgabe aller Landesmedienanstalten dar[104], die in der Phase der Zulassung von Rundfunkveranstaltern mit weitreichenden Steuerungs- und Gestaltungsmöglichkeiten ausgestattet sind[105].

Im Rahmen der Rundfunkveranstaltung in öffentlich-rechtlicher Trägerschaft beschreibt das Genehmigungsverfahren allerdings mehr als nur die bloße Lizensierung eines Bewerbers um einen Sendeplatz und die Absicherung der Einhaltung gesetzlicher Bestimmungen im Sinne einer präventiven Kontrolle[106]. Es hat

---

[102] Brümmer, Modellfragen, 1995, S. 38; Stettner, Der Kabelengpaß, S. 79ff.; Lerche, ZUM 1993, 441ff., 452; Sieber, ZUM 1996, 867ff., 870; zur Frage einer dennoch gegebenen Grundrechtsträgerschaft der Landeszentrale in Fragen der Kabelbelegung vgl. Bornemann/Kraus/Lörz, BayMG, Art. 41, Rdnr. 9; eingehend Stettner, Der Kabelengpaß, S. 82f.

[103] Grundlegend Nowosadtko, Frequenzplanungsrecht, 1999; Beucher/von Rosenberg, Kapazitätsknappheit und Programmvielfalt, ZUM 1996, 643ff.; Betz, Kabelbelegung: Diktatur des Marktes, Media Perspektiven 1997, 431ff; Bumke, Landesmedienanstalten, 1995, S. 432ff.; Fehling, Die Konkurrentenklage bei der Zulassung privater Rundfunkveranstalter, 1994, S. 40ff.; Gersdorf, Staatsfreiheit, 1991, S. 272ff.; Hertel, ZUM 1993, 608ff.; Hoffmann-Riem, Rundfunkaufsicht zwischen Staatsfreiheit und Staatseinfluß, 1995, S. 73ff.; ders., Finanzierung und Finanzkontrolle der Landesmedienanstalten, 1993, S. 18ff.; Krakies/Thomaschki, Verfassungsrechtliche Anforderungen an die Kanalbelegung in Kabelnetzen, ZUM 1995, 753ff.; Stettner, Der Kabelengpaß; ders., Die Rechtspflicht der Landesmedienanstalten zur Kabelbelegung unter Berücksichtigung europäischer Rechtsvorschriften, Schriftenreihe der Landesmedienanstalten, Band 8, 1998; vgl. auch die umfangreichen Literaturnachweise bei Bornemann/Kraus/Lörz, BayMG, Art. 41

[104] Hoffmann-Riem, Finanzierung und Finanzkontrolle der Landesmedienanstalten, 1993, S. 21

[105] Überblick bei Wagner, Die Landesmedienanstalten, 1990, S. 80ff.; siehe auch eingehend oben in diesem Kapitel, Die Auswahlentscheidung als Mangelverwaltung

[106] Wagner, Die Landesmedienanstalten, 1990, S. 177

eine präventive Kontrollfunktion[107], eine Steuerungs- und Koordinierungsfunktion[108] und dient als rechtsstaatliches Verteilungsverfahren[109] begrenzter Grundrechtschancen[110]. Vor allem aber ist es ein Verfahren der „prognostisch-präventiven Vielfaltsicherung“[111]. Durch die Auswahl und Genehmigung der Programmangebote wird gleichzeitig über die Möglichkeit entschieden, welche der verschiedenen in der Gesellschaft vorhandenen Meinungen und Auffassungen über das Medium Rundfunk an der öffentlichen Meinungsbildung teilnehmen können[112]. Das Auswahlverfahren spielt deswegen eine so große Rolle, da die Auswahl des zur Rundfunkveranstaltung herangezogenen „Personals“ gleichzeitig einer vorweggenommene Programmpolitik darstellt[113], da sich die Auswahlentscheidung fast unmittelbar auf das Gesamtprogramm und dessen Vielfältigkeit auswirkt[114].

(1) Auswahl als Wahrnehmung der Programmhoheit

Die Auswahl geeigneter Anbieter dient in erster Linie dazu, die Programmvorstellungen der öffentlich-rechtlichen Trägereinheit, die selbst nicht Rundfunkprogramme produziert, gleichsam „in die Tat umzusetzen“. „Programmhoheit und Programmverantwortung“[115] bleiben als Ausfluß der öffentlich-rechtlichen Trägerschaft auch dann der Landeszentrale zugeordnet, wenn sich private Rundfunkanbieter in dieser Weise an der Rundfunkveranstaltung beteiligen. Für die Programmgestaltung im Rahmen eines öffentlich-rechtlich getragenen Rundfunks ausschlaggebend dürfen daher in letzter Konsequenz nur die auf die Erzielung von Ausgewogenheit und Meinungsvielfalt ausgerichteten Vorstellungen der Landeszentrale sein[116]. Hierzu bietet das Genehmigungsverfahren im Sinne eines Auswahlverfahrens eine ganze Reihe von Wertungs- und Entscheidungskriterien, die die Landeszentrale im Rahmen des Organisationsverfahrens

---

[107] Vorherige Überprüfung der Bewerber, persönliche Voraussetzungen, Zuverlässigkeit, Bereitschaft zur Einhaltung der gesetzlichen Vorschriften etc.; hierzu Picozzi, Aufsicht und Staatseinfluß, S. 143

[108] Zur Absicherung des verfassungsrechtlichen Programmauftrages durch Gewährleistung ausreichender Meinungsvielfalt im Gesamtprogramm; vgl. BVerfGE 73, 118, 184; Klein, Rundfunkfreiheit, S. 80

[109] Gerechte und chancengleiche Auswahl; hierzu Schmitt-Glaeser, Kabelkommunikation und Verfassung, 1979, S. 212; Schmidt, Die Rundfunkvielfalt, S. 90, Klein, Rundfunkfreiheit, S. 80

[110] Wagner, Die Landesmedienanstalten, 1990, S. 177; vgl. eingehend oben, B,I,2.

[111] Piette, Meinungsvielfalt im privaten Rundfunk, S. 178; Wagner, Die Landesmedienanstalten, 1990, S. 65

[112] Hesse, Rundfunkrecht, 1999, S. 236

[113] So erstmals Hoffmann-Riem, RuF 1978, 111ff., 124; vgl. auch Hesse, Rundfunkrecht, S. 111, Bornemann/Kraus/Lörz, BayMG, Art. 2 Rdnr. 6; Badura, Rundfunkfreiheit und Finanzautonomie, S. 58

[114] Hesse, Rundfunkrecht, 1999, S. 251

[115] Bornemann/Kraus/Lörz, BayMG, Überblick vor Art. 23, Rdnr. 4

[116] BayVerfGH, ZUM 1994, 365ff., 370

zu berücksichtigen hat. Ihr Gestaltungsspielraum wird auf diese Weise umgrenzt. Gleichzeitig jedoch muß das Genehmigungsverfahren im Sinne eines Verteilungsverfahrens den chancengleichen Zugang privater Anbieter ermöglichen. Ein Anspruch auf Beteiligung an der Rundfunkveranstaltung besteht zwar im System des öffentlich-rechtlich getragenen Rundfunks nicht, eine gleichberechtigte Teilhabe am Verteilungsverfahren muß jedoch gewährleistet sein[117].

(2) Programmorganisation anhand der Zuweisung von Übertragungswegen

Die Programmorganisation erfolgt zunächst ausgehend von den zur Verfügung stehenden Übertragungswegen[118]. Die Landeszentrale hat die Aufgabe, aus den privaten Angeboten ein möglichst vielfältiges Programm zu organisieren, das gleichzeitig den Voraussetzungen tragfähiger wirtschaftlicher Rahmenbedingungen genügen muß. Ziel ist stets die umfassende, alle Bereiche der Rundfunkveranstaltung einschließende Optimierung des Programmangebots. Rundfunkspezifischer Pluralismus ist dabei „keine Kategorie und kein Ordnungsprinzip, dem allein schon durch numerische Größen beizukommen ist, sondern ein qualitatives Problem“[119]. Sofern die Landeszentrale die (technische) Verfügbarkeit von Übertragungskapazitäten feststellt, sei es aufgrund neuer technischer Entwicklungen oder aber aufgrund des „Freiwerdens“ von Kapazitäten durch das Ausscheiden von Anbietern, nimmt sie die Ausschreibung der freien Kapazitäten vor[120] und initiiert auf diese Weise das Verteilungsverfahren.

Bezogen auf die vorhandenen Übertragungskapazitäten läßt sich im Rahmen der Neuorganisation die Erst- und die Anschlußorganisation sowie die Nachorganisation unterscheiden[121]. Während sich die Erstorganisation auf die Organisation eines vorher noch nicht existenten Rundfunkprogramms bezieht, beinhaltet die Anschlußorganisation die Entscheidung über die Frage, wie mit einer Übertragungskapazität nach Ablauf des Genehmigungszeitraumes verfahren wird und ob gegebenenfalls die bestehende Konstellation durch eine Verlängerung der Genehmigung beibehalten wird. Bei der Nachorganisation werden „Programmlücken“ aufgefüllt, die durch den Wegfall von Anbietern entstanden sind.

Während für den Fall der Erstorganisation einer terrestrischen Frequenz die öffentliche Ausschreibung als gesetzlicher Regelfall vorgesehen ist[122], stehen in den Fällen der Anschluß- und Nachorganisation eine ganze Reihe von Verfahrensmöglichkeiten zur Verfügung, angefangen von der schlichten Verlängerung

---

[117] Brümmer, Modellfragen, 1995, S. 92; Bumke, Landesmedienanstalten, 1995, S. 206, 211
[118] Wagner, Die Landesmedienanstalten, 1990, S. 178
[119] Bethge, JZ 1985, 308ff., 310
[120] Eingehend zur Ausschreibung siehe sogleich
[121] Bornemann, Gestaltung durch Programmorganisationsverfahren, in: BLM, (Hrsg.), Rundfunk in öffentlich-rechtlicher Trägerschaft, 2000, S. 73ff., 74f.
[122] § 10 Abs. 1 FSS; § 6 Abs. 1 HFS

abgelaufener Genehmigungen über eine veränderte Zusammensetzung der (vorhandenen) Anbieterstruktur, einer Teilausschreibung oder schließlich einer umfassenden Neuausschreibung der Frequenz.

b) Die Ausschreibung

Die öffentliche Ausschreibung freier Übertragungskapazitäten unter Festsetzung einer Ausschlußfrist vermittelt dem Genehmigungsverfahren die notwendige Transparenz für die erforderliche Chancengleichheit der Bewerber. Gleichzeitig verhindert sie die willkürliche Vergabe von Sendeplätzen[123]. Sie ist für die Erstorganisation terrestrischer Frequenzen als Regelfall vorgeschrieben[124] und bildet die programmorganisatorische Plattform, auf der sich Anbieter und Landeszentrale treffen und ihre beiderseitigen Ziele und Vorstellungen abgleichen können.

Die öffentliche Ausschreibung einer freien oder freigewordenen Übertragungskapazität ermöglicht zunächst eine Bündelung der Anträge, die der Landeszentrale einen Überblick über das Gesamtangebot an potentiellen Anbietern verschafft[125]. Inhalt und Verfahren der Ausschreibung sind in § 6 HFS sowie §§ 10, 15 FSS geregelt. Die Ausschreibung enthält nach § 10 Abs. 1 FSS und § 6 Abs. 1 HFS Angaben über den Sendestandort und das voraussichtliche Versorgungsgebiet der jeweiligen drahtlosen oder Kabelkanäle einschließlich etwaiger vorab von der Landeszentrale festgelegter Bedingungen und Vorgaben[126]. Potentielle Bewerber werden zugleich aufgefordert, innerhalb einer Ausschlußfrist von vier Wochen ein Angebot abzugeben, das die in § 10 Abs. 1 Satz 4 FSS und § 6 Abs. 1 Satz 4 HFS Angaben enthält. Eine Berücksichtigung erfolgt dabei nicht nach dem Prioritätsprinzip, da dies die gestalterischen Möglichkeiten der Landeszentrale bei der Zulassung unterlaufen würde[127].

Die Ausschreibung verfolgt den Zweck, das jeweils betroffene örtliche Meinungsspektrum zu ermitteln, um daraus Erkenntnisse hinsichtlich des Bedarfes an Programmen in der jeweiligen Region beurteilen zu können. Diese Vorgehensweise stellt die Kriterien, welchen der sich bewerbenden Anbieter aufgrund der Einpassungsfähigkeit seines Programms in die lokalen Gegebenheiten der Zuschlag erteilt werden soll. Da erst durch die Ausschreibung Erkenntnisse zum

---

[123] Fehling, Die Konkurrentenklage bei der Zulassung privater Rundfunkveranstalter, 1994, S. 59; Wagner, Die Landesmedienanstalten, 1990, S. 179; Baars, Kooperation und Kommunikation durch die Landesmedienanstalten, 1999, S. 124

[124] § 10 Abs. 1 FSS, § 6 Abs. 1 HFS

[125] Wagner, Die Landesmedienanstalten, 1990, S. 179

[126] Vgl. eingehend Bornemann/Kraus/Lörz, BayMG, Art. 25, Rdnr. 3ff.

[127] Wagner, Die Landesmedienanstalten, 1990, S. 179; Stender, "Staatsferne" und "Gruppenferne" in einem außenpluralistisch organisierten privaten Rundfunksystem, 1987, S. 155f.; Klein, Die Rundfunkfreiheit, S. 84

örtlichen Meinungsspektrum gewonnen werden, muß die Landeszentrale nicht bereits im Rahmen der Ausschreibung Programmvorstellungen festlegen, an denen sich die Bewerber orientieren könnten[128]. Allerdings wird in der Praxis häufig ein inhaltlicher Rahmen insoweit vorgegeben, als daß Programmschwerpunkte wie Information, Kultur oder Musik bereits in der Ausschreibung genannt werden. Bei einem Mehrfrequenzstandort bietet sich diese Vorgehensweise an, da bereits aufgrund der vorhandenen Programmangebote rückgeschlossen werden kann, in welchen Bereichen des Gesamtprogramms inhaltliche Lücken beseitigt werden müssen, bzw. das Programmangebot durch neue Inhalte erweitert werden kann.

In diesem Bereich ist insbesondere die gesamte Bandbreite der informellen Handlungsmöglichkeiten der Landeszentrale von großer Bedeutung[129]. Im Rahmen einer wechselseitigen Abstimmung können Programmvorstellungen und Programmschemata nicht nur aneinander angepaßt werden sondern sich auch gegenseitig ergänzen und so zu einer umfassenden und ausgewogenen Programmgestaltung beitragen[130].

Im Gegensatz zu anderen Landesmediengesetzen verpflichtet das BayMG die Landeszentrale nicht ausdrücklich zur Durchführung der Ausschreibung einer freien oder freigewordenen Frequenz zur drahtlosen Übertragung von Hörfunkprogrammen und lokal/regionalen Fernsehprogrammen oder von Kabelkanälen. Dennoch ist eine Ausschreibung aus Gründen der Chancengleichheit zu Gunsten der Anbieter insbesondere bei Kapazitätsengpässen geboten und auch durchaus üblich[131].

Rechtsbehelfe, die sich gegen die Ausschreibung und das ihr zugrundeliegende Verfahren richten, sind nicht statthaft und zulässig. Nach Art. 44 a Satz 1 VwGO können Rechtsbehelfe gegen behördliche Verfahrenshandlungen nur gleichzeitig mit dem gegen die eigentliche Sachentscheidung zulässigen Rechtsbehelf geltend gemacht werden. Die Ausschreibung geht als unselbständige Verfahrenshandlung der eigentlichen Zulassungsentscheidung der Landeszentrale voraus. Ihre Rechtmäßigkeit kann daher nur in einem auf Zulassung eines Rundfunkangebots gerichteten Verfahrens überprüft werden[132], dann allerdings in vollem Umfang, da die Ausschreibung in erster Linie ein formelles Verfahren ohne größere Wertungsspielräume darstellt.

---

[128] A.A. insoweit die ältere Rechtsprechung des BayVGH, BayVBl. 1990, 179ff., 181; 1993, 20ff., 21; hierzu eingehend Bornemann/Kraus/Lörz, BayMG, Art. 25, Rdnr. 4

[129] Vgl. hierzu eingehend oben, Kapitel 1, Steuerung durch informelles Handeln

[130] Vgl. auch Bornemann, Gestaltung durch Programmorganisationsverfahren, in: BLM, (Hrsg.), Rundfunk in öffentlich-rechtlicher Trägerschaft, 2000, S. 73ff., S. 78

[131] Bornemann/Kraus/Lörz, BayMG, Art. 25, Rdnr. 3

[132] Bornemann/Kraus/Lörz, BayMG, Art. 25, Rdnr. 7

c) Das Organisationsverfahren nach Art. 25 BayMG

An die Ausschreibung schließt sich das Genehmigungsverfahren an. Art. 25 BayMG ist die hierfür geltende zentrale Bestimmung, die die auf die Auswahlkriterien bezogenen materiell-rechtlichen Grundsätze der Organisation privater Rundfunkangebote in öffentlich-rechtlicher Trägerschaft umreißt.

Während Abs. 1 den grundsätzlichen Genehmigungsvorbehalt[133] sowie die inhaltlichen Anforderungen an das einzureichende Angebot festlegt, statuiert Abs. 3 grundlegende, von der Landeszentrale zu beachtende Maßgaben für die Organisation regionaler und lokaler Rundfunkprogramme. Abs. 4 beschäftigt sich sodann mit der Frage der Anbieterauswahl für den Fall, daß nicht alle Bewerber bei der Verteilung vorhandener Übertragungskapazitäten berücksichtigt werden können. Den Ausgangspunkt für die Erarbeitung und Bewertung der Auswahlkriterien bildet in der Regel die Verpflichtung der Landeszentrale, bei der Organisation lokaler und regionaler Rundfunkprogramme „in sich geschlossene Gesamtprogramme" entstehen zu lassen, Art. 25 Abs. 3 BayMG. Die übrigen in Art. 25 Abs. 2 BayMG genannten Verpflichtungen der Landeszentrale, die Programmvielfalt zu sichern und auf tragfähige wirtschaftliche Rahmenbedingungen, vor allem auf eine wirtschaftliche Zusammenarbeit der Anbieter hinzuwirken, stehen mit der Forderung nach in sich geschlossenen Gesamtprogrammen in einem engen Zusammenhang und sind bei der Anbieterauswahl entsprechend zu berücksichtigen.

Das Auswahlverfahren nach dem BayMG dient der Umsetzung des öffentlich-rechtlichen Trägerschaftsvorbehaltes und damit der Gewährleistung der Rundfunkfreiheit im Interesse der Allgemeinheit im Rahmen eines rechtsstaatlichen Funktionsablaufs. Sämtliche Auswahlkriterien und Organisationsgrundsätze des Art. 25 BayMG sind daher nicht unmittelbar auf die Einräumung von Rechten zugunsten der privaten Anbieter gerichtet und damit nicht unmittelbar drittschützend[134].

(1) Form und Inhalt des Angebots

Die Funktion des Genehmigungsverfahren als vorrangige gestalterisches Steuerungs- und Koordinationsinstrument der öffentlich-rechtlichen Trägereinheit setzt eine umfassend ermittelte Sachverhalts- und Informationsgrundlage voraus[135].Bei der Auswahl geeigneter Anbieter ist die Landeszentrale wie jede Landesmedienanstalt weitgehend auf die Angaben der Bewerber angewiesen. Alle Mediengesetze statuieren aus diesem Grund umfangreiche Informations- und

---

[133] Vgl. hierzu Wagner, Die Landesmedienanstalten, 1990, S. 176

[134] Bornemann/Kraus/Lörz, BayMG, Art. 25, Rdnr. 36 unter Hinweis auf BayVGH, Beschluß v. 30.01.1997

[135] Wagner, Die Landesmedienanstalten, 1990, S. 190

Mitwirkungspflichten auf Seiten der Bewerber im Rahmen des Genehmigungsverfahrens[136].

Die erforderlichen Inhalte des Angebots sind in Art. 25 Abs. 1 Sätze 3 und 4 BayMG (Programmbeschreibung, Programmschema, Finanzplan, Aufstellung der personellen und technischen Ausstattung, Inhaber- und Beteiligungsverhältnisse unter Angabe der Stimmrechtsverteilung) sowie (konkretisiert) in § 6 Abs. 1 Satz 4 HFS und § 10 Abs. 1 Satz 4 FSS beschrieben. Die Aufzählung ist nicht abschließend[137]. Stets kann die Landeszentrale weitere Auskünfte und auch Nachweise[138] von den Bewerbern verlangen, soweit dies zur Organisation der Programme erforderlich ist, Art. 25 Abs. 1 Satz 5 BayMG. Fehlen wesentliche Inhalte des Angebots und werden diese nicht im Rahmen der vierwöchigen Ausschlußfrist[139] nachgereicht, so kann das Angebot bei der Rundfunkorganisation durch die Landeszentrale nicht berücksichtigt werden, § 6 Abs. 1 Satz 5 HFS, § 10 Abs. 1 Satz 5 FSS[140].

Von besonderer Wichtigkeit im Hinblick auf die Sicherung der Meinungsvielfalt sind die einzureichenden Programmschemata und –beschreibungen[141], Art. 25 Abs. 1 Satz 3 BayMG n.F., § 6 Abs. 1 Satz 4 Nr. 2, § 10 Abs. 1 Satz 4 Nr. 2 HFS. Sie bilden die Grundlage der späteren programmlichen Tätigkeit des Bewerbers und müssen eine ausführliche Beschreibung der eigenen Programmvorstellungen[142] und Programminhalte einschließlich der Angabe des Anteils eigengestalteter Beiträge und inländischer Produktionen sowie die Art der Informationsbeschaffung enthalten[143].

Um die Einpassungsfähigkeit des Angebots in die Rundfunkorganisation beurteilen zu können, hat der Bewerber außerdem bereits im Rahmen seines Angebots seine Bereitschaft zur programmlichen, technischen, organisatorischen und finanziellen Zusammenarbeit darzulegen, Art. 25 Abs. 4 Satz 2 BayMG i.V.m. § 6 Abs. 1 Satz 4 Nr. 5 HFS, § 10 Abs. 1 Satz 4 Nr. 5 FSS. Der Begriff „Einpas-

---

[136] Übersicht bei Fehling, Die Konkurrentenklage bei der Zulassung privater Rundfunkveranstalter, 1994, S. 61ff.; Wagner, Die Landesmedienanstalten, 1990, S. 183

[137] Amtliche Begründung, abgedruckt bei Bornemann/Kraus/Lörz, BayMG, Art. 25

[138] Vgl. Bornemann/Kraus/Lörz, BayMG, Art. 25, Rdnr. 19

[139] Siehe im einzelnen Bornemann/Kraus/Lörz, BayMG, Art. 25, Rdnr. 21f.

[140] Bornemann/Kraus/Lörz, BayMG, Art. 25, Rdnr. 11, 23

[141] Wagner, Die Landesmedienanstalten, 1990, S. 191, 200; die Wichtigkeit wegen mangelnder Verläßlichkeit bezweifelt Fehling, Die Konkurrentenklage bei der Zulassung privater Rundfunkveranstalter, 1994, S. 63

[142] In Frage kommt z.B. eine nach Wochentagen gegliederte Übersicht über die Verteilung der täglichen Sendezeit auf die verschiedenen Programminhalte, wie Bildung, Unterhaltung und Information. Siehe auch Fehling, Die Konkurrentenklage bei der Zulassung privater Rundfunkveranstalter, 1994, S. 63

[143] Vgl. § 6 Abs. 1 Satz 4 Nr. 2 HFS; § 10 Abs. 1 Satz 4 Nr. 2 FSS

sungsfähigkeit“ ist dabei nicht mit einer uniformen Vereinheitlichung der Programme zu verwechseln, sondern bezieht sich auf das Potential eines Programms, sich mit anderen optimal zu ergänzen[144].

In das Angebot ist weiterhin eine Darstellung der finanziellen Planung des Programmangebots aufzunehmen, Art. 25 Abs. 1 Satz 3 BayMG n.F., § 6 Abs. 1 Satz 4 Nr. 4 HFS, § 10 Abs. 1 Satz 4 Nr. 4 FSS. Hiernach können Bewerber qualifiziert werden, die erwarten lassen, daß ihre Tätigkeit so nachhaltig, planmäßig und längerfristig ausgerichtet ist, daß sie die 8-jährige Sendeperiode überdauert. Neben der Zusicherung des Besitzes und des Rechteerwerbs aller für die Programmgestaltung notwendigen Rechte, § 6 Abs. 1 Satz 4 Nr. 6 HFS, § 10Abs. 1 Satz 4 Nr. 6 FSS, die ebenfalls ein Kriterium zur Beurteilung der wirtschaftlichen Tragfähigkeit des Angebots ist, muß der Bewerber vor allem die Einhaltung der Programmgrundsätze und Programmrichtlinien bereits im Rahmen seines Angebots zusichern, § 6 Abs. 1 Satz 4 Nr. 7 HFS, § 10 Abs. 1 Satz 4 Nr. 7 FSS. Diese etwas deklaratorisch, weil selbstverständlich anmutende Anforderung hat den Zweck, den Bewerber von vornherein auf die Erfüllung eines Kernbereichs der Rundfunkveranstaltung, nämlich die Sicherung und den Schutz eines freien Meinungsbildungsprozesses zu verpflichten und ihn, konkretisiert durch Programmgrundsätze und –richtlinien, sich dieser Verpflichtung bewußt zu machen[145].

Das Angebot im Rahmen der Bewerbung um einen Anbieterstatus bildet zunächst die wichtigste Grundlage für die Auswahlentscheidung. Erst anhand des Angebots kann sich die Landeszentrale ein Bild von dem beabsichtigten Beitrag zu der von ihr organisierten Rundfunkveranstaltung und von der Kompetenz und Kooperationsfähigkeit des Bewerbers machen. Bei alledem muß das eingereichte Angebot hinreichend bestimmt sein und eine schöpferische Zusammenstellung und Eigeninitiative des Bewerbers erkennen lassen. Die Professionalität und Programmkompetenz des Anbieters ist dabei ein wichtiges Auswahlkriterium. Wichtig ist vor allem, daß das Angebot und das Verhalten des Anbieters während des Genehmigungsverfahrens einen hohen Grad an Einpassungsfähigkeit in die von der öffentlich-rechtlichen Trägerschaft der Landeszentrale geprägte Rundfunkorganisation erkennen lassen. Dies bedeutet, daß der Anbieter die erforderlichen Darlegungen, gegebenenfalls nach Rücksprache und in Kooperation mit der Landeszentrale beibringt und im Zuge des Genehmigungsverfahrens nötigenfalls anpaßt. Nur so kann sich die umfassende Gestaltungsbefugnis der Landeszentrale bei der Auswahl der geeigneten Bewerber manifestieren und eine den Anforderungen eines alternativ-öffentlich-rechtlichen Rundfunkmodells genügende Grundlage für die zu treffende Auswahlentscheidung bilden.

---

144 Brümmer, Modellfragen, 1995, S. 100

145 Siehe auch Bornemann/Kraus/Lörz, BayMG, Art. 25, Rdnr. 17

(2) Die Auswahlkriterien des Art. 25 BayMG
Die Landeszentrale hat die Organisation des von ihr getragenen Rundfunks stets an der Erzielung von Meinungsvielfalt und Ausgewogenheit auszurichten, Art. 4 BayMG. Für die Organisation lokaler und regionaler Rundfunkprogramme hat die öffentlich-rechtliche Trägereinheit zusätzlich bestimmte Organisationsgrundsätze zu beachten, die gleichsam als Obersatz in Art. 25 Abs. 3 genannt werden[146]. Danach ist darauf zu achten, daß in sich geschlossene Gesamtprogramme entstehen, sie hat die Programmvielfalt zu sichern und auf tragfähige wirtschaftliche Rahmenbedingungen, vor allem auf eine wirtschaftliche Zusammenarbeit der Anbieter hinzuwirken.

Art. 25 Abs. 4 BayMG beschäftigt sich sodann mit der Auswahl geeigneter Anbieter unter den sich für eine ausgeschriebene Frequenz bewerbenden Antragstellern. Hiernach ist die inhaltliche Ausrichtung des Angebots, die organisatorische und finanzielle Ausstattung des Bewerbers sowie seine Bereitschaft zur programmlichen, technischen, organisatorischen und finanziellen Zusammenarbeit zu würdigen, Art. 25 Abs. 4 Satz 2 BayMG[147]. Besonders zu berücksichtigen sind dabei Angebote, die im Falle ihrer Einbeziehung erwarten lassen, einen Beitrag zu der in Art. 4 BayMG geforderten Meinungsvielfalt und Ausgewogenheit des Gesamtprogramms im jeweiligen Verbreitungsgebiet zu leisten, Artt. 25 Abs. 4 Satz 3, 26 Abs. 1 Satz 1 Nr. 4 BayMG, § 7 Abs. 2 Nr. 2 HFS, § 11 Abs. 2 Nr. 2 FSS.

Dieses Auswahlkriterium bezieht sich auf das inhaltlich zu erwartende Programm und seine Ergänzungsfähigkeit zur Sicherung der Meinungsvielfalt im Zusammenspiel mit anderen Programmen. Das von der Landeszentrale verantwortete Programm muß dabei im jeweiligen Verbreitungsgebiet binnenplural vielfältig und ausgewogen sein[148]. Der zu erwartende Beitrag zur inhaltlichen Vielfalt korrespondiert dabei in gewisser Weise mit dem Auswahlkriterium des örtlichen Bezuges eines Anbieters zu seinem Sendegebiet. Die kulturellen und gesellschaftlichen Besonderheiten des Meinungsspektrums des jeweiligen Verbreitungsgebietes sollen in besonderer Weise zum Ausdruck kommen[149]. Auch in diesem Bereich greifen persönliche und inhaltliche Genehmigungsvoraussetzungen ineinander: Ein Bewerber, der bereits seit längerem im Verbreitungsge-

---

[146] Dabei ist zu beachten, daß insbesondere im Hörfunk, aber auch im Fernsehen die lokal und regional empfangbaren Programme gegenüber landesweiten Programmen deutlich in der Überzahl sind, so daß der Vorschrift besondere Bedeutung beigemessen werden muß, da sie den Hauptanwendungsfall der Rundfunkorganisation regelt.

[147] Vgl. zu den einzelnen Kriterien eingehend Bornemann/Kraus/Lörz, BayMG, Art. 25, Rdnr. 44ff.

[148] Siehe eingehend oben, Kapitel 1, Anforderungen an ein öffentlich-rechtlich getragenes Rundfunksystem

[149] Bornemann/Kraus/Lörz, BayMG, Art. 25, Rdnr. 48; vgl. auch Art. 11 Satz 2 Nr. 8 BayMG; § 7 Abs. 2 Nr. 3 HFS; § 11 Abs. 2 Nr. 3 FSS

biet persönlich und gesellschaftlich beheimatet ist, läßt einen im Vergleich stärkeren Bezug zum örtlichen Meinungsspektrum erwarten. Art. 25 Abs. 3 BayMG nimmt dementsprechend eine Abstufung vor, als zum einen bei der Auswahl die inhaltliche Ausrichtung des Angebots, die organisatorische und finanzielle Ausstattung des Antragstellers sowie seine Bereitschaft zur programmlichen, technischen, organisatorischen und finanziellen Zusammenarbeit „gewürdigt" werden sollen[150]. Zum anderen sind jedoch „vor allem" solche Bewerber „zu berücksichtigen", die einen örtlichen Bezug zum Sendegebiet haben und deren Angebote einen Beitrag zur Meinungsvielfalt und Ausgewogenheit des Gesamtprogramms erwarten lassen, sowie Antragsteller, die Beiträge mit kulturellen, kirchlichen, sozialen oder wirtschaftlichen Inhalten in das Gesamtprogramm einbringen[151].

Vorrangiges Ziel der Rundfunkorganisation ist die Erzielung von Meinungsvielfalt. Daher sind solche Bewerber, die offensichtlich zur Erreichung diese Ziels etwas beitragen können, bei der Auswahl besonders „zu berücksichtigen", mit anderen Worten, sie haben eine Art Vorsprung oder Vorteil bei der Auswahl. Im übrigen ist im Gegenschluß nicht ersichtlich, warum Anbieter, die einen solchen Beitrag nicht erwarten lassen, überhaupt in die „engere Auswahl" kommen sollten. Der Grad, inwieweit das Angebot eines Bewerbers während der Sendeperiode einen Beitrag zur Meinungsvielfalt leisten wird, läßt sich wiederum anhand der „Würdigung" der in Art. 25 Abs. 3 Satz 2 BayMG genannten Anbietereigenschaften beurteilen. Die persönlichen Voraussetzungen, die ein Anbieter im Hinblick auf seine Ausstattung und Befähigung, sein Angebot und seine Bereitschaft zur Zusammenarbeit mitbringen muß, sind in besonderem Maße geeignet, seinen späteren Beitrag zur Meinungsvielfalt einschätzen zu können.

Wann und unter welchen Voraussetzungen ein Angebot einen Beitrag zur Ausgewogenheit und Meinungsvielfalt darstellt, ist in Art. 25 Abs. 4 BayMG nicht näher ausgeführt. Gleichzeitig stellt die Beurteilung dieser Frage den Kernbereich der programmbezogenen Tätigkeit der Landeszentrale und ihres pluralistisch zusammengesetzten Medienrates dar. Ihr allein obliegt die Verpflichtung, im Wege der Auswahl geeigneter Anbieter die Voraussetzungen für ein vielfältiges Gesamtprogramm zu schaffen. Die Gestaltung einer ausgewogenen und vielfältigen Rundfunklandschaft ist wichtigstes Element und zugleich Ausdruck der öffentlich-rechtlichen Trägerschaft, das in Fragen der Meinungsvielfalt auch nach einer Ausschließlichkeit dieser Aufgabenerfüllung verlangt: Maßgebend für die Gestaltung des Gesamtprogramms in einem öffentlich-rechtlich getragenen Rundfunksystem dürfen nur die am Gebot der Meinungsvielfalt orientierten Vorstellungen der öffentlich-rechtlichen Trägereinheit sein[152]. Hinzu kommt,

[150] Vgl. Art. 25 Abs. 3 Satz 2 BayMG n.F.
[151] Vgl. Art. 25 Abs. 3 Satz 3 BayMG n.F.
[152] BayVerfGH, BayVBl. 1993, 719ff., 719

daß die Beurteilung der Frage, inwieweit ein zu genehmigendes Angebot einen Beitrag zur Vielfalt „erwarten"[153] läßt, in großem Maße von prognostischen Elementen bestimmt wird. Der Trägereinheit ist in diesem Bereich daher ein weitgehender Gestaltungs- und Prognosespielraum zuzugestehen[154], so daß die öffentlich-rechtliche Trägerschaft im Sinne einer umfassenden Gesamtprogrammverantwortung effektiv zum Ausdruck kommen kann[155].

(3) Die Bildung von Anbietergesellschaften

Bei der Auswahl geeigneter Anbieter sieht die Rundfunkorganisation durch die Landeszentrale grundsätzlich die Bildung von Anbietergesellschaften oder -gemeinschaften vor[156]. Der freiwillige Zusammenschluß mehrerer Anbieter sorgt dann unter Vermeidung des wirtschaftlich riskanten Frequenzsplittings[157] für ein in sich geschlossenes, durchhörbares Programm auf einer Frequenz und hat so entscheidenden Einfluß auf den wirtschaftlichen Erfolg[158]. Gleichzeitig können im Falle knapper Übertragungskapazitäten die Beteiligungsmöglichkeiten privater Anbieter wesentlich besser ausgenutzt werden und einer größeren Gruppe von Interessenten der Zugang zur Rundfunkveranstaltung eröffnet werden.

Die Bevorzugung von Anbietergesellschaften ist in einer ganzen Reihe von Landesmediengesetzen ausdrücklich vorgegeben[159], um die Auswahl unter den Bewerbern zu steuern, wobei die Programmgestaltung durch einen solchen freiwilligen „pluralistischen" Veranstalterzusammenschluß als der Meinungsvielfalt besonders zuträglich angesehen wird[160]. Die pluralistische Struktur besteht dabei in der maßgeblichen Repräsentation der relevanten politischen, weltanschaulichen und gesellschaftlichen Gruppen dergestalt, daß repräsentative Gruppen-

---

[153] So die Formulierung in Art. 25, Abs. 4 Satz 3 sowie in Art. 26 Abs. 1 Nr. 4 BayMG

[154] Siehe hierzu eingehend unten, Kapitel 3, Der Gestaltungs- und Entscheidungsspielraum der Landeszentrale

[155] Siehe näher hierzu unten, Kapitel 3, Die Unterscheidung von Einzel- und Gesamtprogrammverantwortung

[156] Art. 25 Abs. 4 Satz 4 BayMG; vgl. ausführlich unten in diesem Kapitel, Der Regelfall der Anbietergesellschaft; im folgenden soll aus Gründen der Übersichtlichkeit lediglich der Begriff der Anbietergesellschaft verwendet werden. Das BayMG unterscheidet zwar zwischen Anbietergesellschaften und –gemeinschaften, der Falle einer Gemeinschaft nach den §§ 741ff. BGB ist in der Praxis kaum relevant. Vgl. hierzu Bornemann/Kraus/Lörz, BayMG, Art. 25, Rdnr. 61

[157] Wagner, Die Landesmedienanstalten, 1990, S. 181 m.w.Nw.; siehe eingehend hierzu in diesem Kapitel, Die Bildung von Splittingfrequenzen sowie Die qualifizierte Zusammenarbeit auf den Splittingfrequenzen

[158] Siehe eingehend unten in diesem Kapitel, Der Regelfall der Anbietergesellschaft

[159] Übersicht bei Bumke, Landesmedienanstalten, 1995, S. 363; Oppermann, ZUM 1990, 376ff., 377; Wente, ZUM 1999, 389ff., 391

[160] Bumke, Landesmedienanstalten, 1995, a.a.O.

meinungen sozusagen „institutionell gebündelt" werden[161]. Eine satzungsmäßig garantierte Vielfaltsstruktur bei Anbietergesellschaften wird allgemein als eine wirksame Vorkehrung zur Sicherung der Meinungsvielfalt auf einer Frequenz bzw. in einem Einzelprogramm angesehen[162].

Regelmäßig handelt es sich bei einer Anbietergesellschaft um eine GmbH, eine GmbH & Co KG oder um eine OHG[163]. Auf die Bildung und Zusammensetzung einer Anbietergesellschaft kann die Landeszentrale zwar keinen direkten Einfluß ausüben[164]. Unabhängig von der jeweils gewählten Rechtsform muß jedoch jedem Gesellschafter „ein angemessenes Stimmgewicht", in der Regel orientiert an seinem Sendeanteil, eingeräumt[165] und die Arbeitsfähigkeit der Gesellschaft während des Genehmigungszeitraumes sichergestellt werden[166]. Auf Anbietergesellschaften sind sowohl die Vorschriften des BayMG wie auch der Hörfunk- und Fernsehsatzung über Einzelanbieter entsprechend anzuwenden, Art. 25 Abs.12, § 9 Abs. 2 Satz 4 HFS, § 13 Abs. 2 Satz 4 FSS.

(4) Die Bildung von Splittingfrequenzen

Eine weitere Möglichkeit, mehreren Interessenten auch bei knappen terrestrischen Frequenzen[167] den Zugang zur Rundfunkgestaltung zu eröffnen, ist die Bildung einer sog. Splittingfrequenz[168]. Das „klassische" Frequenzsplitting als „medientechnisches Arrangement der gemeinsamen Nutzung von Übertragungskapazitäten"[169] ist immer dann gegeben, wenn eine Frequenz von mehreren Anbietern, die sich nicht im Wege einer Anbietergesellschaft zusammengeschlossen haben, genutzt wird. Die Aufteilung der Frequenz erfolgt nach den Anbietern zur Verfügung gestellten Sendezeiten, die im festen Wechsel genutzt werden. Die Verteilung der Sendezeiten erfolgt durch die Landeszentrale, die dabei im Rahmen ihrer Programmgestaltungsfreiheit, die sich auch auf die zeitliche Abfolge der Programmteile bezieht[170], weitgehend frei ist[171]. Eine zeitbe-

---

[161] Lerche, Landesbericht, S. 33 unter Hinweis auf Mestmäcker, Medienkonzentration und Meinungsvielfalt, 1978, 211f; Wagner, Die Landesmedienanstalten, 1990, S. 192; Ziethen, in: Rundfunkaufsicht, Bd. 3, S. 87

[162] Wagner, Die Landesmedienanstalten, 1990, S. 80; Ziethen, in: Rundfunkaufsicht, Bd. 3, S. 59ff., 86ff.

[163] Bornemann/Kraus/Lörz, BayMG, Art. 25, Rdnr. 61

[164] Bumke, Landesmedienanstalten, 1995, S. 363 unter Hinweis auf Ziethen, in: Rundfunkaufsicht in der Bundesrepublik Deutschland, Bd. 3, S. 59ff., S. 87ff.

[165] § 9 Abs. 2 Satz 1 HFS, § 13 Abs. 2 Satz 1 FSS

[166] § 9 Abs. 2 Satz 2 HFS, § 13 Abs. 2 Satz 2 FSS

[167] Z.B. an Einfrequenzstandorten; vgl. auch BVerfGE 57, 295, 325

[168] Zur Geschichte der Splittingfrequenzen siehe Ory, AfP 1999, 329

[169] Bethge, Der verfassungsrechtliche Status der BLM, 1999, S. 9

[170] BayVerfGH 40, 69ff.; Der Entscheidung ging ein verwaltungsgerichtlicher Rechtsstreit voraus, der die Landeszentrale zunächst verpflichtet hatte, einem Anbieter auf einer Splittingfrequenz günstigere Sendezeiten zuzuteilen. Diese Verpflichtung ergebe sich aus einem

zogene Aufteilung vorhandener Sendekapazitäten hat weiterhin den Vorteil, daß auch weniger finanzkräftige Interessenten an der Programmgestaltung beteiligt werden könnten, da die Verpflichtung, ein kostenintensiver 24-Stunden-Programm anzubieten, entfällt[172].

Allerdings ergibt sich trotz der an sich positiven Zielsetzung des Frequenzsplittings ein „Konflikt zwischen der Wahrung der Chancengleichheit und der wirtschaftlichen Tragfähigkeit neuer Programmangebote"[173]: Größtes Problem beim Frequenzsplitting ist die mangelnde oder sogar fehlende Durchhörbarkeit und damit die publizistische Identifizierbarkeit einer Frequenz[174]. Ein durchhörbares Programm aber ist eine wesentliche Voraussetzung für die Akzeptanz durch den Rezipienten und damit für die Wirtschaftlichkeit der Werbefinanzierung[175]. Die Finanzierung durch Werbeeinahmen bedingt beim Frequenzsplitting besondere Probleme, da die Zuteilung von mehr oder weniger publikumsattraktiven Sendezeiten erheblichen Einfluß auf die Vermarktungsfähigkeit hat und die einzelnen Anbieter so aus ganz unterschiedlichen Wettbewerbspositionen heraus agieren müssen[176]. Das Modell des Frequenzsplittings wird daher grundsätzlich nicht als vorzugswürdig angesehen[177], ist aber an Einfrequenzstandorten unter Umständen unumgänglich[178].

---

durch die Bevorzugung mittelständischer Anbieter modifizierten Gleichbehandlungsgrundsatz, der die Gestaltungsfreiheit der Landeszentrale insoweit überwiege. BayVGH, ZUM 1989, 145ff.. Der BayVerfGH vertrat demgegenüber die Ansicht, daß die wirtschaftliche Gleichstellung der Anbieter nicht über die sich in der programmbezogenen Gestaltungsfreiheit ausdrückenden Programmverantwortung der öffentlich-rechtlichen Trägereinheit gestellt werden dürfe. Vgl. hierzu Schumann, Der Bayerische Verfassungsgerichtshof als Hüter der Rundfunkfreiheit der neuen Medien, 1993, S. 721ff., S. 723ff.; dagegen Renck-Laufke, ZUM 1996, 960ff.

171 BayVGH, ZUM 1997, 844ff., 846, 850

172 Ziethen, in: Rundfunkaufsicht, Bd. 3, S. 103; Bumke, Landesmedienanstalten, 1995, S. 457 weist diesbezüglich zu Recht darauf hin, daß angesichts dieses Vorteils von Splittingfrequenzen eine Kompensation der Nachteile durch die „Vorrangregelung zugunsten von Anbietergesellschaften" in einigen Landesmediengesetzen versucht wird.

173 Hesse, Rundfunkrecht, 1999, S. 252

174 Ory, AfP 1999, 329

175 Hesse, Rundfunkrecht, 1999, S. 252

176 Bumke, Landesmedienanstalten, 1995, S. 457

177 Ziethen, in: Rundfunkaufsicht, Bd. 3, S. 104; Wagner, Die Landesmedienanstalten, 1990, S. 181 m.w.Nw.

178 Eingehend zur Problematik des Frequenzsplittings unter dem Gesichtspunkt der Zusammenarbeit der Anbieter siehe unten in diesem Kapitel, Die qualifizierte Zusammenarbeit auf den Splittingfrequenzen

Insbesondere der BayVGH unterscheidet zwischen dem sog. „weichen“ und dem „harten“ Frequenzsplitting[179], wobei die Abgrenzung vom Grad der Zusammenarbeit der Anbieter auf der Frequenz abhängt. Im Falle des harten Splittings findet keine oder nur eine geringe, informelle Zusammenarbeit der Anbieter statt, Programmformat, Produktions- und Studiotechnik und Werbeakquisition sind voneinander getrennt. Im Falle des weichen Frequenzsplittings findet eine Zusammenarbeit der Anbieter dergestalt statt, daß gem. Art. 25 Abs. 4 Satz 5 BayMG i.V.m. § 9 Abs. 1 Satz 1 HFS verschiedene Bereiche der Zusammenarbeit in organisatorischer, programmlicher, technischer und finanzieller Hinsicht durch einfach-vertragliche Regelungen im erforderlichen Umfang bindend für den Zeitraum der Sendeperiode festgelegt werden[180].

Die Zusammenarbeit der Anbieter auf einer Splittingfrequenz trägt wesentlich zu deren „Gelingen“ und dauerhaftem Bestand bei, da nur über gewisse Zusammenarbeitsvereinbarungen ein homogenes und durchhörbares Gesamtprogramm als Voraussetzung für die Akzeptanz einer gesplitteten Frequenz zustande kommen kann. Während das Frequenzsplitting eine mögliche Form der Verteilung knapper Übertragungskapazitäten darstellt, dienen die Zusammenarbeitserfordernisse dazu, die wirtschaftliche Tragfähigkeit der Frequenz zu gewährleisten[181].

(5) Gesamtwertung und Entscheidung nach Art. 26 BayMG

Die Landeszentrale trifft ihre Entscheidung über die Genehmigung eines von einem Bewerber angebotenen Programm aufgrund einer abschließenden Gesamtwertung[182] aller in Frage kommender Auswahlkriterien und genehmigt das Angebot unter den Voraussetzungen des Art. 26 Abs. 1 BayMG.

Der Anbieter muß zunächst nach deutschem Recht zur Verantwortung gezogen werden können. Weiterhin muß er erwarten lassen, sich nicht gesetzes- oder bestimmungswidrig zu verhalten und daß er aufgrund seiner insgesamten Ausstattung in der Lage ist, sein Angebot während des gesamten Genehmigungszeitraumes einzubringen. Die Einbeziehung seines Angebots muß hinreichende Gewähr dafür bieten, daß sich im Verbreitungsgebiet die geforderte Meinungsvielfalt und Ausgewogenheit einstellt und daß dem Grundsatz der Staatsferne

---

[179] BayVGH, MMR, 420ff., 422; hierzu Bethge, Die verfassungsrechtliche Stellung der Bayerischen Landeszentrale für neue Medien, 1999, S. 9f.; vgl. hierzu eingehend unten in diesem Kapitel, Die qualifizierte Zusammenarbeit auf den Splittingfrequenzen

[180] Bethge, Der verfassungsrechtliche Status der BLM, 1999, S. 9

[181] Vgl. etwa Hesse, Rundfunkrecht, 1999, S. 252, der als Lösung des Problems unter Hinweis auf BayVGH, ZUM 1988, 417 unmittelbar die Bildung eines „Werbepools“ vorschlägt, die eine die wirtschaftliche Eigenständigkeit der Anbieter vergleichsweise stark einschränkende Maßnahme darstellt; siehe hierzu eingehend unten, Die qualifizierte Zusammenarbeit auf den Splittingfrequenzen.

[182] Hierzu eingehend Bornemann/Kraus/Lörz, BayMG, Art. 25, Rdnr. 50

Rechnung getragen wird. Im Falle bundesweit empfangbarer Programme müssen außerdem die Bestimmungen des Rundfunkstaatsvertrages eingehalten sein.

Das Organisationsverfahren nach Art. 25 BayMG bildet dabei die Basis, auf der Erkenntnisse über die Genehmigungsfähigkeit vermittels der eingereichten Angebote, durch Verhandlungen mit den Bewerbern sowie gegebenenfalls durch Anpassungen der Angebote gewonnen werden. Bei den Anforderungen des Art. 26 Abs. 1 Satz 1 BayMG handelt es sich daher nicht um Auswahlkriterien, sondern um zwingende Genehmigungsvoraussetzungen, deren Vorliegen sich jedoch teilweise nach den im Organisationsverfahren angewandten Auswahlkriterien bestimmt. In den Genehmigungsvoraussetzungen des Art. 26 BayMG manifestiert sich in besonderem Maße die „präventive Kontrollfunktion“[183] des Genehmigungsverfahrens. Wie die mehrmalige Verwendung des Begriffes „erwarten“ belegt, ist die Entscheidung über das Vorliegen der in Art. 26 Abs. 1 Satz 1 BayMG genannten Genehmigungsvoraussetzungen in den Fällen der Nummern 2 bis 5 eine Prognoseentscheidung, die der Landeszentrale und ihrem pluralistisch zusammengesetzten Medienrat eine Reihe von Gestaltungsspielräumen eröffnet.

b) Die Genehmigung als Ermessensentscheidung

An die Darstellung des „Organisationsverfahrens“ und seiner Auswahlkriterien nach Art. 25 BayMG schließt sich die für die Erteilung der Genehmigung geltende Vorschrift des Art. 26 BayMG an, deren Wortlaut „Die Landeszentrale genehmigt die Verbreitung des Angebots nur, wenn (...)“ die Frage aufwirft, inwieweit ein Anbieter diese Genehmigung einfordern kann, sofern er alle Genehmigungsvoraussetzungen erfüllt und ob sich so das Recht auf ein gesetzmäßiges Genehmigungsverfahren zu einem Anspruch auf Erteilung der Genehmigung verdichtet. Hierzu soll zunächst auf die entsprechende Situation in der dualen Rundfunkordnung eingegangen werden.

(1) Die Natur der Genehmigungsentscheidung in der dualen Rundfunkordnung

Im dualen System der übrigen Bundesländer wird die Genehmigungsentscheidung vorwiegend als gebundene Entscheidung angesehen, auf die von Seiten der privaten Rundfunkveranstalter ein Anspruch besteht, sofern die Genehmigungsvoraussetzungen vorliegen[184]. Für das Bestehen eines Anspruchs auf Erteilung der Genehmigung bei vollständigem Vorliegen der gesetzlichen Voraussetzungen spricht die Gesetzessystematik, soweit die Voraussetzungen gesetzlich umfassend unter Verwendung der entsprechenden unbestimmten Rechtsbegriffe

[183] Wagner, Die Landesmedienanstalten, 1990, S. 177

[184] BVerfGE 57, 295, 326, 328f.; eingehend hierzu Bumke, Landesmedienanstalten, 1995, S. 203ff., 208; Wagner, Die Landesmedienanstalten, 1990, S. 185; Müller, ZUM 1996, 508ff., 508

umfassend geregelt und dargelegt sind[185]. Ein der Ermessensbetätigung bei der Auslegung dieser Voraussetzungen und deren Feststellung im konkreten Einzelfall nachgeschaltetes, weiteres Ermessen der Landesmedienanstalt kann dabei nicht ohne weiteres angenommen werden[186]. Ein weiteres Argument für die Beurteilung der Genehmigung als gebundene Entscheidung ergibt sich aus dem allgemeinen Grundsatz des Vorbehalt des Gesetzes. Der Gesetzgeber ist danach verpflichtet, die tatbestandlichen Voraussetzungen für die Erteilung oder Versagung einer Genehmigung selbst zu bestimmen[187]. Weiterhin kann der private Rundfunkveranstalter ausgehend von Art. 5 Abs. 1 Satz 2 GG als „grundrechtlichem Bezugspunkt“ eine subjektive Rechtsposition für sich beanspruchen, die den Anspruch auf ein gesetzmäßiges Zulassungsverfahren in einen einfachgesetzlichen Zulassungsanspruch münden läßt[188].

Allerdings ist der einfachgesetzliche Zulassungsanspruch auf der Tatbestandsebene durchweg an eine ganze Reihe von Voraussetzungen geknüpft, die den Landesmedienanstalten „angesichts der Offenheit des Normprogramms“[189] einen weiten Wertungsspielraum eröffnen. Aufgrund dieser Wertungsspielräume, die sich einer gerichtlichen Kontrolle teilweise entziehen[190], erhebt sich die Frage, inwieweit der einfachgesetzliche Zulassungsanspruch zugunsten einer Letztentscheidungskompetenz der Landesmedienanstalten nicht ohnehin auf der Tatbestandsebene gleichsam kompensiert wird. Dies gilt insbesondere für den Regelfall, daß die Landesmedienanstalt eine ermessensgeleitete Auswahl unter mehreren Bewerbern vorzunehmen hat[191].

---

[185] Hesse, Rundfunkrecht, 1999, S. 224, der zugleich darauf hinweist, daß die Frage eines Rechtsanspruchs auf Erteilung in den Landesmediengesetzen nur vereinzelt ausdrücklich geregelt wird.

[186] Hesse, a.a.O.

[187] BVerfGE 57, 295, 326, 328f.: Die Überantwortung der Genehmigungsentscheidung in das Ermessen der Zulassungsinstanz trotz Vorliegen der Genehmigungsvoraussetzungen lege die Zulassungsentscheidung„in einem Ausmaß in die Hand der Exekutive, das mit dem sich aus Art. 5 Abs. 1 Satz 2 GG ergebenden Vorbehalt des Gesetzes und dem Gewaltenteilungsprinzip nicht mehr vereinbar ist.“; vgl. auch Hesse, Rundfunkrecht, 1999, S. 224; Wagner, Die Landesmedienanstalten, 1990, S. 185f.

[188] Im Falle eingeschränkter Sendekapazitäten reduziert sich dieser Anspruch jedoch auf ein „Recht auf chancengleichen Zugang; Bumke, Landesmedienanstalten, 1995, S. 204f.; a.A., jedoch im Ergebnis ähnlich Wagner, Die Landesmedienanstalten, 1990, S. 186, 188f., der zusätzlich eine nur eingeschränkte Überprüfungsmöglichkeit der „Auswahlspielräume“ der Landesmedienanstalten annimmt.

[189] Bumke, Landesmedienanstalten, 1995, S. 209; vgl. auch Wagner, Die Landesmedienanstalten, 1990, S. 161ff.

[190] Hierzu siehe eingehend unten, Kapitel 3, Umfang und Dichte der judikativen Kontrolle

[191] Hierzu Bumke, Landesmedienanstalten, 1995, S. 204f.

(2) Die Genehmigung nach Art. 26 BayMG

Mangels eines grundrechtlichen Bezugspunktes auf Seiten der privaten Anbieter war lange Zeit weitgehend unstreitig, daß die Erteilung einer Genehmigung nach dem BayMG im Ermessen der Landeszentrale stand. Ein grundrechtlich unterfüttertes Eigeninteresse der Bewerber sollte danach durch das Genehmigungsverfahren nicht begründet werden. Das insofern freie Auswahlermessen der Landeszentrale war nach der ständigen Rechtsprechung des BayVerfGH nur durch das Willkürverbot und den Gleichbehandlungsgrundsatz begrenzt[192], was in der Praxis die Konsequenz nach sich zog, daß nur eine schlechthin unvertretbare Entscheidung angefochten werden konnte[193]. Gegen einen insoweit „rudimentären Schutz des Rundfunkanbieters"[194] wurden verschiedentlich Bedenken geäußert und das Fehlen einfachgesetzlicher subjektiv-öffentlicher Rechte kritisiert[195]. Zwar ist die grundrechtliche Position der privaten Anbieter durch das Bundesverfassungsgericht neu definiert worden[196]. Zu prüfen bleibt dennoch, ob sich dieser Status im Genehmigungsverfahren als ein einfachgesetzlicher Anspruch auf Zulassung entfaltet.

Bei der Beurteilung dieser Frage ist zunächst zwischen den der Landeszentrale auf der Tatbestandsebene zustehenden Ermessensspielräumen und dem Rechtsfolgeermessen zu unterscheiden. Zum einen legt Art. 26 Abs. 1 BayMG durch seinen gegenüber der Vorgängervorschrift veränderten Wortlaut bereits eine Ermessensentscheidung auch für den Fall des Vorliegens der Genehmigungsvoraussetzungen nahe[197]. Dieser Rechtsfolge liegt zum anderen eine ganze Reihe von ermessensgeleiteten Entscheidungen und Wertungen der Landeszentrale zu Grunde, die zur Wahrnehmung der Gesamtprogrammverantwortung erforderlich sind, um der öffentlich-rechtlichen Trägerschaft zu entsprechen. Art. 25 BayMG normiert vielfaltsorientierte Auswahlkriterien und grundsätzliche Richtlinien für das Organisationsverfahren, die von unbestimmten Rechtsbegriffen und prognostischen Wertungen geprägt sind und beschreibt auf diese Weise umfassend die programmliche Gestaltungsaufgabe der Landeszentrale. Auch die Genehmigungsvoraussetzungen des Art. 26 Abs. 1 BayMG sind dabei stark von progno-

---

192 BayVerfGH 39, 96, 161; Nachweise bei Stettner, ZUM 1992, 456ff., 462ff.; vgl. auch ders. ZUM 1994, 63ff., 70

193 Bornemann/Kraus/Lörz, BayMG, Art. 26, Rdnr. 24

194 Bumke, Landesmedienanstalten, 1995, S. 216

195 Degenhart, ZUM 1987, 595ff., 596; Bethge, ZUM 1994, 1ff., 5; Badura, ZUM 1988, 155ff., 159; Schütz, ZUM 1993, 55ff., 60; zu den verschiedenen Ansätzen vgl. Bumke, Landesmedienanstalten, 1995, S. 218ff.

196 Hierzu eingehend unten, Kapitel 3, Rundfunkfreiheit als Veranstalterfreiheit

197 Vgl. hierzu Bornemann, K&R 1999, 265ff., 266; Bornemann/Kraus/Lörz, BayMG, Art. 26, Rdnr. 31; Stettner, Die Stellung der BLM nach dem Bayerischen Mediengesetz, 1999, S. 80; anders noch für die alte Rechtslage Brümmer, Modellfragen, 1995, S. 55; Barth, Rundfunkunternehmerfreiheit, S. 55

stischen Elementen geprägt: Gefragt ist jeweils danach, ob der Anbieter „erwarten läßt"[198], die Genehmigungsvoraussetzungen zu erfüllen.

Die Ausübung des Ermessens bei der Beurteilung der vielfaltsrelevanten Zulassungsvoraussetzungen ist sehr weitgehend[199], erst wenn der Anbieter die Anforderungen nach Einschätzung der Landeszentrale vollumfänglich erfüllt, darf die Genehmigung erteilt werden.

Effektiv kommen sich beide Alternativen (gebundene und ermessensabhängige Entscheidung) ohnehin sehr nahe, wenn man den sich jeweils ergebenden gerichtlichen Schutz in Augenschein nimmt. Die prognostischen, auf Vielfaltsicherung gerichteten Elemente der Ermessensbetätigung bei Auslegung der unbestimmten Rechtsbegriffe innerhalb der Genehmigungsvoraussetzungen vermitteln der Landeszentrale wie allen Landesmedienanstalten einen Beurteilungsspielraum, der in seiner gerichtlichen Überprüfbarkeit und damit in seiner rechtsschützenden Relevanz selbst einer Gebundenheit der Entscheidung ihre Konsequenz nimmt[200]. Tatbestands- und Rechtsfolgeermessen kompensieren sich, im Ergebnis steht der Landeszentrale daher ein weitgehend ungebundenes Ablehnungsermessen zu[201]. Die Landeszentrale trifft mit der Genehmigung eine im wesentlichen auf Prognoseerwägungen[202] beruhende Ermessensentscheidung[203] oder, wie Bumke zutreffend formuliert, eine „ermessensgeleitete Gestaltungsentscheidung"[204]. Dabei steht ihr grundsätzlich ein weiter Ermessensspielraum zu[205]. Ein aus dem BayMG zu entnehmender Anspruch auf Erteilung der Genehmigung besteht demgemäß nicht[206].

---

198 Vgl. Art. 26 Abs. 1 Nrn. 2, 3, 4, 5 BayMG

199 BayVerfGH, ZUM 1991, 238, 245; Wilhelmi, ZUM 1992, 229, 236; Wagner, Die Landesmedienanstalten, 1990, S. 187; a.A. nur Barth, Rundfunkunternehmerfreiheit, S. 56; vgl auch eingehend unten, Kapitel 3, Der Gestaltungs- und Entscheidungsspielraum der Landeszentrale

200 Bumke, Landesmedienanstalten, 1995, S. 221; Wagner, Die Landesmedienanstalten, 1990, S. 187; hierzu eingehend unten, Kapitel 3, Umfang und Dichte der judikativen Kontrolle

201 So im Ergebnis auch Bornemann/Kraus/Lörz, BayMG, Art. 2 Rdnr. 14; Fehling, Die Konkurrentenklage bei der Zulassung privater Rundfunkveranstalter, 1994, S. 145

202 Zum Begriff vgl. BVerwG, DVBl. 1982, 301, 302; der Katalog der Zulassungsvoraussetzungen in Art. 26 Abs. 1 Satz 1 BayMG spricht in vier von sechs Fällen von Voraussetzungen, deren Erfüllung durch den Anbieter „zu erwarten" ist.

203 Wilhelmi, ZUM 1992, 229, 230

204 Bumke, Landesmedienanstalten, 1995, S. 216; anders noch Brümmer, Modellfragen, 1995, S. 94

205 Vgl. zunächst nur BayVGH, BayVBl. 1994, 183f., 183 unter Hinweis auf die Rechtsprechung des BayVerfGH in E 39, 96; 43, 170; siehe eingehend unten Kapitel 3, Der Gestaltungs- und Entscheidungsspielraum der Landeszentrale

206 So auch BayVerfGH 39, 96, 145, 150, passim; BayVGH, a.a.O.; für die Situation nach dem Beschluß des Bundesverfassungsgericht zur Grundrechtsträgerschaft privater Anbieter, E 97, 298, vgl. VG Regensburg, MMR 1998, 556ff., 558; Stettner, Die Stellung der BLM nach

(3) Auflagen und Nebenbestimmungen im Rahmen der Genehmigung

Die Natur der Genehmigungsentscheidung als gebundene oder, wie nach dem BayMG ermessensgeleitete Gestaltungsentscheidung ist auch für die Frage nach der Zulässigkeit von Auflagen und Nebenbestimmungen von Bedeutung.

Das Verwaltungsverfahrensgesetz ist, anknüpfend an die öffentliche Rechtsform, auch auf die Landesmedienanstalten anwendbar[207]. Zwar können nicht sämtliche Regelungen unbesehen übernommen werden, da es sich bei den Landesmedienanstalten nicht um Einheiten staatlicher Verwaltung handelt. Ein „Mindeststandard für ein Verfahren, das über die Zuteilung von Grundrechtschancen entscheidet"[208], ist jedoch zu wahren. Dies gilt insbesondere für die Vorschriften über die Anhörung, Begründung, die Pflicht zur vollständigen Sachverhaltsaufklärung sowie über die Zulässigkeit von Nebenbestimmungen.

Sofern bei Vorliegen der gesetzlichen Voraussetzungen ein Anspruch auf Erteilung besteht, können gemäß § 36 Abs. 1 VwVfG der Länder nur solche Verpflichtungen zulässigerweise Gegenstand einer Auflage sein, die ausdrücklich im Gesetz vorgesehen sind oder die überhaupt erst die Voraussetzung für die Erteilung einer Genehmigung schaffen[209]. In der landesmedienrechtlichen Praxis wird die Zulassung daher häufig, wenn nicht gar in der Regel durch vielfaltssichernde Nebenbestimmungen[210] ergänzt, die gemeinhin gesetzliche Vorgaben insbesondere im Hinblick auf die Vielfaltserzielung konkretisieren oder die Fixierung informeller Absprachen und Zusagen bezwecken[211].

Da es sich bei der Genehmigungsentscheidung der Landeszentrale um eine in erster Linie von wertenden und prognostischen Elementen durchwirkte „ermessensgeleitete Gestaltungsentscheidung“[212] handelt, wird sie in der Praxis häufig und nach Art. 36 Abs. 2 BayVwVfG in zulässiger Weise[213] mit Nebenbestim-

---

dem Bayerischen Mediengesetz, 1999, S. 80; ders., K&R 1999, 355ff., 358; Bamberger ZUM 2000, 284ff., 285f.; siehe auch bereits Bumke, Landesmedienanstalten, 1995, S. 214ff.;

207 Hierzu eingehend Bumke, Landesmedienanstalten, 1995, S. 282ff.; Hesse, Rundfunkrecht, 1999, S. 224

208 Hesse, Rundfunkrecht, 1999, S. 224

209 Hesse, Rundfunkrecht, 1999, S. 224f.; Bumke, Landesmedienanstalten, 1995, S. 376; Wagner, Die Landesmedienanstalten, 1990, S. 207ff.

210 Hierzu eingehend Wagner, Die Landesmedienanstalten, 1990, S. 210ff.

211 Überblick über die gängigsten Inhalte von Zulassungsauflagen bei Bumke, Landesmedienanstalten, 1995, S. 373f. m.w.Nw.; eingehend Wagner, Die Landesmedienanstalten, 1990, S. 208ff.; Baars, Kooperation und Kommunikation durch die Landesmedienanstalten, 1999, S. 249ff.

212 Bumke, Landesmedienanstalten, 1995, S. 216

213 Hierzu BayVGH, BayVBl. 1994, 183f., 183; Bornemann/Kraus/Lörz, BayMG, Art. 26, Rdnr. 36

mungen versehen[214], die das Normziel der Meinungsvielfalt während des Genehmigungszeitraumes verbindlich absichern helfen. Dies ist z.B. bei der von der Landeszentrale zu treffenden, in der Regel prognostisch geprägten Entscheidungen über die generelle Eignung und Einpassungsfähigkeit eines Bewerbers und seines Angebots[215] der Fall. Umfang und Inhalt der durch die Genehmigungsauflagen konkretisierten Pflichten der Anbieter haben sich dabei allerdings ausschließlich auf rundfunkrechtliche und rundfunkbezogene Ziele zu beziehen[216].

(4) Der Vorbehalt weiterer Anordnungen der Landeszentrale

Abgesehen von der Möglichkeit, auf den konkreten Einzelfall bezogene Nebenbestimmungen in die Genehmigung aufzunehmen, steht diese generell unter dem Vorbehalt, weitere Anbieter oder Zulieferungen aufzunehmen, soweit dies zur Erhöhung des Anteils an Beiträgen mit kulturellen, kirchlichen, sozialen und wirtschaftlichen Inhalten oder zur Vergrößerung der Meinungsvielfalt und Ausgewogenheit des Programms im Sinne von Art. 4 BayMG erforderlich wird, § 4 Abs. 1 Satz 3 HFS, § 6 Abs. 1 Satz 3 FSS. Damit bleibt ein Einwirken auf die Zusammensetzung des Gesamtprogramms vorbehalten, was für die effektive Wahrnehmung der Gesamtprogrammverantwortung[217] auch nach Abschluß des Genehmigungsentscheidung notwendig ist.

c) Dauer und Bestand der Genehmigung

Die Genehmigung ist ein begünstigender Verwaltungsakt, dessen Geltung zum einen befristet ist und dessen Voraussetzungen zum anderen während des gesamten Genehmigungszeitraumes vorliegen müssen[218].

(1) Die Befristung der Genehmigung

Die Genehmigung wird in der Regel für acht Jahre erteilt, Art. 26 Abs. 1 Satz 2 BayMG und kann gegebenenfalls auf Antrag des Anbieter verlängert werden, wenn nicht wichtige Gründe für eine Neuverteilung der Sendezeiten sprechen, Art. 26 Abs.1 Satz 3 BayMG.

Die Befristung auf acht Jahre soll einerseits den Anbietern Planungssicherheit für ihre technischen und programmlichen Investitionen gewährleisten, andererseits soll sie berücksichtigen, „daß zur Sicherung der Meinungsvielfalt und des

---

[214] So statuiert auch Art. 26 Abs. 1 Nr. 2 als Genehmigungsvoraussetzung, daß der Anbieter erwarten läßt, die Auflagen der Landeszentrale einzuhalten.

[215] So auch Barth, Rundfunkunternehmerfreiheit, S. 70f.

[216] Bumke, Landesmedienanstalten, 1995, S. 376, m.w.Nw.; ähnlich Brümmer, Modellfragen, 1995, S. 58; Wagner, Die Landesmedienanstalten, 1990, S. 209

[217] Siehe hierzu eingehend unten, Kapitel 3, Die Unterscheidung von Einzel- und Gesamtprogrammverantwortung

[218] Sog. Dauerverwaltungsakt, vgl. hierzu Wagner, Die Landesmedienanstalten, 1990, S. 245

Rechts von jedermann auf Beteiligung an privaten Rundfunkangeboten eine nachträgliche Neuverteilung von Frequenzen und Kanälen möglich sein muß"[219]. Der Zusatz „in der Regel“ ermöglicht es der Landeszentrale, in Einzelfällen eine kürzere Genehmigungsdauer vorzusehen. Die amtliche Begründung geht lediglich vom Fall einer Verkürzung, nicht aber einer Überschreitung der Frist aus[220].

Die Befristung der Genehmigung erfüllt in erster Linie interne Kontrollzwecke. Mit Ablauf der Sendeperiode entfällt die Genehmigung, der Anbieter befindet sich nunmehr in einer vergleichbaren Position wie bei der erstmaligen Bewerbung um einen Sendeplatz. Bei der Entscheidung über eine etwaige Verlängerung der Genehmigung handelt es sich entsprechend nicht um eine Maßnahme zur Kontrolle des laufenden Programmbetriebes, sondern um ein Instrument der Zulassungskontrolle, das der Landeszentrale den vollen Katalog der Auswahl- und Steuerungsmechanismen eröffnet[221]. So kann eine Neuorganisation einer durch Ablauf der Genehmigungsdauer „freigewordenen“ Frequenz nicht nur aufgrund von Defiziten in der Person oder dem Programm eines Anbieters verlangt werden[222], sondern auch in den Fällen, in denen neue Interessenten ebenfalls eine Zulassung auf der fraglichen Frequenz anstreben. Die Interessen dieser „neuen“ Bewerber sind bei der Entscheidung über eine Neuausschreibung von der Landeszentrale entsprechend zu berücksichtigen. Der „Alt-Anbieter“ auf einer Frequenz genießt in dieser Situation zwar keinen grundrechtlich verbürgten Vertrauensschutz[223], sein Status kann jedoch „unter Berücksichtigung ihrer bisherigen Sendetätigkeit“ bei der Neuverteilung „angemessen“ berücksichtigt werden, § 27 Satz 4 FSS, Art. 16 Satz 3 HFS[224]. Wegen der prinzipiell einzufordernden Offenheit des Rundfunkmarktes für jeden potentiellen Bewerber kann vom Grundsatz „bekannt und bewährt“ nur eingeschränkt Gebrauch gemacht werden[225]. Dies gilt insbesondere dann, wenn aufgrund von Kapazitätsengpässen durch die Neuorganisation einer Frequenz diese mehreren Anbietern beispiels-

[219] Amtliche Begründung zu Art. 28 BayMG, jetzt Art. 26 BayMG, abgedruckt bei Bornemann/Kraus/Lörz, BayMG, Art. 28; ähnlich Bumke, Landesmedienanstalten, 1995, S. 350; Wagner, Die Landesmedienanstalten, 1990, S. 216; Stender, "Staatsferne" und "Gruppenferne" in einem außenpluralistisch organisierten privaten Rundfunksystem, 1987, S. 156; Stettner, ZUM 1992, 456, 475

[220] Hierzu Bornemann/Kraus/Lörz, BayMG, Art. 28, Rn. 11

[221] Wagner, Die Landesmedienanstalten, 1990, S. 81, 214f.

[222] Die „wichtigen Gründe“ im Sinne des Art. 26 Abs. 1 Satz 3 BayMG müssen hierbei jedoch schon annähernd die Qualität von Widerrufsgründen haben, vgl. hierzu Bornemann, Gestaltung durch Programmorganisationsverfahren, in: BLM, (Hrsg.), Rundfunk in öffentlich-rechtlicher Trägerschaft, 2000, S. 73ff., S. 75

[223] Bornemann/Kraus/Lörz, BayMG, Art. 28, Rdnr. 16

[224] Zu dieser „Privilegierung“ vgl. Bumke, Landesmedienanstalten, 1995, S. 351; Wagner, Die Landesmedienanstalten, 1990, S. 217

[225] Bumke, Landesmedienanstalten, 1995, S. 351

weise im Rahmen einer Anbietergesellschaft zur Verfügung gestellt werden könnte.

(2) Widerruf der Genehmigung

Ein weiterer Grund für den Verlust einer bereits erteilten Genehmigung kann in Einzelfällen deren Widerruf sein. Es liegt auf der Hand, daß es sich beim Widerruf um den drastischsten Verlust von Anbieterrechten handelt, der durch besondere Umstände gerechtfertigt sein muß.

Die Genehmigung muß unter den Voraussetzungen des Art. 26 Abs. 3 BayMG widerrufen oder eingeschränkt werden, wenn die Voraussetzungen für ihre Erteilung nicht mehr vorliegen und auch durch Anordnungen nach Art. 16 BayMG nicht sichergestellt werden können[226]. Die Entscheidung über den Widerruf der Genehmigung ist keine ermessensabhängige Entscheidung[227]. Allerdings bezieht sich Art. 26 Abs. 3 BayMG wiederum auf die prognostischen Entscheidungen zur Eignung des Anbieters in Art. 26 Abs. 1 Satz 1 BayMG, so daß der Landeszentrale auch bei der Beurteilung der Voraussetzungen für den Widerruf ein Ermessensspielraum zusteht[228].

Als Ausdruck des Verhältnismäßigkeitsgrundsatzes[229] statuiert Art. 26 Abs. 3 BayMG, daß als Minus zum Widerruf Anordnungen nach Art. 16 BayMG getroffen werden müssen. Erst deren Erfolglosigkeit oder mangelnde Eignung, rechtmäßige Zustände herzustellen, berechtigen zum Widerruf[230].

II. Machtkonzentration und vorherrschende Meinungsmacht

Neben der Knappheit der vorhandenen Übertragungskapazitäten stellt die Thematik der Machtkonzentration ein weiteres Hindernis auf dem Weg zu einer vielfältigen und ausgewogenen Rundfunklandschaft dar.

Gleichgewichtige Vielfalt im Rundfunk erfordert zum einen die Freiheit der gesendeten Inhalte von staatlicher Dominanz; ein Ziel, das durch die Gewährleistung der Rundfunkfreiheit als klassisches Abwehrrecht gegenüber dem Staat in

[226] Die Vorschrift verdrängt als Spezialnorm die Artt. 48f. BayVwVfG; vgl. Wagner, Die Landesmedienanstalten, 1990, S. 243; Bornemann/Kraus/Lörz, BayMG, Art. 26, Rdnr. 57

[227] Vgl. insoweit den Wortlaut des Art. 26 Abs. 3 BayMG; hierzu Bornemann/Kraus/Lörz, BayMG, Art. 26, Rdnr. 64f.

[228] Vgl. hierzu Bornemann/Kraus/Lörz, BayMG, Art. 26, Rdnr. 57ff.

[229] Vgl. hierzu eingehend Wagner, Die Landesmedienanstalten, 1990, S. 243f., der zu Recht darauf hinweist, daß die Landesmedienanstalten gleichwohl vor der Sanktionsmöglichkeit des Widerrufs keinen „zu großen Respekt“ haben dürften.

[230] Vgl. eingehend Wagner, Die Landesmedienanstalten, 1990, S. 243ff.; vgl. eingehend unten Kapitel 3, Die Anordnungsbefugnisse nach Art. 16 BayMG

rein negatorischer Form verwirklicht werden kann[231]. Die „Freiheit des Rundfunks von staatlicher Beherrschung und Einflußnahme“[232] allein ist jedoch noch keine Garantie für die Erzielung gleichgewichtiger Vielfalt. Den Rundfunk beherrschende und ungleichgewichtig beeinflussende Inhalte können auch von Gruppen der im Rundfunk vertretenen Gesellschaft ausgehen. Um in diesem Bereich gleichgewichtige Vielfalt als das „Herzstück der Rundfunkfreiheit“[233] herstellen zu können, reichen negatorische Regelungen nicht aus. Vielmehr handelt es sich hier um einen Bereich der Rundfunkordnung, in dem die Gewährleistung gleichgewichtiger Vielfalt durch besondere organisatorische Maßnahmen sichergestellt werden muß.

In diesem Zusammenhang wurde der unbestimmte Rechtsbegriff der „vorherrschenden Meinungsmacht“ Ende der achtziger Jahre vom Bundesverfassungsgericht geprägt[234] und ist, grob ausgedrückt, als das Gegenteil von Meinungsvielfalt zu begreifen. Vorherrschende Meinungsmacht im Sinne einer publizistischen[235] Konzentration von Wettbewerbsvorteilen verhindert das Entstehen von Meinungsvielfalt, da die für die Meinungsvielfalt notwendige Ausgewogenheit der Meinungen ungünstig beeinflußt wird, wenn bestimmte Gruppen in unverhältnismäßig hohem Maße an der Rundfunkveranstaltung partizipieren und diese mit „ihren“ programmlichen Inhalten dominieren. Das Vorliegen von vorherrschender Meinungsmacht kann in quantitativer und in qualitativer Hinsicht bestimmt werden[236]; in jedem Fall ist eine „Gesamtbewertung aller relevanten Umstände“[237] vorzunehmen. Meinungsvielfalt erfordert demnach „den Ausschluß einseitigen, in hohem Maße ungleichgewichtigen Einflusses einzelner Veranstalter oder Programme auf die Bildung der öffentlichen Meinung, namentlich die Verhinderung vorherrschender Meinungsmacht"“.

Nicht nur die Staatsferne, sondern auch die „Gruppenferne“[238] des Rundfunks ist also für die Freiheit des Kommunikationsprozesses konstituierend: „Freiheitssicherung ist in der entwickelten Industriegesellschaft nicht mehr allein auf die Begrenzung und Kanalisierung staatlicher Macht gerichtet, sondern ebenso auf

---

[231] Siehe hierzu eingehend oben, Kapitel 1, Staatsferne als Strukturprinzip der Rundfunkordnung

[232] BVerfGE 57, 295, 320; 73, 118, 152f.; 74, 297, 324

[233] Piette, Meinungsvielfalt im privaten Rundfunk, S. 4

[234] BVerfGE 73, 118, 160, 172; 83, 283, 324; 95, 163, 172; 97, 228, 257f., 266f, vgl. auch bereits BVerfGE 57, 295, 323

[235] Gemeint ist hierbei ausdrücklich nicht die wirtschaftliche Machtkonzentration, die jedoch in aller Regel mit dem publizistischen Erfolg einhergeht.

[236] Zur Unterscheidung vgl. Hain, MMR 2000, 537ff.

[237] Hain, MMR 2000, 537ff., 537

[238] Vgl. den Titel von Stender, "Staatsferne" und "Gruppenferne" in einem außenpluralistisch organisierten privaten Rundfunksystem, 1987

die Begrenzung gesellschaftlicher Macht."[239] Die Herstellung dieser Balance bedarf der „Verantwortung und Handlungsbefugnis"[240] des Gesetzgebers.

Gerade auf dem Gebiet des Rundfunks sind schon früh besondere Tendenzen zur Konzentration erkannt worden[241]. Diese sind in erster Linie auf die Eigenart der werbefinanzierten Rundfunkveranstaltung zurückzuführen, die Unternehmen mit vergleichsweise hohem Marktanteil kostengünstigere Werbezeiten anbieten läßt[242] und diesen damit unverhältnismäßig große Wettbewerbsvorteile verschafft. Zwar ist das Prinzip der Meinungsvielfalt zunächst ohne jeden ökonomischen Bezug[243]. Der Prozeß der Machtkonzentration[244] aber folgt im werbefinanzierten Rundfunk in erster Linie ökonomischen Mustern[245], die sich durch internes Unternehmenswachstum und die Zusammenführung von Rundfunkunternehmen darstellen lassen[246]. Machtkonzentration im Medienbereich bedeutet daher immer eine Verzahnung „aufs engste" von wirtschaftlicher Marktmacht und publizistischer Meinungsmacht[247]. Die daraus resultierende Konzentration der programmlichen Inhalte auf eine begrenzte Anzahl von finanzkräftigen Unternehmen führt im Bereich des Rundfunks über den Weg der wirtschaftlichen Konzentration unmittelbar zu einer Gefährdung der Meinungsvielfalt und Ausgewogenheit. Die Anknüpfung rundfunkrechtlicher Konzentrationsregelungen an ökonomische Verflechtungstatbestände können deswegen als „rechtlich typisierte Inkompatibilitätsregelungen" aufgefaßt werden[248].

1. Pflicht des Gesetzgebers zur Verhinderung von Machtkonzentration durch geeignete Maßnahmen

Der Landesgesetzgeber ist nach Rechtsprechung des Bundesverfassungsgericht verpflichtet, Konzentrationstendenzen, die die publizistische Vielfalt bedrohen, wirksam entgegenzuwirken[249].

---

239 Böckenförde/Wieland, AfP 1982, 77ff., 81
240 Böckenförde/Wieland, AfP 1982, 77ff., 81
241 Holznagel, ZUM 1991, 263ff., 264f.
242 Sog. „Kontaktkostendegression", vgl. Holznagel, ZUM 1991, 263ff., 265, m.w.Nw.; Bumke, Landesmedienanstalten, 1995, S. 365; insgesamt zu den „economies of scale" (Größenvorteile) im Rundfunkbereich siehe Ablasser, Medienmarkt und Fusionskontrolle, 1997, S, 13f.
243 V. Wallenberg, ZUM 1992, 387ff., 387
244 Zum Begriff siehe Mailänder, Konzentrationskontrolle, 2000, S. 163
245 Bumke, Landesmedienanstalten, 1995, S. 365
246 Zu den Ursachen eingehend Mailänder, Konzentrationskontrolle, 2000, S. 165ff.
247 Gundlach, Die öffentlich-rechtlichen Rundfunkunternehmen zwischen öffentlichem Auftrag und marktwirtschaftlichem Wettbewerb, 1998, S. 227
248 Bumke, Landesmedienanstalten, 1995, S. 444
249 BVerfGE 73, 118, 172

Geeignet sind nach Ansicht des Bundesverfassungsgerichtes dabei nur solche Maßnahmen zur Verhinderung vorherrschender Meinungsmacht, die präventiv auf der Ebene des Prozesses der Machtkonzentration ansetzen. In seiner Entscheidung zur Rundfunkgebührenfestsetzung hat das Gericht in anschaulicher Weise klargestellt[250], daß Art. 5 Abs.1 Satz 2 GG ein objektiv-rechtliches Gebot enthält, „durch verfahrens- und organisationsrechtliche Vorkehrungen den Grundrechtsschutz in den Prozeß der Entscheidungsfindung vorzuverlagern und nicht erst auf das Entscheidungsergebnis zu beziehen“[251]. Präventive Kontrolle aus dem Gedanken eines prozeduralen Grundrechtsschutzes heraus ist vor allem dort erforderlich, wo „eine Ergebniskontrolle an materiellen Maßstäben zwar noch denkbar ist, aber erst zu einem Zeitpunkt stattfinden kann, in dem etwaige Grundrechtsverletzungen nicht mehr korrigierbar sind“[252]. Fehlentwicklungen in diesem Bereich sind in den meisten Fällen nur schwerlich reversibel[253], weswegen Tendenzen in diesem Bereich frühzeitig zu erkennen und zu bekämpfen sind[254]. Der Prozeß der Machtkonzentration, der im schlimmsten Fall schrittweise zu vorherrschender Meinungsmacht führt, muß dabei als „schleichender Vorgang“, als „abstrakte Gefahr“[255] begriffen werden, die wegen der Irreversibilität von Fehlentwicklungen bereits an sich bekämpft werden muß. Die Verhinderung vorherrschender Meinungsmacht muß also bereits einsetzen, bevor ein Verlust an Meinungsvielfalt eintritt[256].

Voraussetzung für eine effiziente Kontrolle publizistischer Macht ist dabei auch, daß alle in einem kommerziell orientierten Rundfunksystem relevanten Kräfte in das Regelungssystem mit einbezogen werden müssen[257]. Zu regeln ist also nicht nur die horizontale intramediäre Konzentration unter den Veranstaltern, sondern auch die vertikalen, sowie die intermediären Verflechtungen[258].

2. Die Regelungen des Rundfunkstaatsvertrages

Die durch die Landesgesetzgeber geschaffenen Regelungen zur Machtkonzentration werden durch entsprechende Regelungen des Rundfunkstaatsvertrages

---

250 BVerfGE 90, 60, 96
251 Bumke, ZUM 1998, 121ff., 125
252 BVerfGE 90, 60, 96
253 BVerfGE 57, 295, 323; 73, 118, 163, 173; Hesse, Rundfunkrecht, 1999, S. 239; Renck-Laufke, ZUM 2000, 105ff., 114 weist zu Recht darauf hin, daß sich die „Vorahnung des Bundesverfassungsgerichts“ von der Schwierigkeit, einmal entstandene Verhältnisse wieder umzukehren, als zutreffend erwiesen hat.
254 BVerfGE 57, 259, 323; 73, 118, 173; 95, 163, 173; vgl. auch BGHZ 71, 102, 118; Ziethen, in: Rundfunkaufsicht, Bd. 3, S. 116 unter Hinweis auf Gotthold, ZHR 148 (1984), 465, 476; Hesse, Rundfunkrecht, 1999, S. 239
255 Bumke, ZUM 1998, 121ff., 125
256 Rager/Weber, Media Perspektiven 1992, 357ff., 362
257 Stammler, ZUM 1995, 104ff., 110
258 Stammler; a.a.O.

flankiert. Die folgenden Ausführungen sollen der Vollständigkeit halber lediglich einen Überblick vermitteln.

Die Regelungen zur Verhinderung vorherrschender Meinungsmacht und Machtkonzentration des Rundfunkstaatsvertrages folgen dem sog. Zuschaueranteilsmodell[259]. Die Definition von Meinungseinfluß und Vermachtungsgrad wird demnach nicht mehr „kommunikator- bzw. mediator-, sondern rezipientenbezogen in Angriff genommen"[260], wobei die Menge der von einem Programm erreichten Zuschauer die Entscheidungsgrundlage bildet.

Zur Umsetzung der im Rundfunkstaatsvertrag normierten Konzentrationskontrolle wurden als aufsichtliche Organe die Kommission zur Ermittlung der Konzentration im Medienbereich (KEK) und die Konferenz der Direktoren der Landesmedienanstalten (KDLM) gebildet. Diese ergänzen als nichtständige, lediglich potentielle Organe (§ 35 Abs. 2 Satz 2 RStV) aller Landesmedienanstalten deren Tätigkeit bei der Beurteilung von Fragen der Meinungsvielfalt im Zusammenhang mit der bundesweiten Veranstaltung von Fernsehprogrammen[261]. Durch die Errichtung einer länderübergreifenden Institution soll eine supraföderale, standortunabhängige Medienkonzentrationskontrolle gewährleistet werden, ohne dabei das Prinzip des Föderalismus, z.B. durch eine Gesamtzuständigkeit aller Landesmedienanstalten, aufgeben zu müssen[262].

Im Falle ihrer Tätigkeit als Organ einer Landesmedienanstalt stehen der KEK und gegebenenfalls der KDLM nach § 36 Abs. 1 Satz 3 RStV „durch die zuständige Landesmedienanstalt" die Verfahrens- und Auskunftsrechte sowie die Ermittlungsbefugnisse der §§ 21 und 22 RStV zu. Die Ausübung dieser Rechte erfolgt nicht unmittelbar; vielmehr erfolgt sie nach Maßgabe der organschaftlichen Zuständigkeit der jeweilig betroffenen Landesmedienanstalt[263]. Die Erfüllung der Aufgabe der Sicherung der Meinungsvielfalt obliegt nach wie vor jeder zuständigen Landesmedienanstalt selbst, eine „einheitliche Handhabung" soll

---

[259] Vgl. ausführlich Hartstein/Ring/Kreile/Dörr/Stettner, Rundfunkstaatsvertrag, § 26, Rdnr. 8ff.; zur Geschichte vgl. Stock/Röper/Holznagel, Medienmarkt und Meinungsmacht, 1997, 16ff.; zum Zuschaueranteilsmodell vgl. eingehend Mailänder, Konzentrationskontrolle, 2000, S. 294ff.; Clausen-Muradian, ZUM 1996, 934ff., 938ff.; Dörr, Media Perspektiven 1996, 621ff., 625ff.; Stock, JZ 1997, 583ff., 590ff.; Kuch, ZUM 1997, 12ff.; kritisch Renck-Laufke, ZUM 2000, 105ff., 109

[260] Stock/Röper/Holznagel, Medienmarkt und Meinungsmacht, 1997, S. 26

[261] Der Begriff der „Veranstaltung" ist hier gleichbedeutend mit dem Begriff der „bundesweiten Empfangbarkeit"; Hartstein/Ring/Kreile/Dörr/Stettner, Rundfunkstaatsvertrag, § 35, Rdnr. 2

[262] Hartstein/Ring/Kreile/Dörr/Stettner, Rundfunkstaatsvertrag, § 35, Rdnr. 3

[263] Bornemann/Kraus/Lörz, BayMG, Art. 10, Rdnr. 25

gleichwohl durch das Auftreten von KEK und KDLM als nichtständige Organe der Landesmedienanstalten gewährleistet werden[264].

Die KEK besteht aus sechs Sachverständigen des Rundfunks- und des Wirtschaftsrechts und ist damit nicht, wie die Entscheidungsgremien der Landesmedienanstalten gruppenplural zusammengesetzt, sondern als Sachverständigenkommission konzipiert[265]. Ihre einvernehmliche Berufung obliegt den Ministerpräsidenten der Länder, § 35 Abs. 3 Satz 2 RStV[266].

Neben der abschließenden Beurteilung von Fragestellungen der Vielfaltsicherung im Zusammenhang mit der bundesweiten Veranstaltung von Fernsehprogrammen, ermittelt die KEK in Entsprechung der Regelung in § 27 Abs. 1 Satz 1 die den Rundfunkunternehmen jeweils zurechenbaren Zuschaueranteile, § 36 Abs. 1 Satz 4 RStV[267]. Sie trifft damit für die jeweilige Landesmedienanstalt bindende wertende Entscheidungen, wobei ihr eine umfassende „Definitionskompetenz im Innenverhältnis“[268] bei der Beurteilung auf Machtkonzentrationsfragen jedoch keine exekutive Berechtigung zukommt. In ihrer Eigenschaft als potentielles, gleichsam zwischen den Landesmedienanstalten hin und her wanderndes Organ[269] soll sie ordnungspolitische Durchsetzungskraft sichern standortpolitische Neutralität vermitteln[270].

Ist das im jeweiligen Fall mit der Entscheidung betraute ständige Organ der betroffenen Landesmedienanstalt mit der, zunächst einmal Bindungswirkung entfaltenden Entscheidung nicht einverstanden, hat es die Möglichkeit, zum Zwekke einer Gegenkontrolle die KDLM anzurufen. Diese kann, will sie den Einwänden der Landesmedienanstalt entsprechen, mit einer Mehrheit von drei Viertel ihrer gesetzlichen Mitglieder einen abweichenden Beschluß fassen, der sodann den Beschluß der KEK unmittelbar ersetzt. Die KDLM wird aus den jeweiligen gesetzlichen Vertretern der Landesmedienanstalten gebildet.

Die Tätigkeit von KDLM und KEK ist in der Vergangenheit nicht unumstritten geblieben. Der Umfang der Rechte und Zuständigkeiten und ihre Wahrnehmung

---

264 Hartstein/Ring/Kreile/Dörr/Stettner, Rundfunkstaatsvertrag, § 35, Rdnr. 3

265 Bumke, ZUM 1998, 121ff., 127

266 Zur verfassungsrechtlichen Problematik der Staatsferne vgl. Hartstein/Ring/Kreile/Dörr/Stettner, Rundfunkstaatsvertrag, § 35, Rdnr. 6; Knothe, ZUM 1997, 6ff., 11

267 Bei dieser Ermittlung ist sie berechtigt, auf die Ergebnisse repräsentativer Erhebungen durch von ihr beauftragter Unternehmen zurückzugreifen, vgl. Hartstein/Ring/Kreile/Dörr/Stettner, Rundfunkstaatsvertrag, § 36, Rdnr. 4

268 Bumke, ZUM 1998, 121ff., 128 unter Hinweis auf Stock, JZ 1997, 583ff., 593; kritisch Bamberger, AfP 2000, 131ff., 131

269 Anschaulich Bumke, ZUM 1998, 121ff., 128

270 Bumke, ZUM 1998, 121ff., 128

insbesondere durch die KEK hat eine breite Diskussion um die Frage der Verselbständigungstendenzen dieses Organs entfacht[271]. Gleiches gilt für die Bewertung des Zuschaueranteilsmodells[272]. Da es sich hierbei nicht um ein spezifisch aus dem bayerischen Trägerschaftsvorbehalt herrührendes Problem handelt, sei in diesem Zusammenhang lediglich auf die Fülle der bereits existierenden Literatur verwiesen[273].

3. Regelungen des BayMG zur Verhinderung von Machtkonzentration vorherrschender Meinungsmacht durch organisatorische Maßnahmen

Nach Auffassung des BayVerfGH muß der öffentlich-rechtliche Träger nach der ihm immanenten Struktur die Ausgewogenheit lediglich „in sich selbst sichern"[274]: „Die von der Landeszentrale verantworteten Programme entsprechen nur dann den für einen öffentlich-rechtlichen Träger geltenden Gebot der Binnenpluralität, wenn sie in jedem Verbreitungsgebiet für sich ausgewogen sind."[275] Diese Vorgabe wird von Artt. 4, 25 Abs. 5 bis 11 BayMG einfachgesetzlich umgesetzt. Teilweise wird daher bezweifelt, ob im System der öffentlich-rechtlichen Trägerschaft überhaupt die Gefahr von vorherrschender Meinungsmacht gegeben sei[276]. Allerdings darf der Umstand, daß die privaten Anbieter in Bayern rechtlich in das System der öffentlich-rechtlichen Trägerschaft

[271] Umfassende Darstellung bei Hepach, ZUM 1999, 603ff.

[272] Vesting, Prozedurales Rundfunkrecht, 1997, S. 328 empfindet die Konzentrationsregelungen des Rundfunkstaatsvertrages als zu großzügig und schlägt zu Recht vor: „Die Konzentrationsregeln des Rundfunkstaatsvertrages müßten deshalb stärker als bisher an der Bewahrung kultureller Vielfalt orientiert und gleichsam als Widerlager gegen die ästhetische Homogenisierung und Nivellierung der Fernsehwelt im Unterhaltungsbereich konstruiert werden." Diese sehr weitgehende Forderung knüpft an Qualitätsbereiche an, die mit der allgemeinen Vielfaltsicherung, Jugendschutz- und Werbebestimmungen nicht zu fassen sind. Der qualitative Aspekt eines Programms läßt sich jedoch nur sehr schwer ausmachen. Im Hinblick auf die zunehmende Intensivierung bzw. Einführung bestimmter Formate (z.B. Talk-Shows, sog. Trash-TV, Reality-Formate wie Big Brother, Big Diet, Expedition Robinson etc.), die eng an die Auflösung der Privatsphäre zugunsten einer massenmedialen Öffentlichkeit anknüpfen, wäre eine konkretisierte Ausformung von Vorschriften zum Schutze der Menschenwürde wünschenswert. Instruktiv hierzu Di Fabio, Der Schutz der Menschenwürde durch Allgemeine Programmgrundsätze, 2000

[273] Umfassende Darstellung bei Ring, ZUM 2000, 177; Hesse, ZUM 2000, 183ff.; Kreile, ZUM 2000, 194ff.; Kreile/Stumpf, MMR 1998, 192ff.; Neft, ZUM 1999, 97ff.; Hepach, ZUM 1999, 603ff.; Jochimsen, AfP 1999, 24ff.; Neft, ZUM 1998, 458ff.; Clausen-Muradian, ZUM 1996, 934ff.; zur Rechtsstellung vgl. Kuch, ZUM 1997, 12ff.; zum Verfahren vgl. Bumke, ZUM 1998, 121ff., 1256ff.; zur persönlichen Haftung der Mitglieder der KEK vgl. Bamberger, AfP 2000, 131ff.; Kreile, NJW 1997, 1329ff.

[274] Bornemann/Kraus/Lörz, BayMG, Art. 25, Rdnr. 67

[275] BayVerfGH 39, 96, 149f.

[276] Brümmer, Modellfragen, 1995, S. 118 unter Hinweis auf Degenhart, Bayern auf dem Weg zur dualen Rundfunkordnung, AfP 1987, 371ff., 374; ders., Verfassungsfragen der Novelle zum BayMEG, ZUM 1987, 595ff., 599

weitgehend eingebunden sind, nicht über ihre wirtschaftliche und meinungsbildende Macht hinwegtäuschen[277].

Bei der Verhinderung von vorherrschender Meinungsmacht und Machtkonzentration handelt es sich gleichwohl nicht um ein spezifisch bayerisches Problem; ebensowenig kommen in diesem Bereich im wesentlichen andere Kontrollmechanismen zum Tragen als in anderen Bundesländern. Die vielfaltsrelevanten Eigengesetzlichkeiten der Programmgestaltung durch Private sind zwar auch im bayerischen alternativ-öffentlich-rechtlichen Rundfunkmodell von großer Bedeutung. Ob jedoch der zu vorherrschender Meinungsmacht tendierende Anbieter, sei er Verleger o.ä., als originärer Rundfunkveranstalter oder bayerischer Anbieter im Rahmen der Trägerschaft der Landeszentrale Meinungsmacht auf sich konzentriert, hat auf die Kontrolle und auf die Bekämpfung dieser Konzentrationsmechanismen wenig Einfluß. Die Kontrolle von Machtkonzentration und die Verhinderung vorherrschender Meinungsmacht sind veranstalter- resp. anbieterbezogen, ein inhaltlicher Bezug zum Programm, der die bayerische Besonderheit der Veranstaltereigenschaft der Landeszentrale voll zum Tragen kommen ließe, fehlt hingegen. Ein intensives Eingehen auf diese Problematik kann im Rahmen dieser Arbeit daher nicht geleistet werden, gleichwohl sollen die nachfolgenden Ausführungen einen Überblick über die Konzentrationsregelungen des BayMG geben.

a) Vorkehrungen im Rahmen des Genehmigungsverfahrens

Es liegt auf der Hand, daß die Verhinderung von Meinungsmacht am effektivsten gewährleistet werden kann, wenn bereits im Rahmen der Genehmigung der privaten Rundfunkangebote, also bei der Auswahl der Anbieter entsprechende Vorkehrungen getroffen werden. Das Auswahlverfahren ist damit wichtigster Teil der präventiven Konzentrationskontrolle. Dementsprechend sind auch nach Auffassung des BayVerfGH Anordnungen nach Art. 16 BayMG im Sinne einer repressiven Konzentrationskontrolle nicht ausreichend, um der Entstehung von Meinungsmacht effektiv entgegenwirken zu können, vielmehr müssen bereits bei der Genehmigung privater Rundfunkangebote entsprechende Vorkehrungen getroffen werden[278]. Die vom hierfür Bundesverfassungsgericht festgestellten Mindestanforderungen gelten in Bayern aufgrund der Einbindung Privater in die Rundfunkveranstaltung entsprechend[279].

[277] Brümmer, Modellfragen, 1995, S. 119

[278] BayVerfGH BayVBl. 1987, 77ff., 115; hierzu Brümmer, Modellfragen, 1995, S. 123; Bornemann/Kraus/Lörz, BayMG, Art. 25, Rdnr. 67

[279] BayVerfGHE 39, 96, 157, der BayVerfGH verweist hier lediglich auf die Ausführungen des BVerfG; vgl. auch Brümmer, Modellfragen, 1995, S. 124

Art. 25 Abs. 5 Satz 1 BayMG normiert gleichsam als Obersatz[280] das grundsätzliche Gebot, daß niemand durch seine Beteiligung an Rundfunkprogrammen vorherrschende Meinungsmacht erlangen darf. Zur Erreichung dieses Ziels schreibt Art. 25 Abs. 5 Satz 2 BayMG eine Reihe von möglichen Vorgehensweisen fest, wie die Anforderung einer pluralen gesellschaftsrechtlichen Zusammensetzung des Anbieters[281], einer Stimmrechtsbeschränkung in Programmfragen[282], eines verbindlichen Programmschemas[283] oder der Einsetzung eines Programmbeirates[284]. Hierbei handelt es sich nicht um eine abschließende Regelung, auch andere Wege zur Verhinderung von Machtkonzentration können beschritten werden[285]. Vor allem die Darlegungen zu Firma, Inhaber- und Beteiligungsverhältnissen, Art. 25 Abs. Satz 4 BayMG n.F., § 6 Abs. 1 Satz 4 Nr. 1 HFS, § 10 Abs. 1 Satz 4 Nr. 1 FSS, bilden, abgesehen von der reinen Identitätsfeststellung[286], die Grundlage für die Beurteilung von Machtkonzentrationsfragen und Fragen der späteren Änderung von Beteiligungsverhältnissen.

Weiterhin wird durch die Bevorzugung von Anbietergemeinschaften und –gesellschaften eine Konzentrationsminderung erheblich begünstigt. Sofern sich mehrere Anbieter bereits im Rahmen des Genehmigungsverfahrens zu einer Gemeinschaft zusammenschließen, hat die grundsätzlich neben den positiven wirtschaftlichen Effekten wegen der breiteren Streuung der Sendegenehmigungen und der gleichsam automatisch pluralen Zusammensetzung der Anbietergesellschaft auch konzentrationshemmende Auswirkungen[287]. Allerdings kann der Zusammenschluß mehrere Anbieter auch den (unerwünschten) Nebeneffekt haben, daß sich neue und komplexe Zusammenschlüsse sonst konkurrierender Unternehmen bilden, die ihrerseits wieder auf Machtkonzentration überprüft

---

280 Bornemann/Kraus/Lörz, BayMG, Art. 25, Rdnr. 67

281 Hierzu vgl. BVerfGE 83, 238, 325; eingehend Bornemann/Kraus/Lörz, BayMG, Art. 25, Rdnr. 70ff.

282 Kritisch zur Effektivität von Stimmrechtsbeschränkungen Bornemann/Kraus/Lörz, BayMG, Art. 25, Rdnr. 73 m.w.Nw.; v. Wallenberg, ZUM 1998, 196ff., 202f.; siehe auch Brümmer, Modellfragen, 1995, S. 147f.

283 Kritisch auch hier im Hinblick darauf, daß Programmschemata im Rahmen des Genehmigungsverfahrens ohnehin als verbindlich anzusehen sind, Bornemann/Kraus/Lörz, BayMG, Art. 25, Rdnr. 74

284 Eingehend hierzu unter Einbeziehung von § 32 RStV Bornemann/Kraus/Lörz, BayMG, Art. 25, Rdnr. 75ff.; ferner Piette, Meinungsvielfalt im privaten Rundfunk, S. 211ff.; kritisch Eberle, Aufbruch ins digitale Zeitalter, 1994, S. 13; vgl. auch Brümmer, Modellfragen, 1995, S. 120f., die eine Schwächung der öffentlich-rechtlichen Trägerschaft durch die Verlagerung von Programmverantwortung auf die Programmbeiräte für möglich hält.

285 Hauptanwendungsfälle in der Praxis sind die Einrichtung einer landesweiten Hörfunkkette sowie die sog. Einfrequenzstandorte, vgl. Bornemann/Kraus/Lörz, BayMG, Art. 25, Rdnr. 70

286 Zum Zwecke der Transparenz und Stabilität der Verantwortlichkeit im Hinblick auf spätere Maßnahmen, die eines eindeutigen Adressaten bedürfen, siehe Fehling, Die Konkurrentenklage bei der Zulassung privater Rundfunkveranstalter, 1994, S. 65

287 Ziethen, in: Rundfunkaufsicht, Bd. 3, S. 128

werden müssen[288]. Durch eine umfassende und genaue Bewertung der internen Verhältnisse einer Anbietergesellschaft kann im Genehmigungsverfahren dennoch eine tendenziell konzentrationsmindernde Auswahlentscheidung getroffen werden, sofern Änderungen der Beteiligungsverhältnisse auch während des Sendezeitraums genauestens überwacht werden[289].

Eine weitere Möglichkeit der präventiven Konzentrationskontrolle besteht in der Aufnahme von entsprechenden Auflagen in die Genehmigung, um gegebenenfalls während der Sendeperiode erforderlich werdende repressive Maßnahmen bereits im Vorfeld rechtlich zu unterfüttern. Dabei können z.B. die Aufnahme lokaler Fensterprogramme vereinbart, Programmzulieferungen festgeschrieben oder Einigungsvereinbarungen zwischen Anbietern in einer Anbietergesellschaft umgesetzt werden[290].

Insgesamt bietet das Genehmigungsverfahren damit den größten Spielraum für die öffentlich-rechtliche Trägereinheit bei der präventiven Konzentrationskontrolle. Machtkonzentration wird bereits dadurch effektiv verhindert, daß eine Genehmigung im Falle der Gefahr des Entstehens vorherrschender Meinungsmacht schlicht versagt werden muß[291]. Konkretisiert wird diese kategorische Dekonzentrationsregelung des Art. 25 Abs. 5 BayMG durch die folgenden Absätze 6 bis 11. Gleichzeitig bietet das Genehmigungsverfahren eine Plattform, auf der konzentrationsverhindernde Verfahren ausgehandelt und entsprechende Vorkehrungen getroffen werden können, die in ihrer Effizienz während des Genehmigungszeitraumes fortwirken und ein gegebenenfalls erforderliches repressives Einschreiten der Landeszentrale erleichtern.

b) Mehrfachbeteiligungen an Fernseh- und/oder Hörfunkprogrammen

Eine grundsätzlich wirksame Form der Eindämmung und Bekämpfung von intramediären Konzentrationstendenzen liegt zunächst darin, die Zahl der Sendegenehmigungen pro Rundfunkveranstalter zu begrenzen[292].

Art. 25 Abs. 6 BayMG regelt entsprechend den Fall der mehrfachen Beteiligung eines Anbieters an Rundfunkprogrammen in einem Versorgungsgebiet[293]. Da für bundesweit empfangbare Fernsehprogramme die Bestimmungen des Rundfunk-

---

[288] Ziethen, in: Rundfunkaufsicht, Bd. 3, S. 129
[289] Hierzu siehe unten Kapitel 3, Die Genehmigung von personellen oder programmlichen Veränderungen
[290] Bumke, Landesmedienanstalten, 1995, S. 374
[291] BayVerfGH BayVBl. 1987, 73ff., 115
[292] Ziethen, in: Rundfunkaufsicht, Bd. 3, S. 117
[293] Zur Definition des Versorgungs- bzw. Verbreitungsgebietes siehe Bornemann/Kraus/Lörz, BayMG, Art. 25, Rdnr. 79

staatsvertrages gelten[294], beschränkt sich der Anwendungsbereich der Vorschrift auf lokale und regionale Rundfunkprogramme in den jeweiligen Verbreitungsgebieten sowie auf landesweit empfangbare Programme[295]. Die Möglichkeit der Mehrfachbeteiligung an mehreren „entsprechenden" Programmen wird von der Frage abhängig gemacht, ob mindestens ein weiteres Rundfunkprogramm eines anderen Anbieters für den überwiegenden Teil des Versorgungsgebietes genehmigt ist. Hörfunk- und Fernsehprogramme werden dabei unabhängig voneinander betrachtet, das Tatbestandsmerkmal der Mehrfachbeteiligung bezieht sich dem Wortlaut des Art. 25 Abs. 6 BayMG nach stets nur auf „entsprechende", also einer der beiden Gattungen angehörenden Programme[296]. Ist dies der Fall, so steht einer Genehmigung in konzentrationsrechtlicher Hinsicht nichts entgegen, es sei denn, es ist zu erwarten, daß der mehrfach in einem Versorgungsgebiet auftretende Anbieter durch die Mehrfachbeteiligung dennoch vorherrschende Meinungsmacht erlangen sollte. Diese Situation kann im Falle einer intramediären Mehrfachbeteiligung zum Beispiel dann auftreten, wenn die vorhandenen lokalen und regionalen Presseunternehmen nicht in der Lage sind, ein „ausreichendes publizistisches Gegengewicht"[297] zu bilden und so der Rundfunkanbieter den Prozeß der öffentlichen Meinungsbildung in unverhältnismäßig starker Weise beeinflußt. Die Entscheidung dieser in starkem Maße von prognostischen Elementen durchwirkten Frage obliegt der Landeszentrale im Rahmen des Genehmigungsverfahrens.

Ist hingegen kein anderes Rundfunkangebot im Verbreitungsgebiet genehmigt, kann sich ein Anbieter an entsprechenden Programmen nur beteiligen, sofern die Landeszentrale ausreichende Vorkehrungen gegen das Entstehen vorherrschender Meinungsmach nach Art. 25 Abs. 5 Satz 2 BayMG treffen kann. Hieran sind strenge Anforderungen zu stellen[298], da der Anbieter in diesem Fall aufgrund seiner Mehrfachbeteiligung in die Nähe einer Alleinanbieterstellung[299] rückt.

Fraglich ist im Falle der Regelung des Art. 25 Abs. 6 BayMG das relevante Maß der Beteiligung. Seinem Wortlaut nach legt die Vorschrift ein absolutes Beteiligungsverbot ohne Rücksicht auf den Grad der gesellschaftlichen Beteiligung des Anbieters nahe, was durch die ausdrückliche Formulierung einer „maßgeblichen" Beteiligung in Abs. 9 bestätigt zu werden scheint. Es spricht jedoch einiges dafür, daß es sich bei der Auslassung des Begriffes „maßgeblich" um ein redaktionelles Versehen gehandelt haben könnte. Durch eine nur geringe Beteiligung an einem Rundfunkunternehmen ist die Gefahr vorherrschender Mei-

---

[294] Art. 25 Abs. 11 BayMG
[295] Bornemann/Kraus/Lörz, BayMG, Art. 25 Rdnr. 78
[296] Bornemann/Kraus/Lörz, BayMG, Art. 25 Rdnr. 80
[297] Bornemann/Kraus/Lörz, a.a.O.
[298] Vgl. Bornemann/Kraus/Lörz, BayMG, Art. 25, Rdnr. 80
[299] Siehe hierzu eingehend Brümmer, Modellfragen, 1995, S. 118ff.

nungsmacht nicht unmittelbar gegeben, der Gesetzeszweck wäre vorderhand nicht beeinträchtigt[300]. Allerdings hätte ein an der Mehrfachbeteiligung interessierter Anbieter die Möglichkeit, seine nicht „maßgeblichen„ Beteiligungen breit zu streuen, was zu einer dennoch maßgeblichen Beteiligung an der Rundfunklandschaft in einem Verbreitungsgebiet insgesamt führen könnte. Ein solches Verhalten würde möglicherweise durch die Bevorzugung von Anbietergesellschaften im Rahmen des Genehmigungsverfahrens begünstigt, was letztlich den vielfaltsstiftenden Charakter dieses Auswahlkriteriums unterlaufen würde. Denkbar wäre etwa, daß sich ein besonders finanzstarkes Unternehmen an einer ganzen Reihe von Anbietergesellschaften beteiligt. Eine solche Streuung von Beteiligungen ist im Falle der Differenzierung zwischen landesweiten UKW-Hörfunkprogrammen und anderen regionalen und lokalen Hörfunkprogrammen nicht ohne weiteres gegeben, was eine ausdrückliche Formulierung des Begriffes „maßgeblich" in Abs. 9 rechtfertigen würde.

Das mehrfache Auftreten eines Anbieters kann jedoch in konzentrationsrechtlicher Hinsicht nicht nur innerhalb eines Versorgungsgebietes, sondern auch über mehrere Sendestandorte hinaus relevant sein. Daher statuiert Art. 27 Abs. 8 BayMG ein Recht der Landeszentrale, Höchstgrenzen für die Beteiligung eines Anbieters an mehreren Sendestandorten festzulegen, um der Gefahr einer überregionalen Meinungsmacht vorzubeugen. Die Festlegung solcher Höchstgrenzen erfolgt vor allem durch Richtlinien und Vorgaben im Einzelfall[301].

Eine weitere Einschränkung von Mehrfachbeteiligungen ist in Art. 25 Abs. 9 enthalten. Hiernach darf ein Anbieter nur entweder an einem landesweiten UKW-Hörfunkprogramm oder an lokalen oder regionalen Hörfunkprogrammen maßgeblich beteiligt sein. Die Landeszentrale kann nach Art. 25 Abs. 9 Satz 2 BayMG n.F. kann in begründeten Einzelfällen Ausnahmen zulassen, sofern gesichert ist, daß die Meinungsvielfalt hiervon nicht beeinträchtigt wird[302].

c) Die Verflechtung von Presse und Rundfunk

Konzentrationsrechtlich relevante Verflechtungen können nicht nur innerhalb des „Rundfunkmarktes" vonstatten gehen, sie sind auch möglich zwischen dem Rundfunksektor und anderen verwandten Märkten, insbesondere dem Bereich der Printmedien. Man spricht dabei von intermediärer Machtkonzentration und

[300] So Bornemann/Kraus/Lörz, BayMG, Art. 25, Rdnr. 81, die eine entsprechende Anwendung des Abs. 10 auf die Beteiligungsregelungen des Abs. 6 befürworten.
[301] Bornemann/Kraus/Lörz, BayMG, Art. 25, Rdnr. 89
[302] Fraglich ist, ob und inwieweit sich Art. 25 Abs. 9 Satz 2 BayMG n.F. auf sämtliche Regelungen der Abs. 5 bis 11 bezieht. In der alten Fassung bezog sich die Ausnahmeregelung auf alle Sachverhalte im Zusammenhang mit der Verhinderung vorherrschender Meinungsmacht.

multimedialer Meinungsmacht[303]. Diese Gefahr besteht vor allem bei lokalen und regionalen Presseunternehmen, die direkt oder indirekt Rundfunklizenzen oder Beteiligungen an Rundfunkunternehmen erwerben[304]. Bereits etablierte Verlagsunternehmen spielen erfahrungsgemäß auch im Rahmen der Rundfunkveranstaltung eine große Rolle. Verbindet sich Meinungsmacht im Bereich des Rundfunks mit Meinungsmacht aus dem Bereich der Presse, eröffnet sich in besonderem Maße die Gefahr der Machtkonzentration durch medienübergreifende Meinungsmacht[305]. Dies gilt gleichermaßen für überregionale wie für lokale und regionale Programme[306], wobei gerade im Verbreitungsbereich lokaler und regionaler Printmedien die häufig bereits vorhandene Monopolstellung der ortsansässigen Verleger[307] besondere Gefahren für die Meinungsvielfalt mit sich bringt[308].

Trotz der Gefahr von intermediären Verflechtungstendenzen wird die Vorstellung einer „publizistischen Gewaltenteilung“[309], also der Beschränkung von Print- bzw. Rundfunkunternehmen auf ihren jeweiligen Medienbereich, allgemein nicht befürwortet[310]. Vielmehr soll den Printmedien auch im Hinblick auf die technische Weiterentwicklung und daraus folgenden Veränderungen bei der Rezeption von Funk- und Printmedien die Möglichkeit eröffnet werden, sich in den jeweils anderen Bereich hinein auszudehnen, um einen gesunden Wettbewerb zwischen beiden Medienbranchen gewährleisten zu können.

Das Absehen von publizistischer Gewaltenteilung darf gleichwohl nicht in das Entstehen multimedialer Meinungsmacht umschlagen. Den von der Kombination der Einflüsse von Rundfunk und Presse ausgehenden Gefahren, insbesondere

---

303 So insbesondere die Formulierung des BayVerfGH in seiner Leitentscheidung vom 21.11.1986, E 39, 96, 158

304 Hesse, Rundfunkrecht, 1999, S. 248

305 BayVerfGH 39, 96, 158; Ziethen, in: Rundfunkaufsicht, Bd. 3, S. 125

306 BVerfGE 73, 118, 175

307 Insbesondere im Falle Bayerns handelt es sich um eine ausgeprägte „Einzeitungskreis“-Situation, bei der gerade die lokalen und regionalen Tageszeitungen marktbeherrschend und häufig keinem Wettbewerb durch andere Tageszeitungen ausgesetzt sind. Siehe hierzu v. Wallenberg, ZUM 1998, 196ff., 203

308 BVerfGE 73, 118, 175; 74, 297, 329, 338; 83, 324; Engler, Kooperationen im Rundfunk, 1995, S. 125; Hesse, Rundfunkrecht, 1999, S. 248

309 Zum Begriff siehe Lerche, Landesbericht, S. 43 m.w.Nw.; ders., Presse und privater Rundfunk, 1984, S. 30; Hesse, Rundfunkrecht, S. 2; Klein, Die Rundfunkfreiheit, 1978, S. 56ff.; Jarass, Die Freiheit der Massenmedien, 1978, S. 248ff.; Lange, Kommerzielle Ziele und binnenpluralistische Organisation bei Rundfunkveranstaltern, 1980, S. 54

310 Insbesondere das Bundesverfassungsgericht hat betont, daß es sich hierbei nicht um einen Verfassungssatz handelt, BVerfGE 73, 118, 175; vgl. hierzu auch Stettner, Rundfunkstruktur im Wandel, München, 1988, S. 74ff.; Brümmer, Modellfragen, 1995, S. 140; Stender, "Staatsferne" und "Gruppenferne" in einem außenpluralistisch organisierten privaten Rundfunksystem, 1987, S. 192

der Entstehung sog. Doppelmonopole in „örtlich enger begrenzten Sendegebieten“ ist vielmehr vom Gesetzgeber in ausreichendem Maße entgegenzuwirken[311].

Vorschriften zum Ziele der Verhinderung von Machtkonzentrationen durch die Verflechtung von Presse und Rundfunk wurden im Anschluß an die Leitentscheidung des BayVerfGH vom 21. November 1996 zum BayMEG eingeführt. Ein im Verbreitungsgebiet marktbeherrschender Verleger durfte an einem Einfrequenzstandort oder, wenn mehr als zwei Anbieter vorhanden sind, nur mit maximal einem Drittel an den Rundfunkprogrammen beteiligt sein. Handelte es sich um einen Mehrfrequenzstandort, so lag diese Grenze bei maximal 50 %. Im Einzelfall konnte die Landeszentrale hiervon Ausnahmen vorsehen[312].

Aufgrund der Neuregelung der Konzentrationskontrolle des Rundfunkstaatsvertrages im Sinne eines Marktanteilsmodells haben sich laut der amtlichen Begründung zur Neuregelung die Spielräume auch auf lokaler und regionaler Ebene verändert[313]. Um Wettbewerbsverzerrungen aufgrund der „strengeren“ Rechtslage in Bayern zu vermeiden, war es erforderlich, die Handlungsspielräume der regionalen und lokalen Anbieter und Zeitungsverleger zu erweitern[314]. Dies ist durch die gegenüber ihren Vorgängern ausdifferenzierteren Vorschriften des Art. 25 Abs. 5 bis 11 BayMG n.F. geschehen. Motivation war die Absicht, den örtlich ansässigen Zeitungsverlagen mit ihrer publizistischen Kompetenz und regionalen Verwurzelung den Zugang zur Rundfunkveranstaltung im Rahmen des verfassungsrechtlich Möglichen zu eröffnen[315]. Im lokalen und regionalen Bereich war die Einführung eines mit der Regelung des Rundfunkstaatsvertrages vergleichbarem Marktanteilsmodells nicht möglich, da entsprechend abgesicherte Daten nicht mit vertretbarem Aufwand erhoben werden können[316].

Art. 25 Abs. 7 BayMG bestimmt nunmehr, daß ein Presseunternehmen, das mehr als 50 % der Gesamtauflage der in einem Versorgungsgebiet periodisch erscheinenden Druckwerke mit meinungsrelevantem Inhalt verbreitet, sich nur nach den für die intramediäre Verflechtung geltenden Grundsätzen des Art. 25

---

311 BayVerfGHE 39, 96, 158

312 Abdruck des Art. 27 Abs. 7 BayMG a.F. bei v. Wallenberg, ZUM 1998, 196ff., 196; siehe auch die Übersicht in der amtlichen Begründung zum Zweiten Gesetz zur Änderung des BayMG, Art. 25, abgedruckt bei Bornemann/Kraus/Lörz, BayMG, vor Art. 25

313 Kritisch v. Wallenberg, ZUM 1998, 196ff., 204

314 Amtliche Begründung zum Zweiten Gesetz zur Änderung des BayMG, zu Art. 25 n.F.; abgedruckt bei Bornemann/Kraus/Lörz, BayMG, Art. 25; a.A. v. Wallenberg, ZUM 1998, 196ff., 204f.

315 Amtliche Begründung zum Zweiten Gesetz zur Änderung des BayMG, zu Art. 25 n.F.; abgedruckt bei Bornemann/Kraus/Lörz, BayMG, Art. 25; vgl. auch die Kommentierung, Art. 25, Rdnr. 85

316 Amtliche Begründung, a.a.O.; ablehnend v. Wallenberg, ZUM 1998, 196ff., 205f.

Abs. 6 Satz 1 BayMG oder bei den in Art. 25 Abs. 5 Satz 2 BayMG genannten Vorkehrungen an Rundfunkprogrammen beteiligen darf.

Die Beteiligung eines marktbeherrschenden Verlegers an Rundfunkprogrammen eines Versorgungsgebietes ist nunmehr grundsätzlich also nur[317] dann zulässig, wenn mindestens ein Rundfunkprogramm eines anderen, von dem fraglichen Verleger unabhängiges Rundfunkprogramm im gleichen Versorgungsgebiet zu empfangen ist. Alternativ zu dieser außenplural ausgerichteten Vielfaltssicherung kann die Meinungsvielfalt durch binnenplurale Maßnahmen, wie z.B. die Einrichtung eines Programmbeirates sichergestellt werden, Art. 25 Abs. 5 Satz 2 Nrn. 1 bis 4 BayMG[318].

Auch im Falle des Art. 25 Abs. 7 BayMG ist stets auf den „Obersatz" des Abs. 5 zu rekurrieren[319]. Hieraus ergibt sich, daß es sich bei Art. 25 Abs. 7 BayMG lediglich um eine „den verfassungsrechtlich gebotenen Mindestanforderungen genügende Regelung"[320] handelt. Die Landeszentrale ist daher berechtigt und verpflichtet, eine Genehmigung auch dann zu versagen oder aber entsprechende konzentrationshemmende Vorkehrungen nach Art. 25 Abs. 5 BayMG zu treffen, wenn zwar eine marktbeherrschende Stellung eines Verlegers nicht vorliegt, seine Beteiligung an einem Rundfunkprogramm aber dennoch den Tatbestand der vorherrschenden Meinungsmacht erfüllt.

d) Änderung von Inhaber- und Beteiligungsverhältnissen

Vorherrschende Meinungsmacht kann eine Reihe von Ursachen haben, beispielsweise wenn bereits zu Beginn der Rundfunkveranstaltung in einem Versorgungsgebiet nur wenige Anbieter vorhanden sind, wenn eine anfängliche Vielzahl von Anbietern sich durch das Ausscheiden kleinerer Veranstalter auf eine Minderzahl von wenigen großen Anbietern reduziert, wenn ein Veranstalter mehrere Programme in einem Versorgungsgebiet veranstaltet, wenn intramediäre Verflechtungen zwischen dem Rundfunk und verwandten Märkten vorliegen oder wenn sich mehrere Veranstalter zu einem Unternehmen zusammenschließen[321]. Hinzu kommt, wie sich bereits aus dem Begriff der Verflechtung ergibt, eine gewisse Undurchsichtigkeit und Unüberschaubarkeit der Konzentrations-

---

[317] Die Verwendung des Wortes „nur" in Art. 25 Abs. 9 BayMG bestätigt, daß sich der Gesetzgeber der besonderen Gefahren, die von der Kombination einer marktbeherrschenden Stellung im Printbereich und der Beteiligung an privaten Rundfunkangeboten ausgehen, bewußt war; vgl. v. Wallenberg, ZUM 1998, 196ff., 204

[318] Hierbei handelt es sich nicht um sich gegenseitig ausschließende Alternativen, die Landeszentrale ist vielmehr berechtigt, in Einzelfällen zusätzlich zu den Anforderungen des Abs. 6 Satz 1 konzentrationshemmende Vorkehrungen nach Abs. 5 Satz 2 zu verlangen. Vgl. Bornemann/Kraus/Lörz, BayMG, Art. 25, Rdnr. 87f.

[319] V. Wallenberg, ZUM 1998, 196ff., 209

[320] Bornemann/Kraus/Lörz, BayMG, Art. 25, Rdnr. 86

[321] BVerfGE 73, 118, 172

prozesse[322], die nur durch die Pflicht zur Offenlegung der Beteiligungsverhältnisse überwunden werden kann.

Zu den Bewerbern um eine Sendegenehmigung zählen häufig juristische Personen mit einer Mehrzahl von Anteilseignern, z.B. in Form einer GmbH oder einer sonstigen Personenvereinigung. Das personale Element spielt bei der Organisation privater Rundfunkangebote eine wichtige Rolle[323], nicht nur bei der Beurteilung des zu genehmigenden Programmangebots, sondern auch in erheblichem Maße bei der Beobachtung und Kontrolle von Konzentrationstendenzen und wirtschaftlichen Verflechtungen[324]. Mit der „Höchstpersönlichkeit" der Aufgabenerfüllung durch den Anbieter[325] korrespondiert daher in vielen Bundesländern eine Personengebundenheit der rundfunkrechtlichen Erlaubnis im Sinne einer Personalkonzession[326]. Zudem sind die Bewerber verpflichtet, bereits im Rahmen des Zulassungsverfahrens ihre Inhaber- und Beteiligungsverhältnisse offenzulegen.

Im Modell der öffentlich-rechtlichen Trägerschaft in Bayern geht diese „Höchstpersönlichkeit" einen Schritt weiter, da das personale Element über die Auswahlentscheidung in die Programmpolitik der Landeszentrale fortwirkt und auf diese Weise einen wichtigen Zurechnungstatbestand für die von der öffentlich-rechtlichen Trägereinheit wahrzunehmende Programmverantwortung darstellt. Da die Auswahlentscheidung zugunsten eines Anbieters somit eines der im Rahmen der Rundfunkorganisation wichtigsten Merkmale der Ausübung der öffentlich-rechtlichen Trägerschaft durch die Landeszentrale darstellt, liegt es auf der Hand, daß ein Unterwandern dieser Auswahlentscheidung durch die Änderung der Beteiligungsverhältnisse nicht hingenommen werden kann[327].

---

322 Bumke, Landesmedienanstalten, 1995, S. 366

323 Zur Thematik der „Personalpolitik als vorweggenommene Programmpolitik" siehe eingehend oben

324 Wagner, Die Landesmedienanstalten, 1990, S. 192ff.

325 Bornemann/Kraus/Lörz, BayMG, Art. 28, Rdnr. 25

326 Holznagel, ZUM 1991, 263ff., 268; Wagner, Die Landesmedienanstalten, 1990, S. 195 m.w.Nw. und Überblick über die landesgesetzlichen Regelungen; diese Personengebundenheit führt so weit, daß im Falle einer unzulässigen Übertragung nicht einmal mehr eine Aufhebung des ursprünglichen Zulassungsbescheides durch die Landesmedienanstalt erforderlich ist, da der Rundfunkbetreiber von der „übertragenen" Genehmigung nie wirksam Gebrauch machen konnte, vgl. Müller, ZUM 1996, 508ff., 509.

327 Dies gilt in verstärktem Maße für den Fall, in dem das Zulassungsverfahren vorsätzlich durch einen anschließenden „Lizenzhandel" unterlaufen werde soll. Siehe hierzu Holznagel, ZUM 1991, 263ff., 268; Ziethen, in: Rundfunkaufsicht in der Bundesrepublik Deutschland, Bd. 3, S. 59ff., S. 125ff.; siehe auch eingehend unten, Kapitel 3, Die Genehmigung von personellen oder programmlichen Veränderungen

Die Übertragung von Rechten aus der Genehmigung, sei es durch Einzel- oder Gesamtrechtsnachfolge ist daher unzulässig, Art. 24 Abs. 1 Satz 1 FSS, § 13 Abs. 1 Satz 1 HFS. Dies gilt auch und insbesondere für den Fall, daß sich die gesellschaftliche Zusammensetzung eines Anbieters während des Genehmigungszeitraumes verändert. Der Anbieter hat daher nach Art. 29 Abs. 1 Satz 4 BayMG jedwede beabsichtigte Änderung seiner Inhaber- und Beteiligungsverhältnisse unaufgefordert der Landeszentrale mitzuteilen. Zur Stärkung ihrer Durchsetzungskraft ist die Auskunftsverpflichtung des Anbieters nach Art. 29 Abs. 1 Satz 5 BayMG mit der vergleichsweise harschen Anordnung der Einstellung des Sendebetriebes bewehrt[328].

Im Falle einer Änderung der Inhaber- und Beteiligungsverhältnisse von weniger als 50 % kann die Landeszentrale dies unter bestimmten vielfaltsrelevanten Voraussetzungen genehmigen, ohne die Frequenz neu ausschreiben zu müssen, § 24 Abs. 1 FSS, § 13 Abs. 1 HFS. In diesem Bereich manifestiert sich die durch die Landeszentrale wahrgenommene öffentlich-rechtliche Trägerschaft insoweit, als daß sämtliche, auch geringfügige Veränderungen der Genehmigung bedürfen. Dies wird in anderen Bundesländern anders, häufig durch die Festlegung einer mehr oder weniger starren Änderungsgrenze gehandhabt, wodurch für die Veranstalter ein Anreiz entstehen kann, die „Schmerzgrenze der Aufsichtsbehörden auszutesten und vollendete Tatsachen zu schaffen“[329].

III. Vielfaltssicherung durch Schaffung wirtschaftlich tragfähiger Rahmenbedingungen

Die Organisation privater Rundfunkangebote hat zur Erzielung von Meinungsvielfalt auch Rahmenbedingungen zur Verfügung zu stellen, die eine wirtschaftliche Existenz werbefinanzierten Rundfunks ermöglichen.

Die Vielfältigkeit und Ausgewogenheit des Rundfunkprogramms in einem Verbreitungsgebiet geht stets von den dieses Programm gestaltenden Rundfunkunternehmen aus. Sie sind es, die die Übertragungskapazitäten mit kommunikations- und meinungsrelevanten Inhalten füllen. Voraussetzung für die Wahrnehmung dieser publizistischen Aufgabe ist im Falle privatwirtschaftlich getragener Rundfunkangebote denknotwendig deren Finanzierbarkeit.

Der „latente Konflikt zwischen publizistischer Verantwortung und kommerziellen Eigeninteressen“[330] ist vom Bundesverfassungsgericht in dem Satz „Programmentscheidungen haben finanzielle Voraussetzungen, Finanzentscheidun-

[328] Kritisch zur großzügigeren „Auskunftspraxis“ in anderen Bundesländern Holznagel, ZUM 1991, 263ff., 269f., 270

[329] Holznagel, ZUM 1991, 263ff., 269

[330] Bethge, Rundfunkfreiheit und öffentlich-rechtlicher Organisationsvorbehalt, 1987, S. 25

gen haben programmliche Konsequenzen"[331] treffend skizziert worden. Der Rundfunkgesetzgeber, der sich für eine Zulassung privater Veranstalter entschließt, hat nach Ansicht des Bundesverfassungsgericht sicherzustellen, daß ausreichende Rahmenbedingungen zur Verfügung stehen, die Rundfunk für private Veranstalter finanzierbar machen[332]. Es käme einem Verstoß Art. 5 Abs. 1 Satz 2 GG gleich, sofern „der Betrieb von privatem Rundfunk allein aufgrund der rechtlichen Konstruktion zur Unwirtschaftlichkeit verurteilt wäre, so daß die Berechtigten nur bei Hinnahme von Verlusten ihr Recht ausüben könnten"[333].

Auch der bayerische Gesetzgeber hat sich für eine Beteiligung Privater an der Rundfunkveranstaltung, wenngleich unter einem öffentlich-rechtlichen Dach entschieden. Auch wenn die privaten Anbieter nicht als eigenverantwortliche Veranstalter zugelassen werden, sondern verfassungsrechtlich als Mitwirkende an der öffentlich-rechtlichen Rundfunkveranstaltung zu begreifen sind, kann für sie, möglicherweise gerade aufgrund dieser Funktionenteilung, nichts anderes gelten. Es entspricht der Eigenart der öffentlich-rechtlich getragenen Rundfunkveranstaltung unter Einbeziehung privaten Engagements, daß die programmgestaltenden Anbieter in ein System eingegliedert sein müssen, das „dem verfassungsrechtlich Gebotenen im Rahmen des Möglichen"[334] entspricht und somit in sich vor allem funktionsfähig sein muß. Das arbeitsteilige Gesamtsystem kann aber erst dann als funktionsfähig beurteilt werden, wenn der funktionelle Teil der privat getragenen Programmgestaltung seine Aufgabe auch im Hinblick auf seine Finanzierungsform erfüllen kann.

Im Modell der öffentlich-rechtlichen Trägerschaft nach der bayerischen Verfassung erfährt die Problematik der Wirtschaftlichkeit privat finanzierter Rundfunkangebote zusätzlich eine neue Facette: In seiner Leitentscheidung vom 26.1.1986 hat der BayVerfGH ausgeführt, daß die Veranstaltung öffentlich-rechtlichen Rundfunks nicht von der Rückbindung an erwerbswirtschaftliche Notwendigkeiten bestimmt werden darf:

> *„Mit der Entscheidung für einen Rundfunkbetrieb in öffentlich-rechtlicher Trägerschaft will Art. 111a Abs.2 Satz 1 BV auch verhindern, daß Rundfunk nur oder vorwiegend von erwerbswirtschaftlichen Gesichtspunkten bestimmt wird. Ein öffentlich-rechtlicher Träger, der Rundfunk ohne Gewinnstreben in gemeinnütziger Weise zu veranstalten hat, ist zu einem aus-*

331 BVerfGE 90, 60, 102
332 BVerfGE 83, 238, 329f.
333 BVerfGE, 83, 238, 329; eine weitere Auseinandersetzung mit diesem Thema läßt die Absenkung der Vielfaltsanforderungen rein wirtschaftlich getragenen Rundfunks auf einen Grundstandard erkennen, siehe hierzu oben, Kapitel 1, Grundversorgung und Grundstandard
334 BVerfGE 73, 118, 157

gewogenen Rundfunkprogramm - gegebenenfalls auch mit geringeren Einschaltzahlen verpflichtet.“ [335]

Durch seine Entscheidung zu Gunsten eines ausschließlich öffentlich-rechtlich getragenen und verantworteten Rundfunkmodells wollte der bayerische Verfassungsgeber verhindern, daß der in Bayern veranstaltete Rundfunk nicht ausschließlich von erwerbswirtschaftlichen Erwägungen getragen und so auf ein „kommerzielles“ Niveau herabgezogen wird[336]. Einen Rundfunkmarkt, dessen Inhalte vorwiegend nach den Kriterien von Angebot und Nachfrage bestimmt wird, kann es daher im System der öffentlich-rechtlichen Trägerschaft nicht geben[337]. Die Finanzierung durch Werbeeinnahmen darf sich nicht als strukturelle Vorentscheidung zugunsten massenattraktiver Programminhalte und damit zu Lasten der Meinungsvielfalt auswirken[338]. So hat auch die Landeszentrale ihre Anordnungs- und Eingriffsbefugnisse ohne Rücksicht auf die Interessen der Werbewirtschaft auszuüben[339]. Es sind vielmehr Konzepte zu entwickeln, deren „inhaltlich Ansprüche nicht von vornherein nur wirtschaftlichen Marktbedingungen unterworfen werden“[340].

Die wirtschaftliche Tragfähigkeit eines Rundfunkprogrammes steht damit gerade nicht im Vordergrund, sondern seine kulturpolitische Aufgabe. Die Voraussetzungen für eine wirtschaftliche Rentabilität werbefinanzierter Programme im System der öffentlich-rechtlichen Trägerschaft sind daher im Grunde genommen ungünstig. Gerade im Falle des lokalen und regionalen Rundfunks hat sich jedoch gezeigt, daß die kommerzielle Unterfütterung der Rundfunkveranstaltung in besonderer Weise zu berücksichtigen ist und auf eine ausreichende Finanzierungsgrundlage gestellt werden muß[341], um ihrer Aufgabe gerecht werden zu können. Dies gilt um so mehr, als der in Bayern veranstaltete Rundfunk durchweg als öffentlich-rechtlich zu qualifizieren ist und deshalb höheren Anforderungen zu genügen hat, ohne dabei auf eine den klassischen öffentlich-rechtlichen Rundfunkanstalten vorbehaltene Gebührenfinanzierung zurückgreifen zu können. Ob sich angesichts dieser Vorgaben auf Dauer werbeabhängige Programme entwickeln und halten können, ist ein wichtiges Indiz für das Gelingen des bayerischen Rundfunkmodells[342].

---

335 BayVerfGHE 39, 96, 159
336 BayVerfGH ZUM 1992, 370ff., 375; Bornemann/Kraus/Lörz, BayMG, Art. 24 Rdnr. 15
337 Brümmer, Modellfragen, 1995, S. 15
338 Bornemann/Kraus/Lörz, BayMG, Art. 24, Rdnr. 15 unter Hinweis auf Grimm, ZUM 1992, 581, 586
339 Brümmer, Modellfragen, 1995, S. 15 unter Hinweis auf BayVerfGHE 39, 96, 159ff.
340 Bornemann/Kraus/Lörz, BayMG, Art. 24, Rdnr. 16
341 Bornemann/Kraus/Lörz, BayMG, Art. 11, Rdnr. 8
342 Brümmer, Modellfragen, 1995, S. 15 unter Hinweis auf BayVerfGHE 39, 96, 159 und BayVerfGHE 43, 179, 180, Treffer, Art. 1 Anm. 1.; Stock, JZ 1991, 649

Im Folgenden sollen daher diejenigen organisatorischen Vorkehrungen des BayMG dargestellt werden, die eine wirtschaftliche Tragfähigkeit des von der öffentlich-rechtlichen Trägereinheit veranstalteten und verantworteten, gleichwohl in erster Linie privatwirtschaftlich finanzierten Rundfunks gewährleisten sollen.

1. Wirtschaftliche Tragfähigkeit als Voraussetzung der Entstehung von Meinungsvielfalt

Die weitgehende Einbeziehung der privaten Anbieter in die öffentlich-rechtliche Rundfunkveranstaltung erfordert eine besondere, dem herkömmlichen öffentlich-rechtlichen Anstaltsrundfunk in dieser Form fremde organisatorische Berücksichtigung der wirtschaftlichen Rahmenbedingungen. Es liegt dennoch auf der Hand, daß im Falle werbefinanzierter Programme die wirtschaftliche Tragfähigkeit über die Existenz eines Rundfunkunternehmens und damit über seine meinungsrelevante Teilnahme am Prozeß der öffentlichen Kommunikation entscheidet[343]. Insofern besteht ein unmittelbarer Zusammenhang zwischen wirtschaftlichen Rahmenbedingungen und der Herstellung und Sicherung von Meinungsvielfalt[344]. Gleichzeitig ist die Schaffung wirtschaftlich tragfähiger Rahmenbedingungen Voraussetzung für die Stabilität und Kontinuität der Rundfunklandschaft. Je weniger Rundfunkunternehmen wirtschaftlich existieren können, desto höher ist zum einen die Gefahr einseitiger Machtkonzentration, zum anderen die Gefahr, daß weniger massenattraktive, an kleine Zielgruppen gerichtete Programme aus dem Gesamtbild der Rundfunkveranstaltung verschwinden. Dies ist insbesondere auf der regionalen und lokalen Ebene der Rundfunkveranstaltung, auf der bereits aufgrund der technischen Gegebenheiten keine großen Reichweiten der Programme erzielt werden können, der Fall.

2. Wirtschaftliche Zielsetzung im Widerspruch zum Verfassungsauftrag?

Das Bundesverfassungsgericht hat die Beziehung zwischen wirtschaftlicher Zielsetzung und dem Inhalt des zur Gewährleistung der Rundfunkfreiheit geschaffenen Programmauftrages treffend charakterisiert: „Marktchancen können eine Frage wirtschaftlicher, nicht aber der Meinungsfreiheit sein.“[345] Gleichwohl hat es einen privaten, ausschließlich durch den Verkauf von Werbezeit finanzierten Rundfunk ausdrücklich zugelassen und damit die wirtschaftliche Zielsetzung mit dem Verfassungsauftrag des Art. 5 Abs. 1 Satz 2 GG für vereinbar erklärt. Mehr noch, die Sicherstellung der wirtschaftlichen Leistungsfähigkeit ist ein publizistischer, also pluralismussichernder Gesichtspunkt, da auf diese Wei-

---

[343] Zu diesen „Kommunikationschancen“ einer Meinungsrichtung siehe Wagner, Die Landesmedienanstalten, 1990, S. 190; Hoffmann-Riem, Personalrecht der Rundfunkaufsicht, 1991, S. 104

[344] Bamberger, ZUM 2000, 284ff., 289

[345] BVerfGE 74, 297, 335

se „entsprechend dem Auftrag des Art. 5 Abs. 1 Satz 2 GG das, was der Rundfunk gewährleisten soll, gewährleistet wird“[346].

Man könnte einwenden, daß mit dieser Vereinbarkeit eine Absenkung des Vielfaltsstandards auf einen Grundstandard zwingend korrespondieren muß, so daß ein allein an den öffentlich-rechtlichen Vielfaltsanforderungen ausgerichtetes Rundfunkmodell wie das in Bayern nicht durch eine wirtschaftliche Zielsetzung zu unterfüttern ist. So hat auch der BayVerfGH eine wirtschaftliche Determination des öffentlich-rechtlich getragenen Rundfunks immer wieder verneint und festgestellt, daß Rundfunkveranstaltung im Sinne des Trägerschaftsvorbehaltes des Art. 111a Abs. 2 Satz 1 BV ausschließlich gemeinwohlorientiert und nicht an privatnützigen Gesichtspunkten ausgerichtet sein darf. Gemeint war damit jedoch nicht, daß in Bayern genehmigte Rundfunkprogramme nicht privatwirtschaftlich finanziert werden dürfen. Lediglich ein qualitäts- und vielfaltshemmender Einfluß privatwirtschaftlicher Interessen auf die Rundfunkveranstaltung des öffentlich-rechtlichen Trägers sollte ausgeschlossen werden. Der BayVerfGH ist in diesem Punkt der Rechtsprechung des BayVGH entgegengetreten, der die wirtschaftlichen Interessen privater Anbieter in stärkerem Maße in Abwägungsvorgänge der Landeszentrale bei der Rundfunkorganisation hatte einfließen lassen wollen[347]. Verhindert werden sollte, daß die privatwirtschaftliche Finanzierungsart Einfluß auf die „Gesamtorientierung“[348] der gemeinnützigen Rundfunkveranstaltung nehmen könnte.

Dies ist dann der Fall, wenn die Kommerzialisierung des Rundfunks Züge annimmt, die im Hinblick auf das Gesamtprogramm die Gemeinnützigkeit der Rundfunkveranstaltung in den Hintergrund treten lassen. Dieser Tendenz muß auf einfachgesetzlicher Ebene durch die Einsetzung eines mit entsprechenden Kompetenzen ausgestatteten öffentlich-rechtlichen Trägers entgegengewirkt werden. Dieser hat die Aufgabe, die Rundfunkveranstaltung so zu organisieren, daß sich die wirtschaftliche Zielsetzung des einzelnen Rundfunkunternehmens nicht vielfaltshemmend auf das Gesamtprogramm auswirkt. Die wirtschaftliche Zielsetzung privater Rundfunkangebote ist daher dann nicht als ein Widerspruch zum verfassungsrechtlichen Auftrag zu werten, sofern das Rundfunkmodell durch die Schaffung wirtschaftlich tragfähiger Rahmenbedingungen in der Lage ist, den Anforderungen an den öffentlich-rechtlichen Rundfunk zu entsprechen.

---

[346] Jarass, Kartellrecht und Landesrundfunkrecht, 1991, S. 24; vgl. auch BVerfGE 90, 60, 102, „Programmentscheidungen haben finanzielle Voraussetzungen, Finanzentscheidungen haben programmliche Konsequenzen“.

[347] BayVGH, ZUM 1989, 145ff. = AfP 1988, 288ff.

[348] Schumann, Der Bayerische Verfassungsgerichtshof als Hüter der Rundfunkfreiheit der neuen Medien, 1993, S. 721ff., S, 731

3. Die Bedeutung der wirtschaftlichen Tragfähigkeit für die Erfüllung der öffentlich-rechtlichen Programmanforderungen

Alle in Bayern veranstalteten Rundfunkprogramme unterliegen den strengen, für den öffentlich-rechtlichen Rundfunk entwickelten Anforderungen bezüglich Meinungsvielfalt und Ausgewogenheit[349]. Werbefinanzierte Programme, die sich inhaltlich an den Anforderungen des öffentlich-rechtlichen Rundfunks ausrichten, sind in erhöhtem Maße auf wirtschaftlich tragfähige Rahmenbedingungen angewiesen. Das von den privaten Anbietern produzierte Programm wird zum weitaus größten Teil durch Werbung finanziert. Dabei gilt der einfache Satz, daß ein Programm mit besonders breiter Akzeptanz in der Bevölkerung und hohen Einschaltquoten wirtschaftlich erfolgreicher sein wird als ein Programm, das sich, wenngleich qualitativ ebenso hochwertig oder sogar besser, inhaltlich an eine kleine Zielgruppe richtet und damit für die das Programm finanzierenden Werbekunden weniger interessant ist.

Die Einnahme von Geldern aus dem Verkauf von Werbezeit ist gleichermaßen ausschlaggebend für das Volumen an Kapital, das für die Produktion von Rundfunksendungen aufgewendet werden kann. Es liegt auf der Hand, daß aufwendig recherchierte, produzierte und ausgestattete Sendungen zwar qualitativ hochwertiger, aber auch und vor allem aus Sicht der Produzenten kostenintensiver sind. Dies ist insbesondere bei Programmen, die sich nicht in erster Linie als Unterhaltung an die „breite Masse" wenden (Talkshows, Quiz-Sendungen, reines Abspielen von Musik etc.), sondern tatsächlich Informationen übermitteln wollen (Nachrichten, Reportagen, Dokumentationen etc.), der Fall. Somit ist der wirtschaftliche Erfolg eines Programms auch Voraussetzung für dessen Qualität und Vielfältigkeit. Problematisch ist hierbei, daß Qualität nicht unbedingt ein Garant für hohe Einschaltquoten sein muß, weswegen sich die Rückbindung der programmlichen Inhalte an öffentlich-rechtliche Programmanforderungen so schwierig gestaltet.

Ein weiteres Problem stellt sich mit der Anforderung einer flächendeckenden Versorgung der Bevölkerung mit Rundfunkprogrammen, die inhaltlich als das Erfordernis eines vielfältigen regionalen und lokalen Rundfunkangebots anknüpft. Hier sind die inhaltlichen Qualitätsanforderungen des öffentlich-rechtlichen Rundfunks mit einer nur begrenzten Reichweite und einem entsprechend kleinerem Rezipientenkreis verknüpft, was die Finanzierung insbesondere lokaler Rundfunkangebote besonders erschwert.

Die Ausgangsbedingungen für eine wirtschaftliche Tragfähigkeit von hochwertigen und vielfältigen, aber werbefinanzierten Rundfunkprogrammen sind also

[349] Schick, Privater Hörfunk in Bayern, 1991, S. 7; siehe auch eingehend oben, Kapitel 1, Anforderungen an ein öffentlich-rechtliches Rundfunkmodell

denkbar ungünstig[350]. Gleichzeitig ist das Modell der öffentlich-rechtlichen Trägerschaft unter Einbeziehung privaten Rundfunkengagements jedoch „zum Scheitern verurteilt, wenn die Aufrechterhaltung der öffentlich-rechtlichen Programmanforderungen ein erfolgreiches wirtschaftliches Tätigwerden der Anbieter unmöglich macht."[351] Eine kulturelle, auf die Meinungsvielfalt bezogene sowie eine wirtschaftliche Komponente müssen also zum Ausgleich gebracht werden. Das bayerische Rundfunksystem versucht dabei im Rahmen seines Strukturaufbaus die Vorzüge privatwirtschaftlich-orientierten Handelns als auch die Forderung nach einem vielfältigen Programmangebot unter einer öffentlich-rechtlichen Trägerschaft funktional zu verknüpfen[352]. Im Hinblick auf die Vielfältigkeit des Gesamtprogramms und die flächendeckende Versorgung mit Rundfunkangeboten soll ein Ausgleich dahingehend getroffen werden, daß grundsätzlich ein wirtschaftlich tragfähiger Rahmen für alle Veranstalter, auch für solche von weniger „werbeträchtigen" Programminhalten, gegeben ist. Auf diese Weise soll der immanente Zielkonflikt zwischen öffentlich-rechtlichen Vielfaltsstandards und werbefinanzierter Rundfunkgestaltung in Ausgleich gebracht werden.

4. Lösungsansätze des BayMG

Eine systemkonsequente und systemgerechte Ausgestaltung des Trägerschaftsvorbehaltes verlangt nach ausreichenden und funktionsgerechten organisatorischen und finanziellen Grundlagen[353]. Diese sind zum einen ohne den Einfluß der Landeszentrale vom Anbieter selbst zu schaffen. Die Struktur und Kapitalgrundlage muß zunächst im Zulassungsverfahren von den Grundvoraussetzungen (Technik, Personal, Kapitaldecke) her eine auf die Dauer der Sendeperiode angelegte wirtschaftlich erfolgreiche Tätigkeit zumindest möglich erscheinen lassen[354]. Auch während des Genehmigungszeitraumes trägt der Anbieter allerdings das konkrete wirtschaftliche Risiko seiner Tätigkeit selbst und ist in seinen wirtschaftlichen Entscheidungen entsprechend frei.

Zum anderen steht die Landeszentrale aufgrund ihrer Stellung als öffentlich-rechtliche Trägerin und Veranstalterin vor der Aufgabe, den von ihr unter Einbindung privaten Engagements organisierten Rundfunk auch in finanzieller Hinsicht realisierbar zu gestalten. Diese Aufgabe bzw. Funktionsgewährleistungsverpflichtung ist ihr einfachgesetzlich in Übereinstimmung mit der Verfassungsrechtslage zugewiesen.

---

[350] Schick, Privater Hörfunk in Bayern, Konstanz 1991, S. 7

[351] Brümmer, Modellfragen, 1995, S. 153

[352] Hellstern, Gerd-Michael in Rundfunkaufsicht in der Bundesrepublik Deutschland, Bd. 1, S. 107

[353] Degenhart, ZUM 1987, 595ff., 598

[354] Bornemann/Kraus/Lörz, BayMG, Art. 25, Rdnr. 14f.

Die Finanzierungsgrundlage der wirtschaftlich tragfähigen Rahmenbedingungen ist zunächst als generell zu verstehen. Wie der Begriff der „Rahmenbedingungen" impliziert, sollen die Grundvoraussetzungen für eine wirtschaftliche Tragfähigkeit lokaler und regionaler Rundfunkprogramme geschaffen werden. Die Verpflichtung zur Schaffung wirtschaftlich tragfähiger Rahmenbedingungen ist dabei nicht auf die Gewinnmaximierung der Anbieter gerichtet ist, sondern verfolgt den Zweck, erwerbswirtschaftliche Zwänge und Eigengesetzlichkeiten auszugleichen und so den Vielfaltsanforderungen des bayerischen Rundfunkmodells gerecht zu werden. Die Landeszentrale ist nicht verpflichtet, jedem einzelnen Anbieter gegenüber sicherzustellen, daß dieser sein Programm erfolgreich und gewinnbringend vermarkten oder auch nur den von ihm investierten Aufwand decken kann[355]. Finanzielle Ansprüche der Landeszentrale gegenüber kann der Anbieter aus der Verpflichtung der Landeszentrale zur Schaffung tragfähiger wirtschaftlicher Rahmenbedingungen nicht ableiten[356]. Ebenso darf die Programmgestaltungsfreiheit der Landeszentrale nicht durch die erwerbswirtschaftlichen Interessen der privaten Anbieter eingeschränkt werden[357].

Wirtschaftliche Tragfähigkeit kann dabei von einer ganzen Anzahl von Faktoren abhängen. Zum einen erschließen sich durch das jeweilige Verbreitungsgebiet „objektive Wirtschaftsgrößen" wie technische Reichweite, Werbeaufkommen und Bevölkerungsdichte. Vor allem an Mehrfrequenzstandorten kommt die Konkurrenz zu anderen Anbietern hinzu, deren Erfolg in erster Linie von der Qualität und Akzeptanz des jeweiligen Programms, seiner Identifizierbarkeit und Differenzierung gegenüber anderen Angeboten oder, wie im Falle von Splittingfrequenzen, von der Durchhörbarkeit und Geschlossenheit des Gesamtprogramms abhängt[358]. Die genannten Wirtschaftsfaktoren sind durch geeignete Vorkehrungen mit den Anforderungen an die lokalen und regionalen Gesamtprogramme, namentlich einer möglichst großen Anbieter-, Programm- und Mei-

---

[355] So stellt z.B. die Genehmigungsvoraussetzung des der erforderlichen personellen, organisatorischen und finanziellen Ausstattung eines Anbieters nach Art. 26 Abs. 1 Satz 1 Nr. 3 keine „wirtschaftliche Rahmenbedingung" dar, für die die Landeszentrale Sorge zu tragen hätte. So aber BayVGH, ZUM 1988, 417, 420; dagegen Bornemann/Kraus/Lörz, BayMG, Art. 28, Rdnr. 5

[356] Bornemann/Kraus/Lörz, BayMG, Art. 11 Rdnr. 8

[357] Brümmer, Modellfragen, 1995, S. 29 unter Hinweis auf BayVerfGH 40, 69ff., sowie Stettner, ZUM 1992, 456ff., 464ff., und Lerche, ZUM 1993, 441ff., 451; nicht umfaßt von dieser Verpflichtung der Landeszentrale ist die Berechtigung, lediglich möglichst finanzstarke Rundfunkunternehmen bei der Auswahl zu berücksichtigen, um auf diese Weise sozusagen automatisch eine wirtschaftliche Tragfähigkeit bereits durch die Anbieterauswahl zu gewährleisten. Eine solche Tragfähigkeit würde nicht aus den Rahmenbedingungen des Systems selbst stammen, sondern nur eine wenig tragfähige, einzelfallabhängige Grundlage für die Wirtschaftlichkeit der gesamten Rundfunklandschaft bieten. Vgl. hierzu Brümmer, Modellfragen, 1995, S. 62

[358] Brümmer, Modellfragen, 1995, S. 60

nungsvielfalt sowie einer „flächendeckenden, aber dezentralen Versorgung der Bevölkerung mit Informationen aus dem Nahbereich“[359] in Einklang zu bringen.

a) Marktbeobachtung und die Entwicklung von Programmkonzepten und Marketingstrategien

Wirtschaftliche Tragfähigkeit bestimmt sich, wie bereits dargestellt, auch nach objektiven Faktoren, die vom jeweiligen Verbreitungsgebiet als dem entsprechenden Markt und seinem jeweiligen Meinungsspektrum ausgehen. Die Bestimmung und Erhebung dieser Faktoren liegt unter dem Gesichtspunkt der Schaffung wirtschaftlich tragfähiger Rahmenbedingungen im Verantwortungsbereich der Landeszentrale und bildet gleichsam die Grundlage für die Entscheidung, in welchen Bereichen besondere Vorkehrungen und gegebenenfalls Fördermaßnahmen erforderlich sind. Das Konzept einer flächendeckenden Versorgung der Bevölkerung auch und gerade mit lokalen und regionalen Rundfunkprogrammen bedarf der ständigen Beobachtung und Anpassung an veränderte Wettbewerbsverhältnisse[360]. Die Nähe zum Markt wird auch und gerade von einer Trägereinheit erwartet, die nicht unmittelbar selbst Programme gestaltet. Deswegen ist die BLM verpflichtet, regelmäßig Untersuchungen und Erhebungen zu Fragen der Programminhalte, der Programmqualität, der Wirtschaftlichkeit und der Akzeptanz der von ihr veranstalteten Rundfunkprogramme durchzuführen, Art. 11 Abs. 1 Satz 2 Nr. 12 BayMG. Aus dieser Verpflichtung heraus u.a. wurde ein komplexes Medien-Informations-System auf EDV-Basis geschaffen, mit dessen Hilfe Geländedaten, Reichweiten, Bevölkerungsdaten, Frequenzen, Kaufkrafterhebungen und ähnliche Wirtschaftsdaten archiviert, kombiniert, ausgewertet und so als Entscheidungsgrundlagen fruchtbar gemacht werden können[361]. Die durchgeführten Studien und Erhebungen[362] sind eine wesentliche Grundlage für die Rundfunkorganisation, beispielsweise für die Festlegung von Verbreitungsgebieten (Standortbestimmung) und die Entwicklung von Programmkonzepten für das jeweilige Sendegebiet (Zielgruppenorientierung). Von den Ergebnissen dieser Studien profitieren insbesondere die lokalen Anbieter,

[359] Kors, Hinwirken auf tragfähige wirtschaftliche Rahmenbedingungen, in: BLM, (Hrsg.), Rundfunk in öffentlich-rechtlicher Trägerschaft, 2000, S. 61ff., S. 62

[360] Kors, Hinwirken auf tragfähige wirtschaftliche Rahmenbedingungen, in: BLM, (Hrsg.), Rundfunk in öffentlich-rechtlicher Trägerschaft, 2000, S. 61ff., S. 68

[361] Eingehend zum System MEDIS siehe Müller, Die Entwicklung technischer Konzepte für die Versorgung Bayerns mit privaten Rundfunkangeboten, in: Rundfunk in öffentlich-rechtlicher Trägerschaft, 2000, S. 19ff., S. 33ff; Die Ergebnisse dieser Medienforschung sind der Öffentlichkeit zugänglich und werden regelmäßig in einer von der Landeszentrale herausgegebenen Schriftenreihe publiziert.

[362] Übersicht bei Kors, Hinwirken auf tragfähige wirtschaftliche Rahmenbedingungen, in: BLM, (Hrsg.), Rundfunk in öffentlich-rechtlicher Trägerschaft, 2000, S. 61ff., S. 63; vgl. z.B. die groß angelegte Image- und Akzeptanzstudie zur Situation des privaten Hörfunks in Bayern, Ergebnisse bei Heim/Heyn, Media Perspektiven 1989, 38ff.; eine Reichweitenuntersuchung schloß sich im Jahre 1989 an.

die ihre Marketingkonzepte und Programmentwicklungen am jeweiligen Meinungsspektrum ihres Sendegebietes ausrichten und so die begrenzte Reichweite ihres Programms[363] bestmöglich ausnutzen können.

Die Entwicklung von Programmkonzepten[364] erfolgt dabei in enger Zusammenarbeit mit den Anbietern. In Anbetracht der gesetzlichen Regelung in Art. 25 Abs. 3 BayMG ist zu jedem Zeitpunkt des Organisationsverfahrens darauf zu achten, daß für das jeweilige Verbreitungsgebiet ein in sich geschlossenes Gesamtprogramm entsteht. Diese Vorgabe hat direkte Auswirkungen auf die Verhandlungen mit den Anbietern, da bereits im Vorfeld der Genehmigung mit Blick auf das Gesamtprogramm die einzelnen Angebote kombiniert und koordiniert werden. Gegenseitige Anpassung und Zusammenarbeit unter den Anbietern vergrößern auch in diesem Bereich die Chancen, eine Genehmigung zu erhalten, beträchtlich.

b) Programmzulieferung

Eine weitere Möglichkeit, die wirtschaftliche Tragfähigkeit der Rundfunkveranstaltung zu begünstigen, besteht in der Aufnahme von Zulieferungen. Grundsätzlich muß ein Anbieter das von der Landeszentrale genehmigte Programm selbst gestalten. Die von der Landeszentrale organisierten Rundfunkprogramme können jedoch gemäß Art. 3 Abs. 4 BayMG in bestimmten Umfang Zulieferungen von Programmteilen enthalten, die von den privaten Anbietern nicht selbst gestaltet, sondern im Rahmen ihrer „medienrechtlichen Verantwortung“[365] eingebracht werden. Zulieferungen in diesem Sinne sind Programmteile (wie z.B. Weltnachrichten, Wetterbericht) oder Programme (z.B. Nachtprogramme), die regelmäßig von Dritten zur Verfügung gestellt werden[366]. Regelmäßig dient die Zulieferung von Programmteilen der Anreicherung des Angebots mit kulturellen, kirchlichen, sozialen oder wirtschaftlichen Anteilen, deren Eigenproduktion kostenintensiv wäre[367] und auf dem Wege der Zulieferung von hierfür besonders qualifizierten und spezialisierten Stellen, z.B. gemeinnützigen Vereinigungen, bereitgestellt werden können[368].

Die Aufnahme oder Änderung von Zulieferungen bedarf der Genehmigung durch die Landeszentrale, § 11 Abs. 1 Satz 2 HFS, § 9 Abs. 1 Satz 2 FSS und ist

[363] Hierzu Bauer, ZUM 1988, 130ff., 131

[364] Eingehend Bornemann/Kraus/Lörz, BayMG, Art. 11, Rdnr. 5ff.

[365] Hierzu Bornemann/Kraus/Lörz, BayMG, Art. 25, Rdnr. 30; der Begriff der „medienrechtlichen“ Verantwortung bezieht sich hier nicht auf die „eigenverantwortliche“ Programmgestaltung, sondern auf die Verantwortlichkeit des Anbieters gegenüber der Landeszentrale, die sich im Falle der Zulieferungen in der Verpflichtung des Anbieters äußert, sich im Zulieferungsvertrag ausreichende Rechte und Einwirkungspflichten vorzubehalten.

[366] §§ 11 Abs. 1 Satz 1 HFS und 9 Abs. 1 Satz 1 FSS

[367] Hierzu siehe Brümmer, Modellfragen, 1995, S. 67f.

[368] Bornemann/Kraus/Lörz, BayMG, Art. 11, Rdnr. 16

an verschiedene Voraussetzungen geknüpft. Insbesondere müssen die zugelieferten Programmteile den Programmgrundsätzen des BayMG und den Anforderungen der Meinungsvielfalt entsprechen[369]. Weiterhin darf nicht zu besorgen sein, daß das lokale Gesamtprogramm durch die Aufnahme der Zulieferung seinen auf das Versorgungsgebiet bezogenen Charakter verliert[370]. Nach § 12 HFS können weiterhin dann Zulieferungen genehmigt werden, wenn dies zur Erreichung der wirtschaftlichen Tragfähigkeit einer lokalen UKW-Hörfunkfrequenz erforderlich ist.

Zulieferungen können aber auch von der Landeszentrale angeordnet werden oder zur Bedingung der Genehmigung gemacht werden, etwa nach § 4 Abs. 1 Satz 3 HFS und § 6 Abs. 1 Satz 3 FSS, soweit dies zur Erhöhung des Anteils an Beiträgen mit kulturellen, kirchlichen, sozialen und wirtschaftlichen Inhalten oder zur Vergrößerung der Meinungsvielfalt und Ausgewogenheit des Programms im Sinne von Art. 4 BayMG erforderlich wird[371].

c) Finanzielle Förderung privater Rundfunkangebote

Mit der Schaffung tragfähiger wirtschaftlicher Rahmenbedingungen korrespondiert die Aufgabe der Landeszentrale, in bestimmten Bereichen der Rundfunkveranstaltung konkrete Projekte zu fördern. Der umfangreiche Aufgabenkatalog des Art. 11 BayMG statuiert in diesem Zusammenhang folgende „Kernaufgaben“[372] der Landeszentrale: Ihr „obliegt“[373] die Entwicklung und technische Umsetzung von Programmen privater Anbieter (Art. 11 Nr. 2 BayMG) und sie hat mit dem Ziel einer ausgewogenen landesweiten Rundfunkstruktur die notwendigen technischen Einrichtungen und Rahmenbedingungen bereitzustellen, zu fördern sowie lokale und regionale Rundfunkanbieter im Bedarfsfalle[374] finanziell zu unterstützen (Art. 11 Nr. 5 – 10 BayMG). Die unmittelbare Förderung privater Rundfunkangebote wird ausdrücklich in den Nr. 9 (Qualität- und Vielfaltsförderung) und 10 (Förderung der lokalen und regionalen Rundfunkstruktur) genannt.

Da die programm- und anbieterbezogene Förderung bestimmter Projekte und Strukturen zu den der Landeszentrale zugewiesenen Aufgaben zählt, bestimmt sich die Herkunft der Fördermittel nach Art. 21 Abs. 1 BayMG. Danach erfolgt

---

[369] § 11 Abs. 2 HFS, § 9 Abs. 2 FSS

[370] § 11 Abs. 2 HFS, § 9 Abs. 2 FSS; vgl. hierzu Barth, Rundfunkunternehmerfreiheit, S. 78; vgl. auch Brümmer, Modellfragen, 1995, S. 67f.

[371] Bornemann/Kraus/Lörz, BayMG, Überblick vor Art. 23, Rdnr. 21ff.

[372] Neft, ZUM 1997, 898ff., 905

[373] Amtliche Begründung zu Art. 11 Nr. 2 BayMG, abgedruckt bei Bornemann/Kraus/Lörz, BayMG, vor Art. 11

[374] Art. 11 Nr. 10 BayMG spricht von einer Förderung „unter Berücksichtigung der Möglichkeiten, die Angebote mit selbst erwirtschafteten Mitteln zu finanzieren“.

eine Förderung zum einen aus Entgelten und sonstigen Einnahmen, zum anderen aus dem der Landeszentrale zustehenden Anteil an der Rundfunkgebühr[375]:

Nach § 40 RStV sind die Länder berechtigt, einen zusätzlichen Anteil an der einheitlichen Rundfunkgebühr für die Finanzierung besonderer Aufgaben zu verwenden, namentlich für die Zulassungs- und Aufsichtsfunktionen der Landesmedienanstalten[376] sowie für die Förderung offener Kanäle[377]. Bis zum 31.12.2004 kann dieser Anteil außerdem aufgrund besonderer ausdrücklicher landesgesetzlicher Ermächtigung für die Förderung von landesrechtlich gebotener technischer Infrastruktur und zur Förderung von Projekten für neuartige Übertragungstechniken aufgewendet werden[378]. Dazu zählt jedoch nicht die unmittelbare finanzielle Förderung privater Anbieter, da eine Finanzierung privater Rundfunkunternehmen aus der Rundfunkgebühr im System der Rundfunkfinanzierung nach dem RStV nicht in Frage kommt[379]. Gleichzeitig wurden jedoch durch den 4. RÄndStV die Förderungsmöglichkeiten der Landesmedienanstalten durch Streichung der Beschränkung auf Förderung der „terrestrischen" Versorgung des „gesamten" Landes erweitert und auf die Versorgung gerade lokaler und regionaler Räume ausgedehnt[380]. Die Förderung ist bei alledem nicht auf die Bezuschussung einmaliger Investitionskosten beschränkt, sondern kann sich auch auf die Kosten für das Betreiben sendetechnischer Anlagen beziehen[381]. Mit der Förderung der technischen Infrastruktur ist zwar zwangsläufig eine mittelbare Subventionierung privaten Rundfunks verbunden, dem auf diese Weise verbesserte Verbreitungsmöglichkeiten eröffnet werden, eines solche mittelbare Finanzierung wird aber gleichwohl für zulässig erachtet[382].

---

375 Bornemann/Kraus/Lörz, BayMG, Art. 11, Rdnr. 17

376 § 40 Abs. 1 Satz 1 Nr. 1RStV; dazu zählt nach der amtlichen Begründung in erster Linie der Sach- und Personalaufwand der Landesmedienanstalten; abgedruckt bei Hartstein/Ring/Kreile/Dörr/Stettner, Rundfunkstaatsvertrag, § 40

377 § 40 Abs. 1 Satz 1 Nr. 2 RStV; allgemein hierzu siehe Wagner, Die Landesmedienanstalten, 1990, S. 107ff.

378 § 40 Abs. 1 Satz 2 RStV; hierzu Ladeur, ZUM 1993, 385ff.

379 § 43 Satz 2 RStV; amtliche Begründung zu § 40 RStV, abgedruckt bei Hartstein/Ring/Kreile/Dörr/Stettner, Rundfunkstaatsvertrag, § 40; vgl. eingehend Badura, ZUM 1988, 155ff., 164; zwar erstreckt sich der durch die Rundfunkgebühr verwirklichte Schutz öffentlich-rechtlicher Rundfunkanstalten nicht auf eine bestimmte Finanzierungsform; er endet jedoch dort, wo eine Finanzierungsregelung im Ergebnis und in der Sache zu Zuwendungen an private Rundfunkunternehmen führt.

380 Amtliche Begründung zu § 40 RStV, abgedruckt bei Hartstein/Ring/Kreile/Dörr/Stettner, Rundfunkstaatsvertrag, § 40

381 Hartstein/Ring/Kreile/Dörr/Stettner, Rundfunkstaatsvertrag, § 40, Rdnr. 32

382 Vgl. insbesondere § 43 Satz 3 RStV; amtliche Begründung zu § 40 RStV, abgedruckt bei Hartstein/Ring/Kreile/Dörr/Stettner, Rundfunkstaatsvertrag, § 40; siehe auch die Kommentierung dort, Rdnr. 26

Der landesrechtliche Vorbehalt des § 55 RStV trägt der besonderen Verfassungsrechtslage in Bayern Rechnung[383], indem er den Freistaat Bayern berechtigt, „seinen“ Anteil an der Rundfunkgebühr für die Finanzierung der landesgesetzlich bestimmten Aufgaben der BLM zu verwenden. Dazu gehört nach Art. 11 BayMG auch die finanzielle Förderung privater Rundfunkangebote und –anbieter. Der bayerische Landesgesetzgeber hat dementsprechend den Anteil an der Rundfunkgebühr gem. § 40 RStV durch die Regelung des Art. 21 Abs. 1 Nr. 2 BayMG der Landeszentrale zur Finanzierung ihrer Aufgaben nach Art. 11 BayMG zugewiesen. Die Schaffung wirtschaftlich tragfähiger Rahmenbedingungen für alle Formen der Rundfunkveranstaltung unter Einbeziehung privater Anbieter wäre gleichwohl allein unter Heranziehung des 2 %igen Anteils an der Rundfunkgebühr kaum zu bewerkstelligen. Dies gilt um so mehr, als sich die Landeszentrale aus ihrem Anteil, an der Rundfunkgebühr, wie alle anderen Landesmedienanstalten auch, selbst finanzieren muß. Eine zusätzliche Finanzierungsform stellt daher das ausschließlich in Bayern erhobene Teilnehmerentgelt dar.

d) Förderung und Finanzierung privater Programmangebote durch die Rundfunkgebühr und das Teilnehmerentgelt

Eine spezifische Besonderheit der finanziellen Förderung privater Rundfunkangebote stellt das sog. Teilnehmerentgelt dar. Die Landeszentrale erhebt es von den Inhabern eines Kabelanschlusses der Deutschen Telekom AG und von den Betreibern privater Kabelanlagen. Seine Grundlagen sind in Art. 33 Abs. 4 bis 6 BayMG sowie in der Teilnehmerentgeltsatzung (TES) niedergelegt.

Das Entgelt wird als Zuschuß für Programmteile bayerischer Anbieter und insbesondere für den weiteren Aufbau einer möglichst flächendeckenden Versorgung mit lokalen und regionalen Fernsehangeboten[384] verwendet und beträgt seit dem 01.01.2003 € 0,60 pro Anschluß und Monat[385]. Seine Verteilung erfolgt nach § 9 Teilnehmerentgeltsatzung (TES). Verwendet wird es zur Förderung der technischen Infrastruktur, insbesondere zur Sicherung einer landesweiten ausgewogenen Rundfunkstruktur sowie zur Förderung innovativer Rundfunkentwicklungen zugunsten örtlich, regional, landesweit oder bundesweit verbreiteter Rundfunkprogramme[386]. Aus diesem Mittelansatz werden in erster Linie die technischen Verbreitungskosten für lokale und regionale Fernsehangebote finanziert. Die verbleibenden Anteile werden an die privaten Anbieter als pro-

---

[383] So die amtliche Begründung zu § 55 RStV, abgedruckt bei Hartstein/Ring/Kreile/Dörr/Stettner, Rundfunkstaatsvertrag, § 55

[384] Art. 33 Abs. 5 BayMG

[385] Art. 33 Abs. 4 BayMG

[386] § 9 Abs. 1 TES; im Jahre 1999 wurden für derartige Projekte 15,6 Mio DM verausgabt; Müller, Der Einsatz des Teilnehmerentgelts beim Aufbau einer lokalen/regionalen Rundfunkstruktur in Bayern, BLM-Symposium Medienrecht 2000

grammfördernde Zuschüsse verteilt, wobei die Verteilung anhand der eingeräumten Sendezeit erfolgt[387].

(1) Verfassungsmäßigkeit des Teilnehmerentgeltes

Medienpolitisch ist das Teilnehmerentgelt in der Vergangenheit verstärkt und mit unterschiedlichen Argumenten ins Zentrum der Diskussion gerückt worden. Zum einen sieht die Bayerische Staatsregierung das Teilnehmerentgelt aus ordnungspolitischen Gründen als fragwürdig an, da sich private Rundfunkangebote nicht aus „zwangsweise erhobenen Entgelten, sondern grundsätzlich aus selbsterwirtschafteten Mitteln finanzieren“[388] sollten. Von Seiten des BayVGH kam der verfassungsrechtliche Einwand, wenngleich lediglich im Rahmen eines obiter dictum, die Vorgaben für eine der Rundfunkgebühr zumindest nahestehende Abgabe seien nicht ohne weiteres gegeben[389]. Dem Teilnehmerentgelt wurde damit eine gewisse Systemfremde, eine Bedenklichkeit in verfassungsrechtlicher und ordnungspolitischer Hinsicht bescheinigt. Den verfassungsrechtlichen Bedenken ist namentlich der BayVerfGH entgegengetreten[390]. Das Gericht erblickt im Anschluß an seine frühere Rechtsprechung[391] den rechtfertigenden Grund für die Erhebung des Teilnehmerentgelts nach wie vor in dem Vorteil, der dem einzelnen Rundfunkteilnehmer durch die vermehrten Nutzungsmöglichkeiten infolge des Anschlusses an die Kabelanlage gewährt wird[392]. Der Rechtscharakter des Entgeltes sei dabei nicht erheblich[393].

(2) Der Wegfall des Teilnehmerentgeltes

Abgesehen von der verfassungsrechtlichen Beurteilung des Teilnehmerentgelts wurde außerdem die Frage gestellt, inwieweit eine solche zusätzliche Finanzierungsgrundlage auch verfassungsrechtlich geboten sei[394], da der Landeszentrale zur Finanzierung nicht ausschließlich an erwerbswirtschaftlichen Gesichts-

---

[387] § 10 Abs. 2 TES, § 11 Abs. 2 TES; im Jahre 1999 waren dies 17,4 Mio DM; Müller, Der Einsatz des Teilnehmerentgelts beim Aufbau einer lokalen/regionalen Rundfunkstruktur in Bayern, BLM-Symposium Medienrecht 2000

[388] LT-Drucksache 13/8440, S. 18

[389] BayVGH ZUM, 1997, 571, 573; gegen die Entscheidung Neft, ZUM 1997, 898ff.; Gersdorf, Rechtsfragen des Teilnehmerentgeltsystems nach bayerischem Rundfunkrecht, 1997, 43ff., passim; Bornemann/Kraus/Lörz, BayMG, Art. 38, Rdnr. 45

[390] BayVerfGH, ZUM 2000, 168ff.

[391] BayVerfGH BayVBl. 1991, 621

[392] BayVerfGH, ZUM 2000, 168ff., 172; ähnlich Neft, ZUM 1996, 303ff.

[393] Zur Rechtsnatur des Teilnehmerentgeltes eingehend Gersdorf, Rechtsfragen des Teilnehmerentgeltsystems nach bayerischem Rundfunkrecht, 1997, S. 27ff.; siehe hierzu eingehend unten in diesem Kapitel, Bewertung der Abschaffung des Teilnehmerentgeltes

[394] Amtliche Begründung zum Zeiten Gesetz zur Änderung des BayMG, 2., abgedruckt bei Bornemann/Kraus/Lörz, BayMG, vor Art. 1; auch der BayVerfGH sieht sich nicht im Stande, von einer Verfassungsmäßigkeit auf die verfassungsrechtliche Gebotenheit des Teilnehmerentgelts zu schließen, BayVerfGH, ZUM 2000, 168ff., 173

punkten orientierter Programme andere Finanzierungsmöglichkeiten zur Verfügung stünden. Die Medienbetriebsgesellschaften seien abgeschafft und die Aufbauphase des lokalen und regionalen Rundfunks in seiner Beendigung begriffen, wodurch der Bedarf an Fördermitteln deutlich sinke. Im übrigen sei das Teilnehmerentgelt für die Anbieter stets nur als vorübergehende Anschubfinanzierung konzipiert gewesen[395].

Nach dem Wegfall der Medienbetriebsgesellschaften und der für ihren Unterhalt benötigten Mittel wurde aufgrund dieser Erwägungen das Teilnehmerentgelt zunächst zum 1. Januar 1999 auf DM 2,00 je Anschluß und Monat reduziert. Nachdem zunächst für den 1. Januar 2003 sein endgültiger Wegfall geplant war[396], ist nunmehr eine stufenweise Absenkung und eine Einstellung der Entgelterhebung zum 31. Dezember 2008 vorgesehen[397].

(3) Bewertung der Abschaffung des Teilnehmerentgeltes

Es erscheint zumindest fraglich, ob über die Zukunft des Teilnehmerentgeltes das letzte Wort bereits gesprochen ist. Vielfach wird die Abschaffung dieser zusätzlichen Finanzierungsgrundlage des in Bayern in öffentlich-rechtlicher Trägerschaft veranstalteten Rundfunks als verfehlt angesehen. Angesichts der Aktualität der Problematik sind hierzu einige Anmerkungen veranlaßt:

(a) Der Aspekt der funktionsgerechten Finanzierung

Das Teilnehmerentgelt diente in der Vergangenheit zur Finanzierung und Förderung neuer Rundfunkentwicklungen sowie der Medienbetriebsgesellschaften und vor allem der dem öffentlich-rechtlichen Programmauftrag unterworfenen, gleichwohl auf Werbeeinnahmen angewiesenen Anbieter[398], um auf diese Weise die wirtschaftlichen Rahmenbedingungen in einem alternativ-öffentlich-

---

395 Amtliche Begründung zum Zeiten Gesetz zur Änderung des BayMG, 2., abgedruckt bei Bornemann/Kraus/Lörz, BayMG, vor Art. 1

396 Bei Beschluß des Gesetzes wurde gleichwohl ein Dringlichkeitsantrag aus den Reihen der CSU angenommen, der eine genaue Beobachtung der fortlaufenden wirtschaftlichen Entwicklung im Bereich des lokalen und regionalen Rundfunks durch die Staatsregierung fordert. Darüber hinaus sollte bis zum 30.07.2001 ein Bericht über die wirtschaftliche Situation des lokalen Fernsehens vorgelegt werden, der über die bis zu diesem Zeitpunkt eingetretene Situation hinaus die vorhersehbaren künftigen Entwicklungen darstellen soll. Die Studie kam zu dem Ergebnis, daß das Teilnehmerentgelt nach wie vor erforderlich ist, um vor allem eine flächendeckende Versorgung der Rundfunkempfänger auch außerhalb der Ballungsräume zu ermöglichen.

397 Wiederum wird zum 31. März 2007, also neun Monate vor der geplanten Abschaffung des Teilnehmerentgeltes ein Bericht der bayerischen Staatsregierung über die wirtschaftliche Situation des lokalen und regionalen Fernsehens erstellt, der in Art. 33 Abs. 7 BayMG nunmehr ausdrücklich vorgesehen ist.

398 Zur Interdependenz von Programmauftrag und Finanzbedarf vgl. Badura, Rundfunkfreiheit und Finanzautonomie, S. 57ff

rechtlichen Rundfunksystem, insbesondere eine flächendeckende Versorgung mit lokalen und regionalen Rundfunkprogrammen gewährleisten zu können. Es stellte insofern ein Korrelat zur Gebührenfinanzierung des klassischen öffentlich-rechtlichen Rundfunks dar, ist aber als medienrechtliche Abgabe eigener Art mit dieser zumindest nicht unmittelbar vergleichbar[399]:

Da insbesondere Hörfunkprogramme, aber auch private Fernsehangebote in den Ballungsräumen nicht nur über Kabel, sondern auch terrestrisch empfangbar sind, ist zwar aus Sicht der Empfänger eine unmittelbare Gegenleistung für das Entgelt nicht in jedem Fall ersichtlich[400]. Das Teilnehmerentgelt berücksichtigt genau wie die Rundfunkgebühr auch nicht die tatsächlichen Nutzungsgewohnheiten der Kabelkunden. Unter Rekurs auf die Rundfunkgebühr als nicht an eine konkrete Gegenleistung geknüpfte sachkompetenzimplizite Abgabe leitet dennoch insbesondere Gersdorf überzeugend die Verfassungsmäßigkeit und Gebotenheit des Teilnehmerentgelts ab: Wie die Rundfunkgebühr ist die (Mit)-Finanzierung privater Rundfunkangebote durch das Teilnehmerentgelt eng verknüpft mit der von Verfassungs wegen übertragenen Aufgabe der Gewährleistung der Rundfunkfreiheit, die eine funktionsgerechte Finanzausstattung öffentlich-rechtlichen Rundfunks erfordert[401]. Das Teilnehmerentgelt spielt im System des öffentlich-rechtlich getragenen, gleichwohl werbefinanzierten Rundfunks in Bayern die Rolle eines „rundfunkspezifischen, vielfaltsstiftenden und –erhaltenden Finanzierungsinstruments“[402]. Es stellt insoweit eine funktionsadäquate Besonderheit der Rundfunkveranstaltung in öffentlich-rechtlicher Trägerschaft unter Einbindung privaten Engagements dar.

Weiterhin ist auch von einem grundsätzlichen Anspruch der BLM auf eine funktionsgerechte Finanzierung der ihr zugewiesenen Aufgaben auszugehen, der sich zum einen aus der besonderen Regelung des Art. 111a Abs. 2 Satz 1 BV, aber auch aus dem Gewährleistungsauftrag des Art. 5 Abs. 1 Satz 2 GG ergibt. Die Gewährleistung der Freiheit des Rundfunks als Medium und Faktor der öffentlichen Meinungsbildung ist gestalterische Aufgabe des Landesgesetzgebers, Art. 70 Abs. 1 GG. Mit der funktionsgerichteten Indienststellung des Grundrechtes der Rundfunkfreiheit korrespondiert die Verpflichtung, die finanziellen Rahmenbedingungen für die funktional ausgerichtete Ausübung desselben zu

---

399 Amtliche Begründung zu Art. 38, abgedruckt bei Bornemann/Kraus/Lörz, BayMG, Art. 38; zur finanzverfassungsrechtlichen Natur des Teilnehmerentgelt vgl. Neft, ZUM 1997, 898ff., 900f.m.w.Nw.

400 Hierzu Neft, ZUM 1997, 898ff., 908ff.; Gersdorf, Rechtsfragen des Teilnehmerentgeltsystems nach bayerischem Rundfunkrecht, 1997, S. 103

401 Gersdorf, Rechtsfragen des Teilnehmerentgeltsystems nach bayerischem Rundfunkrecht, 1997, S. 89ff.; Bornemann/Kraus/Lörz, BayMG, Art. 38, Rdnr. 38

402 Gersdorf, Rechtsfragen des Teilnehmerentgeltsystems nach bayerischem Rundfunkrecht, 1997, S. 93

gewährleisten[403]. Zusätzlich ist der Landeszentrale die Veranstaltung lokalen und regionalen Rundfunks explizit aufgegeben. Selbst wenn es sich hierbei nicht um eine Aufgabe der Grundversorgung handeln sollte[404], stellt sich die zugewiesene Aufgabe und ihre Erfüllung zumindest einfachgesetzlich als eine von Art. 111a Abs. 2 Satz 1 BV gedeckte Funktionserfüllung dar, die von Verfassungs wegen funktionsgerecht finanziert werden muß. Gleichzeitig besteht für die Landeszentrale weder die Verpflichtung noch die Berechtigung, die von ihr bislang ausgeübte Funktionserfüllung einzuschränken, also z.B. den lokalen Rundfunk im Sinne eines reinen Ballungsraumfernsehens aufzufassen oder den von Art. 111a Abs. 2 Satz 1 BV vorgegebenen und von ihr konkretisierten Qualitätsstandard[405] abzusenken.

Die Rechtfertigung einer Finanzierungsgrundlage wie der des Teilnehmerentgeltes unter Rekurs auf die funktionale Rückbindung an eine besondere Aufgabenzuweisung erschließt sich also erst, wenn man sich vor Augen führt, daß die Aufgaben der Landeszentrale insbesondere in der Ausgestaltung des lokalen und regionalen Rundfunks weit über die Anforderungen anderer Landesmediengesetze hinausgehen. Im Bereich des lokalen und regionalen Rundfunks steht die Aufgabenzuweisung der Landeszentrale geradezu einer ausdrücklichen Verpflichtung zur Grundversorgung nahe, da eine lokale Versorgung durch die herkömmliche öffentlich-rechtliche Rundfunkanstalt nicht stattfindet. Das Teilnehmerentgelt dient ausdrücklich der Gewährleistung dieser Aufgabenerfüllung und ermöglicht, weil „einschaltquotenneutral" ausgestaltet, ein höheres Vielfaltsniveau. Es stellt daher keine öffentlich-rechtliche „Subventionierung privater Rundfunkprogramme"[406] dar, sondern kann vielmehr als „medienrechtliche Vielfaltsabgabe"[407] qualifiziert werden, die sich am Normziel des Art. 5 Abs. 1 Satz 2 GG orientiert. Diese Wertung erschließt sich auch und vor allem mit Blick auf die Bedeutung des Teilnehmerentgeltes für den lokalen Rundfunk.

b) Bedeutung des Teilnehmerentgeltes für den lokalen Rundfunk

In Bayern wurde von Anbeginn der Rundfunkveranstaltung unter Einbindung privaten Engagements besonderer Wert auf eine flächendeckende Versorgung der Bevölkerung mit lokalen und regionalen Rundfunkprogrammen gelegt[408]. Ziel war neben der Optimierung der landesweiten Anbieter-, Programm- und

---

403 Gersdorf, Rechtsfragen des Teilnehmerentgeltsystems nach bayerischem Rundfunkrecht, 1997, S. 91f.; Neft, ZUM 1997, 898ff., 903

404 So Gersdorf, BLM-Symposium Medienrecht 2000; einschränkend Bornemann/Kraus/Lörz, BayMG, Art. 38, Rdnr. 38

405 Vgl. hierzu oben Kapitel 1, Anforderungen an ein öffentlich-rechtliches Rundfunksystem

406 So aber BayVGH ZUM 1997, 571ff., 573

407 Neft, ZUM 1997, 898ff., 905

408 Der Präsident der Landeszentrale, Prof. Dr. Ring bezeichnete anläßlich des BLM-Symposiums 2000 in München den lokalen Rundfunk als „vielleicht wichtigste Innovation der Medienentwicklung der letzten eineinhalb Jahrzehnte".

Meinungsvielfalt stets in besonderem Maße die „flächendeckende, aber dezentrale Versorgung der Bevölkerung mit Informationen aus dem Nahbereich“[409]. Diese decken erfahrungsgemäß bei der Bevölkerung wegen ihrer besonderen lokalen Gewichtung ein besonders hohes Informationsbedürfnis ab und leisten „aus Sicht der Nutzer einen eigenständigen Beitrag zur Vielfalt in dem lokalen Wohn- und Lebensumfeld“[410]. Gleichzeitig ist der lokale Rundfunk abseits der Ballungsräume wegen der geringen Anzahl zu erreichender Rezipienten wirtschaftlich besonders gefährdet und seine Veranstaltung ohne fundierte ordnungspolitische Unterfütterung kaum möglich[411]. Hinzu kommt eine geringere Kaufkraft der ohnehin weniger vertretenen Hauptzielgruppen, die lokale Rundfunkprogramme für Werbekunden weniger interessant macht. Dennoch kommt einer möglichst umfassenden Versorgung der Bevölkerung mit Rundfunkprogrammen gerade in einem Flächenstaat wie Bayern erhebliche Bedeutung zu. Um eine möglichst hohe Versorgungsdichte mit lokalen Rundfunkprogrammen auch in ländlich strukturierten Gebieten erreichen zu können, sind daher z.B. eine Vielzahl von Leitungsverbindungen erforderlich, um die autarken Kabelnetze in den Regionen erreichen und verbinden zu können. Durch diese Zusammenführung vieler, andernfalls nicht miteinander verbundener Kabelnetze, wird die Reichweite für private lokale Rundfunkangebote in erheblichem Maße gesteigert, was neben der flächendeckenden Versorgung der Bevölkerung mit lokalem Rundfunk in der Regel erst die Voraussetzung für eine wirtschaftlich erfolgreiche Vermarktung des lokalen Rundfunkangebots schafft[412].

(c) Systemfremde des Teilnehmerentgeltes?

Bei alledem darf nicht verkannt werden, daß es nicht Aufgabe der Landeszentrale sein kann, den wirtschaftlichen Erfolg einzelner Rundfunkangebote zu garantieren. Eine unmittelbare Förderung privater Interessen über die zwangsweise Entrichtung eines Entgeltes ist dem System der werbefinanzierten Rundfunkveranstaltung fremd. Die Funktion der Landeszentrale muß sich insoweit auf die Schaffung von Rahmenbedingungen, innerhalb derer privat finanzierter Rund-

---

409 Kors, Hinwirken auf tragfähige wirtschaftliche Rahmenbedingungen, in: BLM, (Hrsg.), Rundfunk in öffentlich-rechtlicher Trägerschaft, 2000, S. 61ff., S. 62

410 Neft, ZUM 1997, 898ff., 905

411 Kors, Hinwirken auf tragfähige wirtschaftliche Rahmenbedingungen, in: BLM, (Hrsg.), Rundfunk in öffentlich-rechtlicher Trägerschaft, 2000, S. 61ff., S. 71;

412 Die Anbindung eines lokalen Rundfunkangebots mit geringer Reichweite an weitere Kabelnetze stellt sich für den privaten Anbieter in aller Regel als nicht finanzierbar dar. Durch die Finanzierung aus dem Teilnehmerentgelt sind derzeit sind auf diese Weise in Bayern 19 Regionalnetze verfügbar, deren reine Verbindungskosten allein ca. 8 Mio DM jährlich betragen. Der „Fleckerlteppich“ aus vielen kleinen, autarken Kabelnetzen konnte auf diese Weise geschlossen werden, so daß derzeit eine Versorgung mit lokalem Fernsehen bayernweit zu 94 %, mit dem lokalen Fernsehfenster auf SAT 1 bzw. RTL plus zu 97 % erreicht wird. Siehe eingehend Müller, Der Einsatz des Teilnehmerentgeltes, in BLM Symposion Medienrecht 2000, 2001, S. 17ff., S. 27ff.; vgl. auch Bornemann/Kraus/Lörz, BayMG, Art. 11, Rdnr. 14

funk auch unter wirtschaftlichen Gesichtspunkten möglich ist, beschränken. Sowohl die Finanzierung reichweitensteigernder Verbreitungstechniken wie auch die Förderung von Programmteilen mit dem Ziele der Vielfalts- und Qualitätsoptimierung kommt allerdings denknotwendig den entgeltberechtigten Anbietern in finanzieller Hinsicht zu Gute. Anders ist eine „Förderung" des Gesamtsystems Rundfunkveranstaltung durch die Landeszentrale auch nicht möglich. Dabei stellt sich die Förderung im günstigsten Fall als ein Korrelat zu den erhöhten Qualitätsanforderungen des öffentlich-rechtlich getragenen Rundfunks dar und führt auf diese Weise nicht zu einer Gewinnmaximierung auf Seiten des Anbieters, sondern lediglich zur grundsätzlichen Finanzierbarkeit eines qualitativ hochwertigen Programms. Auch die Verbesserung der Reichweite durch die Zusammenführung von Kabelnetzen führt nicht nur zu einer besseren Versorgung der Bevölkerung mit lokalem Rundfunk, sondern auch zu einer Steigerung der Werbeerlöse der Anbieter. Im Bereich des lokalen Rundfunks in der Peripherie der Ballungsgebiete wird man aber davon ausgehen können, daß die Förderung stets nur ein Ausgleich für die „Nachteile" der im Vergleich zu den Zentren geringeren Reichweite sein kann, so daß hier von einer echten Sicherstellung der wirtschaftlichen Rahmenbedingungen gesprochen werden kann. Bei ihrem Wegfall besteht die „begründete Gefahr, daß es Programmanbietern, die ihr Programm in wirtschaftlich schwachen Regionen verbreiten oder die nur über geringe Sendezeit verfügen, nicht möglich sein wird, sich aus selbst erwirtschafteten Einnahmen zu finanzieren, und daß sie folglich ihre Tätigkeit einstellen müssen"[413]. Der Verlust von Meinungsvielfalt in der betreffenden Region liegt auf der Hand. Teilweise wird sogar ein Verschwinden des lokalen Rundfunks in einzelnen Bereichen Bayerns befürchtet[414].

Dennoch bleibt festzuhalten, daß eine Förderung im Sinne einer Finanzierung von Gewinnen auf Anbieterseite ausgeschlossen werden muß. Die Zuwendungen aus dem Teilnehmerentgelt dürfen nur den Grundstock bilden, der eine Veranstaltung den Anforderungen des BayMG genügenden Rundfunks ermöglicht und der die Einbindung der privaten Anbieter in den Aufgabenbereich der Landeszentrale abbildet. Die privaten Anbieter partizipieren nicht nur an der Rundfunkveranstaltung, vielmehr sind sie funktional dergestalt in den Aufgabenbereich der Landeszentrale eingebunden, daß sie in der Literatur vielfach mit den Mitarbeitern einer klassischen öffentlich-rechtlichen Rundfunkanstalt verglichen werden[415]. Auch wenn eine solche unmittelbare Vergleichbarkeit nicht gegeben sein sollte, spricht doch vieles dafür, daß die Stellung der Anbieter sich in erster Linie aus dem Aufgabenbereich der Landeszentrale, also aus dem öffentlich-

---

[413] BayVGH, ZUM 1999, 256ff., 260 = BayVGH, MMR 1999, 420ff., 422f.

[414] BayVGH, a.a.O.

[415] Siehe hierzu eingehend unten, Kapitel 3, Vergleichbarkeit mit der „klassischen" öffentlich-rechtlichen Rundfunkanstalt

rechtlichen Trägerschaftsvorbehalt, heraus definiert[416]. Die Förderung und Teil-Finanzierung privater Rundfunkangebote korrespondiert dann systemgerecht mit der öffentlich-rechtlichen Funktionalisierung[417] werbefinanzierter Rundfunkangebote, so daß eine primäre Subventionierung privatwirtschaftlicher Interessen ausgeschlossen werden kann.

e) Organisation durch die Verpflichtung zur programmlichen, technischen, organisatorischen und finanziellen Zusammenarbeit

Neben der Erhebung und Auswertung der wirtschaftlichen Faktoren sowie der programm- und anbieterbezogenen Förderung stellt die Förderung der Zusammenarbeit unter den privaten Anbietern den wichtigsten Anwendungsbereich organisatorischer Vorkehrungen mit dem Ziele der Schaffung tragfähiger wirtschaftlicher Rahmenbedingungen dar. Zum einen sollen durch die Zusammenarbeit Programme entstehen, die aufgrund ihres einheitlichen Erscheinungsbildes eine bessere Akzeptanz und damit Vermarktung gewährleisten, es sollen weiterhin Einsparungsmöglichkeiten bei Produktion und Sendung genutzt und ein vielfaltshemmender Verdrängungswettbewerb unter den Anbietern Sendegebiet verhindert werden.

Diese strukturellen Vorkehrungen wirken nicht partiell wie einzelne Anordnungen und Sanktionen, sondern sollen Grundlagen schaffen. Sie ergänzen die kommerziell orientierte Tätigkeit der Anbieter um die Aspekte der Kosteneinsparung und Arbeitsteilung und sind damit auch unter dem Gesichtspunkt der Meinungsvielfalt geeignet, Härten, die sich aus den öffentlich-rechtlichen Programmanforderungen ergeben, auszugleichen[418].

Das BayMG weist der Landeszentrale daher die Aufgabe zu, im Rahmen der Sicherung tragfähiger wirtschaftlicher Rahmenbedingungen vor allem auf eine wirtschaftliche Zusammenarbeit der Anbieter hinzuwirken, Art. 25 Abs. 3 BayMG[419]. Diese Aufgabenstellung kommt insbesondere im Rahmen des Genehmigungsverfahrens zum Tragen, wobei die Bereitschaft zur programmlichen, technischen, organisatorischen und finanziellen Zusammenarbeit als positives Auswahlkriterium zu würdigen ist, Art. 25 Abs. 4 Satz 2 BayMG. Die Zusammenarbeitsverpflichtungen basieren dabei vor allem auf der Vorstellung, daß „in

[416] Siehe dazu eingehend unten, Kapitel 3, Beteiligung und Veranstaltung
[417] Neft, ZUM 1997, 898ff., 906
[418] Brümmer, Modellfragen, 1995, S. 158
[419] Die Zusammenarbeitsverpflichtung ist zwar im Aufgabenkatalog des Art. 11 BayMG nicht ausdrücklich genannt, die programmlichen und wirtschaftlichen Förderaufgaben der Landeszentrale der Nummern 8 bis 10 stehen jedoch jeweils unter der Maßgabe der Beachtung der Grundsätze des Art. 25 Abs. 3 BayMG, der seinerseits die wirtschaftliche Zusammenarbeit als besondere Vorkehrung im Rahmen der Schaffung tragfähiger wirtschaftlicher Rahmenbedingungen nennt. Einzelheiten der Zusammenarbeit von privaten Anbietern sind in § 9 HFS bzw. in § 13 FSS geregelt.

sich geschlossene Gesamtprogramme“ [420] für die Erzielung von Meinungsvielfalt erforderlich sind.

(1) Das Erfordernis eines homogenen Gesamtprogramms

Die Landeszentrale hat nach Art. 25 Abs. 3 BayMG bei der Organisation lokaler und regionaler Programme zu gewährleisten, daß „in sich geschlossene Gesamtprogramme“ entstehen[421]. Ziel dieser von den Anbietern geforderten Zusammenarbeit ist neben der Programm- und Vielfaltsoptimierung[422] vor allem die Schaffung tragfähiger wirtschaftlicher Rahmenbedingungen[423]: Die Akzeptanz eines Programms, das von mehreren Anbietern gestaltet wird, hängt im wesentlichen von seiner Durchhörbarkeit, seinem einheitlichen Erscheinungsbild und seiner einheitlichen Programmfarbe ab[424]. Diese Akzeptanz wiederum bedingt den Grad der Vermarktbarkeit durch den Verkauf von Werbezeiten und damit den wirtschaftlichen Erfolg[425]. Die amtliche Begründung zu Art. 24 BayMG a.F. stellte daher in überraschend ausdrücklicher Weise bereits einen Zusammenhang zwischen wirtschaftlicher Tragfähigkeit, homogenen, „durchhörbaren“ Gesamtprogrammen und dem Grundsatz der Meinungsvielfalt her:

„Bei alledem hat die Medienbetriebsgesellschaft[426] die ausdrückliche Verpflichtung, auf in sich geschlossene Gesamtprogramme und tragfähige finanzielle Grundlagen der Programme hinzuwirken. Insbesondere die Hörfunkprogramme, an denen in der Regel mehrere Anbieter zusammenwirken, können nur dann Erfolg haben, wenn sie ein einheitliches Gesamtprofil haben und nicht Stückwerk bleiben. Nur mit tragfähigen finanziellen Grundlagen kann die Programmvielfalt auch im lokalen Bereich gesichert werden.“ [427]

---

[420] Vgl. Art. 25 Abs. 3 BayMG

[421] Mit „Gesamtprogramm“ ist dabei nicht das gesamte Rundfunkprogramm in einem Verbreitungsgebiet, sondern das auf einer Frequenz oder anderem Übertragungsweg ausgestrahlte Programm.

[422] Bornemann/Kraus/Lörz, BayMG; Art. 25, Rdnr. 14

[423] Bornemann/Kraus/Lörz, BayMG, Art. 24 a.F., Rdnr. 22; Barth, Rundfunkunternehmerfreiheit, S. 80

[424] Ory, AfP 1999, 329; Wagner, Die Landesmedienanstalten, 1990, S. 181; Barth, Rundfunkunternehmerfreiheit, S. 80; Kull, AfP 1985, 265ff., 266; Schardt, ZUM 1986, 429ff., 438; Neupert, Programmverantwortung im Spannungsfeld zwischen Verfassung und rundfunkgerechter Gestaltung, in: Kreile (Hrsg.), Medientage München 1987, Dokumentation, 1988, S. 72

[425] Bumke, Landesmedienanstalten, 1995, S. 457

[426] Die Grundsätze können nach Wegfall der Medienbetriebsgesellschaften im Hinblick auf Art. 25 Abs. 3 BayMG n.F. auch für die Landeszentrale selbst herangezogen werden.

[427] Amtliche Begründung zu Art. 24 a.F., abgedruckt bei Bornemann/Kraus/Lörz, BayMG, vor Art. 24 a.F.; die Vorschrift ist nunmehr weggefallen, da sie sich mit den Aufgaben der MBGs befaßte, die nunmehr in Art. 25 BayMG der BLM zugewiesen

Mit der generellen Verpflichtung der Landeszentrale, auf die Entstehung in sich geschlossener Gesamtprogramme zu achten, korrespondiert vor allem die Erhebung der Bereitschaft zur programmlichen Zusammenarbeit zu einem gesetzlichen Auswahlkriterium für den Fall, daß sich für eine Frequenz mehr Anbieter bewerben, als tatsächlich zugelassen werden können, Art. 25 Abs. 4 Satz 1 und 2 BayMG.

(2) Synergieeffekte durch Kooperation

Während die programmliche und organisatorische Zusammenarbeit für ein homogenes Gesamtprogramm sorgt, ruft die Kooperation unter den Anbietern in wirtschaftlicher Hinsicht Synergieeffekte hervor, die in vielen Fällen für die Erreichung der wirtschaftlichen Tragfähigkeit des Gesamtprogramms und damit letztendlich zur Erzielung von Meinungsvielfalt unerläßlich sind. Neben der programmlichen Zusammenarbeit und der gemeinsamen Nutzung von Produktions- und Studioeinrichtungen stellt die vertraglich vereinbarte[428] „Verpoolung" der Werbeeinnahmen die wichtigste Form der Zusammenarbeit auf den Splittingfrequenzen dar, die in den meisten Fällen mit einer gemeinsamen Werbeakquisition der einzelnen Anbieter einhergeht. Durch die Einrichtung eines programmgestaltungsunabhängigen Werbepools kann insbesondere die Verteilung von mehr und weniger attraktiven Sendezeiten ausgeglichen werden. In der Vergangenheit wurde von BayVGH die Verpflichtung der Landeszentrale, auf eine Verpoolung der Werbeeinahmen hinzuwirken, ausdrücklich angesprochen[429]. Die gemeinsame Akquisition von Werbekunden und Vermarktung von Werbezeiten bietet z.B. Anbietern mit für den Verkauf von Werbung ungünstigen Sendezeiten eine wirtschaftliche Kompensation[430] und Grundlage[431], zum anderen wird ein Werbekunde in die Lage versetzt, die gesamte Frequenz sozusagen gleichmäßig und flächendeckend bewerben zu können. Neben der gemeinsamen Vermarktung stellt die gemeinsame Benutzung von Studio- und Sendeeinrichtungen eine weitere wichtige Form der Zusammenarbeit dar. Diese soll die Kosten senken und mittelbar auch die programmliche Zusammenarbeit fördern[432].

---

werden. Der Begriff des „Hinwirkens" ist im Sinne einer Verpflichtung der Landeszentrale extensiv auszulegen, Brümmer, Modellfragen, 1995, S. 61 m.w.Nw.

[428] Zur Ungeeignetheit von freiwilligen Zusagen und informellen Einigungen in diesem Bereich vgl. Bumke, Landesmedienanstalten, 1995, S. 457

[429] BayVGH, ZUM 1988, 417; hierzu Renck-Laufke, ZUM 1996, 960ff., 961

[430] Vgl. hierzu bereits Treffer/Regensburger/Kroll, Medienerprobungs- und -entwicklungsgesetz, München 1988, Art. 23, Anm. 2a, Nr. 4; Brümmer, Modellfragen, 1995, S. 61; Barth, Die Rundfunkunternehmerfreiheit und ihre Auswirkungen auf das Bayerische Medienerprobungs- und –entwicklungsgesetz, S. 80 m.w.Nw.

[431] Siehe auch Hesse, Rundfunkrecht, 1999, S. 252

[432] Bornemann/Kraus/Lörz, BayMG, Art. 25, Rdnr. 56

Die Schaffung tragfähiger wirtschaftlicher Rahmenbedingungen durch die wirtschaftliche Zusammenarbeit wird bei der Genehmigungsentscheidung durch das Auswahlkriterium der Bereitschaft zur technischen, organisatorischen und finanziellen Zusammenarbeit unterfüttert und konkretisiert.

(3) Die Bereitschaft zur programmlichen, technischen, organisatorischen und wirtschaftlichen Zusammenarbeit als Auswahlkriterium

Gemäß Art. 25 Abs. 4 Satz 2 BayMG ist die Bereitschaft zur programmlichen, technischen, organisatorischen und finanziellen Zusammenarbeit eines Bewerbers als positives Auswahlkriterium zwingend zu berücksichtigen. Kooperation bedeutet dabei das Zusammenwirken mehrerer Anbieter, etwa im Rahmen einer Anbietergesellschaft oder –gemeinschaft, oder aber die Zusammenarbeit einzelner Anbieter auf einer Splittingfrequenz oder im Rahmen des sog. Funkhausmodells[433].

Die Bewerber um einen Anbieterstatus sind bereits im Rahmen ihres Angebots angehalten, sich hierzu zu erklären[434]. In der Zulassungspraxis der Landeszentrale wird ein Bewerber, der seine Bereitschaft zur programmlichen, technischen, organisatorischen und finanziellen Zusammenarbeit verweigert und so ein wichtiges Auswahlkriterium nicht erfüllt, in der Regel bei der Rundfunkorganisation nicht berücksichtigt[435]. Den Regelfall der Zusammenarbeit stellt die Anbietergesellschaft oder –gemeinschaft durch gesellschaftlichen Zusammenschluß dar[436]. Nur in Ausnahmefällen wird eine Frequenz unter mehreren Bewerbern aufgeteilt, wobei sich an das dadurch entstehende Frequenzsplitting ebenfalls bestimmte Zusammenarbeitserfordernisse anknüpfen.

Über die Erhebung der Bereitschaft zur programmlichen, technischen, organisatorischen und finanziellen Zusammenarbeit zu einem Auswahlkriterium im Rahmen des Organisationsverfahrens nach Art. 25 Abs. 4 BayMG hinaus muß diese Bereitschaft auch während der Sendeperiode im selben Umfang aufrechterhalten werden, um die „Sicherstellung und Weiterentwicklung des Gesamtprogramms in programmlicher, technischer, organisatorischer und finanzieller Hinsicht" sicherstellen zu können. Ein dieser Zielsetzung gegenläufiges Verhalten ist von den Anbietern zu unterlassen, § 9 Abs. 1 HFS, § 13 Abs. 1 FSS.

(a) Die Bildung von Anbietergesellschaften als Regelfall

Die Verpflichtung der Landeszentrale, die Organisation lokaler und regionaler Rundfunkprogramme im Sinne der Vorgaben des Art. 25 Abs. 3 BayMG durchzuführen, verdichtet sich über das Auswahlkriterium der Bereitschaft zur pro-

---

[433] Vgl. Art. 25 Abs. 4 Sätze 4 bis 6 BayMG
[434] Bornemann/Kraus/Lörz, BayMG, Überblick vor Art. 23, Rdnr. 18
[435] So (mit Blick auf die Praxis) Bornemann/Kraus/Lörz, BayMG, Art. 25, Rdnr. 44
[436] Eingehend hierzu Bornemann/Kraus/Lörz, BayMG, Art. 25 Rdnr. 61

grammlichen, technischen, organisatorischen und finanziellen Zusammenarbeit, Art. 25 Abs. 4 Satz BayMG, hin zu der konkreten Vorgabe der Bildung von Anbietergesellschaften. Die Bereitschaft zur Zusammenarbeit konkretisiert sich in diesem Fall durch den tatsächlichen rechtlichen und gesellschaftlichen Zusammenschluß einzelner Anbieter, die später unter einer gemeinsamen Senderbezeichnung die Frequenz gestalten.

Über den vielfaltsrelevanten Aspekt bei der Bevorzugung von Anbietergesellschaften[437] hinaus verteilt die Bildung einer Anbietergesellschaft die wirtschaftliche Belastung der kostenintensiven Programmproduktion auf mehrere Anbieter. Die daraus resultierenden Synergieeffekte können die wirtschaftliche Tragfähigkeit einer Frequenz und damit die Qualität des Gesamtprogramms nachhaltig positiv beeinflussen[438].

In der Praxis wird in der Regel bereits während der Verhandlungen mit den Bewerbern die Zusammenführung verschiedener Angebote zu einem Gesamtprogramm besprochen. Die Bildung einer Anbietergesellschaft oder Gemeinschaft ist ein entscheidendes Auswahlkriterium, von dessen Vorliegen nur abgesehen werden kann, „wenn auf andere Weise die Zusammenarbeit der Anbieter sichergestellt werden kann“[439]. Die erklärte Bereitschaft, grundsätzlich eine Betriebsgemeinschaft mit anderen Anbietern eingehen zu wollen, genügt hierbei nicht[440]. Informelle Einigungsbemühungen sind mangels rechtlicher Bindung in der Regel nicht erfolgversprechend, da sich die Anbieter ohne konkrete und formelle Vereinbarungen nach wie vor in einer Konkurrenzsituation um die ausgeschriebenen Sendezeiten befinden[441]. Die Bereitschaft muß vielmehr grundsätzlich unmittelbar auf die Bildung einer Anbietergesellschaft oder –gemeinschaft mit den anderen auf einer Frequenz vertretenen Anbietern gerichtet sein und als solche auch artikuliert werden. Sofern ein Bewerber von vornherein nicht im Rahmen einer Anbietergesellschaft tätig werden möchte, hat er hierfür Gründe anzugeben[442].

Die Bevorzugung von Anbietergesellschaften bei der Auswahl geeigneter Bewerber kombiniert sowohl vielfaltsrelevante wie auch unmittelbar auf die wirtschaftliche Tragfähigkeit des Gesamtprogramms bezogene Zielvorstellungen. Durch die Strukturvorgabe der Anbietergemeinschaft werden Grundlagen geschaffen, die eine Erfüllung des programmlichen Auftrages während des gesamten Genehmigungszeitraumes begünstigen. Im übrigen wird durch das Er-

437 Siehe eingehend oben in diesem Kapitel, Die Bildung von Anbietergesellschaften
438 Bornemann/Kraus/Lörz, BayMG, Art. 25, Rdnr. 57
439 Art. 25 Abs. 4 Satz 5 BayMG
440 BayVGH, BayVBl. 1997, 146ff., 147 = ZUM 1996, 987ff., 989
441 Wagner, Die Landesmedienanstalten, 1990, S. 180
442 Bornemann/Kraus/Lörz, BayMG, Art. 25, Rdnr. 14

fordernis der Bildung einer Anbietergemeinschaft die Programmgestaltung weniger beeinträchtigt als durch spätere Kontrollmechanismen im laufenden Programmbetrieb[443]. Da es sich hierbei um eine Steuerungs- und Kontrollmaßnahme im Rahmen des Zulassungsverfahrens handelt, steht den Landesmedienanstalten allgemein in diesem Bereich eine „weitgehende Verfügungsmacht über das Medium“[444] zu. Dies muß in besonderem Maße für die Landeszentrale als verantwortliche Trägerin des von ihr organisierten Gesamtprogramms gelten. Der Regelfall der Gründung einer Anbietergesellschaft ist daher als zulässige Konkretisierung der Aufgabenzuweisung des Art. 25 Abs. 3 BayMG zu sehen.

(b) Die „qualifizierte“ Zusammenarbeit von Anbietern auf Splittingfrequenzen

Kommt es zwischen den sich um eine Frequenz bewerbenden Anbietern nicht zur Gründung einer Anbietergesellschaft, hat eine dennoch erfolgende Genehmigung mehrerer Bewerber die Aufteilung der Frequenz im Sinne des Frequenzsplittings zur Folge. Insbesondere aus Gründen der Frequenzknappheit war die Aufteilung von Sendezeiten in den Anfangsjahren des lokalen Rundfunks ein Mittel, einer größeren Anzahl von Bewerbern den Zugang zum Rundfunk zu eröffnen. Die Bildung von Splittingfrequenzen hat sich allerdings in der Vergangenheit aus mannigfaltigen Gründen als problematisch erwiesen. In Bayern, das als Flächenstaat und starker Betonung des lokalen Rundfunks die meisten Erfahrungen mit dem Frequenzsplitting gemacht hatte[445], ist daher der schrittweise Abbau der Splittingsituationen vorgesehen.

(i) Die wirtschaftliche Problematik des Frequenzsplittings

Das Frequenzsplitting wird wegen der Aufspaltung der Frequenz in unterschiedliche Programmblöcke, die auf verschiedene Zielgruppen ausgerichtet sein können, allgemein als wirtschaftlich problembehaftet und als nicht vorzugswürdig angesehen[446]. Die Gestaltung von mehreren Programmen durch

---

[443] Wagner, Die Landesmedienanstalten, 1990, S. 80; Piette, Meinungsvielfalt im privaten Rundfunk, S. 99

[444] Wagner, Die Landesmedienanstalten, 1990, S. 81; siehe eingehend unten, Kapitel 3, Die weitgehende Gestaltungsbefugnis der Landesmedienanstalten im Zulassungsverfahren

[445] Vgl. etwa Fehling, Die Konkurrentenklage bei der Zulassung privater Rundfunkveranstalter, 1994, S. 267

[446] Holtz-Bacha, Vom öffentlich-rechtlichen Rundfunk und vom öffentlich-rechtlichen Privatfunk in Bayern, in: Kutsch, (Hrsg.), Rundfunk im Wandel, 1993, S. 227ff., S. 229; Bumke, Landesmedienanstalten, 1995, S. 456f. m.z.Nw.; Wente, ZUM 1999, 389ff., 390; Ory, ZUM 1998, 484ff., 486; besonders anschaulich hat der Verband bayerischer Lokalrundfunk (VBL) unter dem Eindruck der „Lokalfunkmisere“ Ende der 80er Jahre in seinem Positionspapier die Problematik des Frequenzsplittings beschrieben. Danach hat „das Frequenzsplitting (...) in wirtschaftlicher und programmlicher Hinsicht mehrere nachteilige Effekte. Zunächst fallen die Produktionskosten für ein lokales Hörfunkprogramm mehrfach an, da mit einem Frequenzsplitting auch die Einrichtung von zwei oder sogar mehreren Studios am Standort ein-

mehrere Anbieter weitgehend unabhängig voneinander stellt grundsätzlich keine wünschenswerte Form der Nutzung einer Frequenz dar, da die Bereitstellung von Vollprogrammen der publizistischen Homogenität und damit der Durchhörbarkeit eines Programms sehr viel zuträglicher ist[447]. Mit dem Wechsel der Zielgruppen gehen häufig konkurrenzbedingte Unstimmigkeiten unter den Anbietern einher, die sich in einem Wettstreit bei den Preisen für Werbeeinschaltungen fortsetzt, was ein gemeinsames Marketing der Frequenz erschwert oder unmöglich macht[448]. Grundsätzlich vorzugswürdig gegenüber der Splittingfrequenz ist daher das Modell des „Formatradios"[449], das sowohl Inhalte, Serviceangebote und Darstellung aufeinander abstimmt und dem Tagesverlauf des Rezipienten anpaßt. Thematische Schnittstellen, die den Hörer veranlassen, die Frequenz zu verlassen, können auf diese Weise vermieden werden.

Die Probleme der wirtschaftliche Tragfähigkeit einer Splittingfrequenz liegen angesichts dieser Problemstellungen auf der Hand. Mangelnde Durchhörbarkeit und schlechtere Akzeptanz beeinträchtigen die Werbeeinnahmen und damit die Erfolgsaussichten erheblich[450], wobei Rundfunkangebote auf Splittingfrequenzen für die werbetreibende Wirtschaft wegen der geringeren Streuung über den Tagesverlauf ohnehin weniger interessant sind[451]. Mangelnde Kooperation oder gar Opposition setzt sich in einem Verdrängungswettbewerb fort, unter dem insbesondere kleinere Anbieter mit weniger massenattraktiven Programmen zu leiden haben: Während das Volumen publizistischer Inhalte in einem auf Meinungsvielfalt ausgerichteten Rundfunksystem als unbegrenzt angesehen werden kann, ist das Marktvolumen, definiert durch Werbekunden und Werbeadressaten (Rezipienten), in einem Sendegebiet begrenzt. Es gilt, möglichst viele Rezipienten durch ein möglichst attraktives Programm an sich zu binden. Bereits die Existenz eines anderen Anbieters in einem Versorgungsgebiet bedeutet schließ-

---

hergeht. Weiterhin können die bei der Zusammenarbeit im Rahmen einer Studiobetriebsgesellschaft entstehenden Synergie-Effekte nicht genutzt werden. Frequenzsplitting führt regelmäßig auch zum Fehlen von Programmhomogenität und damit zu einer geringeren Hörerakzeptanz. Schließlich führt die Konkurrenzsituation von mehreren Anbietergruppen auf einer Frequenz zu einem dumping-orientiertem Verdrängungswettbewerb, so daß neben der Kostenseite auch die Erlösseite durch das Frequenzsplitting erheblich belastet wird. VBL, (Hrsg.) Positionspapier, Überlegungen für das zukünftige Bayerische Mediengesetz, München 1990; angesichts dieser dezidierten Stellungnahme erscheint es erstaunlich, daß sich in jüngerer Zeit gerade die Splittinganbieter gegen die Zusammenarbeitsverpflichtungen gewandt haben. Siehe auch oben in diesem Kapitel, Die Bildung von Splittingfrequenzen

[447] Ziethen, in: Rundfunkaufsicht, Bd. 3, S. 132; Jarass, ZUM 1986, 303, 307; Ory, AfP 1999, 329

[448] Holtz-Bacha, Vom öffentlich-rechtlichen Rundfunk und vom öffentlich-rechtlichen Privatfunk in Bayern, in: Kutsch, (Hrsg.), Rundfunk im Wandel, 1993, S. 227ff., S. 230f.

[449] Zum Begriff siehe Ory, AfP 1999, 329, m.w.Nw.

[450] Hesse, Rundfunkrecht, 1999, S. 252

[451] Eingehend Ory, AfP 1999, 329

lich einen Abzug von Rezipienten- und damit Werbevolumen, der aus rein wirtschaftlicher Sicht zu einem Verdrängungswettbewerb führen muß. Dies gilt zum einen dann, wenn sich das Programm des konkurrierenden Anbieters an die selbe Zielgruppe wie das eigene Programmformat richtet. Aber auch im Falle einer unterschiedlichen Zielgruppenausrichtung kann die Versuchung, einen anderen Anbieter vom Markt zu verdrängen, groß sein, insbesondere wenn dessen Existenz auf einer gemeinsam genutzten Splittingfrequenz als störend empfunden wird, weil sein Programm inhaltlich nicht zum eigenen Format paßt und so eine dauerhafte, sozusagen ganztägige Bindung der eigenen Zielgruppe an die Frequenz verhindert oder zumindest eingeschränkt wird. Der Verdrängungswettbewerb kann durch die unterschiedliche Verteilung der Sendezeiten begünstigt werden, wird aber in erster Linie über ein „Preisdumping" beim Verkauf von Werbezeiten geführt[452].

Es liegt auf der Hand, daß ein solcher Verdrängungswettbewerb der Erzielung von Meinungsvielfalt konträr entgegenläuft. Zwar bedeutet Anbietervielfalt in einem Versorgungsgebiet nicht zwangsläufig auch Programmvielfalt. Durch die Auswahl geeigneter Anbieter mit vielfältigen Programmformaten kann jedoch die inhaltliche Vielfalt erzeugt werden, deren Erreichung wichtigste Aufgabe der öffentlich-rechtlichen Trägereinheit ist. Voraussetzung ist dann aber, daß ein zur Erreichung von Meinungsvielfalt in einem Sendegebiet zugelassener Anbieter dort auch seine Funktion auf Dauer erfüllen kann, ohne von der Konkurrenz vom Markt verdrängt zu werden. In diesem Bereich sind organisatorische Maßnahmen, die sich auf die Schaffung wirtschaftlich tragfähiger Rahmenbedingungen für alle Anbieter in einem Sendegebiet beziehen, für die öffentlich-rechtliche Trägereinheit unumgänglich, um letztendlich für ein vielfältiges Programm verantwortlich zeichnen zu können. Eine effektive Möglichkeit ist die ansatzweise Aufhebung der zwischen den einzelnen Anbietern vorherrschende Konkurrenzsituation durch die Vereinbarung einer programmlichen, technischen, organisatorischen und finanziellen Zusammenarbeit.

(ii) Qualifizierte Zusammenarbeit als Vorgabe und Lösung

Hat sich die Landeszentrale dennoch für die Organisation einer Splittingfrequenz entschieden, stellt sich die Frage, auf welchem Wege die Problemstellungen des Splittings überwunden werden können, um der gesetzlichen Verpflichtung zur Sicherung der Meinungsvielfalt durch die Schaffung tragfähiger wirtschaftlicher Rahmenbedingungen nachkommen zu können. Aufgrund des der Landeszentrale durch den öffentlich-rechtlichen Trägerschaftsvorbehalt zugewiesenen Programmauftrages ist es ihr verwehrt, gesplittete Frequenzen zuzulassen, sofern hiervon eine Gefahr für die Meinungsvielfalt ausgeht, sei es durch mangelnde wirtschaftliche Tragfähigkeit oder aufgrund eines einsetzenden Ver-

---

[452] Schick, Privater Hörfunk in Bayern, Konstanz 1991, S. 59

drängungswettbewerbes. Die Ausnahmeregelung des Art. 25 Abs. 4 Satz 5 BayMG statuiert daher, daß auch im Falle der Organisation einer Splittingfrequenz die Zusammenarbeit der Anbieter sichergestellt sein muß.

Bei der Forderung nach Zusammenarbeit unter den Anbietern handelt es sich dabei nicht nur um ein Auswahlkriterium, sondern um eine Art „Genehmigungsvorbehalt“, denn bereits mit der Statuierung des Regelfalles der Anbietergesellschaft hat sich das Auswahlkriterium der Bereitschaft zur programmlichen, technischen, organisatorischen und finanziellen Zusammenarbeit zu einer konkreten, von der Landeszentrale zu beachtenden Vorgabe verdichtet[453]. Die Regelung ist daher auch nicht als Ausnahmetatbestand von der generellen Verpflichtung zur Zusammenarbeit zu sehen, sie regelt also nicht das „Ob“ der Zusammenarbeit, sondern das „Wie“[454]. Daraus folgt, daß die Genehmigung verweigert werden muß, wenn weder die Gründung einer Anbietergesellschaft erfolgt, noch die Zusammenarbeit im erforderlichen Maße gesichert werden kann. Die Erhebung der Zusammenarbeitsverpflichtung gleichsam zu einer Genehmigungsvoraussetzung ist auch sachgerecht: Die Zusammenarbeit der an der Nutzung einer Frequenz beteiligten Anbieter entscheidet über deren wirtschaftliches und programmliches Gelingen in der Zukunft. Ohne eine Regelung bereits im Rahmen der Genehmigung wäre die Landeszentrale gezwungen, auf die Entstehung eines in sich geschlossenen, tragfähigen und vielfältigen Programms lediglich zu vertrauen. Während des Genehmigungszeitraumes aber stellt die „Sanierung“ einer mangels Kooperation unter den Anbietern nicht den Anforderungen des BayMG entsprechenden Splittingfrequenz eine kaum lösbare Aufgabe dar. Der Grad der erforderlichen Zusammenarbeit ist im einzelnen jedoch äußerst strittig.

(iii) Die qualifizierte Zusammenarbeit aus Sicht der Anbieter

Das Erfordernis einer qualifizierten Zusammenarbeit auf den Splittingfrequenzen ist bei weitem nicht unumstritten und wird von einigen Anbietern als Einschränkung ihrer subjektiven Rechte empfunden. Im Gegensatz zu der Kooperationsform der Anbietergesellschaft stehen die einzelnen Anbieter auf einer Splittingfrequenz untereinander in wirtschaftlicher Konkurrenz, die sich in einem Wettbewerb um die größte Akzeptanz des jeweiligen Programms äußert. Das Erfordernis einer programmlichen, technischen, organisatorischen und finanziellen Zusammenarbeit zum Zwecke der Verbesserung der wirtschaftlichen Rahmenbedingungen aller Anbieter auf einer Splittingfrequenz wird daher von Anbietern vor allem deswegen als Einschränkung der eigenen Unabhängigkeit empfunden, weil im Rahmen der Zusammenarbeit eine Koppelung an andere

[453] Ähnlich Wente, ZUM 1999, 389ff., 389
[454] Bornemann/Kraus/Lörz, BayMG, Art. 25, Rdnr. 60

Anbieter erfolgt, deren wirtschaftlicher Erfolg als Verschlechterung der eigenen Konkurrenzsituation empfunden wird[455].

Richtig ist, daß die geforderte Zusammenarbeit unter den Anbietern die Chancen auf wirtschaftlichen Erfolg in einem gewissen Maße neu verteilt. Ein wirtschaftlich schwacher Anbieter, der z.B. ein spezielles Programm für eine vergleichsweise kleine Zielgruppe anbietet, hat bei einer rücksichtsvollen Zusammenarbeit mit anderen Anbietern, beispielsweise durch die gemeinsame Nutzung von Studioeinrichtungen oder der Einrichtung eines gemeinsamen Werbepools, einen besseren Stand als dies im Falle einer unreglementierten Konkurrenz der Fall wäre. Gleichzeitig empfinden es andere Anbieter unter Umständen als störend, einen Teil „ihrer“, d.h. der von ihnen genutzten Frequenz mit einem Programm teilen zu müssen, dessen Rezipienten nicht aus der gleichen Zielgruppe stammen.

Fraglich ist jedoch, inwieweit die Interessen eines die Zusammenarbeit verweigernden Anbieters hinter dem übergeordneten Ziel der wirtschaftlichen Tragfähigkeit des Gesamtprogramms zurücktreten müssen.

(iv) Die Verfahren zur Zulässigkeit der qualifizierten Zusammenarbeit
Die grundsätzliche Forderung nach Zusammenarbeit auf den Splittingfrequenzen wird trotz der Einschränkung der in erster Linie wirtschaftlichen Unabhängigkeit der Anbieter auch von der Rechtsprechung weitgehend als zulässig angesehen[456]. Im einzelnen äußerst strittig ist jedoch der Grad der erforderlichen Zusammenarbeit, die von der amtlichen Begründung zu Art. 27 Satz 5 BayMG a.F. plastisch als „gedeihlich“ beschrieben wird. Ein Frequenzsplitting kann also nur vorgenommen oder beibehalten werden, sofern eine „gedeihliche“, also erfolgreiche Zusammenarbeit der Anbieter garantiert werden kann[457]. Was im einzelnen unter einer gedeihlichen Zusammenarbeit zu verstehen ist und wann eine solche als abgesichert betrachtet werden kann, geht aus dem BayMG nicht unmittelbar hervor. Eine inhaltliche Beschränkung der Zusammenarbeitsverpflichtung im Sinne einer „hinreichenden“ oder „angemessenen“ Zusammenarbeit ist im Gesetz ebenfalls nicht enthalten[458]. Ebenso unterscheidet das BayMG nicht zwischen hartem und weichem Frequenzsplitting. Einzelheiten waren daher in § 9 Abs. 3 HFS, § 13 Abs. 3 FSS geregelt. Hiernach wurde die Zusammenarbeit nicht nur allgemein, sondern auch in programmlicher, technischer, organisatorischer und wirtschaftlicher Hinsicht verlangt. Weiterhin mußte die

---

[455] Vgl. exemplarisch die Ausführungen privater Anbieter in BayVGH, ZUM 1999, 256ff., 257f.; ZUM 2000, 335ff., 336f.; siehe hierzu eingehend sogleich
[456] BVerwG, ZUM 2000, 79ff., EU., S. 10f.; BayVGH, ZUM 2000, 335ff., 241
[457] Holtz-Bacha, Vom öffentlich-rechtlichen Rundfunk und vom öffentlich-rechtlichen Privatfunk in Bayern, in: Kutsch, (Hrsg.), Rundfunk im Wandel, 1993, S. 227ff., S. 231
[458] Darauf weist zutreffend Brümmer, Modellfragen, 1995, S. 101, hin.

Zusammenarbeit durch Vereinbarungen „ausreichend gesichert“ sein, hierzu waren von den Anbietern Nachweise zu erbringen.

Die so vorgenommene Konkretisierung der Zusammenarbeitsverpflichtungen durch die Hörfunksatzung wurde vom BayVGH im Rahmen eines Normenkontrollverfahrens zunächst ausgesetzt und später für nichtig erklärt. Die Entscheidung markiert einen vorläufigen Endpunkt in einer langwierigen Auseinandersetzung um die Reichweite der Zusammenarbeitsverpflichtungen des BayMG und seiner Satzungen. Auf die damit im Zusammenhang stehenden Verfahren soll im folgenden näher eingegangen werden, da sie nicht nur für die Zusammenarbeitsverpflichtungen sondern auch für die veränderte Beurteilung der Stellung privater Anbieter im Trägerschaftsmodell die Grundlage bildeten.

(aa) Das Verfahren „extra radio“
Bereits im Jahre 1992 hatte der BayVGH in einem von einem Hofer Splittinganbieter initiierten Verfahren entschieden, daß die Landeszentrale jeweils im einzelnen ermitteln und prüfen müsse, ob im Einzelfall die konkret geforderte Zusammenarbeit tatsächlich zur Erreichung der gesetzlichen Ziele notwendig sei[459]. Sie könne sich dabei nicht auf „allgemein“ vom Medienrat beschlossene Mindeststandards[460], die ein hartes Frequenzsplitting vermeiden sollen, um die Verbreitung eines wirtschaftlich tragfähigen und homogenen Gesamtprogramms sicherzustellen, berufen. Dieser Rechtsprechung ist namentlich der BayVerfGH entgegengetreten[461]:

Die „verstärkte“ Zusammenarbeit von Anbietern sei ein geeigneter Ansatzpunkt, die gesetzliche Aufgabe der Schaffung tragfähiger wirtschaftlicher Rahmenbedingungen nachzukommen. Art und Ausmaß der Zusammenarbeit seien dabei von der öffentlich-rechtlichen Trägereinheit im Rahmen des ihr zustehenden weiten Gestaltungsspielraumes zu bestimmen[462]. Die privaten Anbieter könnten in diesem Zusammenhang gegenüber der Landeszentrale lediglich einen Anspruch auf fehlerfreie Ermessensausübung und die Einhaltung des Gleichheitssatzes geltend machen, da ein verfassungsrechtlicher Anspruch privater Anbieter auf Zulassung zum Rundfunk im System der öffentlich-rechtlichen Trägerschaft, das von einer starken Stellung der Landeszentrale und einer demgegenüber schwächeren Stellung der Anbieter gekennzeichnet sei, nicht bestünde[463]. Der

---

459 BayVGH, ZUM 1994, 571ff., 574

460 Der Medienrat hatte seine „Mindestanforderungen“ nach vergeblichen Einigungsbemühungen entgegen der etwas mißverständlichen Formulierung des Gerichts nicht allgemein, sondern bezogen auf den konkreten Fall formuliert. Vgl. BVerwG v. 16.06.1999, ZUM 2000, 79ff., BU, S. 3

461 BayVerfGH, ZUM 1994, 575ff.

462 BayVerfGH, Leitsatz 2, ZUM 1994, 575ff., 575

463 BayVerfGH, Leitsatz 1, ZUM 1994, 575ff., 575

Senat prüfte die Zusammenarbeitsverpflichtung im konkreten Fall daher auch nur unter diesen Gesichtspunkten[464].

Die Wirkung der vorgenannten Entscheidung des BayVerfGH[465] wurde vom Bundesverfassungsgericht zunächst ausgesetzt[466] und das Urteil später aufgehoben[467]. Nach Auffassung des Bundesverfassungsgericht können sich private Anbieter in Bayern der Landeszentrale gegenüber auch auf das Grundrecht aus Art. 5 Abs. 1 Satz 2 GG berufen. Dies hätte der BayVerfGH bei seiner Prüfung berücksichtigen müssen[468].

Nach der Aussetzung der Entscheidung des BayVerfGH ging das Hauptsacheverfahren zunächst weiter. Das Gericht konkretisierte seine bereits zuvor vertretene Auffassung insoweit, als daß die Landeszentrale neben dem Gleichheitssatz und dem Willkürverbot auch den Verhältnismäßigkeitsgrundsatz zu beachten habe, da sich die Anbieter auch auf grundrechtliche Positionen berufen könnten[469]. Das Gericht blieb im übrigen bei seiner Auffassung, daß die Forderung nach Zusammenarbeit nur dann gerechtfertigt sei, wenn dies im konkreten Fall zur Erreichung tragfähiger wirtschaftliche Rahmenbedingungen erforderlich sei[470]. Begründet wurde dies zum einen damit, daß nur so den rechtlichen und tatsächlichen Gegebenheiten hinreichend Rechnung getragen werde und daß die Zusammenarbeit im übrigen auch auf wettbewerbsrechtliche Bedenken stoßen könnte.

Grundsätzlich schließe die gesetzliche Regelung des Art. 27 Abs. 3 Satz 5 BayMG a.F. das harte Frequenzsplitting nicht aus, sondern gehe vielmehr davon aus, daß bei Verzicht auf den Regelfall der Anbietergesellschaft[471] „auf die konkreten Verhältnisse abzustellen" sei und „die Interessen der eine engere Zusammenarbeit verweigernden Anbieter zu berücksichtigen" seien[472]. Der Anspruch auf fehlerfreien Ermessensgebrauch beinhalte danach auch einen Anspruch auf Prüfung des konkreten Einzelfalles im Rahmen der Ausnahmeregelung des Art. 25 Abs. 4 Satz 5 BayMG. Der BayVGH bestreitet indes nicht, daß auch bei Vorliegen der Genehmigungsvoraussetzungen des Art. 28 BayMG a.F.[473] kein Anspruch auf Berücksichtigung besteht, vielmehr stünde der Landeszentrale bei

[464] BayVerfGH, ZUM, 1994, 575ff., 578
[465] ZUM 1994, 575ff.
[466] BVerfG ZUM 1994, 579f.
[467] BVerfGE 97, 298 = NJW 1998, 2659ff.
[468] Siehe dazu eingehend unten Kapitel 3, Die Entscheidung des Bundesverfassungsgericht zur Grundrechtsträgerschaft privater Anbieter
[469] BayVGH, ZUM 1997, 844ff., 844
[470] BayVGH, Leitsatz 3, ZUM 1997, 844ff., 844, 847
[471] Vgl. nunmehr Art. 25 Abs. 4 Satz 4 und 5 BayMG
[472] BayVGH, ZUM 1997, 844ff., 847
[473] Nunmehr Art. 26 BayMG

ihrer Auswahlentscheidung ein weiter Ermessensspielraum zu[474]. Dies gilt nach Ansicht des Gerichts auch dann, wenn grundrechtliche Positionen der Anbieter, in diesem Fall aus dem Grundrecht der Berufsfreiheit[475] und der wirtschaftlichen Handlungsfreiheit von der Landeszentrale zu berücksichtigen sind. Allerdings käme dann bei der Auswahlentscheidung auch der Verhältnismäßigkeitsgrundsatz als Prüfungsmaßstab zum Tragen, der eine Abwägung der Belange des Anbieters und der gesetzlichen Anforderungen des BayMG erforderlich mache[476]. Insbesondere verliere der Anbieter durch die „erzwungene" Zusammenarbeit seine „Selbständigkeit", da das geforderte Maß an Zusammenarbeit ohne Eingehen einer gesellschaftsrechtlichen Verpflichtung nicht möglich gewesen wäre[477]. Das Gericht stellte in diesem Zusammenhang vor allem eigene Erwägungen zur Frage einer wirtschaftlichen Gefährdung eines zur Zusammenarbeit verpflichteten Anbieters an.

In dem sich anschließenden Revisionsverfahren teilte das Bundesverwaltungsgericht die Auffassung des BayVGH, daß für die Verpflichtung zu einer weitergehenden Zusammenarbeit von Anbietern auf einer Splittingfrequenz eine konkrete Würdigung aller wesentlichen Umstände des Einzelfalles, insbesondere der Belange der Anbieter im Rahmen der Ermessensentscheidung der Landeszentrale erforderlich sei[478]. Der Anspruch auf konkrete Ermittlung und Prüfung im Einzelfall sei auch durch das Grundrecht der Rundfunkfreiheit der privaten Anbieter begründet[479]. Der Ausgleich der widerstreitenden Grundrechtskreise von Landeszentrale und privaten Anbietern sei dann im Wege der praktischen Konkordanz[480] vorzunehmen. Um auf Seiten der Anbieter einen substantiellen Grundrechtsschutz trotz der Vorgaben der öffentlich-rechtlichen Trägerschaft gewährleisten zu können, sei gleichsam als Minimalschutz zu fordern, daß die Landeszentrale die wesentlichsten Belange der Anbieter, „nämlich in wirtschaftlicher und programmlicher Eigenverantwortung am publizistischen Wettbewerb teilnehmen zu können", angemessen und nach den konkreten Umständen des Einzelfalles berücksichtige[481]. Allerdings wird der Landeszentrale ein Prognosespielraum bei der Beurteilung der wirtschaftlichen Entwicklungen und der Existenzfähigkeit des lokalen Rundfunks zugebilligt. Aber auch in diesem

[474] BayVGH ZUM 1997, 844ff., 848
[475] Ablehnend BayVerfGHE 39, 96, 150; hierzu Bumke, Landesmedienanstalten, 1995, S. 217
[476] BayVGH, ZUM 1997, 844ff., 848
[477] BayVGH, ZUM 1997, 844ff., 849
[478] BVerwG ZUM 2000, 79ff., Umdruck, S. 7
[479] Diese Argumentationsgrundlage des Gerichtes hatte durch den Beschluß des Bundesverfassungsgerichts zur Frage der Grundrechtsberechtigung privater Anbieter aus Art. 5 Abs. 1 Satz 2 GG weitgehende Unterfütterung erhalten; BVerfGE 97, 298
[480] Siehe hierzu eingehend unten, Kapitel 3, Kollisionslösung durch optimierende Zuordnung
[481] BVerwG, ZUM 2000, 79ff., Umdruck, S. 17f.

Fall darf sie sich nicht auf abstrakte Überlegungen beschränken, sondern muß eine einzelfallbezogene Prüfung durchführen[482].

(bb) Das Normenkontrollverfahren zu § 9 Abs. 3 HFS

Im Anschluß an das Urteil des BVerwG erging eine Entscheidung des BayVGH im Rahmen eines Normenkontrollverfahrens, das von einer Reihe Münchner Anbieter initiiert worden war, die § 9 Abs. 3 HFS als von seiner Ermächtigungsgrundlage nicht gedeckt und damit für nichtig erklärte[483]. Das Gericht stützt seine Entscheidung im wesentlichen auf die Erwägung, daß Art. 27 Abs. 3 Satz 4 und 5 BayMG a.F.[484] das sog. harte Frequenzsplitting[485] zulassen würden, wohingegen es durch § 9 Abs. 3 HFS und damit im Widerspruch zu seiner Ermächtigungsgrundlage nicht erlaubt sei. Unter der Formulierung „Sicherstellung der Zusammenarbeit" in Art. 27 Abs. 4 Satz 5 BayMG a.F.[486] könne auch ein Zusammenwirken von Programmanbietern zu verstehen sein, das „unterhalb der den (...) in § 9 Abs. 3 HFS geforderten Vereinbarungen in organisatorischer, technischer, programmlicher und wirtschaftlicher Hinsicht"[487] liege.

Art. 27 Abs. 4 Satz 5 BayMG a.F.[488] sei daher verfassungskonform so auszulegen, daß im Einzelfall auch ein hartes Frequenzsplitting zulässig sein soll, in dessen Rahmen „die auf einer Frequenz vertretenen Anbieter grundsätzlich unabhängig voneinander ihre Sendezeit ausnützen und allenfalls punktuell zur Regelung notwendiger Details bzw. in Gestalt gegenseitiger Anpassung zusammenarbeiten"[489]. Bei einer verfassungskonformen Anwendung des Art. 27 Abs. 4 Satz 5 BayMG a.F. sei außerdem auf die konkreten Verhältnisse im Einzelfall abzustellen, wobei die Interessen der betroffenen Anbieter in angemessener Weise zu berücksichtigen seien. Das Gericht bezieht sich dabei im besonderen auf die Ausführungen des BVerwG und schließt sich der dort vertretenen Auffassung an[490].

Die Entscheidung des BayVGH wurde vom BayVerfGH im Rahmen eines von der Landeszentrale initiierten Verfassungsbeschwerdeverfahrens bestätigt, wobei der Verfassungsgerichtshof insbesondere auf die Rechtsprechung des Bun-

---

482 BVerwG, ZUM 2000, 79ff., 81
483 BayVGH, ZUM 2000, 335ff., 336
484 Nunmehr Art. 25 Abs. 4 Satz 4 und 5 BayMG
485 Zum Begriff siehe oben in diesem Kapitel, Die Bildung von Splittingfrequenzen
486 Nunmehr Art. 25 Abs. 4 Satz 5 BayMG
487 BayVGH, ZUM 2000, 335ff., 339
488 Nunmehr Art. 25 Abs. 4 Satz 5 BayMG
489 BayVGH, ZUM 2000, 355ff., 341; bezeichnender Weise setzt der BayVGH im folgenden Satz den Begriff der „Zusammenarbeit" in Anführungszeichen, da eine solche gerade nicht mehr als gegeben bezeichnet werden kann.
490 BayVGH, ZUM 2000, 355ff., 340f. unter Hinweis auf BVerwG, ZUM 2000, 79ff.

desverfassungsgerichts rekurrierte[491]. Im Wege der praktischen Konkordanz müsse ein schonender Ausgleich zwischen den durch Art. 5 Abs. 1 Satz 1 GG geschützten Belangen der privaten Anbieter und der Rundfunkfreiheit der öffentlich-rechtlichen Trägerin aus Art. 111a Abs. 1 Satz 1 und Abs. 2 Satz 1 BV geschaffen werden, der einen „ausnahmslosen Zwang" zu einer qualifizierten, also durch bindende Vereinbarungen sichergestellten Zusammenarbeit verbiete[492].

(v) Bewertung der Entscheidungen

Die Entscheidung, im Einzelfall auch das sog. weiche Frequenzsplitting zuzulassen, ist in der Literatur weitgehend auf Ablehnung gestoßen. Vor allem wurde die vorgenommene Interpretation von Art. 25 Abs. 4 Satz 5 BayMG kritisiert, der bereits von seinem Wortlaut her das weiche Frequenzsplitting im Sinne eines unter Umständen gänzlichen Fehlens jeglicher Zusammenarbeit ausschließe. § 9 Abs. 3 HFS sei insoweit nicht konstituiv, sondern konkretisiere lediglich die gesetzliche Vorgabe[493]. Diese Konkretisierung sei im Hinblick auf die mit dem harten Frequenzsplitting gemachten Erfahrungen[494], die das Gericht nicht in ausreichendem Maße gewürdigt, wenn nicht sogar verkannt habe, auch gerechtfertigt[495].

Tatsächlich sprechen weder Art. 25 BayMG[496] noch seine amtliche Begründung von hartem oder weichen Frequenzsplitting. Gefordert wird vielmehr eine „gedeihliche" Zusammenarbeit[497] in organisatorischer, technischer, programmlicher und wirtschaftlicher Hinsicht mit dem Ziel der Erreichung eines geschlossenen „durchhörbaren" Gesamtprogramms, der Ausnutzung von Synergieeffekten und damit der wirtschaftlichen Absicherung der Anbieter[498].

In diesem Zusammenhang ist vor allem auf einen Unterschied zwischen der Rechtsauffassung des BayVGH und des BVerwG hinzuweisen: Während der BayVGH das harte Frequenzsplitting im Sinne eines völligen Fehlens von Zusammenarbeit als nach Art. 25 Abs. 4 Satz 5 BayMG n.F. zulässig ansieht, stellt das BVerwG in seine Erwägungen ausdrücklich mit ein, daß eine Verweigerung

---

[491] BayVerfGH, BayVBl. 2002, 365ff., 366

[492] BayVerfGH, BayVBl. 2002, 365ff., 367

[493] Ory, AfP 1999, 329; Bornemann, MMR 1999, 424ff., 425f.; Wente, ZUM 1999, 389ff., 390; Buchholtz, KuR 1999, 218ff., 219ff.

[494] Vgl. hierzu eingehend oben in diesem Kapitel, Die wirtschaftliche Problematik des Frequenzsplittings

[495] Eingehend Ory, AfP 1999, 329, Wente, ZUM 1999, 389ff., 390

[496] Zuvor Art. 27 BayMG

[497] Amtliche Begründung zu Art. 25 Abs. 4 BayMG, abgedruckt in Bornemann/Kraus/Lörz, BayMG, a.a.O., Art. 25

[498] Bornemann/Kraus/Lörz, BayMG, a.a.O., Art. 25, Rdnr. 57; Brümmer, Modellfragen, 1995, München 1995, S. 60f

jeglicher Zusammenarbeit nicht von den gesetzlichen Vorschriften gedeckt wäre. Die vom BayVGH vorgenommene „verfassungskonforme“ Auslegung des Art. 25 Abs. 4 Satz 5 BayMG n.F. würde dann auch sowohl der gesetzlichen Beauftragung der Landeszentrale mit der Schaffung tragfähiger wirtschaftlicher Rahmenbedingungen in Art. 25 Abs. 3 BayMG widersprechen, als auch Art. 25 Abs. 4 Satz 2 BayMG, der die Bereitschaft zur programmlichen, technischen, organisatorischen und finanziellen Zusammenarbeit ausdrücklich zu einem zwingend zu berücksichtigenden Auswahlkriterium erhebt.

Es kann daher nicht davon ausgegangen werden, daß der BayVGH die Verweigerung jeglicher Zusammenarbeit, sei sie vertraglich festgelegt oder nicht, als zur Erreichung der gesetzlichen Vorgaben zielführend beurteilt. Der für den BayVGH maßgebliche Unterschied besteht offensichtlich in der Vorgabe, die Zusammenarbeit durch entsprechende schriftliche, dem Nachweis zugängliche Vereinbarungen festlegen zu müssen[499]. Es muß gleichwohl nicht weiter vertieft werden, daß bei Fehlen schriftlicher Vereinbarungen das Gelingen einer Kooperation, sei sie noch so marginal, allein vom „goodwill“ der Splittinganbieter abhängt. Die einzige Möglichkeit, dennoch eine gewisse Bindung der Genehmigung an die Zusammenarbeitsbedingungen zu schaffen, besteht dann in der Aufnahme von Genehmigungsauflagen, die nicht zwischen den Anbietern, sondern lediglich im Verhältnis zwischen Landeszentrale und Anbieter wirken.

Auch nach Auffassung des BayVGH handelt es sich bei der Verbreitung und Vermarktung eines Rundfunkprogramms um einen komplexen Vorgang, „der die laufende Anpassung an sich veränderndes Hörerverhalten, an das Auftreten neuer Wettbewerber und an sich wandelnde Strategien der Wirtschaft erfordert und sich so einer detaillierten Festlegung lediglich in einem gemeinsamen Vertrag ohne dauerhafte gesellschaftsrechtliche Organisationsform entzieht“[500]. Es ist anzunehmen, daß diese Tatsache den Gesetzgeber dazu bewogen hatte, den Regelfall der Anbietergesellschaft zu statuieren. Verständlich wäre sogar gewesen, hätte er von diesem Grundsatz keine Ausnahme gemacht. Vom Bestehen einer Ausnahmeregelung unter gleichzeitiger Anerkennung der Komplexität und Problematik der Organisation eines Gesamtprogramms auf einer Frequenz mit mehreren Anbietern auf die Möglichkeit eines gesetzlich vorgesehenen „harten“ Frequenzsplittings zu schließen, erscheint befremdlich. Der BayVGH scheint davon angesichts seiner Trennung der Begriffe „Gesamtprogramm“ und „Frequenzsplitting“ auszugehen, daß auf einer „harten“ Splittingfrequenz nicht ein, sondern mehrere „Gesamtprogramme“ entstehen, die nebeneinander jeweils homogen und wirtschaftlich tragfähig sein können. Davon geht Art. 25 BayMG jedoch erkennbar nicht aus.

---

[499] BayVGH, ZUM 2000, 335ff., 341; vgl. hierzu Wente, ZUM 1999, 389ff., 390
[500] BayVGH, ZUM 1997, 844ff., 849

Als klärungsbedürftig wird außerdem die Frage angesehen, welchen Einfluß die Grundrechtsträgerschaft der sich bewerbenden Anbieter aus Art. 5 Abs. 1 Satz 2 GG auf die Genehmigungsentscheidung der Landeszentrale hat[501]. Der vom Bundesverfassungsgericht statuierte „Grundrechtsbeachtungsanspruch" sei noch zu wenig konturiert, um sich einer „praktikablen Handhabung" zu eröffnen[502]. Zu Recht wird dann auch die schutzbereichverkürzende Bewertung der Grundrechtsposition der Landeszentrale durch das Bundesverwaltungsgericht nicht zuletzt wegen einer unzulässigen Überschreitung des judikativen Kontrollrahmens[503] kritisiert[504].

(vi) Folgen der Entscheidung für die Genehmigungspraxis der Landeszentrale

Die von den Gerichten gewählte Interpretation des Art. 25 Abs. 4 Satz 5 BayMG mag inhaltlich angreifbar sein, dennoch ist sie zukünftigen Entscheidungen über die Zusammenarbeit privater Anbieter auf etwaigen Splittingfrequenzen bis auf weiteres zugrundezulegen.

Die Landeszentrale hat demnach nach Wegfall von § 9 Abs. 3 HFS bei der Entscheidung über den Grad der auf einer Splittingfrequenz erforderlichen Zusammenarbeit in etwa folgendes zu beachten: Die geforderte Zusammenarbeit muß nach den konkreten Verhältnissen des Einzelfalles erforderlich sein, um die gesetzlichen Anforderungen erfüllen zu können. Dabei sind, unter Abwägung mit den gesetzlichen Zielvorgaben, die Belange sowohl der an einer Kooperation interessierten Anbieter als auch die Interessen der die geforderte Zusammenarbeit verweigernden Anbieter angemessen zu berücksichtigen[505]. Es ist auch darüber zu entscheiden, ob die erforderliche Zusammenarbeit im Einzelfall durch schriftliche Vereinbarungen abzusichern ist.

Bei ihrer Entscheidung kann und muß sich die Landeszentrale jedoch auch mit den grundsätzlich mit dem Splitting von Frequenzen gemachten Erfahrungen

---

501 Hierauf weist besonders Bamberger, ZUM 2000, 284ff., 285 hin.

502 Bamberger, ZUM 2000, 284ff., 287

503 Siehe hierzu ausführlich unten, Kapitel 3, Die Auswirkungen der öffentlich-rechtlichen Trägerschaft auf die Dichte der judikativen Kontrolle

504 Bamberger, a.a.O.

505 Wente, ZUM 1999, 389ff., 389; Die mit den genannten Verfahren befaßten Gerichte haben diesen Gesichtspunkt regelmäßig außer Betracht gelassen, obwohl die Antragsteller bzw. Kläger zu der letzteren Gruppe gehörten. Es kann jedoch nicht angenommen werden, daß die Gerichte den an einer Zusammenarbeit interessierten Anbieter nicht den selben Interessenschutz zukommen lassen wollen, wie denjenigen Anbietern, die eine Zusammenarbeit ablehnen. Zu ersteren zählen insbesondere die Interessen kleinerer Anbieter, die mit einem auf besondere Zielgruppen ausgerichteten Programm auf einer Frequenz mit anderen, finanzkräftigen Anbietern konkurrieren. Zu den grundrechtlichen Implikationen siehe eingehend unten, Kapitel 3, Die Rechtsstellung der Anbieter im Hinblick auf die Zusammenarbeitserfordernisse

und seinen existenzbedrohenden Auswirkungen insbesondere auf den lokalen Rundfunk, die umfassend beschrieben[506] und in fast allen Landesmediengesetzen durch die negative Beurteilung von Splittingfrequenzen belegt sind[507], befassen. Dies gilt vor allem bei der Neuorganisation von Splittingfrequenzen oder Teilen davon, da hier nicht auf Erfahrungen im Einzelfall zurückgegriffen werden kann[508]. Die Beurteilung des Einzelfalles ist dann ausschließlich prognostischer Natur, was einen weiten Gestaltungsspielraum der Landeszentrale rechtfertigt. Dies hat insbesondere das BVerwG hervorgehoben[509].

Zu beachten ist auch, daß der von Seiten der Landeszentrale ausgeübte „Zwang" nicht darauf gerichtet ist, im Rahmen der Genehmigung mehrere nicht einigungsbereite Anbieter durch hoheitliche Verfügung einfach zu einer Anbietergesellschaft zusammenzufassen, dies wäre im Sinne einer „Zwangsschlichtung" nicht zulässig[510] und auf den Genehmigungszeitraum bezogen i.ü. auch nicht erfolgversprechend. Allerdings stellt die, nach Art. 25 Abs. 5 Satz 5 BayMG von der Landeszentrale „sicherzustellende" Bereitschaft zur programmlichen, technischen, organisatorischen und finanziellen Zusammenarbeit auf einer Splittingfrequenz ein zwingendes Auswahlkriterium im Rahmen des Organisationsverfahrens dar, das über die Erteilung oder Verlängerung einer Genehmigung entscheiden kann. Wenn also die sich um eine Frequenz bewerbenden Anbieter „eine entsprechende Vereinbarung vorlegen und die vereinbarte Kooperationsform sich an den gesetzlich vorgegebenen Modellen einer Zusammenarbeit[511] orientiert"[512], ist die Festschreibung der Zusammenarbeit im Rahmen der Ge-

---

506 Siehe hierzu oben in diesem Kapitel, Die wirtschaftliche Problematik des Frequenzsplittings

507 Übersicht bei Wente, ZUM 1999, 389ff., 391

508 Die dargestellten Verfahren sowie auch die amtliche Begründung zu Art. 25 Abs. 3 BayMG a.F., auf die sich insbesondere der BayVGH bezieht (ZUM 2000, 335ff., 339f.), gehen vom Ausnahmefall der Entscheidung über die Beibehaltung eines bereits bestehenden und in der Vergangenheit erfolgreichen Frequenzsplittings aus. In diesen Fällen ist der Ermessensspielraum der Landeszentrale durch das Vorliegen entsprechender Erfahrungswerte begrenzt und muß die konkreten Gegebenheiten des Einzelfalls in besonderem Maße berücksichtigen; gleichwohl muß auch hier der Erfolg des Splittings für die Zukunft positiv beurteilt werden können, um auf eine qualifizierte Zusammenarbeit verzichten zu können. Der BayVGH stellt dabei z.B. darauf ab, ob konkrete Umstände zu Tage getreten seien, die auf eine Verschlechterung der wirtschaftliche und programmlichen Situation entgegen der in einem vorangegangenen Genehmigungszeitraum gemachten Erfahrungen befürchten lassen; BayVGH, ZUM 1994, 571ff., 574

509 BVerwG, ZUM 2000, 79ff., siehe hierzu eingehend unten, Kapitel 3, Die Rechtsstellung der Anbieter im Hinblick auf die Zusammenarbeitserfordernisse

510 Bumke, Landesmedienanstalten, 1995, S. 455

511 Vgl. insoweit die Grundsatzregelung des Art. 25 Abs. 4 Satz 4 BayMG, die den Regelfall der Anbietergesellschaft vorsieht.

512 Bumke, Landesmedienanstalten, 1995, S. 456; dies gilt im übrigen für alle Landesmedienanstalten

nehmigung z.B. als Auflage zulässig. Die Voraussetzung der „Zusammenarbeit“ wird so zu einem Druckmittel auf Seiten der Landeszentrale, dem die Anbieter nur dann ausweichen können, wenn sie sich bereits im Vorfeld zu einer Anbietergesellschaft zusammengeschlossen haben[513]. Dies ist auch sachgerecht:

Grundsätzlich sind auch in der dualen Rundfunkordnung zunächst die Bewerber selbst berufen, in einer Konkurrenzsituation, wie sie in Art. 25 Abs. 4 Satz 1 BayMG beschrieben ist, sich nach dem Prinzip der Selbstregulation um eine Einigung zu bemühen[514]. Allerdings ist diese Form der Selbstregulation in der Praxis gerade wegen der bestehenden Konkurrenzsituation unter den Bewerbern in den meisten Fällen nicht erfolgreich[515]. Gerade in einem wirtschaftlich sensiblen und kapitalintensiven Bereich wie den Konkurrenzverhältnissen zwischen privaten Rundfunkanbietern kann nicht davon ausgegangen werden, daß ohne vertragliche Grundlage eine fruchtbare Zusammenarbeit sozusagen auf freiwilliger Basis dauerhaft sichergestellt werden kann[516]. Streitigkeiten tauchen in der Praxis bereits häufig genug dadurch auf, daß sich ein Frequenzpartner nicht an bereits getroffene Vereinbarungen hält. Kommt es daher, wie in den meisten Fällen trotz „sachkompetenter Moderation“[517] der Landesmedienanstalt nicht zu einer Einigung, schlägt die „Mittlerfunktion um in eine einseitige Entscheidungsbefugnis der Landesmedienanstalten im Sinne der präventiven Zulassungskontrolle“[518].

(c) Der Zusammenschluß von Anbietern im Wege des Funkhauses

Einen besonderen Unterfall der programmlichen, technischen, organisatorischen und wirtschaftlichen Zusammenarbeit stellt die Kooperation mehrerer, auf unterschiedlichen Frequenzen sendender Anbieter im Rahmen eines sog. Funkhauses und die Zusammenarbeit benachbarter Sendestandorte dar. Diese Form der Nutzung positiver Synergieeffekte durch eine frequenzübergreifende Zusammenarbeit wird von Art. 25 Abs. 4 Satz 6 BayMG ausdrücklich angesprochen und zugleich dem Vorbehalt einer entsprechenden Genehmigung der Landeszentrale unterstellt.

Zur Erreichung von vielfaltsorientierten und wirtschaftlichen Synergieeffekten werden in einem „Funkhaus“ Studios und Verwaltungs- und Bürokapazitäten von mehreren Anbietern gemeinsam genutzt. In der Regel erfolgt auch eine gemeinsame Vermarktung und Bewerbung der einzelnen Frequenzen unter der

---

[513] Ory, AfP 1999, 329
[514] Bumke, Landesmedienanstalten, 1995, S. 454
[515] Wagner, Die Landesmedienanstalten, 1990, S. 180 m.w.Nw.; Bumke, Landesmedienanstalten, 1995, S. 454
[516] Bumke, a.a.O., S. 454; Wagner, a.a.O., S. 180
[517] Bumke, Landesmedienanstalten, 1995, S. 454
[518] Bumke, Landesmedienanstalten, 1995, S. 455

Bezeichnung des Funkhauses, z.B. durch einen einheitlichen Auftritt im Internet. Durch die Erzielung positiver Synergieeffekte durch gemeinsame Nutzung von Programm-, Marketing- und Technikresourcen wird die wirtschaftliche Tragfähigkeit aller beteiligten Programme erheblich begünstigt. Derzeit existieren Funkhäuser an den Sendestandorten Nürnberg, Würzburg und Regensburg.

Das von einem solchen Funkhaus gestaltete Programm soll eine besondere Vielfältigkeit und Ausgewogenheit gewährleisten, wenn die Landeszentrale in der Auswahl und der Zusammensetzung der Anbieter in einem Funkhaus sicherstellt, daß die einzelnen Programme eine jeweils unterschiedliche Programmfarbe erhalten und damit unterschiedliche Zielgruppen ansprechen[519]. Diese programmliche Differenzierung ist das vorrangige Ziel der frequenzübergreifenden Zusammenarbeit.

Die Landeszentrale kann über den Genehmigungsvorbehalt des Art. 25 Abs. 4 Satz 6 BayMG hinaus die Bereitschaft zu einer frequenzübergreifenden Zusammenarbeit auch als positives Auswahlkriterium in ihre Genehmigungsentscheidung einfließen lassen, sofern sie diese zur Erreichung wirtschaftlicher Tragfähigkeit und Programmvielfalt für erforderlich hält[520].

Die frequenzübergreifende Zusammenarbeit hat sich in der Vergangenheit auch aus Sicht der Anbieter als fruchtbar und im Vergleich zu den Auseinandersetzungen zur Kooperation auf den Splittingfrequenzen als unproblematisch erwiesen. Bedenken bestehen dennoch im Hinblick auf die wirtschaftliche Konzentration aus wettbewerbsrechtlicher Sicht[521].

C. Konflikt von Rundfunkrecht und Wirtschaftsrecht bei der Erzielung von Vielfalt und der Verhinderung von Meinungsmacht

Im Hinblick auf die zuvor erörterten Vorkehrungen zur Vielfaltsicherung fällt auf, daß sich diese auch und gerade mit der wirtschaftlichen Seite werbefinanzierter Rundfunkveranstaltung auseinandersetzen. Im folgenden soll daher darauf eingegangen werden, wie sich das Verhältnis von Rundfunkgesetzgebung und Wirtschafts- und Wettbewerbsrecht im Rahmen der grundgesetzlichen Kompetenzordnung gestaltet.

---

[519] Vgl. die amtliche Begründung zu Art. 25, abgedruckt bei Bornemann/Kraus/Lörz, BayMG, Art. 25; Riedel, Begrenzung und Vermeidung von Machtmißbrauch im "Bayerischen Privatrundfunk", 1994, S. 91

[520] Bornemann/Kraus/Lörz, BayMG, Art. 25, Rdnr. 62

[521] Vgl. hierzu eingehend unten in diesem Kapitel, Die Zusammenarbeitserfordernisse als Ausdruck der öffentlich-rechtlichen Trägerschaft am Beispiel des Funkhauses

Diese wirtschaftliche Dimension der Rundfunkveranstaltung hat insbesondere seit Einführung privaten, werbefinanzierten Rundfunks die Frage aufgeworfen, inwiefern Regelungen des Bundes-Wirtschaftsrechts bestimmte Bereiche des Landes-Rundfunkrechts ergänzen oder überlagern können[522]. Nicht nur im nationalem Bereich, sondern gerade auch global ist eine immer stärker werdende Tendenz zur Fusionierung und Monopolisierung auf den Medienmärkten zu beobachten. Eine Beurteilung wirtschaftlicher Konzentrationstendenzen im Rundfunk nach dem Kartellrecht scheint sich vordergründig anzubieten. Andererseits ist dort, wo sich führende Medienunternehmen zusammenschließen und ihre Präsenz auf dem privaten Rundfunkmarkt intensivieren, stets auch die Gefahr von Machtkonzentration und Verlust von Meinungsvielfalt und Ausgewogenheit im Programm gegeben. Diesen Konzentrationen entgegenzuwirken, ist Aufgabe des Gesetzgebers. Welcher Gesetzgeber hierzu berufen ist, ist in erster Linie eine Frage der Verteilung der Gesetzgebungskompetenz durch das Grundgesetz.

Die gesetzliche Ausgestaltung der Rundfunkfreiheit fällt „sowohl in materieller als auch in organisatorischer Hinsicht (...) in die Gesetzgebungskompetenz der Länder“[523]. Der Landesgesetzgeber ist im Rahmen seiner Rundfunkkompetenz verpflichtet, Vorkehrungen gegen die Entstehung und den Mißbrauch von ungleichgewichtiger publizistischer Macht, von sog. Machtkonzentration oder vorherrschender Meinungsmacht als Gegenpol zur gewünschten Meinungsvielfalt zu schaffen[524]. Die Bekämpfung und Verhinderung des Mißbrauchs wirtschaftlicher Machtstellung ist demgegenüber gemäß Art. 74 Nr. 16 GG Sache des Bundes[525].

Aus verfassungsrechtlicher Sicht ist der Rundfunk, gleich ob öffentlich-rechtlicher oder privater Natur, in erster Linie als „Kulturinstitution“ zu begreifen, eine Wertung, aus der sich nahezu die gesamte Rundfunkordnung ableiten läßt[526]. Gleichwohl eignen dieser Kulturinstitution in ihrer werbefinanzierten Form erhebliche wirtschaftlich und damit u.U. auch wettbewerbsrechtlich relevante Kräfte, die zu tatbestandlichen Überschneidungen zwischen Rundfunk- und Wettbewerbsrecht führen können[527].

---

[522] Instruktiv bereits Mestmäcker, GRUR Int. 1983, 553ff.

[523] So bereits BVerfGE 12, 205, 225

[524] BVerfGE 73, 118, 172; 83, 238, 324; 95, 163, 172; siehe auch oben in diesem Kapitel, Machtkonzentration und vorherrschende Meinungsmacht

[525] Vgl. hierzu Hesse, Rundfunkrecht, 1999, S. 251

[526] Langenbucher, Der Rundfunk als Kulturinstitution, in: Hömberg, (Hrsg.), Rundfunk-Kultur und Kultur-Rundfunk, 1999, S. 25ff.

[527] Hoffmann-Riem, Rundfunkrecht neben Wirtschaftsrecht, 1991, S. 65

Weniger als die Rechtsprechung[528] spaltet sich das Schrifttum[529] in diesem Bereich in zwei mehr oder weniger scharf abgegrenzte Lager. Auf der einen Seite wird unter Rekurs auf die Rechtsprechung des Bundesverfassungsgerichts eine weitgehend uneingeschränkte Geltung des Rundfunkrechts auch für wirtschaftlich und wettbewerblich relevante Sachverhalte, die im Zusammenhang mit der Gewährleistung des Art. 5 Abs. 1 Satz 2 GG stehen, gefordert. Häufig wird dabei unter dem Vorbehalt einer originären Zuständigkeit des Rundfunkgesetzgebers von einer ergänzenden, lückenschließenden Funktion des Wettbewerbsrechts ausgegangen. Demgegenüber gehen andere Autoren unter Bezugnahme auf die wirtschaftlichen Dimensionen der Rundfunkveranstaltung von einer mehr oder weniger ausschließlichen Kompetenzzuweisung zugunsten des Wirtschaftsrechts aus. In jüngster Zeit hat sich verstärkt die Idee einer nationalen rundfunkspezifischen Konzentrationskontrolle durch das Bundeskartellamt Gehör verschafft[530], die in erster Linie eine ineffektive, schwerfällige und komplizierte Handhabe der rundfunkrechtlichen Konzentrationskontrolle reklamiert[531] und für eine ausschließliche Entscheidungsbefugnis im Rahmen der Bundeskompetenz des Wirtschaftsrechts streitet. Der Erwerb von Rundfunklizenzen zum Beispiel könnte nach Auffassung der Monopolkommission als kartellrechtlicher Zusammenschlußtatbestand aufgefaßt und der ausschließlichen Kontrolle der Kartellbehörden unterworfen werden[532]. In diesem Zusammenhang wird allerdings bisher ausschließlich die Konzentrationsproblematik des bundesweit verbreiteten Fernsehen ins Auge gefaßt, Regelungsbereiche also, die bislang vom Rundfunkstaatsvertrag normiert werden.

Aber auch im Bereich des Zusammenschlusses von Rundfunkveranstaltern auf Landesebene zu den sog. Veranstaltergemeinschaften oder ähnlichen organisatorischen Verknüpfungen aus Gründen der Meinungsvielfalt wird verstärkt eine Geltung des Bundeswirtschaftrechts, insbesondere des Kartell- und Wettbewerbsrechts gefordert[533].

---

[528] Übersicht bei Engler, Kooperationen im Rundfunk, 1995, S. 164ff.

[529] Zusammenfassende Darstellungen bei Hoffmann-Riem, (Hrsg.), Rundfunk im Wettbewerbsrecht, 1988, passim; Mestmäcker, (Hrsg.), Offene Rundfunkordnung, 1988, passim

[530] Hierzu SZ vom 21.09.2000, Medien, Klaus Ott, Schluß mit lustig; FAZ v. 19.11.1999; ablehnend Vesting, Prozedurales Rundfunkrecht, 1997, S. 322

[531] Gegen diese Argumentation Vesting, Prozedurales Rundfunkrecht, 1997, S. 322

[532] Gundlach, Die öffentlich-rechtlichen Rundfunkunternehmen zwischen öffentlichem Auftrag und marktwirtschaftlichem Wettbewerb, 1998, S. 235 unter Hinweis auf Monopolkommission, Hrsg., Wettbewerbspolitik vor neuen Herausforderungen, 8. Hauptgutachten der Monopolkommission 1988/89, Tz. 676; siehe auch Nachweise bei Knothe/Lebens, AfP 2000, 125ff., 126

[533] Zur Argumentation vgl. Stockmann, Die Praxis des Bundeskartellamts bei der Kontrolle öffentlich-rechtlicher und privater Rundfunkunternehmer, 1989, S. 201f.; ders., Rundfunkordnung unter kartellrechtlicher Sicht, in: BLM Rundfunkkongress 1991, Mehr Freizeit, mehr Angebot, mehr Fernsehen? Programme und Nutzungsverhalten im Wandel 1991, S. 67;

Die Kompetenzfrage im Bereich der rundfunkrechtlichen Konzentrationskontrolle ist damit aus zwei Blickwinkeln zu analysieren: Zum einen richtet sich die Kontrolle auf die von Rundfunkveranstaltern selbst durch Unternehmenswachstum, Erhöhung der Marktanteile sowie durch Unternehmensfusionen herbeigeführten Konzentrationstatbestände[534]. Zum anderen stehen auch bestimmte Tätigkeitsfelder der Landesmedienanstalten, hier in verstärktem Maße die Zusammenarbeitsverpflichtungen im Brennpunkt. In diesem Bereich könnte die Landeszentrale aufgrund ihrer Eigenschaft als öffentlich-rechtliche Trägerin und Rundfunkveranstalterin eine Sonderstellung einnehmen, was anhand der unter Umständen konzentrationsrelevanten Bereiche der qualifizierten Zusammenarbeit auf den Splittingfrequenzen sowie der Bildung der sog. Funkhäuser zu untersuchen sein wird.

I. Publizistischer und ökonomischer Wettbewerb

Machtkonzentration ist auf dem Rundfunksektor aus zwei Perspektiven zu beurteilen: Zum einen fordert das verfassungsrechtliche Ziel der Meinungsvielfalt einen unbehinderten Wettbewerb meinungsrelevanter Programminhalte. Diese publizistische Konkurrenz wird gleichsam auf einem „Markt der Meinungen“[535] ausgetragen und in verfassungsrechtlicher Hinsicht als Lebenselement der Meinungsfreiheit angesehen[536]. Die externe Vielfalt von programmlich vermittelbaren Meinungen bedingt somit einen „publizistischen“ Wettbewerb[537] der Veranstalter und ist zugleich ein Weg, die von Art. 5 Abs. 1 Satz 2 GG geforderte Meinungsvielfalt entstehen zu lassen.

Der publizistische Wettbewerb führt zum anderen im Falle der Beteiligung werbefinanzierter Rundfunkprogramme zu einem ökonomischem Wettbewerb unter den Veranstaltern[538]. Der ökonomischen Erfolg und die Konzentration privatfinanzierter Rundfunkunternehmen bedingt wiederum das Entstehen wirtschaftlicher Macht, die ihrerseits geeignet ist, sowohl den ökonomischen wie den publizistischen Wettbewerb einzuschränken und zu behindern.

---

dagegen Hoffmann-Riem, Rundfunkrecht neben Wirtschaftsrecht, 1991, S. 81ff.; Jarass, Kartellrecht und Landesrundfunkrecht, 1991, passim

534 In diesem Zusammenhang können die bayerischen privaten Anbieter gleichbehandelt werden mit den Rundfunkveranstaltern in anderen Bundesländern, da sie trotz ihrer Einbindung in das bayerische Rundfunkmodell ebenso die Fähigkeit zur Machtkonzentration besitzen. Siehe auch oben in diesem Kapitel, Regelungen des BayMG zur Verhinderung von Machtkonzentrationen

535 BVerfGE 57, 295ff., 323; vgl. auch Hoffmann-Riem, Rundfunkrecht neben Wirtschaftsrecht, 1991, S. 24

536 BVerfGE 74, 297, 332

537 Vgl. zum Begriff BVerfGE 74, 297, 332

538 Mestmäcker, GRUR Int. 1983, 553ff., 555; Stammler, ZUM 1995, 104ff., 109

„Wettbewerb" ist demnach sowohl in publizistischer wie auch in wirtschaftlicher Hinsicht ein Charaktermerkmal werbefinanzierten Rundfunks. Die Verzahnung beider macht eine Entscheidung darüber erforderlich, welcher Gesetzgebungskompetenz der Vorrang zukommt und wie Kollisionen im Einzelfall aufzulösen sind. Um seine verschiedenen Funktionen in Bezug auf die Rundfunkfreiheit bestimmen zu können, wird zunächst eine begriffliche Trennung von publizistischem und ökonomischem Wettbewerb vorgenommen[539]. Sodann können bei zueinander in Verhältnis gesetzt werden, um aus ihrem Zusammenspiel und ihrer Interdependenz Erkenntnisse über ihre Zuordnung zum Funktionsbereich der Rundfunkfreiheit zu gewinnen.

1. Begriffsdefinitionen

Der ökonomische Wettbewerb umschreibt die wirtschaftliche Konkurrenz unter den Anbietern/Veranstaltern um den Erfolg und die Bestandskraft eines Rundfunkunternehmens, die von seiner Durchsetzungsfähigkeit auf dem wirtschaftlichen Markt abhängen[540]. Er strebt nicht nach kollektiven Zielen, sondern ist der Versuch der Steigerung individuellen Nutzens[541], der durch den betriebswirtschaftlichen Überschuß der Einnahmen über die Kosten erreicht wird. Sein Erfolgsmaßstab läßt sich direkt in Gewinn, Marktanteilen, Absatz oder Umsatz ausdrücken; die Zurechnung von Handlungsfolgen erfolgt ebenfalls auf direkt und spürbar auf finanzieller Basis[542].

Der publizistische Wettbewerb ist demgegenüber als reiner Meinungswettbewerb um die Rezeption durch den Adressaten zwischen publizistischen Einheiten zu verstehen[543]. Ziel ist die bestmögliche Versorgung der Rezipienten im Sinne einer qualitativen Verbesserung der Vermittlung von Meinung, Kultur, Information und Unterhaltung[544]. Sein Erfolgsmaßstab ist allein in publizistischen Kategorien zu messen. Isoliert betrachtet hat der publizistische Wettbewerb daher keine unmittelbaren wirtschaftlichen Konsequenzen[545]. Der publizistische Wettbewerb umfaßt die Konkurrenzsituation auf einem „Marktplatz der

---

539 Poll, Fernsehspartenprogramme und Pluralismus, 1998, S. 212; Kiefer, Media Perspektiven 1995, 109ff., 111

540 Poll, Fernsehspartenprogramme und Pluralismus, 1998, S. 212

541 Kantzenbach, Zum Verhältnis von publizistischem und ökonomischem Wettbewerb aus ökonomischer Sicht, in: Hoffmann-Riem, (Hrsg.), Rundfunkrecht im Wettbewerbsrecht, 1988, S. 78ff., 78

542 Heinrich, Media Perspektiven 1992, 338ff., 338; ders.; Medienökonomie, Band 1, 1994, S. 95

543 Kantzenbach, Zum Verhältnis von publizistischem und ökonomischem Wettbewerb aus ökonomischer Sicht, in: Hoffmann-Riem, (Hrsg.), Rundfunkrecht im Wettbewerbsrecht, 1988, S. 78ff., 79; zum Begriff vgl auch BVerfGE 82, 124, 133 – Postzeitungsdienst – und BVerfG NJW 1986, 1743

544 Preuss-Neudorf, Grundversorgung und Wettbewerb, 1993, S. 118

545 Heinrich, Media Perspektiven 1992, 338ff., 339

Meinungen"[546] aller in einem Verbreitungsgebiet tätigen Anbieter nach ihren inhaltlichen und meinungsrelevanten Programmbestandteilen[547]. Es gelten dabei Erfolgsmaßstäbe wie Ausgewogenheit, Meinungsvielfalt sowie die „Erfolgsmaßstäbe des Systems Publizistik: Aktualität, Richtigkeit, Relevanz und kommunikativer Erfolg"[548].

2. Interdependenz von publizistischem und ökonomischem Wettbewerb

Beide Formen des Wettbewerbs hängen voneinander ab und überschneiden sich[549], was eine Trennung der Bereiche erschwert[550]:

Aus Sicht der Kommunikationsfreiheit kann nur der publizistische Wettbewerb als Grundlage für die Meinungsvielfalt maßgeblich sein[551]. Dieser bezieht sich auf die Akzeptanz durch den Rezipienten, anders ausgedrückt, auf die „Gunst des Zuschauers oder Zuhörers"[552]. Insoweit liegt zwischen Rundfunkveranstalter und Rezipient eine unmittelbare Austauschbeziehung im publizistischen Wettbewerb vor. Durch seine Rezeption programmlicher Inhalte ist der Zuschauer gleichzeitig jedoch auch in der Lage, mittelbare Steuerungsimpulse in Bezug auf den ökonomischen Wettbewerb zu geben. Der wirtschaftliche Erfolg eines Programms bestimmt sich im werbefinanzierten Rundfunk nach dem Grad der Akzeptanz durch das Publikum und ist Voraussetzung einer dauerhaften publizistischen Tätigkeit privater Rundfunkunternehmen[553]. Durch sein Konsumverhalten

---

546 Hoffmann-Riem, Rundfunkrecht neben Wirtschaftsrecht, 1991, S. 27

547 Poll, Fernsehspartenprogramme und Pluralismus, 1998, S. 212

548 Heinrich, Medienökonomie, Band 1, 1994, S. 95; siehe auch Seemann, ZUM 1988, 67ff., 68

549 Seemann, ZUM 1988, S. 67ff., 81; Ebke, Wettbewerbsrechtliche Ansprüche öffentlich-rechtlicher und privater Rundfunkveranstalter, in: Hübner, (Hrsg.), Rechtsprobleme der privaten Rundfunkordnung, 1992, S. 57ff., S. 58

550 Poll, Fernsehspartenprogramme und Pluralismus, 1998, S. 212; Stock, Rundfunkrecht und Wettbewerbsrecht im dualen Rundfunksystem, in: Hoffmann-Riem, (Hrsg.), Rundfunkrecht im Wettbewerbsrecht, 1988, S. 35ff., 62f.; Pukall, Meinungsvielfalt im Rundfunk nach der audiovisuellen Revolution, 1993, S. 130; Kantzenbach, Zum Verhältnis von publizistischem und ökonomischem Wettbewerb aus ökonomischer Sicht, in: Hoffmann-Riem, (Hrsg.), Rundfunkrecht im Wettbewerbsrecht, 1988, S. 78ff., 80f.; a.A., allerdings aus wirtschaftswissenschaftlicher Sicht Heinrich, Media Perspektiven 1992, 338ff., 341

551 BVerfGE 74, 297, 332, 335: „Marktchancen können eine Frage wirtschaftlicher, nicht aber der Meinungsfreiheit sein."; Poll, Fernsehspartenprogramme und Pluralismus, 1998, S. 213; Hoffmann-Riem, Rundfunkrecht neben Wirtschaftsrecht, 1991, S. 32; a.A. Engel, AfP 1994, S. 185, 188; Kantzenbach, Zum Verhältnis von publizistischem und ökonomischem Wettbewerb aus ökonomischer Sicht, in: Hoffmann-Riem, (Hrsg.), Rundfunkrecht im Wettbewerbsrecht, 1988, S. 78ff., 484

552 Giehl, Der Wettbewerb zwischen öffentlich-rechtlichen und privaten Rundfunkveranstaltern, 1993, S. 18; Buchholtz, ZUM 1998, 108ff., 111

553 Giehl, Der Wettbewerb zwischen öffentlich-rechtlichen und privaten Rundfunkveranstaltern, 1993, S. 18

gibt der Rezipient dem Rundfunkveranstalter Anreize, sein Programm inhaltlich an den Anforderungen der journalistischen Konkurrenz auszurichten, um sich im wirtschaftlichen Wettbewerb behaupten zu können. Ein direkter Bezug von programmlichen Inhalten auf die ökonomische Wettbewerbssituation ist somit gegeben[554].

Publizistische Macht verbindet sich im Bereich des werbefinanzierten Rundfunks immer mit wirtschaftlicher Macht und umgekehrt. Die Attraktivität eines Programms, also sein Erfolg im publizistischen Wettbewerb, entscheidet über den Erfolg im ökonomischen Wettbewerb[555]. Letzterer wird also gleichsam auf dem Boden des publizistischen Wettbewerbs ausgetragen[556]. Der wirtschaftliche Erfolg eines Rundfunkunternehmens bedingt wiederum stets eine Erweiterung der Möglichkeiten und Erfolgsaussichten im publizistischen Bereich[557], wobei jedoch ein direkter Bezug des ökonomischen Wettbewerbs zur Meinungsvielfalt als fraglich angesehen wird. Während der publizistische Wettbewerb als Lebenselement der Rundfunkfreiheit bezeichnet wird, werden vom ökonomischen Wettbewerb eher Gefahren für die Meinungsvielfalt in Gestalt von Konzentrations- und Kommerzialisierungsprozessen erwartet[558]. Der ökonomische Wettbewerb zwischen privaten Rundfunkveranstaltern führt danach nicht unbedingt zu einem publizistischen Wettbewerb, der das Meinungsspektrum im Verbreitungsgebiet widerspiegelt, „sondern lediglich zu einer Vermehrung der auf die gleichen Rezipientenschichten zielenden und daher weitgehend identischen Programme der populären Unterhaltung“[559]. Ein kausaler Zusammenhang zwischen ökonomischem Wettbewerb und Meinungsvielfalt ist nicht gegeben[560], vielmehr

---

[554] Vgl. eingehend Hoffmann-Riem, Rundfunkrecht neben Wirtschaftsrecht, 1991, S. 34ff. mit einem Überblick über die Literatur; Preuss-Neudorf, Grundversorgung und Wettbewerb, 1993, S. 121

[555] Pukall, Meinungsvielfalt im Rundfunk nach der audiovisuellen Revolution, 1993, S. 130; Giehl, Der Wettbewerb zwischen öffentlich-rechtlichen und privaten Rundfunkveranstaltern, 1993, S. 19

[556] Hoffmann-Riem, Rundfunkrecht neben Wirtschaftsrecht, 1991, S. 49; Preuss-Neudorf, Grundversorgung und Wettbewerb, 1993, S. 112; Kiefer, Media Perspektiven 1994, 432

[557] Seemann, ZUM 1988, 67ff., 75; Rahn, Programmauftrag und Kartellrecht, 1991, S. 96; Ebke, Wettbewerbsrechtliche Ansprüche öffentlich-rechtlicher und privater Rundfunkveranstalter, in: Hübner, (Hrsg.), Rechtsprobleme der privaten Rundfunkordnung, 1992, S. 57ff., S. 58; siehe auch Schmidt, Die Rundfunkgewährleistung, 1980 S. 22: „Für den publizistischen Wettbewerb bleibt nur soviel Raum, wie es der ökonomische Wettbewerb erfordert oder zuläßt.“

[558] Seemann, ZUM 1988, S. 67ff., 74; Bumke, Landesmedienanstalten, 1995, S. 444; dagegen Engel, AfP 1994, S. 185, 188

[559] Lange, Kommerzielle Ziele und binnenpluralistische Organisation bei Rundfunkveranstaltern, 1980, S. 31; ähnlich unter Bezugnahme auf die Zielgruppenorientierung werbefinanzierten Rundfunks Sanftenberg, Klasse statt Masse, 1998, S. 44f.

[560] Brenner, ZUM 1998, 877ff., 887

kann der Zusammenhang zwischen beiden als „strukturell gestört“ beurteilt werden[561].

Machtkonzentrationen auf dem Rundfunksektor behindern daher stets den publizistischen wie auch den ökonomischen Wettbewerb, anders ausgedrückt sind sie sowohl aus wettbewerbsrechtlicher wie auch aus rundfunkrechtlicher Sichtweise heraus relevant.

II. Lösung im Wege der grundgesetzlichen Kompetenzordnung

Die Mehrdimensionalität werbefinanzierter Rundfunkveranstaltung, ausgedrückt in der Gegenüberstellung von publizistischem und ökonomischem Wettbewerb bildet den argumentativen Hintergrund einer Abgrenzung der gesetzgeberischen Kompetenzen[562].

Art. 5 Abs. 1 Satz 2 GG selbst beinhaltet keine Kompetenzzuweisung[563]. Gleichwohl sieht das Bundesverfassungsgericht eine „enge sachliche Verbindung zwischen Grundrechten und Kompetenznormen“[564]. Nach dem „Grundsatz der Länderkompetenz“[565] besteht eine Kompetenzvermutung zugunsten der Länder insoweit, als daß dem Bund Gesetzgebungsbefugnisse nur insoweit zustehen, wie sie ihm das Grundgesetz verleiht[566]. Die Rechtsprechung des Bundesverfassungsgerichts zur Rundfunkfreiheit ist dabei im wesentlichen durch zwei grundlegende Aussagen geprägt: Zum einen durch die interpretatorische Auslegung von Art. 5 Abs. 1 Satz 2 GG als Garantie der Gewährleistung freier individueller und öffentlicher Meinungsbildung, zum anderen durch die „schwergewichtige“[567] Zuweisung der Regelungskompetenz in allen[568] rundfunkrechtlichen Angelegenheiten an die Bundesländer[569].

---

[561] Stammler, ZUM 1995, 104ff., 110; ähnlich Preuss-Neudorf, Grundversorgung und Wettbewerb, 1993, S. 122f.

[562] Siehe auch Hoffmann-Riem, Rundfunkrecht neben Wirtschaftsrecht, 1991, S. 29

[563] Hierzu Schote, Die Rundfunkkompetenz des Bundes als Beispiel bundesstaatlicher Kulturkompetenz in der Bundesrepublik Deutschland, 1999, S. 3 m.w.Nw.

[564] BVerfGE 55, 274, 302; hierzu Hoffmann-Riem, a.a.O., S. 68

[565] BVerfGE 42, 20, 28

[566] Jarass, Kartellrecht und Landesrundfunkrecht, 1991, S. 21 m.w.Nw.; vgl. auch Stettner, Grundfragen einer Kompetenzlehre, 1983, S. 390ff.

[567] Scholz, Audiovisuelle Medien und bundesstaatliche Gesetzgebungskompetenz, 1976, S. 25

[568] Hierzu Jarass, Kartellrecht und Landesrundfunkrecht, 1991, S. 19f.

[569] Grundlegend BVerfGE 12, 205, 249: „ Die Gesetzgebungs- und Verwaltungskompetenz für die Veranstaltung von Rundfunksendungen steht also den Ländern zu.“; vgl. Hesse, Rundfunkrecht, 1999, S. 45; zur ähnlich gelagerten Problematik auf der Ebene des Gemeinschaftsrechts vgl. Frey, Fernsehen und audiovisueller Pluralismus im Binnenmarkt der EG, 1999, S. 121ff.

Bezüglich des fernmelderechtlichen Erscheinungsbildes „Rundfunk“ weist das Grundgesetz in Art. 73 Nr. 7 GG[570] demgegenüber dem Bund die ausschließliche Gesetzgebungskompetenz auf dem Gebiet des Postwesens und der Telekommunikation zu. Diese Zweiteilung der Regelungsmaterie Rundfunk findet sich auch in der Definition des Rundfunkbegriffes wieder[571]. In seiner Ausprägung als „auch kulturelles Phänomen“[572] ist der Rundfunk „Teil der Kultushoheit der Länder“[573]. Eine gegenständliche Trennung oder Abspaltung von Regelungsbereichen im Hinblick auf die wirtschaftliche Bedeutung des Rundfunks ist indes nicht möglich[574].

Im Falle eines Kompetenzkonfliktes ist eine Lösung dergestalt, die Kompetenz sowohl dem Bund als auch dem Land zuzusprechen, dogmatisch ausgeschlossen[575]. Eine bestimmte Regelung kann nur unter eine bestimmte Kompetenzmaterie subsumiert werden. Die Entscheidung darüber, welche Materie einschlägig ist und wie damit der Kompetenzkonflikt aufgelöst wird, erfolgt mit Hilfe von verschiedenen Zuordnungskriterien[576], wobei auf den „inneren, notwendigen, sachlichen, unmittelbaren oder unerläßlichen Zusammenhang der zu regelnden Lebenssachverhalte mit einer bestimmten Gesetzesmaterie abzustellen“ ist[577].

1. Geltungsvorrang des Bundesrechts gem. Art. 31 GG

In der Literatur wird zum Teil vertreten, eine landesrechtliche Abbedingung des Kartellrechts sei bereits im Hinblick auf Art. 31 GG unzulässig[578]. Die Anwend-

---

570 Zur Entstehungsgeschichte der Norm vgl. Schote, Die Rundfunkkompetenz des Bundes als Beispiel bundesstaatlicher Kulturkompetenz in der Bundesrepublik Deutschland, 1999, S. 47ff.

571 Siehe oben, Kapitel 1, Fernmeldetechnischer und kulturrechtlicher Rundfunkbegriff

572 BVerfGE 12, 205, 229

573 Bethge, Landesrundfunkordnung und Bundeskartellrecht, 1991, S. 17; BVerfGE 12, 205, 229 unter Hinweis auf BVerfGE 6, 309, 354

574 Hoffmann-Riem, Rundfunkrecht neben Wirtschaftsrecht, 1991, S. 66; Schote, Die Rundfunkkompetenz des Bundes als Beispiel bundesstaatlicher Kulturkompetenz in der Bundesrepublik Deutschland, 1999, S. 77

575 BVerfGE 36, 193, 202f.: „Eine Doppelzuständigkeit, auf deren Grundlage Bund und Länder ein und demselben Gegenstand in unterschiedlicher Weise regeln könnten, ist dem System der verfassungsrechtlichen Kompetenznormen fremd und wäre mit ihrer Abgrenzungsfunktion (vgl. Art. 70 Abs. 2 GG) auch nicht vereinbar.“; E 61, 149, 204; 67, 299, 321; Stettner, ZUM 1991, 441ff., 451; ders. Grundfragen einer Kompetenzlehre, 1983, S. 421ff.; siehe auch Shyr, Die Konzentrationsbekämpfung durch Fusionskontrolle im Rundfunkbereich, 1996, S. 27; Bethge, Landesrundfunkordnung und Bundeskartellrecht, S. 26f.

576 Jarass, Kartellrecht und Landesrundfunkrecht, 1991, S. 39

577 Stettner, ZUM 1991, 441ff., 451 unter Hinweis auf BVerfGE 36, 193, 203

578 Pukall, Meinungsvielfalt im Rundfunk nach der audiovisuellen Revolution, 1993, S. 121

barkeit des GWB sei daher selbst dann vorrangig gegeben, wenn landesrechtliche Regelungen im Einzelfall entgegenstünden[579].

Dieser Auffassung wird in der Literatur zu Recht nicht gefolgt: Art. 31 GG normiert einen Geltungsvorrang im Falle kollidierender Regelungen[580]: Ein Kollisionsfall in diesem Sinne ist nur dann gegeben, wenn die konkurrierenden Gesetze in ihrem Geltungsanspruch denselben Lebenssachverhalt betreffen und ihre Anwendung zu unterschiedlichen Ergebnissen führt[581]. In den „Überschneidungsfeldern" von ökonomischer und publizistischer Machtkonzentration werden jedoch eigenständige Gegenstandsbereiche betroffen, für die der jeweilige Gesetzgeber die alleinige Regelungskompetenz innehat[582].

2. Die Notwendigkeit einer spezifisch rundfunkrechtlichen Konzentrationskontrolle

Das Bundesverfassungsgericht hat sich in mehreren Entscheidungen gegen den Einsatz eines reinen ökonomischen und wettbewerblichen Marktmodells im Hinblick auf die Rundfunkordnung ausgesprochen. Danach ist es Hinblick auf den „klassischen Auftrag" des Rundfunks nicht legitim, „die Entwicklung im Wege der Deregulierung den Kräften des Marktes anzuvertrauen"[583] und diesen so dem „freien Spiel der Kräfte"[584] zu überlassen. Die bestehende Wirtschaftsordnung, unterfüttert durch das Wettbewerbsrecht, bietet demnach möglicherweise keine ausreichende Gewähr für die Verhinderung vorherrschender Meinungsmacht.

a) Die wirtschaftliche Dimension des Rundfunks als Legitimation für einen Vorrang des Wirtschaftsrechts

Im Hinblick auf die zunehmende wirtschaftliche Dimension werbefinanzierter Rundfunkveranstaltung wird in der Literatur verschiedentlich die Auffassung vertreten, diese Entwicklung könne zu einer Verschiebung der gesetzgeberi-

---

579 Schmidt, ZUM 1997, 472ff., 477 unter Hinweis auf WuW/E OLG 4811, 4822 – Radio Nordrhein-Westfalen -. Das zitierte Gericht macht allerdings selbst eine Ausnahme von der grundsätzlichen Geltung des Bundesrechts für solche „landesrechtlichen Regelungen, die unerläßlich sind, weil sie zwingende, grundrechtliche Erfordernisse des Art. 5 Abs. 1 Satz 2 GG konkretisieren".

580 Doll, Spannweite, 1986, S. 116 unter Hinweis auf BVerfGE 36, 342, 363, 366

581 Hoffmann-Riem, Rundfunkrecht neben Wirtschaftsrecht, 1991, S. 67; Jarass, NVwZ 1996, 1040ff., 1041; Stettner, ZUM 1991, 441ff., 451

582 Hoffmann-Riem, Rundfunkrecht neben Wirtschaftsrecht, 1991, S. 67; unter der Annahme einer alleinigen Regelungskompetenz des Landesgesetzgebers wird daher von Dörr die Anwendbarkeit des Art. 31 GG abgelehnt, ZUM 1993, 10ff., 16; Buchholtz, ZUM 1998, 108ff., 113; Brenner, ZUM 1998, 877ff., 887; ähnlich Mestmäcker, GRUR Int. 1983, 553ff., 553

583 BVerfGE 73, 118, 158f.

584 BVerfGE 31, 314, 325; 57, 295, 323

schen Kompetenzen hin zum Wettbewerbsrecht des Bundes führen[585]. Unter Rückgriff auf das offensichtlich wettbewerbsrelevante Marktverhalten privater Rundfunkveranstalter wird gegen eine rundfunkrechtliche Regelungszuständigkeit vor allem eingewandt, ökonomische Vorgänge auf dem Rundfunkmarkt müßten in erster Linie mit einem geeigneten wirtschaftsrechtlichen Instrumentarium erfaßt werden. Der „Rundfunk-" oder auch „Zuschauermarkt"[586] wird unter den Marktbegriff des GWB subsumiert[587] und daraus eine weitgehend uneingeschränkte Anwendbarkeit des GWB gefolgert, der in der Regel ein Vorrang gegenüber dem Landes-Rundfunkrecht zugestanden wird[588]. Vor allem das Marktverhalten und die Konzentrations- und Monopolisierungstendenzen der großen Rundfunkunternehmen ließen sich problemlos unter die Fusionskontrollvorschriften des GWB subsumieren[589]. Die Kartellbehörden verfügten überdies um umfangreichere Ermittlungsbefugnisse, die den Landesmedienanstalten nicht zustünden und deren Kontrolle daher weniger effektiv ausfallen könnte[590]. Die Regelung auch wirtschaftsrechtlich relevanter Sachverhalte im Bereich der Rundfunkorganisation durch die einzelnen Bundesländer wird dabei als ein schwerfälliger Entscheidungsprozeß dargestellt, der durch die Bundeskompetenz des Wirtschaftsrecht schneller und flexibler gehandhabt werden könnte[591]. Das Wettbewerbsrecht habe in diesem Bereich keineswegs nur eine ergänzende Funktion, vielmehr stünde ihm insbesondere bei der Fusionskontrolle eine originäre Regelungskompetenz zu, zu welcher sich auch das Rundfunkrecht, sofern es Marktverhalten reguliert, nicht in Widerspruch setzen dürfe[592]. Wettbewerbsrechtlich relevante ökonomische Verflechtungen seien letztlich nicht geeignet,

---

[585] Kantzenbach, Zum Verhältnis von publizistischem und ökonomischem Wettbewerb aus ökonomischer Sicht, in: Hoffmann-Riem, (Hrsg.), Rundfunkrecht im Wettbewerbsrecht, 1988, S. 78ff.; Niewarra, ZUM 1993, 2ff.

[586] So die Formulierung von Schmidt, ZUM 1997, 472ff.

[587] Schmidt, ZUM 1997, 472ff., 473f.

[588] Schmidt, ZUM 1997, 472ff., 477

[589] Oppermann, ZUM 1990, 376ff., 382; der jedoch gleichzeitig zugibt, daß „die Nähe des Programmangebots zum Kernbereich des Art. 5 Abs. 1 Satz 2 GG eine andere Qualität hat als etwa die Beschaffung von Bodenpflegemitteln für die Studioräume". Dies schließe eine Geltung des GWB und des UWG jedoch nicht aus, wobei bei der Auslegung der Einzelvorschriften „den institutionellen und verfassungsrechtlichen Besonderheiten der Rundfunkmärkte Rechnung" getragen werden müßte. Oppermann, a.a.O., 384

[590] V. Wallenberg, ZUM 1992, 387ff., 392; vgl. aber in diesem Zusammenhang Bumke, Landesmedienanstalten, 1995, S. 372, die die in diesem Fall erforderliche Sachverhaltsermittlung zu Recht als in erster Linie auf die publizistischen Gegebenheiten bezogen begreift: „Angesichts der intrikaten und sachspezifischen Eigenheiten rundfunkrechtlicher Konzentrationsprobleme liegt hier trotz und gerade wegen der großen praktischen Probleme bei der Sachverhaltsermittlung ein wichtiges Betätigungsfeld der Landesmedienanstalten."

[591] Dagegen Vesting, Prozedurales Rundfunkrecht, 1997, S. 322; vgl. zur Bedeutung der „Effizienz" in der verfassungsrechtlichen Kompetenzordnung vgl. Stettner, Grundfragen einer Kompetenzlehre, 1983, S. 407ff. m.w.Nw.

[592] Oppermann, ZUM 1990, 376ff., 376

als negativer Indikator bei der Beurteilung des Vorliegens rundfunkrechtlicher Meinungsvielfalt und Ausgewogenheit zu dienen[593].

Im Zuge der Veränderung der technischen Verhältnisse insbesondere im Hinblick auf die Möglichkeit der Digitalisierung der Programme wird insgesamt die Frage aufgeworfen, inwieweit sich die Rundfunkordnung diesen veränderten Umständen anzupassen habe. Teilweise wird argumentiert, mit der Vergrößerung der technischen Voraussetzungen und Möglichkeiten verlören die traditionell vorgebrachten ökonomischen Begründungen für eine wettbewerbliche Ausnahmestellung des Rundfunks an Gewicht[594]. Mit der abnehmenden Knappheit der Übertragungskapazitäten könnten sehr viel mehr Sendungen gleichzeitig ausgestrahlt werden als zuvor, dies führe zu mehr Wettbewerb und damit zu mehr Meinungsvielfalt[595]. Eine spezifisch medienrechtliche Konzentrationskontrolle sei daher nicht erforderlich, da durch einen durch das GWB geordneten stabilen ökonomischen Wettbewerb ein plurales System geschaffen werden könne[596].

b) Wirtschaftsrecht als unzureichendes Mittel bei der Konzentrationsbekämpfung im Rundfunk

Unter Rekurs auf die bundesverfassungsgerichtliche Rechtsprechung wird gegen eine originäre, vom Rundfunkrecht gänzlich gelöste oder gar dieses verdrängende Anwendung des Wettbewerbsrecht vor allem eingewandt, daß die wettbewerbsrechtlichen Instrumentarien die Konzentrationsmechanismen im Rundfunk nur unzureichend erfaßten[597], was eine eigenständige Konzentrationskontrolle

---

593 V. Wallenberg, ZUM 1992, 387ff., 392; dagegen Bumke, Landesmedienanstalten, 1995, S. 444

594 Seitel, Auf dem Weg zur ökonomischen Normalität: Wettbewerbliche Meinungsvielfalt durch neue Medienangebote, in: Brosius, Fahr, Zubayr, (Hrsg.), Meinung, Meinungsvielfalt, Meinungsrelevanz, 1996, S. 45ff., S, 46; Depenheuer, AfP 1997, 669ff.; gegen diese Tendenz Brenner, ZUM 1998, 877ff., 880ff.; Engelke, Die Interpretation der Rundfunkfreiheit des Grundgesetzes, 1992, S. 124ff.

595 Seitel, Auf dem Weg zur ökonomischen Normalität: Wettbewerbliche Meinungsvielfalt durch neue Medienangebote, in: Brosius, Fahr, Zubayr, (Hrsg.), Meinung, Meinungsvielfalt, Meinungsrelevanz, 1996, S. 45ff., S. 47

596 Kantzenbach, Zum Verhältnis von publizistischem und ökonomischem Wettbewerb aus ökonomischer Sicht, in: Hoffmann-Riem, (Hrsg.), Rundfunkrecht im Wettbewerbsrecht, 1988, S. 78ff., S. 80f.; Greiffenberg, Medienrechtliche und kartellrechtliche Kontrolle der Konzentration im Rundfunk, in: Mestmäcker, (Hrsg.), Offene Rundfunkordnung, 1988, S. 311ff., S. 326ff.

597 So bereits Böckenförde/Wieland, AfP 1982, 77ff., 81, die unter Hinweis auf die gescheiterte Konzentrationsbekämpfung im privaten Rundfunk in der USA eine Überforderung des Wettbewerbsrecht mit rundfunkrechtlichen Inhalten feststellen; vgl. auch Kiefer, Media Perspektiven 1985, 15ff., 22; Vesting, Prozedurales Rundfunkrecht, 1997, S. 322; Brenner, ZUM 1998, 877ff., 887; Huber, Öffentliches Medienrecht und private Zurechnung, 1992, S. 21ff.; Liegmann, Der Zugang zum privaten Rundfunk, 1996, S. 177; Hesse, Rundfunkrecht, 1999,

im Rundfunkbereich erfordere[598]. Bei aller Einschlägigkeit wettbewerbsrechtlicher Tatbestandsmerkmale könne im Bereich des Rundfunkrechts und im besonderen des werbefinanzierten Rundfunks durch private Veranstalter daher nicht von der privaten Rechtsform auf die uneingeschränkte Anwendbarkeit des Wettbewerbsrechts geschlossen werden[599]. In Betracht gezogen wird daher vielfach allenfalls eine lückenfüllende[600] oder ergänzende[601] Anwendung des Wirtschaftsrechts[602].

Dieser Ansicht ist zuzustimmen: Eine pluralismussichernde publizistische Zielsetzung ist den Regeln des Wettbewerbsrechts anders als denen des Rundfunkrechts fremd[603]. Vielfalt ist daher nicht unmittelbares Ziel des ökonomischen Wettbewerbs im werbefinanzierten Rundfunk[604]. Auch setzt das GWB mit

---

S. 250 unter Hinweis auf Mestmäcker, Die Anwendbarkeit des GWB auf Zusammenschlüsse zu Rundfunkunternehmen, GRUR Int. 1983, 553ff.; Holznagel, ZUM 1991, 263ff., 268; Bumke, Landesmedienanstalten, 1995, S. 371; Gundlach, Die öffentlich-rechtlichen Rundfunkunternehmen zwischen öffentlichem Auftrag und marktwirtschaftlichem Wettbewerb, 1998, S. 308; Ring, ZUM 1993, 7ff., 8; Stammler, ZUM 1995, 104ff., 110f.

598 Sanftenberg, Klasse statt Masse, 1998, S. 46; Engels, ZUM 1996, 44ff., 49; Brenner, ZUM 1998, 877ff., 881f.

599 Bethge, Der verfassungsrechtliche Status der BLM, 1999, S. 81, 83 spricht hier von einer „buchstäblich formalistischen Rechtsformfixiertheit“ unter Hinweis auf Grundmann, Die öffentlich-rechtlichen Rundfunkanstalten im Wettbewerb, 1990; vgl. auch Mestmäcker, GRUR Int. 1983, 553ff., 555

600 BVerfGE 83, 238, 305; Stock, Rundfunkrecht und Wettbewerbsrecht im dualen Rundfunksystem, in: Hoffmann-Riem, (Hrsg.), Rundfunkrecht im Wettbewerbsrecht, 1988, S. 35ff., 43

601 Ring, ZUM 1993, 7ff., 8; Bumke, Landesmedienanstalten, 1995, S. 372; Huber, Öffentliches Medienrecht und private Zurechnung, 1992, S. 26; Stammler, ZUM 1995, 104ff., 111; gegen eine ergänzende Anwendbarkeit Wittig-Terhardt, AfP 1986, 298ff., 303, die in der Gestaltungsprärogative des Landesgesetzgebers eine abschließende Kompetenzzuweisung sieht.

602 Hesse, Rundfunkrecht, 1999, S. 251; von einer „dienenden“ Funktion spricht Jarass, Kartellrecht und Landesrundfunkrecht, 1991, S. 53

603 Jarass, Kartellrecht und Landesrundfunkrecht, 1991, S. 30; Bumke, Landesmedienanstalten, 1995, S. 371; Liegmann, Der Zugang zum privaten Rundfunk, 1996, S. 177; Schote, Die Rundfunkkompetenz des Bundes als Beispiel bundesstaatlicher Kulturkompetenz in der Bundesrepublik Deutschland, 1999, S. 77 unter Hinweis auf Mestmäcker, GRUR Int. 1983, 553. Teilweise wird vertreten, das Rundfunkrecht sei insoweit spezieller als das Wirtschafts- und Wettbewerbsrecht des Bundes, da letzteres nicht auf den vom Rundfunkrecht geschützten publizistischen Wettbewerb gerichtet sei und die Kompetenz des Landesgesetzgebers die des Bundes nach dem Grundsatz der Spezialität überlagere, hierzu Preuss-Neudorf, Grundversorgung und Wettbewerb, 1993, S. 157; 878f. unter Hinweis auf Stock, Rundfunkrecht und Wettbewerbsrecht im dualen Rundfunksystem, in: Hoffmann-Riem, (Hrsg.), Rundfunkrecht im Wettbewerbsrecht, 1988, S. 35ff., S. 42f.; Bethge, Landesrundfunkordnung und Bundeskartellrecht, S. 30, 35; Vahrenhold, Die Stellung der Privatfunkaufsicht im System staatlicher Aufsicht, 1992, S. 126; Pukall, Meinungsvielfalt im Rundfunk nach der audiovisuellen Revolution, 1993, S. 120; kritisch Brenner, ZUM 1998, 877ff.

604 Mailänder, Konzentrationskontrolle, 2000, S. 151 unter Hinweis auf Heinrich, Medienökonomie, 1994, S. 127

seinen Fusions- und Mißbrauchstatbeständen sehr viel repressiver an als das Rundfunkkonzentrationsrecht, das auf der Basis präventiver Intervention agiert[605]. Weiterhin erfaßt das Kartellrecht die Fälle des internen Unternehmenswachstums nicht[606] und dies aus gutem Grund: Hierbei handelt es sich um grundsätzlich erwünschtes, mit eigenen Mitteln rechtmäßig erwirtschaftetes Wachstum. Ähnliches gilt für die Fälle der Diversifizierung von Unternehmen, die bereits in anderen Medienbereichen eine marktbeherrschende Stellung einnehmen[607]. Wirtschaftliche Machtstellung wird hierbei nicht mißbraucht, gleichwohl gehen von einem solchen „Markterfolg" durchaus Gefahren für die Meinungsvielfalt einher.

Trotz der ausgeprägt wirtschaftlichen und wettbewerblich relevanten Elemente eines werbefinanzierten Rundfunks ist es außerdem nicht möglich, die publizistische Funktion der Tätigkeit privater Rundfunkunternehmen zugunsten der wirtschaftlichen Bezüge aus dem Gesamtprozeß der Rundfunkveranstaltung auszublenden, um so zu einer uneingeschränkten Anwendbarkeit des Wettbewerbsrechts zu gelangen[608]. Die Institution „Rundfunk" ist nicht in erster Linie als wirtschaftliche Dienstleistung zu begreifen, sondern vielmehr „integrierend für das Staatsganze"[609] und in einem Bereich der „kulturellen Verantwortung"[610] verhaftet. Diese, durch die besondere Rolle des Rundfunks in der demokratischen Gesellschaft begründete spezifische Eigenschaft des Rundfunkrechts wird auch im Zeitalter der digitalen Übertragung, der Spartenprogramme und des Pay-TV nicht entfallen[611].

c) Exkurs: Marktversagen auf dem Rundfunksektor

Der rundfunkrechtliche Ansatz wird vor allem dann verständlich, wenn man den Rundfunkmarkt mit seinen spezifischen Besonderheiten betrachtet. Der strukturell gestörte Zusammenhang zwischen publizistischem und ökonomischem Wettbewerb führt in im Bereich des Rundfunks zu einem Marktversagen, das

---

605 Bumke, ZUM 1998, 121ff., 125; vgl. auch BVerfGE 57, 295, 323; 73, 118, 160; 95, 163, 172; siehe hierzu eingehend oben in diesem Kapitel, Die Pflicht des Gesetzgebers zur Verhinderung von Machtkonzentration

606 Hierzu Holznagel, ZUM 1991, 263ff., 267; Mestmäcker, GRUR Int. 1983, 553ff., 559; Oppermann, ZUM 1990, 376ff., 385; Vesting, Prozedurales Rundfunkrecht, 1997, S. 322; Mailänder, Konzentrationskontrolle, 2000, S. 272; Liegmann, Der Zugang zum privaten Rundfunk, 1996, S. 178

607 Dies gilt insbesondere für den Bereich des intermediären Wettbewerbes; hierzu Knothe/Lebens, AfP 2000, 125ff., 126f.; Vesting, Prozedurales Rundfunkrecht, 1997, S. 322; Wagner, RuF 1990, 165ff., 173

608 Hesse, Rundfunkrecht, 1999, S. 54

609 Bethge, Landesrundfunkordnung und Bundeskartellrecht, 1991, S. 53

610 Bethge, Landesrundfunkordnung und Bundeskartellrecht, 1991, S. 56

611 Eingehend Brenner, ZUM 1998, 877ff., 880ff.

eine von der zugrundeliegenden Materie losgelöste und rein marktbezogene Konzentrationskontrolle als nicht zielführend qualifiziert:

Marktversagen ist nach den Grundsätzen der „Wohlfahrtsökonomie" Grundlage für den Befund, in einen Marktbereich regulierend eingreifen zu müssen[612]. Der werbefinanzierte Rundfunk wird dabei als einer Fehlsteuerung unterworfen angesehen, da nur mittelbar die publizistische Akzeptanz eines Programmes marktsteuernd wirkt und in wesentlich stärkerem Maße die Interessen der werbetreibenden Wirtschaft im Markt Berücksichtigung finden. Durch massenattraktive Programmausrichtung werden lediglich die Präferenzen kaufkräftiger Zielgruppen bedient, was über die daraus resultierende Verzerrung des inhaltlichen Programmangebots zu einem Versagen des Marktes führt[613]. Ein Marktversagen im Bereich des Rundfunks wird insbesondere durch seine Eigenschaft als meritorisches Gut vermutet, dessen Angebot auf gesellschaftlichen Zielen beruht und das allein durch marktwirtschaftliche Prozesse nicht in ausreichendem Umfang gewährleistet werden könnte[614]. Weitere Gründe für ein Marktversagen liegen in der mangelnden Markt- und Qualitätstransparenz, die ein souveränes und damit in sinnvoller Weise marktsteuerndes Konsumentenverhalten ausschließt[615], sowie im Einfluß von externen Effekten[616].

Eine ausschließlich wettbewerbliche Marksteuerung im Sinne eines freien Rundfunkmarktes kann bei Vorliegen von Marktversagen auf diesem Sektor zu einer gesamtwirtschaftlich ungünstigen Marktversorgung und damit zu Wohlfahrtsverlusten führen[617]. Anders ausgedrückt, können die tatsächlichen Kommunikationsbedürfnisse der Nachfrager nicht die gewünschte, im „öffentlichen Interesse liegende Rundfunkleistung" hervorbringen[618]. Gleichzeitig rückt das Vorliegen von Markversagen den Rundfunk in einen (zumindest partiellen) wettbe-

---

612 Mailänder, Konzentrationskontrolle, 2000, S. 144

613 Mailänder, Konzentrationskontrolle, 2000, S. 146ff.

614 Siehe eingehend Gundlach, Die öffentlich-rechtlichen Rundfunkunternehmen zwischen öffentlichem Auftrag und marktwirtschaftlichem Wettbewerb, 1998, S. 61ff.; Mailänder, Konzentrationskontrolle, 2000, S. 151

615 Gundlach, Die öffentlich-rechtlichen Rundfunkunternehmen zwischen öffentlichem Auftrag und marktwirtschaftlichem Wettbewerb, 1998, S. 68ff., m.w.Nw.; Kiefer, Überflüssig oder unverzichtbar?, in: Kehm/Kiefer, Grundversorgung, 1996, S. 27ff., anschaulich dieselbe, Media Perspektiven 1985, 15ff., 20f., passim

616 Gundlach, Die öffentlich-rechtlichen Rundfunkunternehmen zwischen öffentlichem Auftrag und marktwirtschaftlichem Wettbewerb, 1998, S. 73ff., m.w.Nw.; Mailänder, Konzentrationskontrolle, 2000, S. 151f.

617 Gundlach, Die öffentlich-rechtlichen Rundfunkunternehmen zwischen öffentlichem Auftrag und marktwirtschaftlichem Wettbewerb, 1998, S. 59; vgl. auch Preuss-Neudorf, Grundversorgung und Wettbewerb, 1993, S. 123f.

618 Gundlach, Die öffentlich-rechtlichen Rundfunkunternehmen zwischen öffentlichem Auftrag und marktwirtschaftlichem Wettbewerb, 1998, S. 61

werblichen Ausnahmebereich, der der Ergänzung der wettbewerblichen Regelungsinstrumente durch „ein wesentlich differenziertes Instrumentarium für die Regelung und Kontrolle der Programminhalte und der dahinter stehenden publizistisch relevanten Kräfte“[619] bedarf[620].

3. Das GWB als allgemeines Gesetz im Sinne von Art. 5 Abs. 2 GG

Trotz der Erforderlichkeit einer rundfunkspezifischen Konzentrationskontrolle stellt sich die Frage, ob und inwieweit die Regelungen des Wettbewerbsrechts neben entsprechenden rundfunkrechtlichen Instrumentarien zur Anwendung gelangen können.

Nicht zuletzt aufgrund ihrer „Rundfunkneutralität“ sind die Regelungen des UWG und des GWB als allgemeine Gesetze im Sinne von Art. 5 Abs. 2 GG zu qualifizieren, da sie sich nicht gegen die Ausübung der Rundfunkfreiheit an sich richten[621], sondern lediglich reflexhafte Auswirkungen auf das Rundfunkrecht zeitigen[622]. In dieser Eigenschaft können sie dennoch als Schrankensetzung im Sinne des Art. 5 Abs. 2 GG wirken und so „zur Einschränkung der Medienfreiheit führen“[623]. Den von dieser Einschränkung betroffenen und kollidierenden Rechtsgütern ist nach den Grundsätzen der praktischen Konkordanz beiderseitig zu optimaler Wirksamkeit zu verhelfen[624]. Dabei ist die Ausgestaltungsaufgabe des Rundfunkgesetzgebers in die Abwägung einzubeziehen. Dies führt nicht zu einem pauschalen Anwendungsvorrang des Wirtschaftsrechtes, vielmehr ist die gesetzgeberische Ausgestaltungsentscheidung auf dem Gebiet des Rundfunkrechts vor gegenläufigen Wirkungen des Schrankengesetzes zu schützen. Das allgemeine Gesetz muß sich im Verhältnis zur Ausgestaltung der Rundfunkordnung „neutral“ verhalten, um nicht zu einem „funktionalen Äquivalent“ eines Ausgestaltungsgesetzes zu werden[625].

---

[619] Stammler, ZUM 1995, 104ff., 110

[620] Preuss-Neudorf, Grundversorgung und Wettbewerb, 1993, S. 124

[621] Vahrenhold, Die Stellung der Privatfunkaufsicht im System staatlicher Aufsicht, 1992, S. 82; Pukall, Meinungsvielfalt im Rundfunk nach der audiovisuellen Revolution, 1993, S. 121; Stockmann, Programmbeschaffung und Kartellrecht, in: Hoffmann-Riem, (Hrsg.), Rundfunkrecht im Wettbewerbsrecht, 1988, S. 156ff., S. 157; ders. AfP 1989, 634ff., 635; Frank, Vielfalt durch Wettbewerb?, 1987, S. 91; Mestmäcker, GRUR Int. 19983, 553ff., 553; Degenhart, in: Dolzer/Vogel, (Hrsg.), Bonner Kommentar, Art. 5 Abs. 1 und 2 GG, Rdnr. 877

[622] Stettner, ZUM 1991, 441ff., 451; Rahn, Programmauftrag und Kartellrecht, 1991, S. 100f.

[623] Hoffmann-Riem, Rundfunkrecht neben Wirtschaftsrecht, 1991, S. 81

[624] BVerfGE 7, 198, 207ff., st. Rspr.; vgl auch Hoffmann-Riem, Rundfunkrecht neben Wirtschaftsrecht, 1991, S. 81f. m.w.Nw.; Stettner, ZUM 1991, 441ff., 452; Stockmann, AfP 1989, 634ff., 635

[625] Hoffmann-Riem, Rundfunkrecht neben Wirtschaftsrecht, 1991, S. 83f.; ähnlich Hendricks, ZUM 1988, 209ff., 213; siehe auch Mestmäcker, der einen Vorrang des Wettbewerbsrechts dann nicht annimmt, „soweit Landesrecht im Rahmen der ausschließlichen Gesetzgebungszuständigkeit der Länder für den Rundfunk zwingende grundrechtliche Erfordernisse des Art. 5

Dennoch können sich beide Regelungsbereiche im Falle ihrer Anwendung inhaltlich überschneiden, so daß zu fragen ist, wie weit die wechselseitige Ausstrahlungswirkung und damit das „Gebot gegenseitiger Rücksichtnahme im Überschneidungsfall" reicht[626]. Zweifellos wird durch das Rundfunkrecht der Länder „ein Rahmen gesteckt", der Auswirkungen in das Wettbewerbs- und Kartellrecht des Bundes zeitigt[627].

4. Gestaltungsprärogative des Landesgesetzgebers

Wie im vorangegangenen dargestellt, ist im Hinblick auf die nur unzureichende Sicherung der Meinungsvielfalt durch wettbewerbsrechtliche Kontrollinstrumentarien eine spezifisch rundfunkrechtliche Konzentrationskontrolle erforderlich. Bei der Bestimmung des Verhältnisses zum Wettbewerbsrecht wird unter Rekurs auf die bundesverfassungsgerichtliche Rechtsprechung in der Literatur überwiegend von einer Gestaltungsprärogative[628] des Rundfunkgesetzgebers ausgegangen. Die Kompetenz des Landesgesetzgebers korrespondiert nach dieser Auffassung mit der ihm auferlegten Verpflichtung zur Ausgestaltung der Rundfunkordnung.

a) Die Rechtsprechung des Bundesverfassungsgerichts

Die Verhinderung von Machtkonzentration und vorherrschender Meinungsmacht im Bereich des Rundfunks ist nach der Rechtsprechung des Bundesverfassungsgerichts ausdrücklich dem Landesgesetzgeber im Rahmen seiner rundfunkrechtlichen Kompetenz und Ausgestaltungsaufgabe übertragen[629]. Aufgrund des engen Zusammenhangs zwischen wirtschaftlicher und publizistischer Machtstellung auf dem Rundfunksektor wird dabei auch der Einsatz wirtschaftlicher und damit wettbewerbsrelevanter Steuerungs- und Kontrollinstrumentarien von der Ausgestaltungsaufgabe des Rundfunkgesetzgebers als umfaßt angesehen. Diese werden gleichsam in die Klammer der Verpflichtung zur Schaffung von Vorkehrungen gegen das Entstehen „multimedialer Meinungsmacht"[630] gezogen. Das Gericht stellt insbesondere in seiner Entscheidung zum saarländischen Rundfunkgesetz einen klaren Bezug von publizistischer zu ökonomischer Machstellung her: „Es muß der Gefahr begegnet werden, daß auf Verbreitung angelegte Meinungen von der öffentlichen Meinungsbildung ausgeschlossen werden und Meinungsträger, die sich im Besitz von Sendefrequenzen und Fi-

---

Abs. 1 Satz 2 GG konkretisiert", GRUR Int. 1983, 553ff., 553; Rahn, Programmauftrag und Kartellrecht, 1991, S. 100f.

[626] Hoffmann-Riem, Rundfunkrecht neben Wirtschaftsrecht, 1991, S. 67

[627] Oppermann, ZUM 1990, 376ff., 378

[628] Zum Begriff siehe Hoffmann-Riem, Rundfunkrecht neben Wirtschaftsrecht, 1991, S. 74ff.; Wittig-Terhardt, AfP 1986, 298ff., 300 spricht von einem Gesetzesvorbehalt des Landesgesetzgebers.

[629] BVerfGE 73, 118, 178

[630] BVerfGE 73, 118, 176

nanzmitteln befinden, an der öffentlichen Meinungsbildung vorherrschend mitwirken."[631] Diese Erweiterung rundfunkrechtlicher Gestaltungsmöglichkeiten gilt nach Auffassung des Bundesverfassungsgerichts auch für den kartellrechtlichen „Paradefall" der Unternehmensfusion[632]. Dem Landesgesetzgeber steht insofern nicht nur eine kompetenzielle Berechtigung zur Seite, er ist auch verpflichtet, die entsprechenden Regelungen zur Ausgestaltung der Rundfunkfreiheit zu treffen[633]. Die Regelungsbefugnis des Landesgesetzgebers im Hinblick auf wettbewerbsrechtlich relevante Sachverhalte entspricht in ihrer Reichweite also der seiner Ausgestaltungsbefugnis zur Gewährleistung der Rundfunkfreiheit. Diese Auffassung korrespondiert mit dem vom Bundesverfassungsgericht vertretenen materiellen Kompetenzverständnis, das Kompetenzen als grundrechtlich determiniert und daher als eng mit den Gewährleistungen des Art. 5 Abs. 1 Satz 2 GG verbunden ansieht[634]. Die Aufgabe einer umfassenden Ausgestaltung der Rundfunkordnung bildet daher den Ausgangspunkt zu Überlegungen zu einer Gestaltungsprärogative des Landesgesetzgebers[635].

b) Gestaltungsprärogative aufgrund der Exklusivität der Ausgestaltungsaufgabe

Ausschließlich der Rundfunkgesetzgeber hat die Befugnis, die Rundfunkordnung auszugestalten[636]. Handelt es sich bei einer Maßnahme, die Tatbestände oder Regelungsbereiche des Wirtschaftsrechts berührt, um eine Form der Ausgestaltung der Rundfunkfreiheit mit dem Ziel, diese vor mit dem Medium verbundenen Gefahren zu schützen, so kann die entsprechende Maßnahme nur aufgrund des Landesgesetz getroffen werden[637]. Dazu gehört nicht nur die Sicherung der Programmfunktion des Rundfunks, sondern mit ihr zusammenhängend alle seine „materiellen, organisatorischen und finanziellen Grundlagen"[638]. Der Bundeswirtschaftsgesetzgeber hingegen hat keine Ausgestaltungsbefugnis in der Materie des Rundfunkrechts und muß die vom Landesgesetzgeber gemachten

---

631 BVerfGE 57, 295, 323

632 BVerfGE 73, 118, 174

633 So auch Jarass, Kartellrecht und Landesrundfunkrecht, 1991, S. 25; Wittig-Terhardt, AfP 1986, 298ff., 301f.

634 Bethge, Landesrundfunkordnung und Bundeskartellrecht, 1991, S. 17 unter Hinweis auf BVerfGE 57, 295, 320f.; 73,118, 152ff.; 74, 297, 232ff.; Hoffmann-Riem, Rundfunkrecht neben Wirtschaftsrecht, 1991, S. 68

635 So auch Vesting, Prozedurales Rundfunkrecht, 1997, S. 325

636 BVerfGE 12, 205, 225; Hoffmann-Riem, Rundfunkrecht neben Wirtschaftsrecht, 1991, S. 71; Stock, AfP 1989, 627ff., 630; ähnlich Bethge, Der verfassungsrechtliche Status der BLM, 1999, S. 69

637 Hesse, Rundfunkrecht, 1999, S. 54; ähnlich Jarass, Kartellrecht und Landesrundfunkrecht, 1991, S. 30; Ebke, Wettbewerbsrechtliche Ansprüche öffentlich-rechtlicher und privater Rundfunkveranstalter, in: Hübner, (Hrsg.), Rechtsprobleme der privaten Rundfunkordnung, 1992, S. 57ff., S. 63

638 Bethge, Landesrundfunkordnung und Bundeskartellrecht, 1991, S. 24

publizistischen wie „instrumentell-ökonomischen“ Akzentuierungen und Vorgaben respektieren[639]. Die originäre Geltung von wettbewerbs- oder kartellrechtlichen Regelungen, die inhaltlich eine Ausgestaltung der Rundfunkfreiheit bedeuten[640] würden, widersprechen demnach der grundgesetzlichen Kompetenzordnung, denn „die Anwendung des Wettbewerbsrechts zur Entscheidung medienpolitischer Strukturfragen unter Umgehung der Regelungs*pflicht* des Landesgesetzgebers ist nicht verfassungsgemäß“[641]. Die Anwendung des Wirtschaftsrechts darf also nicht dazu führen, eine „prinzipiell den Ländern zugewiesene Verantwortung für den privaten Rundfunk an den Bund zu übertragen“[642].

Teilweise wird, mit ähnlichen Ergebnissen eine Kompetenz des Rundfunkgesetzgebers kraft Sachzusammenhang angenommen, die eine restriktive Auslegung des Wettbewerbsrechts gebiete[643]. Sofern eine rundfunkrechtliche, gleichwohl auch den wirtschaftlichen Wettbewerb ordnende Regelung zur Gewährleistung der Vorgaben des Art. 5 Abs. 1 Satz 2 GG geboten ist, weil sie „der besseren Sicherung der Rundfunkfreiheit dient"“, ist dieser der Vorrang vor dem Wettbewerbsrecht einzuräumen[644]. Dort, wo das Rundfunkrecht entsprechende Regelungen bereithält, wäre die Anwendung des Wettbewerbsrecht auf einzelne Bereiche der Rundfunkveranstaltung eine der Rundfunkfreiheit zuwiderlaufende Isolierung und Ökonomisierung einzelner Tätigkeitsfelder[645].

c) Komplementärfunktion des Wirtschaftsrechts

Fraglich und umstritten ist, inwieweit das Wettbewerbsrecht unabhängig von der Ausgestaltungsaufgabe des Rundfunkgesetzgebers in den Dienst medienpolitischer Zielsetzungen gestellt werden kann[646]. Die derzeitige tatsächliche Situation auf dem Sektor der rundfunkrelevanten Konzentrationskontrolle[647] stellt sich in etwa folgendermaßen dar: Bislang findet zwischen den Landesmedienanstal-

---

[639] Engler, Kooperationen im Rundfunk, 1995, S. 176; Stock, AfP 1989, 627ff., 632

[640] Vgl. hierzu Hoffmann-Riem, Rundfunkrecht neben Wirtschaftsrecht, 1991, S. 71ff., 81f.

[641] Oppermann, ZUM 1990, 376ff., 381(Hervorhebung diesseits) unter Hinweis auf Bullinger, AöR 1983, 161ff., 202; Lerche, Presse und privater Rundfunk, 1984, S. 50ff.

[642] Oppermann, ZUM 1990, 376ff., 381; m.w.Nw.

[643] Giehl, Der Wettbewerb zwischen öffentlich-rechtlichen und privaten Rundfunkveranstaltern, 1993, S. 197ff.; Grundmann, Die öffentlich-rechtlichen Rundfunkanstalten im Wettbewerb, S. 93; kritisch Pukall, Meinungsvielfalt im Rundfunk nach der audiovisuellen Revolution, 1993, S. 122

[644] Giehl, Der Wettbewerb zwischen öffentlich-rechtlichen und privaten Rundfunkveranstaltern, 1993, S. 200, m.w.Nw.

[645] Stock, Rundfunkrecht und Wettbewerbsrecht im dualen Rundfunksystem, in: Hoffmann-Riem, (Hrsg.), Rundfunkrecht im Wettbewerbsrecht, 1988, S. 35ff., 59

[646] „Medienpolitische Instrumentalisierung des Kartellrechts“, zitiert bei Lerche, Presse und privater Rundfunk, 1984, S. 51; Kloepfer, ZHR 1979, 479

[647] Zusammenfassung der aktuellen Entscheidungspraxis der KEK und des Bundeskartellamts bei Hess, AfP 2000, 61ff.; 265ff.; 339ff.; Bechtold, AfP 2000, 156ff.

ten und dem Bundeskartellamt keine unmittelbare formelle oder institutionalisierte Zusammenarbeit statt, obwohl sich die Informationen, die beide im Rahmen ihrer Tätigkeit sammeln, durchaus ergänzen könnten[648]. Dennoch ist teilweise eine Kooperation im Sinne einer Abstimmung auf informeller Ebene gegeben oder aber in indirekter Form, wie zum Beispiel bei der Verpflichtung von Rundfunkveranstaltern, ihrer Bewerbung eine kartellrechtliche Unbedenklichkeitsbescheinigung beizufügen[649].

Weitgehend unstreitig ist, daß sich der Landesgesetzgeber sich im Rahmen seiner Ausgestaltungsaufgabe bereits vorhandener Normen des Wettbewerbsrechts bedienen kann[650], wobei sich daß Bundesverfassungsgericht offenbar jedoch nicht allein auf die mittelbaren Wirkungen der wettbewerbsrechtlichen Fusionskontrolle auf die publizistische Vielfalt verlassen will und dem GWB in diesem Bereich allenfalls einen „Flankenschutz" zukommen läßt[651]. Dem Rundfunkgesetzgeber selbst wird dabei die Entscheidung überlassen, inwieweit er für die Funktionssicherung ein Zurückgreifen auf das Wirtschaftsrecht für erforderlich hält oder aber eigene Regelungsinstrumente bereithält[652]. Dabei spielt es keine Rolle, ob die Gefahr vorherrschender Meinungsmacht „aus publizistischen, politischen oder wirtschaftlichen Gegebenheiten herrührt"[653]. Die Ausgestaltungskompetenz des Rundfunkgesetzgebers umfaßt daher neben der Rundfunkveranstaltung an sich auch die ihr vor- und nachgelagerten Tatbestände der wirtschaftlichen Handlungsformen privater Veranstalter[654]. Mit anderen Worten, ist der Landesgesetzgeber aufgrund der engen Verzahnung von publizistischem und ökonomischem Wettbewerb aufgerufen, Vorkehrungen gegen die Entstehung vorherrschender Meinungsmacht zu treffen, die sich in ihrer Wirkung auch als Wettbewerbsregelungen im wirtschaftlichen Sinn darstellen[655]. Anders als im Falle des Wirtschaftsrechts ist der Rundfunkgesetzgeber also explizit aufgerufen, eine normative Verknüpfung von ökonomischen und publizistischen Instrumentarien zu schaffen, eine Aufgabe, die sich dem Wirtschaftsrecht von Natur aus nicht stellt und sich auch nie gestellt hat. Aus der Untrennbarkeit von

---

[648] Bumke, Landesmedienanstalten, 1995, S. 443

[649] Übersicht über die landesgesetzlichen Regelungen bei Bumke, Landesmedienanstalten, 1995, S. 370, Fn. 474; siehe auch Hoffmann-Riem, Rundfunkrecht neben Wirtschaftsrecht, 1991, S. 80f.

[650] Stock, AfP 1989, 627ff., 630; Preuss-Neudorf, Grundversorgung und Wettbewerb, 1993, S. 158

[651] Hendricks, ZUM 1988, 209ff., 212; ähnlich Engels, ZUM 1996, 44ff., 49

[652] Hoffmann-Riem, Rundfunkrecht neben Wirtschaftsrecht, 1991, S. 75 m.w.Nw.

[653] Hendriks, ZUM 1988, 209ff., 213

[654] Engels, ZUM 1996, 44ff., 45; Wittig-Terhardt, AfP 1986, 298ff., 301

[655] Wittig-Terhardt, AfP 1986, 298ff., 299; ähnlich Preuss-Neudorf, Grundversorgung und Wettbewerb, 1993, S. 157; Stock, Rundfunkrecht und Wettbewerbsrecht im dualen Rundfunksystem, in: Hoffmann-Riem, (Hrsg.), Rundfunkrecht im Wettbewerbsrecht, 1988, S. 35ff., S. 62f.

publizistischem und ökonomischem Wettbewerb ergibt sich zwar eine parallele Interessenlage von Rundfunk- und Wettbewerbsrecht, die sich insoweit nicht „feindlich“ gegenüber stehen[656]. Das Wettbewerbsrecht kann allerdings nur dort mit allen kompetenzrechtlichen Folgen zur Anwendung kommen, wo das Landesmedienrecht einen relevanten Sachverhalt in wettbewerbsregulierender Weise nicht geregelt hat und einer Anwendung des GWB auch nicht entgegensteht[657]. Mit anderen Worten darf das Wettbewerbsrecht die gestalterischen Entscheidungen des Rundfunkgesetzgebers zwar unterstützen, aber nicht unterlaufen oder konterkarieren[658].

Schutzobjekt der wettbewerbsrechtlichen Zusammenschlußkontrollbestimmungen und Aufsichtsregeln ist nicht die publizistische Vielfalt im Rundfunk, da sie kein eigenständiges Wettbewerbsziel nach dem GWB darstellt[659]. Geschützt werden soll ausschließlich der wirtschaftliche Wettbewerb auf den einzelnen Waren- und Dienstleistungsmärkten[660]. Auch das Bundesverfassungsgericht erblickt im Wettbewerbsrecht kein spezifisch auf die Rundfunkfreiheit ausgerichtetes Regelungsinstrumentarium[661]. Allerdings kann sich der Einsatz des wettbewerbsrechtlichen Kontrollinstrumentariums in der Konsequenz auch als vielfaltssichernd auswirken, auch wenn dies nicht in der Motivation des Gesetzes begründet sein sollte[662]. Hingegen bezieht sich der Aufruf des Bundesverfassungsgerichts an den Gesetzgeber, die Rundfunkfreiheit im Sinne einer positiven Ordnung auszugestalten, unmittelbar auf publizistische Zielsetzungen. Der ihm dabei eingeräumte Entscheidungsspielraum verbietet es nicht, „die kommunikativen Funktionen des Rundfunks ergänzend mittels wettbewerbsrechtlicher In-

---

656 Pukall, Meinungsvielfalt im Rundfunk nach der audiovisuellen Revolution, 1993, S. 142

657 Im Umkehrschluß zu BVerfGE 83, 238, 305, „Da das Rundfunkrecht insoweit keine Lücke läßt, kann die Frage nach etwaiger Abhilfe durch das Kartellrecht auf sich beruhen.“; so auch Pukall, Meinungsvielfalt im Rundfunk nach der audiovisuellen Revolution, 1993, S. 141; Dörr, ZUM 1993, 10ff., 16 spricht insoweit von „zusätzlichen“, also über das bestehende Rundfunkkonzentrationsrecht der Länder hinausgehende Anforderungen, die das Kartellrecht an die Rundfunkunternehmen stellen könnte. Zu weitgehend wohl Oppermann, der die zu Beginn der 90er Jahre in den Landesmediengesetzen fehlenden marktorientierten Normen als „gesetzgeberischen Verweis auf die Wettbewerbsordnung“ verstanden sehen möchte, ZUM 1990, 376ff., 379

658 Hoffmann-Riem, Rundfunkrecht neben Wirtschaftsrecht, 1991, 78; Hartstein/Ring/Kreile/Dörr/Stettner, Rundfunkstaatsvertrag, B 2, Rdnr. 10f.; siehe auch Ebke, Wettbewerbsrechtliche Ansprüche öffentlich-rechtlicher und privater Rundfunkveranstalter, in: Hübner, (Hrsg.), Rechtsprobleme der privaten Rundfunkordnung, 1992, S. 57ff., S. 63

659 Gundlach, Die öffentlich-rechtlichen Rundfunkunternehmen zwischen öffentlichem Auftrag und marktwirtschaftlichem Wettbewerb, 1998, S. 87

660 Frank, Vielfalt durch Wettbewerb?, 1987, S. 34

661 BVerfG NJW 1986, 1743

662 Mailänder, Konzentrationskontrolle, 2000, S. S. 272; Frank, Vielfalt durch Wettbewerb?, 1987, S. 35 m.w.Nw.

strumentarien zu sichern"[663]. Diese Möglichkeit der „Instrumentalisierung von Wirtschaftsrecht"[664] hat auch das Bundesverfassungsgericht anerkannt[665]. Der Rundfunkgesetzgeber darf sich im Umkehrschluß seiner Aufgabe, „ein geeignetes rundfunkrechtliches Kontrollinstrumentarium gegen Konzentrationstendenzen bereitzuhalten"[666], nicht entziehen, indem er Regelungsbereiche dem Bundesgesetzgeber zur Disposition überläßt[667].

d) Die Institutionalisierung konzentrationsrechtlicher Zusammenarbeit

Die Frage einer Institutionalisierung der Zusammenarbeit von Bundeskartellamt und Landesmedienanstalten wird auch in jüngerer Zeit gestellt, wobei vermehrt eine eindeutige Abgrenzung der Aufgaben gefordert wird, womit in der Regel eine „exklusive Beurteilungskompetenz des Bundeskartellamts"[668] gemeint ist. Eine solche ist grundsätzlich wegen des Vorrangs des Rundfunkrechts nicht zu befürworten. Im Falle einer Kooperation von Bundeswirtschaftsrecht und Landesrundfunkrecht müßte eine gewisse Letztentscheidungskompetenz bei den rundfunkrechtlichen Entscheidungsträgern verbleiben[669].

Mit einer Verlagerung der konzentrationsrechtlichen Entscheidungskompetenz auf die Kartellbehörden müßte außerdem eine weitgehende rundfunkspezifische Überarbeitung, Ergänzung oder Modifikation kartellrechtlicher Vorschriften verbunden sein. Die „Schwäche" des Kartellrechts bei der Erfassung rundfunkrechtlicher Tatbestände ist zwar nicht auf eine grundsätzliche Unzulänglichkeit seiner selbst zurückzuführen[670], sondern auf die „prinzipielle Zieldivergenz von Kartell- und Medienkonzentrationsrecht"[671]. Auf jeden Fall aber wäre das GWB auch im Falle seiner Anwendbarkeit im Lichte des geschützten Grundrechts der Rundfunkfreiheit zu interpretieren[672]. Dabei müßte vor allen Dingen den landesgesetzlichen Vorgaben und Kompetenzen ausreichend Rechnung getragen werden.

---

[663] Engler, Kooperationen im Rundfunk, 1995, S. 175

[664] Engler, Kooperationen im Rundfunk, 1995, S. 175; Bumke, Landesmedienanstalten, 1995, S. 371

[665] BVerfGE 73, 173ff.

[666] Bumke, Landesmedienanstalten, 1995, S. 372

[667] Engler, Kooperationen im Rundfunk, 1995, S. 176

[668] Kritisch hierzu Bumke, Landesmedienanstalten, 1995, S. 444; ebenfalls ablehnend Vesting, Prozedurales Rundfunkrecht, 1997, S. 322; Brenner, ZUM 1998, 877ff., 887

[669] So auch Bumke, Landesmedienanstalten, 1995, S. 445; v. Wallenberg, ZUM 1992, 387ff., 393

[670] Knothe/Lebens, AfP 2000, 125ff., 126

[671] Kübler, Media Perspektiven 1999, 379ff., 383f.; differenzierend Mestmäcker, GRUR Int. 1993, 553ff., 554

[672] Engler, Kooperationen im Rundfunk, 1995, S. 169; Stock, Rundfunkrecht und Wettbewerbsrecht im dualen Rundfunksystem, in: Hoffmann-Riem, (Hrsg.), Rundfunkrecht im Wettbewerbsrecht, 1988, S. 35ff.,

Dies würde zum einen bedeuten, daß eine Zuständigkeit des Bundeskartellamts in sinnvoller Weise nur für die bundesweite Veranstaltung von Rundfunkprogrammen in Frage käme. Für die landesweite und insbesondere die regionale und lokale Veranstaltung von Rundfunkprogrammen müßte es bei der bisherigen Regelung in den Landesmediengesetzen bleiben, da die kartellrechtliche Mißbrauchsaufsicht zu „grobmaschig" ist[673]. In diesem Bereich haben sich einige Länder dazu entschieden, vor Lizenzerteilung eine kartellrechtliche Unbedenklichkeitsbescheinigung von den Bewerbern einzufordern. Diese „Anleihen beim Kartellrecht"[674] können im Einzelfall sinnvoll[675] oder sogar erforderlich sein, eine grundsätzliche Übertragung von originären Entscheidungskompetenzen auf die Landeskartellbehörden hingegen könnte den Anforderungen der Konzentrationsbekämpfung im regionalen und landesweiten Bereich kaum gerecht werden. Intermediäre Verflechtungen, aber auch internes Unternehmenswachstum spielen hier eine besonders große Rolle, insbesondere dann, wenn nur geringe Übertragungskapazitäten zur Verfügung stehen[676].

Eine grundlegende Änderung bestehender konzentrationsrechtlicher Tatbestände wäre im Falle einer Modifikation des Kartellrechts zur Beurteilung bundesweiter Machtkonzentrationen im Vergleich zu den heutigen Regelungen des Rundfunkstaatsvertrages aller Voraussicht nach nicht gegeben[677]. Zu erwarten ist vielmehr, daß sich eine modifizierte und auf die Meinungsvielfalt verpflichtete kartellrechtliche Regelung nicht wesentlich vom Konzentrationsrecht des Rundfunkstaatsvertrages abheben würde. Umgekehrt hat sich der Rundfunkstaatsvertrag im Hinblick auf die Kriterien zur Feststellung einer marktbeherrschenden Stellung im Lauf der Jahre immer mehr den entsprechenden Regelungen des GWB angenähert[678]. Gleichwohl könnte mit der Übertragung der rund-

---

[673] Wagner, RuF 1990, 165ff., 173

[674] Knothe/Lebens, AfP 2000, 125ff., 126

[675] BVerfGE 73, 118, 174; Vesting, Prozedurales Rundfunkrecht, 1997, S. 235

[676] Dementsprechend unterscheiden sich auch die Regelungen des BayMG zur Verhinderung vorherrschender Meinungsmacht im landesweiten Bereich erheblich von denen des Rundfunkstaatsvertrages.

[677] Bezeichnend insoweit die Aussage Oppermanns, das Medienrecht sei (im Jahre 1990) nicht dazu geeignet, „das keineswegs nur theoretische Problem der intermediären Verflechtungen auch nur zu erkennen." Diesem vergleichsweise harschen Satz folgt sogleich die Feststellung: „Leider hält der normative Apparat des bestehenden Kartellrechts effiziente Lösungen hierzu ebenfalls nicht bereit." Oppermann, ZUM 1990, 376ff., 384. Das GWB ist seit den Ausführungen Oppermanns im Gegensatz zur rundfunkrechtlichen Konzentrationskontrolle (vgl. insbesondere § 26 Abs. 2 RStV) nicht wesentlich modifiziert worden, was das Argument der besseren Effizienz wettbewerblicher Konzentrationsregelungen im Rundfunkbereich zumindest schwächt.

[678] vergleichende Übersicht bei Gundlach, Die öffentlich-rechtlichen Rundfunkunternehmen zwischen öffentlichem Auftrag und marktwirtschaftlichem Wettbewerb, 1998, S. 230ff.; Knothe, ZUM 1997, 6ff., 9f.; vgl auch Kuch, ZUM 1997, 12ff., 13, der zutreffend darauf hinweist, daß die häufig als zu weit kritisierten Handlungsspielräume der KEK in etwa denen

funkrechtlichen Konzentrationskontrolle auf das Bundeskartellamt diese insgesamt konvergenter gestaltet werden[679]. Andererseits bedeutet eine solche Aufgabendelegation von Seiten der Länder in erster Linie einen Kompetenzverzicht, der möglicherweise nur vordergründig eine Entlastung der Landesmedienanstalten und eine Verbesserung der Konzentrationskontrolle mit sich bringen würde. Die Tendenz zur Verschiebung rundfunkrechtlicher Kompetenzen in Richtung auf das Wirtschaftsrecht des freien Marktes hat fast schon traditionell den schlichten Wunsch nach Deregulierung und wettbewerblicher Öffnung der Rundfunkordnung zur Motivation. Wieviel freier Wettbewerb dem Rundfunk als einem „partiellen wettbewerblichen Ausnahmebereich" zugemutet werden kann, hat das Bundesverfassungsgericht bereits in seinen früheren Entscheidungen beantwortet, indem es den Rundfunk keinesfalls dem „freien Spiel der Kräfte" ausgeliefert sehen wollte. Gleichzeitig hat es eine eindeutige Entscheidung für die Länderkompetenz in Sachen Machtkonzentration getroffen. In diesem Zusammenhang wird zu Recht vertreten, daß eine Kompetenzdelegation bei der Regulierung wirtschaftlichen Wettbewerbs auch eine Aufgabe der Möglichkeit, „den publizistischen Wettbewerb im Rundfunk wirksam zu gestalten"[680] beinhalte. Ganz abgesehen von den kompetenzdogmatischen Hürden, die eine Verlagerung von Zuständigkeiten auf die Bundesebene des Wirtschaftsrechts zu überwinden hätte[681], begegnet die Delegation rundfunkrechtlicher Aufgabenstellungen mit dem hintergründigen Ziel der Deregulierung der Rundfunkordnung daher größten Bedenken. Eine ordnungspolitisch notwendige und verfassungsrechtlich zulässige Berücksichtigung wettbewerblicher Komponenten der Rundfunkveranstaltung darf keinesfalls eine „Ablösung des Schutzbereiches des Art. 5 Abs. 1 Satz 2 GG durch die Wirtschaftsordnung"[682] oder eine Ausgestaltung der Rundfunkfreiheit durch das Kartellrecht[683] beinhalten.

III. Die Behandlung der Zusammenarbeitsverpflichtung nach dem BayMG als wettbewerblich relevanter Vorgang

Die Verpflichtung der Landeszentrale, im Rahmen der Schaffung wirtschaftlich tragfähiger Rahmenbedingungen auf eine programmliche, technische, organisatorische und finanzielle Zusammenarbeit unter den Anbietern hinzuwirken, könnte auch aus wettbewerbsrechtlicher Sicht relevant sein, sofern hierdurch der Wettbewerb unter den Anbietern beeinflußt wird. Die Sachlage gestaltet sich bei näherer Betrachtung jedoch etwas anders als dies bei der (nicht von den Lan-

---

des Bundeskartellamts entsprächen, mit dem Ziel, auf die spezifische wirtschaftliche Situation der einzelnen Märkte und der Unternehmen eingehen zu können, a.a.O., S. 16

679 Knothe/Lebens, AfP 2000, 125ff., 130

680 Preuss-Neudorf, Grundversorgung und Wettbewerb, 1993, S. 157

681 Hierzu Bethge, Landesrundfunkordnung und Bundeskartellrecht, 1991, S. 28 m.w.Nw.

682 Oppermann, ZUM 1990, 376ff., 387

683 Vesting, Prozedurales Rundfunkrecht, 1997, S. 322

desmediengesetzen vorgesehenen) Fusion oder anderen kartellrechtlich relevanten Absprachen der Fall ist.

Das Wettbewerbsrecht verfolgt das Ziel, Beschränkungen des ökonomischen Wettbewerbs durch die Wettbewerber selbst zu verhindern[684]. Im Fall der Schaffung tragfähiger wirtschaftlicher Rahmenbedingungen durch bestimmte Formen der Zusammenarbeit besteht hierzu im wesentlichen der Unterschied, daß der Impuls zu einem wettbewerbsrelevanten Verhalten zunächst nicht von den Wettbewerbern, sondern von den gesetzlichen Regelungen des BayMG und, in dessen Ausführung, von der Landeszentrale als Trägereinheit des öffentlich-rechtlichen Rundfunkmodells ausgeht. Anders formuliert, wird ein möglicherweise wettbewerbsrechtlich relevantes Verhalten der Programmanbieter durch die Erhebung bestimmter Kooperationsformen zu einem positiven Auswahlkriterium oder sogar zu einer Genehmigungsvoraussetzung herausgefordert. Das Ziel dieser besonderen Regelung ist die Schaffung wirtschaftlich tragfähiger Rahmenbedingungen und damit die Sicherstellung der Programmvielfalt in einem Verbreitungsgebiet.

Fraglich ist hierbei nach dem zuvor Gesagten, ob es sich bei der von Art. 25 Abs. 4 BayMG geforderten Zusammenarbeit um ein nach dem GWB zu beurteilendes Verhalten handelt, oder aber um eine spezifische Form der Ausgestaltung der Rundfunkordnung, zu der sich das Wirtschaftsrecht trotz tatbestandlicher Einschlägigkeit nicht in Widerspruch setzen darf. Dabei ist zunächst zwischen den verschiedenen Formen der Zusammenarbeit zwischen privaten Anbietern zu unterscheiden.

1. Anbietergesellschaft und Splittingfrequenz

Die vom BayMG geforderte Zusammenarbeit kann aus Sicht des Wettbewerbsrechts nur in ihrer Ausprägung als wirtschaftliche Kooperation zwischen grundsätzlich voneinander unabhängigen Anbietern, z.B. durch gemeinsame Vermarktung und Werbeakquisition auf einer Splittingfrequenz, oder aber in der Form der frequenzübergreifenden Zusammenarbeit relevant sein. Die Bildung von Anbietergesellschaften im Vorfeld der Genehmigung bietet hingegen kaum Anwendungsmöglichkeiten für das Wirtschaftsrecht, da der Zusammenschluß mehrerer Wettbewerber bereits vor dem Eintritt in den eigentlichen Wettbewerb um Zuschauerakzeptanz und Werbekunden erfolgt und bereits das BayMG in Art. 27 Abs. 5 bis 12 BayMG für diesen Fall umfassende Antikonzentrationsregelungen bereithält, die als Ausgestaltung der Rundfunkordnung den wettbewerbsrechtlichen Regeln des GWB vorgehen.

---

[684] Engels, ZUM 1996, 44ff., 46

Im den Fällen der Kooperation mehrerer, im übrigen voneinander unabhängiger Anbieter oder der frequenzübergreifenden Zusammenarbeit werden die zur Verfügung stehenden Ressourcen in technischer, personeller, wirtschaftlicher oder marketingtechnischer Hinsicht hingegen von mehreren Wettbewerbern in einer Weise gemeinsam genutzt, die grundsätzlich geeignet ist, den Wettbewerb unter den Programmanbietern eines Verbreitungsgebiet zu beeinflussen.

Namentlich der BayVGH hat in seiner vorläufigen Entscheidung zu den Zusammenarbeitsverpflichtungen der Hörfunksatzung zwar die grundsätzliche Anwendbarkeit des Rundfunkrechts nicht in Frage gestellt, aber zumindest, wenn auch nur zurückhaltend und etwas schemenhaft, darauf hingewiesen, daß das Verhältnis zum Kartellrecht im Falle der Kooperation von Anbietern im Bereich der gemeinsamen Werbeakquisition ungeklärt sei[685]. Auch wenn das Gericht in der Hauptsacheentscheidung[686] seinen Hinweis nicht wiederholt hat, erscheint es dennoch sinnvoll, das Verhältnis von Bundeswirtschaftsrecht und Landesrundfunkrecht für den Fall einer solchen Kooperation privater Anbieter nach Art. 27 Abs. 4 BayMG genauer zu beleuchten.

2. Die Zusammenarbeitsverpflichtung als Ausgestaltung der Rundfunkordnung

Die gesetzgeberische Zielsetzung der Zusammenarbeitserfordernisse im Sinne einer Vielfaltsicherung durch die Schaffung wirtschaftlich tragfähiger Rahmenbedingungen wurde bereits dargelegt[687]. Dabei fällt zunächst auf, daß sich die fraglichen Regelungen nicht auf die Verhinderung von Machtkonzentration und vorherrschender Meinungsmacht beziehen, wobei man fragen könnte, ob einer solchen Ausgestaltung der Rundfunkordnung ebenfalls der Vorrang vor einer Anwendbarkeit des Wirtschaftsrechts gebührt.

a) Die Zielsetzung der Zusammenarbeitserfordernisse als Ausgestaltung der Rundfunkordnung

Die Überlegungen zu einer Gestaltungsprärogative des Rundfunkgesetzgebers beziehen sich in der Regel auf Kontrollinstrumentarien, die auf die Verhinderung von Machtkonzentration publizistischer und ökonomischer Art ausgerichtet sind. Während bei der rundfunkrechtlichen Konzentrationskontrolle der Prozeß der Machtkonzentration kontrolliert und dadurch das Entstehen vorherrschender Meinungsmacht verhindert werden soll, gehen die Zusammenarbeitsverpflichtungen des BayMG gleichsam vom umgekehrten Fall aus: Zur Sicherung der wirtschaftlichen Überlebenschancen privater Rundfunkangebote wird ein gewis-

---

685 BayVGH, MMR 1999, 420ff., 423; ablehnend diesen Bedenken gegenüber Bethge, Der verfassungsrechtliche Status der BLM, 1999, S. 59ff.

686 BayVGH, ZUM 2000, 335ff.

687 Siehe oben in diesem Kapitel, Organisation durch programmliche, technische, organisatorische und finanzielle Zusammenarbeit

ses Maß an „Konzentration“ im Wege einer positiven Ausnutzung von Synergieeffekten zur Sicherstellung der Meinungsvielfalt gefordert. Die Zusammenarbeitsverpflichtungen und die Konzentrationskontrolle setzen damit in einem gänzlich unterschiedlichen Verhältnis zum Sicherungsziel der Meinungsvielfalt an: Durch die Verpflichtung zur Zusammenarbeit soll ein Maß an „Konzentration“ erreicht werden, das für die Sicherstellung einer wirtschaftlich tragfähigen und vielfältigen Rundfunklandschaft erforderlich ist. Erst die darüber hinausgehende Konzentrationstendenzen fallen in den Anwendungsbereich der Konzentrationskontrolle. Die Sicherstellung der Funktionsfähigkeit durch die Verbesserung der Finanzierungsfähigkeit privater Rundfunkangebote ist dabei Teil des gesetzgeberischen Ausgestaltungsauftrages[688].

Die Regelungen zur Zusammenarbeit privater Anbieter bewegen sich damit in einem Bereich, der nicht nur zur Ausgestaltung der Rundfunkordnung gehört, sondern auch nach der Vorstellung des Gesetzgebers bereits unterhalb der Schwelle eines den publizistischen Wettbewerb beschränkenden Verhaltens der Anbieter ansetzt und damit erst die Voraussetzungen für das Entstehen von Meinungsvielfalt schafft. Die Zielsetzung des gesetzgeberischen Handelns[689] ist damit in erster Linie eine Publizistische.

Es würde daher der gesetzgeberischen Zielsetzung widersprechen, die Folgen einer organisatorische Verknüpfung von Anbietern mit dem Ziel der Schaffung wirtschaftlich tragfähiger Rahmenbedingungen in die Kompetenz des Wirtschaftsrechts zu verlegen und so die Regelungskompetenz für einen im Grunde einheitlichen Bereich der werbefinanzierten Rundfunkveranstaltung in zwei Teile zu spalten. Wirtschaftliche Zusammenführung zum Zwecke der Gewinnmaximierung und vorherrschende Meinungsmacht sind gleichsam zwei Seiten ein und derselben Medaille, die als die Wirtschaftlichkeit werbefinanzierten Rundfunks bezeichnet werden kann. Dort, wo die organisatorische Verknüpfung von Rundfunkangeboten für wünschenswert und erforderlich gehalten wird, ist sie durchaus zu befürworten, soweit und solange sie nicht zu einseitiger Beeinflussung des *publizistischen* Wettbewerbs führt. Aufgrund des engen Zusammenhangs zwischen publizistischer und wettbewerblicher Vielfalt wird daher in der Regel die durchgeführte Zusammenarbeit nicht ein Ausmaß erlangen, das zur Beschränkung des wirtschaftliche Wettbewerbs in einer Weise führt, die der Meinungsvielfalt nicht mehr zuträglich wäre.

Sofern also die gezielte Förderung spezieller Formen der Zusammenarbeit Ausdruck des rundfunkrechtlichen Konzepts eines Landes ist, muß das Wettbe-

---

688 Bethge, Der verfassungsrechtliche Status der BLM, 1999, S. 85f.; ders., Landesrundfunkordnung und Bundeskartellrecht, S. 45

689 Vgl. hierzu Engels, ZUM 1996, 44ff., 46; Jarass, Kartellrecht und Landesrundfunkrecht, 1991, S. 23 m.w.Nw.

werbsrecht und Kartellrecht des Bundes insoweit vor der Kompetenz des Landesgesetzgebers zurücktreten[690]. Aufgrund der Gestaltungsprärogative des Rundfunkgesetzgebers[691] hat der Wirtschaftsgesetzgeber die Entscheidungen zur Ausgestaltung der Rundfunkordnung zu respektieren[692] und das Resultat der rundfunkrechtlichen Entscheidung darf nicht konterkariert werden[693].

b) Die Zusammenarbeitserfordernisse als Ausdruck einer öffentlich-rechtlichen Ausgestaltung der Rundfunkordnung

Die Überlegungen zu den Zusammenarbeitserfordernissen als Ausdruck des landesrechtlichen Konzepts einer Rundfunkordnung gelten in besonderem Maße für die Rundfunkveranstaltung in öffentlich-rechtlicher Trägerschaft.

Die von der Landeszentrale ausgehenden Steuerungsimpulse, die im Hinblick auf die Zusammenarbeit privater Anbieter durchaus wettbewerbsrelevante Auswirkungen zeitigen, entspringen einer öffentlich-rechtlichen Dachkonstruktion. Teilweise wird aus diesem Grund die Anwendbarkeit des Wettbewerbsrechts von vornherein weitgehend ausgeschlossen[694]. Die Verpflichtung zur programmlichen, technischen, organisatorischen und finanziellen Zusammenarbeit und ihre Unterfütterung durch vertragliche Vereinbarungen statuiert als Auswahlkriterium im Rahmen des Genehmigungsverfahrens die Ausübung der Trägerschaftsverantwortung durch die Landeszentrale und stellt somit einen Teil ihrer hoheitlichen Aufgabenerfüllung dar[695]. Auch die private Finanzierungsform als „Unterfutter für die Erfüllung der Programmfunktion“[696], auf die sich die Landeszentrale positive Effekte durch die Zusammenarbeit zwischen den Anbietern erhofft, ist dabei Teil der öffentlich-rechtlich getragenen Rundfun-

---

[690] So auch Jarass, Kartellrecht und Landesrundfunkrecht, 1991, S. 54

[691] Hierzu eingehend oben in diesem Kapitel, Gestaltungsprärogative des Landesgesetzgebers

[692] Hoffmann-Riem, Rundfunkrecht neben Wirtschaftsrecht, 1991, S. 79

[693] Selmer, Bestand- und Entwicklungsgarantien für den öffentlich-rechtlichen Rundfunk in einer dualen Rundfunkordnung, Berlin, 1988, S. 39; Rahn, Programmauftrag und Kartellrecht, 1991, S. 202f.; Hoffmann-Riem, Rundfunkrecht neben Wirtschaftsrecht, 1991, S. 79

[694] Bethge, Der verfassungsrechtliche Status der BLM, 1999, S. 84f.; Bethge, Landesrundfunkordnung und Bundeskartellrecht, S. 42, Fn. 106

[695] Auch die amtliche Begründung zum BayMG stellt in ihrem allgemeinen Teil unter 4. eine entsprechende Beziehung zwischen der Gestaltungsaufgabe der Landeszentrale und der Geltung des Kartellrechts her: „Das in dem Gesetzentwurf vom MEG übernommene Rundfunkmodell ist entsprechend Art. 111a BV öffentlich-rechtlicher Natur, es hat aber daneben auch wirtschaftlich-wettbewerbliche Elemente. Im Rahmen der Tätigkeit der Anbieter kann es Teilbereiche geben, die nicht unter die umfangreichen Gestaltungsaufgaben und Anordnungsbefugnisse der Landeszentrale fallen und die keinen unmittelbar rundfunkrechtlichen Bezug haben. Soweit sich in diesen Bereichen im Schwerpunkt wirtschaftlich-wettbewerbliche Beziehungen zwischen den Beteiligten ergeben, bleiben die Regelungen des Kartellrechts unberührt.“; abgedruckt bei Bornemann/Kraus/Lörz, BayMG, vor Art. 1

[696] Bethge, Der verfassungsrechtliche Status der BLM, 1999, S. 86

korganisation und unterliegt insofern der Gestaltungsprärogative des Rundfunkgesetzgebers.

Bei der gesetzlichen Festlegung von Zusammenarbeitserfordernissen handelt es sich also um einen Ausdruck der hoheitlichen Aufgabenerfüllung durch die Landeszentrale. Eine Anwendbarkeit des Wirtschaftsrechts scheidet danach auch im Hinblick auf die Rechtsprechung der Zivilgerichte[697] zunächst aus:

Im Grundsatz ist der Streit um die Anwendbarkeit wettbewerbsrechtlicher Regelungen in der Frage der Aufteilbarkeit der Rundfunkveranstaltung in wirtschaftlich und wettbewerblich relevante Bereiche und publizistisch-kulturelle Gebiete verortet. Die Rechtsprechung der Zivilgerichte geht dementsprechend von einer grundsätzlichen Anwendbarkeit des GWB und des UWG aus, sofern Rundfunkveranstalter unter Einsatz privatrechtlicher Mittel als Wettbewerber am Markt auftreten oder ihr Rechtsverhältnis gegenüber Dritten als privatrechtlich zu qualifizieren ist. Der zu beurteilende Sachverhalt darf also gerade nicht als Ausdruck hoheitlicher Aufgabenerfüllung erscheinen[698]. Wenn aber der öffentlich-rechtliche „Rundfunkauftrag" ein aus Sicht des Wettbewerbsrechts relevantes Verhalten erfordert, muß die Anwendung des GWB auf öffentlich-rechtliche Veranstalter unterbleiben[699].

Weiterhin ist zu beachten, daß das Kartellrecht in seiner Zielsetzung eher an eine Verhaltens-, denn an eine Strukturkontrolle anknüpft[700]. Die Schaffung tragfähiger wirtschaftlicher Rahmenbedingungen durch bestimmte Formen der Zusammenarbeit privater Anbieter stellt demgegenüber eine klare Strukturvorgabe des BayMG dar, mit deren Hilfe nicht ein bestimmtes Verhalten sanktioniert, sondern gefördert werden soll. In diesem Bereich eine Geltung kartellrechtlicher Zusammenschlußbestimmungen anzunehmen, würde durch die Sanktionierung des gewünschten Verhaltens einen Eingriff in diese, von der öffentlich-rechtlichen Trägerschaft geprägten Struktur bedeuten.

---

[697] Hierzu eingehend Engler, Kooperationen im Rundfunk, 1995, S. 164ff.

[698] Engler, Kooperationen im Rundfunk, 1995, S. 164 mit einem Überblick über die Rechtsprechung des BGH

[699] Mailänder, Konzentrationskontrolle, 2000, S. 254, unter Hinweis auf BGH, Urteil v. 14.03.1990, Sportübertragungen, WuW/E BGH 2627ff., 2630f.; Bremer/Esser/Hoffmann, Rundfunk in Deutschland, 1992, S. 80

[700] Engels, ZUM 1988, 44ff., 46

c) Die Zusammenarbeitserfordernisse als Ausdruck der öffentlich-rechtlichen Trägerschaft am Beispiel des Funkhauses

Die frequenzübergreifende Zusammenarbeit im Rahmen des sog. Funkhauses[701] stellt neben der Zusammenarbeit auf den Splittingfrequenz den wichtigsten Fall der organisatorischen und wirtschaftlichen Zusammenarbeit sonst voneinander unabhängiger Anbieter dar. Hierbei handelt es sich um eine besondere Form der Ausgestaltung der Rundfunkordnung, bei der durch einen Wettbewerbsverzicht unter den an der frequenzübergreifenden Zusammenarbeit beteiligten Anbieter besondere Synergie- und Integrationseffekte ausgenützt werden sollen, um so über die Verbesserung der wirtschaftlichen Rahmenbedingungen zu einer stärkeren Differenzierung von Programminhalten und damit zu mehr Meinungsvielfalt zu gelangen. Die Organisation dieser Form der Zusammenarbeit steht zum einen unter dem Vorbehalt einer Genehmigung durch die Landeszentrale, zum anderen eröffnet sie weitreichende Gestaltungsspielräume bei der Wahrnehmung der Gesamtprogrammverantwortung durch die öffentlich-rechtlichen Trägereinheit.

Aufgabe der Landeszentrale als öffentlich-rechtlicher Trägereinheit ist es, bei der Organisation eines Funkhauses darauf zu achten, daß die Nachteile, die durch den Wettbewerbsverzicht auf Seiten der Anbieter entstehen, durch die Vorteile, die das Konzept für die wirtschaftliche Tragfähigkeit bringt, ausgeglichen bzw. überwogen werden. Die Interessen aller beteiligten Anbieter sind dabei zu berücksichtigen, § 9 Abs. 4 HFS. Der wettbewerbsbeschränkenden Wirkung des Wettbewerbsverzichts stehen dann wiederum positive wettbewerbsbegründende Effekte im Hinblick auf die Erzielung der Meinungsvielfalt gegenüber. Ohne den mit der Gründung eines Funkhauses einhergehenden Wettbewerbsverzicht unter den Anbietern besteht die Gefahr einer aus wirtschaftlichen Gründen für die einzelnen Anbieter erforderlichen Konzentration auf immer gleiche, besonders breite und werbeertragsreiche Zielgruppen, die ihrerseits jedoch nicht in der Lage sind, mehrere Rundfunkunternehmen wirtschaftlich zu tragen. Neben der unerwünschten Konzentration von Programminhalten kommt es damit auch zu einer Verkürzung der wirtschaftlichen Möglichkeiten. Dem soll durch die eine Programmdifferenzierung gewährleistende Zusammenarbeit mehrerer Anbieter entgegengewirkt werden. Diese bedingt zum einen positive Effekte für die Meinungsvielfalt durch ein inhaltlich breiteres Programmangebot und bietet zum anderen auch aus Sicht der werbetreibenden Wirtschaft aufgrund der engen Verknüpfung von Programm- und Werbeangebot eine neue, wettbewerbsfähige Plattform.

Ziel der frequenzübergreifenden Zusammenarbeit ist dabei nicht Konzentration, sondern vielmehr Kooperation, da die Anbieter anders als bei einem konzentrativen Zusammenschluß von Rundfunkunternehmen ihre unternehmerische Ei-

[701] Art. 25 Abs. 4 Satz 6 BayMG, siehe hierzu oben in diesem Kapitel, Der Zusammenschluß von Anbietern im Wege des Funkhauses

genständigkeit beibehalten. Das Funkhaus im Sinne eines kooperativen Gemeinschaftsunternehmen ist daher prädestiniert, für die Meinungsvielfalt eine Leistung zu erbringen, zu der die einzelnen Anbieter alleine nicht in der Lage wären.

Gleichzeitig ist die Anordnung der Zusammenarbeit auch in Gestalt des Funkhausmodells nicht im üblichen Sinne auf die konzentrative Zusammenführung publizistischen oder wirtschaftlichen Potentials gerichtet. Vielmehr soll dieses Potential zwischen einzelnen Anbietern gerecht verteilt werden, um so wirtschaftlich tragfähige Rahmenbedingungen gewährleisten zu können. Ein ausgewogener und vielfältiger publizistischer Wettbewerb soll durch gerechte Verteilung der Chancen im wirtschaftlichen Wettbewerb erst ermöglicht werden. Weder bei der Zusammenarbeit von Anbietern im Funkhaus noch bei der qualifizierten Zusammenarbeit auf den Splittingfrequenzen geht es also um die Konzentration wirtschaftlicher und/oder publizistischer Macht. Eine solche ist auch in der Konsequenz der Zusammenarbeit nicht zu befürchten: Durch die Zusammenarbeit findet keine Konzentration von Programminhalten statt, vielmehr werden lediglich verschiedene Programminhalte, die von mehreren, von einander abgrenzbaren und unabhängigen Rundfunkunternehmen gestaltet werden, auf einer Frequenz oder in einem Funkhaus zusammengefaßt. Eine Konzentration wirtschaftlichen Potentials im Sinne einer Vergrößerung dieses Potentials findet ebenfalls nicht statt, vielmehr werden lediglich wirtschaftliche Chancen möglichst gleichmäßig verteilt. Denkbar ist allerdings, daß sich eine Splittingfrequenz oder ein Funkhaus im Hinblick auf den durch die Zusammenarbeit eintretenden wirtschaftlichen Erfolg noch weiter zusammenschließt, als dies im Vorfeld beabsichtigt war. Hierbei kann es zu einer Aufgabe der unternehmerischen Unabhängigkeit der Anbieter kommen, die eine Gefahr für die gewünschte Programmdifferenzierung darstellt.

Daher hat die Landeszentrale bei der Organisation von Splittingfrequenzen und Funkhäusern auch während der laufenden Sendeperiode darauf zu achten, daß wirtschaftliche und publizistische Verflechtungen sich nicht über die genehmigte Zusammenarbeit hinaus ausdehnen und die Unabhängigkeit der Anbieter gewahrt bleibt. Eine Möglichkeit, von der in der Praxis in der Regel auch Gebrauch gemacht wird, ist die Einrichtung von Anbieterbeiräten auf den einzelnen Frequenzen. Im übrigen greift in diesem Bereich auch die übliche Kontrolle von Machtkonzentration zur Verhinderung vorherrschender Meinungsmacht.

Neben der gewöhnlichen Antikonzentrationskontrolle ist die frequenzübergreifende Zusammenarbeit zusätzlich einem Genehmigungsvorbehalt unterstellt:

Das BayMG nennt die Bereitschaft der Anbieter zur programmlichen, technischen, organisatorischen und finanziellen Zusammenarbeit als positives Auswahlkriterium in Art. 25 Abs. 4 Satz 2 BayMG. Die Bildung von Anbietergemeinschaften bzw. die Sicherstellung einer angemessenen Zusammenarbeit zwischen den Anbietern wird ausdrücklich gefordert. Die frequenzübergreifende Zusammenarbeit sowie die Zusammenarbeit benachbarter Sendestandorte wird jedoch einem Genehmigungsvorbehalt unterstellt, obwohl sie im Grunde angesichts der Aufgabenstellung des Art. 25 Abs. 3 BayMG als eine besonders wünschenswerte Form der Kooperation angesehen werden kann[702]. Aus dem Genehmigungsvorbehalt kann daher nicht der Schluß gezogen werden, die frequenzübergreifende Zusammenarbeit sei vom Gesetzgeber nicht oder nur in Ausnahmefällen erwünscht[703]. Vielmehr ist hierbei zu differenzieren: Zum einen ist die vielfaltssichernde Funktion jeglicher Zusammenarbeit auch im Falle der frequenzübergreifenden Kooperation grundsätzlich gegeben. Zum anderen aber ist die Gefahr von Fehlentwicklungen in diesem Bereich größer als im Falle der Zusammenarbeit auf den Splittingfrequenzen[704]. Die unreglementierte Zusammenarbeit ohnehin finanzkräftiger Anbieter mit ähnlichen, massenattraktiven Programmen birgt Gefahren für die Meinungsvielfalt durch die Konzentration wirtschaftlicher Macht. Gerade diese Erwägung mag den Gesetzgeber dazu bewogen haben, diese Form der Zusammenarbeit einem Genehmigungsvorbehalt zu unterstellen, um Wettbewerbsverzerrungen mit für die Meinungsvielfalt nachteiligen Auswirkungen zu vermeiden. Der Landeszentrale wird somit inzident die Verpflichtung aufgegeben, auch im Falle der frequenzübergreifenden Zusammenarbeit der Entstehung vorherrschender Meinungsmacht entgegenzuwirken. Die Entscheidung aber, wieviel Zusammenarbeit mit der Erzielung größtmöglicher Meinungsvielfalt verträglich ist, obliegt im Rahmen eines entsprechenden Abwägungsvorganges der öffentlich-rechtlichen Trägereinheit.

Die Zielsetzung der frequenzübergreifenden Zusammenarbeit ist in besonderem Maße eine publizistische und fällt damit in vollem Umfang in die Ausgestaltungsaufgabe und -freiheit des Rundfunkgesetzgebers. Dies gilt vor allem für die Rundfunkveranstaltung in öffentlich-rechtlicher Trägerschaft, da die wettbewerbsrelevanten Verhaltensweisen der an einem Funkhaus beteiligten Anbieter besonders in die öffentlich-rechtliche Organisationsstruktur eingebunden sind und von der Trägereinheit effektiv gesteuert werden können.

---

702 Vgl. insoweit auch die amtliche Begründung zu Art. 25, die die positiven Synergieeffekte ausdrücklich anspricht.

703 Bornemann/Kraus/Lörz, BayMG, Art. 25, Rdnr. 62

704 Bornemann/Kraus/Lörz, a.a.O.

Kapitel 3

Die Stellung der privaten Anbieter im System der öffentlich-rechtlichen Trägerschaft

A. Problemaufriß

Im vorhergehenden Teil der Arbeit wurden die organisatorischen Grundlagen der Rundfunkveranstaltung in öffentlich-rechtlicher Trägerschaft unter dem Aspekt der Erzielung von Meinungsvielfalt dargestellt. Der Landeszentrale steht danach ein umfangreiches Instrumentarium an Organisationsmöglichkeiten zur Verfügung, welches grundsätzlich als geeignet anzusehen ist, eine vielfältige Programmlandschaft hervorzubringen. Die hierin begriffene Organisation der Rundfunkfreiheit geht von der Landeszentrale als verantwortliche Trägerin aus und muß sich, um ihre Wirkung entfalten zu können, in entsprechenden Strukturen und Verhaltensweisen der privaten Programmgestalter abbilden, da das Gelingen einer auf ein bestimmtes Ziel ausgerichteten Organisation entscheidend davon abhängt, inwieweit die zur ihr berufene Institution in der Lage ist, auf die zu organisierenden Sachverhalte rechtlich und tatsächlich einzuwirken. Mit anderen Worten, fragt die effektive organisatorische Tätigkeit nach einer effektiven Bindungswirkung, die sie gegenüber den privaten Anbietern entfaltet.

Das Verhältnis von organisierender Einheit und zu organisierender Materie läßt sich dabei in einem Über-/Unterordnungsverhältnis abbilden, das an die rechtliche Position der jeweils handelnden Akteure anknüpft. Bezogen auf die Rundfunkveranstaltung gibt dabei insbesondere die verfassungsrechtliche Stellung, unterfüttert durch grundrechtlich geschützte Freiheiten, den Ausschlag.

Als Veranstalterin des von ihr getragenen öffentlich-rechtlichen Rundfunks bewegt sich die Landeszentrale dabei in einem Freiheitsbereich von Organisation und Verfahren, der grundrechtlich gestützt sein muß, um das Grundrecht selbst auf diese Weise zu aktualisieren und zur Verwirklichung zu bringen. Da sich dieser Freiheitsbereich in seinen Auswirkungen direkt auf die Tätigkeit der privaten Anbieter bezieht, ist auch deren Rechtsposition entsprechend zu gewichten, denn auch der Freiheitsbereich der Programmgestaltung und –sendung bedarf zu seiner Aktualisierung der, auch grundrechtlichen, Absicherung. Die Rechtspositionen beider Akteure im Rahmen der Rundfunkveranstaltung erschließen sich also nicht zuletzt aus dem Grundrecht der Rundfunkfreiheit.

Eine besondere Variante einer solchen „mehrdimensionalen" Ausübung der Rundfunkfreiheit, der besonderes Konfliktpotential eignet, findet sich in der in Bayern getroffenen Regelung einer öffentlich-rechtlich getragenen Rundfunkveranstaltung unter Einbeziehung privater Anbieter und Veranstaltung eines werbefinanzierten und damit kommerziellen Programms, das aufgrund seiner Eigenschaft als öffentlich-rechtlich gleichwohl nicht inhaltlich kommerzialisiert sein darf, sich vielmehr an den Voraussetzungen öffentlich-rechtlicher Programmanforderungen zu orientieren hat. Die Interdependenz staatlicher Organisationsgewalt und grundrechtlicher Freiheitsverbürgung als Kernbereich der Organisation von Freiheit[1] erfährt auf der Grundlage des funktionenteiligen Rundfunkmodells der öffentlich-rechtlichen Trägerschaft unter Berücksichtigung der Grundrechtspositionen der privaten Anbieter eine eigene Facette:

Die Veranstaltereigenschaft der Landeszentrale auf der Grundlage des BayMG bedeutet mehr als bloße Ausgestaltung und Überwachung der Rundfunkfreiheit. Sie erfaßt auch die funktionelle Ausübung des Grundrechts, dem sich auch die privaten Anbieter, wenngleich mit anderer, wirtschaftlicher Motivation verpflichtet sehen. Die Organisationsgewalt des Landesgesetzgebers äußert sich hier nicht nur in der Ausgestaltung der Rundfunkfreiheit, sondern vor allem in der gleichsam „öffentlich-rechtlichen" Ausübung des Grundrechts durch eine Trägereinheit, die, sofern man die Rechtsprechung des Bundesverfassungsgerichts zugrundegelegt, mit und neben, zuweilen auch konträr zu den privaten Anbietern, grundrechtliche Interessen vertritt.

Bei den organisatorischen Entscheidungen der Landeszentrale, seien sie programmlicher, genehmigungsrechtlicher oder aufsichtlicher Natur, hat man sich daher stets die Frage zu stellen, inwieweit hiervon subjektiv-rechtliche Positionen der privaten Anbieter berührt werden und ob und inwieweit diese Rechtspositionen imstande sind, auf die (wiederum grundrechtlich unterfütterte) organisatorische Gestaltungs- und Entscheidungsbefugnis der öffentlich-rechtlichen Trägereinheit Einfluß zu nehmen. Um diese Frage beantworten zu können, muß man sich zunächst die beiderseitigen Rechtspositionen vor Augen führen, um sich sodann unter Rekurs auf die Besonderheiten des bayerischen Rundfunkrechts ein Bild von der Verteilung von Rechten und Pflichten machen zu können.

Das sich aus dem Modell der öffentlich-rechtlichen Trägerschaft ergebende Gefüge aus privaten Anbietern und öffentlich-rechtlicher Trägereinheit ist in dieser Form einzigartig. Gewisse Parallelen zum klassischen Anstaltsrundfunk sind zwar gegeben, eine unmittelbare Vergleichbarkeit, die eine verbindliche Konkretisierung der rechtlichen, insbesondere verfassungsrechtlichen Positionen, erlaubt, kann jedoch nicht angenommen werden. Die rechtliche Stellung von privaten Anbietern und Landeszentrale bedarf daher einer eigenen Konturierung, wobei nur schwer auf bereits vorhandene Grundsätze zurückgegriffen werden kann[2].

---

[1] Bumke, Landesmedienanstalten, 1995, S. 88f.
[2] So auch Stettner, Die Stellung der BLM nach dem BayMG, 1999, S. 78

I. Öffentlich-rechtliche Rundfunkveranstaltung unter Einbeziehung privater Anbieter

Die landesgesetzliche Ausgestaltung der Rundfunkfreiheit im Sinne einer positiven Ordnung entscheidet auch über den Umfang subjektiv-individueller Rechte auf Seiten der an der Rundfunkveranstaltung Beteiligten[3]. Die Rundfunkveranstaltung in einem öffentlich-rechtlich getragenen Modell unterscheidet sich dabei erheblich von der Zulassung des „herkömmlichen" privaten Rundfunks in anderen Bundesländern.

Art. 111a Abs. 2 Satz 1 BV weist die Wahrnehmung der öffentlichen Verantwortung für den Rundfunk exklusiv einem öffentlich-rechtlichen Träger zu. Gleichwohl soll die Teilhabe und Einbeziehung privater Programmanbieter am und in den Prozeß der Rundfunkveranstaltung nicht verhindert werden[4]. Das Art. 111a Abs. 2 Satz 1 BV entsprechende Modell beschreitet dabei einen Mittelweg zwischen dem klassischen öffentlich-rechtlichen Rundfunk und dem reinen Lizensierungsmodell anderer Bundesländer: In der Hand der Anbieter verbleibt zwar eine eigene rundfunkrechtliche Rechtsposition, allerdings im Sinne einer vertraglich und öffentlich-rechtlich gebundenen Programmgestaltungsbefugnis[5]. Die in das System öffentlich-rechtlicher Trägerschaft einbezogenen Funktionsträger werden damit in eine Art „Sonderbefindlichkeit"[6] gerückt, die ihre individuellen Entschließungsmöglichkeiten einschränkt[7]. Konsequenz dieser spezifischen Verfassungsrechtslage ist ein komplexes Konstrukt[8], an dem verschiedene Rechtsträger beteiligt sind:

---

[3] Vgl. eingehend oben, Kapitel 1, Interdependenz von Freiheitsgewährleistung und normativer Ausgestaltung

[4] Stettner, Die Stellung der BLM nach dem BayMG, 1999, S. 32f.; Balda, Duale Rundfunkordnung, 1997, S. 18

[5] Badura, ZUM 1988, 155, 159

[6] Stettner, ZUM 1986, 559ff., 568; ders., Rundfunkstruktur im Wandel, München, 1988, S. 32; kritisch hierzu Degenhart, ZUM 1988, 47ff., 54; ders., ZUM 1987, 595ff., 597; siehe ausführlich unten, Der funktionelle Vorbehalt der öffentlich-rechtlichen Trägerschaft

[7] Stettner, a.a.O.; Bethge, Der verfassungsrechtliche Status der BLM, 1999, S. 32; ähnlich, wenn auch einschränkend Degenhart, ZUM 1987, 595ff., 597

[8] Von Bethge, Rundfunkfreiheit und öffentlich-rechtlicher Organisationsvorbehalt, 1987, S. 5 als „eigentümliche Mischform einer Aktivierung privaten Rundfunkengagements unter einem gruppenplural besetzten öffentlich-rechtlichen Dach" bezeichnet; ders.; ZUM 1986, 255, 256; spricht in Anlehnung an die Akrobatenformel von Lerche von der „von einiger Raffinesse zeugenden Konstruktion des MEG"; vgl. auch Lerche, in: Rüthers/Stern, (Hrsg.), Festgabe zum 10jährigen Jubiläum der Gesellschaft für Rechtspolitik, 1984, S. 247: „etwas leicht Akrobatisches"; Piette, Meinungsvielfalt im privaten Rundfunk, 1988, S. 168: „ Quadratur des Kreises"; siehe auch Balda, Duale Rundfunkordnung, 1997, S. 18, Fn. 11, S. 46, Fn. 102; das „komplexeste aller Landesrundfunkgesetze", Schuster, Meinungsvielfalt in der dualen Rundfunkordnung, 1990, S. 306

Die privaten Anbieter werden in den Prozeß der Rundfunkveranstaltung einbezogen, ohne jedoch eigenverantwortlich Rundfunk im Sinne von Art. 111a Abs. 2 Satz 1 BV zu „betreiben“[9]. Diese Abweichung des bayerischen Trägerschaftsmodells von den Rundfunkordnungen anderer Bundesländer ist, wie bereits festgestellt, eine zulässige Form der Ausgestaltung der Rundfunkfreiheit[10]. Obwohl aufgrund der Vorgabe des Art. 111a Abs. 2 BV in Bayern die Rundfunkveranstaltung in diesem Sinne durch private Veranstalter ausgeschlossen ist, versucht das BayMG den Anbietern unter der Dachkonstruktion der öffentlich-rechtlichen Trägerschaft einen „Raum für Eigengestaltung und Eigeninitiative“[11] zu bieten und nicht etwa, privates Rundfunkengagement zu be- oder zu verhindern[12]. Innerhalb der Funktionenteilung des BayMG ist dem Anbieter ein Platz zugewiesen, auf dem er im Wege eigener Gestaltungsbefugnis in den durch Gesetz, Satzungen und Richtlinien und Bescheiden der Landeszentrale gezogenen Grenzen sein Programm gestaltet. Diese „Gestaltungsaufgabe“ steht im Einklang mit dem funktionenteiligen System der öffentlich-rechtlichen Trägerschaft, solange „der öffentlich-rechtliche Träger rechtlich und tatsächlich ausreichende Möglichkeit der Einflußnahme auf das Programm hat und dieses selbst verantwortet“[13].

Die rechtliche Stellung der Anbieter in diesem System ist seit jeher umstritten. Kritisiert wurde vor allem der „bescheidene Zuliefererstatus“ [14] der Anbieter und ihre Eigenschaft, lediglich „Destinatäre“ des Handelns der Landeszentrale zu sein[15]. Tatsächlich hat der BayVerfGH in seiner Leitentscheidung zum BayMEG ein in diese Richtung zielendes Bild vom privaten Anbieter gezeichnet, der „nicht aus eigenständigen Grundrechtspositionen heraus Rundfunk“ betreibe, sondern nur „Mitwirkender“ bei der Veranstaltung öffentlich-rechtlich getragenen Rundfunks sein dürfe[16]. Es ist zu Recht bemerkt worden, daß die Qualifizierung in dieser Allgemeinheit nicht zutrifft[17]. Die Anbieter sind nicht nur „Teilnehmer“ an einer von der Landeszentrale wahrgenommenen Grundrechtsberechtigung, die abgeleitet auf die Anbieter ausstrahlt. Fraglich ist schon, ob eine

---

[9] Stock vergleicht das bayerische „öffentlich-rechtliche Mischmodell“ daher mit dem („überkommenen“) Integrationsmodell, das im Gegensatz zum „neueren“ Koordinationsmodell auf der programmlichen Einzugs- und Zugangsseite grundsätzlich keine individuellen subjektiven Rechte kennt. JZ 1991, 645, 647

[10] Siehe eingehend oben, Kapitel 1, Verfassungsmäßigkeit des Art. 111a Abs. 2 Satz 1BV

[11] Brümmer, Modellfragen, S. 1 unter Hinweis auf Treffer/Regensburger/Kroll, MEG, 1988, 2. Aufl., Art. 2 MEG, Anm. 3.

[12] Badura, ZUM 1988, 155ff., 159

[13] BayVerfGHE 39, 96, 138; siehe hierzu ausführlich oben, Kapitel 1, Die funktionenteilige Trennung von Programmgestaltung und Programmverantwortung

[14] Stock, JZ 1991, 645, 646

[15] Degenhart, ZUM 1987, 595ff., 596; ähnlich ders., AfP 1987, 371ff.

[16] BayVerfGH 39, 96, 161

[17] Bornemann/Kraus/Lörz, BayMG, Art. 26, Rdnr. 11

solche Grundrechtspartizipation oder –ableitung ausgehend vom (stets auch) individuellen Verständnis der Grundrechte allgemein denkbar wäre. Dogmatisch konsequenter und praktikabler erscheint grundsätzlich die Vorstellung, jeder an der Rundfunkveranstaltung Beteiligte nehme jedenfalls eigene Rechtspositionen wahr, die sich aus seiner spezifischen Befindlichkeit und Tätigkeit heraus definieren und in ihrem Umfang bestimmen lassen.

Ein Zusätzliches darf dabei allerdings nicht aus dem Blickfeld geraten, nämlich die grundsätzliche Aufgabenverteilung im bayerischen Rundfunkmodell, die der Landeszentrale Trägerschaft und Verantwortung exklusiv zuweist. Grundrechtliche Positionen mögen von dieser Exklusivität nicht erfaßt sein, sie bestimmt jedoch die Koordinaten, an denen sich die Verteilung von Rechten und Pflichten orientieren kann. Dies muß um so mehr gelten, als daß unter der „Herrschaft des Art. 111a Abs. 2 Satz 1 BV“[18] die rechtliche Position der privaten Anbieter an dieser Verfassungsnorm zu messen sind[19].

II. Beteiligung und Veranstaltung

Die Einbeziehung privater Anbieter in den Prozeß der Rundfunkveranstaltung ist mit einer Aufgabenzuweisung verbunden, die die privaten Anbieter aufgrund ihrer Tätigkeit als Programmproduzenten und –gestalter in die Nähe von „herkömmlichen“ privaten Rundfunkveranstaltern rückt. Aus dieser Position heraus ließe sich auch ihre rechtliche Stellung im Gesamtsystem der Rundfunkveranstaltung in öffentlich-rechtlicher Trägerschaft ableiten. Dennoch ist hierbei zu differenzieren: Als Derivat des öffentlich-rechtlichen Trägerschaftsvorbehaltes nehmen nicht nur oder in erster Linie die privaten Anbieter Funktionen der Rundfunkveranstaltung wahr, sondern auch, und in ganz spezifischem Maße die Landeszentrale, der ihrerseits die Rolle einer öffentlich-rechtlichen Trägereinheit und Rundfunkveranstalterin zukommt.

Der wesentliche Unterschied zwischen dem bayerischen Rundfunksystem und den Modellen anderer Bundesländer besteht also in der Zuordnung einer spezifischen Veranstaltereigenschaft als Substrat des öffentlich-rechtlichen Trägerschaftsvorbehaltes an die Landeszentrale. Dabei ist zwischen der „Veranstaltung“ durch die Tätigkeit der Landeszentrale und „Veranstaltung“ durch die von den Anbietern wahrgenommenen Aufgaben zu unterscheiden. Der private Anbieter wird durch seine programmgestaltende Tätigkeit zum Veranstalter, die Landeszentrale wird es durch ihre organisatorische und programmbegleitende Tätigkeit als öffentlich-rechtliche Trägerin.

---

[18] Stettner, Rundfunkstruktur im Wandel, München, 1988, S. 66
[19] Bethge, Der verfassungsrechtliche Status der BLM, 1999, S. 20f.

Rundfunkveranstaltung als arbeits- bzw. funktionenteiliger Prozeß in öffentlich-rechtlicher Trägerschaft ist damit als Zurechnung der Programmgestaltung an eine organisatorisch wie programmlich verantwortliche Trägereinheit zu verstehen, deren Aufgaben „unter Einbindung von Privaten dezentralisiert und delegiert werden"[20].

Bereits Schmitt Glaeser hat 1985 zu Recht darauf hingewiesen, daß der wesentliche Unterschied zu der privaten Rundfunkveranstaltung in anderen Bundesländern darin besteht, daß dort „die *Entwicklung* der Meinungsvielfalt im Rundfunkbereich als der eigentlich *substantielle* Vorgang *selbständigen privaten Veranstaltern* in und durch ihre Vielzahl obliegt; die pluralistisch organisierte Anstalt des öffentlichen Rechts[21] bleibt als Aufsichtsinstanz gleichsam „außerhalb" dieses Bereichs und hat neben den Kontrollaufgaben im wesentlichen nur für den Vollzug der Zugangs- und Ausschlußregelungen zu sorgen"[22]. Bei der Rundfunkorganisation im öffentlich-rechtlichen Trägerschaftsmodell hingegen ist die Entwicklung der Meinungsvielfalt an sich funktionelle Aufgabe der Landeszentrale, wobei „die privaten Anbieter strukturell ganz in die Verwirklichung dieser Aufgabe eingebunden sind"[23].

Danach sind die privaten Anbieter im Rahmen ihrer „Veranstaltereigenschaft" dergestalt in die öffentlich-rechtliche Rundfunkveranstaltung durch die Landeszentrale eingebunden, daß sie ihre Veranstalterfunktion erst aus der Einbindung in eine öffentlich-rechtliche, von der Landeszentrale getragene Dachkonstruktion ableiten[24]. Nur durch eine solche Differenzierung läßt sich der Vorbehalt der öffentlich-rechtlichen Trägerschaft erfüllen, denn die funktionelle Eigenschaft privater Anbieter als Rundfunkveranstalter kann nicht originärer Natur sein, sondern verwirklicht sich erst durch die Einbeziehung und Beteiligung an dem von der öffentlich-rechtlichen Trägereinheit initiierten Prozeß der Rundfunkveranstaltung[25]. Das BayMG kann daher nicht als ein Gesetz aufgefaßt werden, daß im Hinblick auf eine bestehende, originäre Rundfunkfreiheit „Grundrechtseingriffe reguliert"[26]. Vielmehr schafft und verteilt es in Ausfüllung des öffentlich-

---

[20] BayVerfGHE 39, 96, 161

[21] Landesmedienanstalt, Anm. der Verfasserin

[22] Schmitt Glaeser, ZUM 1985, 523ff., 535

[23] Schmitt Glaeser, a.a.O.; vgl. auch BayVerfGHE 39, 96, 138; 46, 191, 198

[24] Das Bundesverfassungsgericht geht zwar davon aus, daß die Programme der privaten Anbieter nicht „im Auftrag" oder „nach Weisung" der BLM erstellt werden. Im Zusammenhang gesehen ist hierbei aber die programminhaltliche Komponente gemeint, bei deren Ausfüllung die Anbieter „im Rahmen der gesetzlichen Vorgaben" Gestaltungsfreiheit besitzen. BVerfG MMR 1998, 198ff., 199

[25] Ähnlich Bethge, Der verfassungsrechtliche Status der BLM, 1999, S. 20

[26] Bethge, Der verfassungsrechtliche Status der BLM, 1999, S. 56

rechtlichen Trägerschaftsvorbehaltes des Art. 111a Abs. 2 Satz 1 BV Grundrechtssubstanz[27].

Durch die funktionale Verflechtung von Anbietern und Landeszentrale entsteht das komplexe Konstrukt der Rundfunkveranstaltung in öffentlich-rechtlicher Trägerschaft als Modell einer differenzierten Aufgaben- und Verantwortungsverteilung, das möglicherweise Rückschlüsse auf die rechtlichen Positionen der einzelnen Akteure zuläßt[28]. Die Charakterisierung der Rundfunkveranstaltung als öffentlich-rechtlich legt die Annahme nahe, gegenüber der privaten Rundfunkveranstaltung müsse ein gewisses Übergewicht an öffentlich-rechtlichen Komponenten bestehen, das an dem Grad der eigenen Gestaltungsmöglichkeiten der Anbieter bzw. der Position des hoheitlichen Trägers, hierauf Einfluß nehmen zu können, gemessen werden kann[29].

Die in der Programmgestaltungstätigkeit des Anbieters enthaltene Beteiligung am funktionenteiligen Prozeß der Rundfunkveranstaltung hat dementsprechend in der Vergangenheit Stoff für die Bestimmung seiner Position im bayerischen Rundfunksystem geliefert und argumentativen Raum für die Annahme eines mehr oder weniger ausgeprägten Über-/Unterordnungsverhältnisses zwischen Anbieter und Landeszentrale geschaffen. Die Differenzierung zwischen Beteiligung und originärer Veranstaltung, bzw. die Ableitung der Veranstalterposition der privaten Anbieter aus einer Aufgabenzuweisung durch die öffentlich-rechtliche Trägereinheit führt daher zu der Frage, anhand welcher Maßstäbe sich das Verhältnis zwischen Trägereinheit und privatem Anbieter beurteilt. Dabei soll zunächst auf die grundrechtlichen Positionen beider Akteure eingegangen werden.

B. Die Grundrechtsfähigkeit und Grundrechtsbindung der Landeszentrale

Die verfassungsrechtliche Stellung jeder Landesmedienanstalt definiert sich zunächst über deren Verortung im Gewährleistungsbereich des Art. 5 Abs. 1 Satz 2 GG. Ebenso hängen Reichweite und Intensität verwaltungs- wie verfassungsgerichtlichen Rechtsschutzes entscheidend davon ab, ob und inwieweit eine Lan-

[27] Bethge, a.a.O.; zum Begriff der „Schaffung von Grundrechtssubstanz" vgl. Dolderer, Objektive Grundrechtsgehalte, 2000, S. 314ff.

[28] Zur sog. „Sonderbefindlichkeit" der Anbieter vgl. Stettner, Rundfunkstruktur im Wandel, München, 1988, S. 28, der zugleich die privaten Anbieter in die Nähe von Anstaltsbenutzern rückt und den Zusammenschluß von Landeszentrale, Medienbetriebsgesellschaft, und Anbietern als größeren öffentlich-rechtlich strukturierten Organisationsverbund sieht; hierzu Degenhart, ZUM 1987, 595ff., 597

[29] So auch Doll, Spannweite, 1986, S. 170

desmedienanstalt grundrechtlich gewährleistete Rechtspositionen im Verfahren geltend machen kann[30]. Gleichzeitig läßt die Qualifizierung einer Landesmedienanstalt als grundrechtsberechtigt und/oder –verpflichtet Rückschlüsse auf die Stellung der Rundfunkveranstalter resp. –anbieter zu.

Alle Landesmedienanstalten sind juristische Personen des öffentlichen Rechts, die als verselbständigte Verwaltungseinheiten öffentliche, wenngleich nicht staatliche Aufgaben wahrnehmen. Aufgrund ihrer, wenngleich sehr differenzierten Zuordnung zur Staatsverwaltung liegt die Qualifizierung ihrer Tätigkeit als grundrechtlich geschützte Position nicht unbedingt auf der Hand. Allerdings ist in diesem Kontext danach zu fragen, ob und inwieweit die Bayerische Landeszentrale aufgrund ihrer landesverfassungsrechtlichen Eigenschaft als Trägerin des originär von ihr veranstalteten Rundfunks demgegenüber eine Sonderstellung einnimmt.

I. Die Grundrechtsfähigkeit juristischer Personen des öffentlichen Rechts

Die Frage der „Grundrechtssubjektivität des Staates" , also der Grundrechtsberechtigung juristischer Personen des öffentlichen Rechts, ist seit langem umstritten[31]. Art. 19 Abs. 3 GG[32] erstreckt aus Gründen der „personalen Grundrechtseffektivität"[33] den Geltungsbereich der Grundrechte auf juristische Personen, „soweit sie ihrem Wesen nach auf diese anwendbar sind". Insbesondere ist dies der Fall, wenn der „Durchgriff" oder treffender der „Durchblick" auf die hinter der juristischen Person stehenden und in diese einbezogenen natürlichen Personen einen materiell umfassenden Grundrechtsschutz sinnvoll und erforderlich erscheinen lassen[34].

Grundsätzlich ist eine Anstalt des öffentlichen Rechts nicht grundrechtsfähig[35], da anderenfalls die Gefahr bestünde, sie gleichsam als „verlängerter Arm des

[30] Hepach, Grundrechtsstatus, 1997, S. 19 unter Hinweis auf Bethge, Die Grundrechtsberechtigung juristischer Personen nach Art. 19 Abs. 3 GG, 1985, S. 28

[31] Vgl. nur Bethge, Die Grundrechtsberechtigung juristischer Personen nach Art. 19 Abs. 3 GG, 1985, S. 61 m.w.Nw.; Hepach, Grundrechtsstatus, 1997, S. 43ff.

[32] zur Entstehungsgeschichte vgl. Bethge, Die Grundrechtsberechtigung juristischer Personen nach Art. 19 Abs. 3 GG, 1985, S. 21ff.

[33] Bethge, Die Grundrechtsberechtigung juristischer Personen nach Art. 19 Abs. 3 GG, 1985, S. 13

[34] BVerfGE 21, 362, 369; Bethge, Die Grundrechtsberechtigung juristischer Personen nach Art. 19 Abs. 3 GG, 1985, S. 27 m.w.Nw. zum sog. „Durchgriffs-Argument"

[35] BVerfGE 39, 302, 316; BayVGH, ZUM 1993, 296, 299f.; AfP 1995, 612, 614f.; Bethge, Die Grundrechtsberechtigung juristischer Personen nach Art. 19 Abs. 3 GG, 1985, S. 68; ders. NJW 1995, 557, 558; Bumke, Landesmedienanstalten, 1995, S. 226; Hepach, Grundrechtsstatus, 1997, S. 66

Staates“[36] zu Lasten des Bürgers mit Grundrechtsschutz auszustatten, ohne daß dabei der Schutz der Freiheitssphäre einzelner Menschen[37] vor Eingriffen des Staates im Vordergrund stünde[38]. Weiterhin kann der Staat nicht gleichzeitig grundrechtsberechtigt und –verpflichtet sein[39]. Eine anderweitige Deutung des scheinbar „pauschalen und indifferenten“ Wortlaut des Art. 19 Abs. 3 GG[40] würde dem in der Vorschrift angesprochenen „Wesen“ der Grundrechte zuwiderlaufen.

Indes kann nicht die Rechtsform allein als Voraussetzung für die Grundrechtsfähigkeit bewertet werden[41], vielmehr ist auch die Art der von der öffentlich-rechtlichen Funktionseinheit wahrgenommenen Aufgabe und ihr Bezug zum Staat zu berücksichtigen[42]. Eine Ausnahme ist daher bei freiheitssichernden Verwaltungsträgern zu machen, die unmittelbar dem durch die Grundrechte geschützten Lebensbereich zuzuordnen sind[43] und die den Bürgern zur Verwirklichung individueller Grundrechte dienen[44]. Eine solche „Teileinheit“ der öffentlichen Hand kann sich durchaus wie auch eine natürliche Person in einer „grundrechtstypischen Gefährdungslage“ befinden[45]. Allerdings muß die verselbständigte Trägereinheit aufgrund ihrer Zusammensetzung und Organisation als eigenständige, vom Staat unabhängige oder zumindest distanzierte Einrichtung zu qualifizieren sein[46]. Anerkannte Ausnahmen vom Grundsatz der Grundrechtsun-

---

[36] Hesse, Rundfunkrecht, 1999, S. 144

[37] Zum unmittelbaren Bezug des Grundrechts zum Menschen vgl. BVerfGE 21, 362, 368ff.; 68, 193, 205f.; 75, 192, 196; Bethge, Die Grundrechtsberechtigung juristischer Personen nach Art. 19 Abs. 3 GG, 1985, S. 65; Hepach, Grundrechtsstatus, 1997, S. 53f.

[38] BVerfGE 50, 290, 337; 68, 193, 205; Bethge, Die Grundrechtsberechtigung juristischer Personen nach Art. 19 Abs. 3 GG, 1985, S. 64; Bumke, Landesmedienanstalten, 1995, S. 226

[39] BVerfGE 15, 256, 262; 21, 362, 369f.; Bethge, Die Grundrechtsberechtigung juristischer Personen nach Art. 19 Abs. 3 GG, 1985, S. 65

[40] Bethge, NJW 1995, 557, 558

[41] BVerfGE 68, 193, 212; Bumke, Landesmedienanstalten, 1995, S. 229; Hepach, Grundrechtsstatus, 1997, S. 66

[42] Zu dieser differenzierenden Betrachtungsweise vgl. ausführlich Hepach, Grundrechtsstatus, 1997, S. 49ff., 51

[43] BVerfGE 15, 256, 262; 31, 314, 322 unter Hinweis auf BVerfGE 21, 362, 373; 59, 231, 254; 68, 193, 207; 75, 192, 196; 78, 101, 102; Bethge, Selbstverwaltungsrecht zwischen Garantie und Freiheit, in: v. Mutius (Hrsg.), Selbstverwaltung im Staat der Industriegesellschaft, 1983, S. 149ff., 154; Gersdorf, Staatsfreiheit des Rundfunks in der dualen Rundfunkordnung, 1991, S. 153

[44] Der „Durchblick“ auf den hinter der Institution stehenden Menschen wird auf diese Weise eröffnet. Vgl. Bethge, Die Grundrechtsberechtigung juristischer Personen nach Art. 19 Abs. 3 GG, 1985, S. 67

[45] Bethge, Die Grundrechtsberechtigung juristischer Personen nach Art. 19 Abs. 3 GG, 1985, S. 66f.; vgl. auch Bettermann, NJW 1969, 1321ff., 1327

[46] BVerfGE 21, 362, 374; 75, 192, 197; Bethge, Selbstverwaltungsrecht zwischen Garantie und Freiheit, in: v. Mutius (Hrsg.), Selbstverwaltung im Staat der Industriegesellschaft, 1983, S. 149ff., 154; Bumke, Landesmedienanstalten, 1995, S. 227

fähigkeit juristischer Personen des öffentlichen Rechts sind daher die Kirchen, die Universitäten sowie, punktuell bezogen auf Art. 5 Abs. 1 Satz 2 GG[47], die öffentlich-rechtlichen Rundfunkanstalten[48].

Die öffentliche Aufgabe „Rundfunk" als Sache der Allgemeinheit impliziert, daß sie zwar als öffentlich, nicht aber als staatlich zu begreifen ist[49]. Die Übertragung der öffentlichen Aufgabe „Rundfunk" an die Rundfunkanstalten ist keine Delegation einer ursprünglich dem Staate zugewiesenen Aufgabe. Diese originäre Aufgabenstellung unterscheidet die Rundfunkanstalten vom Regeltyp der öffentlich-rechtlichen juristischen Person und befähigt sie, „als „Grundrechtsträger" zu wirken und Grundrechtsschutz zu genießen"[50].

Es stellt sich jedoch die Frage, ob und inwieweit die vorgenannten Grundsätze auch auf die Landesmedienanstalten übertragbar sind.

II. Landesmedienanstalten als Grundrechtsträger

Die Grundrechtsberechtigung außerbayerischer Landesmedienanstalten ist von den Gerichten bislang nicht abschließend oder ausdrücklich geklärt worden. Lediglich eine überwiegende bejahende Meinung in der Literatur kann beobachtet werden[51]. Bezugspunkt für eine Grundrechtsberechtigung der Landesmedienanstalten ist dabei die ihnen kraft der gesetzlichen Ausgestaltung der Rundfunkfreiheit zugewiesene genuine Aufgabe der Freiheitssicherung im Rundfunkbe-

---

[47] Bethge, Die Grundrechtsberechtigung juristischer Personen nach Art. 19 Abs. 3 GG, 1985, S. 129

[48] BVerfGE 31, 314, 322; 35, 202, 221f.; 45, 63, 79; 59, 231, 254; 74, 297, 317f.; die entwikkelten Fallkonstellationen werden in der Literatur einheitlich als „Ausnahmetrias" bezeichnet, vgl. insoweit ausführlich Bethge, Die Grundrechtsberechtigung juristischer Personen nach Art. 19 Abs. 3 GG, 1985, S.77; Bumke, Landesmedienanstalten, 1995, S, 228; Hepach, Grundrechtsstatus, 1997, S. 66ff.

[49] Hesse, Rundfunkrecht, 1999, S. 146; Vahrenhold, Die Stellung der Privatfunkaufsicht im System staatlicher Aufsicht, 1992, S. 69; Bethge, Die Grundrechtsberechtigung juristischer Personen nach Art. 19 Abs. 3 GG, 1985, S. 84

[50] Lerche, Landesbericht, S. 26

[51] Übersicht bei Hepach, ZUM 1998, 795ff., 799; Vahrenhold, Die Stellung der Privatfunkaufsicht im System staatlicher Aufsicht, 1992, S. 112 m.w.Nw.; Gersdorf, Staatsfreiheit des Rundfunks in der dualen Rundfunkordnung, 1991, S. 160 m.w.Nw.; Hoffmann-Riem, Finanzierung und Finanzkontrolle der Landesmedienanstalten, 1993, S. 23; Bumke, Landesmedienanstalten, 1995, S. 225; Baars, Kooperation und Kommunikation durch die Landesmedienanstalten, 1999, S. 197; Balda, Duale Rundfunkordnung, 1997, S. 158ff.

reich[52], die ähnlich wie im Falle der öffentlich-rechtlichen Rundfunkanstalten nicht staatlicher, sondern gesellschaftlicher Natur ist[53].

Die Rechtsstellung aller Landesmedienanstalten ist von einer prekären Ambivalenz der Perspektiven geprägt: Aus Sicht der Rundfunkunternehmen erscheinen sie als hoheitliche Entscheidungsträger, deren Entscheidungen Grundrechtspositionen beeinträchtigen könne. Aus Sicht des Grundrechts der Rundfunkfreiheit in seiner funktionalen Ausprägung mit einem Rezipienten als „Bezugsobjekt der Rundfunkfreiheit"[54] sind die Landesmedienanstalten Instrumente der Grundrechts"organisation" und –sicherung[55]. Unstreitig erfüllen sie eine öffentliche Aufgabe, die in der „organisatorischen Umsetzung grundrechtlicher Freiheitsverbürgung"[56] zu sehen ist. Ihre Organisation definiert sie als „autonome Entscheidungsinstanzen im Bereich der Wahrnehmung staatsdistanzierter Funktionen"[57].

Diese Ambivalenz schlägt sich unter Rückgriff auf die „Verselbständigung" der Verwaltungseinheit Landesmedienanstalt in der Grundrechtsberechtigung bzw. –verpflichtung gegenüber Staat bzw. Rundfunkunternehmer nieder: Auf der einen Seite sind die Landesmedienanstalten den Rundfunkveranstaltern gegenüber grundrechtsgebunden[58], da sie in diesem Verhältnis als Träger „staatsabgeleiteter" öffentlicher Gewalt handeln. Auf der anderen Seite sind sie in Erfüllung ihrer Aufgabe der „Ausfüllung programmrelevanter Ausgestaltungsspielräume"[59] insbesondere im Rahmen des Zulassungs- und Auswahlverfahrens vor staatlichem Zugriff geschützt. Sie sind also möglicherweise aus ein und demselben Grundrecht verpflichtet und berechtigt[60]. Gegen eine, wenn auch partielle Erweiterung der klassischen Ausnahmetrias spricht sich vor allem Bethge unter Hinweis auf die öffentliche Verwaltungsaufgabe, die von den Landesmedienanstalten als „hoheitlich handelnde Verwaltungsinstanzen" wahrgenommen werde, aus[61].

---

[52] BVerfGE 21, 314, 322; 59, 231, 254; 74, 297, 317f.; Vahrenhold, Die Stellung der Privatfunkaufsicht im System staatlicher Aufsicht, 1992, S. 69; Hepach, Grundrechtsstatus, 1997, S. 61f. bezeichnet diesen Bezugspunkt als „funktionsspezifischen Vorbehalt"
[53] Hoffmann-Riem, Personalrecht der Rundfunkaufsicht, 1991, S. 83, 88ff.
[54] Hoffmann-Riem, Personalrecht der Rundfunkaufsicht, S. 85
[55] Bumke, Landesmedienanstalten, 1995, S. 80f.
[56] Bumke, Landesmedienanstalten, 1995, S. 231
[57] Bumke, Landesmedienanstalten, 1995, S. 234 unter Zitierung von Zimmermann, Der grundrechtliche Schutzanspruch juristischer Personen, S. 70ff., 110
[58] Eingehend Bumke, Landesmedienanstalten, 1995, S. 221ff.
[59] Balda, Duale Rundfunkordnung, 1997, S. 157
[60] Zu dieser „Alternität der Rechtsstellung" bereits Bettermann, NJW 1969, 1321ff., 1323
[61] Bethge, NJW 1995, 557, 558; ders., NVwZ 1997, 1ff., 5 (Hervorhebung vom Verf.) Gegen den „bundesweiten aktuellen Trend", (Stock, JZ 1991, 645ff., 647) den Landesmedienanstalten eine „rundfunkspezifische Grundrechtsfähigkeit zuzuerkennen: Schmidt, Die Rundfunk-

Bei der Ausübung eines Grundrechts durch die Landesmedienanstalten muß jedoch in jedem Fall streng nach dem jeweiligen konkreten Funktions- und Handlungszusammenhang differenziert werden. Werden von einer Landesmedienanstalt konkret-individuelle Regelungen in Ausübung ihrer Hoheitsgewalt gegenüber einem Rundfunkveranstalter getroffen, tritt der Grundrechtsschutz in Anbetracht der grundrechtlichen Gegenposition des Veranstalters in der Regel den Hintergrund[62]. Es verbleibt gleichwohl insbesondere im Zulassungsverfahren ein umfangreicher Gestaltungs- und Entscheidungsspielraum, der sich aus der Koordinationsaufgabe der Landesmedienanstalten ableitet[63].

Während die Landesmedienanstalten sich nach der zustimmenden Ansicht vor allem gegenüber dem Staat auf das Grundrecht des Art. 5 Abs. 1 Satz 2 GG berufen können, wird teilweise auch eine horizontale Grundrechtsberechtigung der Landesmedienanstalten im Verhältnis zueinander angenommen[64].

Eine abschließende Klärung der Frage verlangt das Thema der vorliegenden Arbeit nicht, da die Stellung der BLM außerhalb der Position rein externer Kontrollgremien anzusiedeln ist.

III. Die Grundrechtsfähigkeit der BLM als „Veranstalterin" im Gefüge des Art. 111a Abs. 2 BV

Die Grundrechtsberechtigung der BLM ist in Rechtsprechung[65] und Literatur[66] gemeinhin anerkannt, da sie im Rahmen der von ihr ausgeübten öffentlich-

---

gebühr in der dualen Rundfunkordnung, 1989, S. 71; ders., MP 1986, 162, 169; Hepach, Grundrechtsstatus, 1997, S. 163ff. mit Überblick über die Literaturmeinungen, S. 129ff., passim; Bethge, NJW 1995, 559ff., passim

[62] Bumke, Landesmedienanstalten, 1995, S, 237f.

[63] Siehe hierzu eingehend unten in diesem Kapitel, Die weitgehende Gestaltungsbefugnis der Landesmedienanstalten im Zulassungsverfahren

[64] Vgl. hierzu ausführlich und im Ergebnis ablehnend Hepach, Grundrechtsstatus, 1997, S. 140ff, 167f. mit Überblick über Literatur und Rechtsprechung; ablehnend auch Balda, Duale Rundfunkordnung, 1997, S. 160ff. unter Hinweis auf Bethge, DV 1994, 433ff., 44, der den juristischen Ertragswert einer gegenseitigen Präsentation der jeweiligen Berechtigungen aus Art. 5 Abs. 1 Satz 2 GG plastisch mit dem Demonstrationswert des Austauschs von Vereinswimpeln vor einem Fußballspiel vergleicht; exemplarisch in der Rechtsprechung war in diesem Zusammenhang der sog. „DSF-Streit"; vgl. hierzu nur Bumke, Landesmedienanstalten, 1995, S. 338ff.; dies., ZUM 1995, 360ff.; Hepach, Grundrechtsstatus, 1997, S. 153ff.

[65] BayVerfGHE 39, 96, 138, 145f., 160; 40, 69, 73, 75f.; 43, 170, 176, 180; BayVerfGH, ZUM 1993, 304, 305; BayVerfGHE 46, 191, 195f., 198, BayVerfGH ZUM 1994, 575, 576ff., BayVBl. 1995, 339; BayVGH, BayVBl. 1997, 146ff., 147; BVerfG, NVwZ-RR 1991, 365, 366

[66] Stettner, Die Stellung der BLM nach dem BayMG, 1999, S. 10 m.w.Nw. und passim; ders., ZUM 1992, 456ff.; Bethge, Der verfassungsrechtliche Status der BLM, 1999, S. 32ff.; ders. ZUM 1994, 1ff., 7; Ricker/Schiwy, Rundfunkverfassungsrecht, S. 120; Bornemann, ZUM

rechtlichen Trägerschaft als originäre Rundfunkveranstalterin auftritt. Auch das Bundesverfassungsgericht hat die Grundrechtsberechtigung der Landeszentrale in seinem Beschluß vom 20.02.1998[67] ebenfalls nicht verneint[68], sondern vielmehr vorausgesetzt und erst damit eine mögliche Kollisionslage zwischen Grundrechtsberechtigungen von Landeszentrale und privaten Anbietern konzediert[69].

Es liegt in der „Logik der Konstruktion" des bayerischen Rundfunkmodells, daß „jedenfalls die BLM die grundrechtlich unterfangene Funktion einer programmverantwortlichen Rundfunkveranstalterin wahrnimmt"[70] und so dem grundrechtlich geschützten Freiheitsbereich der Rundfunkveranstaltung zuzuordnen ist[71]. Demzufolge darf sie auch in der Frage der Grundrechtsträgerschaft nicht hinter die öffentlich-rechtlichen Rundfunkanstalten zurückgesetzt werden[72]. Der grundrechtliche Schutzanspruchs der Landeszentrale als Funktionsträgerin basiert dabei nicht zuletzt auf einer Parallelwertung zu den grundrechtsberechtigten[73] öffentlich-rechtlichen Rundfunkanstalten im Sinne einer „qualitativen Identifizierung"[74].

Die anderen Landesmedienanstalten Deutschlands nehmen, anders als die Landeszentrale, weder unmittelbare Programmgestaltungsaufgaben wahr, noch sind

---

1992, 483, 491; Geppert, Europäischer Rundfunkraum und nationale Rundfunkaufsicht, 1993, S. 107; Stettner, ZfP 1994, 405, 407, 412; Hartstein/Ring/Kreile/Dörr/Stettner, Rundfunkstaatsvertrag, Einf. zu § 30 Rdnr. 9; Bumke, Landesmedienanstalten, 1995, S. 11ff, 214ff. und passim; Brümmer, Modellfragen, S. 11ff.; Schumann, in: FS für Peter Lerche, 1993, S. 721, 732; Bornemann/Kraus/Lörz, BayMG, Art. 10 Rdnr. 3; Herrmann, Das bayerische Medienrecht kurz vor der Jahrtausendwende, 1996, S. 112; Balda, Duale Rundfunkordnung, 1997, S. 54ff.; Hepach, Der Grundrechtsstatus der Landesmedienanstalten, 1997, S. 123; ders., ZUM 1998, 795ff., 799f.; Stock, JZ 1991, 645, 647

[67] BVerfGE 97, 298; vgl. eingehend hierzu in diesem Kapitel, Rundfunkfreiheit als Veranstalterfreiheit

[68] So auch Hepach, ZUM 1998, 795ff., 800

[69] Bethge, Der verfassungsrechtliche Status der BLM, 1999, S. 37ff., weist zudem darauf hin, daß selbst für de Fall, daß das Bundesverfassungsgericht eine Grundrechtsträgerschaft der BLM verneinen sollte, dies aufgrund der Grundrechtsautonomie Länder, die einen auf Landesverfassungsrecht gestützten Grundrechtsschutz weiter bemessen können, nur sehr begrenzte Auswirkungen zeitigen würde.

[70] Hepach, Der Grundrechtsstatus der Landesmedienanstalten, 1997, S. 112; ähnlich Bumke, Landesmedienanstalten, 1995, S. 214

[71] Hepach, Der Grundrechtsstatus der Landesmedienanstalten, 1997, S. 120

[72] BayVerfGHE 43, 170, 180; Hepach, ZUM 1998, 795ff., 800; Bumke, Landesmedienanstalten, 1995, S. 12; Wilhelmi, ZUM 1994, 229ff., 235

[73] Vgl. nur BVerfGE 31, 314, 322; vgl. ausführlich oben in diesem Kapitel, Die Grundrechtsfähigkeit juristischer Personen des öffentlichen Rechts

[74] Bethge, NJW 1995, 557ff., 559; Hepach, Der Grundrechtsstatus der Landesmedienanstalten, 1997, S. 125

sie als eigenverantwortliche Rundfunkveranstalter anzusehen[75]. Die Grundrechtsträgerschaft der Landeszentrale unterscheidet sich damit auch in ihrer Ausrichtung von der anderer Landesmedienanstalten. Als Trägereinheit des in Bayern veranstalteten öffentlich-rechtlichen Rundfunks ist sie aufgrund ihrer Veranstalter- oder auch „Betreiber"-Eigenschaft[76] mit weitergehenden Funktionen der Programmverantwortung betraut und mit ebensolchem Grundrechtsschutz ausgestattet[77]. Diese zusätzliche Verstärkung der grundrechtlichen Position der BLM hat ihren Grund im Vorbehalt der öffentlich-rechtlichen Trägerschaft, der nach der Existenz eines öffentlich-rechtlichen Rundfunkbetreibers verlangt, dem die Letztverantwortung für das in seiner Trägerschaft veranstaltete Programm aufgrund von Einwirkungsmöglichkeiten, die über die bloße Kontrolle und Aufsicht über privaten Veranstalter hinausgehen, effektiv zugerechnet werden kann und dessen Funktionsbereich umfassend grundrechtlich geschützt ist[78]. Die Grundrechtsberechtigung der Landeszentrale ist damit in erster Linie eine gestalterische und nicht ausschließlich auf Abwehr staatlicher Ingerenzen gerichtet.

C. Die Grundrechtsträgerschaft der privaten Anbieter im Rahmen des Trägerschaftsmodells

Die Position der privaten Anbieter in Bayern war lange Zeit stark von einer exklusiven Grundrechtsträgerschaft der Landeszentrale als alleinige Rundfunkveranstalterin und öffentlich-rechtliche Trägerin der Letztverantwortung für das Programm geprägt. Unmittelbar schlug sich dies in entsprechenden Entscheidungen des BayVerfGH nieder, der auf Verfassungsbeschwerden der BLM hin unter Bejahung der jeweils geltend gemachten Grundrechtsverletzungen gegenläufige, in der Regel anbieterfreundliche Entscheidungen des BayVGH, kassierte[79] und sich dabei auf eine Prüfung der Verletzung des Willkürverbotes und des Gleichbehandlungsgrundsatzes beschränkte. Diesem Verständnis eines

[75] Hepach, a.a.O. unter Hinweis auf Gersdorf, Staatsfreiheit des Rundfunks, 1991, S. 117, 152; Bethge, NJW 1995, 557, 559; Martin, ZUM 1993, 515, 521; Schuler-Harms, Rundfunkaufsicht im Bundesstaat, 1995, S. 31; Bumke, Landesmedienanstalten, 1995, S. 8, 110, 123 und passim; Astheimer, RuF 1991, 185, 188; Hartstein/Ring/Kreile/Dörr/Stettner, Rundfunkstaatsvertrag, Einf. zu § 30, Rdnr. 10; Hoffmann-Riem, Personalrecht der Rundfunkaufsicht, 1991, S. 87, 89ff.; Wagner, Die Landesmedienanstalten, 1990, S. 112

[76] Vgl. den Wortlaut des Art. 111a Abs. 2 Satz 1 BV; zur Entsprechung der Begriffe des Betreibens und des Veranstaltens in diesem Sinne Hepach, ZUM 1998, 795ff., 801; Bornemann/Kraus/Lörz, BayMG, Art. 2, Rdnr. 9; Lerche, ZUM 1993, 441ff., 452 unter Hinweis auf die Rechtsprechung des BayVerfGH

[77] Bumke, Landesmedienanstalten, 1995, S. 11

[78] Bethge, Der verfassungsrechtliche Status der BLM, 1999, S. 33

[79] Vgl. z.B. BayVerfGH, BayVBl. 1987, 527ff.; BayVBl. 1993, 719ff.; siehe auch die Nachweise bei Bumke, Landesmedienanstalten, 1995, S. 11

mangels entsprechender entgegenstehender subjektiver Rechtspositionen nahezu unbegrenzten Ermessensspielraumes der Landeszentrale ist das Bundesverfassungsgericht entgegengetreten, indem es auch für die privaten Anbieter in Bayern eine Berechtigung aus Art. 5 Abs. 1 Satz 2 GG bejaht hat[80].

I. Früheres Verständnis der grundrechtlichen Zuordnung

Insbesondere die bayerische Verfassungsrechtsprechung ist stets von einer exklusiven Zuordnung der Rundfunkfreiheit an die Landeszentrale als originäre Rundfunkveranstalterin ausgegangen[81]. Der Ursprung der Grundrechtsberechtigung ist nach dieser Ansicht allein in der Ausübung der öffentlich-rechtlichen Trägerschaft verortet[82]:

Subjekt des von Art. 111 Abs. 1 Satz 1 BV gewährten Grundrechts könne nur derjenige sein, der in diesem Sinne Rundfunk eigenverantwortlich *betreibt*[83]. Dies war nach Auffassung des BayVerfGH allein die Landeszentrale[84]. Die privaten Anbieter sind dabei dergestalt in die Veranstaltung des öffentlich-rechtlich getragenen Rundfunks „eingebunden“[85], daß sie nicht „aus eigenständigen Grundrechtspositionen heraus Rundfunk“ betreiben, sondern lediglich als „Mitwirkende“ aufzufassen sind[86]. Sie agieren nicht als Rundfunkveranstalter in einem Art. 111a Abs. 2 Satz 1 BV entnommenen Sinn, so daß ihnen keine mit der grundrechtlich geschützten Stellung der Landeszentrale vergleichbare Position zustehen kann[87]. Die öffentlich-rechtliche Trägerschaft, ausgedrückt in der organisatorisch zu begreifenden alleinigen Veranstaltereigenschaft der Landeszentrale bildete sich also grundrechtlich in der ausschließlichen Zuordnung des Grundrechts zur öffentlich-rechtlichen Trägereinheit ab[88].

Insbesondere der BayVerfGH rekurrierte in seiner Feststellung, private Anbieter seien keine Grundrechtsträger regelmäßig auf die Tatsache, daß ein Anspruch auf Zulassung zur Rundfunkveranstaltung im Modell der öffentlich-rechtlichen Trägerschaft nicht besteht[89]. Dieser Vorstellung korrespondiert zum einen die Zugestehung eines „sehr weiten Ermessensspielraumes“ der Landeszentrale bei

---

[80] BVerfGE 97, 298

[81] BayVerfGHE 39, 96, 150; 40, 69, 73, 75f.; 43, 170, 176, 179f.; BayVBl. 1995, 339ff.

[82] Vgl. vor allem BayVerfGH, ZUM 1994, 575ff., 576

[83] Badura, ZUM 1988, 155ff., 156

[84] BayVerfGHE 39, 96, 150; BayVerfGH, BayVBl. 1987, 527ff., 528

[85] BayVerfGHE 39, 96, 150

[86] BayVerfGH 39, 96, 161

[87] BayVerfGH, ZUM 1994, 575ff., 577; zustimmend Hepach, Grundrechtsstatus, 1997, S. 124; vgl. auch Bethge, ZUM 1994, 1ff., 4; Bornemann, ZUM 1992, 483ff., 489; Balda, Duale Rundfunkordnung, 1997, S. 54ff., 58

[88] Bumke, Landesmedienanstalten, 1995, S. 11

[89] BayVerfGHE 39, 96, 161; BayVBl. 1993, 719f.

der Zulassungsentscheidung, der eine „notwendig schwächere Stellung der privaten Anbieter“ nach sich zieht[90]. Zum anderen aber deutet diese Form der Ableitung darauf hin, daß es weniger um die Zuerkennung von Grundrechtsberechtigungen geht als um die Notwendigkeit einer zumindest so starken Stellung der Landeszentrale, daß dem Vorbehalt der öffentlich-rechtlichen Trägerschaft Genüge getan wird. So konkretisiert der BayVerfGH in seiner Leitentscheidung zum BayMEG die Frage der Grundrechtsträgerschaft wie folgt:

> *„Die Verfassungslage in Bayern schließt es aus, Privatpersonen als Träger eines Grundrechts der Rundfunkfreiheit im Sinne einer Rundfunkunternehmerfreiheit anzusehen.“*[91]

Auch wenn die in der Folge stringente Aberkennung jeglichen Grundrechtsschutzes durch den BayVerfGH durch die Rechtsprechung des Bundesverfassungsgerichts korrigiert werden mußte, bleibt festzuhalten, daß die „Absicht“ des BayVerfGH, unter Verneinung einer „Rundfunkunternehmerfreiheit“ und einer daraus resultierenden starken Stellung der Anbieter stets auf die Erhaltung der Funktionalität der öffentlich-rechtlichen Trägerschaft gerichtet war.

Die exklusive Grundrechtsträgerschaft der Landeszentrale ist auch in der Literatur verschiedentlich als einzig konsequente Fortführung des Trägerschaftsvorbehaltes angesehen worden[92]. Nicht ganz zu Unrecht wurde jedoch argumentiert, die exklusive Zuordnung des Grundrechts sei mit einer solchen Abwehrfunktion verbunden, die als „Rundum-Grundrechtsschutz autonomisierter öffentlicher Gewalt“ leicht in eine „mittelbare Drittwirkung des Anstaltsgrundrechts *gegen* die Anbieter“[93] umschlagen könnte. Auffällig ist tatsächlich, daß ein Eingriff in

---

[90] BayVerfGH BayVBl. 1993, 719f., 719

[91] BayVerfGHE 39, 96, 150; Hervorhebung diesseits

[92] Bumke, Landesmedienanstalten, 1995, S. 11f, 214ff.; Hepach, Grundrechtsstatus, 1997, S. 124; Brümmer, Modellfragen, S. 10ff.; Balda, Duale Rundfunkordnung, 1997, S. 54ff., 62; Liegmann, Der Zugang zum privaten Rundfunk, 1996, S. 158; Hartstein/Ring/Kreile/Dörr/Stettner, Rundfunkstaatsvertrag, § 19 Rdnr. 10; Bornemann/Kraus/Lörz, BayMG, Art. 2 Rdnr. 3; Bornemann, BayVBl. 1991, 130f.; ders. ZUM 1992, 483ff., 489; ders., ZUM 1995, 832, 833; Wilhelmi, ZUM 1992, 229ff., 232; Stettner, ZUM 1992, 462; ders. ZUM 1994, 69f.; ders., ZUM 1992, 456ff.; 474ff.; kritisch Stock, JZ 1991, 645ff., 647; Degenhart, AfP 1987, 371ff., 372; ders., ZUM 1987, 595ff., 597; Barth, Die Rundfunkunternehmerfreiheit und ihre Auswirkungen auf das Bayerische Medienerprobungs- und -entwicklungsgesetz, passim; differenzierend Bethge, ZUM 1994, 1ff., 5, der unter dem Eindruck der Rechtsprechung des BayVerfGH, die den privaten Anbietern zwar bestimmte, wenn auch sehr eingeschränkte einfachgesetzliche Rechte, nicht aber Grundrechtspositionen zuerkannte, die instruktive Auffassung vertrat, aufgrund der Beteiligung am grundrechtlich geschützten Prozeß der Rundfunkveranstaltung könnten diese einfachgesetzlichen subjektiven Rechte zu einer Art Grundrechtsteilhabe aufgewertet werden. Kritisch hierzu Stettner, ZUM 94, 63ff.; Brümmer, Modellfragen, S. 26f.

[93] Stock, JZ 1991, 645, 648; Hervorhebung diesseits

das Grundrecht der BLM im Grunde nie gerechtfertigt sein konnte, da ein kollidierendes Grundrecht auf Seiten der, immerhin in tatsächlicher Hinsicht doch entscheidend in den Prozeß der Rundfunkveranstaltung eingebundenen Anbieter von vornherein ausgeschlossen war. Die privaten Anbieter konnten keine die „Rundfunkhoheit der Landeszentrale begrenzenden grundrechtlichen Verbürgungen, das Prinzip willkürfreier Sachentscheidung ausgenommen, in die Waagschale werfen“[94]. Dieser, insbesondere vom BayVerfGH postulierte, grundrechtliche „Minimalschutz“[95] wurde besonders insoweit kritisiert, als er die Anbieter „als verwaltungsinterne Adressaten“[96] in einem „gleichsam rechtsfreien Raum“[97] innerhalb des Verantwortungsbereiches der Landeszentrale ansiedelte.

Das Bundesverfassungsgericht hat unter die dargestellte Diskussion nunmehr insoweit einen Schlußstrich gezogen, daß es den privaten Anbietern eine Grundrechtsträgerschaft gegenüber der öffentlich-rechtlichen Trägereinheit zuerkannte[98].

II. Rundfunkfreiheit als Veranstalterfreiheit

Anders als der BayVerfGH und Teile der Literatur hat das Bundesverfassungsgericht die Grundrechtsträgerschaft privater Anbieter in Bayern unabhängig von der rechtlichen Zuordnung des Gesamtprogrammes nach deren unmittelbar ausgeübter Tätigkeit beurteilt. Rundfunkfreiheit ist in ihrem Kernbereich als Programmfreiheit „im Sinne eines Verbots nicht nur staatlicher, sondern jeder fremden Einflußnahme auf Auswahl, Inhalt und Ausgestaltung der Programme“ zu begreifen[99]. Die Programmfreiheit richtet sich an das Subjekt ihrer Ausübung und ist damit eng mit der Tätigkeit des „Programmgestaltens“ verbunden. Sie gilt daher unabhängig von der jeweiligen Rechtsform für alle diejenigen Personen, „die mit der Erstellung und Verbreitung von Rundfunkprogrammen befaßt sind“[100]. Träger der Programmfreiheit ist also der Programm-“Veranstalter“. Das Bundesverfassungsgericht hat diese Definition in seiner Entscheidung zur

---

[94] Stettner, ZUM 1992, 456ff., 459
[95] Bumke, Landesmedienanstalten, 1995, S. 218
[96] Bumke, Landesmedienanstalten, 1995, S. 219
[97] Degenhart, ZUM 1987, 595ff., 596; Badura, ZUM 1988, 155ff., 159
[98] BVerfGE 97, 298; hierzu siehe sogleich im nächsten Abschnitt
[99] BVerfGE 59, 231, 258; 90,60, 87; 95, 220, 234; 97, 298; vgl. hierzu ausführlich oben, Kapitel 1, Programmfreiheit als Kernbereich der Rundfunkfreiheit
[100] Vgl. nur Wagner, Die Landesmedienanstalten, 1990, S. 68 m.w.Nw.; Bethge, NJW 1997, 1ff., 4; Rodewald, Durchsetzung von Programmbindungen und Programmgrundsätzen gegenüber Privatrundfunkveranstaltern, 1996, S. 11

Grundrechtsträgerschaft privater Anbieter in Bayern[101] weiterführend konkretisiert.

1. Die Entscheidung des Bundesverfassungsgericht zur Grundrechtsträgerschaft privater Anbieter

Das Bundesverfassungsgericht hat sich in der Vergangenheit vergleichsweise selten mit den Eigenheiten des bayerischen Trägerschaftsmodells auseinandergesetzt. In den späten 90er Jahren deutete sich im Falle der Verfassungsbeschwerde eines Hofer Anbieters[102] jedoch bereits an, daß die Frage der Grundrechtsträgerschaft resp. der exklusiven Zuordnung des Grundrechts an die öffentlich-rechtliche Trägereinheit durch das Bundesverfassungsgericht eine andere Beurteilung erfahren sollte als bislang durch den BayVerfGH[103].

Der Erste Senat stellte auf die Verfassungsbeschwerde eines Hofer Anbieters fest, daß auch Anbieter nach dem BayMG unter den Begriff des Rundfunkveranstalters zu subsumieren und damit als Träger der Programmfreiheit auch grundrechtsberechtigt im Sinne des Art. 5 Abs. 1 Satz 2 GG seien[104]. Damit sei es unvereinbar, daß sich Anbieter und Bewerber gegenüber der Landeszentrale nach der Rechtsprechung des BayVerfGH nur auf den Gleichheitssatz und das Willkürverbot berufen könnten[105].

Entschieden wurde im Rahmen der Verfassungsbeschwerde ausschließlich die Frage der Grundrechtsträgerschaft privater Anbieter im Geltungsbereich des bayerischen Rundfunkrechts. Der Inhalt der Entscheidung ist in ihren Leitsätzen treffend wiedergegeben:

> *„1. Die Rundfunkfreiheit aus Art. 5 Abs. 1 Satz 2 GG steht als Gewährleistung der Programmfreiheit allen Veranstaltern von Rundfunkprogrammen zu.*
> *2. Die privaten Rundfunkanbieter sind auch im Geltungsbereich des bayerischen Medienrechts Träger des Grundrechts der Rundfunkfreiheit.*

---

[101] BVerfGE 97, 298 = NJW 1998, 2659ff.; ZUM 1998, 198ff. mit Anmerkungen von Herrmann und Stettner; AfP 1998, 198ff mit Anmerkung Buchholtz; MMR 1998, 425ff., mit Anmerkung Westphal

[102] BVerfGE 90, 277 = ZUM 1994, 579f.; zum vorangegangenen Verfahren vgl. BayVGH, ZUM 1994, 571ff.; BayVerfGH, ZUM 1994, 575ff.; hierzu siehe eingehend oben, Kapitel 2, Die Verfahren zur Zulässigkeit der qualifizierten Zusammenarbeit

[103] Zuletzt BayVerfGH, ZUM 1994, 575ff.; zur fehlenden Bindung des Bundesverfassungsgericht an landesverfassungsgerichtliche Beurteilungen vgl. in diesem Zusammenhang Bethge, Der verfassungsrechtliche Status der BLM, 1999, S. 46f.

[104] BVerfG, NJW 1998, 2659ff., 2660

[105] BVerfGE 97, 298, 314

3. Auf das Grundrecht der Rundfunkfreiheit können sich auch Bewerber um eine Rundfunklizenz im Zulassungsverfahren vor der Landesmedienanstalt berufen.“[106]

Die Aufhebung der angegriffenen Entscheidung des BayVerfGH erfolgte dementsprechend mit der Begründung, bei der vorzunehmenden Interessenabwägung sei das Grundrecht der Rundfunkfreiheit der privaten Anbieter nicht in die Entscheidung eingeflossen. Die Vereinbarkeit des Art. 111a Abs. 2 Satz 1 BV mit Art. 5 Abs. 1 Satz 2 GG hat das Bundesverfassungsgericht dagegen nicht in Frage gestellt[107], vielmehr nur dessen „Auslegung und Anwendung“[108]: Unabhängig von der rechtlichen Zuordnung des von privaten Anbietern hergestellten Programms innerhalb des Modells der öffentlich-rechtlichen Trägerschaft ergibt sich der Grundrechtsschutz nach Art. 5 Abs. 1 Satz 2 GG nach Auffassung des Bundesverfassungsgerichts unmittelbar aus der ausgeübten Tätigkeit.

a) Die grundrechtsrelevante Tätigkeit privater Anbieter aus der Sicht des Bundesverfassungsgerichts

Ausgangspunkt der gerichtlichen Überlegungen ist die Programmfreiheit, die ausnahmslos allen Personen zusteht, die Rundfunk-Programme veranstalten[109]. Der Begriff des Programms steht dabei zu Beginn der Argumentationslinie und wird als „eine auf längere Dauer angelegte, planmäßige und strukturierte Abfolge von Sendungen oder Beiträgen“[110] definiert.

Eng mit dem Begriff des Programms ist der des „Veranstalters“ verbunden:

„Als Veranstalter eines solchen Programms ist anzusehen, wer seine Struktur festlegt, die Abfolge plant, die Sendungen zusammenstellt und unter einer einheitlichen Bezeichnung dem Publikum anbietet. Durch diese auf das gesamte Programm bezogenen Tätigkeiten unterscheidet er sich vom bloßen Zulieferer einzelner Sendungen oder Programmteile.“[111]

Im folgenden verdeutlicht das Gericht, daß vorgenannte Veranstaltereigenschaft sich „nach der tatsächlich ausgeübten Tätigkeit“ beurteilt, „denn das Bedürfnis

---

[106] BVerfGE 97, 298

[107] BVerfGE 97, 298, 315; Bornemann/Kraus/Lörz, BayMG, Einleitung, 16., weist in diesem Zusammenhang zutreffend darauf hin, daß die Vorschrift selbst einen so außergewöhnlichen Akt wie die bayerische Verfassungsreform im Jahre 1998 ohne auch nur ansatzweise Diskussion „unbeschadet überstanden“ hat.

[108] BVerfGE a.a.O.

[109] BVerfGE 97, 298, 310 unter Hinweis auf seine bisherige Rechtsprechung E 59, 231, 258; 87, 181, 201; 90, 60, 87; 95, 220, 234

[110] BVerfGE 97, 298, 310

[111] BVerfGE 97, 298, 310

nach Schutz vor Einflußnahmen auf die Programmgestaltung besteht dort, wo diese der Sache nach stattfindet“[112].

Der Begriff der „Veranstaltung“ wird hier bereits von dem der Programm-„Gestaltung“ abgelöst, bzw. scheint das Gericht eine Differenzierung beider Begriffe in der Frage des Grundrechtsschutzes nicht für erforderlich zu halten. Diese nicht vorgenommene Differenzierung macht auch die folgenden Ausführungen nachvollziehbar: Das Gericht beschreibt knapp den Vorbehalt der öffentlich-rechtlichen Trägerschaft unter Einbeziehung privater Rundfunkangebote und leitet zu einer faktischen Bestandsaufnahme über. Danach sind die privaten Anbieter im Gegensatz zur Landeszentrale „die alleinigen Produzenten des Programms“[113]. Die folgenden Ausführungen zur „programmlichen“ Tätigkeit der Landeszentrale, die in der Literatur wegen ihrer tatsächlich etwas verkürzenden Darstellung auf heftige Kritik gestoßen sind[114], werden verständlich, wenn man davon ausgeht, daß das Bundesverfassungsgericht offenbar sämtliche programmlichen Tätigkeiten bzw. Einflußnahmen von Anbietern und Landeszentrale auf die konkreten Inhalte der einzelnen Programme bezieht. Das Gericht konzediert im Hinblick auf die konkrete inhaltliche Gestaltung des Einzelprogramms eine Gestaltungsfreiheit der Anbieter „im Rahmen der gesetzlichen Vorgaben“[115] ohne weitere Bezugnahme auf die organisatorische Einbindung des Einzelprogramms in das öffentlich-rechtlich getragenen Gesamtprogramm. Die „Beteiligung“ privater Anbieter an dem in öffentlich-rechtlicher Trägerschaft veranstalteten Rundfunk[116] im Sinne einer auf das einzelne Programm bezogenen inhaltlichen Gestaltungsaufgabe, der keine vergleichbare Tätigkeit der Landeszentrale gegenüber steht, erfüllt demnach bereits die Voraussetzungen für einen Schutz dieser Tätigkeit durch die Rundfunkfreiheit. Die organisatorische Tätigkeit der Landeszentrale, ihre „gesetzliche Veranstaltereigenschaft“[117] und die daraus resultierende Zurechenbarkeit des Gesamtprogramms bleiben bei diesen Erwägungen (offenbar bewußt) unberücksichtigt. Lediglich eine solche Auslegung der gerichtlichen Überlegungen läßt nachvollziehen, daß aus Sicht des Bundesverfassungsgerichts auch der BayVerfGH eine so verstandene Aufgabenwahrnehmung mit Art. 111a Abs. 2 Satz 1 BV für vereinbar erklärt hat[118].

---

[112] BVerfGE a.a.O.

[113] BVerfGE 97, 298, 311; auffallend ist hierbei, daß der Senat in seinem Beschluß kurz zuvor festgestellt hatte, daß die Programmproduktion gerade nicht Merkmal des Begriffes des Veranstalters ist, vgl. E 97, 298, 310.

[114] Siehe hierzu unten in diesem Kapitel, Bewertung der Entscheidung in der Literatur

[115] BVerfGE, 97, 298, 311

[116] BVerfGE, a.a.O.

[117] BVerfGE 97, 298, 312

[118] BVerfGE, a.a.O.

Von der Faktizität der ausgeübten Tätigkeit schließt das Gericht daraufhin konsequent auf die Grundrechtsträgerschaft:

> *„Stellt sich die nach den bayerischen Mediengesetzen zugelassene Tätigkeit der privaten Anbieter der Sache nach als Programmgestaltung dar, dann kann ihnen der Schutz der Rundfunkfreiheit des Art. 5 Abs. 1 Satz 2 GG nicht vorenthalten werden."*[119]

Zwar trifft das Gericht diese Feststellung, ohne dabei jedoch auf die Reichweite des jeweiligen Freiheitsbereichs einzugehen. An anderer Stelle jedoch wird die geschützte „gestalterische" Tätigkeit in einen größeren Kontext eingebunden, nämlich in den „Rahmen der gesetzlichen Vorgaben"[120]. Das Gericht schlägt hier eine Brücke zu dem die Rundfunkfreiheit der Anbieter umgebenden Organisationsmodell, die möglicherweise geeignet ist, die Reichweite des Grundrechtsschutzes und damit die Rechtsposition der privaten Anbieter während des Genehmigungszeitraumes zu konkretisieren.

b) Der grundrechtliche Schutz der Bewerber im Genehmigungsverfahren

Auch Bewerber um eine Genehmigung nach dem BayMG können sich, so das Bundesverfassungsgericht, auf den Schutz der Rundfunkfreiheit berufen, da die Reichweite des Grundrechtsschutzes „in personeller wie gegenständlicher Hinsicht" wesentlich von den dem Schutzgut drohenden Gefahren abhängen[121]. Offenbar anknüpfend an die Vorstellung von der Verteilung von Grundrechtschancen stellt das Bundesverfassungsgericht fest, daß auch die Bewerber ihr Grundrecht bezüglich „der verfassungsrechtlich gebotenen Auswahl- und Zulassungsregeln", „die die Rundfunkfreiheit in der Bewerbungssituation sichern", geltend machen können[122]. Auch hier stellt das Gericht sehr deutlich auf die Inhalte der einzelnen Programme ab, deren freie, vom Staat unbeeinflußte Gestaltung Kern der geschützten Rechtsposition der Bewerber ist. Entscheidend ist also wiederum der konkrete, vom einzelnen Anbieter zu gestaltende Programminhalt; Fragen der Organisation und Koordination eines (im fraglichen Fall öffentlich-rechtlich getragenen) Gesamtprogramms werden in diesem Zusammenhang außer Betracht gelassen. Insoweit wird konsequent und zu Recht eine subjektivrechtliche Position der Bewerber resp. Veranstalter bejaht, die in einen Anspruch auf Beachtung dieser Position einmündet, der über das Willkürverbot hinausreicht.

---

[119] BVerfGE, a.a.O.
[120] BVerfGE 97, 298, 311
[121] BVerfGE 97, 298, 312
[122] BVerfGE 97, 298, 313

Der Bewerber um eine Rundfunklizenz partizipiert am Schutz des Art. 5 Abs. 1 Satz 2 GG zumindest[123] im Sinne eines Anspruchs auf fehlerfreien Ermessensgebrauch im Rahmen der Zulassungsentscheidung. Es würde tatsächlich zu kurz greifen, den Schutz des Art. 5 Abs. 1 Satz 2 GG „schablonenhaft" vom formalen Akt der Zulassung abhängig zu machen[124]. Gleiches gilt für einen Rundfunkveranstalter, der nach Ablauf der Sendeperiode sich neuerlich um eine Lizenz bewirbt[125]. Das Bundesverfassungsgericht konstatiert daher konsequent auch für Bewerber um eine rundfunkrechtliche Genehmigung einen „Grundrechtsbeachtungsanspruch"[126], dessen materieller Gehalt, vor allem im Hinblick auf die auf das Gesamtprogramm bezogene Koordinationsaufgabe der öffentlich-rechtlichen Trägereinheit der Konturierung bedarf[127].

Bei der Begründung dieses Grundrechtsbeachtungsanspruches geht das Gericht ausdrücklich darauf ein, daß die geforderten Auswahl- und Zugangsregelungen zwar von Art. 5 Abs. 1 Satz 2 GG geboten sind, das Grundrecht selbst aber nicht festlege, „welchen Weg der Gesetzgeber zur Erreichung dieses Ziels einzuschlagen"[128] habe. Der hier angesprochene Gestaltungsspielraum des Rundfunkgesetzgebers wird lediglich dadurch begrenzt, daß bei der Auslegung und Anwendung die Position des Programmveranstalters oder –gestalters als Träger des Grundrechts der Rundfunkfreiheit „hinreichend"[129] beachtet wird. Die Einbindung der subjektiven Rechtsposition in ein vom Gesetzgeber vorgegebenes Konzept hat das Bundesverfassungsgericht möglicherweise bewogen, hier nicht von einem Grundrecht, sondern von einem „Grundrechtsbeachtungsanspruch" zu sprechen. Ob und inwieweit dieser Anspruch, weil im Zeitraum des Genehmigungsverfahrens verortet, „schwächer" ist als die grundrechtliche Position bereits genehmigter Anbieter, läßt die Entscheidung offen, bezieht jedoch mögliche Grundrechtspositionen der Landeszentrale in diesem Zusammenhang in seine Erwägungen mit ein[130].

So hat das Gericht gefolgert, daß der Grundrechtsbeachtungsanspruch privaten Anbietern auch gegenüber der Landeszentrale zusteht, die ihnen insoweit als Teil der öffentlichen Gewalt entgegentritt[131]. Dem steht allerdings nicht entgegen, daß die Landeszentrale als „öffentlich-rechtliche Trägerin der privaten

---

123 Im Falle knapper Übertragungskapazitäten, siehe hierzu eingehend unten in diesem Kapitel, Die weitgehende Gestaltungsbefugnis der Landesmedienanstalten im Zulassungsverfahren
124 Bethge, Der verfassungsrechtliche Status der BLM, 1999, S. 49; ders., NJW 1997, 1ff., 5
125 BVerfGE 97, 298, 313; vgl. hierzu auch Bethge, NJW 1997, 1ff., 5
126 BVerfGE 97, 298, 313
127 Bamberger, ZUM 2000, 284ff., 286
128 BVerfGE 97, 298, 313f.
129 BVerfGE 97, 298, 314
130 BVerfGE 97, a.a.O.
131 BVerfGE 97, 298, 314

Rundfunkangebote" möglicherweise selbst Grundrechtsschutz genießt[132]. Dem „Grundrechtsbeachtungsanspruch" privater Anbieter ist sie auch dann verpflichtet, sofern auch ihr im Verhältnis zu diesen der Schutz der Rundfunkfreiheit zukommt[133]. Das Gericht beschließt seine Überlegungen mit dem Satz: „Insoweit gilt nichts anderes als sonst bei der Notwendigkeit eines Ausgleichs von Berechtigungen mehrerer Grundrechtsträger aus ein und demselben Grundrecht."[134]

Durch diese Feststellung wird zweifellos einer Vielzahl von Abwägungsvorgängen der Weg geebnet. Inwieweit die öffentlich-rechtliche Trägerschaft auf diese Abwägung Einfluß nimmt, wird noch darzustellen sein.

c) Grundrechtsträgerschaft privater Anbieter und öffentlich-rechtliche Trägerschaft

Das Bundesverfassungsgericht hatte im Rahmen der Verfassungsbeschwerde lediglich darüber zu entscheiden, ob dem privaten Anbieter im Modell der öffentlich-rechtlichen Trägerschaft ein Aktionsfeld zugewiesen ist, auf dem agierend er dem Grunde nach in den Schutzbereich des Art. 5 Abs. 1 Satz 2 GG fällt[135]. Bei der dabei erfolgten deutlichen Einbeziehung der tatsächlich ausgeübten Tätigkeit wird ein für das System der öffentlich-rechtlichen Trägerschaft bedeutsamer Aspekt deutlich: Der vom Bundesverfassungsgericht definierte Veranstalterbegriff ist nicht abhängig von der institutionalisierten[136] Wahrnehmung der Programmverantwortung durch eine öffentlich-rechtliche Trägereinheit[137]. Dies bedeutet gleichzeitig, daß neben dem Freiheitsbereich des so verstandenen Veranstalters Raum bleibt für Grundrechtsbetätigung aus der Wahrnehmung der Trägerverantwortung heraus[138]:

Das Bundesverfassungsgericht hat zwar die Grundrechtsträgerschaft privater Anbieter in personeller Hinsicht positiv verbeschieden, deren Reichweite jedoch ausdrücklich offengelassen[139] und zudem in einen direkten Bezug zur öffentlich-

---

[132] BVerfGE, a.a.O.

[133] BVerfGE, a.a.O.

[134] BVerfGE, a.a.O.

[135] Ähnlich Stettner, ZUM 1998, 312ff.; ders., Die Stellung der BLM nach dem BayMG, 1999, S. 46f.; Bornemann, MMR 1998, 425ff., 426

[136] Hepach, ZUM 1998, 795ff., 802

[137] Bethge, Der verfassungsrechtliche Status der BLM, 1999, S. 48

[138] A.A. Westphal, MMR 1998, 198ff., 199, der aus den Überlegungen des Bundesverfassungsgerichts ohne weitere Differenzierung folgert, eine Grundrechtsberechtigung der Landeszentrale ergebe sich nicht aus ihrer Tätigkeit, da diese offenbar nicht mit der vom Senat auf die Tätigkeit der privaten Anbieter bezogenen Definition des „Rundfunkveranstalters" zu vereinbaren sei. Gegen ihn Bornemann, MMR 1998, 425ff.

[139] BVerfGE, a.a.O.

rechtlichen Trägerschaft gesetzt[140]. Die personelle Zuordnung des Grundrechts betrifft die Zumessung von Rechtspositionen lediglich „dem Grunde nach“[141]. Auf die Tätigkeit der privaten Anbieter im Rahmen ihrer Einbindung in System der öffentlich-rechtlichen Trägerschaft bezogen sind bei der Frage nach der Reichweite des zuerkannten Grundrechtsschutzes die Besonderheiten der bayerischen Rundfunkordnung einzubeziehen[142].

d) Grundrechtsträgerschaft als Grundlage eines individuellen Zulassungsanspruches?

Die streng an der inhaltlichen Programmgestaltungsaufgabe orientierte Argumentationslinie verrät, daß sich das Gericht konsequent auf die Rundfunkfreiheit als „Programmfreiheit“ im Sinne eines Schutzes vor staatlicher Einflußnahme auf die Programminhalte beziehen möchte. Nicht diskutiert wird folgerichtig[143] die Frage, ob bzw. inwieweit ein Anspruch auf Zulassung zur Rundfunkveranstaltung besteht. Die Entscheidung ist damit als konsequente Fortführung der bundesverfassungsgerichtlichen Rechtsprechung zu sehen, im Rahmen derer zwar ein grundrechtlich zu schützender Bereich autonomer Gestaltungsmacht mit deutlichem Abwehrcharakter anerkannt wird, dieser jedoch von einer „objektiv-rechtlichen Bedeutungsschicht des Art. 5 Abs. 1 Satz 2 GG überlagert“ wird[144].

Eine rückhaltlos subjektive Deutung des Art. 5 Abs. 2 Satz 1 GG läßt auch der vorliegende Beschluß nicht zu. Rundfunkveranstalterfreiheit ist nicht gleichbedeutend mit einer freiwüchsigen Rundfunkunternehmerfreiheit. Ein Anspruch auf Zulassung zur Rundfunkveranstaltung besteht daher im Modell der öffentlich-rechtlichen Trägerschaft nach wie vor nicht[145].

2. Bewertung der Entscheidung in der Literatur

Die Entscheidung des Bundesverfassungsgerichts zog weniger in ihrer verbindlichen Aussage als in der Qualität der Entscheidungsfindung erhebliche und kontroverse Diskussionen nach sich[146].

---

[140] BVerfGE, a.a.O.

[141] Bethge, Der verfassungsrechtliche Status der BLM, 1999, S. 50

[142] Bethge, a.a.O.; siehe hierzu eingehend unten in diesem Kapitel, Der funktionelle Vorbehalt der öffentlich-rechtlichen Trägerschaft

[143] A.A. Westphal, MMR 1998, 198ff., 200, der die „letzte Konsequenz“ der „Distanzierung von einer rein objektiv-rechtlichen Sichtweise“ in der Bejahung eines originären, einklagbaren Zulassungsrecht sieht. Dagegen Bornemann, MMR 1998, 425ff., 426

[144] Hepach, ZUM 1998, 795ff., 801 unter Hinweis auf Eberle/Gersdorf, Der grenzüberschreitende Rundfunk nach deutschem Recht, 1993, S. 38

[145] Vgl. hierzu Bamberger, ZUM 2000, 284ff., 286 m.w.Nw.

[146] Siehe die Entscheidungsanmerkungen von Stettner, Herrmann, ZUM 1998, 306ff; Bornemann, epd medien Nr. 28/29 vom 18.04.1998, S. 8ff.; ders., MMR 1998, 425ff.; Westphal, MMR 1998, 198ff.; Buchholtz, AfP 1998, 201; Ory, ZUM 1998, 484ff.

Grundlegend für die Entscheidung ist u.a. die wertungsfrei getroffene rechtliche Feststellung, daß Art. 111a Abs. 2 Satz 1 BV die Beteiligung Privater an der Rundfunkveranstaltung grundsätzlich nicht ausschließe. Der weitaus größte Teil der Entscheidungsgrundlagen stützt sich jedoch weniger auf rechtliche, grundrechtsdogmatische Wertungen und Interpretationen als auf die Auslegung der tatsächlichen Verhältnisse. Dies ist insoweit sachgerecht, als das Bundesverfassungsgericht die Tätigkeit privater Anbieter in tatsächlicher Hinsicht qualifizieren mußte, um gleichsam zu einer „Tatbestandsmäßigkeit" von Art. 5 Abs. 1 Satz 2 GG zu gelangen. Die Entscheidung unterscheidet sich in diesem Punkt allerdings erheblich von den zuvor vom Bundesverfassungsgericht gefällten rundfunkrechtlichen Entscheidungen.

Kritisiert wurde an der Entscheidung daher insbesondere, daß die zugrundegelegten Tatsachenbehauptungen nicht selbst ermittelt und auch in letzter Konsequenz nicht realitätsnah seien[147]. Herangezogen werden vor allem zuvor vom (ehemals zuständigen) 25. Senat BayVGH im Rahmen seiner früheren Rechtsprechungstätigkeit ermittelte Tatsachen und getroffene Wertungen[148]. Soweit aber das Bundesverfassungsgericht hier der Auffassung war, von einem realistischen Zustand auszugehen, wäre eben dieser Zustand als mit dem öffentlich-rechtlichen Trägerschaftsvorbehalt unvereinbar anzusehen gewesen.

Weiterhin wurde an der Entscheidung bemängelt, daß das Gericht nur sehr oberflächlich auf die Besonderheiten der bayerischen Rechtslage eingegangen sei. Insbesondere habe es die Kompetenzen der Landeszentrale nach Art. 16 BayMG nicht einmal angesprochen[149].

Gleichwohl hat das Bundesverfassungsgericht in nicht zu widersprechender Weise die in der Frage der Grundrechtsträgerschaft privater Anbieter zu rigide Rechtsprechung des BayVerfGH kritisiert und durch ein eigenes dictum ersetzt. Bei den darüber hinaus getätigten Überlegungen zu Rechtsposition und Ver-

---

[147] Bornemann/Kraus/Lörz, BayMG, Einleitung, 16.; Stettner, Rundfunkfreiheit in Bayern, in: BLM-Symposion Medienrecht 1998, 1999, S. 43ff., S. 51f.; ders., ZUM 1998, 312ff., 314; ders., K&R 1999, 355ff., 360f.; namentlich geht das Bundesverfassungsgericht von einer falschen Anzahl der Mitarbeiter der BLM und der doppelten Anzahl der tatsächlich ausgestrahlten Programme aus. Die von allen Landesmedienanstalten ausschließlich bei der BLM vorhandenen Eingriffsbefugnisse des Art. 16 BayMG wurden trotz ihrer weitgehend anerkannten Bedeutung für die Qualifikation der BLM als Trägerin der von ihr veranstalteten Programme nicht einmal ansatzweise erörtert.

[148] BVerfGE 97, 298; die Rechtsprechung des BayVGH hat sich allerdings an den letzten Jahren gerade auch in den fraglichen Punkten grundlegend geändert, hierauf weist Bornemann/Kraus/Lörz, BayMG, Einleitung, 16. unter Hinweis auf die Rechtsprechung des BayVGH zur Personalausstattung der BLM hin; kritisch in diesem Punkt auch Stettner, ZUM 1998, 312ff., 313.

[149] Stettner, ZUM 1998, 312ff., 313

gleichbarkeit der Landeszentrale mit anderen Landesmedienanstalten handelt es sich um obiter dicta, die nicht in Rechtskraft erwachsen[150]. Fraglich bleiben die Folgen der Entscheidung für die Praxis. Bestimmte Vorschriften des BayMG werden von der Entscheidung nicht berührt. Ebenso wurde der verfassungsrechtliche Bestand des Art. 111a Abs. 2 Satz 1 BV nicht bezweifelt[151]. Es ginge daher zu weit, nun auch für Bayern eine duale Rundfunkordnung anzunehmen.

Konsequenzen wird der Beschluß daher in erster Linie bei der Abwägung zwischen Rechtspositionen der Landeszentrale sowie solcher der Anbieter zeitigen. Gerade in diesem Punkt gibt der Entschluß keine weiteren Anhaltspunkte als die Feststellung, die Berechtigungen beider Grundrechtsträger seien untereinander zum Ausgleich zu bringen. Durch die Zuerkennung der Grundrechtsträgerschaft sowohl auf Seiten der Anbieter wie auch zugunsten der Landeszentrale werden jedoch eine ganze Reihe permanent entstehender und zu lösender Grundrechtskonflikte impliziert, die ebenso eine Fülle von Abwägungsvorgängen nach sich ziehen. Hierzu liefert die Entscheidung wenig Maßstäbe[152].

Die nunmehr vom Bundesverfassungsgericht anerkannte Grundrechtsträgerschaft der privaten Anbieter muß, nachdem sich das Bundesverfassungsgericht nicht für eine Unvereinbarkeit des bayerischen Rundfunkmodells mit Art. 111a Abs. 2 Satz 1 BV bzw. dessen Unvereinbarkeit mit Art. 5 Abs. 1 Satz 2 GG ausgesprochen hat[153], in dieses Modell integriert werden, ohne es dabei zu Fall zu bringen. Die Tatsache, daß das Bundesverfassungsgericht in seiner Entscheidung nur sehr eingeschränkt auf die Besonderheiten der bayerischen Rechtslage eingegangen ist, verleiht insbesondere der Konstruktion des „Grundrechtsbeachtungsanspruches“ der privaten Anbieter in großem Umfang interpretatorische Möglichkeiten[154], da man in der Praxis gezwungen sein wird, die Reichweite der jeweiligen Freiheitsbereiche im Rahmen einer öffentlich-rechtlich getragenen Rundfunkordnung auszuloten.

---

150 Vgl. hierzu Bornemann/Kraus/Lörz, BayMG, Einleitung, 16.; Bornemann, MMR 1998, 425ff., 426

151 Stettner, ZUM 1998, 312ff., 312; a.A. Westphal, MMR 1998, 198ff.; gegen ihn Bornemann, MMR 1998, 425ff., 427; vgl. zu der Frage, wie der bayerische Sonderweg in der Vergangenheit vom Bundesverfassungsgericht beurteilt wurde Balda, Duale Rundfunkordnung, S. 21 unter Hinweis auf BVerfG NVwZ-RR 1991, 365ff., 365

152 Stettner, a.a.O.

153 BVerfGE 97, 298, 315; hierzu Stettner, Rundfunkfreiheit in Bayern, in: BLM-Symposion Medienrecht 1998, 1999, S. 43ff., S. 46; Bornemann, MMR 1998, 425ff., 426

154 Stettner, Die Stellung der BLM nach dem BayMG, 1999, S. 65f.; Bornemann, MMR 1998, 425ff., 426; ders., epd medien v. 18.04.1998, 8ff.

D. Die Spannungslage zwischen Freiheitsbereichen der Landeszentrale und der privaten Anbieter

Bei der Organisation privater Rundfunkangebote im Modell der öffentlich-rechtlichen Trägerschaft kann es häufig zu „Kollisionen“ der Rechtspositionen von privaten Anbietern und öffentlich-rechtlicher Trägereinheit kommen. Vor allem im Genehmigungsverfahren, aber auch während der Sendeperiode sind mit der Rundfunkorganisation vor allem solche Einwirkungsmöglichkeiten der Landeszentrale verbunden, durch die ihre programmlichen und organisatorischen Vorstellungen umgesetzt werden sollen. Hieraus ergeben sich zwingend Einschränkungen für die Tätigkeit der privaten Anbieter, die anknüpfend an die beiderseitige Berechtigung aus Art. 5 Abs. 1 Satz 2 GG zu Grundrechtskollisionen führen können.

Unter einer Grundrechtskollision versteht man allgemein den Fall, „daß verschiedene Grundrechtsträger gleiche oder verschiedene Grundrechte mit der Folge gegenseitiger Freiheitsbeeinträchtigung für sich in Anspruch nehmen“[155]. Im Rahmen einer Kollisionslösung sind die tangierten Grundrechte grundsätzlich gegeneinander abzuwägen. Zuvor ist jedoch eingehend zu prüfen, ob die tangierten Grundrechte auch tatsächlich zwischen beiden Parteien wirken[156]. Dies ist bereits angesichts der Rechtspositionen von Landeszentrale und privaten Anbietern fraglich. Letztere haben gegenüber der Landeszentrale einen Anspruch auf Beachtung ihres Grundrechts, sind aber, obwohl die vom Bundesverfassungsgericht gewählte Formulierung[157] mißverständlich ist, der Landeszentrale gegenüber nicht „grundrechtsverpflichtet“ im herkömmlichen Sinne[158]. Dies kann aber nicht heißen, daß der der Landeszentrale eingeräumte Freiheitsbereich sich gegenüber den privaten Anbietern nicht auswirkt. Die Grundrechtsberechtigung der Landeszentrale schlägt sich überall dort nieder, wo ihr im Rahmen der ihr obliegenden Rundfunkorganisation Entscheidungs- und Gestaltungsspielräume zustehen. Hinzu kommt, daß die Interessen der an der Rundfunkveranstaltung beteiligten Akteure nicht gegenläufig sind, sondern auf die „gemeinsame“ Erzielung eines vielfältigen Gesamtprogramms und damit letzt-

[155] Bleckmann, Staatsrecht II, 1997, S. 473; Franke, Staatsrecht in der Bundesrepublik Deutschland, 1998, 125

[156] Bleckmann, Staatsrecht II, 1997, S. 474; anders aber Franke, Staatsrecht in der Bundesrepublik Deutschland, 1998, S. 128, der Grundrechtskollisionen grundsätzlich dann annimmt, wenn „die Wahrnehmung von Grundrechten durch einen Grundrechtsträger zu Lasten der Ausübung von Grundrechten durch einen anderen geht“.

[157] „Denn selbst, wenn der Landeszentrale auch im Verhältnis zu den privaten Rundfunkanbietern der Schutz der Rundfunkfreiheit zukäme, wäre sie nicht davon entbunden, den Grundrechtsschutz auf der Anbieterseite zu beachten“. BVerfGE 97, 298, 315

[158] Stettner, Die Stellung der BLM nach dem BayMG, 1999, S. 66

endlich auf die Gewährleistung des Art. 5 Abs. 1 Satz 2 GG gerichtet sind[159]. Daß der Tätigkeit privater Anbieter dabei auch in erheblichem Maße eine kommerzielle Motivation zugrunde liegt, kann im Hinblick auf das Gewährleistungsgefüge der Rundfunkfreiheit deren Schutzzweck bzw. den kollidierenden Freiheitsbereich nicht grundlegend verändern.

Der Begriff der „Grundrechtskollision" ist daher für die Bestimmung der Rechtsposition der an der Rundfunkveranstaltung beteiligten Akteure zunächst wenig ergiebig. Vielmehr muß überall dort ein Ausgleich geschaffen werden, wo eine Realisierung von Freiheitsbereichen auf beiden Seiten erforderlich ist. Anders ausgedrückt, ist danach zu fragen, wie weit die Verpflichtung der Landeszentrale zur Beachtung der Grundrechte der Anbieter reichen kann, ohne dabei den Freiheitsbereich der öffentlich-rechtlichen Trägereinheit unangemessen einzuschränken.

Beide Akteure sind im Rahmen der Rundfunkveranstaltung aus demselben Grundrecht berechtigt, wobei diese Berechtigung jeweils getrennt definiert werden muß, um die Koordinaten eines Ausgleichs bestimmen zu können. Jeder der dabei in Frage stehenden Freiheitsbereiche muß dabei dem anderen so zugeordnet werden können, daß er unter Berücksichtigung seiner spezifischen Wertigkeit und Ausformung weitestgehende Geltung erlangt[160]. Um einen solchen kompromißhaften Ausgleich der beiderseitigen Interessen im Sinne einer optimierenden Zuordnung herbeiführen zu können, sind die von Landeszentrale und privaten Anbietern besetzten Freiheitsbereiche zunächst voneinander abzuschichten und zu differenzieren. Beide „Rundfunkfreiheiten" müssen erst zu ihrer Bestimmung mit Substanz angefüllt werden, bevor sie im Rahmen der zu erfolgenden Abwägung gegenübergestellt werden können[161].

I. Kollisionslösung durch optimierende Zuordnung

Der durchzuführende kompromißhafte Ausgleich kollidierender Grundrechtskreise bedeutet stets auch eine wechselseitige Begrenzung von Freiheitsbereichen. Diese sind miteinander zu vereinbaren und „im Verhältnis zueinander auszutarieren und zum Ausgleich zu bringen"[162]. Eine wechselseitige Begrenzung in diesem Sinne kann nach den Grundsätzen der praktischen Konkordanz erfolgen, die im folgenden zusammengefaßt dargestellt werden sollen.

---

[159] Gersdorf, Landesmedienanstalten als Träger des Grundrechts der Rundfunkfreiheit, in: Haratsch/Kugelmann/Repkewitz (Hrsg.), Herausforderungen an das Recht der Informationsgesellschaft, 1996, S. 163ff., 193
[160] Ähnlich Stettner, Die Stellung der BLM nach dem BayMG, 1999, S. 68
[161] Bethge, Der verfassungsrechtliche Status der BLM, 1999, S. 14
[162] Bethge, ZUM 1994, 1ff., 9

1. Begrifflichkeit der „praktischen Konkordanz“

Die optimierende „verhältnismäßige“ Zuordnung von Grundrechten und grundrechtsbezogenen Rechtsgütern[163] nach den Grundsätzen der praktischen Konkordanz verfolgt den Zweck, kollidierende Freiheitsbereiche durch eine wechselseitige Begrenzung beiderseits zu optimaler Wirksamkeit gelangen zu lassen[164]. Die einzelnen Grundrechtsberechtigungen sind dabei nicht etwa gegeneinander in ein Verhältnis unterschiedlicher Wertigkeit im Sinne eines „wichtig und weniger wichtig“ zu setzen. Vielmehr sind beide Freiheitsbereiche im Zusammenhang zu sehen und in der Interpretation aufeinander abzustimmen, weil erst die „Konkordanz“ der geschützten Rechtsgüter der Entscheidung des Grundgesetzes gerecht wird. Mit dem Ziel, beide Grundrechtspositionen zu optimaler Wirksamkeit gelangen zu lassen, sind damit auf beiden Seiten Grenzziehungen vorzunehmen.

2. Güterabwägung unter den Prämissen der Einzelfallgerechtigkeit und gesetzgeberischer Prärogative

Der jeweils dem einzelnen Freiheitsbereich verbleibende „Verwirklichungsumfang“[165] wird im Wege einer Güterabwägung ermittelt, ein Vorgang[166], dem nicht zuletzt aufgrund seiner Einzelfallbezogenheit[167] die Gefahr der fehlenden Vorhersehbarkeit oder gar der Unterwanderung grundrechtliche Inhalte[168] bescheinigt werden muß, sofern nicht eindeutig und mit einer gewissen „Allgemeingültigkeit“[169] bestimmt werden kann, “*was* gegeneinander abzuwägen ist und welche *Grenzen* der Abwägung gesetzt sind“[170]. Eine solche „Rationalisierung der Grundrechtsanwendung“ bei der Lösung von Kollisionen hat dabei in

[163] Vgl. grundlegend Hesse, Grundzüge des Verfassungsrechts, 1995, S. 142

[164] Hesse, Grundzüge des Verfassungsrechts der Bundesrepublik Deutschland, 20. Auflage, Heidelberg, 1995, Rdnr. 72, 317ff; Stein, Staatsrecht, 16. Aufl., Tübingen 1998, S. 261f; Franke, Staatsrecht in der Bundesrepublik Deutschland, 1998, S. 128

[165] Winkler, Kollisionen verfassungsrechtlicher Schutznormen, 2000, S. 367

[166] Von einer „Zauberfloskel“ der Abwägung spricht Arndt, Zur Güterabwägung bei Grundrechten, in: Böckenförde, (Hrsg.), Arndt, Gesammelte juristische Schriften, 1976, S. 185ff., 186

[167] Hierzu Bethge, Die Problematik von Grundrechtskollisionen, 1977, S. 273ff.; Stettner, Die Stellung der BLM nach dem BayMG, 1999, S. 67, m.w.Nw.; weniger kritisch Winkler, Kollisionen verfassungsrechtlicher Schutznormen, 2000, S. 362f.

[168] Lerche, Übermaß und Verfassungsrecht, 1961, S. 244

[169] Stettner, Die Stellung der BLM nach dem BayMG, 1999, S. 68

[170] Arndt, Zur Güterabwägung bei Grundrechten, in: Böckenförde, (Hrsg.), Arndt, Gesammelte juristische Schriften, 1976, S. 185ff., 185; vgl. auch Lerche, Grundrechtlicher Schutzbereich, Grundrechtsprägung und Grundrechtseingriff, in: Isensee/Kirchhof, (Hrsg.), Handbuch des Staatsrechts, Band V, 2000, S. 739ff., S. 755; Winkler, Kollisionen verfassungsrechtlicher Schutznormen, 2000, S. 362ff.; Stettner, K&R 1999, 355ff., 361; zum dennoch unverzichtbaren „Postulat der Einzelfallgerechtigkeit“ vgl. eingehend Bethge, Die Problematik von Grundrechtskollisionen, 1977, 275ff.

jedem Fall anhand von Entscheidungsmaßstäben zu erfolgen, „die ihrerseits auf Topoi beruhen, die der Verfassung entnommen sind“[171].

Bei den unterschiedlichen Grundrechtsberechtigungen von Anbietern und Landeszentrale handelt es sich um eine Abgrenzung der wechselseitigen Grundrechtsbereiche in einem „polygonalen Grundrechtsverhältnis“[172], da beide Parteien aus ein und demselben Grundrecht berechtigt sind. Fraglich ist dabei schon, ob nicht der Abgleich der im Modell der öffentlich-rechtlichen Trägerschaft konfligierenden Freiheitsbereiche bereits auf der Grundlage des BayMG eine „Programmierung und Konditionierung“[173] erfahren hat, die abstrakte Verhaltensmuster statuieren und den Abwägungsvorgang auf die Weise „objektivieren und intersubjektiv nachvollziehbar“[174] machen.

Zum einen beinhalten alle Landesmediengesetze wie jede Form der Gesetzgebung ein gewisses Maß an „Verfassungsinterpretation“[175] im Sinne einer Aufgabe und „Prärogative“ des Gesetzgebers, die grundrechtlichen Vorgaben „abzutasten“ und (durch Konkretisierung) zu „erfüllen“[176]. Zum anderen bedarf speziell die Rundfunkfreiheit des Art. 5 Abs. 1 Satz 2 GG der gesetzlichen Ausgestaltung im Sinne einer positiven Ordnung[177], wobei es sich um eine Form des Grundrechtsschutzes durch ausgestaltendes Verfahren handelt[178]. Bei einer Abwägung zwischen grundgesetzlich geschützten Interessen der Anbieter und der Landeszentrale ist daher zu berücksichtigen, daß der Grundrechtsschutz beider bereits durch das BayMG eine gesetzliche Ausgestaltung erfahren hat. Das BayMG ist daher, wie alle Landesmediengesetze, nicht als legislative Grundlage für Grundrechtseingriffe anzusehen, sondern es „gestaltet und prägt die Rundfunkordnung und ordnet die rundfunkrechtlichen Aktionsmöglichkeiten der BLM und der privaten Programmanbieter“[179].

Die subjektiven Rechtspositionen des Anbieters stehen somit nicht in einem gleichsam rechtsfreien Raum, vielmehr dienen die Vorschriften des BayMG ge-

---

[171] Ossenbühl, Der Staat, Bd. 10 (1971), S. 80, zitiert bei Bethge, Die Problematik von Grundrechtskollisionen, 1977, S. 275
[172] Stettner, ZUM 1998, 312
[173] Bethge, Die Problematik von Grundrechtskollisionen, 1977, S. 279
[174] Stettner, Die Stellung der BLM nach dem BayMG, 1999, S. 68
[175] Eingehend Bethge, Die Problematik von Grundrechtskollisionen, 1977, 284ff.
[176] Bethge, Die Problematik von Grundrechtskollisionen, 1977, S. 287 unter Hinweis auf Häberle, Die Wesensgehaltsgarantie des Art. 19 Abs. 2 GG, 1972, S. 205
[177] BVerfGE 57, 319; 83, 296; 90, 88
[178] Ladeur, AfP 1998, 141, Herrmann, Das bayerische Rundfunkrecht kurz vor der Jahrtausendwende, Baden-Baden 1996, S. 41; siehe eingehend oben, Kapitel 1, Pflicht zur Ausgestaltung der Rundfunkfreiheit im Sinne einer positiven Ordnung
[179] Bethge, Der verfassungsrechtliche Status der BLM, 1999, S. 26

rade auch der Ausgestaltung dieser Rechtspositionen[180]. Bei der durch das BayMG erfolgenden inzidenten Vorprägung einer verhältnismäßigen Zuordnung von kollidierenden Freiheitsbereichen hat der Gesetzgeber zum einen genügend Spielraum für ein Eingehen auf den Einzelfall zu belassen, da eine rein abstrakt generelle Rechtsgüterabwägung nicht in der Lage wäre, die erforderliche Einzelfallgerechtigkeit zu erzielen[181]. Zum anderen darf er im Widerspruch zur Gleichrangigkeit der Gewährleistungsnormen" nicht einen allgemeinen Geltungsvorrang bestimmter Grundrechtskreise normieren. Vorgaben zur Gewichtung sind demgegenüber nicht ausgeschlossen[182].

Um die Koordinaten für eine Skalierung der auszugleichenden Grundrechtskreise zu ermitteln, sind zunächst die betroffenen Freiheitsbereiche zu ermitteln. Dabei kann möglicherweise auf die vom Gesetzgeber vorgesehenen Funktionsverteilungen im Modell der Rundfunkveranstaltung in öffentlich-rechtlicher Trägerschaft zurückgegriffen werden.

II. Differenzierung der Grundrechtskreise von Landeszentrale und privaten Anbietern

Sowohl die Landeszentrale wie auch die privaten Anbieter figurieren im Modell der öffentlich-rechtlichen Trägerschaft als Grundrechtsberechtigte. Wie weit der grundrechtliche Schutz im einzelnen reicht, ist noch weitgehend ungeklärt. Führt man sich jedoch die einzelnen Freiheitsbereiche genauer vor Augen, wird eine nicht undeutliche Abgrenzung sichtbar: Während die Landeszentrale die ihr zustehende Grundrechtsberechtigung treuhänderisch[183] im Rahmen ihrer organisatorischen Tätigkeit durch Auswahl der Angebote, Koordination des Gesamtprogramms, internalisierter Kontrolle, etc., im Dienste der Rundfunkfreiheit ausübt, bezieht sich die schützenswerte Tätigkeit der privaten Anbieter unmittelbar auf die Gestaltung und Organisation der Einzelprogramme[184]. Sowohl die Landeszentrale als verantwortliche öffentlich-rechtliche Trägerin als auch die privaten Anbieter sind also mit der Erstellung und Verbreitung von Programmen

---

180 Instruktiv hierzu Lerche, Grundrechtsschranken, in: Isensee/Kirchhof, (Hrsg.), Handbuch des Staatsrechts, 2000, Band V, S. 777ff., 785, der zutreffend darauf hinweist, daß es vor allem in „wichtigen Dimensionen der Grundrechtsprägung, namentlich bei inhaltsbestimmenden Regelungen" zu einer „echten Typisierungsmacht" des Gesetzgebers kommen kann, die durch die Verpflichtung zur „Schaffung grundsätzlicher Ordnungen" einer weitergehenden Individualisierung der einzelnen, aus dieser Ordnung erwachsenden Berechtigungen, Grenzen setzt. Vgl. bezogen auf das BayMG Bethge, Der verfassungsrechtliche Status der BLM, 1999, S. 56f.

181 Eingehend zum Verhältnis von gesetzgeberischer Determinierung und Einzelfallentscheidung siehe Bethge, Die Problematik von Grundrechtskollisionen, 1977, S. 315ff.

182 Winkler, Kollisionen verfassungsrechtlicher Schutznormen, 2000, S. 363

183 Bethge, Der verfassungsrechtliche Status der BLM, 1999, S. 34

184 BVerfGE 97, 298, 310, 313, passim

betraut, allerdings in unterschiedlicher Form: Während die Landeszentrale die Organisation und Zusammenstellung des Gesamtprogrammes in einem Verbreitungsgebiet unter Vielfaltsgesichtspunkten übernimmt, erstellt der private Anbieter „nur“ sein einzelnes eigenes Programm selbst und verbreitet es auf dem ihm zugewiesenen Sendeplatz. Die privaten Anbieter werden so über den Trägerschaftsvorbehalt des Art. 111a Abs. 2 Satz 1 BV in einen „multifunktionalen, öffentlich-rechtlich getragenen Veranstaltungsprozeß“[185] eingegliedert[186].

Die Grundrechtsberechtigung muß in diesem Prozeß für beide Akteure definiert werden können, wobei sich Schutzbereich und Eingriffsrahmen nicht in allen Fällen überschneiden. Die jeweils kollidierenden Grundrechtskreise sind zunächst voneinander abzuschichten. Dies ist auch im Falle der Kollision von Berechtigungen mehrerer Grundrechtsträger aus ein und demselben Grundrecht möglich, wenn man in Betracht zieht, daß es die „Rundfunkfreiheit als das für jeden Destinatär in Frage kommende identische globale Grundrecht nicht gibt“[187]. Vielmehr handelt es sich bei der Rundfunkveranstaltung im Modell der öffentlich-rechtlichen Trägerschaft um ein „arbeitsteiliges Subsystem“[188], das Freiheitsbereiche von unterschiedlicher Wertigkeit und Inhalt eröffnet. Diese Funktionenteiligkeit ist ein besonderes Merkmal öffentlich-rechtlicher Rundfunkveranstaltung[189].

Die Freiheitsbereiche von Landeszentrale und privaten Anbietern stehen sich dabei trotz ihrer Unterscheidbarkeit in ihrer Zielrichtung keinesfalls konträr gegenüber. Gegen ein solches Verständnis spricht sowohl der dienende Charakter der Rundfunkfreiheit als auch die Vorstellung von einem funktionenteiligen Veranstaltungsprozeß. Vielmehr sind beide Grundrechtsträger auf dasselbe Ziel verpflichtet, nämlich dem Hinwirken auf die Gewährleistung eines freien Prozesses der öffentlichen Meinungsbildung durch den Rundfunk als Medium und Faktor derselben, und zwar im Rahmen eines öffentlich-rechtlichen Rundfunkmodells. Gleichwohl können sich Entscheidungen der Landeszentrale aus Sicht der Anbieter belastend auswirken und mit deren Interessen kollidieren[190]. Hier ist ein Ausgleich zu finden, wobei die Besonderheit darin besteht, daß sich beide Grundrechtskreise bezogen auf ihre Eingliederung in den Gesamtprozeß der

---

185 Hepach, ZUM 1998, 795ff., 800 m.w.Nw.

186 Vgl. auch eingehend oben in diesem Kapitel, Beteiligung und Veranstaltung

187 Bethge, Rundfunkfreiheit in Bayern, in: BLM-Symposion Medienrecht 1998, 1999, S. 19ff., S. 36

188 Bethge, a.a.O.

189 Vgl. hierzu eingehend Bornemann, ZUM 1995, 832ff.

190 In diesem Zusammenhang kommt hinzu, daß die privaten Anbieter im Gegensatz zur Landeszentrale in Wahrnehmung ihrer Funktion vor allem auch wirtschaftliche Ziele verfolgen, die mit den publizistisch-qualitativen Anforderungen der öffentlich-rechtlich getragenen Rundfunkveranstaltung kontrastieren können.

Rundfunkveranstaltung permanent überschneiden, so daß ein ebenso permanenter Ausgleich gewährleistet sein muß[191].

Rundfunkfreiheit im Sinne eigener Programmautonomie wird dabei von beiden Akteuren verwirklicht: Von den privaten Anbietern in Bezug auf ihr genehmigtes Einzelprogramm und von der öffentlich-rechtlichen Trägereinheit in Bezug auf das von ihr zu organisierende Gesamtprogramm. Als unschädlich muß dabei die Tatsache angesehen werden, daß die Landeszentrale das Gesamtprogramm nicht selbst produziert[192], da die ihr obliegende programminhaltliche Steuerung auf der ausschließlich von ihr besetzten Ebene der Organisation und Koordination der Programmangebote ansetzt[193].

Anders als im Fall der vom Bundesverfassungsgericht in erster Linie als inhaltsbezogen verstandenen[194] Programmfreiheit der privaten Anbieter ist das Grundrecht der Rundfunkfreiheit der Landeszentrale zur Wahrnehmung ihrer Letztverantwortung für das Gesamtprogramm zugeordnet und mit verschiedenen Befugnissen gegenüber den Anbietern angereichert. Das Bundesverfassungsgericht hat in diesem Zusammenhang mit seiner Formulierung eines „Grundrechtsbeachtungsanspruches" einen entscheidenden Hinweis zur Verortung der beiden Freiheitssphären geliefert: Die Landeszentrale hat bei ihren Entscheidungen die grundrechtlich unterfütterte Position der privaten Anbieter zu beachten. Der Anbieter selbst findet sich nicht in einer solchen Entscheidungsposition; ein Verhalten seinerseits, das aus Sicht der Landeszentrale in ihren Freiheitsbereich eingreift, ist für diese zunächst nicht bindend und kann wiederum durch eine entsprechende Entscheidung konterkariert werden. Die Entscheidung selbst entspringt dem Freiheitsbereich der Landeszentrale, so daß bereits aus diesem Grund dieser unterschiedlichen Wirkungsweise der betroffenen Grundrechtskreise eine funktionale Abschichtung möglich erscheint.

Der private Anbieter kann und muß auch solche Entscheidungen nicht treffen, da es nicht seine Aufgabe ist. Diese liegt vielmehr in der Gestaltung oder Sendung seines einzelnen Programmes. Die grundrechtlich unterfütterten Frei-

---

[191] Bethge, ZUM 1994, 1ff., 9; kritisch zur Erforderlichkeit permanenter Grundrechtsabgleichung, Stettner, ZUM 1994, 63ff., 76; ders., Die Stellung der BLM nach dem BayMG, 1999, S. 67; vgl. zu dieser „durchgängigen Spannungslage" auch Loschelder, Vom besonderen Gewaltverhältnis zur öffentlich-rechtlichen Sonderbindung, 1982, S. 391, der hierzu korrespondierend die Erforderlichkeit einer ununterbrochenen Synchronisation der objektiven Interessen einer staatlichen Sonderbindung mit der individuellen Entfaltungssphäre des „gebundenen" Bürgers annimmt.

[192] BVerfGE 97, 298, 310

[193] Zur „Personalpolitik als vorweggenommene Programmpolitik" vgl. zuletzt Stettner, Die Stellung der BLM nach dem BayMG, 1999, S. 99f.; sowie eingehend oben, Kapitel 1, Die funktionenteilige Trennung von Programmgestaltung und Programmverantwortung

[194] BVerfGE 97, 298, 310, 313

heitssphären scheinen also in den jeweiligen Aufgabenbereichen, die den Funktionsträgern im System des öffentlich-rechtlich getragenen Rundfunks zugewiesen sind, verortet zu sein.

Die spezifische Funktionenteiligkeit im Modell der öffentlich-rechtlichen Trägerschaft nach dem BayMG weckt darüber hinaus Assoziationen mit der Verteilung von Rechten und Pflichten in anderen, möglicherweise vergleichbaren Strukturen der Rundfunkveranstaltung.

1. Vergleichbarkeit mit der „klassischen" öffentlich-rechtlichen Rundfunkanstalt

Das Prinzip der öffentlich-rechtlichen Trägerschaft unter Einbindung privaten Rundfunkengagements sucht zwangsläufig den Vergleich mit der Rundfunkorganisation in einer öffentlich-rechtlichen Rundfunkanstalt. Die Kompetenzen der Landeszentrale im Rahmen ihrer „quasi-internen" Kontrollaufgabe sind mit den Aufgaben der internen Kontrollorgane öffentlich-rechtlicher Rundfunkanstalten nach vielerlei Ansicht funktional vergleichbar[195].

a) Die Aufgabenverteilung innerhalb der öffentlich-rechtlichen Rundfunkanstalt

Die Produktion und Sendung von Rundfunkprogrammen kann rechtlich auch anderen Personen als den tatsächlichen „Machern" zugerechnet werden, wenn sich die rechtlichen und tatsächlichen Beziehungen zwischen beiden so gestaltet sind, daß das gesendete Programm sich als Produkt der Anstalt darstellt[196]. Im Falle der „klassischen" öffentlich-rechtlichen Rundfunkanstalten wird die Wahrnehmung des Grundrechts der Rundfunkfreiheit kompetenziell aufgegliedert und verschiedenen Aufgabenträgern übertragen[197]. Nach zutreffender herrschender Meinung können sich die Rundfunkmitarbeiter dabei gegenüber der Rundfunkanstalt nicht auf das Grundrecht der Rundfunkfreiheit berufen[198].

---

[195] Balda, Duale Rundfunkordnung, S. 62; Geppert, Europäischer Rundfunkraum und nationale Rundfunkaufsicht, 1993, S. 105; Vahrenhold, Die Stellung der Privatfunkaufsicht im System staatlicher Aufsicht, 1992, S. 125; Bornemann, MMR 1998, 425ff., 428; ders. ZUM 1995, 832ff., 835; Stettner, Die Stellung der BLM nach dem BayMG, 1999, S. 103ff.; Lerche, in: Rüthers/Stern, (Hrsg.), Festgabe zum 10jährigen Jubiläum der Gesellschaft für Rechtspolitik, 1984, S. 245ff., 253; vgl. auch Wilhelmi, ZUM 1992, 229ff., 230; Bornemann, ZUM 1992, 483ff., 490; Bumke, Landesmedienanstalten, 1995, S. 12; Geppert, Europäischer Rundfunkraum und nationale Rundfunkaufsicht, 1993, S. 105; kritisch Herrmann, Das bayerische Medienrecht kurz vor der Jahrtausendwende, 1996, S. 101

[196] Eingehend Bornemann, ZUM 1992, 484ff.

[197] Starck, Rundfunkfreiheit als Organisationsproblem, 1973, S. 12 unter Hinweis auf Hoffmann-Riem, Redaktionsstatute im Rundfunk, 1972, passim

[198] Vgl. nur Bethge, Grundrechtskollisionen, S. 177ff. m.w.Nw.; Bumke, Landesmedienanstalten, 1995, S. 198

Der Intendant einer öffentlich-rechtlichen Rundfunkanstalt trägt die Verantwortung für das gesamte von der Anstalt angebotene Programm[199]. Diese Verantwortung im Sinne eines rechtlichen Einstehenmüssens für die Programminhalte und die Programmgestaltung setzt die tatsächliche Möglichkeit voraus, die Programmgestaltung so nachhaltig zu beeinflussen, daß sie einer Eigengestaltung der Programme gleichkommt. Anderenfalls kann ein Defizit bei der Programmgestaltung dem Intendanten mangels tatsächlicher Möglichkeiten der Einflußnahme nicht vorgeworfen werden[200]. Da der Intendant als Einzelperson denknotwendig zu einer Eigengestaltung des Programms nicht in der Lage sein kann, hat die Übernahme der Gesamtprogrammverantwortung im Wege der Arbeitsteilung zu erfolgen, wobei die Delegation von Aufgaben von Seiten des Intendanten die Endverantwortung auf ihn kumuliert[201]. Die tatsächlichen Möglichkeiten der Einflußnahme wandeln sich dann in Aufgaben der Organisation, der Personalauswahl sowie in das Weisungsrecht[202]. Der Intendant übt seine Kompetenz durch Organisation, Auswahl, Überwachung sowie Anweisung der ihm nachgeordneten Mitarbeiter aus[203].

Bei der Organisation ist der Intendant durch das Gebot einer sachgemäßen Arbeitsteilung und Verantwortungsdelegation gebunden[204]. Insbesondere die Auswahl des geeigneten Personals ist dabei für die Programmgestaltung von besonderer Bedeutung. Programmliche Qualität läßt sich nicht verordnen, sie steht in engem Zusammenhang mit der Qualifikation derjenigen Akteure, die das Programm unmittelbar gestalten[205]. Es ist Sache der Rundfunkanstalten, programmliche Qualität durch den Einsatz von für die jeweilige Aufgabe qualifizierten Mitarbeitern herbeizuführen[206]. Die Bedeutung der Personalauswahl erschließt sich um so deutlicher, wenn man bedenkt, daß die Arbeitszusammenhänge und Entscheidungsabläufe bei der Produktion und Gestaltung von Rundfunksendungen so komplex und vielfältig sind, daß eine „tatsächliche Totalkontrolle" sämtlicher Maßnahmen in der Praxis ausscheidet[207].

Das Weisungsrecht des Intendanten reicht von der Befugnis zu eigenen Sachentscheidungen bis zur Durchsetzung von Programmgrundsätzen. Die dem Intendanten nachgeordneten Mitarbeiter haben die Weisungen zu befolgen, ohne sich dabei auf eine eigene grundrechtliche Position, etwa die Meinungsfreiheit beru-

---

[199] Art. 12 Abs. 2 BR-G
[200] Engler, Kooperationen im Rundfunk, 1995, S. 138
[201] Engler, Kooperationen im Rundfunk, 1995, S. 138
[202] Hesse, Rundfunkrecht, 1999, S. 149f.
[203] Hesse, Rundfunkrecht, 1999, S. 151
[204] Hesse, Rundfunkrecht, 1999, S. 150
[205] BVerfGE 59, 231, 259
[206] BVerfGE 59, 231, 259
[207] Engler, Kooperationen im Rundfunk, 1995, S. 139

fen zu können[208]. Dies ist im Hinblick auf die vom Intendanten zu tragende Letztverantwortung für das veranstaltete Programm auch sachgerecht: Ihm ist der Programmgestaltungsauftrag zugewiesen, seiner rechtlichen Entscheidungsmöglichkeit muß daher auch faktisch die Möglichkeit effektiver Einflußnahme auf Inhalt und Gestaltung der Programms entsprechen[209]. Der Intendant kann sowohl durch eine präventive „Entscheidungsprogrammierung in Form allgemeiner Programmanweisungen"[210] als auch durch Weisung bzw. Ausübung eines Rückholrechts im Einzelfall nachkommen[211]. Dem Intendanten steht außerdem das gesamte Ensemble informeller Wirkungsmöglichkeiten zur Verfügung. Solange die Wahrnehmung der Letztverantwortung beim Intendanten vollständig verbleibt, ist eine weitgehende Aufgabenausgliederung unbedenklich. Voraussetzung ist allerdings, daß der Verantwortungsbereich als ein „lückenloses Zuständigkeits- und Kontrollsystem"[212] ausgestaltet wird, „das die Überprüfung jeder Sendung vor ihrer Ausstrahlung ermöglicht"[213].

Die vorgenannten organisatorischen Grundzüge finden sich im System der öffentlich-rechtlichen Trägerschaft durchaus wieder, insbesondere ist die Wahrnehmung einer umfassenden Gesamtprogrammverantwortung in vergleichbarer Weise auch durch die öffentlich-rechtliche Trägereinheit gegeben. Wie bereits dargelegt, verträgt sich diese Aufteilung von Verantwortungsbereichen auch mit der Annahme einer Grundrechtsberechtigung auf Seiten der Anbieter. Gleichzeitig jedoch sind die Aufgabenbereiche von Landeszentrale und privaten Anbietern stärker ausdifferenziert. Insbesondere die Ebene der Programmgestaltung ist organisatorisch aus der Trägereinheit ausgegliedert, was zwar einen unmittelbaren Vergleich mit der öffentlich-rechtlichen Rundfunkanstalt erschwert, gleichzeitig aber Assoziationen zu der verstärkt zu beobachtenden Tendenz zur Auslagerung von Produktionsstätten im öffentlich-rechtlichen Rundfunk aufkommen läßt.

b) Die Auslagerung der Programmproduktion im öffentlich-rechtlichen Rundfunk

Der wirtschaftliche Wettbewerb zwischen öffentlich-rechtlichen und privaten Rundfunkveranstaltern hat längst dazu geführt, daß die öffentlich-rechtlichen Rundfunkanstalten große Teile ihres Programms nicht selbst produzieren, sondern hierfür private Dritte (Film- und Fernsehproduktionsgesellschaften etc.)

---

[208] Hesse, Rundfunkrecht, 1999, S. 151

[209] Engler, Kooperationen im Rundfunk, 1995, S. 139; Hoffmann-Riem, Rundfunkfreiheit durch Rundfunkorganisation, 1979, S. 96

[210] Engler, Kooperationen im Rundfunk, 1995, S. 139

[211] Engler, Kooperationen im Rundfunk, 1995, S. 139f.; Hoffmann-Riem, Rundfunkfreiheit durch Rundfunkorganisation, 1979, S. 97, 106

[212] Engler, Kooperationen im Rundfunk, 1995, S. 140

[213] Enger, a.a.O., m.w.Nw.

heranziehen und dort Programme einkaufen[214]. Die Auslagerung der Produktionsbetriebe führe, so die Befürworter dieses sog. Outsourcings, zu einem flexiblen Konkurrenzverhalten auf den Rundfunkmärkten, das sich positiv auf die Kostenstruktur auswirke und kalkulierbare und kostengünstige Programmproduktionen ermögliche[215].

Die umstrittene Eigenschaft der Landeszentrale, über keinerlei Eigenproduktionen zu verfügen, wird teilweise mit dem Bild des Outsourcings beschrieben[216]. Dies hat allerdings auf Seiten der Anbieter einen erheblichen Verlust an Stellenwert zur Konsequenz, der nach der hier vertretenen Ansicht nicht Intention der bayerischen Rundfunkgesetzgebung war. Zwar können einige Gemeinsamkeiten, insbesondere die positiven Synergieeffekte, durchaus festgestellt werden, die Stellung des Anbieters in Bayern unterscheidet sich jedoch von der eines bloßen Produzenten vorgegebener Inhalte. Die Struktur der Kooperation zwischen Landeszentrale und privatem Anbieter gestaltet sich gänzlich anders als beim Einkauf von Programmteilen. Vor allem aber trägt nach dem bayerischen Modell der Anbieter das Risiko der wirtschaftlichen Verwertbarkeit seines Programms[217]. Auch werden einzelne Sendungen oder Produktionsreihen nicht jeweils von der Landeszentrale in Auftrag gegeben, das Programm des Anbieters hat sich vielmehr insgesamt an dem im Rahmen des Genehmigungsverfahrens vorgelegten Programmschema zu orientieren. Die genaue Vorgaben von Inhalten, die dann von den Anbietern sozusagen abgeliefert werden, ist nicht Aufgabe der Landeszentrale. Vielmehr soll dem Anbieter, wenngleich innerhalb einer straffen öffentlich-rechtlichen Organisationsstruktur, Raum für Eigeninitiative gegeben werden. Die Schaffung dieser Organisationsstruktur ist wiederum Aufgabe der Landeszentrale. Die Ausdifferenzierung der Aufgabenbereiche ist so-

[214] Der MDR z.B. hat zu Beginn des Jahres 1997 die gesamte Fernsehtechnik des Landesrundfunkhauses Erfurt und des „Kinderkanals" auf eine private „Media & Communication Sachsen GmbH" ausgelagert, an der über Tochterunternehmen jeweils zu 50 % der NDR und der MDR beteiligt sind. Dieser Schritt ist in der ARD bisher einmalig. Vgl. hierzu Biervert, ZUM 1998, 19ff., 20; grundlegend zu dieser Thematik vgl. Engler, Kooperationen im Rundfunk, 1995; Gounalakis, Rechtliche Grenzen des Outsourcing im Bereich des öffentlich-rechtlichen Rundfunks, in: BLM, (Hrsg.), Rundfunk in öffentlich-rechtlicher Trägerschaft, 2000, S. 111ff., S. 114

[215] Eingehend Biervert, ZUM 1998, 19ff., 20

[216] Nach Ansicht Schebles sind die privaten Anbieter letztlich nicht anders zu behandeln als private Film- und Fernsehproduktionsgesellschaften, die im Auftrag öffentlich-rechtlicher Rundfunkanstalten Programmbeiträge herstellen, da die Landeszentrale alleinige Trägerin der Programmverantwortung ist. Scheble, Perspektiven der Grundversorgung, 1994, S. 172

[217] Insoweit trägt die Landeszentrale auch nicht die Letztverantwortung, sie ist nicht „Trägerin" der privaten Finanzierungsform, sondern übt lediglich die Verantwortung für die Vielfältigkeit und Ausgewogenheit des von den Anbietern gestalteten Rundfunk aus. Um die Funktionsfähigkeit des Modells zu gewährleisten, ist sie jedoch verpflichtet, die besondere Finanzierungsform und deren Eigengesetzlichkeiten zu berücksichtigen. Siehe hierzu eingehend oben, Kapitel 2, Vielfaltssicherung durch Schaffung wirtschaftlich tragfähiger Rahmenbedingungen

mit stärker als in der klassischen öffentlich-rechtlichen Rundfunkanstalt, was sich auch in der vom Bundesverfassungsgericht festgestellten Grundrechtsberechtigung der privaten Anbieter manifestiert. Gleichzeitig läßt diese Ausdifferenzierung eine Trennung von Funktionsbereichen erkennen, die Rückschlüsse auf die Abschichtung von Freiheitsbereichen der an der Rundfunkveranstaltung beteiligten Akteure erlaubt.

2. Differenzierung nach Aufgaben- und Funktionsbereichen

Der grundrechtliche Interessenausgleich in einem polygonalem Rechtsverhältnis, in dem beide Seiten aus ein und demselben Grundrecht berechtigt und verpflichtet sind, kann möglicherweise über die Definition von grundrechtlich geschützten Funktionsbereichen erfolgen, die sich aufgrund der teilweisen Selbständigkeit der funktionalen Ebenen durchaus unterscheiden. Der Freiheitsbereich der Landeszentrale, der sich in der Wahrnehmung der ihr exklusiv zugewiesenen öffentlichen Verantwortung für das Gesamtprogramm abbildet, ist mit dem konkurrierenden Freiheitsbereich der privaten Anbieter, im Rahmen ihrer Programmfreiheit bei der Erstellung „ihres" Einzelprogramms publizistisch tätig zu sein, nicht identisch und innerhalb des Systems der öffentlich-rechtlichen Trägerschaft in Ausgleich zu bringen[218].

a) Die Funktionsgebundenheit der Rundfunkfreiheit

Die Berücksichtigung von Funktionsbereichen beim Ausgleich widerstreitender Interessen findet eine Rückbindung in der Vorstellung von der Rundfunkfreiheit als eine dienende, „funktionsgebundene Freiheit"[219], deren abwehrrechtliches Substrat ebenso an die Funktion des Rundfunks gebunden ist wie ihre Ausübung. Sie ist ihrem Träger nicht in erster Linie „zu dessen Gunsten", d.h. zur Erfüllung seiner persönlichen Interessen eingeräumt, sondern um ihrer selbst willen[220]. Diese Sichtweise impliziert jedoch nicht das Fehlen jeglicher subjektiver Rechte auf Seiten der mit der Rundfunkveranstaltung betrauten Akteure. Diese allerdings sind an die Funktion, die der Grundrechtsträger innerhalb der Rundfunkveranstaltung bekleidet, gekoppelt:

Die Reichweite subjektiver Rechte hängt wegen ihrer funktionalen Ausrichtung an den gewährten Freiheitsräumen von der ihren Trägern zugewiesenen Rolle im

---

[218] Stettner, Die Stellung der BLM nach dem BayMG, 1999, S. 66f.

[219] BVerfGE 57, 295, 320; 74, 297, 323; 83, 238, 295; 87, 181, 197; Rossen, ZUM 1994, 224ff., 227; Degenhart, in: Dolzer/Vogel, (Hrsg.), Bonner Kommentar, Art. 5 Abs. 1 und 2 GG, Rdnr. 624; vgl. hierzu ausführlich oben, Kapitel 1, Rundfunkfreiheit als Funktionsgrundrecht

[220] BVerfGE 83, 238, 315: „Die Rundfunkfreiheit des Art. 5 Abs. 1 Satz 2 GG ermächtigt ihren Träger nicht zu beliebigem Gebrauch. Als dienende Freiheit wird sie nicht primär im Interesse der Rundfunkveranstalter, sondern im Interesse freier individueller und öffentlicher Meinungsbildung gewährleistet."

Prozeß der Vermittlung von Meinungen durch den Rundfunk ab. Diese Rollenbestimmung wiederum wird erst durch die einfachgesetzliche Ausgestaltung der Rundfunkorganisation durch den Gesetzgeber konstituiert[221], die es ihm erlaubt, vermittels eines weiten Gestaltungsspielraumes[222], sich für oder gegen die Zulassung eigenverantwortlicher Rundfunkveranstalter zu entscheiden und damit den Grundrechtsschutz gesetzlich unterschiedlich auszugestalten und so seine subjektive Reichweite zu beeinflussen[223]. Die dabei auftretenden „innergrundrechtlichen Kollisions- und Harmonisierungsprobleme beim Abgleich der Interessen der Rundfunkveranstalter gegenüber dieser positiven Ordnung" werden auf der Ebene der Grundrechtsausübung und nicht auf der Ebene der Grundrechtsgewährleistung gelöst[224]. Gleichwohl darf der personale Bezug der Rundfunkfreiheit dabei nicht ausgeblendet werden: „Eine individualrechtsvernachlässigende Ausgestaltung einer objektiv-rechtlich verstandenen Rundfunkfreiheit ist zulässig, so weit sie zu deren Gewährleistung nötig ist, allerdings nur, soweit als bei Wahrung der individuellen Rundfunkfreiheit möglich[225]." Die freie publizistische und journalistische Tätigkeit als Voraussetzung für die Erfüllung der massenmedialen Vermittlungsfunktion bleibt auf diesem Wege als „Platzhalter" einer individuell-personalen Subjektivität erhalten[226].

Der einzelne Rundfunkveranstalter bekleidet seine Stellung gleichwohl nicht aufgrund eines individual-rechtlichen Anspruchs, sondern aufgrund seiner Zulassung durch die die Rundfunkfreiheit ausgestaltenden Gesetze. Er übt „seine" Rundfunkfreiheit dabei als „Sachwalter" oder „Treuhänder" aus und verfügt über eine ihm von der Gemeinschaft zugewiesene Rechtsmacht, die sich im Umfang mit der „Grundrechtsberechtigung des Rundfunks" aus Art. 5 Abs. 1 Satz 2 GG deckt[227]. Aus der treuhänderisch wahrgenommenen Freiheit der Institution wird die funktionsgebundene Freiheit des Treuhänders[228]. Diese grundlegende, wenngleich komplexe Voraussetzung ist bei einer Prüfung von sich aus Art. 5 Abs. 1 Satz 2 GG ergebender subjektiver Rechtspositionen stets im Auge zu behalten.

---

[221] Balda, Duale Rundfunkordnung, 1997, S. 53; Jarass, Die Freiheit der Massenmedien, 1981, S. 260

[222] Siehe hierzu eingehend oben, Kapitel 1, Der Gestaltungsrahmen des Landesgesetzgebers

[223] Balda, Duale Rundfunkordnung, 1997, S. 53; vgl. auch Bethge, Der verfassungsrechtliche Status der BLM, 1999, S. 30ff.

[224] Selmer, Bestand- und Entwicklungsgarantien, 1988, S. 48f.

[225] Selmer, Bestand- und Entwicklungsgarantien, 1988, S. 48f.

[226] Hierzu Rossen, Freie Meinungsbildung, 1988, S. 335

[227] Berendes, Die Staatsaufsicht über den Rundfunk, 1973, S. 63

[228] Rodewald, Durchsetzung von Programmbindungen und Programmgrundsätzen gegenüber Privatrundfunkveranstaltern, 1996, S. 17 unter Hinweis auf Ossenbühl, DÖV 1977, 381, 383; siehe hierzu auch oben, Kapitel 1, Rundfunkfreiheit als Funktionsgrundrecht

b) Funktionenteilige Ausgestaltung des Modells der öffentlich-rechtlichen Trägerschaft

Korrespondierend mit der Funktionsgebundenheit der Rundfunkfreiheit ist das Modell der Rundfunkveranstaltung in öffentlich-rechtlicher Trägerschaft unter Einbeziehung privater Anbieter funktionenteilig ausgestaltet, d.h. mehrere Akteure sind an diesem Prozeß unmittelbar beteiligt und nicht, wie in der dualen Rundfunkordnung, im Sinne einer Trennung von Veranstaltung und externer Kontrolle voneinander abgegrenzt. Im bayerischen Trägerschaftsmodell erlaubt daher erst das Zusammenwirken aller Beteiligten, von „Betreiben" von Rundfunk im Sinne des Art. 111a Abs. 2 Satz 1 BV zu sprechen[229].

Private werden im Rahmen der öffentlich-rechtlichen Trägerschaft „funktionsteilig"[230] in den Prozeß der Rundfunkveranstaltung eingegliedert[231]. Die Teilnahme an der Rundfunkveranstaltung in einem funktionenteiligen, öffentlich-rechtlich getragenen Prozeß kann dabei im Hinblick auf die grundrechtliche Position der einzelnen Akteure nicht mit der eigenverantwortlichen Programmveranstaltung durch private Veranstalter in der dualen Rundfunkordnung gleichgesetzt werden[232]. Die Grundrechtsberechtigung der privaten Anbieter hängt vielmehr auch von der Reichweite und Bedeutung des sie gleichsam umgebenden öffentlich-rechtlichen Trägerschaftsvorbehaltes sowie der – soweit hiermit konformen - Ausgestaltung des BayMG ab. Die individual-grundrechtliche Zuordnung findet dabei vor dem Hintergrund der landesgesetzlichen Ausgestaltung der Rundfunkordnung statt, die ihrerseits die einzelnen Akteure mit unterschiedlichen Funktionen betraut[233]. In ihrer Funktion als die den Vorbehalt der öffentlich-rechtlichen Trägerschaft legitimierende Einheit steht der Landeszentrale Grundrechtsschutz zu, in dessen Umfang die mit der Funktion verbundenen Rechte und Pflichten erfaßt werden. Gleiches hat für die das Programm produzierenden Anbieter im Rahmen ihres Funktionsbereiches zu gelten. Ähnlich wie bei den privaten Rundfunkveranstaltern der dualen Rundfunkordnung wird auch hier die Funktion zum „Platzhalter" einer individuell-personalen Subjektivität innerhalb der Gewährleistung des Art. 5 Abs. 1 Satz 2 GG[234]. Die Gewährleistung der Rundfunkfreiheit ist dabei auch in der Zumessung von grundrechtlichen Positionen kein „monolithischer Block", sondern „ein fein abgestuftes, sensibles Gebilde, in dem die einzelnen Rollen der Beteiligten ebenso berück-

---

[229] Ring/Rothemund, Media Perspektiven 1995, 39ff., 39

[230] Zur Funktionenteiligkeit des Systems vgl. Bornemann, ZUM 1995, 832, Bumke, Landesmedienanstalten, 1995, S. 11ff., 214ff. sowie eingehend oben in diesem Kapitel, Öffentlich-rechtliche Rundfunkveranstaltung unter Einbeziehung privater Anbieter; Beteiligung und Veranstaltung

[231] Vgl. auch BayVerfGHE 39, 96, 138; 46, 191, 198

[232] Hepach, Grundrechtsstatus, 1997, S. 124

[233] Ähnlich Bethge, Der verfassungsrechtliche Status der BLM, 1999, S. 33

[234] Rossen, Freie Meinungsbildung, 1988, S. 335

sichtigt werden müssen wie die Nuancen der einzelnen Freiheitsgewährleistungen"[235].

Die grundrechtliche Position der Akteure im funktionenteiligen Prozeß der Rundfunkveranstaltung in öffentlich-rechtlicher Trägerschaft legitimiert sich also durch die jeweils ausgeübte Funktion und wird gleichzeitig durch sie begrenzt. Auch das Bundesverfassungsgericht hebt in seiner Entscheidung zur Grundrechtsberechtigung privater Anbieter auf die Funktionalisierung dieser subjektiv-individuellen Rechtsposition ab: „Da es (das Grundrecht, Anm. der Verf.) sowohl objektiv-rechtlich als auch subjektiv-rechtlich im Dienst der Grundrechtssicherung steht, gibt es dem Bewerber aber jedenfalls einen Anspruch darauf, daß (...) seine Position als Träger des Grundrechts der Rundfunkfreiheit *hinreichend* beachtet wird. Er erhält damit eine rundfunkspezifische Rechtsposition, die über die über die durch das Willkürverbot vermittelte hinausreicht".[236]

Eine Kategorisierung von Grundrechtsberechtigungen anhand von Tätigkeitsfeldern bzw. Funktionsaufgaben erscheint daher im Hinblick auf die Funktionsgebundenheit des Art. 5 Abs. 1 Satz 2 GG systemgerecht zu sein. Grundrechtsschutz kann im Falle der Rundfunkfreiheit an den Funktionen und Tätigkeiten ihrer personifizierten Träger ausgerichtet werden. Für das bayerische Rundfunkmodell hat dies zur Folge, daß eine Ausrichtung des Schutzes der an der Rundfunkveranstaltung Beteiligten anhand der ihnen im Rahmen der Arbeitsteiligkeit des Prozesses zugewiesenen Aufgaben erfolgen kann. Der grundrechtliche Schutz kann dabei aufgrund dieser funktionellen Aufspaltung und der daraus resultierenden, unterschiedlichen Nähe der Beteiligten zum Inhalt der Rundfunkfreiheit verschieden stark ausgeprägt sein[237].

E. Die Aufgabenbereiche von Landeszentrale und privaten Anbietern

Die Verschiedenheit der Tätigkeiten von Landeszentrale und privaten Anbietern liegt im Hinblick auf die Funktionenteiligkeit der Rundfunkveranstaltung in öffentlich-rechtlicher Trägerschaft rein faktisch auf der Hand: Während die privaten Anbieter mit der Produktion, inhaltlichen Gestaltung und Sendung der Einzelprogramme betraut sind, liegt der funktionale Schwerpunkt der Aufgaben der Landeszentrale auf der organisatorischen Ebene der Anbieterauswahl, der Programmkoordination und insgesamt der Wahrnehmung der ihr zugewiesenen öffentlichen Verantwortung. Diese Funktionenteilung wird ausdrücklich in Art. 2

[235] Herrmann, Das bayerische Medienrecht kurz vor der Jahrtausendwende, 1996, S. 113
[236] BVerfGE 97, 298ff., 314; Hervorhebung seitens der Verfasserin
[237] Hoffmann-Riem, Rundfunkfreiheit durch Rundfunkorganisation, 1979, S. 23 m.w.Nw., u.a. auf das Mitbestimmungsurteil des BVerfGE, 35, 79, 112ff., 120ff.

Abs. 2 BayMG beschrieben: „Im Rahmen dieses Gesetzes *organisiert* die Landeszentrale Rundfunkprogramme aus von Rundfunkanbietern *gestalteten* Beiträgen.“[238]

Die Funktionenteilung im Modell der Rundfunkveranstaltung in öffentlich-rechtlicher Trägerschaft unter Einbindung privater Anbieter läßt sich dabei nicht nur anhand der Aufteilung von faktischen Tätigkeiten erkennen, sondern bildet sich insbesondere in einem Auseinanderfallen von Verantwortungsbereichen ab.

I. Der Aufgabenbereich der privaten Anbieter

Der Funktions- und Tätigkeitsbereich der privaten Anbieter ist die Gestaltung, Produktion und Sendung von einzelnen Rundfunkprogrammen inklusive aller vor- und nachgelagerten Tätigkeiten. Aufgabe der Anbieter ist es, ein qualitativ den Anforderungen des BayMG entsprechendes Programm zu produzieren und zu senden, um auf diese Weise in „treuhänderischer Funktion“[239] als Mitwirkende im bayerischen Rundfunkmodell Meinungsvielfalt zu vermitteln.

Dieser Aufgabenbereich hebt sich von dem der Landeszentrale deutlich ab, denn die Anbieter sind „die alleinigen Produzenten des Programms“[240]. Gemeint ist hierbei, wie bereits festgestellt, das einzelne Programm, das von der Landeszentrale im Rahmen ihrer Koordinationsaufgabe in ein Gesamtprogramm eingebunden wird[241]. Im Gegensatz zur Landeszentrale stellt der private Anbieter aus von ihm ausgewählten Beiträgen sein „Einzelprogramm“ zusammen, wobei er zwar über eine eigene Gestaltungsbefugnis verfügt, sich gleichzeitig jedoch „im Rahmen der gesetzlichen Vorgaben“ [242] des BayMG, die zum Teil in der Genehmigung konkretisiert sind, zu bewegen hat. Die BLM hingegen stellt aus den genehmigten Einzelprogrammen ein „Gesamtprogramm“ für das jeweilige Verbreitungsgebiet zusammen, auf dessen Zusammensetzung die privaten Anbieter letztlich keinen Einfluß haben.

Trotz der Einbindung seines Programms in ein öffentlich-rechtliches Gesamtprogramm strahlt die Öffentlichkeit der Aufgabe Rundfunk auch auf den Anbieter unmittelbar aus. Das BayMG selbst spricht in Art. 3 Abs. 4 Satz 1 BayMG von einer „medienrechtlichen Verantwortung“ des Anbieters. Darunter ist in Ausfüllung des öffentlich-rechtlichen Trägerschaftsvorbehaltes die Wahrnehmung der Verantwortung für sein Programm als Produkt seiner Beteiligung

[238] Hervorhebungen diesseits
[239] Brümmer, Modellfragen, S. 5
[240] BVerfGE 97, 298, 311
[241] Vgl. Art. 2 Abs. 2 BayMG; zur Unterscheidung von Programm und einzelner Sendung vgl. Lerche, ZUM 1993, 441ff., 444f.
[242] BVerfG, a.a.O.

an der Rundfunkveranstaltung gegenüber der Landeszentrale zu verstehen[243]. Diese beinhaltet nicht nur die Berechtigung, sondern auch eine Verpflichtung des Anbieters, sein Programm selbst und eigenverantwortlich zu gestalten und nur solche Fremdbeiträge bzw. Zulieferungen aufzunehmen, die soweit unter seinem „maßgeblichen Einfluß"[244] stehen, daß seiner medienrechtlichen Verantwortung genügt wird.

Mit der Einzelprogrammverantwortung korrespondiert die Programmfreiheit des Anbieters, der sein Programm gestalterisch und inhaltlich mit dem Recht zur eigenen Tendenz entstehen lassen kann. Dies gilt insbesondere für wirtschaftliche Entscheidungen, die Auswahl seines Personals sowie der von ihm verwendeten Technik. Die Ergebnisse dieser Entscheidungen können dem Anbieter unmittelbar zugerechnet werden.

Das Besondere an der funktionenteiligen Wahrnehmung der Programmverantwortung ist die Untergliederung der öffentlich-rechtlich getragenen Rundfunkveranstaltung in verschiedene Funktionsebenen, die mit einer eigenen, spezifischen Selbständigkeit und autonomer Gestaltungsbefugnis ausgestattet sind[245]. Wie weit diese im einzelnen reicht, ist vor allem eine Frage der Bedeutung und Funktionalität des öffentlich-rechtlichen Trägerschaftsvorbehaltes. Gleichzeitig zeichnet sich in dieser tatsächlichen Funktionsteilung eine Differenzierung von Verantwortungsbereichen ab, die im folgenden näher beleuchtet werden soll.

II. Die Wahrnehmung der Gesamtprogrammverantwortung

Wesentlich für das Verständnis der Rundfunkveranstaltung nach dem BayMG ist die exklusive Zuweisung der „öffentlichen Verantwortung" an eine öffentlich-rechtliche Trägereinheit, die nicht gleichzeitig auch die einzelnen Programme produziert und sendet. Die Landeszentrale übt diese öffentliche Verantwortung im Sinne einer „Gesamtprogrammverantwortung" aus, die alle in einem Verbreitungsgebiet veranstalteten Einzelprogramme umfaßt[246].

1. Das Gesamtprogramm als Summe der Einzelprogramme

Die Landeszentrale organisiert aus privaten Angeboten ein Gesamtprogramm, das den Vielfaltsanforderungen des BayMG in Übereinstimmung mit dem Vorbehalt der öffentlich-rechtlichen Trägerschaft zu genügen hat. Für den grundrechtlichen Programmauftrag der Landeszentrale ist weniger das Programm ei-

---

[243] Bornemann/Kraus/Lörz, BayMG, Art. 2, Rdnr. 21
[244] Bornemann/Kraus/Lörz, BayMG, Art. 2, Rdnr. 22
[245] Bornemann/Kraus/Lörz, BayMG, Art. 2, Rdnr. 6
[246] Vgl. auch Lerche, in: Rüthers/Stern, (Hrsg.), Festgabe zum 10jährigen Jubiläum der Gesellschaft für Rechtspolitik, 1984, 246ff., 251; Brümmer, Modellfragen, S. 21; Bethge, Der verfassungsrechtliche Status der BLM, 1999, S. 35

nes einzelnen Anbieters maßgeblich als das Gesamtprogramm[247], das sich aus der Vielzahl der angebotenen Programme zusammensetzt. Dies beinhaltet in erster Linie einen erheblichen Koordinationsbedarf, denn das Gesamtprogramm soll eine „journalistische Einheit"[248] bilden, die mehr sein muß als nur die Summe von Meinungsäußerungen im Sinne des außenpluralistischen Modells[249]. Inhaltlich aber wird das vom privaten Anbieter gestaltete Programm nicht nur in seiner Gesamtheit mit anderen Programmen eines Verbreitungsgebiet der Landeszentrale im Rahmen der öffentlich-rechtlichen Trägerschaft und ihrer Gesamtprogrammverantwortung zugerechnet, sondern auch als selbständiger Teil dieses Gesamtprogramms[250]. Gesamt- und Einzelprogrammverantwortung überlagern sich also[251].

Das Gesamtprogramm ist logische Folge der Koordinierung von Einzelprogrammen, weswegen die Koordination und Organisation der privaten Angebote die vorrangige Aufgabe der Landeszentrale darstellt. Erst durch die Zulassung und laufende Koordination der von ihr ausgewählten Angebote setzt die Landeszentrale ihre Programmvorstellungen nach ihren Vorgaben und Festlegungen um[252]. Durch diese Einbindung der privaten Einzelprogramme in ein insgesamt öffentlich-rechtlich verantwortetes „Gesamtsystem" [253] wird einer umfassenden Gesamtprogrammverantwortung genügt. Diese äußert sich gerade in der Art und Weise der Einbindung der privaten Anbieter in die Rundfunkveranstaltung: Sie erhalten durch die Sendegenehmigung keinen Veranstalterstatus im Sinne einer weitgehend unabhängigen Position gegenüber der Landeszentrale, sondern sie werden in den Gesamtprozeß Rundfunk unter der überwölbenden Programmverantwortung der öffentlich-rechtlichen Trägereinheit integriert[254].

2. Differenzierung der Verantwortungsbereiche

Durch die getrennte Wahrnehmung von Einzel- und Gesamtprogrammverantwortung entsteht eine Funktionenteilung zwischen privaten Anbietern und der öffentlich-rechtlichen Trägereinheit, wie sie sonst in keinem Bundesland anzutreffen ist. Während sich im übrigen Bundesgebiet Einzel- und Gesamtpro-

---

[247] Wagner, Die Landesmedienanstalten, 1990, S. 81; das Bundesverfassungsgericht definiert des Begriff des Gesamtprogramms als den „Inbegriff aller gesendeten inländischen Programme", BVerfGE 57, 295, 323f.; instruktiv zum Begriff siehe Stock, Medienfreiheit als Funktionsgrundrecht, 1985, S. 212; vgl. auch § 10 Abs. 1 HFS, § 8 Abs. 1 FSS

[248] Stock, Medienfreiheit als Funktionsgrundrecht, 1985, S. 212

[249] Stock, Medienfreiheit als Funktionsgrundrecht, 1985, S. 215

[250] Brümmer, Modellfragen, S. 21

[251] Brümmer, Modellfragen, a.a.O.

[252] Bornemann/Kraus/Lörz, BayMG, Art. 25, Rdnr. 35

[253] Lerche, in Rüthers/Stern, Freiheit und Verantwortung im Verfassungsstaat, S. 246ff., 251

[254] Brümmer, Modellfragen, S. 22

grammverantwortung während des Genehmigungszeitraumes[255] in Gestalt der privaten Anbieter vereinigt[256], eröffnen sich nach der bayerischen Rundfunkgesetzgebung zwei getrennte Aufgabenbereiche. Der Aufgabenbereich der privaten Anbieter ist dabei jedoch im Vergleich zu anderen Rundfunkgesetzen deutlich beschränkt[257], eine Verantwortung für die Ausgewogenheit eines Gesamtprogramms auf einer Frequenz obliegt ihnen z.B. nicht. Gleiches gilt für die Schaffung wirtschaftlich tragfähiger Rahmenbedingungen sowie der technischen und organisatorischen Voraussetzungen für eine flächendeckende Versorgung mit Rundfunkprogrammen. Diese Aufgaben werden von der Landeszentrale erfüllt[258].

Auch das Bundesverfassungsgericht hat diese Funktionenteilung gesehen und daraus einen eigenen Freiheitsbereich privater Anbieter konstatiert, die „im Rahmen der gesetzlichen Vorgaben Gestaltungsfreiheit" besitzen[259]. Mit der Exklusivität der Aufgabe der Programmproduktion ist nach Auffassung des Gerichts jedoch nicht die Exklusivität der Grundrechtsträgerschaft verbunden, da es für hierfür nicht notwendig ist, „daß der Veranstalter das Programm selbst ausstrahlt der die einzelnen Sendungen selbst produziert"[260]. Programmfreiheit, verstanden im Sinne von Einzel-Programmgestaltung und Gesamt-Programmverantwortung läßt sich also differenzieren[261].

Die Trennung von Gesamt- und Einzelprogrammverantwortung hat weitreichende Konsequenzen für die Bestimmung und Herleitung der Kompetenzverteilung im bayerischen Rundfunkmodell. Als Letztverantwortliche für das von ihr veranstaltete Programm verwirklicht die Landeszentrale bei der Auswahl und programmlichen Begleitung der Anbieter jedenfalls inhaltlich die Voraussetzungen und Elemente der Programmfreiheit[262]. Der Wahrnehmung der Programmverantwortung durch die Landeszentrale entspricht ein spezifischer, aus dem Trägerschaftsvorbehalt heraus zu definierender Stellenwert, der mit der Bündelung und Koordination der von den privaten Anbietern in ihrem Aufgabenbereich „eigenverantwortlich" gestalteten Programmangebote korrespondiert. Die Wahrnehmung der Gesamtprogrammverantwortung in Gestalt der Koordination und Organisation der Programmangebote erfüllt die Voraussetzungen der Wahr-

---

[255] Zur Situation im Genehmigungsverfahren siehe unten in diesem Kapitel, Die weitgehende Gestaltungsbefugnis der Landesmedienanstalten im Zulassungsverfahren

[256] Hierzu Brümmer, Modellfragen, S. 24

[257] Brümmer, a.a.O.

[258] Ähnlich Schmitt-Glaeser, ZUM 1985, 523ff., 536; siehe eingehend oben, Kapitel 2, Vielfaltssicherung durch Schaffung wirtschaftlich tragfähiger Rahmenbedingungen

[259] BVerfGE, 97, 298, 311

[260] BVerfGE, 97, 298, 310

[261] Ähnlich Bethge, Der verfassungsrechtliche Status der BLM, 1999, S. 48

[262] Bornemann/Kraus/Lörz, BayMG, Art. 26, Rdnr. 23; vgl. auch Bethge, Der verfassungsrechtliche Status der BLM, 1999, S. 35

nehmung einer Programmfreiheit, die nicht als „besser" als die der privaten Anbieter bezeichnet werden kann, jedoch möglicherweise als umfassender und dem Trägerschaftsvorbehalt sehr viel nahestehender als die „vorgeschaltete" Programmfreiheit der Anbieter. Vor allem aber kann die Gesamtprogrammverantwortung mit allen Konsequenzen allein von der öffentlich-rechtlichen Trägereinheit wahrgenommen werden, um der exklusiven Zuweisung des Art. 111a Abs. 2 Satz 1 BV gerecht werden zu können. Die Wahrnehmung der gesamten Letztverantwortung gegenüber dem Prozeß der Gewährleistung einer freien Meinungsbildung verbleibt bei der Landeszentrale, für eine über seine eigene Einzelprogrammverantwortung hinausgehende Verantwortung des Anbieters gegenüber dieser Gewährleistung bleibt insoweit kein Raum[263], der durch entsprechende Funktionsbereiche und Kompetenzen auszufüllen wäre. Es ist daher legitim, nur auf Seiten der öffentlich-rechtlichen Trägereinheit von der Wahrnehmung einer „originären" öffentlich-rechtlichen Programmverantwortung[264] zu sprechen. Die Funktionszuweisung des BayMG durch seine Trennung von Programmorganisation und –gestaltung bildet sich demnach in Verantwortungsbereichen ab, die zugleich dem Trägerschaftsvorbehalt in ihrer Ausprägung gerecht werden müssen. Dabei müssen die verschiedenen Aufgabenbereiche so ausgestaltet sein, daß die Funktionswahrnehmung aller Beteiligten an der Rundfunkveranstaltung umfassend gewährleistet ist. Mit anderen Worten, darf der eine Freiheitsbereich den anderen nicht in einer Weise einschränken, die der Funktionsfähigkeit des Gesamtsystems zuwiderlaufen würde. Dies führt zu der Überlegung, wie die grundrechtlich geschützte Position der privaten Anbieter im Rahmen der öffentlich-rechtlichen Trägerschaft definiert werden muß, ohne die Funktionalität des der Rundfunkfreiheit verpflichteten Modells in Frage zu stellen.

F. Die Stellung der Anbieter gegenüber der Landeszentrale

Die öffentliche Verantwortung, in der das Medium Rundfunk steht und deren Wahrnehmung der Landeszentrale zugewiesen ist, verbindet sich zusammen mit dem Begriff der öffentlich-rechtlichen Trägerschaft zu einer Skalierungsmöglichkeit zur Bestimmung der Position der privaten Anbieter. Hierbei tritt in gewissem Maße ein „immanenter Zielkonflikt"[265] aufgrund der „Zwitterstel-

[263] Bethge, ZUM 1986, 255, 260; Schumacher, Freiheitsgestaltende Programmauflagen für den privaten Rundfunk, 1995, S. 17; ähnlich für eine Delegation von programmlicher Verantwortung Lerche, in: Rüthers/Stern, (Hrsg.), Festgabe zum 10jährigen Jubiläum der Gesellschaft für Rechtspolitik, 1984, S. 246ff.; 252; Schmitt-Glaeser, Kabelkommunikation und Verfassung, 1979, S. 69
[264] Bumke, Landesmedienanstalten, 1995, S. 214
[265] Degenhart, AfP 1987, 371ff., 371 m.w.Nw.

lung“[266] der gesetzlichen Konstruktion auf: Ein Zuviel an öffentlich-rechtlicher Organisation verhindert die im Rahmen eines arbeitsteilig nach Verantwortungs- und Funktionsbereichen aufgegliederten Prozesses geforderte Eigenständigkeit privaten Rundfunkengagements, umgekehrt bewirkt ein Zuwenig an öffentlich-rechtlicher Einbindung einen Verstoß gegen die bayerische Verfassung[267].

Die Lösung dieses Konfliktes kann angesichts der zwingenden Vorgaben des verfassungsrechtlichen Trägerschaftsvorbehaltes nur auf eine Weise erfolgen, die an der Funktionalität des Gesamtsystems und seiner Verpflichtung auf die Gewährleistung der Rundfunkfreiheit orientiert sein muß. Aus der Trennung von Aufgaben- und Funktionsbereichen im Rundfunkmodell der öffentlich-rechtlichen Trägerschaft kann dabei der Schluß gezogen werden, daß die Tätigkeit der Landeszentrale und der privaten Anbieter einfachgesetzlich und auch im Rahmen der grundrechtlichen Bewertung so ausgestaltet sein muß, daß beide Funktionsbereiche zu optimaler Wirksamkeit gelangen. Die Rahmenkonstruktion bildet dabei der verfassungsrechtlich vorgegebene Vorbehalt der öffentlich-rechtlichen Trägerschaft, dessen Gewährleistung auch bei einer Bestimmung der Position der privaten Anbieter im Vordergrund zu stehen hat.

I. Der funktionelle Vorbehalt der öffentlich-rechtlichen Trägerschaft

Auch wenn sich der Gesetzgeber in Bayern für die Einbeziehung privater Angebote in die öffentlich-rechtlich getragen Rundfunkveranstaltung entschieden hat, ist er dennoch an die effiziente Ausfüllung des Trägerschaftsvorbehaltes nach Art. 111a Abs. 2 Satz 1 BV gebunden; anders ausgedrückt, muß die Konstruktion einer arbeitsteiligen Rundfunkveranstaltung auch funktionell dem verfassungsrechtlichen Vorbehalt genügen. Dies setzt zum einen voraus, daß der Trägerschaftsvorbehalt als Vorgabe für die gewählte Form der Landesrundfunkordnung seinerseits verfassungsgemäß ist[268]. Dies ist auch vom Bundesverfassungsgericht in seinem Beschluß zur Grundrechtsträgerschaft privater Anbieter in Bayern nicht bezweifelt, sondern vielmehr vorausgesetzt worden[269]. Zum anderen muß bei einer optimierenden Zuordnung der Freiheitsbereiche von privaten Anbietern und öffentlich-rechtlicher Trägereinheit stets im Auge behalten werden, daß die Wahrnehmung der öffentlich-rechtlichen Letztverantwortung für das Gesamtprogramm durch die Landeszentrale gesichert sein muß, um dem Trägerschaftsvorbehalt genügen zu können.

---

[266] Brümmer, Modellfragen, S. 2

[267] Degenhart, a.a.O.

[268] Stettner, Rundfunkfreiheit in Bayern, in: BLM-Symposion Medienrecht 1998, 1999, S. 43ff., S. 61

[269] BVerfGE 97, 298, 312f.; hierzu Stettner, K&R 1999, 355ff., 362; siehe auch eingehend oben, Kapitel 1, Die Verfassungsmäßigkeit des Art. 111a Abs. 2 Satz 1 BV

1. Der öffentlich-rechtliche Trägerschaftsvorbehalt als Ausgestaltung der Rundfunkordnung

Die Rundfunkfreiheit des privaten Anbieters wird (nicht nur im System der öffentlich-rechtlichen Trägerschaft) nicht uneingeschränkt gewährleistet, sondern ist von der Ausgestaltung einer differenziert ausgeformten Rundfunkordnung durch den Gesetzgeber umgrenzt. Die Freiheit des einzelnen Rundfunkveranstalters steht dabei unter dem Vorbehalt der Beachtung eines komplexen Ordnungsgefüges, das die Freiheit des öffentlichen Meinungsbildungsprozesses im Interesse der Allgemeinheit durch besondere materielle, organisatorische und verfahrensmäßige Sicherungen schützt[270]. Dieser Vorbehalt beinhaltet auch, daß eine gestaltende oder kontrollierende Maßnahme, die aufgrund der Ausgestaltung der Rundfunkfreiheit ergriffen wird, einen bestehenden Freiheitsraum einschränkt[271]: „Wird der besonders geschaffene Träger staatsunabhängiger Rundfunkaufsicht tätig, um die Einhaltung der Vorgaben des ausgestaltenden Gesetzgebers zu sichern, dann sind seine Maßnahmen keine Grundrechtseingriffe, sondern nachvollziehende Akte der Grundrechtsausgestaltung.“[272] Bei einer generalisierenden Betrachtung erweist sich ein Ausgestaltungsgesetz dann nicht als Beschränkung des Grundrechts[273].

Diese Grundsätze gelten im besonderen für das Modell der Rundfunkveranstaltung in öffentlich-rechtlicher Trägerschaft. Die Wahrnehmung der Rolle einer öffentlich-rechtlichen Trägereinheit wird durch einen erweiterten, grundrechtlich geschützten Freiheitsbereich unterstützt und auf diese Weise als Teil der Rundfunkordnung besonders ausgestaltet. In Konsequenz der Verpflichtung jedweder Ausgestaltung auf die Gewährleistung der Rundfunkfreiheit ist mit der Beanspruchung dieses Freiheitsbereiches gleichzeitig ein verfassungsrechtlicher Auftrag verbunden, das von Art. 111a Abs. 2 Satz 1 BV vorgesehene System verfassungskonform umzusetzen und mit Leben zu erfüllen. Auch das Grundrecht der Anbieter ist dabei im Rahmen der Ausgestaltung des Art. 111a Abs. 2 Satz 1 BV nicht ohne öffentlich-rechtlichen Bezug zu sehen, es unterliegt vielmehr einer spezifisch öffentlich-rechtlichen Prägung[274].

---

270 Balda, Duale Rundfunkordnung, 1997, S. 35; Bethge, Rundfunkfreiheit und öffentlich-rechtlicher Organisationsvorbehalt, 1987, S. 65

271 Vahrenhold, Die Stellung der Privatfunkaufsicht im System staatlicher Aufsicht, 1992, S. 4; allerdings hat auch die ausgestaltende Aufsichtsmaßnahme dem Vorbehalt des Gesetzes zu genügen, siehe hierzu Vahrenhold, a.a.O., S. 31

272 Hoffmann-Riem, Personalrecht der Rundfunkaufsicht, 1991, S. 86 unter Hinweis auf Hartstein/Ring/Kreile/Dörr/Stettner, Rundfunkstaatsvertrag, Rn. 12, Einführung vor Art. 12

273 Balda, Duale Rundfunkordnung, 1997, S. 35; Badura, Verfassungsrechtliche Bindungen der Rundfunkgesetzgebung, 1980, S. 62; Lerche, Rundfunkmonopol, 1970, S. 34ff.; Hoffmann-Riem, AöR 109 (1984), 304ff., 315f.; siehe eingehend oben Kapitel 1, Interdependenz von Freiheitsgewährleistung und normativer Ausgestaltung

274 Bethge, Rundfunkfreiheit in Bayern, in: BLM-Symposion Medienrecht 1998, 1999, S. 19ff., S. 20

2. Funktionalität des Gesamtsystems als Auftrag an die öffentlich-rechtliche Trägereinheit

Der Landeszentrale obliegt als öffentlich-rechtlicher Trägereinheit die Verantwortung für das Gesamtprogramm unter allen Gesichtspunkten des damit verbundenen Gewährleistungsauftrages. Die Aufgabenstellung der BLM ist von diesem spezifischen Funktionsauftrag grundlegend geprägt und es ist eben jene Funktion, die grundrechtlich erfaßt und geschützt wird[275]. Sie entfaltet eine grundrechtliche Abwehrwirkung zwar zuallererst gegenüber dem Staat, zeitigt aber auch bei ihrer Erfüllung Auswirkungen auf die Freiheitsbereiche der privaten Anbieter, da das der Landeszentrale zustehende „Kompetenzarsenal“[276] materieller Ausdruck des öffentlich-rechtlichen Trägerschaftsvorbehaltes ist. Dem Freiheitsbereich der öffentlich-rechtlichen Trägereinheit eignet damit nicht nur eine auf Abwehr gerichtete Komponente, sondern auch und vor allem gestalterisches Potential. Diese Gestaltungsmacht beinhaltet notwendigerweise eine „Kupierung“ des grundrechtlich geschützten Freiheitsbereiches der Anbieter, da sich der vom öffentlich-rechtlichen Funktionsvorbehalt geschützte Freiheitsbereich der Trägereinheit mit dem unter diesem Vorbehalt stehenden Freiheitsbereich der privaten Anbieter überschneiden können[277].

Die Wahrnehmung des Grundrechts der Rundfunkfreiheit durch die Landeszentrale ist dabei in einem außerordentlich hohen Maße von einer Verpflichtung auf den Funktionsauftrag geprägt. Die weitgehenden Befugnisse der BLM sind also weniger Ausdruck einer Freiheit als einer Verpflichtung, die Voraussetzungen für die Substanzanreicherung dieser Freiheit überhaupt erst zu schaffen. Fast scheint es so, als wären der Landeszentrale gleichsam ausschließlich Verpflichtungen auferlegt, da sie selbst aus der Rundfunkveranstaltung keinen eigenen greifbaren Nutzen, z.B. in wirtschaftlicher Hinsicht zieht. Bei genauerem Hinsehen ergibt sich jedoch gerade daraus eine spezifische Aufgabentrennung zwischen Landeszentrale und privaten Anbietern: Die Programmfreiheit als Herzstück und Kernbereich der Rundfunkfreiheit wird von der Landeszentrale grundlagenbezogen und organisatorisch hinsichtlich des Gesamtprogramms ausgeübt, im Falle der Anbieter hingegen bezieht sie sich exekutiv und inhaltlich auf das einzelne Programm. Der Freiheitsbereich der privaten Anbieter wird also durch die Ausübung ihrer jeweiligen „Einzel“-Programmfreiheit definiert, aber um der Funktionsfähigkeit des öffentlich-rechtlichen Trägerschaftsvorbehaltes willen von den organisatorischen und „gesamt“-programmbezogenen Befugnissen der Landeszentrale nach dem BayMG umgrenzt. Diese wiederum stehen zwar im Rahmen der BayMG auf einfachgesetzlicher Ebene, sind aber als „kon-

[275] Bethge, Der verfassungsrechtliche Status der BLM, 1999, S. 41
[276] Bethge, a.a.O.
[277] Bethge, Der verfassungsrechtliche Status der BLM, 1999, S. 51; ähnlich Brümmer, Modellfragen, S. 22ff.

kretisiertes Verfassungsrecht"[278] Ausdruck eines grundrechtlich umhegten Freiheitsbereiches, der sich nicht allein an Grundrechtspositionen der privaten Anbieter messen lassen muß, sondern dessen effektive Ausfüllung vor allem einen „Funktions-Vorbehalt"[279] der öffentlich-rechtlichen Trägerschaft beinhaltet.

3. Konsequenzen des funktionellen Vorbehaltes der öffentlich-rechtlichen Trägerschaft

Es stellt sich nun die Frage, wann die Wahrnehmung der öffentlich-rechtlichen Trägerschaft als funktionsfähig bezeichnet werden kann, bzw. wie der Freiheitsbereich der Landeszentrale (auch gegenüber den privaten Anbietern) beschaffen sein muß, um dieser Funktion gerecht werden zu können.

Trägerschaft ist in diesem Zusammenhang vor allem als die Möglichkeit zur aktiven Einflußnahme auf das zu verantwortende Gesamtprogramm zu begreifen. Hiervon kann immer dann nicht gesprochen werden, wenn aufgrund überlagernder Freiheitsbereiche Dritter das Ergebnis der Rundfunkveranstaltung, der Trägereinheit nicht mehr zugerechnet werden kann. Stettner weist daher zu Recht darauf hin, daß der Landeszentrale die Trägerschaft ein von ihr „nicht gewolltes Programm" nicht „aufgezwungen werden dürfe", indem man ihre auf die programmliche Vielfalt gerichteten Vorstellungen gegenüber der programmlichen Konzeption privater Anbieter zurücksetzt[280]. Maßgebend für die Gestaltung des Gesamtprogramms dürfen daher nur die am Gebot der Meinungsvielfalt orientierten Vorstellungen der öffentlich-rechtlichen Trägereinheit sein[281].

Das Grundrecht der Rundfunkfreiheit vermittelt der Landeszentrale als öffentlich-rechtliche Trägerin des von ihr verantworteten Rundfunks bei dessen Organisation dementsprechend einen weiten Gestaltungs- und Entscheidungsspielraum[282]. Der öffentlich-rechtliche Trägerschaftsvorbehalt erfordert ein weitreichendes und effektives Kontroll- und Steuerungsinstrumentarium in Hand des öffentlich-rechtlichen Trägers, das es ihm erlaubt, weitgehend über Inhalt, Ablauf und Organisation des Gesamtprogramms zu bestimmen. Die Zubilligung subjektiver Rechte auf Seiten der Anbieter muß sich an diesem Vorbehalt messen lassen, da sie sonst zu einer Beschneidung der Rechte der Landeszentrale führen könnte, die mit dem öffentlich-rechtlichen Trägerschaftsvorbehalt nicht

---

[278] Bethge, Der verfassungsrechtliche Status der BLM, 1999, S. 41

[279] Bethge, Der verfassungsrechtliche Status der BLM, 1999, S. 50

[280] Stettner, Rundfunkfreiheit in Bayern, in: BLM-Symposion Medienrecht 1998, 1999, S. 43ff., S. 60

[281] BayVerfGH, BayVBl. 1993, 719ff., 719

[282] So auch ausdrücklich BayVGH, ZUM 1994, 571ff., 573 unter Hinweis auf BayVerfGH 39, 96, 145; 43, 170, 181

zu vereinbaren wäre[283]. Anders ausgedrückt, dürfen in all den Bereichen, in denen sich der Freiheitsbereich der Landeszentrale als öffentlich-rechtliche Trägereinheit in Aufgaben der Organisation privater Rundfunkangebote zur Gewährleistung von Meinungsvielfalt ausdrückt, die insoweit konkurrierenden Grundrechtskreise der Anbieter nicht den Ausschlag für eine Rundfunkorganisation geben, die der Landeszentrale unter dem Gesichtspunkt der Gesamtprogrammverantwortung nicht mehr zugerechnet werden kann.

Die Annahme eines öffentlich-rechtlichen Funktionsvorbehaltes korrespondiert dabei auch mit dem Erfordernis der „Modellkonsequenz“[284]: Insbesondere Lerche hat grundsätzlich ausgeführt, daß die Zulassung privater Veranstalter mit eigenverantworteten, ihnen als solchen erkennbar[285] zurechenbaren Programmen nicht mit Organisationsformen beliebig kombiniert werden kann, „die nur im Raume des Integrationsmodells verfassungsrechtlich legitim sein können; d.h. etwa mit einer steuernden, inhaltlich gestaltend einwirkenden Potenz irgendeiner (sozusagen intendantengleichen) öffentlich-rechtlichen Stelle“[286]. Im Umkehrschluß bedeutet dies, daß ein öffentlich-rechtlich getragenes Modell sich nicht mit einer Form der Rundfunkveranstaltung verträgt, bei der die in das Modell integrierten Programmgestalter Bereiche der Letztverantwortung besetzen, zu deren Wahrnehmung allein die öffentlich-rechtliche Trägereinheit berufen ist. Die gewählte Organisationsform wäre in diesem Fall mit den tatsächlichen Gegebenheiten nicht mehr kompatibel.

Es liegt auf der Hand, daß diese grundsätzliche Aussage nicht durch eine zu weitreichende Einräumung von Rechten auf der Anbieterseite konterkariert werden darf. Die Grundrechtsbindung der Landeszentrale, also ihre Verpflichtung zur Beachtung des Grundrechts der Anbieter darf die eigene Funktion im Gefüge der öffentlich-rechtlichen Trägerschaft nicht behindern[287]. Es erscheint daher naheliegend, daß, möglicherweise differenziert nach unterschiedlichen Funktionsbereichen (Genehmigungsverfahren, Sendeperiode, Programmbereich, organisatorische Maßnahmen)[288], im Regelfall der Freiheitsbereich der Landeszen-

---

[283] Balda, Duale Rundfunkordnung, 1997, S. 51; Stettner, Die Stellung der BLM nach dem BayMG, 1999, S. 50f., 65; Bethge, Der verfassungsrechtliche Status der BLM, 1999, S. 50f.; Brümmer, Modellfragen, S. 55

[284] Siehe hierzu eingehend oben, Kapitel 1, Modellzwang und Modellkonsequenz

[285] Lerche, Presse und privater Rundfunk, 1984, S. 29

[286] Lerche, Presse und privater Rundfunk, 1984, S. 21f.; auch nach Auffassung des Bundesverfassungsgericht ist durch den Gesetzesvorbehalt keine Entwicklung gestattet, die aufgrund des tatsächlichen Verhaltens von Rundfunkveranstaltern das vom Gesetzgeber gewählte System aushöhlt, unterwandert oder strukturell gravierend verändert; BVerfGE 83, 283, 309f; hierzu Engler, Kooperationen im Rundfunk, 1995, S. 111

[287] Hepach, ZUM 1998, 795ff., 802

[288] Ähnlich Stettner, Die Stellung der BLM nach dem BayMG, 1999, S. 85, Fn. 154

trale in seiner Wertigkeit den der privaten Anbieter in der Regel überlagert[289], es sei denn, die Gewichtung müßte im Einzelfall aus evidenten Gründen anders ausfallen. Die für einen „Beurteilungsvorsprung" der Landeszentrale in Vielfaltsfragen sprechende Vermutung ist allerdings aufgrund der beiderseitigen Grundrechtsträgerschaft nicht mehr zwingend, sondern widerlegbar[290].

Unterschiede in der Wertigkeit beider Freiheitsbereiche werden im Hinblick auf die Trennung von Gesamt- und Einzelprogrammverantwortung insbesondere dann sichtbar, wenn man die Rundfunkorganisation differenziert nach Genehmigungsverfahren und laufender Sendeperiode betrachtet.

II. Die organisatorische Letztentscheidungskompetenz der Landeszentrale im Genehmigungsverfahren

Grundsätzlich spricht auch bei einem Vergleich mit der Situation in der dualen Rundfunkordnung vieles dafür, den Bereich des Genehmigungsverfahrens funktional vor allem einem originären Freiheitsbereich der Landeszentrale zuzuordnen, der durch konkurrierende Grundrechtskreise der privaten Anbieter nicht von vornherein eingeschränkt werden darf. Zum einen verfügen auch die Landesmedienanstalten in anderen Bundesländern bei der Koordination des Gesamtprogramms im Zulassungsverfahren über weitreichende Einwirkungsbefugnisse[291]. Zum anderen besteht auf Seiten der Bewerber in Bayern von vornherein kein Anspruch auf Erteilung einer Genehmigung, so daß schon deshalb ihr Freiheitsbereich im Rahmen der ermessensgeleiteten Entscheidung der Landeszentrale auf einen „Grundrechtsbeachtungsanspruch" reduziert ist[292]. Der gesamte Gestaltungsspielraum bei der Auswahl privater Angebote, der sich aus den vorgenannten Aufgabenstellungen ergibt, ist darüber hinaus denkbar weit und muß es sein, um dem öffentlich-rechtlichen Trägerschaftsvorbehalt gerecht werden zu können. Die Koordinations- und Steuerungskompetenzen lassen sich dabei in zwei Stufen unterteilen[293]: Zum einen ist das Genehmigungsverfahren vorrangiger Schauplatz der Koordinationsaufgabe der Trägereinheit. Zum anderen muß diese in der Lage sein, auch während des Genehmigungszeitraumes das von ihr getragene und verantwortete Programm effektiv zu steuern.

Die Entscheidung über die Auswahl privater Rundfunkangebote im Genehmigungsverfahren stellt die Weichen für das zu erzielende Gesamtprogramm unter allen denkbaren Gesichtspunkten der Meinungsvielfalt und wird daher zutref-

---

[289] So auch Stettner, Die Stellung der BLM nach dem BayMG, 1999, S. 57, 83

[290] Stettner, Die Stellung der BLM nach dem BayMG, 1999, S. 85; ders., K&R 1999, 355ff., 362

[291] Siehe hierzu sogleich

[292] Instruktiv hierzu siehe Bamberger, ZUM 2000, 284ff., 285f.

[293] Siehe auch allgemein Wagner, Die Landesmedienanstalten, 1990, S. 157

fend als „vorweggenomme Programmpolitik“ [294] bezeichnet. Die Auswahlentscheidung kann daher als die wichtigste Entscheidung der Landeszentrale bei der Organisation privater Rundfunkangebote bezeichnet werden[295]. Im Hinblick auf den ihr zustehenden Gestaltungsspielraum ist die Landeszentrale dabei, zunächst noch abgesehen von ihrer Eigenschaft als öffentlich-rechtliche Trägereinheit, nicht anders zu behandeln als andere Landesmedienanstalten, denen im Rahmen der Zulassungsentscheidung eine „weitgehende Verfügungsmacht über das Medium“[296] zugestanden wird.

1. Die weitgehende Gestaltungsmacht der Landesmedienanstalten im Zulassungsverfahren

Die Landesmedienanstalten verfügen auch in der dualen Rundfunkordnung nicht zuletzt aufgrund der „Offenheit“ des rundfunkrechtlichen Normprogramms bei ihrer Zulassungsentscheidung über eine „erhebliche Gestaltungsmacht“[297]. Die Offenheit und Ausfüllungsbedürftigkeit der einfachgesetzlichen Regelungen begründet eine „Entscheidungsvollmacht“ der Landesmedienanstalten im Zulassungsverfahren, da die wertungsoffenen Auswahlkriterien und Zielvorgaben der Landesmediengesetze nicht durch „schlichte Subsumtionsarbeit“[298] ausgefüllt werden können, sondern „programmbezogene Wertungen und prognostische Erwägungen erfordern[299]. Zu Recht weist in diesem Zusammenhang Bumke darauf hin, daß „tatsächliche Gestaltungsmacht und rechtliche Letztentscheidungsmacht“ so zu einer „Konvergenz der rechtlich unterscheidbaren Konstruktionen von gebundener Entscheidung und Ermessensentscheidung“ führen[300]. Ein erheblicher Gestaltungsspielraum, der die Interessen der sich bewerbenden Veranstalter in den Hintergrund rückt, ist daher auch in der dualen Rundfunkordnung gegeben.

Wagner leitet diese weitgehende „Verfügungsmacht über das Medium“ überzeugend aus einer Gegenüberstellung von Programmfreiheit und Programmkoordinierung ab. Hiernach geht es im Rahmen der Zulassungsentscheidung nicht primär um das Verhältnis zwischen Kontrollorgan und dem einzelnen Veranstalter, also dem einzelnem Programm, sondern um die Aufgabe der Landesmedienanstalt, ein vielfältiges Gesamtprogramm aus den Reihen der Bewerber zu

[294] Vgl. zuletzt Stettner, Die Stellung der BLM nach dem BayMG, 1999, S. 99f.; Hoffmann-Riem, RuF 1978, 111ff., 124; Hesse, Rundfunkrecht, 1999, S. 150; Bornemann/Kraus/Lörz, BayMG, Art. 2, Rdnr. 13f.
[295] So auch Stettner, Die Stellung der BLM nach dem BayMG, 1999, S. 80
[296] Wagner, Die Landesmedienanstalten, 1990, S. 81
[297] Bumke, Landesmedienanstalten, 1995, S. 212; vgl. auch BVerfGE 73, 118, 189: „zahlreiche, das Programmangebot beeinflussende Gestaltungsmöglichkeiten“
[298] Bumke, Landesmedienanstalten, 1995, S. 213
[299] Bumke, a.a.O.
[300] Bumke, a.a.O.

koordinieren[301]. Bei der Erfüllung dieser Funktion haben auch die (nur) externen Kontrollorgane[302] „ungleich größere Einfluß- und Steuerungsmöglichkeiten als im Rahmen der Programmkontrolle gegenüber Einzelprogrammen“[303]. Die Auswahlsituation läßt dabei subjektive Zulassungsansprüche gegenüber einem insoweit verkürzten Anspruch auf gleichberechtigte Teilhabe am Verteilungsverfahren zurücktreten[304] und gibt den Landesmedienanstalten die Möglichkeit, weitgehend unabhängig nach Vielfaltsgesichtspunkten zu entscheiden[305]. Der Bewerber um eine Zulassung genießt dabei (noch) nicht die „seinem“ Programm zukommende Einzel-Programmfreiheit, da es in erster Linie um die Konstruktion eines vielfältigen *Gesamt*programms geht[306]. Die genannten Einflußmöglichkeiten liegen konsequent auch bei der Entscheidung über die Verlängerung einer befristeten Zulassung erneut vor[307].

Die „Machtverteilung im Kontrollverhältnis“ verschiebt sich also auch in der dualen Rundfunkordnung während des Zulassungsverfahrens deutlich zugunsten der Kontrollorgane[308].

2. Die Anbieterauswahl als wesentliches Element der öffentlich-rechtlichen Trägerschaft

Die vorgenannten Grundsätze können auf die Tätigkeit der Landeszentrale im Genehmigungsverfahren übertragen werden, so daß schon aus diesem Grund der betroffene Freiheitsbereich der öffentlich-rechtlichen Trägereinheit entsprechend weit zu begreifen sein muß, um ihrer Funktion bei der Koordination des Gesamtprogramms gerecht zu werden. Hinzu kommt, daß die Auswahlentscheidung aufgrund ihrer Vorwirkung auf das zu erzielende Programm nicht nur auf die Einhaltung der Genehmigungsvoraussetzungen und die Koordination eines vielfältigen Gesamtprogramms gerichtet ist, sondern vor allem Ausdruck der verfassungsrechtlich geforderten Wahrnehmung der öffentlich-rechtlichen Programmverantwortung durch die Trägereinheit ist.

Auch nach dem BayMG ist das Genehmigungsverfahren in erster Linie „Programmorganisationsverfahren“[309] mit dem weit gesteckten Ziel, durch die Ver-

[301] Wagner, Die Landesmedienanstalten, 1990, S. 80f.
[302] Hierzu eingehend oben, Kapitel 1, Die Unterscheidung von externer und interner Kontrolle
[303] Wagner, Die Landesmedienanstalten, 1990, S. 81
[304] Bumke, Landesmedienanstalten, 1995, S. 204f., 211; ähnlich Fehling, Die Konkurrentenklage bei der Zulassung privater Rundfunkveranstalter, 1994, S. 234; a.A., jedoch im Ergebnis ähnlich Wagner, Die Landesmedienanstalten, 1990, S. 186, 188f., der zusätzlich eine nur eingeschränkte Überprüfungsmöglichkeit der „Auswahlspielräume“ der Landesmedienanstalten annimmt.
[305] Wagner, Die Landesmedienanstalten, 1990, S. 81
[306] Wagner, Die Landesmedienanstalten, 1990, S. 82
[307] Wagner, Die Landesmedienanstalten, 1990, S. 81
[308] Wagner, a.a.O.

teilung von den von privaten Anbietern gestalteten Programme auf die entsprechenden Übertragungswege landesweit ein funktionsfähiges und vielfältiges öffentlich-rechtliches Rundfunksystem unter Beteiligung privaten Engagements zu erreichen. Gleichzeitig soll das Genehmigungsverfahren den nach dem BayMG ermöglichten Zugang privater Anbieter zum Rundfunk in rechtsstaatlicher und chancengleicher Weise gewährleisten[310]. Das Genehmigungsverfahren vereint damit Elemente der sich in den organisatorischen Spielräumen der Landeszentrale abbildenden öffentlich-rechtlichen Trägerschaft sowie Elemente eines rechtsstaatlichen Verteilungsverfahrens[311]. Der Auswahlentscheidung der Landeszentrale eignet damit sowohl eine inhaltliche wie personelle Komponente[312]. Dabei ist jedoch folgendes zu beachten: Das System des öffentlich-rechtlich getragenen Rundfunks beruht nicht auf der Vorstellung einer Rundfunkorganisation durch „außenpluralistische Anbieterkonkurrenz“[313], sondern erhält durch die Dachkonstruktion der öffentlich-rechtlichen Trägerschaft und der daraus resultierenden Veranstaltereigenschaft der Landeszentrale in erster Linie binnenpluralistische Elemente.

Im Gegensatz zu anderen Bundesländern geht es in Bayern bei der Auswahl der Bewerber nicht um eine streitschlichtende Bestenauslese im „horizontalen Konflikt zwischen zwei (oder mehreren) Privaten“[314]. Vielmehr wählt die Landeszentrale sozusagen im eigenen Interesse der Ausfüllung ihres Verantwortungsbereiches die aus ihrer Sicht für diesen Zweck bestgeeigneten Anbieter aus. Die personelle Komponente der Verteilung vorhandener Übertragungskapazitäten auf verschiedene private Anbieter tritt damit gegenüber der inhaltlichen Komponente der Gestaltung eines vielfältigen Gesamtprogramms durch den öffentlich-rechtlichen Träger in den Hintergrund.

Das Auswahlverfahren beinhaltet damit im Gegensatz zu den Privatrundfunkgesetzen anderer Bundesländer auch nicht die Konkretisierung subjektiver Ansprüche auf Zugang zur Rundfunkveranstaltung im Sinne der Erteilung einer Genehmigung, sondern ist in erster Linie Ausdruck der öffentlich-rechtlichen Trägerschaft der Landeszentrale[315]. Die Auswahlkriterien des BayMG wollen und können daher weder nach ihrem Wortlaut noch nach ihrem Zweck ein un-

---

309 Vgl. auch Art. 2 Abs. 2 Satz 1 BayMG: „...organisiert die Landeszentrale Rundfunkprogramme...“

310 Wagner, Die Landesmedienanstalten, 1990, S. 178 unter Hinweis auf Schmitt-Glaeser, Kabelkommunikation und Verfassung, 1979, S. 212

311 Siehe hierzu eingehend oben, Kapitel 2, Die Auswahlentscheidung als Problem der Mangelverwaltung

312 Bornemann/Kraus/Lörz, BayMG, Art. 25, Rdnr. 35

313 Stettner, ZUM 1986, 559ff., 571; a.A. wohl Brümmer, Modellfragen, S. 93

314 Schmidt-Preuss, Kollidierende Privatinteressen im Verwaltungsrecht, 1992, S. 211 m.w.Nw.

315 Brümmer, Modellfragen, S. 92

mittelbares Eigeninteresse des Bewerbers auf Zulassung[316], sondern nur auf die Rechtsstaatlichkeit und gesetzmäßige Durchführung des Zulassungsverfahrens, begründen[317]. Ein Rechtsanspruch auf Zulassung ist damit nicht verbunden[318], wohl aber ein Anspruch auf ermessensfehlerfreie Entscheidung, in deren Rahmen sich auch der „Grundrechtsbeachtungsanspruch" der privaten Bewerber auswirkt[319]. Das Auswahlverfahren dient also schon von seinem organisatorischen Sinngehalt her nicht der Konkretisierung eines subjektiven Anspruchs der Bewerber auf Zulassung zur Rundfunkveranstaltung, sondern vielmehr der Realisierung des öffentlich-rechtlichen Trägerschaftsvorbehaltes und ist damit ein Element der objektiv-rechtlichen Ausgestaltung der Rundfunkfreiheit[320]. Zugleich bedeutet dies, daß sich im Genehmigungsverfahren der grundrechtlich geschützte Freiheitsbereich der Landeszentrale in besonderer Weise manifestiert und eine entsprechende Verkürzung des Freiheitsbereiches der privaten Anbieter in ihrer Position als Bewerber unumgänglich ist.

a) Anspruch des Bewerbers auf ermessensfehlerfreie Entscheidung

Wie bereits festgestellt, steht die Genehmigung im pflichtgemäßen Ermessen der Landeszentrale als Trägerin der Gesamtprogrammverantwortung[321]. Grundsätzlich ist zu beachten, daß das Genehmigungsverfahren zwar eine gleichberechtigte Teilhabe am Verteilungsverfahren ermöglichen soll[322], aber darüber hinaus nicht zur Konkretisierung subjektiver Ansprüche auf Zulassung zur Rundfunkveranstaltung dient[323]. Die Auswahlkriterien des BayMG sind also nicht geeignet, unmittelbare Rechtsansprüche der Bewerber auf eine Genehmigung auszulösen[324], da der öffentlich-rechtliche Trägerschaftsvorbehalt einem solchen, auch lediglich einfachgesetzlichen Zulassungsanspruch entgegensteht[325].

Dem Anbieter steht jedoch als Ausfluß einer „individualrechtsbetonten Perspektive eines grundrechtlichen Rundumschutzes"[326] stets ein Anspruch auf ermes-

---

[316] Bornemann/Kraus/Lörz, BayMG, Art. 26, Rdnr. 24

[317] Brümmer, Modellfragen, S. 92

[318] Vgl. Bamberger, ZUM 2000, 284ff., 285f.; Bornemann/Kraus/Lörz, BayMG, Art. 26, Rdnr. 24 m.w.Nw.; siehe auch eingehend oben, Kapitel 1, Anspruch auf Beteiligung an der Rundfunkveranstaltung

[319] Siehe hierzu in diesem Kapitel, Anspruch des Bewerbers auf ermessensfehlerfreie Entscheidung

[320] Bornemann/Kraus/Lörz, BayMG, Art. 25, Rdnr. 36

[321] Siehe hierzu auch oben, Kapitel 2, Die Genehmigung als Ermessensentscheidung

[322] Hierzu Bumke, Landesmedienanstalten, 1995, S. 205, 211; ähnlich Fehling, Die Konkurrentenklage bei der Zulassung privater Rundfunkveranstalter, 1994, S. 234

[323] Vgl. nur BayVerfGHE 39, 96, 145

[324] Bornemann/Kraus/Lörz, BayMG, Art. 25, Rdnr. 36; Art. 26, Rdnr. 31; BayVGH, ZUM-RD 1999, 397ff., 401

[325] Bornemann/Kraus/Lörz, BayMG, Art. 26, Rdnr. 31

[326] Bumke, Landesmedienanstalten, 1995, S. 219

sensfehlerfreie Entscheidung durch die Landeszentrale zu; im Zuge der Konkurrenz des Auswahlverfahrens ergibt sich dieser Anspruch allgemein auch aus dem Gleichheitssatz[327]. Er ist materiell-rechtlich einklagbar und verwirklicht sich in verfahrensrechtlichen Rechtspositionen[328]. Insofern hat der Bewerber um einen Sendeplatz im Genehmigungsverfahren einen Anspruch auf fehlerfreien Ermessensgebrauch[329], wobei zusätzlich seine Position als Grundrechtsträger in die Überlegungen einzubeziehen ist[330] und die Eigenheiten des konkreten Einzelfalles zu berücksichtigen sind[331]. Gleichwohl ist eine über diese Verpflichtung zur Beachtung der grundrechtlichen Position hinausgehende Rechtsstellung nicht gegeben, insbesondere verdichtet sich hier die Grundrechtsträgerschaft privater Anbieter nicht zu einem Anspruch auf Zulassung zur Rundfunkveranstaltung[332]. Der „Grundrechtsbeachtungsanspruch" ist vielmehr innerhalb der Ermessensausübung der Landeszentrale verortet:

In der dualen Rundfunkordnung erscheint es vertretbar, trotz der Konvergenz von gebundener Entscheidung und Ermessensentscheidung aufgrund der großen Gestaltungsmacht der Landesmedienanstalten im Zulassungsverfahren einen einfachgesetzlichen Anspruch auf Erteilung der Zulassung bei Vorliegen der entsprechenden Voraussetzungen anzunehmen[333]. Grundlage für diesen Anspruch ist die Rundfunkfreiheit der privaten Veranstalter. Nach der bayerischen Verfassungslage stellt sich dieser Fall jedoch anders dar: Im Rahmen der öffentlich-rechtlichen Trägerschaft würde ein solcher Zulassungsanspruch der Aufgabe der öffentlich-rechtlichen Trägereinheit zur exklusiven Wahrnehmung der öffentlichen Verantwortung „diametral" zuwiderlaufen[334]. Ausschlaggebend für die Erteilung einer rundfunkrechtlichen Genehmigung sind vielmehr die auf das Gesamtprogramm bezogenen gestalterischen Organisations- und Auswahlentscheidungen der Landeszentrale, die diese allerdings nach pflichtgemäßem Ermessen[335] zu treffen hat.

---

327 Siehe hierzu Bornemann/Kraus/Lörz, BayMG, Art. 26, Rdnr. 21ff.

328 Bumke, Landesmedienanstalten, 1995, S. 219; vgl. auch Wilhelmi, ZUM 1992, 229, 236; einschränkend Bornemann, ZUM 1992, 483, 486

329 Bamberger, ZUM 2000, 284ff., 286f.; Bethge, ZUM 1994, 1ff., 6; vgl. auch Stettner, ZUM 1992, 456ff., 474f.

330 BVerfGE 97, 298, 314; Westphal, MMR 1998, 198ff., 202 unter Hinweis auf Bethge, NVwZ 1997, 1ff., 5

331 Siehe hierzu eingehend oben, Kapitel 2, Die Verfahren zur Zulässigkeit der qualifizierten Zusammenarbeit

332 Bornemann/Kraus/Lörz, BayMG, Art. 26, Rdnr. 31

333 Bumke, Landesmedienanstalten, 1995, S. 213f.; vgl. auch oben, Kapitel 1, Situation in der dualen Rundfunkordnung

334 Bornemann/Kraus/Lörz, BayMG, Art. 26, Rdnr. 31

335 Zum Begriff vgl. Bornemann/Kraus/Lörz, BayMG, Art. 26, Rdnr. 30 m.w.Nw.

Der Grundrechtsbeachtungsanspruch des Bewerbers ist dabei eingebettet in die Ermessensbetätigung der Landeszentrale. In den dieser zustehenden Gestaltungs-, Prognose- und Entscheidungsspielräumen manifestiert sich die Verpflichtung zur Wahrnehmung einer umfassenden Programmverantwortung zur Ausfüllung des öffentlich-rechtlichen Trägerschaftsvorbehaltes. Innerhalb dieser Ermessensbetätigung findet dann unter Beachtung des Grundrechtes der privaten Anbieter eine Abwägung der Rechtspositionen statt, für die im Rahmen des Ermessens gestalterische Spielräume bestehen[336].

Die vom Bundesverfassungsgericht möglicherweise ganz bewußt als „Grundrechtsbeachtungsanspruch" formulierte Rechtsposition des Bewerbers ist also in die Erwägungen einzustellen, begrenzt das Ermessen der Landeszentrale aber im übrigen nicht und erscheint daher als ein in erster Linie passiv zu begreifender „Anspruch" auf eine bestimmte Form der pflichtgemäßen Ermessensausübung. Ein Anspruch auf Erteilung der Genehmigung ist hiermit nicht verbunden und war offenbar auch vom Bundesverfassungsgericht nicht intendiert, da der Senat die Bindung der subjektivrechtlichen Position an das Normziel der Grundrechtssicherung an dieser Stelle deutlich hervorhebt und gleichzeitig die Gestaltungsfreiheit des Landesgesetzgebers betont[337].

Die privaten Anbieter haben daher einen Anspruch auf ermessensfehlerfreie Entscheidung und damit auf ordnungsgemäße Prüfung der Genehmigungsvoraussetzungen sowie darauf, daß die Landeszentrale ihre Entscheidung vom Vorliegen dieser Voraussetzungen abhängig macht[338]. An die Sachverhaltsermittlung durch die Landeszentrale sind dabei hohe Anforderungen zu stellen[339].

Ein Anspruch auf ermessensfehlerfreie Entscheidung haftet allerdings naturgemäß eine gewisse Schwäche bei der Durchsetzung an, sofern der Bewerber keinen Anspruch auf die gewünschte Entscheidung geltend machen kann und dem jeweiligen Entscheidungsträger bei seiner ermessensgeleiteten Entscheidung ein Beurteilungsspielraum zur Seite steht[340]. Dies ist bei den im Effekt stets vielfaltsorientierten Auswahlkriterien des Genehmigungsverfahrens nach dem BayMG grundsätzlich der Fall. So ist auch weitgehend unumstritten, daß die

---

[336] Ähnlich Stettner, K&R 1999, 355ff., 360
[337] BVerfGE 97, 298, 311
[338] BayVGH ZUM 1994, 571ff., 573; zustimmend Bamberger, ZUM 2000, 284ff., 286
[339] Wagner, Die Landesmedienanstalten, 1990, S. 190 unter Hinweis auf Stender, "Staatsferne" und "Gruppenferne" in einem außenpluralistisch organisierten privaten Rundfunksystem, 1987, S. 148
[340] Bamberger, ZUM 2000, 284ff., 286

Verwaltungsgerichte die Auswahlentscheidung des pluralistisch zusammengesetzten Medienrates nicht durch eine eigene Entscheidung ersetzen dürfen[341].

Aufgrund der ermessensgeleiteten und zudem noch nur sehr eingeschränkt gerichtlich überprüfbaren Genehmigungsentscheidung kann man daher auch und vor allem aufgrund der bayerischen Verfassungsrechtslage durchaus von einer „inhaltlichen Letztentscheidungskompetenz“[342] der Landeszentrale sprechen, die verfassungsrechtlich ihrem Programm- und Koordinationsauftrag entspricht[343]. Grundrechtliche Positionen der privaten Anbieter müssen im Rahmen der Abwägung zwar beachtet werden, eine Einschränkung der Funktionalität der öffentlich-rechtlichen Trägerschaft im Sinne der lückenlosen Wahrnehmung der Programmverantwortung darf hiermit jedoch nicht verbunden sein. Dies führt zu der Überlegung, wie weit der Ermessensspielraum der Landeszentrale gehen muß, vor allem, inwieweit ihr in Fragen der Meinungsvielfalt und der Wege zu ihrer Erzielung ein Beurteilungsvorsprung zustehen muß.

b) Der Gestaltungs- und Entscheidungsspielraum der Landeszentrale

Der grundrechtlich geschützte und auf die Funktionalität des Trägerschaftsvorbehalt gerichtete Freiheitsbereich der Landeszentrale entfaltet sich im Genehmigungsverfahren in entsprechenden Gestaltungs- und Entscheidungsspielräumen.

Grundsätzlich steht der Landeszentrale als öffentlich-rechtliche Trägerin des von ihr veranstalteten Rundfunks ein weiter Gestaltungs- und Ermessensspielraum zu[344], den sie zur effektiven Wahrnehmung ihrer umfassenden Programmverantwortung als Substrat der öffentlich-rechtlichen Trägerschaft benötigt[345]. Dieser Entscheidungs- und damit Gesamt-„Programmgestaltungsspielraum“ ist Voraussetzung für eine effektive Wahrnehmung der Trägerschaftsverantwortung und damit Teil eines der Landeszentrale exklusiv zugewiesenen und grund-

---

[341] Vgl. nur BayVGH, ZUM-RD 1999, 397ff., 402; Bornemann/Kraus/Lörz, BayMG, Art. 2, Rdnr.15; vgl. eingehend unten in diesem Kapitel, Umfang und Dichte der judikativen Kontrolle

[342] Wagner, Die Landesmedienanstalten, 1990, S. 189

[343] Wagner, Die Landesmedienanstalten, 1990, a.a.O. zieht hier zu Recht Parallelen zum Planungsermessen, in dessen Rahmen ebenfalls keine „kausal-analytischen Betrachtungen“, sondern nur „zukunftsgerichtete Abwägungen und Wertungen“ angestellt werden.

[344] BayVerfGHE 39, 96, 159; 40, 69, 76; 43, 170, 181; BayVGH, BayVBl. 1994, 183f., 183; BayVerfGH, ZUM 1991, 238, 245; Stettner, Die Stellung der BLM nach dem BayMG, 1999, S. 80f.; Wilhelmi, ZUM 1992, 229, 236; Wagner, Die Landesmedienanstalten, 1990, S. 187; Bornemann/Kraus/Lörz, BayMG, Art. 26, Rdnr. 31ff.; Bamberger, ZUM 2000, 284ff., 288; Bornemann, ZUM 1992, 483ff., 487; a.A. nur Barth, Die Rundfunkunternehmerfreiheit und ihre Auswirkungen auf das Bayerische Medienerprobungs- und -entwicklungsgesetz, S. 56

[345] BayVerfGH 39, 96, 161

rechtlich geschützten Freiheitsbereiches[346]. Er wird im Unterschied zu den Rundfunkordnungen anderer Bundesländer durch die einfachgesetzlichen Regelungen lediglich konkretisiert; die Letztentscheidungskompetenz der Landeszentrale bei der Auswahl privater Rundfunkangebote ergibt sich bereits aus dem Trägerschaftsvorbehalt und bedarf auf einfachgesetzlicher Ebene keiner Konstitution[347].

Im Rahmen ihrer Ermessensentscheidung über die Erteilung einer Genehmigung wählt die Landeszentrale unter Beachtung der Auswahlkriterien des BayMG und seiner Satzungen geeignete Anbieter aus und entscheidet über die Organisation der zur Verfügung stehenden Übertragungskapazitäten. Dabei verwirklicht sie zum einen bezogen auf die gewählten inhaltlichen Programmschwerpunkte ihre Programmverantwortung als öffentlich-rechtliche Trägereinheit, die sie auf die Gewährleistung der Meinungsvielfalt verpflichtet. Zum anderen soll im Rahmen der Organisation für wirtschaftlich tragfähige Rahmenbedingungen gesorgt werden. Die Landeszentrale ist bei der Ausübung ihres Ermessens in erster Linie an das Gebot der Gleichbehandlung und den Grundsatz der Willkürfreiheit gebunden und hat die Bestimmungen des BayMG und seiner Satzungen zu beachten[348]. Zudem ist sie verpflichtet, die Grundrechte der Bewerber im Rahmen ihrer Ermessensentscheidung zu beachten.

(1) Die Beurteilungskompetenz der Landeszentrale in Vielfaltsfragen

Die Rundfunkfreiheit der Landeszentrale ist dabei in Ausübung ihrer Trägerschaftsverantwortung in erster Linie programmbezogen[349]. Ihr kommt ein „grundrechtlich fundierter, positiv-rechtlich ausgestalteter Gestaltungs- und Ermessensspielraum zur Durchsetzung ihrer eigenen Programmvorstellungen“[350] zu.

Zur effektiven Ausfüllung des Trägerschaftsvorbehaltes sind allein die an den Geboten der Meinungsvielfalt und Ausgewogenheit orientierten programmlichen Vorstellungen der Landeszentrale maßgebend[351]. Neben der Beurteilung der Frage, ob und inwieweit das Gesamtprogramm den Vielfaltsanforderungen des BayMG entspricht, steht der Landeszentrale auch in der Frage, auf welchem Weg dieses Ziel erreicht werden kann, ein erheblicher Entscheidungs-, Beurtei-

---

346 Bornemann/Kraus/Lörz, BayMG, Art. 26, Rdnr. 30 m.w.Nw.; siehe auch oben in diesem Kapitel, Die Anbieterauswahl als wesentliches Gestaltungsmerkmal der öffentlich-rechtlichen Trägerschaft

347 So auch Fehling, Die Konkurrentenklage bei der Zulassung privater Rundfunkveranstalter, 1994, S. 145

348 So ausdrücklich BayVGH, ZUM 1994, 571ff., 573

349 Stettner, Die Stellung der BLM nach dem BayMG, 1999, S. 25

350 Bamberger, ZUM 2000, 284ff., 288

351 BayVerfGH, ZUM 1994, 365ff., 370; Stettner, Die Stellung der BLM nach dem BayMG, 1999, S. 25

lungs- und Prognosespielraum zu[352]. Dies gilt nicht nur für die Entscheidung über die zu genehmigende Anzahl von Einzelprogrammen in einem Verbreitungsgebiet und die programminhaltlichen Schwerpunkte[353], sondern auch für die Beurteilung der Notwendigkeit von Maßnahmen zur Sicherung der wirtschaftlichen Tragfähigkeit[354]. Die Beurteilung der Frage, inwieweit durch das in Bayern verbreitete Programm Meinungsvielfalt gleichsam als Obersatz der gesamten Rundfunkordnung erzielt wird, obliegt allein der öffentlich-rechtlichen Trägereinheit. Auch nach Ansicht des BVerwG, das sich mit dem Vorbehalt der öffentlich-rechtlichen Trägerschaft insbesondere in der sensiblen Frage der Zusammenarbeitsverpflichtungen auseinanderzusetzen hatte, sind „für die programmgestaltende Wahrnehmung ihrer Letztverantwortung allein die an den Geboten der Ausgewogenheit und Meinungsvielfalt orientierten Vorstellungen" der Landeszentrale maßgebend[355].

Eine vorrangige, eigene Beurteilungskompetenz, inwieweit und auf welchem Wege ihr Programm optimal zur Vielfaltserzielung beitragen könne, kommt den privaten Anbietern demgegenüber nicht zu, da es sich bei der Beurteilung von Fragen der Meinungsvielfalt um einen, wenn nicht gar den Kernbereich der Trägerschaft im Sinne von Art. 111a Abs. 2 Satz 1 BV handelt. Erst an die Skalierung von Vielfaltsmaßstäben und Konzepte zu ihrer Erzielung kann sich die Rundfunkorganisation durch den öffentlichen Träger anschließen. Hinzu kommt, daß der Anbieter neben einem der Vielfalt zuträglichen Programm aus Sicht der Landeszentrale eine gewisse Vertrauenswürdigkeit und Zuverlässigkeit erwarten lassen muß, da die Rundfunkveranstaltung durch die öffentlich-rechtliche Trägereinheit sonst mit einem kaum zu bewältigenden Überwachungsaufwand verbunden wäre[356]. Der weite Ermessens- und Beurteilungsspielraum der Landeszentrale in allen mit der Erzielung von Meinungsvielfalt zusammenhängenden Fragen ist daher systemimmanente Konsequenz aus dem Trägerschaftsvorbehalt der bayerischen Verfassung und ist vor allem bei der Genehmigungsentscheidung in besonderer Weise rechtlich begründet[357].

---

352 Liegmann, Der Zugang zum privaten Rundfunk, 1996, S. 166 unter Hinweis auf BayVerfGH, ZUM 1991, 245; BayVBl. 1991, 146; Brümmer, Modellfragen, S. 55 und passim; Stettner, Die Stellung der BLM nach dem BayMG, 1999, S. 25f.

353 Bornemann/Kraus/Lörz, BayMG, Art. 2, Rdnr. 6

354 Siehe hierzu eingehend sogleich in diesem Kapitel, Die Rechtsstellung der Anbieter im Hinblick auf die Zusammenarbeitserfordernisse

355 BVerwG ZUM 2000, 79ff.

356 Bornemann/Kraus/Lörz, BayMG, Art. 2, Rdnr. 14

357 Bumke, Landesmedienanstalten, 1995, S. 212; Wagner, Die Landesmedienanstalten, 1990, S. 189; Für die Entscheidung über die Verlängerung einer Genehmigung nach Ablauf der Sendeperiode gilt insoweit nicht wesentlich anderes: Auch hier überwiegen die organisatorischen Gestaltungsbefugnisse der Landeszentrale als Ausdruck ihres Freiheitsbereiches im Regelfall. Allerdings ist zu berücksichtigen, daß im Hinblick auf den bereits sendenden Anbieter zum einen Erfahrungswerte bestehen, die die prognostischen Elemente der Entschei-

(2) Die grundrechtliche Position der Bewerber im Genehmigungsverfahren
Im Hinblick auf die dargestellten Gestaltungs- und Entscheidungsspielräume der öffentlich-rechtlichen Trägereinheit besteht grundsätzlich im Rahmen des Genehmigungsverfahrens auch unter Berücksichtigung der Grundrechtspositionen der sich bewerbenden Anbieter ein Entscheidungsvorrang der Landeszentrale[358]. Diese sind zwar in die Erwägungen einzubeziehen, allerdings treten sie in der in der Regel gegebenen Auswahlsituation gegenüber der ihrerseits grundrechtlich geschützten Letztentscheidungskompetenz der Landeszentrale in den Hintergrund. Zum einen darf, wie bereits erörtert, die effektive Wahrnehmung der Trägerschaftsverantwortung nicht durch Grundrechtspositionen auf Anbieterseite ausgehöhlt werden. Zum anderen ist der Grundrechtsschutz in einer Auswahlsituation zwischen mehreren, gleichberechtigten Bewerbern ohnehin nivelliert:

Der Gleichheitssatz ist auch nach der Zuerkennung grundrechtlicher Positionen der Anbieter ein wichtiger Bezugspunkt bei der Ausübung des der Landeszentrale zustehenden Ermessens[359]. Dies zeitigt allerdings auch Folgen für die grundrechtliche Betrachtung der einzelnen Bewerber: Soweit die Landeszentrale bei ihrer Genehmigungsentscheidung unter mehreren, sich für die ausgeschriebene Frequenz bewerbenden Anbietern auswählen muß, ist zu berücksichtigen, daß die jeweils im Rang gleichstehenden Grundrechtsberechtigungen der Anbieter sich gleichsam gegenseitig neutralisieren und so ein „grundrechtliches Patt“ herbeiführen könnten. Das Grundrecht der Rundfunkfreiheit steht jedem Rundfunkveranstalter in gleicher Art und Weise zu und es ist nicht ersichtlich, inwiefern sich ein bestimmter Bewerber für den Grundrechtsbeachtungsanspruch in besonderer Intensität qualifizieren könnte, um so gegenüber anderen Bewerbern einen gleichsam einen „Beachtungsvorsprung“ geltend machen zu können. Ausschlaggebend ist stets das angebotene Programm, über dessen objektiven Beitrag zur Meinungsvielfalt im Gesamtprogramm die Landeszentrale zunächst ohne Rückgriff auf die Grundrechtspositionen des Bewerbers zu befinden hat. Das grundrechtlich geschützte Interesse des einzelnen Bewerbers an der Genehmigung dieses Programms wird erst auf einer nachfolgenden Ebene der Entscheidungsfindung berücksichtigt, auf der es jedoch mit der Grundrechtsberechtigung der anderen sich um eine Frequenz bewerbenden Anbieter konkurriert.

Bei mehreren potentiellen Entscheidungsadressaten sind daher stets die Grundrechtspositionen aller zu bewerten und gegeneinander abzuwägen. Eine wech-

---

dung in gewissem Maße in den Hintergrund treten lassen, zum anderen, daß der Anbieter ein gesteigertes Interesse an der Aufrechterhaltung seines Sendebetriebes geltend machen kann.

[358] Bamberger, ZUM 2000, 284ff., 289

[359] Hierzu Bumke, Landesmedienanstalten, 1995, S. 219

selseitige Neutralisierung wird dabei im Regelfall nicht ausbleiben[360]. Dies wiederum korrespondiert mit der Feststellung, Bewerber hätten im Falle der Knappheit von Übertragungskapazitäten lediglich einen Anspruch auf gleichberechtigte Teilhabe am Verteilungsverfahren[361].

c) Die Rechtsstellung der Anbieter im Hinblick auf die Zusammenarbeitserfordernisse

Die vor Gericht ausgetragenen Meinungsverschiedenheiten bezüglich der subjektiven, grundrechtlich unterfütterten Rechtsposition privater Anbieter im Modell der öffentlich-rechtlichen Trägerschaft haben sich in der Vergangenheit in erster Linie an der Frage der Zusammenarbeitsverpflichtungen insbesondere auf den Splittingfrequenzen entzündet[362]. Es erscheint daher naheliegend, die Rechtsstellung der privaten Anbieter an diesem Beispiel näher zu beleuchten.

(1) Zusammenarbeit als strukturelle Organisation

Die Verpflichtung eines Anbieters zur programmlichen, technischen, organisatorischen und finanziellen Zusammenarbeit betrifft nur vordergründig das einzelne, von ihm gestaltete Programm. Betroffen sind von dieser Verpflichtung jedoch stets mehrere Einzelprogramme, deren *gesamte* Vielfältigkeit und wirtschaftliche Tragfähigkeit hierdurch gefördert werden sollen. Dies hat zum einen die Konsequenz, daß die Landeszentrale bei ihrer Entscheidung nicht nur die grundrechtlich unterfütterten Interessen des die Zusammenarbeit verweigernden Anbieters zu berücksichtigen hat, sondern auch diejenigen der von der Zusammenarbeit ebenfalls betroffenen anderen Anbieter. Zum anderen zeigt sich, daß die Entscheidung der öffentlich-rechtlichen Trägereinheit über zusammenarbeitsrelevante Anforderungen auch und vor allem auf die Koordination des Gesamtprogramms gerichtet ist und damit als strukturelle, nicht primär programmbezogene Maßnahme dem Freiheitsbereich der Landeszentrale entspringt und ihr weitreichende Einflußmöglichkeiten eröffnet[363].

Wie bereits dargestellt, ist die mangelnde Durchhörbarkeit des Gesamtprogramms auf einer Splittingfrequenz ursächlich für in erster Linie wirtschaftliche Problemstellungen, denen durch eine geregelte Zusammenarbeit zwischen den

---

[360] Stettner, ZUM 1998, 312ff., 312

[361] Bumke, Landesmedienanstalten, 1995, S. 205, 211; ähnlich Fehling, Die Konkurrentenklage bei der Zulassung privater Rundfunkveranstalter, 1994, S. 234

[362] Siehe exemplarisch das Verfahren um den Hofer Anbieter „extra radio", BayVGH, ZUM 1994, 571ff.; BayVerfGH, ZUM 1994, 575ff.; BVerfG, ZUM 1994, 579ff.; BayVGH, ZUM 1997, 844ff.; BVerfG, NJW 1998, 2659ff.; BVerwG, ZUM 2000, 79ff.; sowie das Normenkontrollverfahren zur Zusammenarbeit auf den Splittingfrequenzen in München, BayVGH, MMR 1999, 420ff.; ZUM 2000, 335ff.; BayVerfGH, BayVBl. 2002, 365ff.; siehe hierzu eingehend oben, Kapitel 2, Die Verfahren zur Zulässigkeit der qualifizierten Zusammenarbeit

[363] Zu den auf das Gesamtprogramm gerichteten erweiterten Steuerungsmöglichkeiten der Landesmedienanstalten siehe Wagner, Die Landesmedienanstalten, 1990, S. 80ff.

Anbietern entgegengewirkt werden soll. Anders als im Falle der Anbietergemeinschaft ist das von verschiedenen Anbietern gestaltete Programm inhaltlich nicht einheitlich. Die Zusammenarbeitsverpflichtungen beziehen sich dementsprechend auf eine Kompensation dieser Differenzierung weniger durch programminhaltliche Vorgaben als durch finanzielle und technische Organisation. Sicherlich ist auch eine gewisse programmliche Zusammenarbeit erforderlich, um zu abrupte Übergänge zwischen den einzelnen Programmen und Wiederholungen zu vermeiden. Der eigentliche Kern des Programminhalts wird hiervon jedoch nicht berührt; häufig ist es ja gerade Ziel einer Splittingfrequenz, unterschiedliche Programminhalte zur Geltung kommen zu lassen.

Soweit aber die programmliche Gestaltung weitgehend dem Anbieter selbst überlassen und eine Zusammenarbeit nur punktuell in programmlichen Fragen, sonst jedoch in rein organisatorischer und wirtschaftlicher Hinsicht gefordert wird, ist schwerpunktartig der aus dem Trägerschaftsvorbehalt resultierende Freiheitsbereich der Landeszentrale betroffen, innerhalb dessen sie auf die Schaffung wirtschaftlich tragfähiger Rahmenbedingungen verpflichtet ist.

(2) Wertende Berücksichtigung der grundrechtlichen Interessen aller Anbieter

Im Rahmen der Zulassungsentscheidung ist die Zusammenarbeit zur Erreichung wirtschaftlich tragfähiger Rahmenbedingungen, also die Beurteilung der wirtschaftlichen Grundvoraussetzungen kein sachfremdes Kriterium bei der Ermessensausübung[364], sondern obliegt der Landeszentrale zur letztverbindlichen Beurteilung[365]. Sie trifft ihre Entscheidung dabei anhand der Umstände des konkreten Einzelfalles. Dabei sind nicht nur die Interessen des sich der geforderten Zusammenarbeit verweigernden Anbieters zu berücksichtigen, sondern auch und unter Umständen in ganz erheblichem Maße die Belange derjenigen Anbieter, die eine Zusammenarbeit nicht verweigern, sondern eine solche zur Sicherung ihrer Programmtätigkeit für wünschenswert erachten[366]. In der Regel verweigern nicht alle Anbieter auf einer Frequenz die Zusammenarbeit[367]. Hierbei wird es häufig zu einer grundrechtlichen Patt-Situation auf der Seite der Anbieter kommen, was der Landeszentrale zusätzlichen Gestaltungsspielraum beläßt[368].

---

[364] Bamberger, ZUM 2000, 284ff., 289

[365] Insofern ist auch kein gerichtlicher Kontrollspielraum eröffnet, vgl. eingehend Bamberger, ZUM 2000, 284ff., 288; siehe hierzu unten in diesem Kapitel, Umfang und Dichte der judikativen Kontrolle

[366] Stettner, ZUM 1998, 312ff., 312

[367] Vgl. hierzu exemplarisch das bislang „ausführlichste“ Verfahren im Falle „extra radio“, indem sich der zweite betroffene Anbieter stets an einer Zusammenarbeit interessiert gezeigt hat. Siehe hierzu eingehend oben, Kapitel 2, Die Verfahren zur Zulässigkeit der qualifizierten Zusammenarbeit

[368] Stettner, a.a.O.

(3) Beurteilungskompetenz der Landeszentrale in Fragen der wirtschaftlichen und programmlichen Optimierung

Inhalt der von der Landeszentrale vorzunehmenden Abwägung der Interessen der Anbieter ist dabei auch Frage, in welchem Bereich die „unerläßlichen Mindestanforderungen" an eine „programmliche und wirtschaftliche Optimierung"[369] anzusiedeln sind. Hierbei handelt es sich um eine gestalterische, aus der Eigenschaft als öffentlich-rechtliche Trägereinheit erwachsende Entscheidung, bei der die Landeszentrale über gewichtige grundrechtlich fundierte Beurteilungs- und Prognosespielräume verfügt und die sich aus diesem Grund einer umfassenden richterlichen Kontrolle entzieht[370].

Im Rahmen der präventiven Kontrolle muß die Landeszentrale alle Auswahlkriterien des Art. 25 Abs. 4 BayMG in ihre Entscheidung einfließen lassen. Im Rahmen ihres organisatorischen Programmauftrages kann und muß sie dabei von den Anbietern ein Maß an Zusammenarbeit verlangen können, daß eine Optimierung der Meinungsvielfalt und Programmqualität auf der jeweiligen Frequenz erlaubt[371]. Stehen hierzu bereits konkrete Erfahrungswerte zur Verfügung und ist die Entscheidung daher nicht rein prognostischer Natur, müssen diese einzelfallbezogen in die Abwägung mit einfließen. Sind entsprechende Erfahrungswerte jedoch nicht vorhanden, wäre es verfehlt, von der Landeszentrale konkrete Nachweis für die Erforderlichkeit einer qualifizierten Zusammenarbeit zu verlangen. Vielmehr wirkt sich in diesem Bereich der weite Gestaltungs- und Prognosespielraum der öffentlich-rechtlichen Trägereinheit aus, da es mangels konkreter Anhaltspunkte ausschließlich auf die prognostische Beurteilung eines für die Meinungsvielfalt relevanten Sachverhaltes durch den plural zusammengesetzten Medienrat ankommt. Ausreichend ist es daher, wenn die mit der Entscheidung ausgedrückten Erwartungen im Zusammenhang mit der wirtschaftlichen Tragfähigkeit im Zeitpunkt der Entscheidungsfindung schlüssig sind[372].

Das BVerwG spricht sich, ohne weitere Erwägungen anzustellen, dafür aus, den Grundrechtsschutz der Landeszentrale möglicherweise insoweit funktionell zu beschränken, daß sie sich nur bei Maßnahmen „mit unmittelbarer Auswirkung auf die Programmfreiheit, also unmittelbar zur Durchsetzung von Ausgewogenheit und Vielfalt"[373] darauf berufen kann[374]. Die Frage wird zwar im Ergebnis offengelassen, läßt aber erkennen, daß das Gericht offenbar für die Entscheidung

---

369 BVerwG ZUM 2000, 79ff., 83

370 Bamberger, ZUM 2000, 285ff., 288; vgl. eingehend unten in diesem Kapitel, Umfang und Dichte der judikativen Kontrolle

371 Bornemann/Kraus/Lörz, BayMG, Art. 25, Rdnr. 57

372 So ausdrücklich VG Regensburg, MMR 1998, 556ff., 560

373 BVerwG, ZUM 2000, 79ff., 82; hierzu Bamberger, ZUM 2000, 284ff., 287

374 Hierzu siehe Bamberger, ZUM 2000, 284ff., 287

über den Grad der erforderlichen Zusammenarbeit keinen unmittelbaren Bezug zur Meinungsvielfalt annehmen will[375]. Ein solcher ist aber in der werbefinanzierten Rundfunkveranstaltung stets gegeben und es wird daher gerade von der öffentlich-rechtlichen Trägereinheit verlangt, diesem Bezug durch entsprechende Vorkehrungen gerecht zu werden[376].

In diesem Zusammenhang ist auch darauf hinzuweisen, daß die mit den Zusammenarbeitserfordernissen befaßten Gerichte[377], hier namentlich der BayVGH und das Bundesverwaltungsgericht, deutlich zwischen bereits genehmigten Angeboten auf einer Splittingfrequenz und der Entscheidung über die Genehmigung neuer Splittingfrequenzen differenzieren[378]. Der Grundsatz „bekannt und bewährt" ist daher (in Grenzen[379]) bei der Entscheidung zu berücksichtigen, so daß aufgrund der gemachten Erfahrungen mit der jeweiligen Frequenz der „abstrakte" Schluß von den „suboptimalen wirtschaftlichen Bedingungen auf ein suboptimales Programm"[380] durch einzelfallbezogene tatsächliche Entscheidungsgrundlagen unterfüttert werden muß. Im Umkehrschluß bedeutet dies jedoch, daß bei der Entscheidung über neue Splittingfrequenzen der Landeszentrale ein ungleich weiterer Ermessensspielraum zustehen muß. So gesteht auch das Bundesverwaltungsgericht der Landeszentrale „hinsichtlich der Auswirkungen wirtschaftlicher Entwicklungen auf die Existenzfähigkeit des Lokalrundfunks" einen Prognosespielraum zu[381]. In diesem Bereich kann sich die Prognose der Landeszentrale jedoch weitgehend nur auf abstrakte Grundlagen, wie z.B. die allgemein mit dem Frequenzsplitting gemachten Erfahrungen, stützen.

---

375 Auch der BayVerfGH scheint in seiner Entscheidung zur Verfassungsbeschwerde der Landeszentrale gegen die Normenkontrollentscheidung des BayVGH einen unmittelbaren Bezug zwischen der Geschlossenheit des Gesamtprogramms und der vielfaltsrelevanten Programmgestaltung nicht annehmen zu wollen. BayVBl. 2002, 365ff., 368

376 Siehe hierzu eingehend oben, Kapitel 2, Wirtschaftliche Praktikabilität als Voraussetzung für das Entstehen von Meinungsvielfalt

377 Siehe eingehend oben, Kapitel 2, Die Verfahren zur Zulässigkeit der qualifizierten Zusammenarbeit

378 In den erörterten Verfahren ging es jeweils um die Verlängerung einer Genehmigungen auf einer bereits existierenden Splittingfrequenz; vgl. insoweit ausdrücklich BayVGH, ZUM 2000, 335ff., 340: „Hieraus ergibt sich, daß jedenfalls bei Altanbietern vom Grundsatz her eine Fortsetzung ihrer Tätigkeit im Einzelfall möglich sein muß, ohne zwingend Vereinbarungen in organisatorischer, technischer, programmlicher und wirtschaftlicher Hinsicht vorlegen zu müssen." Siehe auch BVerwG, ZUM 2000, 79ff., „Die Auslegung, daß das Gesetz mit derartigen Rücksichten zumindest die Beibehaltung eines bisher schon bestehenden Frequenzsplittings auf niedrigeren Stufen der Zusammenarbeit hingenommen hat, diese jedenfalls nicht generell verboten wissen wollte, solange die Gesetzeszwecke auch auf andere Weise erreicht würde, erscheint zumindest vertretbar."

379 Siehe hierzu oben, Kapitel 2, Befristung der Genehmigung

380 BVerwG, ZUM 2000, 79ff., 83

381 BVerwG, a.a.O.

II. Gestaltung und Organisation während der Sendeperiode

Während die übrigen Landesmedienanstalten als Institutionen mit externen Kontrollaufgaben lediglich im Bereich des Auswahlverfahrens unter mehreren sich für einen Übertragungsweg bewerbenden Veranstalter über einen sehr weiten und gerichtlich nur eingeschränkt überprüfbaren Gestaltungs- und Koordinationsrahmen verfügen, der sich während gegenüber bereits zugelassenen Veranstaltern erheblich verengt, stehen der Landeszentrale im Rahmen des Trägerschaftsvorbehaltes auch während des Genehmigungszeitraumes weitreichende Gestaltungsmöglichkeiten zur Verfügung.

Während der Sendeperiode setzen sich die sich aus der Arbeitsteiligkeit der Rundfunkveranstaltung ergebenden Beziehungen zwischen Landeszentrale und privaten Anbietern fort. Durch die Erteilung der Genehmigung erhält der Bewerber eine Rechtsposition, „deren Inhalt durch die Genehmigung selbst sowie die Vorschriften der Mediengesetze, Satzungen und Richtlinien bestimmt ist.“[382]

Dabei ist zu beachten, daß durch die Genehmigung die wichtigste Organisationsentscheidung, nämlich die der Anbieterauswahl, von der Landeszentrale bereits getroffen wurde. Maßnahmen von Seiten der öffentlich-rechtlichen Trägereinheit, die in Rechte der Anbieter eingreifen, können gleichwohl erforderlich werden, sofern sich die Umstände im Vergleich zum Zeitpunkt der Genehmigung verändern. Dabei ist zwischen Veränderungen, die sich aus einem Verhalten der Anbieter ergeben und solchen, die ihre Ursache in sonstigen Verschiebungen programmlicher oder personaler Natur in der umgebenden Rundfunklandschaft haben, zu unterscheiden.

1. Der Freiheitsbereich der privaten Anbieter

Ausgehend vom Funktionsbereich der privaten Anbieter kann auf den zu schützenden, grundrechtlich umhegten Aktionsradius während des Genehmigungszeitraumes geschlossen werden. Die Gestaltung der Programme mit dem Recht zur eigenen Tendenz, die Freiheit, hierzu Mitarbeiter zu bestimmen und ihnen gegenüber weisungsberechtigt zu sein und der Schutz vor unzulässiger Zensur[383] bedürfen einer eigenen subjektiv-rechtlichen Unterfütterung auch durch Grundrechte. Dazu gehört auch und vor allem der Schutz vor staatlichen Eingriffen von außenstehenden Dritten wie Polizei oder Strafverfolgungsbehörden[384].

---

[382] Bornemann/Kraus/Lörz, BayMG, Art. 26, Rdnr. 7, unter Hinweis auf BayVGH, ZUM 1995, 148ff., 149

[383] Hierzu Herrmann, Das bayerische Medienrecht kurz vor der Jahrtausendwende, 1996, S. 113; siehe auch unten in diesem Kapitel, Art. 16 Abs. 1 Satz 2 BayMG und das Verbot der Vorzensur

[384] Herrmann, a.a.O.; Bethge, in Sachs, GG, 1996, Art. 5, Rdnr. 109; Bornemann/Kraus/Lörz, BayMG, Art. 26, Rdnr. 5

Die Landeszentrale ist als originäre Rundfunkveranstalterin Trägerin des Grundrechts aus Art. 5 Abs. 1 Satz 2 GG. Dieser Rechtsstellung der öffentlich-rechtlichen Trägereinheit kann unter dem funktionellen Vorbehalt des Art. 111a Abs. 2 Satz 1 BV keine „adäquate grundrechtliche Gegenposition" der Rundfunkanbieter entsprechen[385]. Die Rundfunkfreiheit der BLM ist jedoch keine „flächendeckende Passepartout-Freiheit"[386]. Das, was die auf der speziellen Verfassungsrechtslage beruhende Konstruktion des BayMG den Anbietern an eigenverantworteten Handlungsspielräumen beläßt, ist auch gegenüber der öffentlich-rechtlichen Trägereinheit grundrechtsgeschützt[387]. Das Fehlen jeglicher subjektiver Rechte auf der Anbieterseite könnte nur dann angenommen werden, wenn sie mit einer solchen Stringenz in das Organisationsgefüge eingeflochten wären, daß sie nur als „verwaltungsinterne Adressaten von Regelungsimpulsen der Landeszentrale"[388] erschienen.

Dies ist angesichts der publizistischen Eigenständigkeit der Anbieter in ihrem Arbeitsbereich nicht anzunehmen. Der Anbieter bedarf daher während des Genehmigungszeitraumes auch des Schutzes vor „medienrechtlich-verfassungsrechtlich ungerechtfertigten Akten der BLM"[389]. Dabei ist jedoch zu beachten, daß die Rechtsposition des Anbieters von den gesetzlichen und satzungsrechtlichen Bestimmungen sowie dem Inhalt der Genehmigung umgrenzt wird. Badura hat diese Form der Einbindung treffend umschrieben: „Daß die Bedingungen des Vertragsschlusses[390] öffentlich-rechtlichen Anforderungen unterliegen und daß die Einhaltung der vereinbarten und der kraft Gesetzes bestehenden Anforderungen den – weitreichenden – Eingriffsbefugnissen der Landeszentrale unterworfen ist, ändert nichts daran, daß in der Hand des Anbieters eine eigene rundfunkrechtliche Rechtsposition im Sinne einer - öffentlich-rechtlich und vertraglich gebundenen – Programmgestaltungsbefugnis entsteht und besteht."[391]

In diese unmittelbare Programmgestaltungsbefugnis darf von Seiten der Landeszentrale nur unter den gesetzlichen Voraussetzungen eingegriffen werden. In Betracht kommen dabei vor allem Maßnahmen zur Durchsetzung der Programmgrundsätze. Aus diesem Grund wären auch Verpflichtungen des Anbie-

---

[385] Bethge, Der verfassungsrechtliche Status der BLM, 1999, S. 32; ders., ZUM 1994, 1ff., 7
[386] Bethge, ZUM 1994, 1ff., 7
[387] Bethge, a.a.O.
[388] Bethge, ZUM 1994, 1ff., 8
[389] Herrmann, Das bayerische Medienrecht kurz vor der Jahrtausendwende, 1996, S. 113
[390] Gemeint ist die nunmehr obsolet gewordene Programmvereinbarung zwischen Anbieter und Medienbetriebsgesellschaft.
[391] Badura, ZUM 1988, 155ff., 159

ters von Seiten der Landeszentrale zu bestimmten Meinungsäußerungen oder – tendenzen nicht zulässig[392]. Gleiches gilt für die eigenmächtige Veränderung von Beiträgen durch die Landeszentrale[393].

Die privaten Anbieter arbeiten im Modell des öffentlich-rechtlich getragenen Rundfunks unter Einbeziehung privaten Engagements in einer Art „öffentlich-rechtlich strukturiertem Zweckverbund“[394] mit der öffentlich-rechtlichen Trägereinheit zusammen. Die Funktionenteiligkeit des bayerischen Trägerschaftsmodells weckt damit Assoziationen an Formen der öffentlich-rechtlichen Sonderbindung[395]. Die privaten Anbieter sind in den Arbeitsablauf der Rundfunkveranstaltung dergestalt eingegliedert, daß sie, ungeachtet ihrer privaten Rechtsform, in einer Art „Sonderbefindlichkeit“ besonderer Staatsnähe[396] Teil der öffentlich-rechtlichen Struktur eines Gesamtgefüges werden, das von den „hoheitlichen Einwirkungs-, Genehmigungs- und Anordnungsbefugnissen der Landeszentrale“[397] geprägt ist. Gleichwohl sind innerhalb dieser „Sonderbefindlichkeit“ subjektiv-individuelle Rechte von Grundrechtsrang nicht ausgeschlossen; allerdings sind „Staatszweckverwirklichung und Persönlichkeitsentfaltung“ in besonderer Weise zum Ausgleich zu bringen[398], wobei sich beide Verfassungsgüter als offen dafür erweisen, jeweils dem anderen Rechnung zu tragen[399].

Es wäre verfehlt, den privaten Anbieter als bloßen Zulieferer von Beiträgen anzusehen, da er durch seine Programmbeiträge unmittelbar am Prozeß der öffentlichen Meinungsbildung teilnimmt und eine eigene Funktionsebene innerhalb der Rundfunkveranstaltung besetzt. Diese Tatsache muß durch Beachtung seines Grundrechts sozusagen im Hintergrund der Rundfunkveranstaltung der Trägereinheit in deren Tätigkeit mit einbezogen werden. Gleichzeitig muß jedoch im Hinblick auf die funktionenteilige Wahrnehmung der umfassenden Programm-

---

[392] Dies gilt auch für derartige Verpflichtungen im Rahmen des Genehmigungsverfahrens oder als Auflage im Genehmigungsbescheid. Vgl. eingehend Bornemann/Kraus/Lörz, BayMG, Art. 25, Rdnr. 26

[393] Ähnlich Brümmer, Modellfragen, S. 33; vgl. auch die verfassungsrechtlichen Grenzen der Anordnungsbefugnis des Art. 16 BayMG

[394] Stettner, Rundfunkstruktur im Wandel, München, 1988, S. 27

[395] Vgl. ausführlich hierzu Loschelder, Vom besonderen Gewaltverhältnis zur öffentlich-rechtlichen Sonderbindung, 1982, S. 183ff.

[396] Stettner, Rundfunkstruktur im Wandel, München, 1988, S. 28 unter Hinweis auf die Literatur zum Topos des besonderen Gewaltverhältnisses

[397] Stettner, Rundfunkstruktur im Wandel, München, 1988, S. 29

[398] Loschelder, Vom besonderen Gewaltverhältnis zur öffentlich-rechtlichen Sonderbindung, 1982, S. 372ff., der davon ausgeht, daß sich innerhalb der öffentlich-rechtlichen Sonderbindung „die allgemeine Relation von eigenbestimmter personaler Entfaltung und staatlicher Zweckverwirklichung fundamental“ verändert, S. 376

[399] Loschelder, Vom besonderen Gewaltverhältnis zur öffentlich-rechtlichen Sonderbindung, 1982, S. 383

verantwortung durch die Trägereinheit berücksichtigt werden, daß die Grundrechtsberechtigung der BLM die des privaten Anbieters überall dort überdecken muß, wo der Trägerschaftsvorbehalt dies erfordert und die organisatorische und auch gestaltende Regulierung in gesetzmäßiger Weise stattfindet[400]. Der Anspruch auf Beachtung seines Grundrechts geht dem privaten Anbieter dadurch nicht verloren; er wird vielmehr im Rahmen der durch das BayMG geschaffenen positiven Gesetzesordnung sichergestellt und muß dementsprechend von der Landeszentrale bei ihren Entscheidungen berücksichtigt werden. Insoweit geht jedoch das BVerfG fehl in der Annahme, es handle sich hier um das grundsätzliche Problem des Interessenausgleichs zwischen gleichberechtigten Grundrechtsträgern. Vielmehr sind aufgrund des bayerischen Trägerschaftsvorbehaltes und der „überwölbenden öffentlich-rechtlichen Gesamtverantwortung"[401] der Landeszentrale die privaten Anbieter der öffentlich-rechtlichen Trägereinheit gegenüber gerade nicht gleichgestellt[402]. Eine weitergehende Grundrechtsberechtigung würde letzterer überall dort wichtige Einflußmöglichkeiten nehmen, wo diese von ihr vom verfassungsrechtlich vorgegebenen Trägerschaftsvorbehalt verlangt werden.

2. Die Genehmigung von personellen oder programmlichen Veränderungen

Auf Seiten der Anbieter können in der Regel nur solche Veränderungen Anlaß zu einem Einschreiten der Landeszentrale geben, die entweder gegen gesetzliche Bestimmungen wie z.B. die Programmgrundsätze verstoßen, oder aber ein inhaltliches Abweichen von den der Genehmigung zugrundeliegenden Tatsachen implizieren.

a) Anzeige- und Genehmigungspflicht

In Betracht kommen vor allen Dingen eine Änderung der Inhaber- und Beteiligungsverhältnisse oder ein Abweichen von den vereinbarten Programmschemata. Beide Handlungsformen sind anzeigepflichtig[403] und nur nach Genehmigung durch die Landeszentrale zulässig[404]. Der Vorbehalt der Anzeigepflicht und der Genehmigung ist erforderlich und sachgerecht, da zum einen die Rundfunkorganisation durch die öffentlich-rechtliche Trägereinheit anderenfalls in den wesentlichsten vielfaltsrelevanten Punkten der „Personal- und Programmpolitik"[405] ohne Not unterwandert werden könnte. Zum anderen gebietet die Aufgabe der

[400] Eingehend hierzu Bornemann/Kraus/Lörz, BayMG, Art. 26 Rdnr. 22
[401] Degenhart, ZUM 1987, 595ff., 597
[402] Bethge, Der verfassungsrechtliche Status der BLM, 1999, S. 51; vgl. zu dieser „Sonderbefindlichkeit" auch Degenhart, a.a.O.
[403] Hierzu Bumke, Landesmedienanstalten, 1995, S. 384
[404] Art. 28 BayMG, Art. 29 Abs. 1 Satz 4 BayMG; zu den Programmänderungen siehe eingehend Stettner, Die Stellung der BLM nach dem BayMG, 1999, S. 185ff.
[405] Vgl. zuletzt Stettner, Die Stellung der BLM nach dem BayMG, 1999, S. 99f.

Verhinderung von Machtkonzentration und vorherrschender Meinungsmacht eine genaue Kontrolle der Beteiligungsverhältnisse[406]. Durch die Anzeige- und Genehmigungspflicht erhalten die im Zulassungsverfahren gemachten Angaben (Programmschemata und Beteiligungsverhältnisse) zum anderen eine zusätzliche Bindungs- und „Dauerwirkung"[407], die erforderlich ist, um „die Vielfaltsprognose auf eine verläßliche und überprüfbare Grundlage zu stellen"[408]. Dem Genehmigungsbescheid kommt damit eine erhebliche Bindungs- und Regelungswirkung zu[409].

Insoweit gilt auch im Falle der Landesmedienanstalten in dualen Systemen nichts anderes, d.h., daß bei Nichteinhaltung der im Genehmigungsverfahren angegebenen Strukturen auf sämtliche Instrumente der repressiven Kontrolle bis hin zum Genehmigungswiderruf zurückgegriffen werden kann[410]. Nach dem BayMG kommt bei Änderungen des Programmschemas oder –schwerpunktes ein Widerruf der Genehmigung nach Art. 26 Abs. 3 BayMG sowie bei personellen Veränderungen zusätzlich die Einstellung des Sendebetriebes in Frage[411]. Diese Maßnahmen stellen auch in der dualen Rundfunkordnung keinen Eingriff in die grundrechtlich geschützte Programmgestaltungsfreiheit dar, da diese entsprechend der Ausgestaltung der landesgesetzlichen Rundfunkordnung unter der Vorbehalt der Beachtung der einfachgesetzlichen und durch die Genehmigungsentscheidung konkretisierten Grundsätze steht[412]. Die Rechtsposition des privaten Anbieters wird dementsprechend inhaltlich durch die Genehmigung konkretisiert[413]. Zusätzlich leistet die Bindungswirkung der im Genehmigungsverfahren gemachten Angaben einen Beitrag zur Wahrung der Chancengleichheit unter den Anbietern[414].

b) Änderung des Sende- und Programmschemas auf Verlangen der Landeszentrale oder der Anbieter

Nach § 15 HFS, § 26 FSS können sowohl Anbieter wie auch die Landeszentrale im Einzelfall eine Änderung des Sende- und Programmschemas aus wichtigem Grund verlangen. Ein wichtiger Grund wird nach den Sätzen 2 und 3 der genannten Vorschriften insbesondere dann angenommen, wenn sich das Vielfalts-

---

406 Siehe hierzu eingehend oben, Kapitel 2, Änderung von Inhaber- und Beteiligungsverhältnissen

407 Wagner, Die Landesmedienanstalten, 1990, S. 202

408 Bumke, Landesmedienanstalten, 1995, S. 384 unter Hinweis auf Stock, RuF 1984, 299ff., 307

409 Hierzu Wagner, Die Landesmedienanstalten, 1990, S. 202

410 Bumke, Landesmedienanstalten, 1995, S. 385

411 Art. 29 Abs. 1 Satz 5 BayMG; zum Widerruf der Genehmigung siehe auch oben, Dauer und Bestand der Genehmigung

412 Bumke, Landesmedienanstalten, 1995, S. 385

413 BayVGH, ZUM 1995, 148ff., 149

414 Bumke, Landesmedienanstalten, 1995, S. 385

spektrum im Sendegebiet durch den Wegfall oder die Anordnung[415] eines anderen Angebots verändert. Der „Wegfall“ eines Programmschemata soll in diesen Fällen durch die Änderung eines anderen ausgeglichen werden. Abzuwägen ist in jedem Fall, ob die Veränderung der inhaltlichen Zusammensetzung des Gesamtprogramms durch die Anpassung des in Frage stehenden Einzelprogramms ausgeglichen werden kann bzw. muß.

Die Abweichung vom vereinbarten Programmschema stellt eine Durchbrechung der Bindungs- und Regelungswirkung der Genehmigung dar und verlangt folgerichtig nach dem Vorliegen eines wichtigen Grundes[416]. Der Fall dürfte in der Praxis kaum eine Rolle spielen, da sowohl der außerordentliche Wegfall als auch die Anordnung eines Angebots sehr selten vorkommen. Auffallend ist, daß das Änderungsverlangen sowohl von der Landeszentrale als auch von einem privaten Anbieter artikuliert werden kann, § 15 Satz 1 HFS, § 26 Satz 1 HFS. Mit der Änderung des Programmschema aufgrund tiefgreifender Änderungen der Vielfaltsstruktur im Verbreitungsgebiet sollen offensichtlich nicht nur die Programmvorstellungen der Landeszentrale umgesetzt werden, sondern Vielfaltsdefizite schnellstmöglich ausgeglichen werden. Da die Änderung der programmlichen Inhalte sowohl für den Anbieter wie auch im umgekehrten Fall für die Landeszentrale einen Eingriff in den jeweiligen Freiheitsbereich bedeutet, sind an das Vorliegen des „wichtigen Grundes“ strenge Anforderungen zu stellen. Die Verschiebungen im Vielfaltsspektrum, die eine Anpassung eines bereits bestehenden Angebots erforderlich machen, müssen sich daher objektiv und unter spezifisch lokalen Gesichtspunkten beurteilen lassen[417].

Im Hinblick auf die für die Ausfüllung der Programmgestaltungsfreiheit notwendige journalistische Flexibilität ist davon auszugehen, daß nicht jede einzelne Programmänderung der Genehmigung bedarf[418]. Allerdings ist dabei zu berücksichtigen, daß die mit der Genehmigung verbundenen Programmschemata nicht wesentlich ins Detail gehen, wie schon die Bezeichnung „Schemata“ nahelegt. Eine Abweichung vom Programmschema bedeutet also im Regelfall eine nicht unerhebliche programmliche Abweichung in Bezug auf die inhaltliche Ausrichtung des Programms. In einem solchen Fall muß jede Landesmedienanstalt „zur Erhaltung der Programmvielfalt“ die Möglichkeit haben, eine entsprechende Abänderung zu untersagen[419].

---

415 Siehe hierzu eingehend oben, Kapitel 1, Der Vorbehalt weiterer Anordnungen durch die Landeszentrale

416 Vgl. § 15 HFS, § 26 FSS; Bornemann/Kraus/Lörz, BayMG, Art. 28, Rdnr. 11; Wagner, Die Landesmedienanstalten, 1990, S. 216f.

417 Der Medienverein, in dessen Wirkungsbereich das von der Änderung betroffene Angebot verbreitet wird, ist daher vor der Änderung anzuhören, § 15 Satz 6 HFS, § 26 Satz 6 FSS.

418 Hierzu eingehend Wagner, Die Landesmedienanstalten, 1990, S. 203

419 Wagner, Die Landesmedienanstalten, 1990, S. 204

c) Gestaltungsspielraum der Landeszentrale

Fraglich ist indes, ob der Landeszentrale bei der Erteilung der Änderungsgenehmigung der gleiche weite Gestaltungsspielraum wie bei der Erteilung der Sendegenehmigung zusteht, bzw. ob der betroffene Anbieter weitergehende Rechte geltend machen kann.

Die Rechtsstellung eines privaten Anbieter wandelt sich durch die Genehmigung von der eines Bewerbers zu der eines zugelassenen und an der von der Landeszentrale getragenen Rundfunks beteiligten Programmanbieters. Durch die Genehmigung erhält er weitergehende Rechte, die gleichzeitig als inhaltlich von der Genehmigung umschrieben und konkretisiert betrachtet werden müssen. Möchte der bereits zugelassene Anbieter seine personelle Struktur oder sein Programm verändern, so ist dieses Verlangen als über die durch die Genehmigung eingeräumten Rechte hinausgehend anzusehen. Auch hier soll die Bindungswirkung der Genehmigung durchbrochen werden, wodurch der Prognoseentscheidung der Landeszentrale im Rahmen des Genehmigungsverfahrens zumindest teilweise der Boden entzogen wird. Die Änderung selbst macht wiederum eine neuerliche Prognose über deren Auswirkungen auf die Vielfaltsstruktur des Gesamtprogramms erforderlich. Der Landeszentrale steht daher in einem solchen Fall grundsätzlich der gleiche weite Gestaltungsspielraum zu wie bei einer originären Genehmigungsentscheidung. Dies gilt um so mehr, als es sich bei der personellen und programmlichen Struktur der Rundfunkangebote um die wesentlichsten Eckpfeiler der öffentlich-rechtlich getragenen Rundfunkorganisation handelt.

Da es sich jedoch nur um eine teilweise Änderung des Inhalts der Genehmigung handelt, müssen z.B. der Grad der programmlichen oder personellen Veränderung in die Erwägungen einbezogen werden. Dabei können z.B. auch die bei Aufnahme des Sendebetriebes vom Anbieter getätigten Investitionen und sein Interesse an der begehrten Genehmigung von Belang sein.

Insgesamt jedoch ist insbesondere bei den personellen oder erheblichen programmlichen Veränderungen von einer Letztentscheidungskompetenz der Landeszentrale, die mit derjenigen im originären Genehmigungsverfahren vergleichbar ist, auszugehen.

3. Die Anordnungsbefugnisse des Art. 16 BayMG

Eine der wichtigsten Einwirkungsmöglichkeiten der öffentlich-rechtlichen Trägereinheit auf die Programmgestaltung durch private Anbieter statuiert Art. 16 BayMG. Hiernach kann die Landeszentrale gegenüber den an der Rundfunkveranstaltung beteiligten Anbietern und Betreibern[420] zur Einhaltung der Vor-

[420] Gemeint sind die Betreiber von Kabelanlagen, vgl. Art. 33 BayMG

schriften des Rundfunkstaatsvertrages, des BayMG und der nach diesem erlassenen Satzungsbestimmungen, Richtlinien und Bescheide die erforderlichen Anordnungen treffen. Insbesondere kann sie verlangen, daß ihr Beiträge vor der Sendung vorgelegt werden[421] und zum Ausgleich eines Gesetzesverstoßes die Verbreitung eines kompensierenden Beitrages verlangen[422]. Inhaltlich findet sich die Vorschrift in keinem anderen Landesmediengesetz wieder[423].

Zur Gewährleistung des öffentlich-rechtlichen Trägerschaftsvorbehaltes zu Recht generalklauselartig weit gefaßt[424] wird Art. 16 BayMG vom BayVerfGH als „Kernstück der nach Art. 111a Abs. 2 S. 1 BV unerläßlichen[425] Eingriffs- und Gestaltungsbefugnisse der Landeszentrale“[426] bezeichnet. Die Vorschrift stellt die zusammenfassende Bestimmung für sämtliche Anordnungsbefugnisse der Landeszentrale gegenüber den an der Rundfunkveranstaltung beteiligten privaten Dritten dar[427] und gewährt durch ihre „relativ weitgehenden Eingriffsbefugnisse“[428] das zur Gewährleistung des öffentlich-rechtlichen Trägerschaftsvorbehaltes erforderliche Korrelat zur weitgehenden Einbindung privater Anbieter[429] in die Rundfunkveranstaltung.

a) Repressive und präventive Anordnungsbefugnisse

Die Landeszentrale ist nach Art. 16 Abs. 1 Satz 1 BayMG mit einer umfassenden, hoheitlichen Anordnungsbefugnis[430] ausgestattet, die ein in jeder Hinsicht gesetz- und rechtmäßiges Verhalten der an der Rundfunkveranstaltung beteiligten Akteure kontrollieren und sicherstellen soll. Öffentlich-rechtliche Träger-

---

[421] Art. 16 Abs. 1 Satz 2 BayMG

[422] Art. 16 Abs. 2 BayMG

[423] Von Stock wird die Regelung als Ausdruck eines „schneidigen Interventionismus“ bezeichnet, Stock, Medienfreiheit als Funktionsgrundrecht, 1985, S. 397; Fn 250; zu den Kontrollformen der Beanstandung und Anweisung in anderen Bundesländern siehe Wagner, Die Landesmedienanstalten, 1990, S. 232ff.

[424] BayVerfGHE 39, 96, 145; zustimmend Brümmer, Modellfragen, S. 32; Bornemann/Kraus/Lörz, BayMG, Art. 16, Rdnr. 1; Kritik an der mangelnden Bestimmtheit üben Degenhart, ZUM 1988, 47, 54; ders., AfP 1987, 371, 372; Barth, Die Rundfunkunternehmerfreiheit und ihre Auswirkungen auf das Bayerische Medienerprobungs- und -entwicklungsgesetz, S. 99f.; abwartend seinerzeit Stock, Medienfreiheit als Funktionsgrundrecht, 1985, S. 398, Fn. 250

[425] Hierzu Lerche, ZUM 1993, 441ff., 444

[426] BayVerfGHE 39, 96, 145; siehe hierzu Stettner, Die Stellung der BLM nach dem BayMG, 1999, S. 192; zustimmend Piette, Meinungsvielfalt im privaten Rundfunk, S. 179

[427] Amtliche Begründung, abgedruckt bei Bornemann/Kraus/Lörz, BayMG, Art. 16

[428] Amtliche Begründung, a.a.O.

[429] BayVerfGHE 39, 96, 145; Lerche, ZUM 1993, 441ff., 450; Brümmer, Modellfragen, S. 31; Doll, Spannweite, 1986, S. 177; Piette, Meinungsvielfalt im privaten Rundfunk, S. 180

[430] Bornemann/Kraus/Lörz, BayMG, Art. 16, Rdnr. 10 spricht daher von einer „Generalermächtigung“ der Landeszentrale.

schaft und Verantwortung sollen auf diese Weise durchsetzungsfähig gemacht werden[431].

Von der Anordnungsbefugnis des Art. 16 BayMG sind zum einen repressive Maßnahmen mit dem Ziel der Ahndung von Rechtsverstößen umfaßt. Diese können in der Vorgabe konkreter Handlungs- oder Unterlassungspflichten bestehen. Beanstandungen bilden dabei die Vorstufe und damit ein Minus zu den genannten Anordnungen. Solange sich die genannten Maßnahmen im Bereich einer repressiven Kontrolle bewegen, sind sie auch in der dualen Rundfunkordnung anerkannte Elemente des landesmedienrechtlichen Instrumentariums[432].

Vor allem aber können nach Art. 16 BayMG als Ausdruck der öffentlich-rechtlichen Trägerschaft auch Maßnahmen präventiver Natur getroffen werden. Anordnungen nach Art. 16 BayMG setzen keinen bereits vorgefallenen Rechtsverstoß durch den Anordnungsadressaten voraus, sie werden vielmehr „zur" Einhaltung der gesetzlichen Bestimmungen getroffen. Hierin besteht ein gewichtiger Unterschied zu den Kontrollinstrumenten anderer Landesmedienanstalten, die während der laufenden Sendeperiode auf eine Rechtmäßigkeitskontrolle und die Ahndung von Verstößen beschränkt sind[433]. Sicherlich erfordert eine präventive Maßnahme das Vorhandensein konkreter Verdachtsmomente, die eine bevorstehende Rechtsverletzung befürchten lassen und deren Ermangelung entsprechende Anordnungen an die Grenze des Willkürverbotes stoßen lassen würden[434]. Hieran sind jedoch keine überzogenen Anforderungen zu stellen, da das präventive Moment der Anordnung Ausdruck der Wahrnehmung einer umfassenden Programmverantwortung durch die öffentlich-rechtlichen Trägereinheit ist[435]. Diese kann sich bei der Erfüllung der ihr obliegenden Aufgaben nicht darauf zurückziehen, eine drohende Rechtsverletzung zunächst abzuwarten, da eine solche defensive Handlungsweise dem Erfordernis einer internalisierten Kontrolle nicht genügen würde. So sind denn auch Anordnungen nach Art. 16 BayMG nicht als inhaltliche Sanktion oder Reglementierung einzelner Beiträge zu verstehen, sondern Ausdruck der Wahrnehmung der Gesamtprogrammverantwortung durch die Landeszentrale[436].

---

[431] So weist Piette, Meinungsvielfalt im privaten Rundfunk, S. 180 zu Recht darauf hin, daß auch der BayVerfGH in seiner Leitentscheidung zum BayMEG die Beurteilung des damaligen Art. 15 BayMEG im Rahmen seiner Ausführungen zum Gebot der öffentlich-rechtlichen Trägerschaft durchgeführt hat.

[432] Wagner, Die Landesmedienanstalten, 1990, S. 230ff.; Hesse, Rundfunkrecht, 1999, S. 225f.

[433] Eingehend Wagner, Die Landesmedienanstalten, 1990, S. 159ff.; 232ff.

[434] Hierzu Brümmer, Modellfragen, S. 33

[435] Piette, Meinungsvielfalt im privaten Rundfunk, S. 182

[436] Brümmer, Modellfragen, S. 33

b) Anordnungsspielraum der Landeszentrale

Anordnungen nach Art. 16 BayMG trifft die Landeszentrale nach pflichtgemäßem Ermessen[437], wobei dieses auf die Beurteilung der Frage der Erforderlichkeit[438], auf die inhaltliche Ausformung der Anordnung sowie auf deren Adressaten[439] gerichtet ist. Bereits die generalklauselartige Weite der Vorschrift läßt auf einen weiten Ermessensspielraum der Landeszentrale schließen[440]. Dies ist auch sachgerecht: Der Gestaltungs- und Ermessensspielraum der öffentlich-rechtlichen Trägereinheit muß auch im Bereich von Einzelanordnungen ausreichend groß sein, um eine effektive Wahrnehmung der Trägerschaftsverantwortung zu ermöglichen.

Inhaltlich jedoch ist der Gegenstand auf die Ausfüllung der im BayMG getroffenen Regelungen beschränkt, d.h. der Landeszentrale ist es nicht gestattet, auf der Grundlage des Art. 16 BayMG neuartige Sanktionen oder Programmvorschriften zu „erfinden", ohne daß diese auf Vorschriften des BayMG zurückgeführt werden können[441]. Ebenso können keine Anordnungen auf Art. 16 BayMG gestützt werden, die aufgrund anderer Vorschriften an bestimmte Voraussetzungen geknüpft sind. Beispielsweise kann die Landeszentrale im Wege des Art. 16 BayMG nicht die (auch vorübergehende) Einstellung des Sendebetriebes anordnen, sofern die Voraussetzungen des Art. 26 Abs. 3 BayMG nicht erfüllt sind[442].

Art. 16 BayMG ermächtigt gleichwohl zu konkreten Eingriffen nicht nur bei Verdacht auf einen Gesetzesverstoß, sondern generell zur Beurteilung der „Sendefähigkeit" eines Beitrages[443]. Eine Beschränkung auf eine Legalitätsprüfung findet nicht statt[444]. Art. 16 BayMG formuliert damit ein tragendes Element der positiv gestaltenden Wahrnehmung der Programmverantwortung durch die Landeszentrale[445] und stellt ein wichtiges Instrument zur Sicherung der Einhaltung

---

437 Siehe auch amtliche Begründung, abgedruckt bei Bornemann/Kraus/Lörz, BayMG, Art. 16

438 Art. 16 Abs. 1 Satz 1 BayMG spricht ausdrücklich von „erforderlichen" Anordnungen

439 BayVerfGH, 39, 96, 145; Bornemann/Kraus/Lörz, BayMG, Art. 16, Rdnr. 7; für einen weites Auswahlermessen spricht sich Brümmer, Modellfragen, S. 35 aus; a.A. Barth, Die Rundfunkunternehmerfreiheit und ihre Auswirkungen auf das Bayerische Medienerprobungs- und -entwicklungsgesetz, S. 132

440 BayVerfGH a.a.O.

441 Bornemann/Kraus/Lörz, BayMG, Art. 16, Rdnr. 10

442 Weitere Beispiele bei Bornemann/Kraus/Lörz, BayMG, a.a.O.

443 BayVerfGH 39, 96, 146; Stettner, Die Stellung der BLM nach dem BayMG, 1999, S. 194; Brümmer, Modellfragen, S. 32

444 BayVerfGH 39, 96, 146

445 BayVerfGH 39, 96, 146, 150

der von der Verfassung aufgestellten Grundsätze formeller und materieller Rundfunkfreiheit dar[446].

Der Vorschrift eignet neben ihrer Kontrollfunktion ein sehr weitgehendes Potential an unmittelbaren[447] Einwirkungsmöglichkeiten auf die Programmgestaltung[448] und hat daher weitgehende Konsequenzen für die Rechtsposition der Anbieter[449]. Die Anordnungsbefugnisse des Art. 16 BayMG bedingen eine insgesamt starke Stellung der Landeszentrale und erlauben es ihr, die zur Erfüllung der Anforderungen der öffentlich-rechtlichen Trägerschaft notwendige „potentielle und aktuelle Programmherrschaft" auszuüben[450].

Da es sich bei Anordnungen nach Art. 16 BayMG um die Wahrnehmung der Programmträgerschaft[451] und nicht primär um eine aufsichtliche Maßnahme handelt, sind sie auch nicht an den Kategorien der Rechtsaufsicht zu messen[452].

c) Die Anwendung „allgemeiner Grundsätze" bei Anordnungen nach Art. 16 BayMG

Nach dem Wortlaut der amtlichen Begründung sind bei Anordnungen im Sinne von Art. 16 BayMG die allgemeinen Grundsätze des Verwaltungsrechts, insbesondere der Grundsatz der Verhältnismäßigkeit und das Übermaß- und Willkürverbot zu beachten[453]. Fraglich ist, ob neben den „allgemeinen Grundsätzen" konkret das Verwaltungsverfahrensgesetz zur Anwendung kommt. Dies könnte

---

446 Stettner, Rundfunkstruktur im Wandel, München, 1988, S. 39; Degenhart, ZUM 1987, 595ff., 595; Brümmer, Modellfragen, S. 114 unter Hinweis auf Piette, Meinungsvielfalt im privaten Rundfunk, 1988, 180

447 BayVerfGHE 39, 96, 145

448 Brümmer, Modellfragen, S. 31

449 BayVerfGH, BayVBl. 1991, 143, 146; ZUM 1994, 365ff., 370; Balda, Duale Rundfunkordnung, 1997, S. 48; Piette, Meinungsvielfalt im privaten Rundfunk, S. 170; Bethge, ZUM 1994, 1ff passim; Herrmann, Das bayerische Medienrecht kurz vor der Jahrtausendwende, 1996, S. 107; Brümmer, Modellfragen, S. 9; Schuster, Meinungsvielfalt in der dualen Rundfunkordnung, 1990, S. 307; daß gleichwohl vom Gebrauch der Vorschrift eher zurückhaltend Gebrauch gemacht wird, kann nicht ohne weiteres auf eine mangelnde Wahrnehmung der Programmverantwortung schließen lassen. Einer Anordnung nach Art. 16 BayMG geht stets eine umfangreiche informelle Korrespondenz voraus, die in der Regel einen drohenden Gesetzesverstoß im Vorfeld auffangen oder aber dessen Wiederholung vermeiden können. Die Untersagung eines Programmbeitrages stellt als härteste Maßnahme gegen einen Anbieter die Ausnahme dar. vgl. hierzu, Bornemann/Kraus/Lörz, BayMG, Art. 16, Rdnr. 7; Stettner, Die Stellung der BLM nach dem BayMG, 1999, S. 192f.

450 Balda, Duale Rundfunkordnung, 1997, S. 48; BayVerfGH 39, 96, 145; Stettner, Rundfunkstruktur im Wandel, München, 1988, S. 38ff.; Herrmann, Das bayerische Medienrecht kurz vor der Jahrtausendwende, 1996, S. 100f.; Brümmer, Modellfragen, S. 31

451 Doll, Spannweite, 1986, S. 175

452 BayVerfGH 39, 96, 145; Brümmer, Modellfragen, S. 31

453 Amtliche Begründung, abgedruckt bei Bornemann/Kraus/Lörz, BayMG, Art. 16

zweifelhaft sein, da es sich bei der Landeszentrale nicht um eine Behörde im Sinne von Art. 1 IV BayVwVfG handelt[454]. Ebenso sind die öffentlich-rechtlichen Rundfunkanstalten in vielen Bundesländern von der Geltung des Verwaltungsverfahrensgesetzes ausgenommen[455], so daß eine Anwendbarkeit auf den ersten Blick nicht unbedingt plausibel erscheint. Vielfach wird dennoch vor allem in der Rechtsprechung[456] von einer über die allgemeinen Grundsätze hinausgehenden Anwendbarkeit der Regelungen des VwVfG ausgegangen[457]. Die Natur der Rechtsbeziehungen, die von einem hoheitlichen Auftreten der mit Entscheidungsmacht ausgestatteten öffentlich-rechtlichen Trägereinheit gekennzeichnet sind, verlangen nach einem „Moment der rechtsstaatlichen Einbindung"[458]. Hinzu kommt, daß die Landesmedienanstalten zwar nicht Teil der (mittelbaren) Staatsverwaltung sind[459], gleichwohl aber öffentliche Aufgaben wahrnehmen und so einer entsprechend öffentlich-rechtlichen Rückbindung an den Rechtsstaat bedürfen[460].

Fraglich ist im vorliegenden Zusammenhang vor allem die Rechtsnatur der Anordnung gem. Art. 16 BayMG. Da die Landeszentrale nicht Teil der mittelbaren Staatsverwaltung[461] ist, kann sie nicht als Behörde im Sinne des VwVfG qualifiziert werden[462] und erfüllt damit zunächst nicht die Voraussetzungen für den Erlaß von Verwaltungsakten im Sinne von Art. 35 BayVwVfG. Dennoch wer-

---

[454] Dies gilt, wie bereits dargestellt, für alle Landesmedienanstalten, die als „nicht-staatliche Organisation der gesellschaftlichen Mitverwaltung" organisationsrechtlich außerhalb der klassischen Staatsverwaltung anzusiedeln sind, vgl. in diesem Zusammenhang nur Bumke, Landesmedienanstalten, 1995, S, 282

[455] Vgl. Art. 2 Abs. 1 Satz 2 BayVwVfG; § 2 Abs. 1 VwVfG Nordrhein-Westfalen; § 2 Abs. 1 VwVfG Baden-Württemberg

[456] Z.B., BayVGH, DVBl. 1988, 560, 561; BayVGH, ZUM 1993, 99, 101; BayVGH, DVBl. 1992, 452, 454; BayVGH, DVBl. 1992, 454, 455

[457] Baars, Kooperation und Kommunikation durch die Landesmedienanstalten, 1999, S. 169f.; aufgrund des öffentlich-rechtlichen Trägerschaftsvorbehaltes ist der Rechtsweg zu den Verwaltungsgerichten nach § 40 VwGO eröffnet.

[458] Bumke, Landesmedienanstalten, 1995, S. 282, 284; siehe auch Degenhart, ZUM 1987, 595, 597; Baars, Kooperation und Kommunikation durch die Landesmedienanstalten, 1999, S. 170, Fn. 293; daß diese Rechtsbeziehung von einem starken Moment einer „Sonderbefindlichkeit" der privaten Anbieter gekennzeichnet ist, tut ihrer Qualifikation als hoheitlich keinen Abbruch. Das Moment der Sonderbefindlichkeit entfaltet seine Wirkung erst auf der Ebene der Rechtmäßigkeitsprüfung, Bornemann/Kraus/Lörz, BayMG, Art. 16, Rdnr. 4

[459] Bumke, Landesmedienanstalten, 1995, S. 181ff.; Baars, Kooperation und Kommunikation durch die Landesmedienanstalten, 1999, S. 193f.; Hepach, Grundrechtsstatus, 1997, S. 104; siehe auch oben, Kapitel 1, Recht der Selbstverwaltung

[460] Bumke, Landesmedienanstalten, 1995, S. 484; Baars, Kooperation und Kommunikation durch die Landesmedienanstalten, 1999, S. 170, Fn. 293

[461] Hesse, Rundfunkrecht, 1999, S. 214; Bumke, Landesmedienanstalten, 1995, S. 46f., 78ff., Hoffmann-Riem, Personalrecht der Rundfunkaufsicht, 1991, S. 80ff. und passim

[462] Bumke, Landesmedienanstalten, 1995, S. 282

den vom BayVGH die Anordnungen nach Art. 16 BayVGH als Verwaltungsakte mit den entsprechenden verfahrensrechtlichen Konsequenzen qualifiziert[463].

Vertreten wird andererseits eine differenzierende Sichtweise, die nach der Qualität der Anordnungsinhalte, programmgestalterisch oder Verwaltungsaufgaben wahrnehmend, unterscheidet[464]. Danach sind programmgestaltende Maßnahmen der Landeszentrale keine Verwaltungsakte, sondern „mit verbindlicher Wirkung ausgestattete öffentlich-rechtliche Maßnahmen (...), welche die Anbieter zu beachten haben“[465].

Eine tatsächliche Notwendigkeit, die Anordnungen der BLM als außerhalb des Maßnahmenkatalogs des VwVfG stehende Akte sui generis zu qualifizieren, besteht jedoch im Grunde nicht: Das gestalterische Moment der Rundfunkveranstaltung in öffentlich-rechtlicher Trägerschaft geht nicht verloren, sofern die Ermessens- und Beurteilungsspielräume der Trägereinheit beachtet werden. Die programmrelevante Kompetenz der Landeszentrale im Sinne einer „unkontrollierten Gestaltungsmacht“[466] wird erst durch den (fehlerhaften) Rückschluß beschnitten, die Natur der Maßnahme ließe auf Spielräume bei ihrer inhaltlichen Ausformung schließen. Die Natur des Verwaltungsaktes läßt sich gerade auf Maßnahmen der Landeszentrale nach Art. 16 BayMG durchaus übertragen, da sie den Anbietern hoheitlich gegenübertritt. Die Einbeziehung des Trägerschaftsgedankens muß dann aber auf den Ebenen der Rechtsverletzung und der Rechtmäßigkeitsprüfung erfolgen[467]. Dabei ist zu beachten, daß die Regelungen des VwVfG „ergänzend“ zu den Regelungen des BayMG angewendet werden[468], so daß ausgeschlossen sein muß, daß hierdurch der Vorbehalt der öffentlich-rechtlichen Trägerschaft im Ergebnis ausgehöhlt wird: „Verfahrensrecht dient der Durchsetzung materiellen Rechts, nicht seiner Veränderung.“[469]

d) Grenzen der Anordnungsbefugnisse des Art. 16 BayMG

Trotz ihrer generalklauselartigen Weite und ihrer insbesondere vom BayVerfGH hervorgehobenen Bedeutung für die Funktionalität der öffentlich-rechtlichen Trägerschaft muß sich die Anordnungsbefugnis in das Bild einer funktionenteiligen Rundfunkveranstaltung einpassen und sich daher auch aus verfassungsrechtlichen Gründen in bestimmten Grenzen bewegen. Dabei stehen vor allem

---

[463] BayVGH, ZUM 1995, 148ff.; kritisch Bornemann/Kraus/Lörz, BayMG, Art. 16, Rdnr. 3
[464] Bornemann/Kraus/Lörz, BayMG, Art. 16, Rdnr. 3
[465] Bornemann/Kraus/Lörz, BayMG, Art. 16, Rdnr. 3; Bornemann, BayVBl. 1991, 129ff.; ders. BayVBl. 1992, 156ff.
[466] Bumke, Landesmedienanstalten, 1995, S. 285
[467] Bornemann/Kraus/Lörz, BayMG, Art. 16, Rdnr. 4
[468] Hesse, Rundfunkrecht, 1999, S. 224f.
[469] Bornemann, BayVBl. 1991, 129ff., 131; ders. ZUM 1992, 483ff., 490; ähnlich Baars, Kooperation und Kommunikation durch die Landesmedienanstalten, 1999, S. 170f.

das Vorlagerecht der Landeszentrale und die sich gegebenenfalls anschließende Untersagung der Sendung eines Beitrages im Blickpunkt. Zu beachten ist auch, daß sich die von der Rundfunkordnung gewährleistete freie Kommunikation nicht durch ein Höchstmaß an Kontrolle definieren läßt[470] und gerade ein funktionenteiliges System wie das der Rundfunkveranstaltung sich durch eine gewisse Selbständigkeit der einzelnen Ebenen auszeichnet. Der Anbieter darf daher durch den weiten Ermächtigungsspielraum nicht in seiner Programmgestaltung in so erheblichem Maße behindert werden, daß er seiner Aufgabe dauerhaft nicht mehr nachkommen kann[471]. Dies würde der Funktionenteiligkeit des Systems zuwiderlaufen. Gleichwohl ist bei der Beurteilung einer Anordnung nach Art. 16 BayMG der Hintergrund der Vorschrift nicht aus den Augen zu verlieren. Die weitgehende Anordnungsermächtigung des Art. 16 BayMG als wichtigstes Instrument zur Wahrnehmung der Programmverantwortung während des Genehmigungszeitraumes[472] korrespondiert mit der weitgehenden Gestaltungsfreiheit der Landeszentrale im Auswahlverfahren.

(1) Art. 16 Abs. 1 Satz 2 BayMG und das Verbot der Vorzensur

An den gegenüber anderen Landesmediengesetzen sehr weitgehenden Anordnungsbefugnissen wird insbesondere insoweit Kritik geübt, als es sich nach Meinung einiger Autoren bei dem Vorlagerecht des Art. 16 Abs. 1 BayMG um eine im Sinne von Art. 5 Abs. 1 Satz 3 GG unzulässige Vorzensur handele[473]. Gefordert wird in diesem Zusammenhang die Beschränkung des Vorlagerechts auf eine rein rechtliche Kontrolle zur Vermeidung von Gesetzesverstößen[474].

(a) Die Landesmedienanstalten als Adressaten des Zensurverbotes

Neben der Programmfreiheit des Anbieters stellt das sog. Zensurverbot des Art. 5 Abs. 1 Satz 3 GG eine verfassungsrechtliche Grenze für die Kontrolle des Inhalts von Rundfunksendungen dar. Unter Zensur wird dabei die präventive Kontrolle von Programminhalten, die vor der erstmaligen Ausstrahlung einer Rundfunksendung ansetzt, also die Vorzensur verstanden[475]. Wichtigstes Merkmal der Vorzensur ist das Abhängigmachen einer Kommunikation von einer

---

[470] So zu Recht Degenhart, AfP 1987, 371, 372; ders. Verfassungsfragen der Novelle zum BayMEG, ZUM 1987, 597; ähnlich Bornemann/Kraus/Lörz, BayMG, Art. 16, Rdnr. 8

[471] Brümmer, Modellfragen, S. 34

[472] Brümmer, Modellfragen, S. 114; Piette, Meinungsvielfalt im privaten Rundfunk, 1988, 180

[473] Obermayer, ZUM 1985, 471; Degenhart, ZUM 1988, 47ff., 54; Bedenken auch bei Lerche, in: Rüthers/Stern, (Hrsg.), Festgabe zum 10jährigen Jubiläum der Gesellschaft für Rechtspolitik, 1984, 245ff., 255; ders. NJW 1982, 1677ff., 1682

[474] Barth, Die Rundfunkunternehmerfreiheit und ihre Auswirkungen auf das Bayerische Medienerprobungs- und -entwicklungsgesetz, S. 99ff.; Degenhart, ZUM 1987, 595ff., 597

[475] Vgl. nur BVerfGE 33, 52, 71; 47, 198; Herzog in: Maunz/Dürig/Herzog, GG, Art. 5 Abs. 1 u. 2, Rn. 298 m. w. Nw.

planmäßigen inhaltlichen Prüfung[476] durch staatlichen Einfluß. Darunter sind insbesondere einschränkende Maßnahmen vor der Herstellung oder Verbreitung eines Geisteswerkes, insbesondere das Abhängigmachen von behördlicher Vorprüfung und Genehmigung seines Inhalts zu verstehen[477].

Alle Landesmedienanstalten sind trotz ihrer staatsfernen Stellung und ihrer pluralistischen Zusammensetzung grundsätzlich Adressaten des Zensurverbotes, da sie organisatorisch und funktionell als öffentlich-rechtliche Anstalten Glieder der Staatsorganisation sind und als solche öffentlich-rechtliche Befugnisse wahrnehmen[478]. Fraglich ist indes, ob die Anordnungen nach Art. 16 Abs. 1 Satz 2 BayMG unter den Tatbestand einer unzulässigen Vorzensur fallen.

b) Die Vorlageverpflichtung als Ausdruck der öffentlich-rechtlichen Programmverantwortung

Die vom öffentlich-rechtlichen, dennoch staatsfreien Träger der Rundfunkveranstaltung ausgeübte Kontrolle ist nach richtiger Ansicht nicht geeignet, mit dem an die Adresse des Staates gerichteten Zensurverbot zu kollidieren[479]. Die Vorlage eines Beitrages dient im System der öffentlich-rechtlichen Trägerschaft lediglich der legitimen und im Einzelfall erforderlichen Beurteilung seiner Sendefähigkeit[480]. Die Aufgabe dieser Beurteilung erwächst aus der umfassenden Verantwortlichkeit der Landeszentrale für die Programmgestaltung[481] auch während des laufenden Genehmigungszeitraumes. Die Vorschrift des Art. 16 BayMG muß daher im Hinblick auf ihre Tragweite für die Wahrnehmung der Programmverantwortung durch die Landeszentrale[482] dahingehend interpretiert werden, daß gegen den Willen der Landeszentrale keine Sendung zustande kommen kann und daher die Vorlage von Beiträgen vor der Sendung verlangt werden darf[483]. Diese Wertung ist im Hinblick auf den Funktionsvorbehalt der

[476] Wagner, Die Landesmedienanstalten, 1990, S. 85; Jarass, Die Freiheit der Massenmedien, 1978, S. 161

[477] BVerfGE 73, 118, 166; 33, 52, 71 f.; Wagner, Die Landesmedienanstalten, 1990, S. 89 unter Hinweis auf Herrmann, Fernsehen und Hörfunk in der Bundesrepublik Deutschland, 1975, S. 78

[478] Wagner, Die Landesmedienanstalten, 1990, S. 87 unter Hinweis auf Hoffmann-Riem, AÖR 109 (1984), 304, 360; Trute/Pfeifer, DÖV 1989, 192, 194; a.A. Doll, Spannweite, 1986, S. 176

[479] BayVerfGH 39, 96, 145f.; Stettner, Rundfunkstruktur im Wandel, München, 1988, S. 36; ders., Die Stellung der BLM nach dem BayMG, 1999, S. 194; Piette, Meinungsvielfalt im privaten Rundfunk, S. 182

[480] Brümmer, Modellfragen, S. 32

[481] Doll, Spannweite, 1986, S. 176

[482] Brümmer, Modellfragen, S. 31

[483] So ausdrücklich BayVGH, BayVBl. 1987, 77ff., 112

öffentlich-rechtlichen Trägerschaft auch nach der Entscheidung des Bundesverfassungsgerichts zur Grundrechtsträgerschaft nicht obsolet geworden[484].

Dabei ist jedoch zu beachten, daß die Vorlage einer Sendung nur in Einzelfällen[485] und nicht zum Zwecke der laufenden Programmbeurteilung verlangt werden darf. Die funktionelle Arbeitsteiligkeit des bayerischen Rundfunkmodells würde sonst unterlaufen, indem der Anbieter unnötig in seiner Gestaltungsfreiheit eingeschränkt wird[486]. Anordnungen nach Art. 16 BayMG haben sich daher auf die Fälle der konkreten, wenngleich auch möglicherweise erst zukünftigen Rechtsverstöße zu beschränken und dürfen nicht die laufende Programmbeurteilung ersetzen. Die laufende Programmbegleitung und –beurteilung findet in der Regel erst nach Ausstrahlung der Programmbeiträge statt, kann aber gleichwohl, z.B. wegen festgestellter Rechtsverstöße nach „Sichtung" eines Programms in dessen Vorlageverpflichtung münden. Auch dann stellt die Vorlageanordnung kein „Disziplinierungsinstrument"[487] im Sinne einer Sanktion, Rüge oder sonstige Reglementierung dar, sondern ist Ausdruck der programmlichen Verantwortung und Trägerschaft der Landeszentrale.

Obwohl es sich bei der Vorlageanordnung und der Untersagung der Sendung eines Beitrages um das mächtigste Kontrollinstrument der Landeszentrale im Vorfeld eines Genehmigungswiderrufes als einschneidendste Maßnahme handelt, wird sein Einsatz seit Einführung der Vorschrift durchweg auf Ausnahmen beschränkt[488]. Dies läßt jedoch nicht auf eine unzureichende Wahrnehmung der Trägerschaftsverantwortung durch die Landeszentrale schließen, sondern ist auf die zu wahrende Funktionenteiligkeit des Gesamtsystems zurückzuführen.

Gleichzeitig eröffnet sich vor dem Hintergrund des Art. 16 BayMG die volle Bandbreite der informellen Handlungsmöglichkeiten der Trägereinheit[489], die in der Regel zu einem Konsens zwischen Anbieter und Landeszentrale führen[490]. So weist auch Wagner, zwar mit Blick auf die duale Rundfunkordnung, zu Recht darauf hin, daß „bereits die theoretische Möglichkeit einer solchen Sank-

---

484 Stettner, Rundfunkfreiheit in Bayern, in: BLM-Symposion Medienrecht 1998, 1999, S. 43ff., S. 53

485 Brümmer, Modellfragen, S. 32

486 Ähnlich Doll, Spannweite, 1986, S. 177

487 Brümmer, Modellfragen, S. 33 unter Hinweis auf Treffer/Regensburger/Kroll, MEG, 1988, Art. 15 MEG, Anm. 4

488 Beispiele bei Bornemann/Kraus/Lörz, BayMG, Art. 16, Rdnr. 8; Stettner, Die Stellung der BLM nach dem BayMG, 1999, S. 192ff.

489 Siehe hierzu eingehend oben, Kapitel 1, Steuerung durch informelle Einwirkung

490 Beispiele bei Stettner, Die Stellung der BLM nach dem BayMG, 1999, S. 195f.

tion den vorgelagerten Beanstandungen und Anweisungen ein wesentlich höheres Durchsetzungspotential"[491] verleiht.

(2) Anordnungen gem. Art. 16 BayMG als Ausnahme von der Regel einer funktionenteiligen Rundfunkveranstaltung

Sofern die Landeszentrale im Wege von Anordnungen nach Art. 16 BayMG auf die Programmgestaltung der privaten Anbieter durch die Sanktionierung oder Untersagung eines rechtswidrigen Verhaltens einwirkt, bewegt sie sich im Rahmen gewöhnlicher repressiver Kontrolle. Insofern besteht kein Unterschied zu den Kontrollinstrumentarien anderer Landesmedienanstalten. Durch die Anordnung einer Vorlagepflicht, der Untersagung eines Beitrages oder einer bestimmten Handlung auf Anbieterseite und durch die Verpflichtung zur Verbreitung eines den Rechtsverstoß kompensierenden Beitrages jedoch kommt es zu einer unmittelbar programmgestalterisch wirkenden Maßnahme durch die öffentlich-rechtliche Trägereinheit. Dabei handelt es sich um eine Durchbrechung des Prinzips der funktionenteiligen Rundfunkveranstaltung außerhalb des Genehmigungsverfahrens, die „aus der Natur der Sache heraus" auf Ausnahmefälle zu beschränken[492], dann aber in besonderer Weise gerechtfertigt ist.

Diese Rechtfertigung ist zum einen in der erforderlichen Durchsetzungsfähigkeit des öffentlich-rechtlichen Trägerschaftsvorbehaltes zu sehen, der es verbietet, daß unter dem Dach der öffentlich-rechtlichen Trägereinheit Programme ausgestrahlt werden, die nicht den gesetzlichen Bestimmungen bzw. den programmlichen, durch die Genehmigung konkretisierten Vorstellungen des Medienrates entsprechen. Um dem funktionellen Vorbehalt einer echten öffentlich-rechtlichen Trägerschaft zu entsprechen, müßten zum anderen solche Programme von der Rundfunkveranstaltung durch den Widerruf der Genehmigung nach Art. 26 Abs. 3 BayMG ausgeschlossen werden. Anordnungen nach Art. 16 BayMG, die ein gezieltes und auf Programmteile beschränktes Einwirken ermöglichen, stellen demgegenüber das mildere Mittel dar[493] und sind so auch in Ansehung des Übermaßverbotes erforderlich, um die umfassende Programmverantwortung der Landeszentrale in verfassungskonformer Weise durchsetzungsfähig zu erhalten. Ein wiederholter Verstoß oder die Nichtbeachtung von Anordnungen nach Art. 16 BayMG kann dann auch entsprechend Art. 26 Abs. 3 BayMG zum Widerruf der Genehmigung führen.

---

[491] Gemeint ist in diesem Zusammenhang die noch einschneidendere Maßnahme des Erlaubniswiderrufs, Wagner, Die Landesmedienanstalten, 1990, S. 243.

[492] Bornemann/Kraus/Lörz, BayMG, Art. 16, Rdnr. 8

[493] Vgl. insoweit den Wortlaut des Art. 26 Abs. 3 BayMG; Bornemann/Kraus/Lörz, BayMG, Art. 16, Rdnr. 5

(3) Die fehlende Befugnis der Landeszentrale zur eigenmächtigen Veränderung programmlicher Inhalte

Die Tätigkeit der privaten Anbieter im Rahmen der Übermittlung originär eigener Meinungen stellt zwar rechtlich eine prinzipielle Betätigung des Grundrechts der Rundfunkfreiheit dar, diese steht allerdings unter dem Vorbehalt der Integration in das bestehende Rundfunkmodell und hat sich in die programmsteuernde Kompetenz der öffentlich-rechtlichen Trägereinheit einzufügen, auch wenn sie (inhaltlich unantastbar) Eigenleistung des Mitarbeiters bleibt[494]. Substantiell darf die meinungsrelevante Eigenleistung des Mitarbeiters nicht verändert werden, gleichzeitig besteht jedoch kein Recht auf Sendung, auf Auftritt. Inhaltliche Eingriffe an einem beanstandeten Beitrag dürfen daher von der Landezentrale nicht vorgenommen werden[495], die Verbreitung des Beitrags kann lediglich untersagt und gegebenenfalls durch die Ausstrahlung eines von der Landeszentrale selbst oder unmittelbar in ihrem Auftrag hergestellten Beitrages kompensiert werden. Das Verbot einer inhaltlichen Veränderung eines von einem privaten Anbieter gestalteten Beitrages beruht dabei auf der Trennung der Freiheitssphären von Anbieter und Landeszentrale.

III. Umfang und Dichte der judikativen Kontrolle

Die Durchsetzungsfähigkeit der dem privaten Anbieter gegenüber der Landeszentrale eingeräumten Rechtsposition hängt in entscheidendem Maße von der Möglichkeit ab, diese durch Inanspruchnahme gerichtlicher Hilfe verbindlich zu machen. Jedem Anbieter steht bei für ihn nachteiligen Entscheidungen der Landeszentrale grundsätzlich der Rechtsweg zu den Verwaltungsgerichten offen. Seine Erfolgsaussichten, betrachtet aus einer „individualrechtsschutzorientierten Perspektive“[496], hängen allerdings wesentlich von der Dichte und Effizienz der gerichtlichen Überprüfbarkeit ab. Diese könnte aufgrund eines Entscheidungsvorrangs der Landeszentrale beschränkt sein, der an bestimmte, mehr oder weniger an den öffentlich-rechtlichen Trägerschaftsvorbehalt geknüpfte Voraussetzungen gebunden ist. Aber auch, wenn man sich der judikativen Kontrolldichte aus dem Blickwinkel der Landeszentrale in ihrer Eigenschaft als verantwortliche Trägerin und Veranstalterin in diesem Sinne nähert, kommt der gerichtlichen Überprüfbarkeit eine spezifische Bedeutung zu. Denn gerade in den Fällen, in denen gestalterische Ermessensentscheidungen der Landeszentrale angegriffen werden, hängt auch der letztlich und tatsächlich verbleibende Gestaltungsspielraum der öffentlich-rechtlichen Trägereinheit entscheidend vom Umfang der gerichtlichen Nachprüfung und einem etwaigen ei-

---

[494] Vgl. Lerche, Landesbericht, S. 57f. für den öffentlich-rechtlichen Anstaltsrundfunk

[495] Brümmer, Modellfragen, S. 33 unter Berufung auf die „Respektierung der Eigengesetzlichkeit geistigen Schaffens“; Bornemann/Kraus/Lörz, BayMG, Art. 16, Rdnr. 5

[496] Bumke, Landesmedienanstalten, 1995, S. 267

genen Beurteilungsspielraum[497] bzw. Entscheidungsvorrang der Organe der Landeszentrale ab[498].

Grundsätzlich verbleibt es auch im Bereich rundfunkrechtlicher Entscheidungen bei einer umfassenden Kontrolldichte und inhaltlichen Nachprüfung[499]. Anders ist dies jedoch möglicherweise bei solchen Entscheidungen der Landeszentrale zu beurteilen, die Maßnahmen zur Sicherung der Meinungsvielfalt beinhalten und der Umsetzung des öffentlich-rechtlichen Trägerschaftsvorbehaltes dienen. Dies wird, angesichts des vorrangigen Verfassungsauftrages der Sicherung der Meinungsvielfalt, bei der weitaus größten Anzahl von Entscheidungen der Fall sein.

Vorangestellt sei in diesem Zusammenhang, daß die Verwaltungsgerichte vor allem bei der Beurteilung einer Verteilungs- bzw. Auswahlentscheidung im Rahmen des Zulassungsverfahren auch im Rahmen der dualen Rundfunkordnung „nahezu ausnahmslos“ von einer eingeschränkten Überprüfbarkeit ausgehen[500]. Die gerichtliche Prüfung wird dabei darauf beschränkt, zu beurteilen, „ob das entscheidende Gremium von einem zutreffend ermittelten Sachverhalt ausgegangen ist, die den unbestimmten Rechtsbegriffen zugrundeliegenden Wertmaßstäbe beachtet und die Entscheidung frei von Willkür und sachfremden Erwägungen getroffen hat“[501]. Diese Tendenz ist im Ergebnis sachgerecht, dennoch fällt die Begründung insbesondere in der Literatur nicht immer einheitlich aus[502].

1. Einschränkung der judikativen Kontrolle aufgrund pluraler Organisationsstruktur der Entscheidungsgremien

Bei Interpretation des Begriffes der Meinungsvielfalt und der Durchführung ihr dienender Maßnahmen stehen nach herrschender Meinung allen Landesmedienanstalten im Rahmen der ihnen gesetzlich zugewiesenen Aufgabenerfüllung Beurteilungsspielräume[503] und Entscheidungsprärogativen zu, die nur begrenzt gerichtlich nachprüfbar sind[504].

---

[497] Zum Begriff vgl. Maurer, Allgemeines Verwaltungsrecht, § 7

[498] Hesse, Rundfunkrecht, 1999, S. 234

[499] Hesse, a.a.O.

[500] Fehling, Die Konkurrentenklage bei der Zulassung privater Rundfunkveranstalter, 1994, S. 140f. mit Überblick über die Rechtsprechung; siehe auch Bumke, Landesmedienanstalten, 1995, S. 269f.

[501] Fehling, Die Konkurrentenklage bei der Zulassung privater Rundfunkveranstalter, 1994, S. 141, 150; Hesse, Rundfunkrecht, 1999, S. 234; Beucher/von Rosenberg, ZUM 1996, 643ff., 651

[502] Übersicht bei Wagner, Die Landesmedienanstalten, 1990, S. 168, Fn. 52

[503] Zur Frage, inwieweit die Lehre vom Beurteilungsspielraum durch die Rechtsprechung des Bundesverfassungsgerichts obsolet geworden ist, vgl. Bumke, Landesmedienanstalten, 1995,

Grund für die Annahme dieser Beurteilungsspielräume ist die besondere personelle Besetzung der Kontrollgremien, die auch bei anderen weisungsfreien, pluralistischen oder sachverständigen Entscheidungsgremien seit langem die Annahme entsprechender Freiräume rechtfertigt[505]. Die Begrenzung der gerichtlichen Kontrolldichte wird durch die Eigenart solcher Entscheidungen wertender und prognostischer Art[506] begründet, die gerade auf dem gleichberechtigten Zusammenwirken von weisungsfreien und sachverständigen[507] Repräsentanten unterschiedlicher gesellschaftlicher Gruppen und ihrer spezifischen Auffassungen beruhen[508]. Der Vorgang der Entscheidungsfindung vor allem im Rahmen des Genehmigungsverfahren beinhaltet wegen der „Offenheit des rundfunkrechtlichen Normprogramms"[509] stets eine wertende, gestaltende, häufig prognostizierende Konkretisierung einfachgesetzlicher Vorgaben[510].

Die den Landesmedienanstalten insoweit zugewiesene Gestaltungsmacht mündet jedoch nicht ohne weiteres in einen von gerichtlicher Kontrolle umfassend freigestellten Entscheidungsvorrang[511]. Ein solcher kann nur dort gegeben sein, wo aufgrund einer Unvertretbarkeit der Meinungsbildung in den auf die jeweilige Regelung zugeschnittenen Gremien die Entscheidung durch das plural zusammengesetzte Gremium nicht durch eine eigene gerichtliche Entscheidung ersetzt werden darf[512]:

S. 269; Fehling, Die Konkurrentenklage bei der Zulassung privater Rundfunkveranstalter, 1994, S. 211ff.

504 Wagner, Die Landesmedienanstalten, 1990, S. 168; Bamberger, ZUM 2000, 284ff., 288; Bethge, Die Verwaltung 1994, 433ff., 455

505 Überblick über die Rechtsprechung bei Fehling, Die Konkurrentenklage bei der Zulassung privater Rundfunkveranstalter, 1994, S. 143; Wagner, Die Landesmedienanstalten, 1990, S. 169; Beucher/von Rosenberg, ZUM 1996, 643ff., 651; kritisch Bumke, Landesmedienanstalten, 1995, S. 271f.

506 Überblick über die Rechtsprechung bei Fehling, Die Konkurrentenklage bei der Zulassung privater Rundfunkveranstalter, 1994, 141, 153ff.

507 Zu der Voraussetzung der „Repräsentation und Sachkompetenz" vgl. eingehend Fehling, Die Konkurrentenklage bei der Zulassung privater Rundfunkveranstalter, 1994, S. 161ff.

508 Maurer, Allgemeines Verwaltungsrecht, § 7; Beucher/von Rosenberg, ZUM 1996, 643ff., 651; kritisch Fehling, Die Konkurrentenklage bei der Zulassung privater Rundfunkveranstalter, 1994, S. 165ff.

509 Bumke, Landesmedienanstalten, 1995, S. 190ff.; ähnlich Wagner, Die Landesmedienanstalten, 1990, S. 168; Fehling, Die Konkurrentenklage bei der Zulassung privater Rundfunkveranstalter, 1994, S. 153ff., 156ff.

510 Bumke, Landesmedienanstalten, 1995, S. 267 unter Hinweis auf Rossen, Freie Meinungsbildung, 1988, S. 413

511 Bumke, Landesmedienanstalten, 1995, S. 269; Wagner, Die Landesmedienanstalten, 1990, S. 169f.

512 Wagner, Die Landesmedienanstalten, 1990, S. 171

Insbesondere bei dem Begriff der Meinungsvielfalt handelt es sich um einen unbestimmten Rechtsbegriff, den die Organe der Landesmedienanstalten unter Rückgriff auf das in ihrem Wirkungsbereich vorhandene Meinungsspektrum sachnäher und kompetenter als die Gerichte zu beurteilen und mit Leben auszufüllen in der Lage sind. Gerade die pluralistische Zusammensetzung des Gremiums soll in vielfaltsbeurteilenden Fragen ein Garant für „richtige" Entscheidungen, die eine größtmögliche Annäherung an ein vielfältiges Programm ermöglichen, sein[513]. Ein Entscheidungsvorrang der Landesmedienanstalten besteht daher vor allem in Fragen der Pluralitätssicherung, wobei allerdings eine stringente Überprüfung der organisations- und verfahrensrechtlichen Entscheidungsfindung nicht ausgeschlossen wird[514]. Mangels exakter Maßstäbe zur Messung der Meinungsvielfalt muß daher die gerichtliche Kontrolle weniger beim Ergebnis als bei dem ihm zugrundeliegenden Verfahren ansetzen[515].

Sofern also das zugrundeliegende Verfahren eingehalten, der Betroffene ausreichend gehört und eine Entscheidung nachvollziehbar begründet[516] wurde, ist die judikative Kontrolle vielfaltsbezogener Wertungen weitgehend reduziert[517].

2. Der prognostischer Charakter der Genehmigungsentscheidung

Insbesondere im Genehmigungsverfahren kommen allen Landesmedienanstalten besondere Beurteilungsspielräume zu, da die Zulassungsentscheidung in erheblichem Maße von prognostischen Erwägungen bestimmt wird. Insofern steht den pluralistisch zusammengesetzten Entscheidungsgremien im Rahmen der Beurteilung von Vielfaltsfragen ein zusätzlicher Prognosespielraum zu.

Zum Zeitpunkt der gerichtlichen Entscheidung steht zumeist fest, ob die im Genehmigungsverfahren angestellte Prognose richtig war oder nicht. Trotz ihres insoweit „erweiterten Kenntnisstandes"[518] ist es den Verwaltungsgerichten gleichwohl verwehrt, unter Rückgriff auf eben diese Erkenntnisse die Entscheidung der Landesmedienanstalt zu beurteilen. Würden sie dies tun, könnte man nicht mehr von einer Überprüfung der angegriffenen Entscheidung sprechen, sondern es wird vielmehr eine eigene, die der Landesmedienanstalt ersetzende

---

513 Für Bumke, Landesmedienanstalten, 1995, S. 275ff., ist es gerade diese Form der Annäherung an einen „dynamisch-variablen" Zielwert, deren Erfolg durch die gruppenplurale Zusammensetzung der Entscheidungsgremien gefördert wird, die eine Unvertretbarkeit der Entscheidung begründet.

514 Bumke, Landesmedienanstalten, 1995, S. 285

515 Hesse, Rundfunkrecht, 1999, S. 234; Bumke, Landesmedienanstalten, 1995, S. 278ff.

516 Zur Erforderlichkeit einer umfassenden Entscheidungsbegründung in diesem Zusammenhang vgl. ausführlich Fehling, Die Konkurrentenklage bei der Zulassung privater Rundfunkveranstalter, 1994, S. 249ff.

517 Hesse, Rundfunkrecht, 1999, S. 234

518 Fehling, Die Konkurrentenklage bei der Zulassung privater Rundfunkveranstalter, 1994, S. 254; Hesse, Rundfunkrecht, 1999, S. 234; Beucher/von Rosenberg, ZUM 1996, 643ff., 651

Entscheidung getroffen. Damit würde die Gerichtsbarkeit zum einen der Bereich der Rechtskontrolle verlassen und materiell Verwaltungstätigkeit ausüben[519]. Zum anderen widerspräche eine solche Praxis dem Grundsatz der Staatsferne des Rundfunks, da die Gerichte nicht der gesellschaftlichen, sondern der staatlichen Sphäre zuzuordnen sind[520]. Daneben handelt es sich bei der Genehmigungsentscheidung auch um die in Fragen der Meinungsvielfalt wichtigste Entscheidung, die nur von den plural organisierten Gremien der Landesmedienanstalten vertretbar getroffen werden kann. Die Kontrolltätigkeit der Gerichte ist also „nur so lange mit der von Art. 5 Abs. 1 Satz 2 GG gebotenen Staatsfreiheit des Rundfunks vereinbar, wie sie an dem der Gremienentscheidung zugänglichen Kenntnisstand anknüpft und damit der Primärentscheidungskompetenz der Landesmedienanstalt Rechnung trägt“[521].

Im Falle einer Auswahl unter mehreren Bewerbern, die sich für eine Frequenz bewerben, steht der Landeszentrale daher wie jeder Landesmedienanstalt im Rahmen des Organisationsverfahrens ein weiter Auswahl- und Koordinierungsspielraum zu, der zudem noch in starkem Maße von Vielfaltserwägungen und prognostischen Entscheidungen geprägt ist und so Beurteilungsspielräume eröffnet. Nicht berücksichtigte Antragsteller können daher das Ergebnis der Genehmigungsentscheidung wegen der eingeschränkten gerichtlichen Kontrolldichte lediglich auf „willkürliche Ungleichbehandlung oder auf sachfremde Erwägungen“ hin überprüfen lassen[522]. Die gerichtliche Kontrolle ist dabei „auf eine korrekte Sachverhaltsermittlung und die Einhaltung des vorgeschriebenen Zulassungsverfahren“ beschränkt[523].

3. Auswirkungen der öffentlich-rechtlichen Trägerschaft auf die Dichte der judikativen Kontrolle

Abgesehen von einem grundsätzlichen Beurteilungsspielraum der Landesmedienanstalten im Falle prognostischer und wertender Entscheidungen zur Meinungsvielfalt stellt sich die Frage, inwieweit auch die Eigenschaft der Landeszentrale als grundrechtsberechtigte öffentlich-rechtliche Trägereinheit auf die gerichtliche Kontrolldichte einwirkt.

Der weite Gestaltungs- und Ermessensspielraum der Landeszentrale ist, anders als bei den übrigen Landesmedienanstalten, nicht nur durch die sachverständige

---

519 Fehling, a.a.O.

520 Fehling, Die Konkurrentenklage bei der Zulassung privater Rundfunkveranstalter, 1994, S. 255 m.w.Nw.

521 Fehling, Die Konkurrentenklage bei der Zulassung privater Rundfunkveranstalter, S. 255; vgl. auch Bornemann/Kraus/Lörz, BayMG, Art. 28, Rdnr. 19 sowie eingehend zur Thematik des maßgeblichen Beurteilungszeitpunktes VG Regensburg, MMR 1998, 556ff., 560

522 Wagner, Die Landesmedienanstalten, 1990, S. 189

523 Wagner, Die Landesmedienanstalten, 1990, a.a.O.

und pluralistische Zusammensetzung ihres weisungsfreien Entscheidungsgremiums begründet, sondern darüber hinaus grundrechtlich unterfüttert und zur Durchsetzung ihrer Programmverantwortung erforderlich. Da die Grundrechtsträgerschaft der Landeszentrale sich aus ihrer Eigenschaft als eigenverantwortliche Rundfunkveranstalterin ableitet, bezieht sich ihr Beurteilungsspielraum auch und gerade auf die Durchsetzung eigener Programmvorstellungen[524]. Diese eigenen, grundrechtlich fundierten Entscheidungen[525] über die „publizistische Wertigkeit und Adäquanz von Programmen"[526] können nicht durch gerichtliche Beurteilungen ersetzt werden[527], ohne dem Vorbehalt der öffentlich-rechtlichen Trägerschaft zuwiderzulaufen. Grundlage solcher Entscheidungen sind auch die sich aus der Grundrechtsträgerschaft der privaten Anbieter ergebenden Abwägungsvorgänge, die sich zwar am konkreten Einzelfall orientieren müssen, jedoch im Hinblick auf die Komplexität der Auswahlentscheidung im Genehmigungsverfahren Wertungsspielräume eröffnen[528]. Im Hinblick auf die Wahrnehmung der Gesamtprogrammverantwortung durch die öffentlich-rechtliche Trägereinheit ist die Genehmigung nicht nur eine vielfaltsrelevante „Zulassungs"-Entscheidung eines externen, pluralen Kontrollgremiums, sondern sie ist in erster Linie eine „grundrechtlich fundierte Programmentscheidung"[529], die nicht durch eine gerichtliche Entscheidung konterkariert oder gar ersetzt werden darf.

---

[524] Bamberger, ZUM 2000, 285ff., 288 m.w.Nw.

[525] BayVGH BayVBl. 1997, 146, 147

[526] Bethge, Der verfassungsrechtliche Status der BLM, 1999, S. 58 m.w.Nw.

[527] Bamberger, ZUM 2000, 284ff., 288 unter Hinweis auf Bornemann, BayVBl. 1997, 148ff., 149

[528] Bornemann/Kraus/Lörz, BayMG, Art. 28, Rdnr. 19

[529] Bamberger, a.a.O.; so auch BayVGH, BayVBl. 1997, 146ff., 147 unter Hinweis auf BayVerfGH 40, 69; vgl. auch Stettner, ZUM 1992, 456ff., 462; Bornemann, BayVBl. 1991, 129ff., 130

Zusammenfassung

Einführung

1. Das Phänomen Rundfunk unterliegt einem ständigen Wandel hinsichtlich seiner technischen Entwicklung sowie hinsichtlich des Verständnisses seiner Aufgabe und Wirkung. Seit Mitte des letzten Jahrhunderts hält sich jedoch die Vorstellung, ein Pluralismus der Meinungen im Sinne eines vielfältigen und gleichberechtigten Nebeneinanders der im Meinungsspektrum einer Gesellschaft vertretenen Auffassungen sei Produkt, Zweck und Ziel eines durch die „Rundfunkfreiheit“ gewährleisteten freien Kommunikations- und Meinungsbildungsprozesses. Die Finanzierung von Rundfunkprogrammen durch Werbeeinnahmen rückt insbesondere die Rundfunkveranstaltung durch Private in ein Spannungsfeld zwischen den ihr auferlegten verfassungsrechtlichen Aufgabenstellungen und der erwerbsorientierten Programmgestaltung und Vermarktung. Eine Organisation des Rundfunks durch den Gesetzgeber ist damit unumgänglich und durch die Schaffung der Landesmediengesetze in die Tat umgesetzt worden.

2. Das sog. duale System, bestehend aus dem „klassischen“ öffentlich-rechtlichen Rundfunk und privaten Veranstaltern ist dabei allein in Bayern nicht übernommen worden. Rundfunk wird gem. Art. 111a Abs. 2 Satz 1 der Landesverfassung ausschließlich „in öffentlicher Verantwortung und öffentlich-rechtlicher Trägerschaft betrieben“. Dabei werden private Anbieter unter dem Dach der Bayerischen Landeszentrale für neue Medien (BLM) in den Prozeß der öffentlich-rechtlichen Rundfunkveranstaltung einbezogen. Diese grundsätzliche Weichenstellung im bayerischen Rundfunksystem ist seit ihrer Einführung in vielen Punkten streitig. Die vorliegende Arbeit widmet sich im besonderen diesen streitigen Problemkreisen und möchte das bayerische Rundfunkmodell vor allem vor dem Hintergrund des Konfliktes von erwerbsorientierter Programmgestaltung und öffentlich-rechtlicher Anforderung auf die Umsetzung des verfassungsrechtlichen Auftrages der Gewährleistung eines freien Rundfunks durch organisatorische Maßnahmen hin überprüfen.

Kapitel 1: Grundlagen der Rundfunkveranstaltung in Bayern

A. Verfassungsrechtliche Grundlagen

1. Das Grundrecht der Rundfunkfreiheit ist in Art. 5 Abs. 1 Satz 2 GG niedergelegt und dient der Gewährleistung freier individueller und öffentlicher Meinungsbildung. Auch die Rundfunkfreiheit nach bayerischen Verfassungs-

und Landesrecht wird damit maßgeblich geprägt und überlagert vom Grundrecht des Art. 5 Abs. 1 Satz 2 GG.

I. Der Rundfunkbegriff

1. Der Schutzbereich des Grundrechts der Rundfunkfreiheit wird nicht zuletzt durch ein inhaltliches Verständnis des Begriffes „Rundfunk" geprägt.

2. Neben den Definitionen auf staatsvertraglicher und einfachgesetzlicher Ebene wird zwischen dem fernmeldetechnischem und dem rundfunkrechtlichen Rundfunkbegriff unterschieden. Zudem wird dem Begriff des Rundfunks eine besondere Dynamik zugesprochen, die mit Blick auf die technische Weiterentwicklung eine begriffliche Einengung des Schutzbereiches der Rundfunkfreiheit verhindern soll.

II. Das Gewährleistungsgefüge des Art. 5 Abs. 1 S. 2 GG

1. Das Grundrecht der Rundfunkfreiheit ist von einem besonderen Verständnis seiner objektiven und subjektiven Inhalte geprägt. Im Hinblick auf die knappe und abstrakte Formulierung des Art. 5 Abs. 1 Satz 2 GG kommt der interpretativen Funktion der bundesverfassungsgerichtlichen Rechtsprechung dabei eine besondere Bedeutung zu. Das Bundesverfassungsgericht folgt vor allem einer systematisch-teleologischen Auslegung und begreift die Rundfunkfreiheit in erster Linie als institutionelle Freiheit, deren subjektivrechtlichen Gehalte von einer objektiv-rechtlichen Deutung überlagert werden.

2. Demgegenüber sieht eine primär individualistisch ausgerichtete subjektivrechtliche Argumentation in Art. 5 Abs. 1 Satz 2 GG vor allem ein Grundrecht der privaten Rundfunkgründungs- und –veranstaltungsfreiheit des Einzelnen, deren Schutz sich in erster Linie auf die Sicherung der individuellen Handlungsfreiheit des Grundrechtsträgers gegenüber dem Staat bezieht.

3. Die an der Institution „Rundfunk" orientierte objektiv-rechtliche Auffassung geht anders als die subjektiv-rechtliche Argumentation von einem übergeordneten objektiven Rahmen der Grundrechtsentfaltung und -aktualisierung aus.

a) Der gesellschaftliche Bezug des Rundfunks und die (daraus resultierende) gesellschaftliche Funktion der Rundfunkfreiheit schließen dabei unmittelbar an die ihr innewohnende individuale Freiheit an und sind mit ihr untrennbar verbunden. Die Zumessung objektiv-rechtlicher Gehalte führt zu einer Verlagerung der Schutzwirkung des Grundrechts zugunsten übergeordneter Prinzipien oder Allgemeingüter. Subjekt des Grundrechtsschutzes ist nicht in erster Linie der Einzelne, sondern vielmehr der Rundfunk als Institution.

b) Die Institution „Rundfunk“ wird in Deutschland traditionell als Angelegenheit öffentlicher Verantwortung, als öffentliche Aufgabe angesehen. Die Wahrnehmung öffentlicher Verantwortung verlangt dabei nicht zwingend nach einer ebenso öffentlichen Organisationsform. Auch der private Rundfunk ist demgemäß Sache der Allgemeinheit und steht in öffentlicher Verantwortung.

c) Da kein Freiheitsrecht gänzlich apersonal aufgefasst werden kann, verlangt auch die Rundfunkfreiheit nach einem personalen Träger. Sie steht allerdings den Rundfunkveranstaltern in ihrer Eigenschaft als Akteure im Vermittlungsprozeß zu und erfährt so eine treuhänderische Bindung, die als Programmauftrag oder Programmaufgabe bezeichnet wird. Der besondere verfassungsrechtliche Schutz des Art. 5 Abs. 1 Satz 2 GG erstreckt sich somit primär auf eine Tätigkeit, eine Funktion und weniger auf diejenigen „Persönlichkeiten“, die diese Tätigkeit ausüben.

d) Die neben den objektiven Gehalten bestehende subjektive, individualrechtliche Seite der Rundfunkfreiheit manifestiert sich zum einen in der Freiheit des Rundfunks vor staatlichen Einflüssen, also in negatorischer Form in Gestalt eines Fehlens staatlicher Einflußnahme, zum anderen in der Freiheit des Rundfunkveranstalters selbst, vermittels des Mediums Rundfunk Meinungen zu verbreiten.

4. Verstanden als institutionelle Garantie bedarf die Rundfunkfreiheit zu ihrer Verwirklichung organisatorischer Regelungen, da erst im Rahmen des organisatorisch konkretisierten Freiheitsraumes sich das Grundrecht aktualisieren kann. Grundlage für die Organisation der Rundfunkfreiheit ist der in Art. 5 Abs. 1 Satz 2 GG formulierte Gewährleistungsauftrag.

a) Nachdem zunächst die sog. Sondersituation die argumentative Grundlage für die Organisationsbedürftigkeit des Rundfunks bildete, bedarf es auch nach deren Wegfall einer Ausgestaltung der Rundfunkfreiheit im Sinne einer „positiven Ordnung“, die sicherstellt, daß die Vielfalt der vorhandenen Meinungen im Rundfunk in möglichster Breite und Vollständigkeit umfassend Ausdruck findet und daß auf diese Weise umfassende Information geboten wird.

b) Die Schaffung dieser positiven Ordnung obliegt dem Landesgesetzgeber. Dieser ist damit verpflichtet, aber auch berechtigt, die Ausgestaltung der Rundfunkfreiheit zu optimieren. Diese Optimierungsaufgabe korrespondiert mit einem weiten Gestaltungsspielraum des Gesetzgebers, dessen Ausfüllung sich allerdings stets an den Vorgaben des Art. 5 Abs. 1 Satz 2 GG messen lassen muß. Zusätzlich zu den bundesverfassungsrechtlichen Vorgaben des Art. 5 Abs. 1 Satz 2 GG hat sich in Bayern der Landesgesetzgeber an Art.

111a Abs. 2 Satz 1 BV und seinem öffentlich-rechtlichen Trägerschaftsvorbehalt zu orientieren.

c) Die Ausgestaltung der Rundfunkfreiheit durch den Landesgesetzgeber bedeutet eine Befassung des Staates mit der Materie Rundfunk, die dem Gebot der Staatsferne Rechnung zu tragen hat. Das „programmakzessorische" Strukturprinzip der Staatsferne entspringt unmittelbar aus dem Grundrecht auf Rundfunkfreiheit selbst sowie aus dem Demokratieprinzip und richtet sich in seiner Schutzwirkung an die Rundfunkveranstalter, deren Programmautonomie von staatlichen Eingriffen freigehalten werden soll.

d) Das Prinzip der Staatsferne des Rundfunks bedarf dabei einer differenzierten Auslegung. Neben der auf Abwehr staatlicher Eingriffe gerichteten subjektiven Komponente enthält das Grundrecht der Rundfunkfreiheit eine an den Gesetzgeber adressierte „Auftragskomponente", die ihn verpflichtet, durch geeignete materielle, formelle, organisatorische und verfahrensrechtliche Regelungen für die Aktualisierung und Effektuierung dieser Freiheit zu sorgen. Nicht alle dem Staat im weitesten Sinne zurechenbaren Institutionen können daher mit dem völligen Verbot der Einflußnahme auf den Rundfunk belegt werden. Dies gilt im speziellen für die Landesmedienanstalten.

e) Die Aufgabe der Ausgestaltung berechtigt nicht zu einer Beschränkung des Grundrechts, eine solche ist nur in den Schranken des Art. 5 Abs. 2 GG zulässig. Insbesondere die Programmfreiheit des Veranstalters, also die Freiheit der aktiven Programmgestaltung im Rahmen der publizistischen Vermittlungsarbeit von unmittelbaren oder mittelbaren staatlichen Einflüssen, als Kernbereich der Rundfunkfreiheit muß gewahrt bleiben.

f) Die Programmfreiheit der Rundfunkveranstalter führt nicht zu einem Anspruch auf Zulassung zur Rundfunkveranstaltung. Ein originärer, schrankenloser und freiwüchsiger Anspruch auf Zugang zur Rundfunkveranstaltung unmittelbar aus der Verfassung ist nicht gegeben, sondern bedarf zu seiner Verwirklichung gestalterischer Maßnahmen des Landesgesetzgebers. Diesem wiederum steht die Entscheidung darüber zu, ob er sich für ein öffentlich-rechtliches oder ein duales Rundfunksystem entscheidet.

III. Grundversorgung und Grundstandard

1. Die Aufgabenverteilung im Rahmen der dualen Rundfunkordnung wird vor allem durch die Begriffe der Grundversorgung und des Grundstandards konkretisiert.
2. Der Begriff der Grundversorgung bezeichnet die Aufgabe des öffentlich-rechtlichen Rundfunks, durch ein inhaltlich umfassendes Programmangebot die gleichgewichtige Vielfalt im Rundfunk zu sichern, um so die essentiellen Funktionen des Rundfunks für die demokratische Ordnung und das kulturelle Leben vollumfänglich zu erfüllen. Demgegenüber ist von den privaten Rund-

funkveranstaltern lediglich ein sog. Grundstandard zu erfüllen, der die wesentlichen Voraussetzungen von Meinungsvielfalt umfaßt.

IV. Die einfachgesetzliche Umsetzung unter dem Gesichtspunkt der Vielfaltserzielung und -sicherung durch organisatorische Vorgaben

1. Typisierend für die verschiedenen Formen der gesetzgeberischen Ausgestaltung ist insbesondere die Art und Weise der Vielfaltserzielung, die den Kernbereich der landesgesetzlichen Ausgestaltung der Rundfunkfreiheit bildet. Unterschieden wird im wesentlichen zwischen der Vielfaltserzielung im Rahmen eines außen- oder aber binnenpluralistischen Modells.

2. Der Landesgesetzgeber ist dabei nicht zur Umsetzung eines bestimmten Modelltypus gezwungen, vielmehr lassen sich auch die Elemente verschiedener Organisationsmodelle im Rahmen eines „Mischmodells“ kombinieren, solange dieses den vom Bundesverfassungsgericht vorgegebenen Organisations- und Verfahrensgrundsätzen genügt.

a) Das Grundgesetz schreibt dem Landesgesetzgeber keine bestimmte Form der Rundfunkorganisation vor; vorgegeben ist nur das zu erreichende Ziel der Gewährleistung freier, umfassender und wahrheitsgemäßer Meinungsbildung. Ein „Modellzwang“ ist damit nicht gegeben.
b) Gefordert wird allerdings eine gewisse Modellkonsequenz. Hat sich der Landesgesetzgeber einmal für eine bestimmte Form der Ausgestaltung entschieden, ist er an dieses Rundfunkmodell gebunden und darf seine Entfaltung nicht erschweren oder durch entsprechende Regelungen systemwidrig konterkarieren.

B. Das bayerische Rundfunkmodell

1. Art. 111a Abs. 2 Satz 1 BV verweist die Veranstaltung von Rundfunk unmittelbar und ausschließlich in einen Bereich öffentlicher Verantwortung und öffentlich-rechtlicher Trägerschaft. Im Geltungsbereich der Bayerischen Verfassung ist es Privatpersonen daher verwehrt, Rundfunk eigenverantwortlich zu veranstalten. Ein duales System mit sowohl privaten wie öffentlich-rechtlichen Veranstaltern und damit vergleichbar mit den Rundfunkmodellen anderer Bundesländer ist von der bayerischen Verfassung nicht gedeckt. Privates Rundfunkengagement soll gleichwohl unter dem „Dach“ der öffentlich-rechtlichen Trägerschaft auf einfachgesetzlicher Ebene ermöglicht werden. Die Synthese aus öffentlich-rechtlicher Zurechnung und privater Gestaltung ist das strukturbildende Merkmal des neben dem herkömmlichen öffentlich-rechtlichen Anstaltsfunk existierenden Rundfunks in Bayern. Die

Grundsätze der privaten Rundfunkveranstaltung können aufgrund der besonderen bayerischen Rechtslage allerdings in der Regel nicht auf das bayerische Rundfunkmodell übertragen werden.

I. Historischer Überblick

1. Der heutige Art. 111a BV ist das Ergebnis einer in erster Linie politischen Auseinandersetzung über die Zulässigkeit privaten Rundfunks in Bayern und stellt eine Kompromißlösung zwischen den widerstreitenden Lagern dar, die den Weg zu dem heute anzutreffenden Alternativmodell eines öffentlich-rechtlich getragenen und verantworteten Rundfunks ebnete.

II. Rundfunk in öffentlicher Verantwortung und öffentlich-rechtlicher Trägerschaft

1. Die Begriffe der öffentlichen Verantwortung und der öffentlich-rechtlichen Trägerschaft in Art. 111a Abs. 2 Satz 1 BV bezeichnen die wesentlichen Strukturprinzipien des bayerischen Rundfunkmodells.

a) Öffentliche Verantwortung als materielles Strukturprinzip der Rundfunkordnung verlangt bestimmte Strukturen bei der Gewährleistung der Rundfunkfreiheit und manifestiert sich in einer besonderen staatlichen Funktionsgewährleistungs- und Einstandspflicht für das Medium, gleich, ob es in öffentlich-rechtlicher oder privat-rechtlicher Form veranstaltet wird.
b) Der Begriff der öffentlich-rechtlichen Trägerschaft umreißt demgegenüber ein formelles Strukturprinzip der in Art. 111a Abs. 1 Satz 1 BV gewährleisteten Rundfunkfreiheit in Gestalt eines Rechtsformmonopols, das private Rechtsträger von der eigenverantwortlichen Veranstaltung von Rundfunk ausschließt und die Wahrnehmung der Trägerschaft exklusiv einer öffentlich-rechtlichen Trägereinheit zuweist.
c) Mit der kumulativen Verknüpfung der Begriffe der öffentlichen Verantwortung und der öffentlich-rechtlichen Trägerschaft wird eine Zuweisung auch der öffentlichen Verantwortung exklusiv an eine öffentlich-rechtliche Trägereinheit vorgenommen.

2. Öffentlich-rechtliche Trägereinheit und damit verantwortliche Veranstalterin von Rundfunkprogrammen ist die Bayerische Landeszentrale für neue Medien (BLM). Private Rundfunkangebote werden von ihr organisiert, wobei die rechtliche Beziehung zwischen Landeszentrale und Anbieter so ausgestaltet sein muß, daß die einzelne Sendung als zurechenbare eigene Sachaussage der Trägereinheit qualifiziert werden kann.

a) Die Zuweisung der öffentlichen Verantwortung an den öffentlich-rechtlichen Träger setzt Kompetenzen zur Wahrnehmung dieser Verantwortung voraus. Die Trägerschaft der Landeszentrale erschöpft sich daher nicht in der Kontrolle der Einhaltung der gesetzlichen Bestimmungen, vielmehr kommen umfangreiche Gestaltungsaufgaben hinzu.
b) Programmgestaltung und Programmverantwortung fallen im System der öffentlich-rechtlichen Trägerschaft im Sinne eines funktionenteiligen Ablaufs auseinander. Strukturvorgebend für die Ausfüllung der öffentlich-rechtlichen Trägerschaft ist dabei, daß der öffentlich-rechtlichen Trägereinheit rechtlich und tatsächlich ausreichende Möglichkeiten der Einflußnahme auf das Programm zur Verfügung stehen, um die Letztverantwortung für das Gesamtprogramm durch effiziente Steuerungs- und Eingriffsbefugnisse wirksam wahrnehmen zu können.
c) Nachdem die These von der „substantiellen Trägerschaft" im Sinne einer potentiellen und aktuellen Programmherrschaft in dieser Form nicht mehr vertreten wird, sind andere Steuerungs- und Einflußmöglichkeiten der öffentlich-rechtlichen Trägereinheit in den Vordergrund getreten. Kumulativ findet vor allem eine Steuerung durch Regulierung und Leistung sowie durch informelles Interagieren statt.
d) Im Falle der Regulierung ist zwischen externer und interner Kontrolle zu unterscheiden. Im Gegensatz zu den übrigen Landesmedienanstalten übt die BLM eine umfassende Steuerung und binnenplurale Überwachung mit weitgehenden Befugnissen und einem erheblichen Maß an Steuerungskapazität aus, die der rein internen Kontrolle der öffentlich-rechtlichen Rundfunkanstalten in vielen Bereichen angenähert ist. Dies resultiert aus dem Trägerschaftsvorbehalt, der die Landeszentrale mit einer eigenen, originären, publizistischen Aufgabe und ebensolcher Programmverantwortung betraut und der sie so von einer reinen Überwachungsorganisation abhebt. Zur effektiven Wahrnehmung ihrer Programmverantwortung verfügt die Landeszentrale dementsprechend über einen weiten Gestaltungs- und Prognosespielraum.
e) Neben der Steuerung durch Regulierung kann das Verhalten der programmgestaltenden Anbieter auch durch die Gewährung von Leistungen, geknüpft an bestimmte Voraussetzungen positiv beeinflußt werden.
f) Eine effektive Steuerung kann weiterhin durch das informelle Einwirken auf die an der Rundfunkveranstaltung Beteiligten erreicht werden. Unter informellem Verwaltungshandeln sind dabei alle rechtlich nicht geregelten Entscheidungen und Handlungen zu verstehen, die im Rahmen eines formalisierten Entscheidungsprozesses an die Stelle von rechtlich geregelten Verhaltensweisen treten.

3. Der von der Landeszentrale veranstaltete Rundfunk wird öffentlich-rechtlich betrieben und unterliegt grundsätzlich den „strengeren" verfassungsrechtlichen Anforderungen des öffentlich-rechtlichen Rundfunks bezüglich Mei-

nungsvielfalt und Ausgewogenheit. Eine generelle Absenkung der Anforderungen entsprechend dem Grundstandard unter Berücksichtigung der wirtschaftlichen Interessen der Anbieter kommt nicht in Betracht. Im Rahmen der Wahrnehmung ihrer Trägerschaftsverantwortung hat die BLM sicherzustellen, daß die Rahmenbedingungen für sowohl die Schaffung eines den Standards des öffentlich-rechtlichen Rundfunks genügenden vielfältigen Programms als auch für dessen wirtschaftliche Tragfähigkeit gegeben sind.

4. Nachdem sich der bayerische Gesetzgeber für eine ausschließlich öffentlich-rechtliche Trägerschaft der Rundfunkveranstaltung entschieden hat, besteht kein Anspruch privater Rundfunkunternehmen auf Zulassung zur Rundfunkveranstaltung, da dies dem Konzept des Trägerschaftsmodells zuwiderlaufen würde. Der private Anbieter kann allerdings Ansprüchen auf die Einhaltung sämtlicher verwaltungsgesetzlichen und organisatorischer Grundsätze, die einen chancengleichen Zugang eines Angebots gewährleisten, geltend machen.

III. Die Verfassungsmäßigkeit des Art. 111 a BV

1. Eine Verfassungswidrigkeit von Art. 111a BV aufgrund eines Verstoßes gegen Art. 5 Abs. 1 Satz 2 GG kommt nicht in Betracht, da das Grundgesetz zwar unter bestimmten Voraussetzungen Rundfunkbetrieb durch private Veranstalter neben dem öffentlich-rechtlichen Rundfunk zuläßt, ihn aber nicht gebietet. Der bayerische Verfassungsgeber hat mit der Entscheidung für ein öffentlich-rechtliches Trägerschaftsmodell von seiner Wahlmöglichkeit damit in zulässiger Weise Gebrauch gemacht.

2. Die Verfassungsmäßigkeit von Art. 111a Abs. 2 Satz 1 BV scheitert auch nicht an einem tiefgreifenden Wandel der zugrundeliegenden tatsächlichen Gegebenheiten, da zum einen an eine solche Form der „latenten“ Verfassungswidrigkeit strenge Anforderungen zu stellen sind und eine Bindung an die technischen Grundlagen auch im Hinblick auf die begleitende Rechtsprechung des Bundesverfassungsgerichts nicht angenommen werden kann.

IV. Die Beteiligten an der Rundfunkveranstaltung

1. „Betrieben“ im Sinne von Art. 111a Abs. 2 Satz 1 BV wird der Rundfunk nach dem BayMG ausschließlich in öffentlicher Verantwortung und öffentlich-rechtlicher Trägerschaft von der Bayerischen Landeszentrale für neue Medien (BLM). Diese organisiert Rundfunkprogramme aus den von privaten Anbietern gestalteten Beiträgen.

2. Die Landeszentrale verfügt über drei ständige Organe: den Medienrat, den Verwaltungsrat sowie den Präsidenten. Sie ist mit dem Recht der Selbstverwaltung ausgestattet, womit eine weitgehende Satzungsautonomie und Richtlinienkompetenz korrespondiert.

3. Die privaten Anbieter sind formell nicht in den Organisationsablauf der Landeszentrale selbst eingebunden, sondern gestalten ihre Beiträge unabhängig in dem Rahmen, der ihnen durch die Genehmigung vorgegeben ist. Sie tragen das wirtschaftliche Risiko für den Erfolg ihres Programms selbst, wobei die Landeszentrale jedoch gesetzlich verpflichtet ist, auf die Schaffung wirtschaftlich tragfähiger Rahmenbedingungen hinzuwirken.

4. Bis zum 01.01.1999 oblag den Medienbetriebsgesellschaften als dezentralisierter Unterbau mit verstärktem örtlichen Bezug die Organisation der Rundfunkangebote aus den von Rundfunkanbietern gestalteten Beiträgen. Diese Aufgabe wird nunmehr von der Landeszentrale wahrgenommen. Die örtlichen Besonderheiten sollen gleichwohl auch nach Wegfall der Medienbetriebsgesellschaften durch die Gründung der sog. Medienvereine in den Prozeß der Rundfunkveranstaltung eingebunden werden. Diese sind mit einem Anhörungsrecht ausgestattet und auf diese Weise an maßgeblichen Entscheidungen der Landeszentrale zu beteiligen.

Kapitel 2: Meinungsvielfalt und ihre Erzielung und Sicherung durch organisatorische Maßnahmen in einem öffentlich-rechtlich getragenen Rundfunksystem

A. Begriff der Meinungsvielfalt und ihre Bedeutung im rundfunkrechtlichen Gefüge

I. Begriffsdefinition

1. Seit dem ersten Rundfunkurteil wird das Prinzip der Meinungsvielfalt als ein Organisationsprinzip von Verfassungsrang verstanden. Der Begriff beschreibt die Möglichkeit des Zuwortkommens aller bestehenden kulturellen und politischen Meinungsrichtungen in einer Gesellschaft. Der Begriff der Ausgewogenheit ist hiervon zu unterscheiden. Vielfalt steht für die jeweilige Ausprägung der oben genannten Dimensionen, bezeichnet also eine Spannweite. Ausgewogenheit hingegen beschreibt die Balance zwischen den (verschieden stark ausgeprägten) Vielfaltsdimensionen.

2. Bei den Begriffen Vielfalt und Ausgewogenheit handelt es sich um unbestimmte Rechtsbegriffe, die von den Aufsichts- und Lizensierungsgremien mit Inhalt ausgefüllt werden müssen.

II. Meinungsvielfalt als verfassungsrechtlicher Zielwert

1. Die Funktion und Aufgabe des Rundfunks als Medium und Faktor der öffentlichen Meinungsbildung wird im verfassungsrechtlichen Zielwert der Meinungsvielfalt repräsentiert. Das Bundesverfassungsgericht hat mehrere wesentliche Voraussetzungen für die Entstehung von Meinungsvielfalt statuiert, die auf die Verhinderung unausgewogener oder vorherrschender Meinungsmacht und das Offenhalten der Rundfunkordnung für alle in der Gesellschaft vertretenen Meinungsrichtungen abzielen.

2. Die vom Bundesverfassungsgericht geforderte rundfunkspezifische Gewährleistung von Meinungsvielfalt ist eine effektive, die nicht mit einer bloßen Chance gleichzusetzen ist. Sie läßt sich gleichwohl stets nur annäherungsweise erreichen. Allerdings kann und muß der Prozeß, in dessen Rahmen sie gewährleistet werden soll, frei von Fehlern sein, die ihre Erreichung in Frage stellen.

III. Der Vielfaltsbegriff des BayMG

1. Art. 4 BayMG konkretisiert den Begriff der Meinungsvielfalt in Übereinstimmung mit der bundesverfassungsgerichtlichen Rechtsprechung dahingehend, daß die bedeutsamen politischen, weltanschaulichen und gesellschaftlichen Kräfte und Gruppen angemessen zu Wort kommen müssen. Ferner sprich das BayMG die einzelnen Vielfaltsdimensionen an verschiedenen Stellen an und legt besonderen Wert auf die Entstehung lokaler, also unmittelbar aus dem Meinungsspektrum eines Verbreitungsgebietes herrührender Meinungsvielfalt.

B. Hindernisse auf dem Weg zur Vielfalt und ihre Bewältigung durch organisatorische Maßnahmen

1. Der Erzielung von Meinungsvielfalt stellen sich aufgrund der Eigenheiten der Rundfunkveranstaltung Hindernisse in den Weg, die der Gesetzgeber aus dem Weg zu räumen berufen ist. Hierzu zählen insbesondere die Knappheit der Übertragungsmöglichkeiten, die Problematik der wirtschaftlichen Tragfähigkeit von gleichzeitig vielfältigen und werbefinanzierten Rundfunkprogrammen und die Frage der vorherrschender Meinungsmacht und Machtkonzentration.

I. Die Verteilung knapper Zugangsmöglichkeiten

1. Die Organisation von Rundfunkangeboten bedeutet nach wie vor die Verwaltung eines Mangels, da die Anzahl der Bewerber um eine Genehmigung in der Regel die vorhandenen Übertragungsmöglichkeiten übersteigt. Eine begrenzte Anzahl von Rundfunkangeboten bedingt allerdings eine ebenso begrenzte Repräsentation von Meinungen durch den Rundfunk. Um dennoch ein vielfältiges Gesamtprogramm gewährleisten zu können, hat unter den sich um eine Sendegenehmigung bewerbenden Rundfunkunternehmen eine Auswahl unter Vielfaltsgesichtspunkten stattzufinden.

a) Auch die „digitale" Rundfunkordnung ist dem Gebot der Meinungsvielfalt verpflichtet. Die traditionellen Funktionsgewährleistungen des Rundfunks werden auch in einer digitalen und konvergenten Zukunft nicht obsolet werden.
b) Neben den nachteiligen Auswirkungen für die Meinungsvielfalt handelt es sich bei dem Problem des Frequenzmangels auch um eine Knappheit von Freiheitschancen der sich um eine Sendegenehmigung bewerbenden Anbieter, der durch eine interessengerechte Ausgestaltung der Rundfunkfreiheit Rechnung getragen werden muß.
c) Die Auswahl der geeigneten Bewerber ist nicht nur ein Verteilungsverfahren zur Grundrechtsverwirklichung der Anbieter selbst, sondern auch und vor allem ein Verfahren der Koordination und Kooperation zur Verwirklichung der Rundfunkfreiheit in ihrem institutionellen Charakter. Die Auswahl geeigneter Rundfunkanbieter wird damit zur vorweggenommenen Programmpolitik und so zum Kernstück der Rundfunkveranstaltung.

2. Das Genehmigungsverfahren stellt die vorrangige Koordinationsaufgabe aller Landesmedienanstalten dar, die in der Phase der Zulassung von Rundfunkveranstaltern mit weitreichenden Steuerungs- und Gestaltungsmöglichkeiten ausgestattet sind.

3. Im System der öffentlich-rechtlichen Trägerschaft dient die Auswahl geeigneter Anbieter darüberhinaus in erster Linie dazu, die Programmvorstellungen der öffentlich-rechtlichen Trägereinheit, die selbst nicht Rundfunkprogramme produziert, in die Tat umzusetzen und ist damit Teil ihrer originären Programmhoheit.

4. Die Programmorganisation durch die öffentlich-rechtliche Trägereinheit erfolgt ausgehend von den zur Verfügung stehenden Übertragungswegen. Sodann erfolgt die für die Erstorganisation terrestrischer Frequenzen als Regelfall vorgeschriebene Ausschreibung einer Übertragungskapazität, die zu-

nächst eine Bündelung der Anträge ermöglicht und der Landeszentrale so einen Überblick über das Gesamtangebot an potentiellen Anbietern verschafft.

a) An die Ausschreibung schließt sich das Genehmigungsverfahren an, das in die Auswahl geeigneter Anbieter mündet. Das Auswahlverfahren dient dabei der Umsetzung des öffentlich-rechtlichen Trägerschaftsvorbehaltes und der Gewährleistung der Rundfunkfreiheit im Interesse der Allgemeinheit im Rahmen eines rechtsstaatlichen Funktionsablaufs. Art. 25 BayMG ist die hierfür geltende zentrale Bestimmung, die die auf die Auswahlkriterien bezogenen materiell-rechtlichen Grundsätze der Organisation privater Rundfunkangebote in öffentlich-rechtlicher Trägerschaft umreißt.
b) Das Angebot im Rahmen der Bewerbung um einen Anbieterstatus bildet zunächst die wichtigste Grundlage für die Auswahlentscheidung. Die erforderlichen Inhalte des Angebots sind in Art. 25 Abs. 1 Sätze 3 und 4 BayMG (Programmbeschreibung, Programmschema, Finanzplan, Aufstellung der personellen und technischen Ausstattung, Inhaber- und Beteiligungsverhältnisse unter Angabe der Stimmrechtsverteilung) sowie (konkretisiert) in § 6 Abs. 1 Satz 4 HFS und § 10 Abs. 1 Satz 4 FSS beschrieben.
c) Art. 25 BayMG normiert vielfaltsorientierte Auswahlkriterien und grundsätzliche Richtlinien für das Organisationsverfahren, die von unbestimmten Rechtsbegriffen und prognostischen Wertungen geprägt sind, und beschreibt auf diese Weise umfassend die programmliche Gestaltungsaufgabe der Landeszentrale. Vorrangiges Ziel der Rundfunkorganisation ist auch hier die Erzielung von Meinungsvielfalt. Die Beurteilung, wann und unter welchen Voraussetzungen ein Angebot einen Beitrag zur Ausgewogenheit und Meinungsvielfalt darstellt, bildet den Kernbereich der programmbezogenen Tätigkeit der Landeszentrale und ihres pluralistisch zusammengesetzten Medienrates. Der Trägereinheit ist in diesem Bereich ein weitgehender Gestaltungs- und Prognosespielraum zuzugestehen, damit die öffentlich-rechtliche Trägerschaft im Sinne einer umfassenden Gesamtprogrammverantwortung effektiv zum Ausdruck kommen kann.
d) Bei der Auswahl geeigneter Anbieter sieht die Rundfunkorganisation durch die Landeszentrale grundsätzlich die Bildung von Anbietergesellschaften oder -gemeinschaften vor, da die Programmgestaltung durch einen „pluralistischen" Veranstalterzusammenschluß als der Meinungsvielfalt besonders zuträglich angesehen wird.
e) Eine weitere Möglichkeit, mehreren Interessenten auch bei knappen terrestrischen Frequenzen den Zugang zur Rundfunkgestaltung zu eröffnen, ist die Bildung einer sog. Splittingfrequenz. Äußerst problematisch hat sich allerdings die mangelnde oder sogar fehlende Durchhörbarkeit und damit die publizistische Identifizierbarkeit solcher Frequenzen erwiesen, was Nachteile bei der wirtschaftlichen Vermarktung einer Frequenz bringt. Unterschieden wird zwischen dem sog. „weichen" und dem „harten" Frequenzsplitting, wo-

bei die Abgrenzung vom Grad der Zusammenarbeit der Anbieter auf der Frequenz abhängt.

f) Die Zusammenarbeit der Anbieter auf einer Splittingfrequenz trägt wesentlich zu deren Erfolg und dauerhaftem Bestand bei, da nur über gewisse Zusammenarbeitsvereinbarungen ein homogenes und durchhörbares Gesamtprogramm als Voraussetzung für die Akzeptanz einer gesplitteten Frequenz zustande kommen kann. Während das Frequenzsplitting eine mögliche Form der Verteilung knapper Übertragungskapazitäten darstellt, dienen die Zusammenarbeitserfordernisse dazu, die wirtschaftliche Tragfähigkeit der Frequenz zu gewährleisten.

g) Die Landeszentrale trifft ihre Entscheidung über die Genehmigung eines von einem Bewerber angebotenen Programm aufgrund einer abschließenden Gesamtwertung aller in Frage kommender Auswahlkriterien und genehmigt das Angebot unter den Voraussetzungen des Art. 26 Abs. 1 BayMG.

5. Bei der Genehmigungsentscheidung handelt es sich um eine im wesentlichen auf Prognoseerwägungen beruhende Ermessensentscheidung der öffentlich-rechtlichen Trägereinheit. Ein aus dem BayMG zu entnehmender Anspruch auf Erteilung der Genehmigung besteht nicht.

6. Die Genehmigung wird häufig und nach Art. 36 Abs. 2 BayVwVfG in zulässiger Weise mit Nebenbestimmungen versehen, die das Normziel der Meinungsvielfalt während des Genehmigungszeitraumes verbindlich absichern helfen. Ferner steht die Genehmigung stets unter dem Vorbehalt weiterer Anordnungen durch die Landeszentrale. Sie muß unter den Voraussetzungen des Art. 26 Abs. 3 BayMG widerrufen oder eingeschränkt werden, wenn die Voraussetzungen für ihre Erteilung nicht mehr vorliegen und auch durch Anordnungen nach Art. 16 BayMG nicht sichergestellt werden können.

II. Machtkonzentration und vorherrschende Meinungsmacht

1. Vorherrschende Meinungsmacht im Sinne einer publizistischen Konzentration von Wettbewerbsvorteilen verhindert das Entstehen von Meinungsvielfalt, da die für die Meinungsvielfalt notwendige Ausgewogenheit der Meinungen ungünstig beeinflußt wird. Nicht nur die Staatsferne, sondern auch die „Gruppenferne“ des Rundfunks ist daher für die Freiheit des Kommunikationsprozesses konstituierend.

2. Der Landesgesetzgeber ist nach Rechtsprechung des Bundesverfassungsgericht verpflichtet, Konzentrationstendenzen, die die publizistische Vielfalt bedrohen, wirksam entgegenzuwirken. Die Verhinderung vorherrschender Meinungsmacht muß dabei präventiv einsetzen, bevor ein Verlust an Meinungsvielfalt eintritt.

3. Die durch die Landesgesetzgeber geschaffenen Regelungen zur Verhinderung von Machtkonzentration werden durch den Rundfunkstaatsvertrag flankiert, wobei dessen entsprechende Regelungen nach dem sog. Zuschaueranteilsmodell konzipiert sind. Zur Umsetzung der Konzentrationskontrolle wurden als aufsichtliche Organe die Kommission zur Ermittlung der Konzentration im Medienbereich (KEK) und die Konferenz der Direktoren der Landesmedienanstalten (KDLM) gebildet. Diese ergänzen als nichtständige, lediglich potentielle Organe aller Landesmedienanstalten deren Tätigkeit bei der Beurteilung von Fragen der Meinungsvielfalt im Zusammenhang mit der bundesweiten Veranstaltung von Fernsehprogrammen.

4. Das Auswahlverfahren ist auch in Bayern wichtigster Teil der präventiven Konzentrationskontrolle Art. 25 Abs. 5 Satz 1. BayMG normiert das grundsätzliche Gebot, daß niemand durch seine Beteiligung an Rundfunkprogrammen vorherrschende Meinungsmacht erlangen darf. Zur Ausfüllung dieses Grundsatzes steht der Landeszentrale eine Reihe von Handlungsmöglichkeiten zur Verfügung, wie z.B. die Aufnahme entsprechender Auflagen in die Genehmigung.

5. Konzentrationshemmende Regelungen finden sich im BayMG hinsichtlich problematischer Mehrfachbeteiligungen an Programmen, der Verflechtung von Presse und Rundfunks sowie hinsichtlich der Änderung von Inhaber- und Beteiligungsverhältnissen.

III. Vielfaltssicherung durch Schaffung wirtschaftlich tragfähiger Rahmenbedingungen

1. Die Organisation privater Rundfunkangebote innerhalb eines öffentlich-rechtlich getragenen Rundfunksystems hat zur Erzielung von Meinungsvielfalt Rahmenbedingungen zur Verfügung zu stellen, die eine wirtschaftliche Existenz werbefinanzierten Rundfunks ermöglichen, denn Voraussetzung für die Wahrnehmung der publizistischen Aufgabe durch privatwirtschaftlich getragene Rundfunkangebote ist denknotwendig deren Finanzierbarkeit. Dies gilt um so mehr, als die privaten Rundfunkangebote den Qualitätsmaßstäben eines öffentlich-rechtlichen Rundfunks genügen müssen.

2. Auch im Modell der öffentlich-rechtlichen Trägerschaft besteht ein unmittelbarer Konnex zwischen wirtschaftlichen Rahmenbedingungen und der Herstellung und Sicherung von Meinungsvielfalt. Zusätzlich soll durch die Einsetzung eines mit entsprechenden Kompetenzen ausgestatteten öffentlich-rechtlichen Trägers verhindert werden, daß die privatwirtschaftliche Finanzierungsart Einfluß auf die Gesamtorientierung der öffentlich-rechtlichen Rundfunkveranstaltung nimmt. Die öffentlich-rechtliche Trägereinheit hat

somit im besonderen die Aufgabe, die Rundfunkveranstaltung so zu organisieren, daß sich die wirtschaftliche Zielsetzung des einzelnen Rundfunkunternehmens nicht vielfaltshemmend auf das Gesamtprogramm auswirkt.

3. Die Ausgangsbedingungen für eine wirtschaftliche Tragfähigkeit von hochwertigen, vielfältigen und damit den öffentlich-rechtlichen Anforderungen genügenden, gleichzeitig aber werbefinanzierten Rundfunkprogrammen sind aufgrund der wirtschaftlichen Eigenheiten der Werbefinanzierung ungünstig. Das bayerische Rundfunksystem versucht daher im Rahmen seines Strukturaufbaus die Vorzüge privatwirtschaftlich-orientierten Handelns als auch die Forderung nach einem vielfältigen Programmangebot unter einer öffentlich-rechtlichen Trägerschaft funktional zu verknüpfen und gegenseitig zum Ausgleich zu bringen.

4. Eine in diesem Sinne systemkonsequente und systemgerechte Ausgestaltung des Trägerschaftsvorbehaltes verlangt nach ausreichenden und funktionsgerechten organisatorischen und finanziellen Grundlagen. Die genannten Wirtschaftsfaktoren sind durch geeignete Vorkehrungen mit den Anforderungen an die lokalen und regionalen Gesamtprogramme, namentlich einer möglichst großen Anbieter-, Programm- und Meinungsvielfalt sowie einer ausreichenden Versorgung der Bevölkerung mit Informationen aus dem Nahbereich in Einklang zu bringen.

5. Vorkehrungen zur Gewährleistung der wirtschaftlichen Tragfähigkeit nach dem BayMG sind zunächst die Marktbeobachtung, die Entwicklung von Programmkonzepten und Marketingstrategien, die Möglichkeit der Programmzulieferung sowie die finanzielle Förderung privater Rundfunkangebote.

6. Eine spezifische Besonderheit der finanziellen Förderung privater Rundfunkangebote stellt das sog. Teilnehmerentgelt dar. Dieses diente in der Vergangenheit zur Finanzierung und Förderung neuer Rundfunkentwicklungen sowie der Medienbetriebsgesellschaften und vor allem der dem öffentlich-rechtlichen Programmauftrag unterworfenen, gleichwohl auf Werbeeinnahmen angewiesenen Anbieter, um auf diese Weise die wirtschaftlichen Rahmenbedingungen in einem alternativ-öffentlich-rechtlichen Rundfunksystem, insbesondere eine flächendeckende Versorgung mit lokalen und regionalen Rundfunkprogrammen gewährleisten zu können.

a) Nach dem Wegfall der Medienbetriebsgesellschaften und der für ihren Unterhalt benötigten Mittel wurde aufgrund medienpolitischer und verfassungsrechtlicher Bedenken das Teilnehmerentgelt zunächst erheblich reduziert. Für den 31. Dezember 2008 ist sein endgültiger Wegfall vorgesehen.

b) Die Abschaffung des Teilnehmerentgeltes erscheint unter mehreren Gesichtspunkten bedenklich und ist in der Konsequenz nicht zu befürworten. Das Teilnehmerentgelt spielt zum einen im System eines öffentlich-rechtlich getragenen, gleichwohl werbefinanzierten Rundfunks die Rolle eines rundfunkspezifischen, vielfaltsstiftenden und –erhaltenden Finanzierungsinstruments. Bei der Schaffung tragfähiger wirtschaftlicher Rahmenbedingungen kommt ihm vor allem im lokalen Rundfunk besondere Bedeutung zu. Zusätzlich muß von einem grundsätzlichen Anspruch der öffentlich-rechtlichen Trägereinheit auf eine funktionsgerechte Finanzierung der ihr zugewiesenen Aufgaben ausgegangen werden. Eine Systemfremde des Teilnehmerentgeltes ist dann nicht gegeben, sofern durch geeignete Maßnahmen eine Förderung privater Rundfunkangebote im Sinne einer Finanzierung von Gewinnen auf Anbieterseite ausgeschlossen werden kann.

7. Das BayMG weist der Landeszentrale die Aufgabe zu, zur Sicherung tragfähiger wirtschaftlicher Rahmenbedingungen bereits im Genehmigungsverfahren auf eine programmliche, technische, organisatorische und finanzielle Zusammenarbeit wirtschaftliche Zusammenarbeit der Anbieter hinzuwirken und erhebt die Bereitschaft der Anbieter hierzu zu einem positiven Auswahlkriterium bei der Genehmigungsentscheidung. Gründe hierfür sind vor allem das zwingende Erfordernis eines homogenen Gesamtprogramms und die Erzielung von Synergieeffekten durch Kooperation.

a) Die Verpflichtung der Landeszentrale, die Organisation lokaler und regionaler Rundfunkprogramme im Sinne der Vorgaben des Art. 25 Abs. 3 BayMG durchzuführen, verdichtet sich über das Auswahlkriterium der Bereitschaft zur programmlichen, technischen, organisatorischen und finanziellen Zusammenarbeit in zulässiger Weise hin zu der grundsätzlichen Verpflichtung zur Bildung von Anbietergesellschaften.

b) Aufgrund der Probleme der Wirtschaftlichkeit von Splittingfrequenzen sind diese lediglich als Ausnahmefall der Organisation von Frequenzen anzusehen. Kommt es dennoch zur Genehmigung einer gesplitteten Frequenz, sind weitere Maßnahmen zur Sicherstellung der wirtschaftlichen Tragfähigkeit und damit zur Vielfaltssicherung zu ergreifen. Auch im Falle der Organisation einer Splittingfrequenz muß daher vor allem die Zusammenarbeit aller auf der Frequenz sendenden Anbieter sichergestellt sein. Der Grad der geforderten Zusammenarbeit ist im Einzelnen äußerst strittig. Insbesondere wird die von der Landeszentrale geforderte Form einer weitreichenden Zusammenarbeit in programmlicher, technischer, organisatorischer und technischer Hinsicht von einigen Anbietern als Einschränkung ihrer subjektiven Rechte empfunden. Grund hierfür ist die wirtschaftliche Konkurrenz unter den Anbietern.

c) Ein Frequenzsplitting kann nur dann vorgenommen oder beibehalten werden, sofern eine „gedeihliche“, also erfolgreiche Zusammenarbeit der Anbieter garantiert werden kann. Was im einzelnen unter einer gedeihlichen Zusammenarbeit zu verstehen ist und wann eine solche als abgesichert betrachtet werden kann, geht aus dem BayMG nicht unmittelbar hervor. Eine inhaltliche Beschränkung der Zusammenarbeitsverpflichtung im Sinne einer „hinreichenden“ oder „angemessenen“ Zusammenarbeit ist im Gesetz ebenfalls nicht enthalten. Ebenso unterscheidet das BayMG nicht zwischen hartem und weichem Frequenzsplitting. Einzelheiten waren daher in § 9 Abs. 3 HFS, § 13 Abs. 3 FSS geregelt. Hiernach wurde die Zusammenarbeit nicht nur allgemein, sondern auch in programmlicher, technischer, organisatorischer und wirtschaftlicher Hinsicht verlangt. Weiterhin mußte die Zusammenarbeit durch Vereinbarungen ausreichend gesichert sein; hierzu waren von den Anbietern Nachweise zu erbringen.
d) Der Streit über den Grad der erforderlichen Zusammenarbeit auf den Splittingfrequenzen hat eine Reihe von Gerichtsverfahren ausgelöst, deren Ergebnisse äußerst kontrovers diskutiert wurden. In den Vordergrund wurden dabei insbesondere die subjektiven Rechte der Anbieter gerückt. Im Ergebnis ist festzuhalten, daß eine Zusammenarbeit im Regelfall nicht auf das absolute Mindestmaß beschränkt werden muß, sondern nach den Anforderungen des Einzelfalles in programmlicher, technischer, organisatorischer und wirtschaftlicher Hinsicht von der öffentlich-rechtlichen Trägereinheit verlangt werden kann.
e) Einen besonderen Unterfall der programmlichen, technischen, organisatorischen und wirtschaftlichen Zusammenarbeit stellt die Kooperation mehrerer, auf unterschiedlichen Frequenzen sendender Anbieter im Rahmen eines sog. Funkhauses und die Zusammenarbeit benachbarter Sendestandorte dar. Durch die Erzielung positiver Synergieeffekte durch gemeinsame Nutzung von Programm-, Marketing- und Technikresourcen soll die wirtschaftliche Tragfähigkeit aller beteiligten Programme erheblich begünstigt werden.

C. Konflikt von Rundfunkrecht und Wirtschaftsrecht bei der Erzielung von Vielfalt und der Verhinderung von Meinungsmacht

1. Die gesetzliche Ausgestaltung der Rundfunkfreiheit fällt in die Gesetzgebungskompetenz der Länder. Der Landesgesetzgeber ist im Rahmen seiner Rundfunkkompetenz verpflichtet, Vorkehrungen gegen die Entstehung und den Mißbrauch von ungleichgewichtiger publizistischer Macht, von sog. Machtkonzentration oder vorherrschender Meinungsmacht als Gegenpol zur gewünschten Meinungsvielfalt zu schaffen. Die Bekämpfung und Verhinderung des Mißbrauchs wirtschaftlicher Machtstellung ist demgegenüber gemäß Art. 74 Nr. 16 GG Sache des Bundes. Die auch wirtschaftliche Dimen-

sion der Rundfunkveranstaltung wirft die Frage auf, wie die Kompetenzen zwischen Bundes- und Landesgesetzgeber in dieser Hinsicht verteilt sind.

I. Publizistischer und ökonomischer Wettbewerb

1. Machtkonzentration ist auf dem Rundfunksektor aus zwei Perspektiven zu beurteilen: Zum einen fordert das verfassungsrechtliche Ziel der Meinungsvielfalt einen ungehinderten Wettbewerb meinungsrelevanter Programminhalte im Sinne eines publizistischen Wettbewerbs. Dieser wird im Falle der werbefinanzierten Rundfunkveranstaltung vor dem Hintergrund eines ökonomischen Wettbewerbs hinsichtlich der erzielbaren Werbeeinnahmen ausgetragen. Beide Formen des Wettbewerbs hängen voneinander ab und überschneiden sich, wobei aus Sicht der Kommunikationsfreiheit nur der publizistische Wettbewerb als Grundlage für die Meinungsvielfalt maßgeblich sein kann. Allerdings bestimmt sich der wirtschaftliche Erfolg eines Programms vor allem nach dem Grad der Akzeptanz durch das Publikum und ist zugleich Voraussetzung einer dauerhaften publizistischen Tätigkeit privater Rundfunkunternehmen.

2. Machtkonzentrationen auf dem Rundfunksektor behindern stets sowohl den publizistischen als auch den ökonomischen Wettbewerb und sind daher tatbestandlich sowohl aus wettbewerbsrechtlicher wie auch aus rundfunkrechtlicher Sichtweise heraus relevant.

II. Lösung im Wege der grundgesetzlichen Kompetenzordnung

1. Im Hinblick auf die zunehmende wirtschaftliche Dimension werbefinanzierter Rundfunkveranstaltung wird in der Literatur verschiedentlich die Auffassung vertreten, diese Entwicklung könne zu einer Verschiebung der gesetzgeberischen Kompetenzen hin zum Wettbewerbsrecht des Bundes führen. Unter Rückgriff auf das offensichtlich wettbewerbsrelevante Marktverhalten privater Rundfunkveranstalter wird gegen eine rundfunkrechtliche Regelungszuständigkeit vor allem eingewandt, ökonomische Vorgänge auf dem Rundfunkmarkt müßten in erster Linie mit einem geeigneten wirtschaftsrechtlichen Instrumentarium erfaßt werden.

2. Die wettbewerbsrechtlichen Instrumentarien erfassen aufgrund ihrer unterschiedlichen Zielsetzung allerdings die Konzentrationsmechanismen im Rundfunk nur unzureichend, so daß eine eigenständige Konzentrationskontrolle im Rundfunkbereich erforderlich ist. Der strukturell gestörte Zusammenhang zwischen publizistischem und ökonomischem Wettbewerb führt im Bereich des Rundfunks zu einem Marktversagen, das eine von der zugrundeliegenden Materie losgelöste und rein marktbezogene Konzentrationskon-

trolle als nicht zielführend qualifiziert. Damit ist zunächst die Notwendigkeit einer spezifisch rundfunkrechtlichen Konzentrationskontrolle gegeben.

3. Die Regelungen des UWG und des GWB sind allgemeine Gesetze im Sinne von Art. 5 Abs. 2 GG. In dieser Eigenschaft müssen sie sich im Verhältnis zur Ausgestaltung der Rundfunkordnung neutral verhalten, um nicht zu einem funktionalen Äquivalent eines Ausgestaltungsgesetzes zu werden. Dennoch können sich beide Regelungsbereiche im Falle ihrer Anwendung inhaltlich überschneiden, so daß zu fragen ist, wie weit die wechselseitige Ausstrahlungswirkung reicht.

4. Bei der Bestimmung des Verhältnisses zum Wettbewerbsrecht wird unter Rekurs auf die bundesverfassungsgerichtliche Rechtsprechung in der Literatur überwiegend von einer Gestaltungsprärogative des Rundfunkgesetzgebers ausgegangen. Die Kompetenz des Landesgesetzgebers korrespondiert nach dieser Auffassung mit der ihm auferlegten Verpflichtung zur Ausgestaltung der Rundfunkordnung. Aufgrund des engen Zusammenhangs zwischen wirtschaftlicher und publizistischer Machtstellung auf dem Rundfunksektor wird dabei auch der Einsatz wirtschaftlicher und damit wettbewerbsrelevanter Steuerungs- und Kontrollinstrumentarien von der Ausgestaltungsaufgabe des Rundfunkgesetzgebers als umfaßt angesehen.

5. Dem Wirtschaftsrecht kommt in diesem Gefüge lediglich eine Komplementärfunktion zu. Aus der Untrennbarkeit von publizistischem und ökonomischem Wettbewerb ergibt sich zwar eine parallele Interessenlage von Rundfunk- und Wettbewerbsrecht, die sich insoweit nicht „feindlich" gegenüber stehen. Das Wettbewerbsrecht kann allerdings nur dort mit allen kompetenzrechtlichen Folgen zur Anwendung kommen, wo das Landesmedienrecht einen relevanten Sachverhalt in wettbewerbsregulierender Weise nicht geregelt hat und einer Anwendung des GWB auch nicht entgegensteht.

6. Die Frage nach einer Institutionalisierung konzentrationsrechtlicher Zusammenarbeit kann nur dort positiv beantwortet werden, wo im Falle einer Kooperation von Bundeswirtschaftsrecht und Landesrundfunkrecht eine gewisse Letztentscheidungskompetenz bei den rundfunkrechtlichen Entscheidungsträgern verbleibt. Abgesehen von den kompetenzdogmatischen Hürden, die eine Verlagerung von Zuständigkeiten auf die Bundesebene des Wirtschaftsrechts zu überwinden hätte, begegnet die Delegation rundfunkrechtlicher Aufgabenstellungen mit dem hintergründigen Ziel einer Deregulierung der Rundfunkordnung insgesamt großen Bedenken.

III. Die Behandlung der Zusammenarbeitsverpflichtung nach dem BayMG als wettbewerblich relevanter Vorgang

1. Die Verpflichtung der Landeszentrale, im Rahmen der Schaffung wirtschaftlich tragfähiger Rahmenbedingungen auf eine programmliche, technische, organisatorische und finanzielle Zusammenarbeit unter den Anbietern hinzuwirken, kann grundsätzlich dann aus wettbewerbsrechtlicher Sicht relevant sein, sofern hierdurch der Wettbewerb unter den Anbietern beeinflußt wird. Dabei ist darauf zu achten, daß bei der Schaffung tragfähiger wirtschaftlicher Rahmenbedingungen durch bestimmte Formen der Zusammenarbeit der Impuls zu einem wettbewerbsrelevanten Verhalten zunächst nicht von den Wettbewerbern selbst, sondern von der Landeszentrale als Dachorganisation des öffentlich-rechtlichen Rundfunkmodells ausgeht. Die Frage liegt daher nahe, ob es sich bei der von Art. 25 Abs. 4 BayMG geforderten Zusammenarbeit um ein nach dem GWB zu beurteilendes Verhalten handelt, oder aber um eine spezifische Form der Ausgestaltung der Rundfunkordnung, zu der sich das Wirtschaftsrecht nicht in Widerspruch setzen darf.

2. Die Bildung von Anbietergesellschaften im Vorfeld der Genehmigung eröffnet grundsätzlich keine Anwendungsmöglichkeiten für das Wirtschaftsrecht, da der Zusammenschluß mehrerer Wettbewerber bereits vor dem Eintritt in den eigentlichen Wettbewerb um Zuschauerakzeptanz und Werbekunden erfolgt und bereits das BayMG selbst für diesen Fall umfassende Antikonzentrationsregelungen bereithält, die als Ausgestaltung der Rundfunkordnung den wettbewerbsrechtlichen Regeln des GWB vorgehen.

3. Während bei der rundfunkrechtlichen Konzentrationskontrolle der Prozeß der Machtkonzentration kontrolliert und dadurch das Entstehen vorherrschender Meinungsmacht verhindert werden soll, soll durch die Zusammenarbeitsverpflichtungen des BayMG auf den Splittingfrequenzen über die Herstellung tragfähiger wirtschaftlicher Rahmenbedingungen durch die Verpflichtung zur Zusammenarbeit ein Maß an „Konzentration“ erreicht werden, das für die Sicherstellung einer wirtschaftlich tragfähigen und vielfältigen Rundfunklandschaft erforderlich ist. Die Sicherstellung der Funktionsfähigkeit durch die Verbesserung der Finanzierungsfähigkeit privater Rundfunkangebote ist dabei Teil des gesetzgeberischen Ausgestaltungsauftrages. Sofern also die gezielte Förderung spezieller Formen der Zusammenarbeit Ausdruck des rundfunkrechtlichen Konzepts eines Landes ist, muß das Wettbewerbsrecht und Kartellrecht des Bundes insoweit vor der Kompetenz des Landesgesetzgebers zurücktreten.

4. Die Überlegungen zu den Zusammenarbeitserfordernissen als Ausdruck des landesrechtlichen Konzepts einer Rundfunkordnung gelten in besonderem

Maße für die Rundfunkveranstaltung in öffentlich-rechtlicher Trägerschaft, da die von der Landeszentrale ausgehenden Steuerungsimpulse, die im Hinblick auf die Zusammenarbeit privater Anbieter durchaus wettbewerbsrelevante Auswirkungen zeitigen, einer öffentlich-rechtlichen Dachkonstruktion entspringen. Wenn aber der öffentlich-rechtliche „Rundfunkauftrag" ein aus Sicht des Wettbewerbsrechts relevantes Verhalten erfordert, muß die Anwendung des GWB auf öffentlich-rechtliche Veranstalter unterbleiben.

5. Die Zielsetzung der frequenzübergreifenden Zusammenarbeit im Rahmen eines sog. Funkhaus ist in besonderem Maße eine publizistische und fällt damit ebenfalls in die Ausgestaltungsaufgabe und -freiheit des Rundfunkgesetzgebers. Dies gilt vor allem für die Rundfunkveranstaltung in öffentlich-rechtlicher Trägerschaft, da die wettbewerbsrelevanten Verhaltensweisen der an einem Funkhaus beteiligten Anbieter besonders in die öffentlich-rechtliche Organisationsstruktur eingebunden sind und von der Trägereinheit effektiv gesteuert werden können. Allerdings hat die Landeszentrale bei der Organisation von Splittingfrequenzen und Funkhäusern auch während der laufenden Sendeperiode darauf zu achten, daß wirtschaftliche und publizistische Verflechtungen sich nicht über die genehmigte Zusammenarbeit hinaus ausdehnen und die Unabhängigkeit der Anbieter gewahrt bleibt.

Kapitel 3: Die Stellung der privaten Anbieter im System der öffentlich-rechtlichen Trägerschaft

A. Problemaufriß

I. Öffentlich-rechtliche Rundfunkveranstaltung unter Einbeziehung privater Anbieter

1. Die landesgesetzliche Ausgestaltung der Rundfunkfreiheit im Sinne einer positiven Ordnung entscheidet auch über den Umfang subjektiv-individueller Rechte auf Seiten der an der Rundfunkveranstaltung Beteiligten. Die Rundfunkveranstaltung in einem öffentlich-rechtlich getragenen Modell unterscheidet sich dabei erheblich von der Zulassung des „herkömmlichen" privaten Rundfunks in anderen Bundesländern.

2. Der wesentliche Unterschied zwischen dem bayerischen Rundfunksystem und den Modellen anderer Bundesländer besteht in der Zuordnung einer spezifischen Veranstaltereigenschaft als Substrat des öffentlich-rechtlichen Trägerschaftsvorbehaltes an die Landeszentrale. Rundfunkveranstaltung als arbeits- bzw. funktionenteiliger Prozeß in öffentlich-rechtlicher Trägerschaft ist damit als Zurechnung der Programmgestaltung an eine organisatorisch wie

programmlich verantwortliche Trägereinheit zu verstehen, deren Aufgaben unter Einbindung von Privaten dezentralisiert und delegiert werden. Danach sind die privaten Anbieter im Rahmen ihrer „Veranstaltereigenschaft“ dergestalt in die öffentlich-rechtliche Rundfunkveranstaltung durch die Landeszentrale eingebunden, daß sie ihre Veranstalterfunktion erst aus der Einbindung in eine öffentlich-rechtliche, von der Landeszentrale getragene Dachkonstruktion ableiten. Anhand dieser funktionenteiligen Trennung von Aufgabenbereichen lassen sich die Grundrechtsberechtigungen der einzelnen Akteure bestimmen.

B. Die Grundrechtsfähigkeit und Grundrechtsbindung der Landeszentrale

1. Grundsätzlich ist eine Anstalt des öffentlichen Rechts nicht grundrechtsfähig. Ausnahmen sind zu machen bei freiheitssichernden Verwaltungsträgern, die unmittelbar dem durch die Grundrechte geschützten Lebensbereich zuzuordnen sind und die zur Verwirklichung individueller Grundrechte dienen. Anerkannte Ausnahmen vom Grundsatz der Grundrechtsunfähigkeit juristischer Personen des öffentlichen Rechts sind die Kirchen, die Universitäten sowie, punktuell bezogen auf Art. 5 Abs. 1 Satz 2 GG, die öffentlich-rechtlichen Rundfunkanstalten.

2. Während die Grundrechtsträgerschaft der übrigen Landesmedienanstalten weitgehend umstritten ist, ist die Grundrechtsberechtigung der BLM ist in Rechtsprechung und Literatur gemeinhin anerkannt, da sie im Rahmen der von ihr ausgeübten öffentlich-rechtlichen Trägerschaft als originäre Rundfunkveranstalterin auftritt und damit nicht hinter die tradierten öffentlich-rechtlichen Rundfunkanstalten zurückgesetzt werden darf.

C. Die Grundrechtsträgerschaft der privaten Anbieter im Rahmen des Trägerschaftsmodells

1. Im Gegensatz zur früheren Auffassung einer exklusiven Zuordnung des Grundrechtsschutzes an die öffentlich-rechtliche Trägereinheit als alleinige Veranstalterin von Rundfunk im Rechtssinne hat das Bundesverfassungsgericht die Grundrechtsträgerschaft privater Anbieter in Bayern unabhängig von der rechtlichen Zuordnung des Gesamtprogrammes nach deren unmittelbar ausgeübter Tätigkeit beurteilt und eine Grundrechtsträgerschaft privater Anbieter bejaht.

a) Ausgangspunkt der Überlegungen des Bundesverfassungsgerichts ist die Programmfreiheit, die ausnahmslos allen Personen zusteht, die Rundfunkprogramme veranstalten. Die Beteiligung privater Anbieter an dem in öffentlich-rechtlicher Trägerschaft veranstalteten Rundfunk im Sinne einer auf das einzelne Programm bezogenen inhaltlichen Gestaltungsaufgabe erfüllt demnach bereits die Voraussetzungen für einen Schutz dieser Tätigkeit durch die Rundfunkfreiheit. Die organisatorische Tätigkeit der Landeszentrale und die ihr von Verfassungs wegen zugewiesen Veranstaltereigenschaft und die daraus resultierende Zurechenbarkeit des Gesamtprogramms bleiben bei diesen Erwägungen zunächst unberücksichtigt.

b) Auch Bewerber um eine Genehmigung nach dem BayMG können sich auf den Schutz der Rundfunkfreiheit berufen, da auch die verfassungsrechtlich gebotenen Auswahl- und Zulassungsregeln der Rundfunkfreiheit in der Bewerbungssituation sichern.

c) Das Bundesverfassungsgericht konstatiert konsequent auch für Bewerber um eine rundfunkrechtliche Genehmigung einen „Grundrechtsbeachtungsanspruch", dessen materieller Gehalt, vor allem im Hinblick auf die auf das Gesamtprogramm bezogene Koordinationsaufgabe der öffentlich-rechtlichen Trägereinheit der Konturierung bedarf.

d) Eine Grundrechtsberechtigung der Landeszentrale als öffentlich-rechtlicher Trägereinheit steht dieser Wertung nicht entgegen, allerdings sind die unterschiedlichen Berechtigungen untereinander zum Ausgleich zu bringen.

e) Der vom Bundesverfassungsgericht definierte Veranstalterbegriff ist nicht abhängig von der institutionalisierten Wahrnehmung der Programmverantwortung durch eine öffentlich-rechtliche Trägereinheit. Dies bedeutet gleichzeitig, daß neben dem Freiheitsbereich des so verstandenen Veranstalters Raum bleibt für Grundrechtsbetätigung aus der Wahrnehmung der Trägerverantwortung heraus. Auf die Tätigkeit der privaten Anbieter im Rahmen ihrer Einbindung in System der öffentlich-rechtlichen Trägerschaft bezogen sind bei der Frage nach der Reichweite des zuerkannten Grundrechtsschutzes die Besonderheiten der bayerischen Rundfunkordnung einzubeziehen.

f) Angesichts der streng an der inhaltlichen Programmgestaltungsaufgabe orientierten Argumentationslinie des Bundesverfassungsgerichts steht die Entscheidung nicht im Widerspruch zu der in der Vergangenheit vorgenommenen objektiv-rechtlichen Deutung des Art. 5 Abs. 1 Satz 2 GG, die eine freiwüchsige Rundfunkunternehmerfreiheit ausschließt. Ein Anspruch auf Zulassung zur Rundfunkveranstaltung im Modell der öffentlich-rechtlichen Trägerschaft kann hieraus entsprechend nicht abgeleitet werden.

2. Die Entscheidung des Bundesverfassungsgerichts ist in der Literatur auf zum Teil heftige Kritik gestoßen. Bemängelt wurde zum einen die unzureichende Tatsachengrundlage, auf die sich das Gericht stütze, sowie die Tatsache, daß das Gericht die Besonderheiten der öffentlich-rechtlichen Trägerschaft nicht ausreichend berücksichtigt und darüberhinaus keine Anhaltspunkte für die Abwägung der einzelnen Grundrechtsberechtigungen untereinander gegeben habe. Insbesondere die Konstruktion des „Grundrechtsbeachtungsanspruches" der privaten Anbieter eröffnet in großem Umfang interpretatorische

Möglichkeiten, da man in der Praxis gezwungen sein wird, die Reichweite der jeweiligen Freiheitsbereiche im Rahmen einer öffentlich-rechtlich getragenen Rundfunkordnung auszuloten.

D. Die Spannungslage zwischen Freiheitsbereichen der Landeszentrale und der privaten Anbieter

I. Kollisionslösung durch optimierende Zuordnung

1. Sowohl die Landeszentrale als auch die privaten Anbieter sind im Rahmen der Rundfunkveranstaltung aus demselben Grundrecht berechtigt, wobei diese Berechtigung jeweils getrennt definiert werden muß, um die Koordinaten eines Ausgleichs bestimmen zu können. Jeder der dabei in Frage stehenden Freiheitsbereiche muß dem anderen so zugeordnet werden können, daß er unter Berücksichtigung seiner spezifischen Wertigkeit und Ausformung weitestgehende Geltung erlangt. Um einen solchen kompromißhaften Ausgleich der beiderseitigen Interessen im Sinne einer optimierenden Zuordnung herbeiführen zu können, sind die von Landeszentrale und privaten Anbietern besetzten Freiheitsbereiche zunächst voneinander abzuschichten und zu differenzieren. Dabei kann auf die vom Gesetzgeber vorgesehenen Funktionsverteilungen im Modell der Rundfunkveranstaltung in öffentlich-rechtlicher Trägerschaft zurückgegriffen werden.

II. Differenzierung der Grundrechtskreise von Landeszentrale und privaten Anbietern

1. Während die Landeszentrale die ihr zustehende Grundrechtsberechtigung treuhänderisch im Rahmen ihrer organisatorischen Tätigkeit durch Auswahl der Angebote, Koordination des Gesamtprogramms, internalisierter Kontrolle, etc., im Dienste der Rundfunkfreiheit ausübt, bezieht sich die schützenswerte Tätigkeit der privaten Anbieter unmittelbar auf die Gestaltung und Organisation der Einzelprogramme. Die privaten Anbieter werden dabei über den Trägerschaftsvorbehalt des Art. 111a Abs. 2 Satz 1 BV in einen arbeitsteiligen, aber öffentlich-rechtlich getragenen Veranstaltungsprozeß eingegliedert. Aufgrund dieser Arbeitsteiligkeit können die grundrechtlich unterfütterten Freiheitssphären als in den jeweiligen Aufgabenbereichen, die den Funktionsträgern im System des öffentlich-rechtlich getragenen Rundfunks zugewiesen sind, verortet betrachtet werden.

2. Ein unmittelbarer Vergleich zwischen den traditionellen öffentlich-rechtlichen Rundfunkanstalten und der BLM als öffentlich-rechtliche Trägereinheit liegt nahe, wird jedoch im Hinblick auf die stärkere Ausdifferenziertheit der einzelnen Funktionsebenen im bayerischen Modell erschwert.

Gleichzeitig läßt diese Ausdifferenzierung eine Trennung von Funktionsbereichen erkennen, die Rückschlüsse auf die Abschichtung von Freiheitsbereichen der an der Rundfunkveranstaltung beteiligten Akteure erlaubt.

3. Die Berücksichtigung von Funktionsbereichen beim Ausgleich widerstreitender Interessen findet eine Rückbindung in der Vorstellung von der Rundfunkfreiheit als eine dienende, funktionsgebundene Freiheit, deren abwehrrechtliches Substrat ebenso an die Funktion des Rundfunks gebunden ist wie ihre Ausübung. Die Reichweite subjektiver Rechte hängt wegen ihrer funktionalen Ausrichtung an den gewährten Freiheitsräumen von der ihren Trägern zugewiesenen Rolle im Prozeß der Vermittlung von Meinungen durch den Rundfunk ab. Diese Rollenbestimmung wiederum wird erst durch die einfachgesetzliche Ausgestaltung der Rundfunkorganisation durch den Gesetzgeber konstituiert, die es ihm erlaubt, sich für oder gegen die Zulassung eigenverantwortlicher Rundfunkveranstalter zu entscheiden und damit den Grundrechtsschutz gesetzlich unterschiedlich auszugestalten und so seine subjektive Reichweite zu beeinflussen.

4. Eine Kategorisierung von Grundrechtsberechtigungen anhand von Tätigkeitsfeldern bzw. Funktionsaufgaben ist im Hinblick auf die Funktionsgebundenheit des Art. 5 Abs. 1 Satz 2 GG systemgerecht. Für das bayerische Rundfunkmodell hat dies zur Folge, daß eine Ausrichtung des Schutzes der an der Rundfunkveranstaltung Beteiligten anhand der ihnen im Rahmen der Arbeitsteiligkeit des Prozesses zugewiesenen Aufgaben erfolgen kann.

E. Die Aufgabenbereiche von Landeszentrale und privaten Anbietern

1. Während die privaten Anbieter mit der Produktion, inhaltlichen Gestaltung und Sendung der Einzelprogramme betraut sind, liegt der funktionale Schwerpunkt der Aufgaben der Landeszentrale auf der organisatorischen Ebene der Anbieterauswahl, der Programmkoordination und insgesamt der Wahrnehmung der ihr zugewiesenen öffentlichen Verantwortung.

2. Die Funktionenteilung im Modell der Rundfunkveranstaltung in öffentlich-rechtlicher Trägerschaft unter Einbindung privater Anbieter läßt sich dabei nicht nur anhand der Aufteilung von faktischen Tätigkeiten erkennen, sondern bildet sich insbesondere in einem Auseinanderfallen von Verantwortungsbereichen ab.

3. Der Funktions- und Tätigkeitsbereich der privaten Anbieter ist die Gestaltung, Produktion und Sendung von einzelnen Rundfunkprogrammen inklusive aller vor- und nachgelagerten Tätigkeiten. Im Gegensatz zur Landeszentrale stellt der private Anbieter aus von ihm ausgewählten Beiträgen sein

„Einzelprogramm“ zusammen, wobei er zwar über eine eigene Gestaltungsbefugnis verfügt, sich gleichzeitig jedoch im Rahmen der gesetzlichen Vorgaben zu bewegen hat. Die BLM hingegen stellt aus den genehmigten Einzelprogrammen ein „Gesamtprogramm“ für das jeweilige Verbreitungsgebiet zusammen, auf dessen Zusammensetzung die privaten Anbieter letztlich keinen Einfluß haben. Diese tatsächliche Funktionsteilung erlaubt eine Differenzierung von Verantwortungsbereichen.

4. Die Landeszentrale übt öffentliche Verantwortung im Sinne einer „Gesamtprogrammverantwortung“ aus, die alle in einem Verbreitungsgebiet veranstalteten Einzelprogramme umfaßt.

5. Während sich im übrigen Bundesgebiet Einzel- und Gesamtprogrammverantwortung während des Genehmigungszeitraumes in Gestalt der privaten Veranstalter vereinigt, eröffnen sich nach der bayerischen Rundfunkgesetzgebung zwei getrennte Aufgabenbereiche. Diese müssen so ausgestaltet sein, daß die Funktionswahrnehmung aller Beteiligten an der Rundfunkveranstaltung umfassend gewährleistet ist. Dies führt zu der Überlegung, wie die grundrechtlich geschützte Position der privaten Anbieter im Rahmen der öffentlich-rechtlichen Trägerschaft definiert werden muß, ohne die Funktionalität des Modells in Frage zu stellen.

F. Die Stellung der Anbieter gegenüber der Landeszentrale

I. Der funktionelle Vorbehalt der öffentlich-rechtlichen Trägerschaft

1. Die öffentliche Verantwortung, in der das Medium Rundfunk steht und deren Wahrnehmung der Landeszentrale zugewiesen ist, verbindet sich zusammen mit dem Begriff der öffentlich-rechtlichen Trägerschaft zu einer Skalierungsmöglichkeit zur Bestimmung der Position der privaten Anbieter. Hierbei tritt in gewissem Maße ein Zielkonflikt aufgrund der Ambivalenz der gesetzlichen Konstruktion auf: Ein Zuviel an öffentlich-rechtlicher Organisation verhindert die im Rahmen eines arbeitsteilig nach Verantwortungs- und Funktionsbereichen aufgegliederten Prozesses geforderte Eigenständigkeit privaten Rundfunkengagements, umgekehrt bewirkt ein Mangel an öffentlich-rechtlicher Einbindung einen Verstoß gegen die verfassungsrechtliche Vorgabe.

2. Die Rundfunkfreiheit des privaten Anbieters wird nicht uneingeschränkt gewährleistet, sondern ist von der Ausgestaltung einer differenziert ausgeformten Rundfunkordnung durch den Gesetzgeber umgrenzt. Speziell das Grundrecht der privaten Anbieter in Bayern ist dabei im Rahmen der Ausge-

staltung des Art. 111a Abs. 2 Satz 1 BV nicht ohne öffentlich-rechtlichen Bezug zu sehen, es unterliegt vielmehr einer spezifisch öffentlich-rechtlichen Prägung.

3. Der Landeszentrale obliegt als öffentlich-rechtlicher Trägereinheit die Verantwortung für das Gesamtprogramm unter allen Gesichtspunkten des damit verbundenen Gewährleistungsauftrages. Die Aufgabenstellung der BLM ist von diesem spezifischen Funktionsauftrag grundlegend geprägt und es ist jene Funktion, die grundrechtlich erfaßt und geschützt wird. Diesem Freiheitsbereich der öffentlich-rechtlichen Trägereinheit eignet nicht nur eine auf Abwehr gerichtete Komponente, sondern auch und vor allem gestalterisches Potential. Diese Gestaltungsmacht beinhaltet eine Verengung des grundrechtlich geschützten Freiheitsbereiches der Anbieter, da sich der vom öffentlich-rechtlichen Funktionsvorbehalt geschützte Freiheitsbereich der Trägereinheit mit dem unter diesem Vorbehalt stehenden Freiheitsbereich der privaten Anbieter überschneiden können.

4. Das Grundrecht der Rundfunkfreiheit vermittelt der Landeszentrale als öffentlich-rechtliche Trägerin des von ihr verantworteten Rundfunks bei dessen Organisation einen weiten Gestaltungs- und Entscheidungsspielraum, da der öffentlich-rechtliche Trägerschaftsvorbehalt ein weitreichendes und effektives Kontroll- und Steuerungsinstrumentarium in Hand des öffentlich-rechtlichen Trägers erfordert, das es ihm erlaubt, weitgehend über Inhalt, Ablauf und Organisation des Gesamtprogramms zu bestimmen. Die Grundrechtsbindung der Landeszentrale, also ihre Verpflichtung zur Beachtung des Grundrechts der Anbieter darf dabei die eigene Funktion im Gefüge der öffentlich-rechtlichen Trägerschaft nicht behindern. Diese Funktion läßt sich anhand einer Differenzierung von Genehmigungsverfahren und Sendeperiode genauer analysieren.

II. Die organisatorische Letztentscheidungskompetenz der Landeszentrale im Genehmigungsverfahren

1. Die organisatorische Letztentscheidungskompetenz der Landeszentrale im Genehmigungsverfahren korrespondiert zunächst mit den weitreichenden Einwirkungsbefugnissen aller Landesmedienanstalten in dieser Phase der Rundfunkveranstaltung. Hinzu kommt, daß die Auswahlentscheidung aufgrund ihrer Vorwirkung auf das zu erzielende Programm nicht nur auf die Einhaltung der Genehmigungsvoraussetzungen und die Koordination eines vielfältigen Gesamtprogramms gerichtet ist, sondern auch und vor allem Ausdruck der verfassungsrechtlich geforderten Wahrnehmung der öffentlich-rechtlichen Programmverantwortung durch die Trägereinheit ist.

2. Der Bewerber um einen Sendeplatz hat im Genehmigungsverfahren einen Anspruch auf fehlerfreien Ermessensgebrauch durch die öffentlich-rechtliche Trägereinheit, wobei zusätzlich seine Position als Grundrechtsträger in die Überlegungen einzubeziehen ist und die Eigenheiten des konkreten Einzelfalles zu berücksichtigen sind.

3. Demgegenüber entfaltet sich der ebenso grundrechtlich geschützte und auf die Funktionalität des Trägerschaftsvorbehalt gerichtete Freiheitsbereich der Landeszentrale im Genehmigungsverfahren in entsprechend weiten Gestaltungs- und Entscheidungsspielräumen. Der weite Ermessens- und Beurteilungsspielraum der Landeszentrale in allen mit der Erzielung von Meinungsvielfalt zusammenhängenden Fragen ist systemimmanente Konsequenz aus dem Trägerschaftsvorbehalt der bayerischen Verfassung und tritt vor allem bei der Genehmigungsentscheidung in Erscheinung.

4. Im Rahmen des Genehmigungsverfahrens besteht letztendlich auch unter Berücksichtigung der Grundrechtspositionen der sich bewerbenden Anbieter ein Entscheidungsvorrang der Landeszentrale. Hinzu kommt, daß im Regelfall der Auswahl unter mehreren Bewerbern sich deren „Grundrechtsbeachtungsanspruch“ auf eine gleichberechtigte Teilhabe am Genehmigungsverfahren reduziert.

5. Dies gilt auch für die Entscheidung der öffentlich-rechtlichen Trägereinheit über zusammenarbeitsrelevante Anforderungen, da diese vorrangig auf die Koordination des Gesamtprogramms gerichtet ist und damit als strukturelle, nicht primär programmbezogene Maßnahme unmittelbar dem Freiheitsbereich der Landeszentrale entspringen.

III. Gestaltung und Organisation während der Sendeperiode

1. Während die übrigen Landesmedienanstalten als Institutionen mit externen Kontrollaufgaben lediglich im Bereich des Auswahlverfahrens unter mehreren sich für einen Übertragungsweg bewerbenden Veranstalter über einen sehr weiten und gerichtlich nur eingeschränkt überprüfbaren Gestaltungs- und Koordinationsrahmen verfügen, der sich während gegenüber bereits zugelassenen Veranstaltern erheblich verengt, stehen der Landeszentrale im Rahmen des Trägerschaftsvorbehaltes auch während des Genehmigungszeitraumes weitreichende Gestaltungsmöglichkeiten zur Verfügung.

2. Der grundrechtlich geschützte Aktionsradius der privaten Anbieter manifestiert sich während des Genehmigungszeitraumes in der Gestaltung der Programme mit dem Recht zur eigenen Tendenz, der Freiheit, hierzu Mitarbeiter zu bestimmen und ihnen gegenüber weisungsberechtigt zu sein und im

Schutz vor unzulässiger Zensur. In diese unmittelbare Programmgestaltungsbefugnis darf von Seiten der Landeszentrale nur unter den gesetzlichen Voraussetzungen eingegriffen werden.

3. Die Genehmigung umgrenzt dabei den Freiheitsbereich des privaten Anbieters, wobei ihr eine erhebliche Bindungs- und Regelungswirkung zu kommt. Änderungen der Inhaber- und Beteiligungsverhältnisse oder ein Abweichen von den vereinbarten Programmschemata sind aus diesem Grund anzeigepflichtig und nur nach Genehmigung durch die Landeszentrale zulässig.

4. Kernstück der Eingriffs- und Gestaltungsbefugnisse der Landeszentrale während des Genehmigungszeitraumes ist Art. 16 BayMG. Hiernach kann die Landeszentrale gegenüber den an der Rundfunkveranstaltung beteiligten Anbietern und Betreibern zur Einhaltung der Vorschriften des Rundfunkstaatsvertrages, des BayMG und der nach diesem erlassenen Satzungsbestimmungen, Richtlinien und Bescheide die erforderlichen Anordnungen treffen. Insbesondere kann sie verlangen, daß ihr Beiträge vor der Sendung vorgelegt werden und zum Ausgleich eines Gesetzesverstoßes die Verbreitung eines kompensierenden Beitrages verlangen.

a) Nach Art. 16 BayMG können als Ausdruck der öffentlich-rechtlichen Trägerschaft Maßnahmen sowohl repressiver als auch präventiver Natur getroffen werden. Hierin besteht ein gewichtiger Unterschied zu den Kontrollinstrumenten anderer Landesmedienanstalten, die während der laufenden Sendeperiode auf eine Rechtmäßigkeitskontrolle und die Ahndung von Verstößen beschränkt sind.
b) Art. 16 BayMG ermächtigt sowohl zu konkreten Eingriffen bei Verdacht auf einen Gesetzesverstoß als auch generell zur Beurteilung der Sendefähigkeit eines Beitrages. Eine Beschränkung auf eine Legalitätsprüfung findet nicht statt. Art. 16 BayMG formuliert damit ein tragendes Element der positiv gestaltenden Wahrnehmung der Programmverantwortung durch die Landeszentrale und stellt ein wichtiges Instrument zur Umsetzung des öffentlich-rechtlichen Trägerschaftsvorbehaltes dar.
c) Anordnungen nach Art. 16 BayMG haben sich gleichwohl auf die Fälle der konkreten, wenngleich auch möglicherweise erst zukünftigen Rechtsverstöße zu beschränken und dürfen nicht die laufende Programmbeurteilung ersetzen.
d) Bei den präventiven Maßnahmen nach Art. 16 BayMG handelt es sich um eine Durchbrechung des Prinzips der funktionenteiligen Rundfunkveranstaltung außerhalb des Genehmigungsverfahrens, die auf Ausnahmefälle zu beschränken, dann aber in besonderer Weise gerechtfertigt ist.

IV. Umfang und Dichte der judikativen Kontrolle

1. Die Durchsetzungsfähigkeit der dem privaten Anbieter gegenüber der Landeszentrale eingeräumten Rechtsposition hängt in entscheidendem Maße von der Möglichkeit ab, diese durch Inanspruchnahme gerichtlicher Hilfe verbindlich zu machen.

2. Grundsätzlich verbleibt es auch im Bereich rundfunkrechtlicher Entscheidungen bei einer umfassenden Kontrolldichte und inhaltlichen Nachprüfung durch die Gerichte. Ausnahmen sind jedoch bei solchen Entscheidungen der Landeszentrale zu machen, die Maßnahmen zur Sicherung der Meinungsvielfalt beinhalten und/oder der Umsetzung des öffentlich-rechtlichen Trägerschaftsvorbehaltes dienen.

a) Einschränkungen der judikativen Kontrolle ergeben sich bei Entscheidungen aller Landesmedienanstalten zunächst aufgrund der pluralen Organisationsstruktur ihrer Entscheidungsgremien, wobei allerdings eine gerichtliche Überprüfung der organisations- und verfahrensrechtlichen Entscheidungsfindung nicht ausgeschlossen ist.
b) Darüberhinaus kommen insbesondere im Genehmigungsverfahren allen Landesmedienanstalten besondere Beurteilungsspielräume zu, da die Zulassungsentscheidung in erheblichem Maße von prognostischen Erwägungen bestimmt wird. Insofern steht den pluralistisch zusammengesetzten Entscheidungsgremien im Rahmen der Beurteilung von Vielfaltsfragen ein zusätzlicher Prognosespielraum zu.
c) Der weite Gestaltungs- und Ermessensspielraum der Landeszentrale ist zusätzlich nicht nur durch die sachverständige und pluralistische Zusammensetzung ihres weisungsfreien Entscheidungsgremiums begründet, sondern darüber hinaus zur Durchsetzung ihrer Programmverantwortung erforderlich. Da die Grundrechtsträgerschaft der Landeszentrale sich aus ihrer Eigenschaft als eigenverantwortliche Rundfunkveranstalterin ableitet, bezieht sich ihr grundrechtlich geschützter und gerichtlich nur eingeschränkt überprüfbarer Beurteilungsspielraum auch und gerade auf die Durchsetzung eigener Programmvorstellungen.

Literaturverzeichnis

Ablasser, Astrid, Medienmarkt und Fusionskontrolle, Köln, 1998

Arndt, Adolf, Begriff und Wesen der öffentlichen Meinung, in: Böckenförde, Ausgewählte Aufsätze und Vorträge, 1946 bis 1972, München, 1976

Arndt, Adolf, Zur Güterabwägung bei Grundrechten, in: Böckenförde, (Hrsg.), Arndt, Gesammelte juristische Schriften, 1976, S. 185

Astheimer, Sabine, Institutionelle Politiksteuerung - Gremienstrukturen bei den Landesmedienanstalten, in: RuF 1991, 185

Baars, Wiebke, Kooperation und Kommunikation durch die Landesmedienanstalten, Baden-Baden, 1999

Bacher, Zwischen Zwangsbeglückung und Schwachsinn, in: Hömberg, (Hrsg.), Rundfunk-Kultur und Kultur-Rundfunk, 1999, S. 11

Badura, Peter, Gleichgewichtige Vielfalt im dualen System des Rundfunks, in: JA 1987, 180

Badura, Peter, Rundfunkfreiheit und Finanzautonomie, Frankfurt a.M. 1986

Badura, Peter, Staatsrecht - Systematische Erläuterung des Grundgesetzes, München, 1996

Badura, Peter, Verfassungsrechtliche Bindungen der Rundfunkgesetzgebung, Frankfurt a.M., 1980

Badura, Peter, Zur Frage der Zulässigkeit von Fördermaßnahmen zugunsten privater Anbieter, die aus dem Aufkommen der Rundfunkgebühr finanziert werden, in: ZUM 1988, 155

Badura, Peter/Scholz, Rupert, (Hrsg.), Wege und Verfahren des Verfassungslebens, Festschrift für Peter Lerche, München, 1993

Balda, Volker, Die duale Rundfunkordnung und der öffentlich-rechtliche Sonderweg des Freistaates Bayern, Frankfurt a.M., 1997

Bamberger, Christian, Haftung der Konzentrationswächter gegenüber den Landesmedienanstalten?, in: AfP 2000, 131

Bamberger, Christian, Zulassung zum Rundfunk in Bayern, in: ZUM 2000, 284

Bamberger, Heinz-Georg, Einführung in das Medienrecht, Wissenschaftliche Buchgesellschaft, Reihe: Einführungen, Darmstadt, 1996

Barth, Christian, Die Rundfunkunternehmerfreiheit und ihre Auswirkungen auf das Bayerische Medienerprobungs- und entwicklungsgesetz, München 1990

Bauer, Helmut, Wirtschaftlichkeit im lokalen Rundfunk, in: ZUM 1988, 130

Bauer, Michael, Öffentlich-rechtliche Rundfunkanstalten und das Kartellrecht, UFITA-Schriftenreihe, Baden-Baden 1993

Becker, Udo, Existenzgrundlagen öffentlich-rechtlicher und privater Rundfunkveranstalter nach dem Rundfunkstaatsvertrag, Baden-Baden 1992

Benda, Ernst, Die Vorgaben des Bundesverfassungsgerichts für eine private Rundfunkordnung, in: Hübner (Hrsg.), Rechtsprobleme der privaten Rundfunkordnung, München, 1992

Benda/Maihofer/Vogel, (Hrsg.), Handbuch des Verfassungsrechts, Berlin 1994

Benz, Arthur, Kooperative Verwaltung: Funktionen, Voraussetzungen und Folgen, Baden-Baden, 1994

Berendes, Konrad, Die Staatsaufsicht über den Rundfunk, Berlin, 1973

Berg, Klaus, Grundversorgung - Begriff und Bedeutung im Verhältnis in öffentlich-rechtlichem und privatem Rundfunk nach der neueren Rechtsprechung des BVerfG, in: Media Perspektiven 1987, 265

Berg, Wilfried, Die Verwaltung des Mangels, in: Der Staat 15 (1976) 1

Bethge, Herbert, Das Selbstverwaltungsrecht im Spannungsfeld zwischen institutioneller Garantie und grundrechtlicher Freiheit, in: v. Mutius, Albert, (Hrsg.), Selbstverwaltung im Staat der Industriegesellschaft, Festgabe für Georg Christoph v. Unruh, 1983, S. 149

Bethge, Herbert, Der Grundrechtsstatus privater Rundfunkveranstalter, in: NVwZ 1997, 1

Bethge, Herbert, Der verfassungsrechtliche Standort des öffentlich-rechtlichen Rundfunks, Rechtsgutachten über die Verfassungsmäßigkeit des WDR-Gesetzes vom 19.03.1985, Beiträge zum Rundfunkrecht, Frankfurt a.M., 1987

Bethge, Herbert, Der verfassungsrechtliche Status der Bayerischen Landeszentrale für neue Medien, BLM-Schriftenreihe, Band 57, München 1999

Bethge, Herbert, Die Grundrechtsberechtigung juristischer Personen nach Art. 19 Abs. 3 GG, Passau, 1985

Bethge, Herbert, Die Grundrechtsstellung bundesweit sendender Anbieter privaten Rundfunks nach bayerischem Medienrecht, in: ZUM 1994, 1
Bethge, Herbert, Die Verfassungsmäßigkeit des BayMEG, in: ZUM 1986, 255
Bethge, Herbert, Die verfassungsrechtliche Position des öffentlich-rechtlichen Rundfunks in der dualen Rundfunkordnung; Rechtsgutachten, erstattet im Auftrag von ARD und ZDF, Beiträge zum Rundfunkrecht, Baden-Baden, 1996
Bethge, Herbert, Die verfassungsrechtliche Problematik der Zulassung von Rundfunkveranstaltern des Privatrechts; Rechtsgutachten aus Anlaß der konkreten Normenkontrolle über die Verfassungsmäßigkeit der §§ 38 bis 46e des saarländischen Rundfunkgesetzes, München, 1981
Bethge, Herbert, Grundrechtsschutz für die Medienpolizei?, in: NJW 1995, 557
Bethge, Herbert, Grundrechtsverwirklichung und Grundrechtssicherung durch Organisation und Verfahren, in: NJW 1982, 1
Bethge, Herbert, Landesrundfunkordnung und Bundeskartellrecht, Beiträge zum Rundfunkrecht, Baden-Baden, 1991
Bethge, Herbert, Rundfunkfreiheit in Bayern, in: BLM-Symposion Medienrecht 1998, Schriftenreihe der BLM, Band 51, München, 1999, S. 19
Bethge, Herbert, Rundfunkfreiheit in der Perspektive von Bundes- und Landesverfassungsgerichtsbarkeit, in: ZUM 1987, 199
Bethge, Herbert, Rundfunkfreiheit und privater Rundfunk, rechtsgutachterliche Untersuchung der Verfassungsmäßigkeit des niedersächsischen Landesrundfunkgesetzes vom 23.05.1984, Beiträge zum Rundfunkrecht, 1985, Frankfurt a.M.
Bethge, Herbert, Rundfunkgesetzgebung, in: ZG 1995, 101
Bethge, Herbert, Verfassungsrechtliche Probleme der Privatrundfunkgesetzgebung, in: JZ 1985, 308
Bethge, Herbert, Zur Funktion und Relevanz eines Medienverwaltungsrechts, in: DV 1994, 433
Bethge, Herbert, Zur Problematik von Grundrechtskollisionen, München, 1977
Bethge, Herbert, Rundfunkfreiheit und öffentlich-rechtlicher Organisationsvorbehalt - Die Verfassungsmäßigkeit des Bayerischen MEG, Baden-Baden, 1987
Bethge, Herbert, Selbstverwaltungsrecht zwischen Garantie und Freiheit, in: v. Mutius (Hrsg.), Selbstverwaltung im Staat der Industriegesellschaft, Festgabe für G.C. v. Unruh, 1983, S. 149

Bettermann, Karl-August, Juristische Personen des öffentlichen Rechts als Grundrechtsträger, in: NJW 1969, 1321

Beucher, Klaus/von Rosenberg, Oliver, Kapazitätsknappheit und Programmvielfalt - Die neuere Rechtsprechung zur Praxis der Kanalbelegung, in: ZUM 1996, 643

Beucher, Klaus/Leyendecker, Ludwig/v. Rosenberg, Oliver, Mediengesetze, München, 1999

Biervert, Bernd, Das Ende der öffentlich-rechtlichen Eigenproduktionen?, in: ZUM 1998, 19

Bismark, Hans, Neue Medientechnologien und grundgesetzliche Kommunikationsverfassung, Berlin, 1982

Bleckmann, Albert, Staatsrecht II, Köln, 1997

Böckelmann, Frank/Hesse, Kurt, Wem gehört die private Rundfunkfreiheit?, Konstanz, 1996

Böckenförde, Ernst-Wolfgang, Grundrechtstheorie und Grundrechtsinterpretation, in: NJW 1974, 1529

Böckenförde, Ernst-Wolfgang/Wieland, Joachim, Die „Rundfunkfreiheit" - ein Grundrecht? - Überlegungen zu den verfassungsrechtlichen Vorgaben in Art. 5 Abs.1 GG für die Organisation des Rundfunks, in: AfP 1982, 77

Bohne, Eberhard, Informales Verwaltungs- und Regierungshandeln als Instrument des Umweltschutzes – Alternativen zu Rechtsnorm, Vertrag, Verwaltungsakt und anderen rechtlich geregelten Handlungsformen, in: VerwArch 75 (1984), 343

Bornemann, Roland, „Privatrundfunk" in öffentlicher Verantwortung und öffentlich-rechtlicher Trägerschaft, in: ZUM 1992, 483

Bornemann, Roland, Anmerkung zum Beschluß des BayVGH v. 14.08.1996, in: BayVBl. 1997, 148

Bornemann, Roland, Anmerkung zum Beschluß des BayVGH vom 26.01.1999, in: MMR 1999, 424

Bornemann, Roland, Anmerkung zum Beschluß des BVerfG vom 20.02.1998 („extra radio"), in: MMR 1998, 425

Bornemann, Roland, Funktionenteilung und Verantwortung in einem alternativen öffentlich-rechtlichen Rundfunkmodell, in: ZUM 1995, 832

Bornemann, Roland, Medienrecht, Medienrechtsprechung und Medienpraxis, in: ZUM 1998, 915

Bornemann, Roland, Mehr Fragen als Antworten, in: epd medien Nr. 28/29 vom 18.04.1998, S. 8
Bornemann, Roland, Private Rundfunkangebote in Bayern, in: KuR 1999, 265
Bornemann, Roland, Rechtsschutz gegen Anordnungen nach Art. 15 MEG, in: BayVBl. 1991, 129
Bornemann, Roland/Eiden, Karin, Die Rechtsprechung der Verfassungs- und Verwaltungsgerichte zum BayMEG, in: ZUM 1995, 475
Bornemann, Roland/ Kraus, Volker;/Lörz, Nikolaus, Bayerisches Mediengesetz, Kommentar und Textsammlung, Baden-Baden, 2002

Bosman, Wieland, Die Freiheit des Rundfunks, 1984, Rundfunkfreiheit und Programmgrundsätze, Frankfurt a.M., 1985
Bosman, Wieland, Programmgrundsätze für den privaten Rundfunk, in: ZUM 1989, 6

Bremer, Eckhard/Esser-Wellier, Michael/Hoffmann, Martin, Der Rundfunk in der Verfassungs- und Wirtschaftsordnung in Deutschland, Baden-Baden, 1992

Brenner, Christian, Fusionskontrolle bei privaten Rundfunkveranstaltern, in: ZUM 1998, 877

Brosius/Fahr/Zumbayr, (Hrsg.), Meinung, Meinungsvielfalt, Meinungsrelevanz, München, 1996

Brugger, Winfried, Rundfunkfreiheit und Verfassungsinterpretation, Heidelberg, 1991

Brümmer, Dorothee, Modellfragen der neuen Rundfunkrechtsentwicklung, München, 1995

Buchholtz, Anne, Anmerkung zu BVerfGE 97, 298 in: AfP 1998, 201ff.
Buchholtz, Anne, Gibt es einen Zuschauermarkt im Sinne des Gesetzes gegen Wettbewerbsbeschränkungen?, in: ZUM 1998, 108
Buchholtz, Anne, Zwang zur qualifizierten Zusammenarbeit von Rundfunkanbietern in Bayern?, in: K&R 1999, 218

Buchholz, Axel, Privatfunk wohin?, München, 1990

Bullinger, Martin, Der Rundfunkbegriff in der Differenzierung kommunikativer Dienste, in: AfP 1996, 1
Bullinger, Martin, Elektronische Medien als Marktplatz der Meinungen, in: AöR 108 (1983), 161

Bullinger, Martin, Multimediale Kommunikation in Wirtschaft und Gesellschaft, in: ZUM 1996, 749

Bullinger, Martin/Kübler, Friedrich, (Hrsg.), Rundfunkorganisation und Kommunikationsfreiheit, Baden-Baden, 1979

Bullinger, Martin/Gödel, Christoph, Landesmediengesetz Baden-Württemberg (LMedienG), Kommentar, Baden-Baden, 1986

Bumke, Christian, Der Grundrechtsvorbehalt – Untersuchungen über die Begrenzung und Ausgestaltung der Grundrechte, Baden-Baden, 1998

Bumke, Ulrike, Die öffentliche Aufgabe der Landesmedienanstalten; verfassungs- und organisationsrechtliche Überlegungen zur Rechtsstellung einer verselbständigten Verwaltungseinheit, Münchner Universitätsschriften der jur. Fakultät, München, 1995

Bumke, Ulrike, Die öffentliche Aufgabe der Landesmedienanstalten; verfassungs- und organisationsrechtliche Überlegungen zur Rechtsstellung einer verselbständigten Verwaltungseinheit, München, 1995

Bumke, Ulrike, Klagebefugnis der Landesmedienanstalten im Streit um rundfunkrechtliche Zulassungsentscheidungen? , in: ZUM 1995, 360

Burkes, Peter, Anmerkung zum Urteil des BayVGH vom 26.02.1997, in: ZUM 1997, 850

Burkes, Peter, Urteilsanmerkung zu den ergangenen Entscheidungen im Verfahren „extra-radio“ , in: ZUM 1994, 580

Clausen-Muradian, Elisabeth, Die Sicherung der Meinungsvielfalt, Berichte, Gutachten und Vorschläge zur Fortentwicklung des Rechts der Medienvielfaltkontrolle, Schriftenreihe der Landesmedienanstalten, Bd. 4, 1995

Clausen-Muradian, Elisabeth, Konzentrationskontrolle im privaten Rundfunk - Der neue Rundfunkstaatsvertrag, in: ZUM 1997, 934

Clausen-Muradian, Elisabeth, Konzentrationstendenzen und Wettbewerb im Bereich des privaten kommerziellen Rundfunks und die Probleme staatlicher Rundfunkaufsicht, Frankfurt a.M., 1998

Degenhart, Christoph, Bayern auf dem Weg zur dualen Rundfunkordnung?, in: AfP 1987, 371

Degenhart, Christoph, Kommentierung zu Art. 5 Abs. 1 und 2 GG, in: Dolzer/Vogel, (Hrsg.), Bonner Kommentar, Kommentar zum Bonner Grundgesetz, Heidelberg, 1999

Degenhart, Christoph, Öffentlich-rechtlicher und privater Rundfunk im dualen Rundfunksystem, in: ZUM 1988, 47

Degenhart, Christoph, Verfassungsfragen der Novelle zum BayMEG, in: ZUM 1987, 595
Degenhart, Christoph, Verfassungsrechtliche Determinanten der Rundfunkfinanzierung, in: Badura/Scholz, (Hrsg.), Wege und Verfahren des Verfassungslebens, Festschrift für Peter Lerche, 1993, S. 611

Delbrück, Jost, Die Rundfunkhoheit der deutschen Bundesländer im Spannungsfeld zwischen Regelungsanspruch der Europäischen Gemeinschaft und nationalem Verfassungsrecht, Rechtsgutachten erstattet im Auftrag der deutschen Bundesländer, Beiträge zum Rundfunkrecht, Frankfurt a.M., 1986
Delbrück, Jost, Rundfunkrecht und Wettbewerbsrecht vor dem Forum des europäischen Gemeinschaftsrechts, in: Hoffmann-Riem, (Hrsg.), Rundfunk im Wettbewerbsrecht, Baden-Baden, 1988

Depenheuer, O., Informationsordnung durch Informationsmarkt, in: AfP 1997, 669

Di Fabio, Udo, Der Schutz der Menschenwürde durch Allgemeine Programmgrundsätze, BLM-Schriftenreihe, Band 60, München, 2000

Dittmann, Armin, (Hrsg.), Der Rundfunkbegriff im Wandel der Medien, Berlin 1997
Dittmann, Armin, Der Rundfunkbegriff im deutschen Recht - ein Kulturgut im multimedialen Wandel in: Dittmann (Hrsg.), Der Rundfunkbegriff im Wandel der Medien, Berlin, 1997

Dolderer, Michael, Objektive Grundrechtsgehalte, Berlin, 2000

Doll, Dieter, Anmerkungen zur Entscheidung des BayVerfGH vom 22.06.1990, Az. 25 CS 90.01783, in: ZUM 1990, 512
Doll, Dieter, Spannweite einer verfassungsgemäßen Änderung der Rundfunkordnung in Bayern, München, 1986

Dolzer/Vogel, (Hrsg.), Bonner Kommentar, Kommentar zum Bonner Grundgesetz, Heidelberg, 1999

Dörr, Dieter, Die Entwicklung des Medienrechts, in: NJW 1995, 2263
Dörr, Dieter, Die KEK - ein taugliches Mittel zur Bekämpfung der Medienkonzentration?, in: Media Perspektiven 1998, 54
Dörr, Dieter, Konzentrationstendenzen im Bereich des Rundfunks und ihre Rechtsprobleme, in: ZUM 1993, 10

Dörr, Dieter, Maßnahmen zur Vielfaltsicherung gelungen?, in: Media Perspektiven 1996, 621
Dörr, Dieter, Programmvielfalt im öffentlich-rechtlichen Rundfunk durch funktionsgerechte Finanzausstattung, Baden-Baden, 1998
Dörr, Dieter, Rundfunkföderalismus auf dem Prüfstand, in: ZUM 1996, 617

Dreier, Horst, Dimensionen der Grundrechte - Von der Wertordnungsjudikatur zu den objektiv-rechtlichen Grundrechtsgehalten, 1993
Dreier, Horst, Subjektiv-rechtliche und objektiv-rechtliche Grundrechtsgehalte, in: JURA 1995, 505

Eberle, Carl-Eugen, Aufbruch ins digitale Fernsehzeitalter, 1994
Eberle, Carl-Eugen, Digitale Rundfunkfreiheit, in: Brosius/Fahr/Zumbayr, (Hrsg.), Meinung, Meinungsvielfalt, Meinungsrelevanz, 1996, S. 75
Eberle, Carl-Eugen, Neue Übertragungstechniken und Verfassungsrecht, in: ZUM 1995, 249

Ebke, Werner, Wettbewerbsrechtliche Ansprüche öffentlich-rechtlicher und privater Rundfunkveranstalter, in: Hübner, (Hrsg.), Rechtsprobleme der privaten Rundfunkordnung, München 1992, S. 57

Eidgenössisches Justiz- und Polizeidepartment (Hrsg.), Bericht der Expertenkommission für eine Mediengesamtkonzeption, Bern, 1982

Emmerich, Volker, Rundfunk im Wettbewerbsrecht, in: AfP 1989, 433
Emmerich, Volker, Möglichkeiten und Grenzen der wirtschaftlichen Betätigung der öffentlich-rechtlichen Rundfunkanstalten, Berlin, 1986

EMR-Dialog, Medienvielfalt ohne Kontrolle – vom bayerischen Medienführerschein zur Kieler Unbedenklichkeit, München, 1996

Engel, Christoph, Medienordnungsrecht, Baden-Baden, 1996
Engel, Christoph, Rundfunk in Freiheit, in: AfP 1994, 185
Engel, Christoph, Vorsorge gegen die Konzentration im privaten Rundfunk mit den Mitteln des Rundfunkrechts, Baden-Baden, 1993

Engelke, Heinrich, Die Interpretation der Rundfunkfreiheit des GG: Eine Analyse aus ökonomischer Sicht, Frankfurt a.M./Bern/New York, 1992

Engels, Stefan, Regelungen zur rundfunkrechtlichen Frequenzoberverwaltung, in: ZUM 1997, 106
Engels, Stefan, Verfassungsrechtliche Strukturvorgaben für Rundfunkkonzentrationsregelungen, in: ZUM 1996, 44

Engler, Jörg, Kooperationen im Rundfunk; eine rundfunkrechtliche Betrachtung der Zusammenarbeit ör Rundfunkanstalten mit privaten Dritten, Baden-Baden, 1995

Enz, Winfried, Programmauftrag und Einschaltquote, in: ZUM 1987, 58

Fehling, Michael, Die Konkurrentenklage bei der Zulassung privater Rundfunkveranstalter, Berlin, 1994

Fleck, Florian (Hrsg.), Planung, Aufsicht und Kontrolle von Rundfunkunternehmen - Grundsätzliches und aktuelle Gedanken aus Praxis und Wissenschaft, Stuttgart, Berlin, Köln, Mainz, 1987

Fleck, Florian, (Hrsg.), Zukunftsaspekte des Rundfunks, Stuttgart, 1986

Flitsch, Michael, Die Funktionalisierung der Kommunikationsgrundrechte, Berlin, 1998

Frank, Angela, Vielfalt durch Wettbewerb? Organisation und Kontrolle privaten Rundfunks im außenpluralen Modell, Frankfurt a.M., 1987

Franke, Siegfried, Staatsrecht in der Bundesrepublik Deutschland, Heidelberg, 1998

Frenz, Walter, Die Grundrechtsberechtigung juristischer Personen des öffentlichen Rechts bei grundrechtssichernder Tätigkeit, in: VerwArch, Bd. 85 (1994), 22

Frey, Dieter, Fernsehen und audiovisueller Pluralismus im Binnenmarkt der EG, Baden-Baden, 1999

Fröhler, Ludwig, Die Gesetzgebungszuständigkeit des Bundes für ein Verbot des Werbefernsehens durch die öffentlich-rechtlichen Rundfunkanstalten; Rechtsgutachten, Beiträge zum Rundfunkrecht, Frankfurt a.M., 1965

Fromm, Michael, Öffentlich-rechtlicher Programmauftrag und Rundfunkföderalismus, Baden-Baden, 1998

Fuhr, Ernst, Der öffentlich-rechtliche Rundfunk im dualen Rundfunksystem, in: ZUM 1987, 145

Fuhr, Ernst/Rudolf, Walter/Wasserburg, Klaus (Hrsg.), Das Recht der Neuen Medien, Heidelberg, 1989

Gabriel-Bräutigam, Karin, Rundfunkkompetenz und Rundfunkfreiheit - eine Untersuchung über das Verhältnis der Rundfunkhoheit der Länder zu den Gesetzgebungszuständigkeiten des Bundes, Baden-Baden, 1990

Gebrande, Martin, Sicherung der Meinungsvielfalt nach dem BayMG, BLM-Jahrbuch 1993/94, S. 34

Geiger, Wilhelm, Sicherung der Informationsfreiheit des Bürgers als Verfassungsproblem, in: AfP 1977, 256

Geiger; Wilhelm, Verfassungsrechtliche Grundlagen der neuen Rundfunkordnung, in: AfP 1984, 136

Geppert, Martin, Europäischer Rundfunkraum und nationale Rundfunkaufsicht - Zur Rolle und Zukunft der deutschen Landesmedienanstalten in einem europäischen Rundfunksystem, 1993

Gersdorf, Hubertus, Der verfassungsrechtliche Rundfunkbegriff im Lichte der Digitalisierung der Telekommunikation, Schriftenreihe der Hamburgischen Anstalt für neue Medien, Bd. 11, 1995

Gersdorf, Hubertus, Landesmedienanstalten als Träger des Grundrechts auf Rundfunkfreiheit, in . Haratsch/Kugelmann/Repkewitz (Hrsg.), Herausforderungen an das Recht der Informationsgesellschaft, 1996

Gersdorf, Hubertus, Rechtsfragen des Teilnehmerentgelts nach bayerischem Rundfunkrecht, BLM-Schriftenreihe Band 42, München, 1997

Gersdorf, Hubertus, Rundfunkfreiheit ohne Ausgestaltungsvorbehalt, BLM-Schriftenreihe, Band 33, München, 1996

Gersdorf, Hubertus, Staatsfreiheit des Rundfunks in der dualen Rundfunkordnung der Bundesrepublik, Berlin, 1991

Gersdorf, Hubertus, Teleshopping: Exerzitium für die Notwendigkeit einer Differenzierung zwischen Ausgestaltung und Beschränkung der Rundfunkfreiheit, in: ZUM 1995, 841

Gersdorf, Hubertus, Zum Verhältnis von Telekommunikations- und Rundfunkordnung, in: AfP 1997, 424

Giehl, Christoph, Der Wettbewerb zwischen öffentlich-rechtlichen und privaten Rundfunkveranstaltern; wirtschaftliche verfassungsrechtliche und gesetzliche Rahmenbedingungen, Baden-Baden, 1993

Gogos, Konstantinos, Verselbständigte Verwaltungseinheiten als Adressaten staatlicher Sonderbindungen: Eine rechtsvergleichende Untersuchung am Beispiel der Grundrechte, Berlin, 1997

Gramlich, Ludwig, Kommunikations-Grundversorgung zwischen Markt und Staat, in: ZUM 1998, 365

Greiffenberg, Horst, Medienrechtliche und kartellrechtliche Kontrolle der Konzentration im Rundfunk, in: Mestmäcker, Ernst-Joachim, (Hrsg.), Offene Rundfunkordnung, Gütersloh 1988, S. 311ff

Greiffenberg, Horst, Perspektiven einer wettbewerbsrechtlichen Kontrolle von Rundfunkunternehmen, in: BLM, (Hrsg.), BLM Rundfunkkongress 1989, München 1990, S. 205

Greszick, B., Lizenzvergabe nach dem TKG, in: ZUM 1997, 911

Grimm, Dieter, Verfassungsrechtliche Perspektiven einer dualen Rundfunkordnung, in: RuF 1987, 25

Groß, Rolf, Zu den neuen Landesmediengesetzen, in: DVBl. 1985, 353

Gundlach, Hardy, Die öffentlich-rechtlichen Rundfunkunternehmen zwischen öffentlichem Auftrag und marktwirtschaftlichem Wettbewerb, Berlin, 1998

Häberle, Peter, Die Wesensgehaltsgarantie des Art. 19 Abs. 2 GG, Karlsruhe, 1972

Hain, Karl-Eberhard, Rundfunkfreiheit und Rundfunkordnung, Baden-Baden, 1993

Hain, Karl-Eberhard, in: MMR 2000, 537ff.

Hallenberger, Dimensionen des Begriffs "Vielfalt", in: Kohl, (Hrsg.), Vielfalt im Rundfunk, 1997, S. 10

Hartstein, Reinhard in: BayVBl. 1985, 106

Hartstein, Reinhard/Ring, Wolf-Dieter/Kreile, Johannes/Dörr, Dieter/Stettner, Rupert, Rundfunkstaatsvertrag, München, 2002

Hecker, Wolfgang, „Medienmacht" und Rezipientenfreiheit, Frankfurt a.M., 1987

Heim, Heinz/Heyn, Jürgen, Image und Akzeptanz privater Radios in Bayern, in: Media Perspektiven 1989, 38

Heinrich, Jürgen, Medienökonomie, Band 1, Opladen, 1994

Heinrich, Jürgen, Ökonomische und publizistische Konzentration im deutschen Fernsehsektor – Eine Analyse aus wirtschaftswissenschaftlicher Sicht, in: Media Perspektiven 1992, 338

Hellstern, Gerd-Michael, Organisation der Bayerischen Landeszentrale für neue medien, in: Hellstern/Hoffmann-Riem/Reese, (Hrsg.), Vergleichende Organisationsanalyse der Lizensierungs- und Aufsichtsgremien des Privaten Rundfunks, Kassel, 1988

Hellstern, Gerd-Michael in Rundfunkaufsicht in der Bundesrepublik Deutschland, Bd. 1, S. 64, Düsseldorf, 1989

Hendriks, Birger, Landesrundfunkgesetze und Medienverflechtung, in: Media Perspektiven 1984, 923

Hendriks, Birger, Zum Wettbewerb im dualen Rundfunk, in: ZUM 1988, 209

Henn, Bernhard, Die Sicherung von Meinungs- und Informationsvielfalt in neueren Rundfunkordnungen, Hamburg, 1993

Hepach, Stefan, Der Grundrechtsstatus der Landesmedienanstalten, Studien und Materialien zum öffentlichen Recht, Frankfurt a.M., 1997

Hepach, Stefan, Die Kommission zur Ermittlung der Konzentration im Medienbereich: Verselbständigungstendenzen eines Organs unter Berufung auf das rundfunkspezifische Gebot einer effizienten Konzentrationskontrolle?, in: ZUM 1999, 603

Hepach, Stefan, Kritische Würdigung der Entscheidungen des Bayerischen Verwaltungsgerichtshofs vom 22.10.1997, 7 N 96.2071 bzw. 7 N 96.3279, und vom 27.10.1997, 7 ZS 97.1986, sowie der Entscheidung des Bayerischen Verfassungsgerichtshofs vom 29.01.1998, Vf. 95-VI-97, in: ZUM 1998, 795

Herkströter, Dirk, Die Entwicklung der Landesmediengesetze, in: RuF 1994, 60

Herrmann, Günter, Anmerkung zum Beschluß des Bundesverfassungsgerichts vom 20.02.1998, in: ZUM 1998, 311

Herrmann, Günter, Das Bayerische Medienrecht kurz vor der Jahrtausendwende, Rechtsgutachten, UFITA-Schriftenreihe, Band 136, Baden-Baden, 1996

Herrmann, Günter, Die Grundversorgung als Aufgabe der öffentlich-rechtlichen Rundfunkanstalten, in: ZUM 1989, 448

Herrmann, Günter, Fernsehen und Hörfunk in der Bundesrepublik Deutschland, Tübingen, 1975

Herrmann, Günter, Fernsehen und Hörfunk nach dem 6. Rundfunkurteil des Bundesverfassungsgerichts vom 05.02.1991, in: ZUM 1991, 325ff

Herrmann, Günter, Rundfunkrecht, München, 1994

Hertel, Felix, Frequenzplanung und Rundfunkkompetenz, in: ZUM 1993, 608

Herzog, Roman, in: Maunz/Dürig/Herzog, GG, Art. 5, München, 2001

Hess, Wolfgang, Medienkonzentrationsrecht nach dem neuen Rundfunkstaatsvertrag, in: AfP 1997, 680

Hesse, Albrecht, Bayerische Medienordnung – gestaltete Vielfalt, in: ZUM 1085, 92

Hesse, Albrecht, Rechtsfragen der Weiterverbreitung von Rundfunkprogrammen, in: ZUM 1987, 19

Hesse, Albrecht, Rundfunkrecht, München, 1999

Hesse, Konrad, Grundzüge des Verfassungsrechts in der Bundesrepublik Deutschland, Heidelberg, 1995

Hoffmann-Riem, Wolfgang (Hrsg.), Rundfunk im Wettbewerbsrecht; der öffentlich-rechtliche Rundfunk im Spannungsfeld zwischen Wirtschaftsrecht und Rundfunkrecht, Baden-Baden, 1988

Hoffmann-Riem, Wolfgang, Erosionen des Rundfunkrechts; Tendenzen der Rundfunkrechtsentwicklung in Westeuropa, Schriftenreihe des Instituts für Rundfunkrecht der Universität Köln, München, 1990

Hoffmann-Riem, Wolfgang, Finanzierung und Finanzkontrolle der Landesmedienanstalten, 1994

Hoffmann-Riem, Wolfgang, Internationale Medienmärkte – nationale Rundfunkordnungen – Anmerkungen zu Entwicklungstendenzen im Medienbereich, in: RuF 1986, 17

Hoffmann-Riem, Wolfgang, Kommerzielles Fernsehen, Baden-Baden, 1991

Hoffmann-Riem, Wolfgang, Medienfreiheit und der außenplurale Rundfunk, in: AöR 1984, 304

Hoffmann-Riem, Wolfgang, Personalrecht der Rundfunkaufsicht, - zum Status und dienstrechtlichen Spielraum von grundrechtssichernden Anstalten des öffentlichen Rechts-, Baden-Baden, 1991

Hoffmann-Riem, Wolfgang, Programmgrundsätze - Programmverantwortung – Programmkontrolle, in: RuF 1978, 111

Hoffmann-Riem, Wolfgang, Rundfunkaufsicht an der Schwelle zur Deregulierung, in: RuF 1989, 215

Hoffmann-Riem, Wolfgang, Rundfunkaufsicht zwischen Staatsfreiheit und Staatseinfluß, Berlin, 1995

Hoffmann-Riem, Wolfgang, Rundfunkfreiheit durch Rundfunkorganisation, Anmerkungen zur Neufassung des Radio-Bremen-Gesetzes, Beiträge zum Rundfunkrecht, Frankfurt a.M., 1979

Hoffmann-Riem, Wolfgang, Rundfunkrecht neben Wirtschaftsrecht, Baden-Baden 1991

Hoffmann-Riem, Wolfgang, Selbstverwaltung des Rundfunks und im Rundfunk, in: v. Mutius, (Hrsg.), Selbstverwaltung im Staat der Industriegesellschaft, Festgabe für G.C. v. Unruh, 1983, S. 951

Hoffmann-Riem, Wolfgang/Kohl, Helmut/Kübler, Friedrich, (Hrsg.), Medienwirkung und Medienverantwortung, Überlegungen und Dokumente zum Lebach-Urteil des Bundesverfassungsgerichts, Baden-Baden, 1975

Holgersson, Silke, Fernsehen ohne Kontrolle?, Opladen 1995

Holtz-Bacha, Christina, Vom öffentlich-rechtlichen Rundfunk zum öffentlich-rechtlichen Privatfunk in Bayern, in: Kutsch/Holtz-Bacha/Stuke, Rundfunk im Wandel, Festschrift für Winfried B. Lerg, Berlin, 1992

Holtzbrinck, Definitions- und Rangfolgeprobleme bei der Einspeisung von Rundfunkprogrammen in Kabelanlagen, 1990

Holzkämper, Volker, Die Verfassungsmäßigkeit von Zugangsbeschränkungen für Presseunternehmen zum privaten Rundfunk, in: ZUM 1994, 114

Holznagel, Bernd, Konzentrationsbekämpfung im privaten Rundfunk, in: ZUM 1991, 263

Holznagel, Bernd, Multimedia zwischen Regulierung und Freiheit, in: ZUM 1999, 425

Holznagel, Bernd, Probleme der Rundfunkregulierung im Multimediazeitalter, in: ZUM 1996, 16

Hömberg, Walter, (Hrsg.), Rundfunk-Kultur und Kultur-Rundfunk, München, 1999

Huber, Andrea, Öffentliches Medienrecht und private Zurechnung, Baden-Baden, 1992

Hübner, Heinz , (Hrsg.), Rahmenbedingungen der Programmgestaltung, Vortragsveranstaltung vom 29. und 30.04.1994, Schriftenreihe des Instituts für Rundfunkrecht der Universität Köln, München, 1994

Hübner, Heinz, (Hrsg.), Rechtsprobleme der privaten Rundfunkordnung; Vortragsveranstaltung vom 26. und 27.04.1991, Schriftenreihe des Instituts für Rundfunkrecht der Universität Köln, München, 1992

Isensee, Josef/Kirchhof, Ferdinand, Handbuch des Staatsrechts der Bundesrepublik Deutschland, Heidelberg, 1990

Jarass, Hans, Die Freiheit der Massenmedien, Baden-Baden, 1978

Jarass, Hans, Die Freiheit des Rundfunks vom Staat – Gremienbesetzung, Rechtsaufsicht, Genehmigungsvorbehalte, staatliches Rederecht und Kooperationsformen auf dem verfassungsrechtlichen Prüfstand, Berlin, 1981

Jarass, Hans, Die Grundrechte als Wertentscheidungen bzw. objektiv-rechtliche Prinzipien in der Rechtsprechung des Bundesverfassungsgerichts, in: AöR 110 (1985), S. 363

Jarass, Hans, Die neuen Privatrundfunkgesetze im Vergleich - zur Frage der publizistischen Homogenität von Vollprogrammen, in: ZUM 1986, 303

Jarass, Hans, Folgen der Zulassung eines Fernsehprogramms für die Verbreitung in anderen Bundesländern, in: ZUM 1994, 319

Jarass, Hans, In welcher Weise empfiehlt es sich, die Ordnung des Rundfunks und sein Verhältnis zu anderen medien – auch unter dem Gesichtspunkt der Harmonisierung – zu regeln?, Gutachten G zum 56. Deutschen Juristentag Berlin 1986; München, 1986

Jarass, Hans, Kartellrecht und Landesrundfunkrecht, Köln, 1991

Jarass, Hans, Regelungsspielräume des Landesgesetzgebers im Bereich der konkurrierenden Gesetzgebung und in anderen Bereichen, in: NJW 1996, 1041

Jochimsen, Reimut, Regulierung und Konzentration im Medienbereich, in: AfP 1999, 24

Kantzenbach, Zum Verhältnis von publizistischem und ökonomischem Wettbewerb aus ökonomischer Sicht, in: Hoffmann-Riem, (Hrsg.), Rundfunkrecht im Wettbewerbsrecht, 1988, S. 78

Kauffmann, Ulrich, Der nationale Hörfunk im vereinten Deutschland; Rechtsgrundlagen, Organisation, Programmauftrag und Finanzierung, Schriftenreihe des Instituts für Rundfunkrecht der Universität Köln, München, 1997

Kehm, Peter/Kiefer, Marie-Luise, Grundversorgung, 1996

Kelm, Hartwig, Plädoyer für das „Unternehmen öffentlich-rechtlicher Rundfunk“, in: Media Perspektiven 1989, 1

Kiefer, Marie-Luise, Überflüssig oder unverzichtbar?, in: Kehm/Kiefer, Grundversorgung, 1996, S. 27

Kiefer, Marie-Luise, Wettbewerb im dualen Rundfunksystem?, in: Media Perspektiven 1994, 430

Klaue, Siegfried, Die Anwendung des GWB auf den Wettbewerb um Rundfunkprogramme, in: Mestmäcker (Hrsg.), Offene Rundfunkordnung, Gütersloh, 1988, S. 385

Kleber, Klaus, Privater Rundfunk - Gestaltungsmöglichkeiten im Verfassungsrahmen --, Jur. Diss, Tübingen/Bamberg, 1986

Klein, Hans, Die grundrechtliche Schutzpflicht, in: DVBl. 1994, 489

Klein, Hans, Die Rundfunkfreiheit, München, 1978

Kleist, Thomas, Medienmonopoly im Konzentrationsprozeß – Hat die Kontrolle versagt?, in: ZUM 1993, 503

Klute, N., Frequenzverwaltung im dualen Rundfunksystem, in: RuF 1992, 366

Knothe, Matthias, Novellierung des RStV, in: ZUM 1997, 6

Knütter, Burkhard, Verfassungswidrigkeit des Art. 111a II 1 BV wegen Verstoßes gegen die Rundfunkfreiheit, Diss. Münster, 1992

Koch, Steffen, Möglichkeiten der Beteiligung privater Rundfunkveranstalter am Rundfunkgebührenaufkommen der Bundesrepublik Deutschland, Frankfurt a.M., 1998

Kohl, Helmut, (Hrsg.), Die Freiheit des Rundfunks nach dem Nordrhein-Westfalen-Urteils des BVerfG, Konstanz, 1991

Kohl, Helmut, (Hrsg.), Vielfalt im Rundfunk, interdisziplinäre und internationale Annäherungen, UVK Medien, Konstanz, 1997

Kohl, Helmut, Rundfunk und Kartellrecht, (Tagungsbericht), in: ZUM 1987, 230

Kohl, Helmut, Rundfunk-„Grundversorgung“, (Tagungsbericht), in: ZUM 1987, 512

König, Klaus/Benz, Angelika, (Hrsg.), Privatisierung und staatliche Regulierung, Baden-Baden, 1997

Kors, Hinwirken auf tragfähige wirtschaftliche Rahmenbedingungen, in: BLM, (Hrsg.), Rundfunk in öffentlich-rechtlicher Trägerschaft, BLM-Schriftenreihe, Band 62, München, 2000, S. 61

Krakies, Jens, Vielfalt im Rundfunk, in: ZUM 1996, 953

Krakies, Jens/Thomaschki, Kathrin, Verfassungsrechtliche Anforderungen an die Kanalbelegung in Kabelnetzen, in: ZUM 1995, 753

Kreile, Johannes, Die Reform des Rundfunkstaatsvertrages - Neue Wege bei der Vielfaltsicherung im privaten Rundfunk, in: NJW 1997, 1329

Kreile, Johannes/Stumpf, Christoph, Das neue Medienkartellrecht, in: MMR 1998, 192

Kresse, Hermann, Anmerkung zum Beschluß des BayVGH vom 30.03.1992 zu Art. 111a BV, in: ZUM 1992, 353

Kresse, Hermann, Grundversorgung und integrative Pluralismussicherung – Zu den Eckpunkten des klassischen Rundfunkauftrages, in: ZUM 1995, 178

Kresse, Hermann, Grundversorgung und noch viel mehr?, in: ZUM 1996, 59

Kresse, Hermann, Pluralismus, Markt und Medienkonzentration: Positionen, Berlin, 1995

Kresse, Hermann/Heinze, Matthias, Der Rundfunk: das „jedenfalls auch kulturelle Phänomen" – Ein Pyrrus-Sieg der Länder?, in: ZUM 1995, 394

Kröger, Klaus, Juristische Personen des öffentlichen Rechts als Grundrechtsträger, in: NJW 1979, 2537

Krüger, Herbert, Der Rundfunk im Verfassungsgefüge und in der Verwaltungsordnung von Bund und Ländern, Hamburg, 1960

Kübler, Friedrich, Die neue Rundfunkordnung - Marktstruktur und Wettbewerbsbedingungen, in: NJW 1987, 2961

Kübler, Friedrich, Kommunikation und Verantwortung, Konstanz, 1973

Kübler, Friedrich, Privater Binnenpluralismus und „duale" Rundfunkordnung, in: Kohl, Helmut, (Hrsg.), Die Freiheit des Rundfunks nach dem Nordrhein-Westfalen-Urteil des Bundesverfassungsgerichts, Konstanz 1991, S. 73

Kübler, Friedrich, Regelungsprobleme der Medienverflechtung, in: Hübner, (Hrsg.), Rechtsprobleme der privaten Rundfunkordnung, München 1992

Kuch, Hans-Jörg, Das Zuschaueranteilsmodell - Grundlage der Sicherung der Meinungsvielfalt im Fernsehen, in: ZUM 1997, 12
Kuch, Hans-Jörg, Der Staatsvertrag über Mediendienste, in: ZUM 1997, 225

Kull, Edgar, Aktuelle Fragen der Rahmenbedingungen für privaten Rundfunk, in: AfP 1985, S. 265
Kull, Edgar, Auf dem Weg zum dualen Rundfunksystem - das 4. Urteil des BVerfG, in: AfP 1987, 365
Kull, Edgar, Für den Rundfunkgesetzgeber fast Pleinpouvoir, in: AfP 1991, 716
Kull, Edgar, Rundfunkgleichheit statt Rundfunkfreiheit, in: AfP 1981, 378
Kull, Edgar, Rundfunkgrundversorgung, in: AfP 1987, 462
Kull, Edgar, Rundfunkrecht und Rundfunkmacht, in: ZUM 1987, 355

Kutsch/Holtz-Bacha/Stuke, Rundfunk im Wandel, Festschrift für Winfried B. Lerg, Berlin 1992

Ladeur, Karl-Heinz, Die Rundfunkfreiheit und der Wegfall der „besonderen Umstände" ihrer Ausübung, in: NJW 1992, 359
Ladeur, Karl-Heinz, Grundrechtskonflikte in der „dualen Rundfunkordnung", in: AfP 1998, 141
Ladeur, Karl-Heinz, Probleme der Koordination der Aufsicht über private Rundfunkveranstalter, in: AfP 1989, 717
Ladeur, Karl-Heinz, Zur Finanzierung privater Rundfunkprogramme aus Mitteln der Rundfunkgebühr, § 40 RStV, in: ZUM 1993, 385
Ladeur, Karl-Heinz, Zur Notwendigkeit einer flexiblen Abstimmung von Bundes- und Landeskompetenz auf den Gebieten des Telekommunikations- und des Rundfunkrechts, in: ZUM 1998, 261

Landesmedienanstalten, die (Hrsg.), Die Sicherung der Meinungsvielfalt, 1995

Lange, Bernd-Peter, Das duale Rundfunksystem in der Bewährung - Geregelter Wettbewerb oder ruinöse Konkurrenz?, in: Media Perspektiven 1991, 8
Lange, Bernd-Peter, Kommerzielle Ziel und binnenpluralistische Organisation bei Rundfunkveranstaltern; eine Untersuchung aus wirtschaftswissenschaftlicher und kommunikationstheoretischer Sicht, Beiträge zum Rundfunkrecht, Frankfurt a.M., 1980

Langenbucher, Der Rundfunk als Kulturinstitution, in: Hömberg, (Hrsg.), Rundfunk-Kultur und Kultur-Rundfunk, 1999, S. 25

Laschet, Remo, Programmgrundsätze für den kommerziellen Rundfunk; Untersuchung der Landesmediengesetze und Rundfunkstaatsverträge anhand von Art. 5 Abs. 1 Satz 2 GG, Baden-Baden, 1994

Lerche, Peter, Aktuelle Grundfragen der Informationsfreiheit, in: JURA 1995, 561

Lerche, Peter, Beteiligung Privater im Rundfunkbereich und Vielfaltsstandard, in. NJW 1982, S. 1677

Lerche, Peter, Das 6. Rundfunkurteil zur „Modellkonsistenz", in Kohl, Helmut, Die Freiheit des Rundfunks nach dem NRW-Urteil des Bundesverfassungsgerichts, Konstanz, 1991

Lerche, Peter, Funktionsfähigkeit - Richtschnur verfassungsgerichtlicher Auslegung, in: BayVBl. 1991, 517

Lerche, Peter, Grundrechtlicher Schutzbereich, Grundrechtsprägung und Grundrechtseingriff, in: Isensee/Kirchhof, (Hrsg.), Handbuch des Staatsrechts, Band V, 2000, S. 739

Lerche, Peter, Grundrechtsschranken, in: Isensee/Kirchhof, (Hrsg.), Handbuch des Staatsrechts, 2000, Band V, S. 777

Lerche, Peter, In welcher Weise empfiehlt es sich, die Ordnung des Rundfunks und sein Verhältnis zu anderen Medien - auch unter dem Gesichtspunkt der Harmonisierung - zu regeln?, Verhandlungen des 56. Deutschen Juristentages; Band II (Sitzungsberichte), München, 1986

Lerche, Peter, Landesbericht Bundesrepublik Deutschland, in: Bullinger, Martin/Kübler, Friedrich, (Hrsg.), Rundfunkorganisation und Kommunikationsfreiheit, Baden-Baden, 1979, S. 15

Lerche, Peter, Presse und privater Rundfunk, Berlin, 1984

Lerche, Peter, Rechtsprobleme des Werbefernsehens, Frankfurt a.M., 1965

Lerche, Peter, Rundfunkmonopol, Frankfurt a.M., 1970

Lerche, Peter, Übermaß und Verfassungsrecht, Köln, 1961

Lerche, Peter, Zu Grundfragen der öffentlich-rechtlichen Trägerschaft des Rundfunkbetriebs in Bayern, in: ZUM 1993, S. 441

Lerche, Peter, Zum Gedenken an Prof. Dürig, Tübingen, 1999

Lerche, Peter, Zum Rundfunkartikel der Bayerischen Verfassung, in: Rüthers, Bernd/Stern, Klaus (Hrsg.), Freiheit und Verantwortung im Verfassungsstaat, Festgabe zum 10-jährigen Jubiläum der Gesellschaft für Rechtspolitik, München 1984, S. 246

Libertus Michael, Grundversorgungsauftrag und Funktionsgarantie, Schriftenreihe des Instituts für Rundfunkrecht der Universität Köln, München, 1991

Libertus, Michael, Der Grundversorgungsauftrag als Grundfunktion des öffentlich-rechtlichen Rundfunks und seine dogmatische Grundlegung, in: Media Perspektiven 1991, 452
Libertus, Michael, Verfassungsrechtliche Aspekte einer Bestands- und Entwicklungsgarantie für den öffentlich-rechtlichen Rundfunk, in: ZUM 1992, 224

Liegmann, Jörg, Der Zugang zum privaten Rundfunk, Frankfurt a.M., 1996

Loschelder, W., Vom besonderen Gewaltverhältnis zur öffentlich-rechtlichen Sonderverbindung, Köln, 1982

Mailänder, Peter, Konzentrationskontrolle zur Sicherung von Meinungsvielfalt im privaten Rundfunk, Baden-Baden, 2000

Mangoldt, Herrmann, von/Klein, Friedrich/Starck, Christian, Das Bonner Grundgesetz, Kommentar, München, 1985

Marko, Elisabeth, Subjektive öffentliche Rechte auf Rundfunkveranstaltung und Rundfunkempfang?, Berlin, 1997

Maunz, Theodor, Deutsches Staatsrecht, München, 1998
Maunz, Theodor/Dürig, Günther/Herzog, Roman, Grundgesetz, Kommentar, München, 2001
Maunz, Theodor, Rundfunk als öffentliche Verwaltung, in: BayVBl. 1972, 169

Maurer, Hartmut, Allgemeines Verwaltungsrecht, München, 1999

Meder, Theodor, Die Verfassung des Freistaates Bayern, Kommentar, München, 1992

Merten, Detlef, (Hrsg.), Das besondere Gewaltverhältnis, Berlin, 1985

Mestmäcker, Ernst-Joachim, (Hrsg.), Offene Rundfunkordnung - Prinzipien für den Wettbewerb im grenzüberschreitenden Rundfunk -,Gütersloh, 1988
Mestmäcker, Ernst-Joachim, Die Anwendbarkeit des GWB auf Zusammenschlüsse zu Rundfunkunternehmen, in: GRUR Int. 1983, 553
Mestmäcker, Ernst-Joachim, Medienkonzentration und Medienvielfalt, Baden-Baden, 1978
Mestmäcker, Ernst-Joachim, Meinungsfreiheit und Medienwettbewerb, in: ZUM 1986, 63

Michel, Eva-Maria, Rundfunk und Internet, in: ZUM 1998, 350
Motz, Thomas, Rechtsschutz gegen Handlungen der Landesmedienanstalten, Frankfurt a.M., 1999

Müller, Volker, Auswirkungen gesellschaftsrechtlicher Veränderungen bei zugelassenen Rundfunkveranstaltern, in: ZUM 1996, 508ff

Müller, Die Entwicklung technischer Konzepte für die Versorgung Bayerns mit privaten Rundfunkangeboten, in: Rundfunk in öffentlich-rechtlicher Trägerschaft, BLM-Schriftenreihe, Band 62, München, 2000, S. 19

Münch, Ingo von/Kunig, Philip, Grundgesetz, Kommentar, München, 1992

Neft, Hans, Das Teilnehmerentgelt als spezifisches Finanzierungsinstrument des Rundfunksystems nach dem bayerischen Mediengesetz, in: ZUM 1996, 303

Neupert, Programmverantwortung im Spannungsfeld zwischen Verfassung und rundfunkgerechter Gestaltung, in: Kreile (Hrsg.), Medientage München 1987, Dokumentation, München, 1988

Niewarra, Manfred, Öffentlich-rechtlicher Rundfunk und Fusionskontrolle, in: AfP 1989, 636

Obermayer, Klaus, Die Verfassungsmäßigkeit des Bayerischen MEG vom 22.11.1984 in: ZUM 1985, 461

Oppermann, Bernd, Medienrecht, Privatrundfunk und Wettbewerb, in: ZUM 1990, 376

Ory, Stefan, Freiheit der Massenkommunikation: am Beispiel der Programmveranstalter im Kabelpilotprojekt Ludwigshafen, Frankfurt a.M. 1987
Ory, Stephan, Anmerkung zu BVerfGE 83, 238, in: AfP 1991, 402
Ory, Stephan, Bestands- und Entwicklungsgarantie für den öffentlich-rechtlichen Rundfunk?, in: AfP 1987, 466
Ory, Stephan, Die rechtliche Stellung der Rundfunkveranstalter bei der Frequenzvergabe, in: AfP 1998, 155
Ory, Stephan, Frequenzsplitting und Meinungsvielfalt, in: AfP 1999, 329
Ory, Stephan, Marktchancen und Meinungsfreiheit – Bemerkungen zum „Fünften Rundfunkurteil", in: ZUM 1987, 427
Ory, Stephan, Programmveranstalter sind Träger der subjektiven Rundfunkfreiheit, in: ZUM 1998, 484
Ory, Stephan, Rechtsfragen des Abonnementfernsehens, in: ZUM 1988, 225

Ossenbühl, Fritz, Grundrechtsschutz im und durch Verfahrensrecht, in: Festschrift für K. Eichenberger, 1982, S. 183
Ossenbühl, Fritz, Programmnormen im Rundfunkrecht, in: Schriften der Gesellschaft für Rechtspolitik, Rundfunkrecht, Band 1, München, 1981, S. 1
Ossenbühl, Fritz, Rundfunk zwischen nationalem Recht und europäischem Gemeinschaftsrecht, Frankfurt a.M., 1986

Owen, Bruce M./Beebe, Jack H., Television Economics, Lexington, Toronto, London, 1974
Pantenburg, Ursula, Die Organisation der Leitungsspitze von Rundfunkanstalten, Baden-Baden, 1996

Paptistella, Gertrud, Zum Rundfunkbegriff des Grundgesetzes, in: DÖV 1978, 495

Pestalozza, Christian, Graf von, Der Schutz vor der Rundfunkfreiheit in der Bundesrepublik Deutschland, in: NJW 1981, 2158

Picozzi, Marco, Aufsicht und Staatseinfluß bei Rundfunkanstalten, Kreditinstituten und Versicherungen - eine rechtsvergleichende Darstellung, Köln, 1985

Pieper, Antje Karin/Wiechmann, Peter, Der Rundfunkbegriff – Änderungen durch die Einführung des interaktiven Fernsehens ?, in: ZUM 1995, 82

Pieroth, Bernd, Die Grundrechtsberechtigung gemischt-wirtschaftlicher Unternehmen, in: NWVBl. 1992, 85

Pieroth, Bodo/Schlink, Bernhard, Staatsrecht, Heidelberg, 1998

Piette, Klaus-Walter, Meinungsvielfalt im privaten Rundfunk, München, 1988

Poll, Karolin, Fernsehspartenprogramme und Pluralismus, Berlin, 1999

Preuss-Neudorf, Christian, Die Entwicklung des dualen Rundfunksystems in Rechtsprechung und Literatur, in: ZUM 1989, 450
Preuss-Neudorf, Christian, Grundversorgung und Wettbewerb im dualen Rundfunksystem; medienrechtliche und wettbewerbsrechtliche Aspekte, Frankfurt a.M., 1993

Prinz, Matthias/Peters, Butz, (Hrsg.), Medienrecht, München, 1999

Pukall, Meinungsvielfalt im Rundfunk nach der audiovisuellen Revolution, Frankfurt a.M., 1993

Rahn, Monika, Programmauftrag und Kartellrecht; zu den Grundlagen und Grenzen der Kartellaufsicht im Bereich des öffentlich-rechtlichen Rundfunks, Frankfurter Schriften zum Medienrecht, Konstanz, 1991

Renck-Laufke, Martha, Aktuelle Fragen des Medienrechts, in: BayVBl. 1991, 237

Renck-Laufke, Martha, Der Bayerische Verfassungsgerichtshof als Hüter der Medienfreiheit, in: ZUM 1996, 960

Renck-Laufke, Martha, Medienrecht gegen die Verfassung, in: ZUM 1998, 390

Renck-Laufke, Martha, Medienrecht und Grundrechtsschutz nach den Landesverfassungen, in: ZUM 1996, 591

Renck-Laufke, Martha, Medienrecht und Medienpraxis, in: ZUM 1998, 615

Ricker, Klaus, Öffentlich-rechtlicher Rundfunk durch Kooperation mit Privaten, in: Badura, Peter/Scholz, Rupert, (Hrsg.), Festschrift für Peter Lerche, München 1993, S. 693

Ricker, Reinhardt, Der Rundfunkstaatsvertrag - Grundlage einer dualen Rundfunkordnung in der Bundesrepublik Deutschland, in: NJW 1988, 453

Ricker, Reinhardt, Die Einspeisung von Rundfunkprogrammen in Kabelanlagen, Berlin, 1984

Ricker, Reinhardt, Grundversorgung als Aufgabe des öffentlich-rechtlichen Rundfunks, in: ZUM 1989, 331

Ricker, Reinhardt, Kriterien der Einspeisung von Rundfunkprogrammen bei Kapazitätsengpässen in Kabelanlagen, in: ZUM 1992, 521

Ricker, Reinhardt, Privatrundfunkgesetze im Bundesstaat - Zur Homogenität der Mediengesetze und Mediengesetzentwürfe, München, 1985

Ricker, Reinhardt/Schiwy, Peter, Rundfunkverfassungsrecht, München, 1997

Riedel, Irene, Begrenzung und Vermeidung vom Machtmißbrauch im „Bayerischen Privathörfunk", Diss. Münster, 1994

Ring, Wolf-Dieter, (Hrsg.), Medienrecht; Text, Rechtsprechung, Kommentierung, München, Berlin, 2000

Ring, Wolf-Dieter, Die Rundfunkordnung für die 90er Jahre - Stand und Entwicklung des privaten Rundfunks, in: ZUM 1991, 345
Ring, Wolf-Dieter, Durchsetzung der gesetzlichen Programmanforderungen, in: Hübner, (Hrsg.),Rechtsprobleme der privaten Rundfunkordnung, München 1992, S. 35
Ring, Wolf-Dieter, Entfaltung privaten Rundfunks und Stellung der Landesmedienanstalten, in: BLM Rundfunkkongress 1989, Rundfunk in den 90er Jahren - zwischen Kultur, Kommerz und Internationalisierung, München, 1989
Ring, Wolf-Dieter, Gefährdung der Rundfunkfreiheit, in: Badura/Scholz, (Hrsg.), Festschrift für Peter Lerche, München 1993, S. 705
Ring, Wolf-Dieter, Konzentrationstendenzen im Bereich des Rundfunks und ihre Rechtsprobleme, in: ZUM 1993, 7
Ring, Wolf-Dieter, Rundfunk im Umbruch: Anforderungen an eine Neuordnung der elektronischen Meiden im Medienmarkt der Zukunft, Rede vor dem Arbeitskreis Medienpolitik, in: ZUM 1996, 448

Ring/Rothemund, Die Gewährleistung von Meinungsvielfalt nach dem BayMEG, in: Media Perspektiven 1985, 39

Rodewald, Jörg, Durchsetzung von Programmbindungen und Programmgrundsätzen gegenüber Privatrundfunkveranstaltern, Schriftenreihe des Instituts für Rundfunkrecht der Universität Köln, München, 1996

Röper, Burkhardt, (Hrsg.), Wettbewerb im Medienrecht, Schriften des Vereins für Wirtschafts- und Sozialwissenschaften, Berlin, 1987

Röper, Horst, Bundeskartellamt und Medienbranche – eine Behörde überfordert sich, in: Rundfunk in den 90er Jahren – zwischen Kultur, Kommerz und Internationalisierung, Dokumentation des BLM Rundfunkkongresses 1989, München, 1990, S. 217
Röper, Horst, Formationen deutscher Medienmultis, Media Perspektiven 1990, 755; 1992, 2; 1993, 56; 1994, 125
Röper, Horst, Mehr Spielraum für Konzentration und cross ownership im Mediensektor, in: Media Perspektiven 1996, 610

Rossen, Helge, Freie Meinungsbildung durch den Rundfunk; die Rundfunkfreiheit im Gewährleistungsgefüge des Art. 5 Abs.1 GG, Baden-Baden, 1988
Rossen, Helge, Selbststeuerung im Rundfunk – Modell FSK für kommerzielles Fernsehen?, in: ZUM 1994, 224

Rossen, Helge, Staatsfreie Rundfunkaufsicht? Zur Zusammensetzung und Wahl des Medienrats der Medienanstalt Berlin-Brandenburg, in: ZUM 1992, 408

Roth, Wulf-Henning, Kartellrechtliche Probleme der Coproduktion, in: Hoffmann-Riem, (Hrsg.), Rundfunk im Wettbewerbsrecht, Baden-Baden, 1988

Ruck, S., Zur Unterscheidung von Ausgestaltungs- und Schrankengesetzen im Bereich der Rundfunkfreiheit, in: AöR 117 (1992), 543

Rudolf, Walter, Über die Zulässigkeit privaten Rundfunks, Frankfurt a.M., 1971

Rudolf, Walter/Jutzi, Siegfried, Verfassungspflicht zur Harmonisierung der Landesmediengesetze, in: ZRP 1987, 2

Rüthers, Bernd/Stern, Klaus (Hrsg.), Freiheit und Verantwortung im Verfassungsstaat, , Festgabe zum 10-jährigen Jubiläum der Gesellschaft für Rechtspolitik, München, 1984

Sanftenberg, Simone, Klasse statt Masse!, Frankfurt a.M., 1998

Schardt, Andreas, Privatrechtliche Rundfunkordnung und Harmonisierung, in: ZUM 1986, 429

Scheble, Roland, Grundversorgung – Definition und Umfang, in: ZUM 1995, 383

Scheble, Roland, Perspektiven der Grundversorgung, Baden-Baden, 1994

Scheuner, Ulrich, Das Grundrecht der Rundfunkfreiheit, Berlin, 1982

Schick, Paul, Privater Hörfunk in Bayern. Kompetenzregelungen, medienpolitische Konflikte, gesellschaftliche Verflechtungen. Die Entwicklung bis Ende 1990 unter besonderer Berücksichtigung der wirtschaftlichen Rahmenbedingungen, München, 1991

Schiwy, Peter/Schütz, Walter (Hrsg.), Medienrecht, Lexikon für Wissenschaft und Praxis, Berlin, 1995

Schmidt, Klaus-Eberhard, Gibt es einen Fernsehzuschauermarkt im Sinne des Gesetzes gegen Wettbewerbsbeschränkungen?, in: ZUM 1997, 472

Schmidt, Walter, Die Rundfunkgewährleistung, Frankfurt a.M., 1980

Schmidt, Walter, Die Rundfunkvielfalt, Frankfurt a.M., 1984
Schmidt, Walter, Kultureller Auftrag und „kulturelle Verantwortung“ des Rundfunks, in: ZUM 1989, 263
Schmidt, Walter, Ordnung des Rundfunks im Zeitalter des Satellitenfernsehens, in: NJW 1986, 1792

Schmidt-Preuss, Matthias, Kollidierende Privatinteressen im Verwaltungsrecht, Berlin, 1992

Schmitt Glaeser, Walter, „Neue Rundfunkprogramme“ in Bayern, in: ZUM 1985, 523
Schmitt Glaeser, Walter, Das Gebot der öffentlich-rechtlichen Trägerschaft“ des Rundfunkbetriebs nach Art. 111a Abs. 2 Satz 1 BV, in: ZUM 1986, 330
Schmitt Glaeser, Walter, Art. 5 Abs. 1 S. 2 GG als „Ewigkeitsgarantie“ des öffentlich-rechtlichen Rundfunks, in: DÖV 1987, 837
Schmitt Glaeser, Walter, Bestands- und Entwicklungsgarantie für den öffentlich-rechtlichen Rundfunk, in: BayVBl. 1985, 97
Schmitt Glaeser, Walter, Die Rundfunkfreiheit in der Rechtsprechung des Bundesverfassungsgerichts, in: AÖR 1987, 215
Schmitt Glaeser, Walter, Kabelkommunikation und Verfassung, Berlin, 1979

Schneider, Hans-Peter, Verfassungsprobleme der Rundfunkfinanzierung aus Werbeeinnahmen; Rechtsgutachten zur Vielfalt der Finanzierungsformen des öffentlich-rechtlichen Rundfunks, Beiträge zum Rundfunkrecht, Frankfurt a.M., 1989

Schneider, Rundfunkanstalten als öffentliche Unternehmen, in: Hoffmann-Riem, (Hrsg.), Rundfunk im Wettbewerbsrecht, 1988, S. 180

Scholz, Rupert, Audiovisuelle Medien und bundesstaatliche Gesetzgebungskompetenz, Berlin, 1976
Scholz, Rupert, Private Rundfunkfreiheit und öffentlicher Rundfunkvorbehalt, in: JuS 1974, 299
Scholz, Rupert, Zukunft von Rundfunk und Fernsehen: Freiheit der Nachfrage oder reglementiertes Angebot, in: AfP 1995, 357

Schote, Matthias, Die Rundfunkkompetenz des Bundes als Beispiel bundesstaatlicher Kulturkompetenz in der Bundesrepublik Deutschland, Frankfurt a.M., 1999

Schuler-Harms, Margarete, Die Zusammenarbeit der Landesmedienanstalten am Beispiel der Kontrolle bundesweiter Veranstalterstrukturen, in: AfP 1993, 629

Schuler-Harms, Margarete, Rundfunkaufsicht im Bundesstaat, Baden-Baden, 1995

Schulte-Kellinghaus, Jan, Rundfunkbegriff und Gesetzgebungskompetenzen im digitalen Zeitalter, Bonn, 1998

Schulz, Wolfgang, Jenseits der „Meinungsrelevanz" – Verfassungsrechtliche Überlegungen zu Ausgestaltung und Gesetzgebungskompetenzen bei neuen Kommunikationsformen, in: ZUM 1996, 487

Schumacher, Renate, Freiheitsgestaltende Programmauflagen für den privaten Rundfunk, Frankfurt a.M., 1995

Schumann, Michael, Der Bayerische Verfassungsgerichtshof als Hüter der Rundfunkfreiheit der neuen Medien, in: Badura/Scholz, (Hrsg.), Festschrift für P. Lerche, 1993, S. 721

Schumann, Michael, Neue Medien und privater Rundfunk in Bayern - Das BayMEG als Paradigma einer medienpolitischen Strategie, Frankfurt a.M., 1993

Schuppert, Gunnar Folke, Die Erfüllung öffentlicher Aufgaben durch verselbständigte Verwaltungseinheiten, Göttingen, 1981

Schuster, Detlev, Meinungsvielfalt in der dualen Rundfunkordnung, Berlin, 1990

Schütz, Gerhard, Die Rechtsprechung der Verfassungs- und Verwaltungsgerichte zum BayMEG, in: ZUM 1992, 456, ZUM 1993, 55

Schwabe, Jürgen, Probleme der Grundrechtsdogmatik, Hamburg, 1997

Schwarze, Jürgen (Hrsg.), Rundfunk und Fernsehen im Lichte der Entwicklung des nationalen und internationalen Rechts, Medienrechtliches Symposium, Baden-Baden, 1986

Seelmann-Eggebert, Sebastian, Die Dogmatik der Rundfunkfreiheit gem. Art. 5 Abs.1 Satz 2 GG aus der Sicht des Bundesverfassungsgerichts, in: ZUM 1992, 79

Seemann, Klaus, Ordnungspolitische Perspektiven eines dualen Rundfunksystems, in: ZUM 1987, 255
Seemann, Klaus, Zur Konkurrenzproblematik im dualen Rundfunksystem , in: ZUM 1988, 67

Seitel, Auf dem Weg zur ökonomischen Normalität: Wettbewerbliche Meinungsvielfalt durch neue Medienangebote, in: Brosius, Fahr, Zubayr, (Hrsg.), Meinung, Meinungsvielfalt, Meinungsrelevanz, 1996, S. 45

Sell, F.-W. von, Rundfunkrecht und Rundfunkfreiheit, München, 1982

Selmer, Peter, Bestands- und Entwicklungsgarantien für den öffentlich-rechtlichen Rundfunk in einer dualen Rundfunkordnung, Berlin, 1988

Shyr, Die Konzentrationsbekämpfung durch Fusionskontrolle im Rundfunkbereich, Hamburg, 1996

Sieber, Stefanie, Bundesweit empfangbarer Rundfunk: Zur Bindungswirkung anderer Landesmedienanstalten an die Zulassungsentscheidung in Bayern und der Entscheidungszuständigkeit des Landesverfassungsgerichts, in: ZUM 1996, 867

Spieler, Ekkehard, Fusionskontrolle im Medienbereich, Berlin, 1988

Stammler, Dieter, Paradigmenwechsel im Medienrecht, in: ZUM 1995, 104

Starck, Christoph, „Grundversorgung" und Rundfunkfreiheit, in: NJW 1992, 3257
Starck, Christoph, Grundversorgung und Programmauftrag des öffentlich-rechtlichen Rundfunks, in: Festschrift für Stern, 1997
Starck, Christoph, Rundfunkfreiheit als Organisationsproblem, Tübingen, 1973

Stein, Ekkehart, Staatsrecht, Tübingen, 1998

Stender-Vorwachs, Jutta, „Staatsferne" und „Gruppenferne" in einem außenpluralistisch organisierten privaten Rundfunksystem, 1988

Stern, Klaus (Hrsg.), Programmauftrag und Wirtschaftlichkeit der öffentlich-rechtlichen Rundfunkanstalten; Vortragsveranstaltung vom 06. Und 07.05.1983, Schriftenreihe des Instituts für Rundfunkrecht der Universität Köln, München, 1984

Stern, Klaus, Das Staatsrecht der Bundesrepublik Deutschland, München, 1984

Stern, Klaus/Bethge, Herbert, Die Rechtsstellung des Intendanten der öffentlich-rechtlichen Rundfunkanstalten, München, 1972

Stettner, Rupert, Anmerkung zum Beschluß des Ersten Senats des Bundesverfassungsgerichts vom 20. Februar 1998, in: ZUM 1998, 306

Stettner, Rupert, Das bayerische alternative Rundfunkmodell nach dem extra-radio-Beschluß des Bundesverfassungsgerichts, in: K&R 1999, 355

Stettner, Rupert, Der Kabelengpass; medienrechtliche Befugnisse und Spielräume bei der Entscheidung über die Belegung der Kanäle in Kabelanlagen in Bayern; Rechtsgutachten, München, 1997

Stettner, Rupert, Der Verfassungsstreit in Sachsen - ein Angelpunkt in der jüngeren Entwicklung des Medienrechts, in: ZUM 1997, 673

Stettner, Rupert, Die Öffnung des Rundfunks für Private durch das BayMEG, in: ZUM 1986, 559

Stettner, Rupert, Die Rechtspflicht der Landesmedienanstalten zur Kabelbelegung unter Berücksichtigung europäischer Rechtsvorschriften; Rechtsgutachten, Berlin, 1998

Stettner, Rupert, Die Rechtsprechung der Verfassungs- und Verwaltungsgerichte zum BayMEG, Bestandsaufnahme und kritische Würdigung, in: ZUM 1992, 456

Stettner, Rupert, Die Stellung der Bayerischen Landeszentrale für neue Medien im Rundfunksystem nach dem Bayerischen Mediengesetz, BLM-Schriftenreihe, Band 53, München, 1999

Stettner, Rupert, Die Verpflichtung des Gesetzgebers zu erneutem Tätigwerden bei fehlerhafter Prognose, in: DVBl. 1982, 1123

Stettner, Rupert, Exempel DSF - Zur Anatomie eines Verfassungsstreites, in: ZfP 1994, 405

Stettner, Rupert, Grundfragen einer Kompetenzlehre, Berlin, 1983

Stettner, Rupert, Information als Verfassungsgut, in: Festschrift für Franz Knöpfle, München 1996, S. 351

Stettner, Rupert, Rechtsbindungen der Programmbeschaffungstätigkeit der öffentlich-rechtlichen Rundfunkanstalten - im Wettbewerb mit Privaten, in: ZUM 1991, 441

Stettner, Rupert, Rundfunkfreiheit in Bayern, in: BLM-Symposion Medienrecht 1998, Schriftenreihe der BLM, Band 51, München 1999, S. 43

Stettner, Rupert, Rundfunkstruktur im Wandel, Rechtsgutachten zur Vereinbarkeit des Bayerischen Medienerprobungs- und entwicklungsgesetzes mit der bayerischen Verfassung, Schriftenreihe des Instituts für Rundfunkrecht der Universität Köln, München, 1988

Stettner, Rupert, Steht in Bayern bundesweit sendenden Anbietern privaten Rundfunks das Rundfunkgrundrecht nach bayerischem Medienrecht oder kraft bayerischer Verpflichtung zum kooperativen Grundrechtsschutz zu?, in: ZUM 1994, 63

Stock, Martin, Bayerische Besonderheiten, in: epd/Kirche und Rundfunk, Nr. 19 v. 11.3.1992
Stock, Martin, Das 4. Rundfunkurteil des BVerfG - Kontinuität oder Wende?, in: NJW 1987, 217
Stock, Martin, Das NRW-Urteil des Bundesverfassungsgerichts, in: Media Perspektiven 1991, 133
Stock, Martin, Der neue Rundfunkstaatsvertrag, in: RuF 1992, 189
Stock, Martin, Ein fragwürdiges Konzept dualer Rundfunksysteme, in: RuF 1987, 5
Stock, Martin, Landesmedienrecht im Wandel; eine Zwischenbilanz am Bsp. Nordrhein-Westfalens, Schriftenreihe des Instituts für Rundfunkrecht der Uni Köln, München, 1986
Stock, Martin, Medienfreiheit als Funktionsgrundrecht, München, 1985
Stock, Martin, Medienkonzentration und föderative Rundfunkaufsicht, in: NWVBl. 1994, 321
Stock, Martin, Meinungsvielfalt und Meinungsmacht, in: JZ 1997, 583
Stock, Martin, Nationaler Privatrundfunk im Bundesstaat - alte und neue Provisorien, in: ZUM 1986, 411
Stock, Martin, Neues Privatrundfunkrecht; die nordrhein-westfälische Variante, Schriftenreihe des Instituts für Rundfunkrecht der Universität Köln, München, 1987
Stock, Martin, Privatfunk als „öffentlich-rechtlicher“ Rundfunk? Ein bayerisches Verfassungsproblem, in: JZ 1991, 645
Stock, Martin, Rundfunkrecht und Kartellrecht, in: AfP 1989, 627
Stock, Martin, Rundfunkrecht und Wettbewerbsrecht im dualen Rundfunksystem, in: Hoffmann-Riem, (Hrsg.), Rundfunk im Wettbewerbsrecht, Baden-Baden, 1988, S. 35
Stock, Martin, Rundfunkrechtliche Konzentrationskontrolle - Altes und Neues, in: ZUM 1994, 206

Stock, Martin/Röper, Burkhardt/Holznagel, Bernd, Medienmarkt und Meinungsmacht, Berlin, 1997

Stockmann, Kurt, Die Praxis des Bundeskartellamts bei der Kontrolle öffentlich-rechtlicher und privater Rundfunkunternehmer, in: BLM Rundfunkkongress 1989 - Rundfunk in den 90er Jahren - zwischen Kultur, Kommerz und Internationalisierung, München 1989, S. 196
Stockmann, Kurt, Privater Rundfunk – ein Ausnahmebereich der Fusionskontrolle?, in: AfP 1989, 634

Stockmann, Kurt, Programmbeschaffung und Kartellrecht, in: Hoffmann-Riem, (Hrsg.), Rundfunkrecht im Wettbewerbsrecht, 1988, S. 156
Stockmann, Kurt, Rundfunkordnung unter kartellrechtlicher Sicht, in: BLM Rundfunkkongress 1991, Mehr Freizeit, mehr Angebot, mehr Fernsehen? Programme und Nutzungsverhalten im Wandel, München 1991, S. 66

Stockmann, Kurt/Zigelski, Sabine, Novellierung des RStV - Anmerkungen zur Konzentrationskontrolle aus wettbewerblicher Sicht, in: ZUM 1995, 537

Tettinger, Peter, Schutz der Kommunikationsfreiheiten im deutschen Verfassungsrecht, in: JZ 1990, 846

Thaenert, Wolfgang, Kontrolle privater Rundfunkveranstalter durch die Landesmedienanstalten, in: DLM Jahrbuch 1988, S. 35
Thaenert, Wolfgang, Programm- und Konzentrationskontrolle privater Rundfunkveranstalter, in: DLM Jahrbuch 89/90, S. 31
Thaenert, Wolfgang, Vielfaltsicherung als verfassungsrechtlicher Auftrag, in: Brosius, Fahr, Zubayr, (Hrsg.), Meinung, Meinungsvielfalt, Meinungsrelevanz, 1996, S. 87

Treffer, Gerd/Regensburger, Hermann/Kroll, Fritz, Medienerprobungs- und entwicklungsgesetz, Kommentar, München, 1988

Trute, Hans-Heinrich/Pfeifer, Axel, Schutz vor Interessenkollisionen im Rundfunkrecht: Zu § 53 NW LRG, in: DÖV 1989, 192

Vahrenhold, Olaf, Die Stellung der Privatfunkaufsicht im System staatlicher Aufsicht, Baden-Baden, 1992

Vesting, Thomas, Buchbesprechung zu Bornemann/Kraus/Lörz, BayMG, ZUM 1998, 522
Vesting, Thomas, Prozedurales Rundfunkrecht, Baden-Baden, 1997
Vesting, Thomas, Rundfunk in der Informationsgesellschaft; ein Bericht über neuere Entwicklungen des Rundfunkverfassungsrecht, in: Der Staat 31, (1992) 585

Wagner, Christoph, Die Landesmedienanstalten; Organisation und Verfahren der Kontrolle privater Rundfunkveranstalter in der Bundesrepublik Deutschland, Baden-Baden, 1990
Wagner, Christoph, Konzentrationskontrolle im privaten Rundfunk, in: RuF 1990, 165

Wallenberg, Gabriela von, Die Beteiligung von Tageszeitungen am lokalen/regionalen Rundfunk nach bayerischem Medienrecht, in: ZUM 1998, 196

Wallenberg, Gabriela von, Die Regelungen im Rundfunkstaatsvertrag zur Sicherung der Meinungsvielfalt im privaten Rundfunk, in: ZUM 1992, 387

Wallenberg, Gabriela von, Die Sicherung der Meinungsvielfalt nach dem Rundfunkstaatsvertrag von 1996, in MuR 1997, 67

Weber, Rolf H., Medienkonzentration und Meinungspluralismus, Zürich, 1995

Wente, Jürgen, Anmerkung zum Beschluß des Bayerischen Verwaltungsgerichtshofs vom 26. Januar 1999 zur Aussetzung des Vollzugs des § 9 Abs. 3 der Hörfunksatzung der Bayerischen Landeszentrale für neue Medien, in: ZUM 1999, 389

Westphal, Dietrich, Anmerkung zum Beschluß des BVerfG vom 20.02.1998, in: MMR 1998, 198ff

Wieland, Joachim, Die Freiheit des Rundfunks, Berlin, 1984

Wilhelmi, Martin, Vorläufiger Rechtsschutz eines nicht berücksichtigten Programmanbieters gegen die Entscheidung der Bayerischen Landeszentrale für neue Medien, in: ZUM 1992, 229

Winkler, Markus, Kollisionen verfassungsrechtlicher Schutznormen: Zur Dogmatik der verfassungsimmanenten Grundrechtsschranken, Berlin, 2000

Wittig-Terhardt, Rundfunk und Kartellrecht, in: AfP 1986, 298

Wufka, Die verfassungsrechtlich-dogmatischen Grundlagen der Rundfunkfreiheit, Frankfurt a.M., 1971

Yi, Zoonil, Das Gebot der Verhältnismäßigkeit in der grundrechtlichen Argumentation, Frankfurt a.M., 1998

Ziethen, Michael, in: Rundfunkaufsicht in der Bundesrepublik Deutschland, Bd. 3, S. 59, Düsseldorf, 1989

Kolibri 360 GmbH
Ferdinand-Jühlke-Straße 7
99095 Erfurt, Deutschland
produktsicherheit@kolibri360.de

Druck:
CPI Druckdienstleistungen GmbH
im Auftrag der
Kolibri 360 GmbH
Ferdinand-Jühlke-Str. 7
99095 Erfurt